高等学校应用技术型经济管理系列教材（会计系列）

十三五

高等学校应用型经济管理规划教材

总主编／李　雪　主审／徐国君



# 审计基础与实务

## Auditing basis and Practice

（第三版）

李　雪◎主　编

立信会计出版社

LIXIN ACCOUNTING PUBLISHING HOUSE

图书在版编目(CIP)数据

审计基础与实务 / 李雪主编. —3 版. —上海 ：
立信会计出版社，2021.4(2024.1 重印)
高等学校应用技术型经济管理系列教材. 会计系列
ISBN 978-7-5429-6809-8

Ⅰ.①审… Ⅱ.①李… Ⅲ.①审计学—高等学校—教材 Ⅳ.①F239.0

中国版本图书馆 CIP 数据核字(2021)第 064470 号

策划编辑　方士华
责任编辑　方士华
封面设计　南房间

**审计基础与实务(第三版)**
Shenji Jichu yu Shiwu

出版发行　立信会计出版社
地　　址　上海市中山西路 2230 号　　邮政编码　200235
电　　话　(021)64411389　　传　　真　(021)64411325
网　　址　www.lixinaph.com　　电子邮箱　lixinaph2019@126.com
网上书店　http://lixin.jd.com　　http://lxkjcbs.tmall.com
经　　销　各地新华书店

印　　刷　常熟市人民印刷有限公司
开　　本　787 毫米×1092 毫米　1/16
印　　张　31.25
字　　数　630 千字
版　　次　2021 年 4 月第 3 版
印　　次　2024 年 1 月第 2 次
书　　号　ISBN 978-7-5429-6809-8/F
定　　价　65.00 元

# 总　序

教材是高校实现人才培养目标的重要载体，教材及教材建设对高校发展具有举足轻重的作用。与培养模式相对应的教材是培养合格人才的基本保证，是实现培养目标的重要工具。由于历史的原因，在财经类教材的出版方面，相关出版社出版研究型本科或者高职高专、中等职业等层次的教材较多，也较成熟，而在应用技术型本科教材出版上比较欠缺，虽然近年来也出版了一些这方面的教材，但总体而言，还是缺乏权威性、普适性、实用性和创新性。造成这种状况的原因主要在于：出版社对财经类应用技术型本科教材的出版还不够重视，没有进行有效的组织；财经类应用技术型本科院校多为新建院校，教材建设相对滞后，主观上也较愿意使用研究型本科教材；教材的使用存在比较严重的混用现象，教材的目标读者群不明确，如不少教材既适用于研究型本科又适用于应用技术型本科，或者既适用于本科院校又适用于高职高专院校。

由于目前应用技术型本科教材种类和数量匮乏或质量欠佳，应用技术型本科不得不沿用传统研究型本科教材，比如，东北财经大学会计系列教材（包括《基础会计》《中级财务会计》《管理会计》《高级财务会计》《审计》等），中国人民大学会计系列教材（如《成本会计》），教育部统编教材（如《财务管理》）等国家级规划教材。这些教材本身的质量很好、级别很高，但是并不适用于应用技术型本科院校的教学，教师和学生普遍反映不好用。即使从全国范围来看，我国也还没有相对成套、成熟的适合应用技术型高校使用的教材，不适应教育教学要求。现有教材存在的主要问题包括：①定位和要求较高；②内容多、难度大；③着重于理论解释，相关案例、实训等内容较少，缺乏普适性、实用性。所以，应用技术型本科教学需要有适应学生水平、便于学生接受的应用技术型教材。

我们组织具有多年应用技术型人才培养经验的优秀教师和实务界专家编写了本套系列教材。本套系列教材由《会计基本技能》《基础会计》《中级财务会计》《成本会计》《管理会计》《财务管理》《会计信息系统》《审计学原理》《审计实务》《税法》《经济法》《金融学》《纳税会计》等构成。为了保证教材的质量，我们聘请了著名高校的专家、教授对本套系列教材的编写进行专门指导和审核。每种教材至少有一名本学科的知名专家或学科带头人提出审核指导意见，有一名高等院校教学一线的高级职称教师参与组织编写，有一名行业协会、实务界专家和教学研究机构人员提出编写建议。

本套系列教材的特色如下。

1. 应用性

应用技术型本科教材应坚持培养应用技术型本科人才的定位，充分吸收和借鉴传统的普通本科教材与高职高专类教材建设的优点和经验，以就业为导向，做到在理论上优于高职高专教材、在动手能力的培养上优于传统的本科教材。

本套系列教材体现了应用技术型本科的定位，体现了素质教育和“以学生发展为本”的教育理念，遵循了高等教育教学基本规律，重视知识、能力和素质的协调发展，根据应用技术型人才培养模式对学生的创新精神、实践能力和适应能力的要求，在内容选材、教学方法、学习方法、实验和实训配套等方面突出了应用性的特征。

2. 针对性

本套系列教材的编写符合会计学、财务管理和审计学等专业的培养目标、培养需求、业务规格(知识结构和能力结构)和教学大纲的基本要求，与各专业的课程结构和课程设置相对应，与课程平台和课程模块相对应。本套系列教材在结构的布局、内容重点的选取、示例习题的设计等方面符合教改目标和教学大纲的要求，把教师的备课、试讲、授课、辅导答疑等教学环节有机地结合起来。

3. 先进性

本套系列教材反映了应用技术型会计人才教育教学改革的内容，能够反映学科领域的新发展。本套系列教材的整体规划、每种教材的构造等均体现了实用性和创新性。本套系列教材还强调了系列配套，包括教材、学习指导书、教学课件等。

4. 基础性

本套系列教材打破传统教材自身知识框架的封闭性，尝试多方面知识的融会贯通，注重知识层次的递进，体现每一门科目的基本内容；同时，在具体内容上突出实际的运用知识的能力，达到“教师易教，学生乐学，技能实用”的教学目的。

5. 易于自学性

自学能力的培养是高等教育应该教授给学生的一项基本能力。学生只有具备了自主学习的能力,才能最终建立起终身学习的保障体系,这也是应用技术型本科人才培养的客观要求。应用技术型本科院校的生源素质与其他高校相比存在较大差距,除一部分高考发挥失误的学生外,有相当一部分学生在学习习惯、基础知识等方面存在一定的欠缺,这就要求本套系列教材要能调动这部分学生的学习积极性,在理论方面尽量做到通俗易懂,在实践方面尽量采用案例式教学。为了有利于学生课后自主学习,本套系列教材配套了学习指导书和教学课件。

因此,本套系列教材的定位把握准确,教材的特色明显,适用于应用技术型本科院校教学,容易得到学生和市场的认可,便于学生的自学和教师的教学。

高等学校应用技术型经济管理系列教材(会计系列)凝聚了众多领导、教授和专家多年来的经验和心血。当然,由于我们的经验和人力有限,教材中难免存在不足,我们期待着各位同行、专家和读者的批评指正。我们将随着经济发展和会计环境的变迁不断地修订教材,以便及时反映学科的最新发展和人才培养的最新变化。

本套系列教材出版后,得到学生和市场的认可,深受广大读者欢迎。为了更好地回馈读者,本套系列教材从 2017 年起启动第二版的修订工作,2019 年起启动第三版的修订工作,各种教材的第二、第三版将陆续出版。我们会一如既往地做好教材修订和相关服务工作,希望广大读者对本套系列教材继续给予支持。

李 雪

2021 年 4 月

# 第三版前言

审计基础与实务课程是高等学校会计专科专业的核心专业课之一，内容涵盖了审计学的基本理论、程序和方法。审计基础与实务课程主要通过对审计理论和实务的讲解，并辅之以生动的案例剖析，使学生掌握审计学的基本理论、程序和方法，更好地理解和掌握审计理论、审计过程和审计决策，为今后从事会计、审计工作打下扎实的基础。

我们本着与时俱进的精神，着眼于应用技术型会计人才培养的现实需要，依据高等学校应用技术型经济管理系列教材(会计系列)的编写要求，结合多年应用型会计人才培养的教学经验，体现应用型会计人才培养的主要特色和成绩，编写了本教材。

本教材力图体现以下特点：

一是结构合理，便于应用型会计人才的教育教学。每章均设置了"本章要点""适用的准则和规范""同步思考""重要名词术语""思考与练习"等内容，便于学生了解每章的主要内容、应解决的问题、涉及的专业准则及主要名词术语，有利于学生将审计理论与审计准则、审计实务结合起来，对于学生综合掌握和理解审计学的基本理论、程序和方法大有裨益。

二是国际化与本土化并重。一方面，本教材大量借鉴了以英美为代表的发达国家先进审计理论与实务，系统地介绍了国际审计准则、质量控制准则、职业道德准则以及有关审计理论和方法；另一方面，本教材始终注重立足国情，严格按照我国的最新的审计法规、审计准则阐述审计问题，有利于提高学生的实际工作水平。

三是体现了最新审计规范和企业内部控制规范的要求。本教材适时全面地反映 2019 年 7 月 1 日起实施的 18 项审计准则和 24 项应用指南的新修订，2020 年 12 月《会计师事务所质量管理准则第 5101 号——业务质量管理》等三项准则、《中国注册会计师职业道德守则》和《中国注册会计师协会非执业会员职业道德守则》的内容，有助于学生及时了解新的审计规范对审计的影响和要求。

四是内容新颖，形式灵活。从内容上看，本教材吸收并参考了截至 2020 年 12 月我国发布的所有审计准则和相关规范，还吸收了作者及中外众多审计学者的最新研究成果；以介绍民间审计为主线，也相应介绍了政府审计和内部审计的相关内容；主要讲述财务报表审计的原理，也介绍了合规性审计和经营审计的原理。从形式上看，本教材列示了各种重要观点、流程图和审计报告，便于学生理解。

五是编写了配套的学习指导书，便于学生课后学习。学习指导书既包括对教材中每章主要内容的讲解、"思考与练习"的解答，还包括自测题及参考答案，非常方便学生开展复习和测试，以便巩固课堂所学的知识，拓宽学生的知识面。

本教材的内容立足于我国审计准则，围绕审计人员进行审计决策的过程，全面系统地阐述了审计基本理论、程序和方法。本教材共分十五章，大致可以划分成五大部分。第一章至第三章为第一部分"审计环境"，主要介绍审计的基本理论，重点说明经济生活对审计的需求、审计本质、审计机构和人员、审计准则和质量控制、职业道德等审计环境因素。第四章至第七章为第二部分"审计计划"，主要介绍审计目标、审计证据、审计计划、重要性、审计风险等审计计划阶段的内容。第八章至第十三章为第三部分"审计测试"，主要介绍风险评估、风险应对、财务报表各业务循环和货币资金业务的审计程序、对舞弊和法律法规的考虑等审计测试阶段的内容。第十四章至第十五章为第四部分"审计报告"，主要介绍完成审计工作、审计报告等内容。

因此，本教材的内容是先进的，是与国际审计教学的内容趋同的，符合科学性、先进性和应用型会计人才的培养规律，适用于新形势下应用技术型会计人才培养中审计基础与实务课程的教学。

本教材由李雪担任主编，吴镇启、泥丽丽、阮宁、王安娜、汪茹、邵翠翠、梁帆、刘鑫、张冉、张静、王凤敏为编者。具体分工为：李雪、吴镇启、汪茹编写第一章；李雪、吴镇启、梁帆编写第二章、第三章、第四章；李雪、王安娜、刘鑫编写第五章、第六章；李雪、王安娜、汪茹编写第七章；李雪、阮宁、张静编写第八章；李雪、泥丽丽、张静编写第九章；李雪、王安娜、王凤敏编写第十章、第十一章；李雪、王安娜、汪茹编写第十二章；李雪、吴镇启、张静编写第十三章；李雪、泥丽丽、汪茹编写第十四章；李雪、阮宁、汪茹编写第十五章。全书由李雪负责整体规划、审核和修订初稿、总纂并定稿。

本教材的第二版由李雪、朱会敏、樊沙沙、秦悦、吕安琪、岳明慧负责修订。其中，李雪、吕安琪负责修订第一章至第五章，李雪、岳明慧负责修订第六章至第十章，李雪、樊沙沙负责修订第十一章至第十四章，李雪、秦悦、朱会敏负责修订第十五章。

本教材的第三版由李雪、洪宇负责修订。

由于我国正处于变革时期，新的情况会随着市场经济体制的逐步完善而不断出现。因此，本教材的编写只能就目前所能预料到的审计情况进行适当的前瞻，而无法全面预料。加之客观条件和作者水平有限，本教材仍然存在许多不足甚至错误之处，恳请各位读者多加指正，以使我们获得更多的收益。

李　雪

2021 年 4 月

# 目 录

# 第一章　绪　　论



## 本章要点

- 了解审计的产生和发展历程
- 理解审计的概念
- 理解会计与审计的区别和联系
- 理解审计的基本特征
- 熟悉审计的分类

## 适用的准则和规范

- 《中国注册会计师鉴证业务基本准则》
- 《中国注册会计师审计准则第 1101 号——注册会计师的总体目标和审计工作的基本要求》
- 《中华人民共和国注册会计师法》

## 引例　英国南海公司舞弊案例①

200 多年前，英国成立了南海股份有限公司(以下简称南海公司)。由于经营无方，公司效益一直不理想。公司董事会为了使股票达到预期价格，不惜采取散布谣言等手段，使股票价格直线上升。事情败露后，英国议会聘请了一位懂会计的人，审计了该公司的账簿，然后据此查处了该公司的主要负责人。于是，审核该公司账簿的人开创了世界注册会计师行业的先河，民间审计从此在英国拉开了序幕。

1. 大肆造假

1711 年，英国政府为偿还因参与西班牙王位继承战争而欠下的大笔债务创立了南海公司。经过近 10 年的经营，该公司业绩依然平平。1719 年年尾，南海公司向英国政府提出一个名为“南海计划”的大型换股计划，通过该计划，南海公司以自身股票购买市场上的英国政府债券。

---

① 李若山:《审计案例——国外审计诉讼案例》,辽宁人民出版社 1998 年版。

该年年底，公司的董事们开始对外散布各种所谓的好消息，即南海公司在年底将有大量利润可实现，并煞有其事地预计，在1720年的圣诞节，公司可能要按面值的60%支付股利。这一消息的宣布，加上公众对股价上扬的预期，促进了债券转换，进而带动了股价上升。1719年中，南海公司股价为114英镑，1720年3月，股价劲升至300英镑以上，到了1720年7月，股票价格已高达1 050英镑。此时，南海公司老板布伦特又想出了新主意：以数倍于面额的价格，发行可分期付款的新股。同时，南海公司将获取的现金，转贷给购买股票的公众。这样，随着南海股价的扶摇直上，一场投机浪潮席卷全国。由此，170多家新成立的股份公司股票以及原有的公司股票，都成了投机对象。

1720年6月，英国国会通过了《泡沫公司取缔法》，该法对股份公司的成立进行了严格的限制，只有取得国王的御批，才能得到公司的经营执照。事实上，股份公司的形式基本上名存实亡。自此，许多公司被解散，公众开始清醒过来，对一些公司的怀疑逐渐扩展到南海公司身上。从7月份开始，外国投资者首先抛出南海公司股票，撤回资金。随着投机热潮的冷却，南海公司股价一落千丈，到1720年12月份仅为124英镑。当年年底，政府对南海公司资产进行清理，发现其实际资本已所剩无几。

2. 一朝梦醒

南海公司倒闭的消息传来，犹如晴天霹雳，惊呆了正陶醉在黄金美梦中的债权人和投资者。迫于舆论的压力，1720年9月，英国议会组织了一个由13人参加的特别委员会，对"南海泡沫"事件进行秘密查证。在调查过程中，特别委员会发现该公司的会计记录严重失实，明显存在蓄意篡改数据的舞弊行为，于是特邀了一名叫查尔斯·斯内尔的资深会计师，对南海公司的分公司"索布里奇商社"的会计账目进行检查。查尔斯·斯内尔通过对南海公司账目的查询、审核，于1721年提交了一份对索布里奇商社的会计账簿进行检查的意见。在该份报告中，查尔斯指出了公司存在舞弊行为、会计记录严重不实等问题。

议会根据这份查账报告，将南海公司董事之一的雅各希·布伦特以及他的合伙人的不动产全部予以没收。其中一位叫乔治·卡斯韦尔的爵士，被关进了著名的伦敦塔监狱。直到1828年，英国政府在充分认识到股份有限公司利弊的基础上，通过设立民间审计的方式，将股份公司中因所有权与经营权分离所产生的不足予以制约，才完善了这一现代化的企业制度。据此，英国政府撤销了《泡沫公司取缔法》，重新恢复了股份公司这一现代企业制度的形式。

英国南海公司的舞弊案例，对世界民间审计史具有里程碑式的影响。尽管在1720年之前，就有人认为已有了民间审计这一行业，但世界上绝大多数的审计理论工作者都认为，查尔斯·斯内尔是世界上第一位民间注册会计师，他所撰写的查账报告，是世界上第一份民间审计报告。而英国南海公司的舞弊案例，也被列为世界上第一起比较正式的民间审计案例。由此可见，该案例对注册会计师行业来说，具有举足轻重的影响。

究竟审计是怎样产生和发展起来的，注册会计师又有什么样的职能和作用，学完本章，你将会有答案。

# 第一节　审计的产生和发展

## 一、政府审计的产生和发展

### (一) 国外政府审计的产生和发展

在西方国家，随着生产力的发展和受托经济责任的出现，早期的政府审计应运而生。据考证，早在奴隶制度下的古埃及，以及古罗马和古希腊，已建立官厅审计机构和实施政府审计的史实。古埃及大约早在公元前 3 500 年左右，奴隶主阶级的统治者就设置一种有较强独立性的监督官，负责对政府的会计账簿和谷物税的征收进行审查和监督工作。监督官的职责实际上就是审计。古罗马在公元前 443 年，也设立监督官，与元老院和财务官共同组成古罗马国家政权的主干，监督官也就是当时的审计官。古希腊的雅典城邦，在 2 000 多年前就建立了官吏卸任经济责任审计制度，由审计官执行这种审计。那时，这些古国的审计官员以“听证”方式，对掌管国家财物和赋税的官吏进行审查和考核，成为具有审计性质的经济监督工作。

到中世纪，西方国家的封建王朝中大多设置审计机构和审计官员，对国家财政收支进行审计监督。例如，法国资产阶级革命前，当时的政府就设有审计厅，实施政府审计。资产阶级革命后，拿破仑一世创建的审计法院至今仍是法国政府实施事后审计的最高机关。但是，中世纪的西方政府审计，在组织上、体制上、方法上，都还处于很不完善的初始状态。

在资本主义时期，随着社会经济的高度发展和资产阶级国家政权组织形式的日臻完善，审计逐渐成为推行民主政治的重要手段，政府审计得到进一步的发展。欧洲的许多国家于 19 世纪都在《宪法》或特别法令中规定了审计的法律地位，确立政府审计机关的职权、地位和审计范围，并授权独立地对财政财务收支进行审计监督。现代资本主义国家，大多实行议会制的政治制度，即立法、行政、司法三权分立的国家政权组织形式，议会为国家的最高立法机关，并对政府行使包括财政监督在内的监督权。为了监督政府的财政收支，切实执行财政预算法案，以维护统治阶级的利益，西方国家大多在议会下设立专门的审计机构，由议会或国会授权，对政府及公营企业、事业单位的财政财务收支进行独立的审计监督。比如，美国早年没有独立的财政监督机构，只在财政部设审计官进行财政审计，直到 1919 年经参、众两院建议，组成预算特别委员会后才把政府的账目审计从财政部的业务中分离出来。1921 年，美国公布了《预算和会计法》，并根据该法建立了美国的最高审计机关——审计总署(GAO)，受理政府账目审计，以寻求经济而有效的方式来管理美国政府的公共款项。美国的审计总署审计监督权力很大，除中央情报局和总统办公室不能审计外，对凡与公共开支有关的事项都有权进行审查，但其重要的职责则是向国会提供信息和参考意见，以利于国会委员会开展工作。美国的审计总署是世界上最典型的隶属于国会的审计机关，其审计长由国会提名，经参议院同意，由总统任命。但审计总署和审计长则置于总统管辖之外，独立行使审计监督权。

值得介绍的还有英国政府审计的产生和演进情况。英国的政府审计也隶属于立法系统。它有着悠久的历史，是近代审计的重要发源地。英国的王室财政审计制度源于13世纪，至今已有770多年。11世纪和12世纪，英王一直控制国家的财政大权，威廉一世和亨利一世在财政部内设置审计监督部门，即上院（收支监督局）和下院（收支局）执行审计监督。1215年英国《大宪章》的颁布，使英王的权力受到制约，奠定了英国政府审计产生和发展的政治基础。1785年，根据《更好检查和审计国王公共账目的法案》，取消国库审计官一职，组建五人审计委员会，执行政府审计监督。1834年，英国颁布了修订审计制度的法案，改建国库审计部，设审计长负责国库公款的监督，审计长为终身职务。之后，英国的政府审计得以长期持续发展。1983年1月1日通过了一项名为《政府审计法》的新法案，并于1984年1月1日生效，取消国库审计部，从此英国的国家最高审计机关正式定名为政府审计署，最高审计长官为主计审计长。英国的政府审计署独立于行政部门，代表议会对政府实行审计监督，向议会报告工作。除英、美之外，加拿大的审计长公署，西班牙的审计法院等都是隶属于国家立法部门的独立审计机关，其审计结果向议会报告，享有独立审计监督权。

西方还有一些国家的政府审计机关归属于司法系统，即所谓司法型的审计体制。比如，前述的法国审计法院就是独立于立法系统（议会）与行政部门（内阁政府）的一个司法机构。法国审计法院的院长由总统任命，为终身制，审计法院的裁决为终审判决，有很强的法律效力。日本则是另外一种类型（独立型），它的最高审计机关是会计检查院，既不属立法系统，也不属行政系统，而是直接对日本天皇负责的特殊类型，具有很强的独立性和权威性。

第二次世界大战以后，科学技术的进步，促使世界经济得到迅速发展，这就推动了许多西方国家的政府审计不仅在审计体制上更加完善，而且在审计理论和实务方面有了许多重大突破。人们把经济监督与经济管理相互结合起来，从传统的财务审计向着现代效益性审计方面开拓。在政府审计领域出现了效益审计、环境审计、绩效审计等现代审计类型，并在审计手段上实现科学化和现代化。

**（二）我国政府审计的产生和发展**

我国也是世界上最早产生审计的国家之一，据史料记载，早在3 000多年前的西周就已经设立负责审计的官员,称之为宰夫。周王朝对财政收支有“以参互考日成,以月要考月成,以岁会考岁成”的要求,《周礼》记载,“宰夫岁终,则令群吏正岁会;月终,则令正月要;旬终,则令正日成,而以考其治,治不以时举者,以造而诛之”。又说:“宰夫考其出入,而定刑赏”。即按日、按月、按年考核、审查经营成果,制定刑赏,并定期向周王报告。周王也可亲自听审,这种做法在当时称为“受计”,后来将其形成制度,叫做“上计”制度。这一制度对以后历代王朝产生了深远的影响,是我国政府审计制度的雏形。

秦汉时期是我国审计的确立阶段,主要表现在三个方面:一是初步形成了统一的审计模式。秦朝,中央设“三公”“九卿”辅佐政务。御史大夫作为“三公”之一,是最高监察官,执掌弹劾、纠察之权,专司监察全国的民政、财政以及财务审计事项,并协助丞相处理政事。汉承秦制,西汉初中央仍设“三公”“九卿”,仍由御史大夫执掌监督审计大权。二是“上计”制度日趋完善。秦朝继承了周朝的“上计”制度,到了汉代,汉武帝在原来“上计”制度的基础上制定了“上计律”,使审计与法律联系起来,成为我国审计立法的开端。三是审计地位提高,职权扩大。御史制度是秦汉时代审计建制的重要组成部分,秦汉时代的御史大夫不仅行使政治、军事的监察之权,还行使经济的监督之权,控制和监督财政收支活动,勾稽总考财政收入情况。由此可见,秦汉时期的审计比西周时期取得了更大的发展,但这个时期仍然属于审计初步发展的时期。

隋唐及宋,中央集权不断加强,官僚系统进一步完善,审计制度也随之健全。宋代设立“审计司”和“审计院”,是我国审计定名之始。

元明清各朝代,君主专制日益强化,审计工作没有专门机构和专职人员管理,审计有所削弱。

辛亥革命后,北洋政府于1912年在国务院下设审计处,到1914年,将审计处改为审计院,同年颁布了《审计法》。1920年南京国民政府设立审计院,后改为隶属于监察部的审计部。

新中国成立以后,我国审计步入现代阶段。中华人民共和国成立初期,全国学习苏联的经验,以会计检查取代了审计,国家未设立独立的审计机构。一方面赋予会计人员以监督财政、财务收支的职权,另一方面实行由主管部门对所属单位进行不定期的会计检查,对财政、税务、银行进行业务监督。但这些检查监督,既不能自行监督,也不能互相监督,更不能适应经济发展的需要。在实行经济体制改革过程中,人们开始认识到,建立社会主义的审计制度、完善社会主义的经济监督体系的必要性。这种必要性主要出于健全民主与法制,为宏观调控服务,维护经济秩序,保障所有者权益,促进廉政建设,提高经济效益的需要。1982年12月,第五届全国人民代表大会第五次会议通过了《中华人民共和国宪法》,规定在我国建立审计机构,实行审计监督制度。1983 年 9 月,我国在国务院设立了审计署,县以上的各级人民政府也相继成立了审计局,独立行使审计监督权。审计机关独立行使审计监督权,不受其他行政机关、社会团体和个人的干涉。1984 年 12 月 17 日,中国审计学会成立。1985 年 8 月公布了《审计工作试行程序》。1988 年 12 月,国务院发布了《中华人民共和国审计条例》。1994 年第八届全国人大常委会第九次会议通过了《中华人民共和国审计法》,对审计监督的基本原则、审计机关和注册会计师、审计机关职责、审计机关权限、审计程序、法律责任等做了全面规定。1997 年国务院又发布了《中华人民共和国审计法实施条例》,并于 2010 年进行了修订,修订后的《中华人民共和国审计法实施条例》自 2010 年 5 月 1 日起施行。2009 年审计署又对《中华人民共和国国家审计准则》进行修订,并经 2010 年 9 月 1 日的审计长会议审议通过,自 2011 年 1 月 1 日起施行。

## 二、内部审计的产生和发展

### (一) 国外内部审计的产生和发展

在西方国家,内部审计的起源可以追溯到古代和中世纪。史料记载的庄园审计、宫廷审计、行会审计和寺院审计都属于内部审计范畴。它们也是因受托经济责任关系的出现、组织内部需要经济监督而形成的。

20 世纪前后,资本主义经济的发展,使生产和资本高度集中,托拉斯式的大型企业大量出现,企业只能采取分级、分散管理体制。这就导致大型企业内部要设立专门的机构和人员,由最高管理当局授权,对其所属分支机构的经营业绩进行独立的内部审计监督,近代内部审计也就应运而生。早在 1875 年,德国的克虏伯公司就实行了内部审计制度。20 世纪初,美国的铁道部门开始对本系统实行内部财务审计和经营审计。经过一个时期的实践,到 1941 年内部审计有了初步发展,其成效为社会所认可。维克多·布瑞克出版《内部审计学》,这是有关内部审计的第一部专著,宣告内部审计学的诞生。同年,"内部审计师协会"在纽约成立,即今天的国际内部审计师协会。该协会制定了《内部审计师职责条例》《内部审计实务标准》,对内部审计人员的职责、范围和执业标准作出规定。该协会成立时仅有会员 24 人,但它标志着内部审计已成为一支社会力量,内部审计在理论与实务方面已颇具影响,以致后来人们把 1941 年誉为内部审计的奠基年。从此,揭开了现代内部审计的序幕。

第二次世界大战以后,资本主义经济的空前发展,使竞争更加激烈。为了增加竞争实力,在控制理论的指导下,许多企业都十分重视加强内部经济监督,实行事前预防性控制,现代内部审计随着内部控制的加强而蓬勃发展起来。现代内部审计成型的主要标志:一是它出于经济预测和事前控制的需要,实行事前审计制度;二是审计领域的拓宽,由财务审计扩展到经营审计、管理和效益性方面的审计。

在西方的许多国家，不仅企业设置内部审计机构，实行内部审计制度，而且政府部门也开展内部审计。比如，美国联邦政府各部门和地方政府都设有稽核长办公室，执行内部审计职责。当今，西方国家企业单位内部审计机构和内部审计师，通过对经营管理的评价、建议，日益成为企业最高决策人的得力助手而为社会所关注；内部审计师正在成为西方社会人们最为向往的职业之一。

**（二）我国内部审计的产生和发展**

在我国封建社会，“普天之下，莫非王土，率土之滨，莫非王臣”，随着政府审计的产生和发展，内部审计也随之形成。据史料记载，早在西周时期就有了内部审计的雏形，当时设置“司会”一职，除了负责财政经济的全面核算以外，还同时行使内部审计之权，对王朝内的财务收支按日、按月、按年考核，监督王朝财务在各部门各环节的动态，并定期向周王报告，以维护统治阶级的利益。这种做法可称为原始意义上的内部审计，在审计范围、方法和人员配备上只处于起步阶段，谈不上系统的审计理论和完善的审计制度。

我国现在的内部审计是伴随政府审计的恢复和重建而产生和发展的。

党的十一届三中全会以后，为了适应社会主义市场经济的新形势，强化各部门、各单位内部控制及管理，完善审计监督体系，中华人民共和国审计署于 1984 年提出在部门、单位内部成立专职的审计机构、配备专职的审计人员实施内部审计。1985 年 10 月国家审计署颁布了《审计署关于内部审计工作的若干规定》，随后陆续颁布了相关法规。1987 年 4 月，中国内部审计学会成立，2002 年 5 月经民政部批准，更名为中国内部审计协会，是对内部审计进行行业自律管理的全国性行业组织。各业务主管部门都针对本行业、本系统的情况制定内部审计的具体办法，内部审计日趋规范化，对促进企业改善经营管理发挥了积极作用。根据《中华人民共和国审计法》的有关规定，1995 年 7 月审计署颁布了《审计署关于内部审计工作的规定》，就我国内部审计的任务、职责、权限、机构设置、审计范围、工作程序，以及职业道德标准等作出了明确规定，进一步规范了我国内部审计工作。目前，由于我国各部门、各单位领导的重视，广大内部审计工作者的辛勤劳动，我国内部审计事业在强化内部控制、深化企业改革，以及建立现代企业制度诸多方面正在作出自己应有的贡献。

## 三、注册会计师审计的产生和发展

**（一）国外注册会计师审计的产生和发展**

注册会计师审计起源于企业所有权和经营权的分离，是市场经济发展到一定阶段的产物。从国外注册会计师审计发展的历程看，它最早起源于意大利合伙企业，在英国股份公司出现后得以形成，伴随着美国资本主义市场的发展而逐步完善起来。

西方国家的注册会计师审计起源于 16 世纪的意大利。当时，地中海沿岸商品贸易已经比较繁荣,威尼斯是这一地区的中心,商业经营规模不断扩大。由于单个的业主难以满足投入巨额资金的需求,为了筹集所需的大量资金,合伙企业便由此产生。合伙企业不仅提出了会计主体的概念,促进了复式记账的产生和发展,也产生了对注册会计师审计的最初需求。由于部分合伙人仅仅对合伙企业出资而不参与经营管理,便出现了所有权与经营权的分离。出资的合伙人希望对经营者进行监督,经营者也希望向出资合伙人证明其认真履行了合伙契约,正确计算分配了企业的利润,因此,产生了对独立第三方鉴证的客观需求,开始聘请会计专家来担任查账和公证工作。这样,在16世纪意大利的商业城市中出现了一批具有良好的会计知识、专门从事这种查账和公证工作的专业人员,并于1581年在威尼斯创立了威尼斯会计师协会。这便是注册会计师审计的萌芽。

随着经济重心的转移,英国在注册会计师审计的形成和发展过程中发挥了重要作用。英国工业革命(18世纪)以后,产业规模日益扩大,以发行股票筹集资金为特征的股份公司大量涌现,公司所有权与经营权进一步分离,绝大多数股东不再直接参与经营管理,但出于自身的利益,非常关心公司的经营成果。潜在投资者也十分关注公司经营情况,以便进行投资决策。这些需求,只能通过独立的会计师对财务报表进行审计加以满足。现代注册会计师审计产生的“催化剂”是1721年英国“南海公司事件”。南海公司以虚假信息诱骗投资者,最终走向破产,议会聘请查尔斯·斯内尔对南海公司进行审计,斯内尔以会计师名义出具了“查账报告书”,从而宣告了注册会计师的诞生。1844年,英国颁布《公司法》,规定股份公司必须设监察人,负责公司账目的审查;1853年,苏格兰爱丁堡创立了第一个注册会计师的专业团体——爱丁堡会计师协会,标志着注册会计师职业的诞生。

从1844年到20世纪初,是注册会计师审计的形成时期。这一时期,法律规定股份公司和银行必须聘请注册会计师审计,使英国注册会计师审计得到迅速发展,然而,当时尚缺乏系统的理论依据和方法体系,只是根据查错防弊的审计目的,对大量的账簿记录进行逐笔审查,即采用详细审计方法,后来人们称之为英式详细审计。其主要特点有:注册会计师的法律地位得到了法律的确认;审计的主要目的是查错防弊,保护企业资产的安全与完整;审计的方法是对会计账目进行详细审计;审计报告使用人主要为企业股东。

19世纪后半叶,英国的巨额资本开始流入美国,英国注册会计师也随之进入美国开展审计业务。20世纪初,美国逐渐成为世界经济的重心,美国的注册会计师审计取得了迅速发展。1887年,美国公共会计师协会成立,1916年改组为美国注册会计师协会,后来成为世界最大的注册会计师职业团体。注册会计师渗透到社会经济领域的不同层面。由于金融资本对产业资本更为广泛的渗透,企业同银行的关系愈加紧密,银行逐渐把企业的资产负债表作为了解企业信用的主要依据。于是,以资产负债表审计为特征的美国式注册会计师审计产生了。审计方法也从单纯的详细审计过渡到初期的抽样审计。在这一时期,美国式注册会计师审计的主要特点有:审计对象由会计账目扩展到资产负债表;审计主要是通过对资产负债表数据的检查,判断企业信用状况;审计方法从详细审计初步转向抽样审计;审计报告使用人除股东外,扩大到了债权人。

1929—1933年,资本主义世界经历了历史上最严重的经济危机,大批企业倒闭,投资者和债权人蒙受了巨大的经济损失。在客观上促使企业利益相关者从只关心企业财务状况转变到更加关心企业盈利能力,产生了对损益表进行审计的要求。美国1933年《证券法》规定,在证券交易所上市的公司的财务报表必须接受注册会计师审计,向社会公众公布注册会计师出具的审计报告。注册会计师审计体现出新的特征:审计对象涵盖以资产负债表、利润表为中心的全部会计报表;审计主要目的是对会计报表发表审计意见,以确定其可信性;审计范围扩大到控制测试,并广泛采用抽样审计;审计报告使用人扩大到企业的利益相关者;审计准则开始修订,审计工作向标准化、规范化方向发展。

第二次世界大战后,经济发达国家通过各种渠道推动本国企业向海外拓展,跨国公司得到空前发展。国际资本的流动带动了注册会计师审计的跨国界发展,形成了一大批国际会计师事务所。随着会计师事务所规模的扩大,产生了"八大"国际会计师事务所,后来合并为"六大",之后又合并为"五大",时至今日,尚有"四大"国际会计师事务所,即普华永道(Pricewaterhouse Coopers)、德勤(Deloitte Touche Tohmatsu)、安永(Ernst & Young)、毕马威(KPMG)。

小资料

"四大"国际会计师事务所全球收入情况如表1-1所示。

表1-1　**"四大"国际会计师事务所全球收入情况**　单位:亿美元

| 事务所名称 | 2018年 | 2019年 |
|---|---|---|
| 普华永道 | 388 | 432 |
| 德勤 | 376.8 | 412.8 |
| 安永 | 314 | 347.7 |
| 毕马威 | 264 | 289.6 |

**(二)我国注册会计师审计的产生和发展**

我国注册会计师审计的历史比西方国家要短得多,旧中国的注册会计师审计始于辛亥革命之后。1918 年，北洋政府颁布了我国第一部注册会计师审计法规——《会计师暂行章程》，并于同年批准谢霖为我国第一位注册会计师。谢霖创办了我国第一家会计师事务所——正则会计师事务所，与后来潘序伦创办的潘序伦会计师事务所(后改称立信会计师事务所)、徐永祚创办的徐永祚会计师事务所、奚玉书创办的公信会计师事务所被誉为旧中国的“四大”会计师事务所。1925 年，在上海成立了“全国会计师公会”，1930 年，国民政府颁布《会计师条例》，确立了会计师的法律地位。至 1947 年，我国已有注册会计师 2 619 人，并建立了一批会计师事务所。但是，会计师事务所主要集中于沿海大城市，业务较为单一，注册会计师审计未能得到很大的发展。

新中国成立初期，注册会计师审计在经济恢复工作中发挥了重要作用。当时负责财经工作的陈云同志大胆雇用注册会计师，依法对工商企业进行查账，对平抑物价、保证国家税收、争取国家财经状况好转作出了突出贡献。在社会主义改造中，私有制的会计师事务所也是改造的对象，注册会计师悄然退出了历史的舞台。

改革开放以后，商品经济得到迅速发展，注册会计师审计也随之恢复。1980 年财政部发布《关于成立会计顾问处的暂行规定》，标志我国注册会计师职业开始重建，主要业务是为外商投资企业进行审计并提供会计咨询服务。1981 年 1 月 1 日，上海会计师事务所成立，成为新中国第一家由财政部批准独立承办注册会计师业务的会计师事务所。1986 年 7 月，国务院颁布《中华人民共和国注册会计师条例》，确立了注册会计师行业的法律地位。1988 年 11 月 15 日，中国注册会计师协会成立，我国注册会计师行业开始步入政府监督和指导、行业协会自我管理的轨道。1993 年 10 月，第八届全国人大常委会第四次会议审议通过《中华人民共和国注册会计师法》(以下简称《注册会计师法》)，对注册会计师行业进行规范。

在国家法律、法规的规范下，我国注册会计师行业得到了快速发展。一是不断拓展服务领域。从最初的主要为外商投资企业提供查账、验资等服务，发展到为所有企业提供财务报表审计等鉴证服务，并向非鉴证服务拓展，执业范围得到扩展和延伸。二是不断加强人才培养。自 1991 年设立注册会计师全国统一考试以来，全国具有注册会计师资质的人员超过 22 万人。中国注册会计师考试于 2006 年首次在欧洲地区开设考场。同时，行业建立了继续教育制度，制定发布了行业人才培养“三十条”，明确提出了加强行业人才培养的指导思想和总体思路，大力推行行业人才培养战略。三是不断深化执业标准建设。根据国际审计准则的发展趋势和审计环境的巨大变化，大力推行审计准则国际趋同战略。2006 年年初实现与国际审计准则的趋同，建立起一套既适应社会主义市场经济建设要求又与国际准则相接轨的审计准则体系。2010 年 11 月，又对 38 项审计准则进行了修订，保持了与国际准则持续全面的趋同。2016 年 12 月 23 日，财政部发布《在审计报告中沟通关键审计事项》等 12 项新审计报告准则，先行在上市公司分类分批实施，在 2018 年 1 月 1 日起全面实施。四是不断完善监管制度建设。2004 年创立了会计师事务所执业质量检查制度，从以往的以专案、专项检查为主要方式向 5 年一个周期的制度性、全面性检查转变，并开展全国性的会计师事务所执业质量检查工作。五是不断推动会计师事务所健康发展。开展会计师事务所脱钩改制，推动会计师事务所做大做强。2009 年 10 月 3 日，国务院办公厅发布《国务院办公厅转发财政部关于加快发展我国注册会计师行业若干意见的通知》(简称“国办发 56 号文”)，引导促进注册会计师行业又好又快发展，财政部连出三项新法规，即《会计师事务所财务管理暂行办法》《关于科学引导小型会计师事务所规范发展的暂行规定》《关于推动大中型会计师事务所采用特殊普通合伙组织形式的暂行规定》，力推会计师事务所做大做强。六是不断密切国际合作。先后加入亚太会计师联合会和国际会计师联合会，向国际审计与鉴证准则理事会等国际组织选派代表，与 30 多个国家和地区的 50 多个会计师执业组织建立了交往和合作关系，国际影响力和国际地位日益提高。

### 小资料

2018 年我国会计师事务所十强排名如表 1-2 所示。

表 1-2　**2018 年我国会计师事务所十强排名**①

| 名次 | 2018 年 | | | | | |
|---|---|---|---|---|---|---|
| | 名　称 | 收入/亿元 | CPA 人数 | 从业人数 | 分所数量 | |
| 1 | 普华永道中天 | 51.72 | 1 153 | 9 460 | 普华永道中天 | 22 |
| 2 | 德勤华永 | 44.67 | 1 013 | 6 415 | 德勤华永 | 13 |
| 3 | 安永华明 | 38.96 | 1 167 | 6 520 | 中瑞岳华 | 17 |
| 4 | 立信 | 36.68 | 2 108 | 7 579 | 安永华明 | 31 |
| 5 | 毕马威华振 | 33.62 | 799 | 5 071 | 立信 | 12 |
| 6 | 瑞华 | 28.79 | 2 266 | 8 986 | 毕马威华振 | 40 |
| 7 | 天健 | 22.15 | 1 602 | 5 139 | 大信 | 15 |
| 8 | 致同 | 18.36 | 1 232 | 5 957 | 天健 | 23 |
| 9 | 大华 | 17.10 | 1 308 | 4 340 | 信永中和 | 29 |
| 10 | 天职 | 16.62 | 1 127 | 4 397 | 国富浩华 | 24 |

### 同步思考 1-1

如何实现本土会计师事务所的做大做强？

① 中国注册会计师协会发布的会计师事务所综合评价前百家信息。

## 第二节 审计的概念和特征

### 一、审计的概念

#### （一）审计的定义

“审”，繁体为“審”。上面是宝盖表示住房；中间像兽爪分开之形，即通过兽爪遗留下来的足迹，辨别是何种动物；下面是个田字；其本意是田里种的庄稼被践踏了，可以通过兽爪留下来的足迹加以辨认，进而判断是何种动物所为。后来本意消失，被用作“详知、明悉”之意。“计”为会计账目。审计的最初含义就是审查会计账目。

审计发展至今，已经超越了查账的范畴，涉及对各项工作的经济性、效率性和效果性的查核。随着审计的不断完善和发展，人们对审计的概念也进行了深入的研究，我国具有代表性的是1989年中国审计学会审计基本理论研究组对审计的定义：审计是由专职机构和人员，依法对被审计单位的财政、财务收支及其有关经济活动的真实性、合法性、效益性进行审查，评价其经济责任，用以维护财经法纪，改善经营管理，提高经济效益，促进宏观调控的独立性的经济监督活动。国外最具代表性的是美国会计学会（AAA）的基本审计概念委员会于1972年发布的《基本审计概念说明》中的定义：

“审计是一个客观地获取和评价与经济活动和经济事项的认定有关的证据，以确认这些认定与既定标准之间的符合程度，并把审计结果传达给利害关系人的系统过程。”

这一定义涉及六个方面的主要内容：

一是经济活动和经济事项的认定。引起被审计单位的资产、负债、所有者权益及收入和费用发生增减变化的活动就是经济活动或交易事项。被审计单位有关经济活动和经济事项的认定是审计的对象。如财务报表列示应收账款10 000元，管理层的认定表明这些应收账款是存在的，计价是准确的。

二是客观地获取和评价审计证据。客观意味着没有偏见，这不仅是对信息获取方法的质量要求，也是对注册会计师的道德要求。证据是注册会计师用来确定被审计单位的认定与既定标准是否一致的资料。获取和评价证据是审计的中心环节，确定证据的类型和必要的证据数量，并且评价其与既定标准是否相符，是每一次审计的关键。客观地获取和评价证据要求对被审计单位有关认定的形成基础加以审查，并对其结果加以公正地评估，不偏不倚。

三是认定与既定标准之间的符合程度。既定的标准是指判断认定时所使用的衡量标准，这些标准既可能是立法机关制定的特殊规则、管理层制定的预算或绩效衡量标准，也可能是财务会计委员会或其他权威机构发布的一般公认会计原则。选择哪种标准取决于所审计的信息。符合程度是指注册会计师确认管理层认定与既定标准的接近程度。这种符合程度既可以用数量表示，如现金短缺金额，也可以用质量方法表示，如财务报表的公允性。

四是审计结果。审计结果是基于对证据的分析和评价而得出的对认定与结果的一致程度的评价。传达审计结果可以提高被审计单位作出的认定的可靠性。审计结果的传达一般采用书面报告形式，如有关财务报表的审计报告。

五是利害关系人。利害关系人是指所有使用或依赖审计报告的单位和个人。审计服务的对象不仅限于被审计单位或审计的委托人，还包括所有与被审计单位有利害关系的用户，如股东、管理层、债权人、政府机构和一般社会公众等。

六是系统的过程。系统的过程指的是合理的、有序的、有组织的步骤或程序，审计是一种遵循顺序、逻辑严密的活动。这就要求审计人员在制定审计计划、执行审计程序、获取审计证据和形成审计结论时要通盘考虑，以实现审计目标。

这一定义可通过图 1-1 简明地表示。

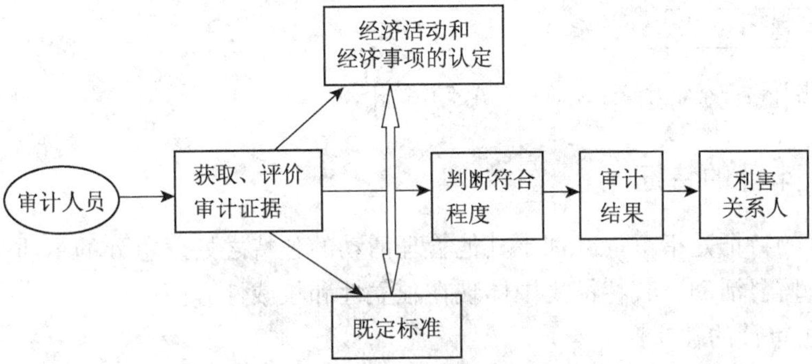


**图 1-1　审计是一个系统化的过程**

### (二) 审计与会计的区别

许多财务报表使用者和一般公众将审计与会计混为一谈，其原因是大多数审计都与会计信息相关，同时许多审计师又是会计专家。此外，将多数从事审计业务的人称为“注册会计师”更是加剧了这种混淆。

会计师以逻辑方式对经济事项进行记录、分类和汇总，其目的是为决策提供所需的财务信息。为了提高相关的信息，会计人员必须全面掌握表述会计信息所应遵循的原则和规则。此外，会计人员应制定一套会计处理系统，以确保能以合理的成本，及时、恰当地记录单位所发生的经济事项。

在审计会计数据时，审计师应关注所记录的信息是否恰当地反映了会计期间内所发生的经济事项。由于公认会计原则是评价会计信息是否恰当记录的标准，因此，审计师必须全面掌握公认会计原则。

除了懂得会计之外，审计师必须拥有收集和解释审计证据的专业能力，这种专业能力正是审计师与会计人员的区别所在。确定适当的审计程序、所测试项目的数量和类型以及评价结果等，都是审计所特有的工作。

具体而言，会计和审计的区别如表 1-3 所示。

表 1-3　**会计与审计的区别**

| 项　目 | 会　计 | 审　计 |
| --- | --- | --- |
| 产生前提 | 加强经济管理 | 加强经济监督 |
| 性质 | 经营管理的组成部分 | 经济监督的组成部分 |
| 对象 | 资金运动过程 | 经济活动 |
| 方法程序 | 核算、分析、检查 | 规划方法、实施方法、管理方法 |
| 职能 | 记录、计算、反映、监督 | 监督、评价、鉴证 |

**同步思考 1-2**

你将怎样向一个非财经专业的人解释审计是什么？

## 二、审计的特征

审计的特征是指审计区别于其他管理活动的独特之处。审计的本质是一种独立的经济监督活动。其特征集中体现在独立性和权威性方面。

### (一) 审计的独立性

独立性是审计的灵魂。审计可以提高财务报表等信息的可信任程度，如果审计人员与被审计单位在经济上或其他方面存在紧密联系，丧失了独立性，那么，审计人员就不可能对被审计单位的经济事项发表公正的意见，所以，独立性是审计的最本质特征。为了充分体现这一本质特征，在审计机构的设置和审计工作过程中必须遵循独立性原则，做到实质上的独立和形式上的独立。审计的独立性主要体现在三个方面。

1. 组织机构的独立

组织机构的独立是保证审计工作独立性的关键。其主要内容为审计机构不能受制于其他部门和单位，尤其是不能成为国家财政部门和各机构财务部门的下属机构，否则，对财政、财务收支进行审计就会失去意义。组织机构的独立性还表现为审计机构应独立于被审计单位，与被审计单位没有任何组织上的行政隶属关系。

2. 业务工作的独立

业务工作的独立首先是指审计工作不能受任何部门、单位和个人的干涉，应独立地对被审查的事项作出评价和鉴定；其次是指注册会计师要保持精神上的独立，自觉抵制各种干扰，对被审计事项作出客观公正的结论。

3. 经济来源的独立

经济来源的独立是保证审计组织独立和业务工作独立的物质基础。如果审计机构没有一定的经费或收入，其业务活动就无法展开，但若其经费或收入受制于被审计单位或与其相关的其他单位，审计的独立性就难以保证。这一方面要求各级审计机构的经费要有一定的标准，不得随意变更；另一方面要求会计师事务所的收入要受国家法律的保护，使其公正、合理。

**(二) 审计的权威性**

审计组织的权威性是审计监督正常发挥作用的重要保证。一方面，各国法律对实行审计制度、建立审计组织以及审计机构的地位和权力都有明确规定，同时，一些国际组织也通过协调各国审计制度、准则以及制定统一的标准，使审计成为一项世界性的专业服务，保证了审计的权威性；另一方面，审计组织的独立性决定了它的权威性。审计人员以独立于被审计单位的第三方身份进行工作，任何组织不得拒绝、阻碍审计人员依法执行审计业务，不得打击报复审计人员，而且取得审计人员资格必须通过国家统一规定的考核或考试，因而他们具有较高的专业知识水平，这就保证了其所从事的审计工作具有准确性、科学性。正因为如此，审计人员的审计报告具有一定的社会权威性，经济利益不同的使用者乐于接受。

# 第三节 审计的职能和分类

## 一、审计的职能

审计职能是指审计本身所固有的内在功能。它是审计能够适应社会经济生活需要所必须具备的能力，并且随着社会经济条件和经济发展的客观需要而变化。一般而言，审计具有经济监督、经济评价和经济鉴证职能。其中，经济监督是基本职能，经济鉴证和经济评价是以经济监督为基础而派生出的职能。

**(一) 经济监督**

经济监督是指通过对被审计单位的财政、财务收支及有关经济活动真实性、合法性和效益性的审查，指出错弊，监督被审计单位或个人遵守财经法纪，履行经济责任，以保证被审计单位的经济活动和会计核算按规定的轨道运行的职能。它是审计最基本的职能。综观审计产生和发展的历史，审计无不表现为经济监督活动，履行着经济监督的职能。政府审计对财政收支情况进行检查，作出审计处理处罚决定并监督执行，内部审计对单位内部的经济活动进行检查，对效益进行考评，注册会计师审计对被审计单位的财务收支的公允性和合法性进行审查来实施经济监督，都体现了审计的经济监督职能。

**（二）经济评价**

经济评价是指审计机构或审计人员在对被审计单位的财政、财务收支及其有关经济活动进行审查核实的基础上，对被审计单位经营决策、计划、预算是否确实可行，经济活动及其结果是否按照既定方针运行，经济效益的高低优劣，以及内部控制制度是否健全有效等作出评价，从而有针对性地提出意见和建议，以促使其改善经营管理，提高经济效益的活动。经济效益审计最能体现审计的评价职能。

**（三）经济鉴证**

经济鉴证是指审计机构或审计人员通过对被审计单位的财务报表和其他相关资料进行检查和验证，确定其财务状况和经营成果的公允性、合法性，并出具书面报告，以取得审计委托人或社会公众的信任。例如，注册会计师接受委托，通过对财务报表审计出具审计报告，就体现了审计的经济鉴证职能。各国法律均规定，企业的财务报表必须经过审计人员的审查鉴证，审计的经济鉴证职能在经济生活中发挥着越来越重要的作用。

审计机构和人员在发挥审计职能、达成审计目标过程中所产生的社会效果就是审计的作用。体现在制约性和促进性两方面。

一方面，审计发挥经济监督的职能，揭示错误进而纠正错误，提高会计工作质量，揭露舞弊，保护财产安全，防止损失；在审查取证的基础上，对违法违纪行为进行查处，维护财经法纪的权威。

另一方面，审计机构和人员通过审核和检查，对被审计单位的财务收支和有关经营管理活动及其经营管理制度进行评价，既指出其合理的方面，以便继续推广，也指出其不合理方面，并提出建议，促进被审计单位加强经营管理。不仅如此，审计机构和人员还对于经济活动所实现的经济效益进行评价，指出潜力所在，以提高经济效益和社会效益。

**同步思考 1-3**

注册会计师在现代经济社会中的作用是什么？

**同步案例**

张华和李强是好朋友，两人共同开了一家餐厅。张华因有工作单位，不能离职参与经营，经协商,由李强来经营管理。双方约定,李强每月工资为3 500元,年终利润平分。到了年底,李强告诉张华,餐厅生意冷淡,没有利润可分。而张华的朋友告诉他,餐厅的生意很是火爆。张华很是郁闷,到底是谁的话可信呢?有人提议,请一个注册会计师来查账,不就清楚了?要求:请根据材料论述注册会计师有什么作用,并说明注册会计师能否解答张华的疑问。

## 二、审计的分类

审计可以从不同的角度作出不同的分类。对审计进行科学分类,可以帮助我们从不同的角度加深对审计的认识,以便有效地组织和运用各种类型的审计,更好地发挥审计的职能作用,建立完善我国的审计的监督体系。一般将审计大致分为基本分类和其他分类。

### (一) 审计的基本分类

审计的基本分类,有按审计主体分类和按审计的内容及目的分类两种。

1. 按审计主体分类

审计的主体是指审计的执行者。审计按其主体不同,可分为政府审计、民间审计和内部审计。

政府审计是由国家审计机关依法实施的审计,又称国家审计。政府审计的主体是中央政府一级和地方政府各级的审计机关。审计机关是国家为了依法对财政、财务收支等进行审计监督而专门设立的国家机关。政府审计监督范围包括:国务院各部门和地方各级人民政府及其各部门的财政收支;国有金融机构和企事业单位的财务收支;国有资本占控股或主导地位的企业及金融机构;其他应当接受审计的财政、财务收支。政府审计的目的是保证财政资金的依法合理使用,防止国有资产的损失浪费,维护国家财经法纪,提高财政资金使用效益,促进廉政建设,保障国民经济的健康发展。

民间审计是指由经政府有关主管部门审核批准的由注册会计师组成的会计师事务所进行的独立审计,又称为注册会计师审计、独立审计和社会审计。民间审计的委托人或授权人通常是各类资源财产的所有人或主管人,包括政府审计机关、国家行政机关、企事业单位和个人等,民间审计组织接受他们的委托或经其授权,代表他们依法对被审计单位的经济活动进行审计。民间审计组织的业务范围十分广泛,包括审计、审阅等鉴证业务和相关服务业务。

内部审计是组织内部专职审计机构或人员实施的审计,是组织内部的一种独立客观的监督和评价活动,它通过审查和评价经营活动及内部控制的适当性、合法性和有效性来促进组织目标实现。内部审计的主体是组织内部专职审计机构或人员。国家机关、金融机构、企事业单位、社会团体及其他单位,应按国家规定设立专职的内部审计机构。内部审计的范围是组织的经营活动和内部控制,包括各种业务活动、管理活动及相关内部控制，也包括财政财务收支活动与控制。审计目的是监督和评价本单位及所属单位财政收支、财务收支及经济活动的真实性、合法性和效益性，内部控制及风险管理的有效性。

政府审计、民间审计与内部审计的区别如表 1-4 所示。

表 1-4　　政府审计、民间审计与内部审计的区别

| 类别<br>项目 | 政府审计 | 民间审计 | 内部审计 |
|---|---|---|---|
| 审计主体 | 政府审计机关 | 会计师事务所 | 内部审计机关 |
| 审计目标 | 财政收支情况 | 财务报表合法性、公允性 | 内部控制运行情况 |
| 审计独立性 | 单向独立 | 双向独立 | 单向独立 |
| 审计方式 | 强制审计 | 受托审计 | 自行安排 |
| 审计报告对象 | 政府机关 | 社会公众 | 单位负责人 |
| 审计标准 | 国家审计准则 | 注册会计师审计准则 | 内部审计准则 |

2. 按审计的内容及目的分类

审计按其内容及目的分类，可分为财务报表审计、经营审计和合规性审计。

财务报表审计是注册会计师通过执行审计工作，对财务报表是否按照规定的标准编制发表审计意见。规定的标准通常是企业会计准则和相关会计制度。当然，对按照计税基础、收付实现制基础或监管机构的报告要求编制的财务报表，注册会计师进行审计也较普遍。财务报表通常包括资产负债表、利润表、现金流量表、所有者权益（或股东权益）变动表以及财务报表附注。一般来说，经注册会计师审计的财务报表通常为被审计单位管理层进行内部决策提供依据。尽管财务报表审计在大多数情况下由注册会计师完成，以独立第三者的身份对财务报表发表意见，但政府审计人员和内部审计人员有时也会对企业财务报表进行审计。

经营审计是注册会计师为了评价被审计单位经营活动的效率和效果，而对其经营程序和方法进行的审计。美国政府审计准则对经营审计作出如下规定："经济和效率审计包括确定：①经济主体取得、保护和使用其资源（如人员、财产和空间）时是否具备经济性和效率性；②低效或不经济的成因；③经济主体是否遵守法律法规中关于经济和效率的规定。但程序审计包括确定：①立法机关或其他权威机构的预测结果或多或少影响收益的实现程度；②组织、系统、业务活动或职能的效力；③经济主体是否遵循法律法规中适用于该系统的规定。"注册会计师从事经营审计业务，在完成审计工作后，一般要向被审计单位管理层提出经营管理建议。在经营审计中，审计对象不限于会计，还包括组织机构、计算机信息系统、生产方法、市场

营销以及注册会计师能够胜任的其他领域。在某种意义上，经营审计更像是管理咨询。

合规性审计的目的是确定被审计单位是否遵循了特定的法律、法规、程序或规则，或者是否遵守将影响经营或报告的合同的要求。例如，确定会计人员是否遵守了财务主管规定的手续，检查工薪率是否符合机关法律规定的最低限额，或者审查与银行签订的合同，以确信被审计单位遵守了法定要求。合规性审计的结果通常报送给被审计单位管理层或外部特定使用者。表1-5总结了这三种类型的审计，并为每种类型分别举了一个范例。

表1-5　　三种类型审计的实例①

| 审计类型 | 实　例 | 信　息 | 既定标准 | 可用证据 |
| --- | --- | --- | --- | --- |
| 财务报表审计 | 波音公司的年度财务报表审计 | 波音公司的财务报表 | 公认会计原则 | 凭证、记录和外部证据 |
| 经营审计 | 评价某公司中国分部的工资处理工资的电算系统的效率和效果 | 每月处理的工资记录数，该部门的成本和差错数 | 公司就工资部门的效率和效果设定的标准 | 错误报告、工资记录及工资处理成本 |
| 合规性审计 | 确定贷款存续期是否符合银行要求 | 公司记录 | 贷款协议条款 | 财务报表和审计师的计算 |

**（二）审计的其他分类**

1. 按审计范围分类

审计按其范围，可以分为全面审计、局部审计和专项审计。

全面审计又称全部审计，是指对被审计单位一定期间的财政财务收支及有关经济活动的各个方面及其资料进行全面的审计。

局部审计又称部分审计，是指对被审计单位一定期间的财务收支或经营管理活动的某些方面及其资料进行部分、有目的、重点的审计。

专项审计又称专题审计，是指对某一特定项目所进行的审计。

2. 按审计实施时间分类

审计按其实施时间分类，可以分为事前审计、事中审计和事后审计。

事前审计是指在被审计单位经济业务发生以前所进行的审计。对预算或计划的编制和对经济事项的预测及决策进行的审计，均属于事前审计。

① 阿尔文·A·阿伦斯、兰德尔·J·埃尔德、马克·S·比斯利（谢盛纹，张龙平译）：《审计学——一种整合方法》，中国人民大学出版社2013年版。

事中审计是指在被审计单位经济业务执行过程中进行的审计。

事后审计是指在被审计单位经济业务完成以后所进行的审计。财务报表审计这类传统的审计均属事后审计。

3. 按审计执行地点分类

审计按其执行地点分类，可以分为报送审计和实地审计。

报送审计又称送达审计，是指审计机构按照审计法规的规定，对被审计单位按期报送来的凭证、账簿和财务报表及有关账证等资料进行的审计。

实地审计是指审计机构委派审计人员到被审计单位所在地进行的审计。

4. 按审计动机分类

审计按其动机分类，可以分为强制审计和任意审计。

强制审计是指审计机构根据法律、法规规定对被审计单位行使审计监督权而进行的审计。这种审计是按照审计机关的审计计划进行的，不管被审计单位是否愿意接受审计，都应依法进行。

任意审计是被审计单位根据自身的需要，要求审计组织对其进行的审计。

5. 按审计是否通知被审计单位分类

审计按其是否通知被审计单位分类，可以分为预告审计和突击审计。

预告审计是指在进行审计以前，把审计的目的、主要内容和日期预先通知被审计单位的审计方式。

突击审计是指在被审计单位实施审计之前，不预先把审计的目的、内容和日期通知被审计单位而进行的审计，这种审计方式主要是对贪污盗窃和违法乱纪行为进行的财经法纪审计。

6. 按审计方法分类

审计按其适用的技术和方法分类，可分为账项基础审计、制度基础审计和风险导向审计。

账项基础审计又称详细审计，围绕着会计凭证、会计账簿和财务报表的编制过程进行，通过对账表上的数字进行详细核实来判断是否存在舞弊行为和技术上的错误。它是在审计发展的早期形成的，适用于组织结构简单、业务性质单一的企业。

制度基础审计是以内部控制为基础的审计方法，强调对内部控制的测试和评价。如果测试结果表明内部控制运行有效，那么审计人员对财务报表相关项目的审计只需抽取少量样本便可得出审计结论；如果测试结果表明内部控制运行无效，那么内部控制就不值得信赖，审计人员对财务报表相关项目的审计需要视情况扩大审计范围，检查足够数量的样本，才能得出审计结论。企业规模的扩大、统计抽样技术的应用以及内部控制的普及，推进了制度基础审计的产生和发展。

风险导向审计围绕重大错报风险的识别、评估和应对进行审计工作。它要求审计人员从对企业环境和企业经营进行全面的风险评估出发，使用风险导向模型，积极采用分析程序，制定总体审计策略和具体审计计划，以确保审计工作的效率和效果。风险导向审计是当今主流的审计方法。

**同步思考 1-4**

如果一个执行财务报表审计的审计师未能通晓会计，将是一种严重的失职，然而许多胜任的会计人员却并不了解审计过程，试述产生这种差异的原因。

## 本章小结

### ■ 本章内容结构图

- 绪论
  - 审计的产生和发展
    - 政府审计的产生和发展
      - 国外政府审计的产生和发展
      - 我国政府审计的产生和发展
    - 内部审计的产生和发展
      - 国外内部审计的产生和发展
      - 我国内部审计的产生和发展
    - 注册会计师审计的产生和发展
      - 国外注册会计师审计的产生和发展
      - 我国注册会计师审计的产生和发展
  - 审计的概念和特征
    - 审计的概念
      - 审计的定义
      - 审计与会计的区别
    - 审计的特征
      - 审计的独立性
      - 审计的权威性
  - 审计的职能和分类
    - 审计的职能
      - 经济监督
      - 经济评价
      - 经济鉴证
    - 审计的分类
      - 审计的基本分类
      - 审计的其他分类

### ■ 重要名词术语

**审计**：是指一个客观地获取及评价与经济活动和经济事项的认定有关的证据，以确认这些认定与既定标准之间的符合程度，并把审计结果传达给利害关系人的系统过程。

**财务报表审计**：是指注册会计师通过执行审计工作，对财务报表是否按照规定的标准编制发表审计意见。

**经营审计**：是指注册会计师为了评价被审计单位经营活动的效率和效果，而对其经营程序和方法进行的审计。

**合规性审计**：是指确定被审计单位是否遵循了特定的法律、法规、程序或规则，或者是否遵守将影响经营或报告的合同的要求而进行的审计。

## 思考与练习

### 一、思考题

1. 与50年前相比，当今社会对独立审计的需求大大增加了，产生这种现象的主要原因是什么？

2. 如何理解审计的独立性？

3. 审计与会计有何区别和联系？

### 二、选择题

1. 注册会计师审计产生的直接原因是(　　)。

A. 合伙企业制度的产生　　B. 股份制企业制度的形成

C. 资本市场的发展　　D. 所有权和经营权的分离

2. 下列关于“注册会计师审计”的陈述中，恰当的有(　　)。

A. 注册会计师在年报审计中应根据被审计单位所采用的适用的企业会计准则和相关的企业会计制度来判断其年报的编制是否合法，年报反映的内容是否公允

B. 注册会计师在年报审计中必须查出财务报表中所有重大舞弊

C. 注册会计师年报审计的核心环节是对财务报表重大错报风险的“识别、评估和应对”

D. 注册会计师必须获取基于认定的充分适当的审计证据才能对财务报表发表审计意见

3. 注册会计师进行年度财务报表审计时，应对被审计单位的内部审计进行了解，并可以利用内部审计的工作成果，这是因为(　　)。

A. 内部审计是注册会计师审计的基础

B. 内部审计是被审计单位内部控制的重要组成部分

C. 内部审计和注册会计师审计在工作上具有一定程度的一致性

D. 利用内部审计工作成果可以提高注册会计师的工作效率

4. 下列各项有关注册会计师审计的提法中，正确的有(　　)。

A. 注册会计师产生的直接原因是所有权和经营权的分离

B. 注册会计师审计要适应商品经济的发展

C. 注册会计师审计要具有独立、客观、公正的特性

D. 注册会计师审计随企业管理的发展而发展

# 第二章　审 计 职 业



## 本章要点

- 熟悉注册会计师的业务范围
- 掌握注册会计师在执行审计业务时应遵守的执业准则和职业道德守则
- 了解注册会计师的资格取得和注册
- 熟悉会计师事务所的组织形式和设立条件
- 了解我国注册会计师协会的职责以及专门(业)委员会的职责
- 了解我国审计准则的国际趋同
- 了解我国内部审计业务程序
- 了解我国政府审计业务程序

## 适用的准则和规范

- 《中国注册会计师鉴证业务基本准则》
- 会计师事务所质量管理准则第5101号——业务质量管理
- 《中国注册会计师职业道德守则》(2020)
- 《会计师事务所审批和监督暂行办法》(财政部令第24号)
- 《注册会计师注册办法》(财政部令第25号)
- 《注册会计师全国统一考试办法》(财政部令第55号)
- 《关于推动大中型会计师事务所采用特殊普通合伙组织形式的暂行规定》(财会〔2010〕12号)

## 引例 美国山登公司审计失败案例剖析①

山登(Cendant)公司是由CUC公司与HFS公司在1997年12月合并而成的。合并后,山登公司主要从事旅游服务、房地产服务和联盟营销三大业务。舞弊丑闻曝光前,山登公司拥有35 000名员工,经营业务遍布100多个国家和地区,年度营业收入50多亿美元。

根据CUC公司与HFS公司签署的协议,山登公司成立后的第一届经营班子由合并双方的原高管人员组成,第一任首席执行官和首席财务官由HFS公司的首席会计官Scott Forbes担任。在处理1997年度合并报表的编制事宜时,Scott遇到的一些问题导致其对CUC过去的经营业绩产生怀疑,于是,他要求下属对部分可疑账户展开全面调查,并聘请德勤会计师事务所予以协助。经过4个月的调查取证,特别调查组在8月28日向美国证券交易委员会提交了一份长达280页的调查报告。调查结果表明,为了迎合华尔街的盈利预期,CUC公司通过各种造假手段,在1995年至1997年期间,共虚构15.77亿美元的营业收入、超过5亿美元的利润总额和4.39亿美元的净利润,虚假净利润占对外报告净利润的56%。

1999年12月7日,美国新泽西州法官William H. Walls判令山登公司向其股东支付28.3亿美元的赔款。这项判决创下了证券欺诈赔偿金额的世界纪录。12月17日,负责山登公司审计的安永会计师事务所同意向山登公司的股东支付3.35亿美元的赔款,也创下了当时审计失败的最高赔偿纪录。

安永会计师事务所的注册会计师连续多年为山登公司的前身CUC公司严重失实的财务报表出具无保留意见的审计报告,构成了重大的审计失败。从审计的角度看,安永会计师事务所对山登公司的审计失败给世人留下了深刻的警示。

审计的独立性非常重要。在山登公司舞弊案中,主要造假责任人与安永会计师事务所有着千丝万缕的关系。CUC公司关键财务岗位有6个,其中首席财务官、主计长、财务报告主任、合并报表经理在加盟CUC公司之前都是安永会计师事务所的注册会计师,安永会计师事务所的主审合伙人和审计经理由于与他们曾是同事关系,特别容易放松警惕。在审计过程中虽然也发现了财务舞弊的蛛丝马迹,但往往被这4位“前同事”所提出的解释和辩解轻易化解。因此,独立性对审计尤为重要。在本章,我们将为你详细全面的展示审计人员在执业过程中应当遵守的审计准则和有关职业道德。

# 第一节 注册会计师业务范围

根据《注册会计师法》的规定,注册会计师依法承办审计业务和会计咨询、会计服务业务。此外,注册会计师还根据委托人的委托,从事审阅业务、其他鉴证业务和相关服务业务。根据《注册会计师业务指导目录》(2012)的规定,注册会计师依法承办鉴证业务(180项)和相关咨询服务业务(109项)。这些业务项目,既包括审

① 王英姿:《审计原理与实务》,上海财经大学出版社2012年版。

计业务，也包括非审计业务；既包括已经开展的业务，也包括需要进一步拓展和开发的新业务。

## 一、鉴证业务

按照保证程度的不同，鉴证业务又可以分为审计、审阅以及其他鉴证业务。

**（一）审计业务**

1. 审查财务报表，出具审计报告

按照中国注册会计师审计准则的规定，对财务报表发表意见是注册会计师的责任。为了有效制止和防范利用财务报表弄虚作假，提高财务报表质量，国家依法实行企业年度财务报表审计制度。随着审计准则体系的逐步完善，注册会计师执业行为日益规范，执业水平不断提高，注册会计师行业已成为享有较高公信力的行业，为维护会计秩序、保证会计信息质量作出了应有的贡献。

国家有关部门对上市公司监管所依据的信息主要来自上市公司的财务报表和注册会计师对其出具的审计报告，注册会计师在某种程度上已成为上市公司监管的第一道防线，在证券市场上扮演着越来越重要的角色。在某种意义上说，注册会计师通过对上市公司年度财务报表的审计，实施了对上市公司的监管，提高了会计信息的质量。不仅上市公司需要注册会计师审计，国有企业及其他企业也需要注册会计师审计。国务院于 2000 年公布并自 2001 年 1 月 1 日起施行的《企业财务会计报告条例》，要求国有企业、国有控股的或占主导地位的企业应当至少每年一次向本企业的员工代表大会公布财务会计报告，并重点说明注册会计师审计的情况。

《中华人民共和国公司法》（以下简称《公司法》）要求各类公司依法接受注册会计师的审计。一是第 55 条规定："监事会、不设监事会的公司的监事发现公司经营情况异常，可以进行调查；必要时，可以聘请会计师事务所等协助其工作，费用由公司承担。"二是第 63 条规定："一人有限责任公司应当在每一会计年度终了时编制财务会计报告，并经会计师事务所审计。"三是第 165 条规定："公司应当在每一会计年度终了时编制财务会计报表，并依法经会计师事务所审计。"

随着社会主义市场经济体制的确立和发展，政府不再直接管理企业，逐渐将一些管理职能移交给社会中介机构。而且，随着财务报表使用者日渐增多，他们需要通过分析财务会计报告据以作出经济决策，因此最为关心财务会计报告的合法性、公允性。注册会计师的职能之一就是通过对财务报表进行审计，为社会提供鉴证服务。

2. 进行专项审计业务，出具相关审计报告

为了帮助财务报表使用者增强对财务报表的信赖程度，企业需要委托注册会计师对一些专项业务进行审计。在对财务报表进行审计时，注册会计师同样应当

检查形成财务报表的所有会计资料及其反映的经济业务，并关注有关的特定事项。根据《注册会计师业务指导目录》(2012)，注册会计师在进行证券、期货、金融、保险、国有企业、外商投资企业、财政预算资金、非营利机构及其组织相关业务的财务报表审计时，也应当关注其相关的专项项目的审计。

3. 办理法律、行政法规规定的其他审计业务，出具相应的审计报告

在实际工作中，注册会计师还可根据国家法律、行政法规的规定接受委托，对以下特殊目的业务进行审计：①按照特殊编制基础编制的财务报表；②财务报表的组成部分，包括财务报表特定项目、特定账户或特定账户的特定内容；③合同遵循情况；④简要财务报表。这些业务的办理需要注册会计师具备和运用相关的专门知识，注意处理问题的特殊性。对于执行特殊目的审计业务出具的审计报告，也具有法定证明效力，注册会计师及其所在的会计师事务所对此也应承担相应的法律责任。

**(二) 审阅业务**

注册会计师的业务范围经历了由法定审计业务向其他领域拓展的过程。从国内外有关注册会计师的法律看，法定审计业务是注册会计师的核心业务。例如，在美国，有关注册会计师的立法始于1896年的纽约州，到了20世纪20年代中期，各个州都已制定了相应的注册会计师法。尽管各个州出台的注册会计师法有所不同，但有一个共同点，即授予注册会计师从事法定审计业务的特许权，除注册会计师外，其他组织和人士不得承办法定审计业务。我国《注册会计师法》，同样规定了注册会计师的法定审计业务范围。随着经济的发展和社会需求的增加，注册会计师及时调整专业服务的性质，拓展服务的范围和领域。

由于注册会计师具有良好的职业形象和较强的专业能力，这使得其日益成为政府部门和社会公众信赖的专业人士。在许多国家和地区，注册会计师除了承办传统审计业务，还承办其他鉴证业务，以增强信息使用者对所鉴证信息的信赖程度。同时，面对全球化、多元化和竞争激烈的会计市场，注册会计师实现审计业务收入的持续增长已非易事，必须不断地开拓新的市场和业务。从目前情况看，无论在国外，还是在我国，注册会计师承办的业务范围已经十分广泛。目前我国注册会计师承办业务类型较多，其中还有审阅业务。

审阅业务的目标，是注册会计师在实施审阅程序的基础上，说明是否注意到某些事项，使其相信财务报表没有按照适用的会计准则的规定编制，未能在所有重大方面公允反映被审阅单位的财务状况、经营成果和现金流量。相对审计而言，审阅程序简单，保证程度有限，审阅成本也较低。

同步思考

审计与审阅有哪些区别和联系？

### (三) 其他鉴证业务

除了审计和审阅业务外，注册会计师还承办其他鉴证业务，如企业X效率审计、企业碳排放审计、系统鉴证等，这些鉴证业务可以增强使用者的信任程度。

关注到注册会计师服务领域不断扩展这一趋势，国际会计师联合会(IFAC)着手研究、制定并发布适应当前经济环境的执业准则。2002年，IFAC下属的国际审计实务委员会(IAPC，IAASB的前身)发布了《国际鉴证业务准则第100号——鉴证业务》(ISAE 100)，旨在为所有类型的鉴证业务提供一致的框架。2004年12月，ISAE 100被废止，取而代之的是《国际鉴证业务准则第3000号——历史财务信息审计或审阅以外的鉴证业务》(ISAE 3000)，并于2005年1月1日生效。

为了应对不断变化的注册会计师执业环境，加快执业准则国际化趋同的步伐，满足注册会计师的执业需求，中国注册会计师协会在借鉴国际准则的体系和《国际鉴证业务准则第3000号——历史财务信息审计或审阅以外的鉴证业务》的基础上，起草了《中国注册会计师其他鉴证业务准则第3101号——历史财务信息审计或审阅以外的鉴证业务》，并由财政部发布。

我国注册会计师承办的业务范围较为广泛，既有针对历史财务信息的审计和审阅业务，又有历史财务信息以外的其他鉴证业务。

## 二、相关咨询服务业务

### (一) 管理咨询服务业务

管理咨询服务业务是注册会计师与非注册会计师激烈竞争的一个领域。从20世纪50年代起，注册会计师的管理咨询服务业务收入开始增长，并保持了强劲的增长势头。其原因主要是：首先，管理咨询服务业务是增值服务；其次，企业内部结构重组给注册会计师带来了无限商机。最近几年，大型会计师事务所越来越明显地成为管理咨询服务业务的主要提供者。管理咨询服务业务范围很广，主要包括与企业日常经营管理相关的管理咨询服务业务、涉及企业并购重组中的管理咨询服务业务、涉及企业的争端分析与调查的管理咨询服务业务、企业的风险管理咨询服务业务、其他代理咨询服务业务以及其他特定领域的管理咨询服务业务。

### (二) 会计服务业务

注册会计师提供的会计咨询和会计服务业务，包括开业时、日常的、结业时以及特定领域或其他形式的会计服务业务。注册会计师执行的会计咨询、会计服务业务属于服务性质，是所有具备条件的中介机构甚至个人都能够从事的非法定业务。

### (三) 税务服务业务

税务服务业务包括日常税务咨询服务业务和特定领域或其他事项税务咨询服务业务。注册会计师利用专业知识及其累积的经验和声誉，集中会计师事务所优势资源为企事业单位、个人的各种税务活动提供专业化代理服务，可以提高运作效率。

**（四）执行商定程序服务业务**

执行商定程序服务业务是指注册会计师利用专业知识及其累积的经验和声誉对财务信息执行与委托人或其相关利益人商定的程序，并报告其结果。要求注册会计师精通企业内部控制及其业务流程与控制；熟悉与执行商定程序的事项相关的法律、法规和政策规定。

## 三、《注册会计师业务指导目录》

为贯彻落实国务院办公厅转发财政部《关于加快发展我国注册会计师行业的若干意见》（国办发〔2009〕56号），深化行业学习实践活动成果，更好地服务于我国经济社会发展新领域，进一步扩大注册会计师行业市场空间，缓解会计师事务所当前存在的过度竞争压力，不断推动会计师事务所做大做强、做精做专，实现行业多元化、产业化、国际化发展战略，中国注册会计师协会于2010年2月发布了《会计师事务所服务经济社会发展新领域业务拓展工作方案》。根据方案要求，为具体指导会计师事务所拓展新业务工作，中国注册会计师协会进一步组织编订了《注册会计师业务指导目录》。

2011年，中注协对《注册会计师业务指导目录（2010年）》进行修订和补充，编订了《注册会计师业务指导目录（2012年）》（以下简称《指导目录》）。

**（一）《指导目录》对注册会计师行业所涉及的业务项目进行扩展**

《指导目录》对目前注册会计师行业为经济社会发展提供服务的业务项目，进行了最全面的梳理。集中列示注册会计师业务项目共计289项，其中，鉴证业务180项、相关服务业务109项。其中新增27项，包括鉴证业务22项，相关服务业务5项。这些业务项目，既包括审计业务，也包括非审计业务；既包括依法已经开展的业务，也包括需要进一步拓展和开发的新业务。其中对业务项目所涉及的法律依据、报告使用者、委托人、专业胜任能力要求、业务开展情况等逐项加以说明。

该《指导目录》同时反映出注册会计师行业的服务经济社会发展所作出的贡献，体现了注册会计师行业的专业服务从财务会计报告审计、资本验证、涉税鉴证等，正在向企事业单位内部控制、管理咨询、并购重组、资信调查、专项审计、业绩评价、司法鉴定、投资决策、政府购买服务等相关业务领域延伸的发展趋势，呈现出未来服务领域和服务范围的巨大空间。

**（二）《指导目录》展示了注册会计师服务经济社会发展的广度和深度**

《指导目录》将注册会计师提供的鉴证业务和咨询服务业务进一步分为十一类，包括：①证券、期货相关业务；②金融、保险相关业务；③国有企业相关业务；④外商投资企业相关业务；⑤财政预算资金相关业务；⑥非营利机构及其组织相关业务；⑦其他领域鉴证业务；⑧管理咨询业务；⑨会计服务业务；⑩税务服务业务；⑪执行商定程序业务，基本涵盖社会经济活动的所有领域。

《指导目录》为会计师事务所深入理解行业功能作用、大力拓展新业务领域提供了工作思路，也向委托人、报告使用者及其他社会公众展示了注册会计师服务经济社会发展所提供鉴证与咨询服务的“全貌”。

**（三）《指导目录》将成为行业拓展新业务的“指导手册”**

《指导目录》对所列业务项目逐一列示了法律依据、报告使用者、委托人、专业胜任能力要求、执业准则、业务开展情况等内容，旨在为拓展新业务领域的会计师事务所提供更多参考信息。

《指导目录》对大中型会计师事务所拓展综合性高端战略咨询业务，小型会计师事务所突出服务特色、不断挖掘市场需求、深化专项领域服务，都将提供重要参考和指导。

2014 年 7 月，中注协发布了《注册会计师业务指导目录（2014 年）》，新增了鉴证业务 91 项、相关咨询服务业务 40 项，还新增了会计服务示范基地创业业务 17 项及相关法律法规清单。

## 第二节 注册会计师

注册会计师是依法取得注册会计师证书并接受委托从事审计和会计咨询、会计服务的执业人员，是保障和促进社会主义市场经济的重要力量。

### 一、注册会计师考试

国家实行注册会计师全国统一考试制度，通过注册会计师全国统一考试可以取得注册会计师资格。

**（一）考试组织**

《注册会计师全国统一考试办法》（财政部令第 55 号）规定，注册会计师全国统一考试办法由财政部制定，中国注册会计师协会负责具体实施工作。为做好注册会计师全国统一考试，财政部组织成立注册会计师考试委员会（以下简称财政部考委会）。财政部考委会确定考试组织工作原则，制定考试工作方针、政策，审定考试大纲，确定考试命题原则，处理考试组织工作的重大问题，指导地方考委会工作。财政部考委会设立注册会计师考试委员会办公室（以下简称财政部考办），组织实施注册会计师全国统一考试工作。财政部考办设在中国注册会计师协会。

各省、自治区、直辖市财政厅（局）成立地方注册会计师考试委员会（以下简称地方考委会），组织领导本地区注册会计师全国统一考试工作。地方考委会设立地方注册会计师考试委员会办公室(以下简称地方考办),组织实施本地区注册会计师全国统一考试工作。地方考办设在各省、自治区、直辖市注册会计师协会。

2006年,财政部为加强注册会计师全国统一考试,严肃考试纪律,保障注册会计师考试顺利进行,对2001年制定的《注册会计师全国统一考试违纪作弊处罚规则》进行了修改,公布了《注册会计师全国统一考试违规行为处理办法》(以下简称《办法》)。《办法》对违规行为进行了重新界定,并规定中国注册会计师协会和省、自治区、直辖市注册会计师协会对应考人员、考试工作人员的违规行为进行处理。

**(二) 考试条件**

根据《注册会计师全国统一考试办法》(财政部令第55号)的规定,符合下列条件的中国公民,可以报名参加注册会计师全国统一考试:

(1) 具有完全民事行为能力。

(2) 具有高等专科以上学校毕业学历,或者具有会计或者相关专业中级以上技术职称。

有下列情形之一的人员,不得报名参加注册会计师全国统一考试:

(1) 因被吊销注册会计师证书,自处罚决定之日起至申请报名之日止不满5年者。

(2) 以前年度参加注册会计师全国统一考试因违规而受到停考处理期限未满者。

**(三) 考试内容**

考试划分为专业阶段考试和综合阶段考试。考生在通过专业阶段考试的全部科目后,才能参加综合阶段考试。

专业阶段考试设会计、审计、财务成本管理、公司战略与风险管理、经济法和税法6个科目;综合阶段考试设职业能力综合测试1个科目。

每个科目考试的具体时间,在各年度财政部考委会发布的《注册会计师全国统一考试报名简章》中明确。

考试范围在各年度财政部考委会发布的《注册会计师全国统一考试大纲》中确定。

香港特别行政区、澳门特别行政区、台湾地区居民及外国人参加注册会计师全国统一考试的办法,由财政部另行规定。

通过注册会计师全国统一考试,考试科目全科成绩合格的,可以申请办理注册会计师考试全科合格证书,并可以申请加入注册会计师协会,成为注册会计师协会的非执业会员。

## 二、注册会计师注册

根据《注册会计师注册办法》(财政部令第25号)的规定,具备下列条件之一,并在中国境内从事审计业务工作2年以上者,可以向省级注册会计师协会申请注册:

(1) 参加注册会计师全国统一考试成绩合格。

(2) 经依法认定或者考核具有注册会计师资格。

省级注册会计师协会负责本地区注册会计师的注册及相关管理工作。中国注册会计师协会对省级注册会计师协会的注册管理工作进行指导。

注册申请人有下列情形之一的,不予注册:

(1) 不具有完全民事行为能力的。

(2) 因受刑事处罚,自刑罚执行完毕之日起至申请注册之日止不满5年的。

(3) 因在财务、会计、审计、企业管理或者其他经济管理工作中犯有严重错误受行政处罚、撤职以上处分,自处罚、处分决定生效之日起至申请注册之日止不满2年的。

(4) 受吊销注册会计师证书的处罚,自处罚决定生效之日起至申请注册之日止不满5年的。

(5) 因以欺骗、贿赂等不正当手段取得注册会计师证书而被撤销注册,自撤销注册决定生效之日起至申请注册之日止不满3年的。

(6) 不在会计师事务所专职执业的。

(7) 年龄超过70周岁的。

注册会计师有下列情形之一的,由所在地的省级注册会计师协会撤销注册,收回注册会计师证书:

(1) 完全丧失民事行为能力的。

(2) 受刑事处罚的。

(3) 自行停止执行注册会计师业务满1年的。

(4) 以欺骗、贿赂等不正当手段取得注册会计师证书的。

注册会计师有下列情形之一的,由所在地的省级注册会计师协会注销注册:

(1) 依法被撤销注册,或者吊销注册会计师证书的。

(2) 不在会计师事务所专职执业的。

## 第三节 会计师事务所

### 一、会计师事务所组织形式

会计师事务所是注册会计师依法承办业务的机构。纵观注册会计师行业在各国的发展,会计师事务所主要有独资、普通合伙、有限责任、有限责任合伙或特殊普通合伙四种组织形式。

**(一) 独资会计师事务所**

独资会计师事务所又称个人会计师事务所,由具有注册会计师执业资格的个人独立开业，承担无限责任。它的优点是，对执业人员的需求不多，容易设立，执业灵活，能够在代理记账、代理纳税等方面很好地满足小型企业对注册会计师服务的需求，虽承担无限责任，但实际发生风险的程度相对较低。缺点是无力承担大型业务，缺乏发展后劲。

**（二）普通合伙会计师事务所**

普通合伙会计师事务所是由两位或两位以上合伙人组成的合伙组织。合伙人以各自的财产对会计师事务所的债务承担无限连带责任。它的优点是，在风险的牵制和共同利益的驱动下，促使会计师事务所提高执业质量，扩大业务规模，提高控制风险的能力。缺点是，建立一个跨地区、跨国界的大型会计师事务所要经历一个漫长的过程。同时，任何一个合伙人执业中的失误或舞弊行为，都可能给整个会计师事务所带来灭顶之灾，使之一日之间土崩瓦解。

**（三）有限责任会计师事务所**

有限责任会计师事务所（Limited Liability Companies，LLCs）由注册会计师认购会计师事务所股份，并以其所认购股份对会计师事务所承担有限责任。会计师事务所以其全部资产对其债务承担有限责任。它的优点是，可以通过公司制形式迅速聚集一批注册会计师，组成大型会计师事务所，承办大型业务。缺点是，降低了风险责任对执业行为的高度制约，弱化了注册会计师的个人责任。

**（四）有限责任合伙会计师事务所**

有限责任合伙会计师事务所（Limited Liability Partnerships，LLPs）在我国又称特殊普通合伙会计师事务所。无过失的合伙人对于其他合伙人的过失或不当执业行为以自己在会计师事务所的财产为限承担责任，不承担无限责任，除非该合伙人参与了过失或不当执业行为。它的最大特点在于既融入了普通合伙和有限责任会计师事务所的优点，又摒弃了它们的不足。这种组织形式是为顺应经济发展对注册会计师行业的要求，于 20 世纪 90 年代初期兴起的。到 1995 年年底，原“六大”国际会计公司在美国的执业机构已完成了向有限责任合伙的转型，在其他国家和地区的执业机构的转型目前也在进行之中。同时，在它们的主导下，许多国家和地区的大中型会计师事务所也陆续开始转型。

从国际惯例来看，会计师事务所的执业登记都由注册会计师行业主管机构统一负责。会计师事务所必须经过行业主管机关或注册会计师协会的批准登记并由注册会计师协会予以公告。独资会计师事务所和普通合伙会计师事务所经过这个程序即可开业，有限责任会计师事务所一般还应当进行公司登记。

我国现行的《注册会计师法》规定了两种会计师事务所组织形式，分别是合伙制与有限责任公司制。根据财政会计行业管理信息系统的统计数据，截至 2010 年 7 月 1 日，我国共有会计师事务所 6 892 家（不含分所），其中有限责任制会计师事务所 4 428 家，占 64%；合伙制会计师事务所 2 464 家，占 36%。尤需指出的是，在 2009 年度百强会计师事务所中，仅有 3 家为合伙制事务所，可见我国会计师事务所在组织形式选择上存在较为明显的“比例失衡”现象。上述状况的形成与我国特定的历史环境密切相关。改革开放初期，我国恢复重建注册会计师制度。早期的会计师事务所基本挂靠政府部门或事业单位，资产归挂靠单位所有，人员归挂靠单位管理，业务承揽往往依赖挂靠单位行政资源，法律责任也由挂靠单位承担，这一时期的会计师事务所，在本质上属于挂靠单位的附属机构，而非自主经营的经济实体。建立社会主义市场经济体制对会计师事务所运行模式产生根本性冲击，要求会计师事务所必须按照市场经济规律和行业发展规律规范运行。根据国务院的部署，从 1998 年开始，会计师事务所全面实行脱钩改制，由挂靠单位的附属机构改制为自主经营、独立承担法律责任的市场经济主体，由此也对我国会计师事务所组织形式的选择产生了深刻影响。与挂靠单位脱钩，意味着会计师事务所在经营管理特别是法律责任承担方面首次走到前台，这一历史性变化促使大多数会计师事务所自然选择了有限责任制，因为它能够最大限度地保护股东财产。应当承认，在当时的历史条件下，偏重采用有限责任制有其客观性和合理性。之所以是有限责任制而非合伙制成为我国会计师事务所的主流形式，也与我国注册会计师行业发展历史较短、合伙文化积淀不深有关。在重“资合”、轻“人合”的传统观念支配下，有限责任制较之合伙制必然更受青睐，这就是我国会计师事务所组织形式“比例失衡”的深层次原因。

随着我国注册会计师行业的快速发展，有限责任制组织形式在决策机制、股东限制、质量控制、税收政策等方面均日渐显现出其制度弊端，难以满足大中型会计师事务所加快发展的形势需要。

一是有限责任制的决策机制不适应注册会计师行业的“人合”特性。在有限责任制下，通常以股权这一资本杠杆机制为基础分配决策权，易于形成拥有大量股权的少数股东主导企业发展的局面。换言之，有限责任制强调“资合”，以资本、股权决定决策权，这种组织形式更适合于以资本为纽带的传统行业。但对于会计师事务所而言，“人”是最核心的资产，“人合”远胜于“资合”，以资本、股权决定决策权与会计师事务所的专业服务特性相悖，不利于会计师事务所的健康发展。

二是有限责任制对股东人数的限制不利于会计师事务所做大做强。《公司法》规定有限责任公司的股东人数不得超过 50 人，按注册会计师行业的内在规律推算，当一家会计师事务所的专业服务人员在 500 人以下时，矛盾尚不突出；但是，一旦会计师事务所的专业服务人员超过 500 人甚至达到数千人时，对股东人数 50 人的高额限制无疑与会计师事务所的发展要求严重脱节。在行业当前实践中，这一限制导致一些会计师事务所往往采取“暗股”等形式绕过对股东人数的法律规定，这一合理但不合法的操作手法存在较大法律风险，不利于会计师事务所的长期稳定和规范发展。在财政部会计司组织的调查问卷中，有42%的会计师事务所反映有限责任公司对股东人数的限制，已成为影响其做大做强的主要因素之一。

三是有限责任制不利于会计师事务所提升质量控制。与“合伙制”相比，“有限责任制”以其股东在会计师事务所中的出资额为限承担执业责任，淡化了股东的风险约束和赔偿责任，导致少数会计师事务所及其注册会计师忽视执业风险，弱化质量控制，片面追求经济效益。调查问卷结果显示，“有限责任制”对会计师事务所股东责任追究过于轻微和宽松，助长了“小马拉大车”“批发”业务报告、低价恶性竞争等不良现象，是部分会计师事务所审计失败的重要原因。

四是有限责任制“双重纳税”不利于会计师事务所加大投入加快发展。在有限责任制下，股东既要缴纳个人所得税，又在实质上承担企业所得税，税收负担相对较重。如果改制为“特殊的普通合伙制”组织形式，根据《合伙企业法》第6条的规定，“合伙企业的生产经营所得和其他所得，按照国家有关税收规定，由合伙人分别缴纳所得税”，这就解决了有限责任制下的“双重纳税”问题，可以在一定程度上缓解合伙人(股东)的税收负担，有利于激励合伙人加大会计师事务所发展投入，不断提高会计师事务所的专业服务能力和综合实力。

在立足我国国情、借鉴国际通行做法的基础上，2006年8月27日，第十届全国人民代表大会常务委员会第二十三次会议修订通过《中华人民共和国合伙企业法》(以下简称《合伙企业法》)，自2007年6月1日起施行。我国《合伙企业法》规定，“特殊的普通合伙制”为“普通合伙制”的一种特殊形式，适用于“以专业知识和专门技能为客户提供有偿服务的专业服务机构”，主要是指会计师事务所和律师事务所。在“特殊的普通合伙制”企业中，“一个合伙人或者数个合伙人在执业活动中因故意或者重大过失造成合伙企业债务的，应当承担无限责任或者无限连带责任，其他合伙人以其在合伙企业中的财产份额为限承担责任；合伙人在执业活动中非因故意或者重大过失造成的合伙企业债务以及合伙企业的其他债务，由全体合伙人承担无限连带责任”。

我国《合伙企业法》规定的“特殊的普通合伙制”，既注重在故意与重大过失情况下保护无过失合伙人，又兼顾有一般或轻微过失时合伙人之间的风险共担，是在“普通合伙制”与英美“有限责任合伙制”基础上的制度创新。与普通合伙制相比，“特殊的普通合伙制”是一个重大进步，其最大的变化和优势是实现了合伙人法律责任的适度分离，避免了无过错合伙人为其他合伙人的违法行为或重大过失“买单”，有利于大中型会计师事务所在强化质量控制的前提下稳步扩张，不断做大做强，避免了因噎废食、瞻前顾后、裹足不前；与有限责任制相比，“特殊的普通合伙制”更为注重质量管控和责任约束，同时打破了股东人数50人的限制，并且有效解决了“双重纳税”问题，因此，“特殊的普通合伙制”必将成为有志于做大做强的大中型会计师事务所的理性选择。

财政部、国家工商行政管理总局于2010年7月联合发布了《关于推动大中型会计师事务所采用特殊普通合伙组织形式的暂行规定》(财会〔2010〕12号)，这是贯彻落实《中华人民共和国合伙企业法》《国务院办公厅转发财政部关于加快发展我国注册会计师行业若干意见的通知》(国办发〔2009〕56号)的重大举措，也是会计师事务所做大做强的重要制度创新。《关于推动大中型会计师事务所采用特殊普通合伙组织形式的暂行规定》要求，大型会计师事务所应当于2010年12月31日前转制为特殊普通合伙组织形式；鼓励中型会计师事务所于2011年12月31日前转制为特殊普通合伙组织形式。大型会计师事务所是指行业排名前10位左右的会计师事务所。

采用特殊普通合伙组织形式的会计师事务所，一个合伙人或者数个合伙人在执业活动中因故意或者重大过失造成合伙企业债务的，应当承担无限责任或者无限连带责任，其他合伙人以其在合伙企业中的财产份额为限承担责任。合伙人在执业活动中非因故意或者重大过失造成的合伙企业债务以及合伙企业的其他债务，由全体合伙人承担无限连带责任。

根据《财政部 证监会关于调整证券资格会计师事务所申请条件的通知》(财会〔2012〕2号)的有关要求，证券资格会计师事务所已全部完成特殊普通合伙转制并符合相应的资格条件。截至2013年12月31日，全国共有证券资格会计师事务所40家，名单如表2-1所示(按证券资格证书编号排序)。

表2-1 **我国证券资格会计师事务所**

| | |
|---|---|
| 1. 大华会计师事务所 | 14. 华普天健会计师事务所 |
| 2. 中准会计师事务所 | 15. 北京天圆全会计师事务所 |
| 3. 中喜会计师事务所 | 16. 北京中证天通会计师事务所 |
| 4. 中勤万信会计师事务所 | 17. 中审亚太会计师事务所 |
| 5. 天职国际会计师事务所 | 18. 中兴华会计师事务所 |
| 6. 北京永拓会计师事务所 | 19. 中天运会计师事务所 |
| 7. 北京兴华会计师事务所 | 20. 中审华寅五洲会计师事务所 |
| 8. 致同会计师事务所 | 21. 中兴财光华会计师事务所 |
| 9. 安永华明会计师事务所 | 22. 希格玛会计师事务所 |
| 10. 毕马威华振会计师事务所 | 23. 上会会计师事务所 |
| 11. 利安达会计师事务所 | 24. 立信会计师事务所 |
| 12. 信永中和会计师事务所 | 25. 众华会计师事务所 |
| 13. 瑞华会计师事务所 | 26. 德勤华永会计师事务所 |

（续表）

| | |
|---|---|
| 27. 普华永道中天会计师事务所 | 34. 福建华兴会计师事务所 |
| 28. 江苏公证天业会计师事务所 | 35. 山东和信会计师事务所 |
| 29. 天衡会计师事务所 | 36. 亚太(集团)会计师事务所 |
| 30. 江苏苏亚金诚会计师事务所 | 37. 大信会计师事务所 |
| 31. 天健会计师事务所 | 38. 众环海华会计师事务所 |
| 32. 中汇会计师事务所 | 39. 四川华信(集团)会计师事务所 |
| 33. 立信中联会计师事务所 | 40. 广东正中珠江会计师事务所 |

## 二、会计师事务所设立条件

根据《会计师事务所审批和监督暂行办法》(财政部令第 24 号)和《关于推动大中型会计师事务所采用特殊普通合伙组织形式的暂行规定》的规定，我国会计师事务所分为合伙会计师事务所、有限责任会计师事务所和特殊普通合伙会计师事务所三种形式。本部分主要介绍我国三种形式的会计师事务所的设立条件。

### (一) 设立合伙会计师事务所的条件

申请设立合伙会计师事务所，应当具备下列条件：①有 2 名以上的合伙人；②有书面合伙协议；③有会计师事务所的名称；④有固定的办公场所。

### (二) 设立有限责任会计师事务所的条件

申请设立有限责任会计师事务所，应当具备以下条件：①有 5 名以上的股东；②有一定数量的专职从业人员；③有不少于人民币 30 万元的注册资本；④有股东共同制定的章程；⑤有会计师事务所的名称；⑥有固定的办公场所。

### (三) 设立特殊普通合伙会计师事务所的条件

会计师事务所转制为特殊普通合伙组织形式，其具备注册会计师执业资格的合伙人应当符合下列条件：①在会计师事务所专职执业；②成为合伙人前 3 年内没有因为执业行为受到行政处罚；③有取得注册会计师证书后最近连续 5 年在会计师事务所从事法定审计业务的经历，其中在境内会计师事务所的经历不少于 3 年；④成为合伙人前 1 年内没有因采取隐瞒或提供虚假材料、欺骗、贿赂等不正当手段申请设立会计师事务所而被省级财政部门作出不予受理、不予批准或者撤销会计师事务所的决定；⑤年龄不超过 65 周岁。

会计师事务所转制为特殊普通合伙组织形式，应当有 25 名以上符合上述规定的合伙人、50 名以上的注册会计师，以及人民币 1 000 万元以上的资本。

# 第四节 注册会计师协会

中国注册会计师协会是依据《注册会计师法》和《社会团体登记条例》的有关规

定设立的社会团体法人，是中国注册会计师的行业组织，成立于 1988 年 11 月。在财政部党组和理事会的正确领导下，中国注册会计师协会始终坚持维护公众利益的根本宗旨，认真履行《注册会计师法》和协会章程赋予的职能，切实加强服务、监督、管理和协调，在资格考试、注册管理、人才培养、标准建设、业务监管、法制建设、沟通协调、对外交流、行业党建和协会建设等方面，积极发挥推动行业发展的“司令部”和“火车头”作用。

中国注册会计师协会的宗旨是服务、监督、管理、协调，即以诚信建设为主线，服务本会会员，监督会员执业质量、职业道德，依法实施注册会计师行业管理，协调行业内、外部关系，维护社会公众利益和会员合法权益，促进行业健康发展。

## 一、中国注册会计师协会的职责

中国注册会计师协会依法履行以下职责：

(1) 审批和管理本会会员，指导地方注册会计师协会办理注册会计师注册。

(2) 拟订注册会计师执业准则、规则，监督、检查实施情况。

(3) 组织对注册会计师的任职资格、注册会计师和会计师事务所的执业情况进行年度检查。

(4) 制定行业自律管理规范，对违反行业自律管理规范的行为予以惩戒。

(5) 组织实施注册会计师全国统一考试。

(6) 组织和推动会员培训工作。

(7) 组织业务交流，开展理论研究，提供技术支持。

(8) 开展注册会计师行业宣传。

(9) 协调行业内、外部关系，支持会员依法执业，维护会员合法权益。

(10) 代表中国注册会计师行业开展国际交往活动。

(11) 指导地方注册会计师协会工作。

(12) 办理法律、行政法规规定和国家机关委托或授权的其他有关工作。

## 二、中国注册会计师协会会员

中国注册会计师协会的会员分为个人会员和团体会员。会员入会均须履行申请和登记手续。

(1) 个人会员。凡参加注册会计师全国统一考试全科合格并经申请、批准和依照原考核规定取得本会会员资格者，为中国注册会计师协会的个人会员。个人会员分为执业会员和非执业会员。其中，依法取得中国注册会计师执业证书的，为执业会员。

(2) 团体会员。依法批准设立的会计师事务所，为中国注册会计师协会的团体会员。

设立团体会员是因为考虑到目前我国法律规定，注册会计师必须加入会计师事务所才能接受委托承办业务。会计师事务所作为协会的团体会员，便于协会对其实施有效的监督，也便于会计师事务所向协会反映工作中的意见和建议。

## 三、注册会计师协会权力机构和常设办事机构

### （一）全国会员代表大会

中国注册会计师协会最高权力机构为全国会员代表大会。全国会员代表大会每5年举行一次，必要时，由本会理事会决定延期或提前举行，延期召开全国会员代表大会的期限不得超过1年。

全国会员代表大会代表采取选举、协商和特邀的办法产生，其产生办法，由上一届理事会决定。其职权是：①制定、修改协会章程；②选举本会理事；③讨论决定本会工作方针和任务；④审议、批准协会理事会的工作报告；⑤制定、修改会费管理办法；⑥审议理事会提请全国会员代表大会审议的其他事项。

### （二）理事会与常务理事会

全国会员代表大会选举理事若干人组成本会理事会。每届理事会任期5年，理事可以连选连任。理事会会议每年举行一次，必要时，可以提前或推迟召开。理事会对全国会员代表大会负责。其职权是：①提议召开全国会员代表大会；②选举本会常务理事会成员；③选举本会领导成员；④聘任本会常设执行机构领导成员；⑤增补或更换本会理事；⑥审议本会常设执行机构职能部门的设置；⑦审议、批准本会常设执行机构的年度工作报告；⑧审议、批准本会的年度会费收支报告；⑨其他应由理事会办理的事项。

### （三）常设执行机构

中国注册会计师协会设秘书处，为协会常设执行机构。秘书处负责具体落实会员代表大会、理事会、常务理事会的各项决议、决定，承担协会的日常工作。

协会设秘书长1人、副秘书长若干人。秘书长和副秘书长由财政部推荐，理事会表决通过。秘书长为协会的法定代表人。秘书长主持秘书处日常工作，副秘书长协助秘书长工作。秘书处各职能部门的设置，由秘书长提出方案，经理事会审议后，报财政部批准。

### （四）专门委员会与专业委员会

理事会设若干专门委员会。专门委员会是理事会履行职责的专门工作机构，对理事会负责。理事会设若干专业委员会。专业委员会负责处理行业发展中的专业技术问题，对理事会负责。各专门委员会、专业委员会的设置、调整、具体职责和运作规则，以及委员的聘任和解聘，由秘书长提出方案，理事会批准。

目前，中国注册会计师协会已成立13个专门(业)委员会，各自的主要职责是：

(1) 审计准则委员会。审计准则委员会主要负责审议独立审计准则拟订计划；审议独立审计准则征求意见稿；审议批准独立审计准则拟订稿。

(2) 惩戒委员会。惩戒委员会主要负责对违规违纪的会计师事务所和注册会计师予以惩戒。中国注册会计师协会惩戒委员会主要负责对行业具有重大影响的违规违纪行为的惩戒，其他违规违纪行为由地方注册会计师协会负责惩戒。

(3) 申诉委员会。申诉委员会主要负责会计师事务所、注册会计师对中国注册会计师协会惩戒委员会的拟惩戒决定不服的申诉工作，确定是否维持或修改惩戒委员会的决定。

(4) 维权委员会。维权委员会主要负责直接办理注册会计师行业内有重大影响的维权事项；研究维护会员依法执业的具体措施和办法；指导地方协会的维权工作；针对在维权工作中发现的问题，向有关部门提出规范会员依法执业并切实保护其合法权益的意见、建议；负责就承办的维权事项，推动、配合、协调有关部门工作；研究和探讨维护会员合法权益的途径和办法，提出维权工作的政策性建议或研究报告。

(5) 教育培训委员会。教育培训委员会主要负责研究、分析注册会计师行业的执业状况和能力需求，审议注册会计师行业培训规划；推动、改进、指导注册会计师资格前教育；审议注册会计师后续教育制度；审议注册会计师教育培训教材。

(6) 财务委员会。财务委员会主要负责研究行业会费政策；审查本会年度会费收支报告，并向理事会报告；指导、规范行业财务工作；确定聘请外部审计机构事宜。

(7)《中国注册会计师》编辑委员会。编辑委员会主要负责审议《中国注册会计师》办刊方针；监督《中国注册会计师》办刊方针的实施情况；收集、分析会员对《中国注册会计师》的意见；对《中国注册会计师》提出改进意见和建议。

(8) 专业技术咨询委员会。专业技术咨询委员会主要负责研究注册会计师在执业过程中遇到的专业问题；向注册会计师提供专业技术援助；与有关政府部门沟通，就有关专业问题提出建议。

(9) 会计师事务所内部治理指导委员会。内部治理指导委员会主要负责指导事务所内部治理机制建设；对事务所内部治理规范的起草、制定等提供咨询建议；审议事务所内部治理规范起草工作方案、征求意见稿和拟订稿；为事务所内部治理规范实施提供咨询建议。

(10) 破产清算专业指导委员会。破产清算专业指导委员会主要负责研究注册会计师在承办企业破产案件相关业务过程中遇到的专业问题；对相关业务规范的起草、制定等提供咨询建议；向注册会计师提供相关的专业技术援助；与有关政府部门沟通，就相关专业问题提出建议。

(11) 注册管理委员会。注册管理委员会主要负责研究注册会计师行业信息监控体系实施中的重要事项；审核注册会计师行业信息监控体系的信息结构，审定批准公开披露的行业信息；承办理事会或常务理事会交办的其他事项。

(12) 中国注册会计师执业责任鉴定委员会。执业责任鉴定委员会主要负责接受国家司法、行政机关委托，对涉案注册会计师遵循有关法律法规和注册会计师执业准则、规则的情况进行鉴定，发表鉴定意见，从专业技术的角度提供专家意见，作为司法、行政机关认定注册会计师执业责任的参考。

(13) 职业道德准则委员会。职业道德准则委员会主要负责审议职业道德守则拟订计划、征求意见稿、草案，批准发布职业道德守则；指导职业道德守则的实施，并对职业道德守则实施过程中遇到的问题进行研究；跟踪研究国际职业会计师道德守则的最新变化，实现和保持职业道德守则与国际职业会计师道德守则的动态趋同；推动职业道德守则的宣传和教育，提升注册会计师行业和公众对职业道德守则的支持与认同。

### 四、地方注册会计师协会

各省、自治区、直辖市注册会计师协会是中国注册会计师协会的地方组织，其章程由当地会员代表大会依法制定，并报中国注册会计师协会和当地政府主管行政机关备案。省、自治区以下成立注册会计师协会，须经省级注册会计师协会批准，报中国注册会计师协会备案，其组织运行、职责权限，依照国家法律、行政法规及所在地省级协会的规定办理。

截至 2017 年 3 月 31 日，全国共有注册会计师 102 909 人、非执业会员 124 819 人；会计师事务所 8 461 家。2016 年度全行业业务收入突破了 700 亿元。

## 第五节　内部审计

### 一、内部审计的概念

1981 年，美国内部审计师协会在明确内部控制概念之后，为反映不断发展的内部审计活动，在其修订的《内部审计职责说明书》中，对内部审计的性质作了进一步阐述：内部审计是一个组织机构内部所建立的一种独立的评价活动，它的职能是检查和评价其他控制的适当性和有效性。

我国审计署于 2003 年 2 月 10 日发布的《关于内部审计工作的规定》规定："内部审计机构在本单位主要领导人的直接领导下，依照国家法律、法规和政策，以及本部门、本单位的规章制度，对本单位及下属单位的财政、财务收支及其经济效益进行内部审计监督，独立行使内部审计监督权，对本单位领导人负责并报告工作"。

这个规定，揭示了内部审计机构的领导关系、审计的依据、审计的范围以及向谁负责及报告工作等问题，较为完整地表述了内部审计的定义。

中国内部审计协会结合国际、国内内部审计理念和实务的最新发展变化，于2013年8月20日发布了新修订的《中国内部审计准则》，在《第1101号——内部审计基本准则》中将内部审计定义为“一种独立、客观的确认和咨询活动，它通过运用系统、规范的方法，审查和评价组织的业务活动、内部控制和风险管理的适当性和有效性，以促进组织完善治理、增加价值和实现目标”。该定义基本上实现了与国际内部审计协会(IIA)定义的接轨。

## 二、内部审计的特征

在我国，内部审计正在发展，要做好这一工作，充分发挥其作用，应深刻地认识它的特征。研究我国内部审计的特征，认识它与外部审计的异同，对于建立和完善我国内部审计的理论、组织和方法体系是非常必要的。通过借鉴国外内部审计的内容，结合我国开展内部审计的实践，我们看到，我国内部审计与外部审计相比，具有以下特征。

### (一) 审计的目的不同

国家审计机关对所属审计对象的财政、财务收支的真实性、合法性和效益性进行的审计监督，其主要目的是监督国家各项经济政策和财经纪律的执行情况。社会审计则是受他人的委托完成审计或咨询任务，为委托单位服务。内部审计是部门或单位对本单位或其下属单位进行的审计监督，主要目的是加强经济管理和控制，提高经济效益服务，因而内部审计既是本单位的审计监督者，又是本单位领导在经济管理方面的参谋。

与外部审计不同，它在本单位主要负责人领导下进行工作，一般只向本单位领导人负责。内部审计可以监控会计信息的真实性、可靠性、合法性和及时性，便于领导正确地用于决策；可以揭示经济工作中的错误、弊端及其原因，消除浪费，保护资产完整；可以监控履行国家财经法纪，按预定的目标方针开展业务活动；可以揭示经营管理中各项工作效果、效率以及节约的情况，积极提供建议，促使挖掘内部潜力，实现预期目标，从而促进加强经营管理，提高经济效益。

### (二) 审计的依据不同

审计机关对被审计单位的审计监督，是依照法律、行政法规、规章和行政机关依法制定和发布的具有普遍约束力的决定和命令等来进行的。而内部审计机构或者内部审计人员，对本单位和本单位所属单位的审计，除了应当依照有关的法律、行政法规等规定以外，还要以部门、企业单位内部制定的各种规章制度、经济合同为依据。在维护国家利益，不侵害其他企业或单位利益的前提下，维护本企业的合法利益，维护部门、企业单位内部制定的各种规章制度及经济合同的严肃性，为本部门本单位的生产经营服务。

**（三）独立性及权威性不同**

无论是内部审计还是外部审计，都必须具有独立性，能按规定的职权办事，不受干涉，才能保证审计工作的公正和客观。国家审计机关代表国家利益依法独立实施审计监督，不受其他行政机关、社会团体和个人的干涉，其地位超然，具有权威性，因而易于保持其独立性。

内部审计是部门、企业单位内部建立的，受部门或单位主要负责人的领导，为本单位的管理服务。它的独立性和权威性在客观上必然受到多方面的影响和制约。一般地说，保持单位内部审计的独立性，首先要求内部审计机构在单位的组织上有较高的地位。单位内部审计机构所隶属的领导层次越高，独立性就越大。目前西方国家的大中型企业，特别是有股票上市的股份制公司，一般在公司的董事会之下设置审计委员会，内部审计由该委员会领导，并对该委员会负责和报告工作。这样的内部审计就有较大的独立性，可不受企业厂长、经理的制约去独立地开展工作。

**（四）审计的重点和范围不同**

国家审计对财政财务审计、财经法纪审计和经济效益审计，按具体情况和客观需求进行，审计的重点是被审计单位的会计账目和报表，对被审计单位的业务经营状况除专门进行效益审计外一般不进行详细审查。社会审计则侧重财务收支审计。内部审计以改善本单位的经营状况，提高经济效益为出发点，以效益审计为重点，其目的决定了审查范围的广泛性。内部审计在单位负责人领导下履行其监督职能，并为加强经济管理当好单位领导的参谋而工作，因此，其审查的范围既可进行内部财务审计和内部经济效益审计，又可进行事后审计和事前审计；进行的审计工作既可是防护性的，也可是建设性的。

**（五）审计的方法不同**

由于外部审计的审计对象的情况千差万别，注册会计师对被审单位的情况事先了解较少。为保证审计质量、便于管理，需要对审计的技术方法有一般性的规定，不宜过分灵活。内部审计的技术方法则可以根据本行业、本单位的特点作灵活的安排，可以在计划编制、审计程序、内控评价方法、审计工作底稿、审计报告格式等方面由各部门、各单位根据自己的具体情况作出相应规定，以利于提高审计质量。例如，审计证据的收集，外部审计主要在进行审计工作准备阶段时进行，内部审计则可以在平时随时收集。

**（六）审查问题更具及时性**

由于内部审计机构是本单位的一个部门，其注册会计师又是本单位的职工，因而可随时对本单位的问题进行审查。国家在检查被审计单位对财经法纪的执行情况时，内部审计机构可给予及时配合；根据本单位领导在管理上的需要，可及时组织力量审查有关问题，如对经营管理中存在的较大问题或企业内发生的问题，即可组织内部审计人员及时进行专题审计；除审计计划中安排的审查项目之外，对本单位或下属各单位经济业务可根据需要，随时进行不定期的检查；对单位的内部控制制度进行测试，及时完善内部控制制度并揭露问题；对群众反映或揭发的问题可及时进行审查。

## 三、内部审计的机构和人员

### （一）内部审计机构设置的要求

设置内部审计机构，应当考虑以下要求：

（1）内部审计机构应是组织中一个独立的组织机构，能够独立地行使审计监督权。

（2）内部审计机构应有与所完成任务相适应的权限，具备一定的权威性，对在审计过程中所得遇到的有关问题或情况有一定的处置权。

（3）内部审计机构与组织中其他职能机构应是协调一致的，在工作上能够相互配合、相互制约、相互促进。

（4）内部审计机构应是精简与高效的，能够满足组织对内部审计工作所提出的有关要求。

（5）内部审计机构同国家审计机关和民间审计组织应是相辅相成的，内部审计机构与国家审计机关和民间审计组织共同构成具有中国特色的社会主义审计组织体系。

### （二）内部审计机构设置的组织形式

内部审计机构在本部门本单位中的地位、权力，直接关系到其能否有效地实行审计监督。世界各国对于内部审计机构的设置，根据其所属企业领导层次的不同，分为以下几种体制。

1．董事会领导体制

企业的董事会是股东大会的执行机构，内部审计由其直接领导，地位高，权威性强，监督有力度，可以对总经理的经济责任和经营行为进行监督，实际上代表资产所有者对经营管理人进行监督。

2．监事会或审计委员会领导体制

监事会或审计委员会领导体制形式相似于第一种形式，但由于监事会或审计委员会组成人员不同于董事会，内部审计由其直接领导有可能发挥更好的作用，能够更好地协调资产所有者、经营管理者、生产者以及外部注册会计师之间的关系。

3．总经理领导体制

总经理领导体制是代表经营者的利益进行审计监督，其主要目的是提高经营管理水平，发现经营管理中的漏洞，完善内部控制制度，这种体制下内部审计作为一个单独的部门不受财务等部门的制约，直接向总经理负责。

4. 财务副总经理领导体制

财务副总经理领导体制下的内部审计机构地位较低、权威性也不强，仅是一个职能部门，相对独立于财会等部门。

事业单位及行政机关一般为最高管理层的领导人或其副职领导体制。

我国的内部审计机构在单位主要负责人的直接领导下，依照国家法律、法规和政策，以及本部门、本单位的规章制度，对本单位及所属单位的财政、财务收支及其经济效益进行内部审计监督，独立行使内部审计监督权，对本单位领导负责并报告工作。它包括部门内部审计机构和单位内部审计机构。

(1) 部门内部审计机构。国务院和县级以上地方各级人民政府各部门，应当建立内部审计监督制度，根据审计业务需要，分别设立审计机构和配备注册会计师，在部门主要负责人的领导下，负责所属单位和行业的财务收支及其经济效益的审计。审计业务受同级政府审计机关的指导，向本部门和同级政府审计机关报告工作。

(2) 单位内部审计机构。大中型企事业单位，应当建立内部审计监督制度，设立审计机构，在本单位主要负责人领导下，负责本单位的财务收支及其经济效益的审计。审计业务受上一级主管部门审计机构的指导，向本单位和上一级主管部门审计机构报告工作。审计业务少的单位和小型企业事业组织，可设置专职的内部审计人员，而不设独立的内部审计机构。

**(三) 审计委员会**

在内部审计的组织机构方面，现代西方国家的企业普遍成立审计委员会进行内部审计监督。下面对审计委员会的发展及其有关问题进行叙述。

1. 审计委员会的组织形式

审计委员会通常是董事会的一个常设委员会，向董事会提交工作报告。它一般由董事会聘请的非执行董事担任。人数约3～8人，大多数是来自企业界的具有财务知识的人员，也有一定数量的其他专业人员(如法律、工程技术人员等)，有些公司可能聘请一些社会的代表人物参加。有的商业公司还选择一些顾客参加审计委员会。审计委员会的成员不一定懂审计、但要求具有提出问题和洞察问题的能力。

2. 审计委员会的基本职责

审计委员会的基本职责包括：负责任命内部审计负责人；检查内部审计部门的职责要求、目标及有关内部审计的政策；聘请外部注册会计师进行审计；审查内部审计部门的年度工作计划；确定内部审计计划完成情况的经验教训以及内部审计的活力；对企业关系重大的审计项目进行审议；定期与内部审计部门负责人会面并交换意见;向董事会报告工作,并与董事会随时保持联系。

3. 审计委员会与内部审计部门的关系

如前所述,审计委员会要负责任命内部审计部门的负责人。要对内部审计部门的工作计划进行审定,同时对一些企业关系重大的审计项目,要经审计委员会审议通过。内部审计部门负责人应该与审计委员会保持直接的联系,出席审计委员会的会议,要定期(至少一年一次)向审计委员会报告工作并交换有关审计工作的意见。

由于审计委员会与董事会的直接联系,而且与内部审计部门负责人定期会晤,这就为董事会与内部审计部门之间提供了沟通信息的渠道。内部审计部门可以通过审计委员会了解董事会对内部审计在开展审计工作的方向性意向,而董事会又可通过审计委员会了解一定时期内部审计工作的重点以及所应关注的问题,而审计委员会通过内部审计可及时了解企业的经营管理环境和可能的风险,有助于预测企业的发展趋势和考虑内部审计的政策。

**(四) 内部审计机构的职责和权限**

内部审计机构,从事着一个组织内部中的独立审计活动,它的基本职责是对全部管理职能进行系统的检查和评价,向管理部门报告关于内部管理的方针、实务和控制是否具有效率性、经济性和效果性。其职责具体包括:

(1) 对本组织的财务计划或预算的执行和决算进行内部审计监督。

(2) 对本组织财务收支及其经济活动进行内部审计监督。

(3) 对本组织的经济效益状况进行检查和评价,以提出改善经营管理、提高经济效益的建议和措施。

(4) 对本组织的内部控制系统的建立健全程度及实际执行情况进行检查、测试与评价,以提出进一步健全内部控制系统的建议和措施。

(5) 对组织及其有关职能部门或个人的经济责任确立及履行情况进行检查和评价,以促进其很好地履行经济责任。

(6) 对本组织的建设项目预算的制定和执行情况以及决策进行内部审计监督。

(7) 对本组织及其职能部门和个人执行国家财经法规和组织内部制定的规章制度的情况进行内部审计监督。

(8) 贯彻执行国家审计法规,制定或参与研究制定本组织的有关规章制度。

(9) 对本组织与境内外经济组织兴办合资、合作经营以及合作项目等的合同执行情况,投入资金、财产的经营状况及其效益进行内部审计监督。

(10) 办理其他有关内部审计事项。

在审计管辖范围内,内部审计机构有以下主要权限:

(1) 要求报送资料权。根据内部审计工作的需要,要求有关单位及时报送计划、预算、决策、报表和有关文件、资料等。

(2) 审核检查权。即检查会计凭证、账簿、报表、决算、资金、财产；查阅有关的文件、资料等。

(3) 参加会议权。内部审计机构及其有关人员有权参加本部门、本单位召开的与审计有关的会议及重要的经营决策会议。

(4) 调查取证权。对审计中发现的问题向有关单位和人员进行调查并索取证明材料。

(5) 意见建议权。提出制止、纠正和处理违反财经法纪事项的意见，以及改进管理、提高效益的建议。

(6) 临时措施权。对阻挠、拒绝和破坏内部审计工作的，必要时，经领导批准，可采取封存账册和资产等临时措施，并提出追究有关人员责任的建议。

(7) 临时制止权。对严重违反财经法纪和严重失职造成重大经济损失的人员，向领导提出追究其责任的建议，作出临时制止决定。

(8) 反映权。对工作中的重大事项，单位的应向上级内部审计机构反映，部门的应向同级政府审计机关反映。

(9) 处理处罚权。内部审计机构所在单位可以在管理权限范围内，授予内部审计机构经济处理、处罚的权限。

**(五) 内部审计人员**

内部审计人员是指部门、单位内部审计机构从事审计业务的人员。部门、单位内部审计机构应设相应负责人。任免内部审计机构的负责人，应事先征求上级主管部门的意见。根据需要，内部审计机构可以设立总审计师，审计业务较少的单位，可以设置专职内部审计人员。

## 四、内部审计准则

任何专业团体都受所公认的准则的指导和制约。审计作为一种职业，若注册会计师不能以令人信赖的形象出现，社会公众就不会相信他们的工作。审计准则就是对审计机构和注册会计师自身素质和工作质量提出的要求，是据以指导审计行为的一般原则和规范，旨在确保审计工作的可靠性。内部审计是为了提高工作质量和效率，内部审计应像民间审计一样，通过制定内部审计准则以评价和衡量内部审计部门及其审计师的工作，阐明内部审计工作的性质，取得社会的信赖，同时满足本职业的需要。

2002 年年底，我国颁布了《内部审计条例》，又于 2003 年 2 月 10 日发布了《关于内部审计工作的规定》进一步规范了内部审计工作，对确立内部审计的法律地位、规范和加强内部审计工作有重要意义。中国内部审计协会在于 2002 年 5 月 23

日成立以来,一方面协助审计署做好《内部审计条例》的起草和申报工作,一方面组织各方面力量完成了《内部审计基本准则》《内部审计职业道德准则》的定稿工作,同时抓紧制定包括内部控制、内部审计计划、证据、报告、质量、审计通知书、舞弊和预防检查和报告等在内的20多个《内部审计实务公告》,一直致力于构建一个与国家审计、民间审计法规并行不悖、前瞻性和操作性兼备的内部审计准则体系,并且已于2003年发布了《中国内部审计准则》。2013年8月20日,中国内部审计协会以公告形式发布了新修订的《中国内部审计准则》(以下简称新准则),并于2014年1月1日起施行。新准则的发布,标志着我国内部审计准则体系进一步完善和成熟,并逐步与国际惯例接轨。中国内部审计协会于2003至2011年间,先后发布了《内部审计基本准则》《内部审计人员职业道德规范》、29个具体准则和5个实务指南,初步形成了内部审计准则体系。

新准则有以下三个特点:

(1) 提升了准则体系结构的科学性和合理性。新准则将具体准则分为作业类、业务类和管理类,在分类的基础上,对准则体系采用四位数编码进行编号。内部审计基本准则和内部审计人员职业道德规范为第一层次,编码为1000;具体准则为第二层次,编码为2000;实务指南为第三层次,编码是3000。新的编号方式借鉴了国际内部审计准则的经验,体现了准则体系的系统性和准则之间的逻辑关系,也为准则未来发展预留了空间。同时针对部分准则存在的内容交叉、重复,个别准则不适应内部审计最新发展等问题,对准则体系结构和内容进行了调整。修订后的准则体系由内部审计基本准则、内部审计人员职业道德规范、20个具体准则和5个实务指南构成。

(2) 反映了内部审计的最新发展理念。结合国际、国内内部审计理念和实务的最新发展变化,新准则将内部审计定义为"一种独立、客观的确认和咨询活动,它通过运用系统、规范的方法,审查和评价组织的业务活动、内部控制和风险管理的适当性和有效性,以促进组织完善治理、增加价值和实现目标",基本上实现了与国际内部审计师协会(IIA)定义的接轨。如将"监督和评价"职能改为"确认和咨询"职能,拓展了内部审计的职能范围,突出了内部审计的价值增值功能;明确了内部审计在提升组织治理水平,促进价值增值以及实现组织目标中的重要作用;将风险导向审计理念全面贯彻于整个准则体系中,强调内部审计机构和人员应当全面关注组织风险,以风险为基础组织实施内部审计业务等。

(3) 增强了准则的适用性和可操作性。新准则立足于内部审计实践的发展,对部分准则的内容进行了调整、充实和完善,进一步增强了适用性和可操作性。如将经济性、效率性和效果性三个具体准则合并修订为绩效审计准则;将遵循性审计、风险管理审计、内部审计的控制自我评估法3个准则进行调整和补充,形成修订后的内部控制审计准则,并与《企业内部控制基本规范》及其配套指引相衔接,进一步增强了准则的适用性。再如，进一步细化了内部审计人员职业道德中有关诚信正直、客观性、专业胜任能力和保密等具体要求，删除了关于舞弊的预防、协助董事会或最高管理层工作等不易操作的内容。

内部审计准则的修订和发布，是完善内部审计规范体系的重要举措，对提升内部审计在组织中的地位，规范内部审计机构和内部审计人员的行为，保证审计质量，防范审计风险，促进内部审计事业健康发展具有积极的意义。

2016 年 2 月，中国内部审计协会发布了《第 2205 号内部审计具体准则——经济责任审计》和《第 2308 号内部审计具体准则——审计档案工作》两项具体准则，并自 2016 年 3 月 1 日起实施，进一步完善了我国内部审计准则体系。

## 五、内部审计过程

内部审计过程也称为内部审计工作程序，是内部审计工作从开始至结束的整个过程以及该过程中所从事的各项工作及其先后次序。它是内部审计监督规律性的反映，是内部审计人员的主观认识与内部审计监督客观实际相结合的产物。

内部审计工作程序一般分为准备阶段、实施阶段和终结阶段。如图 2-1 所示：

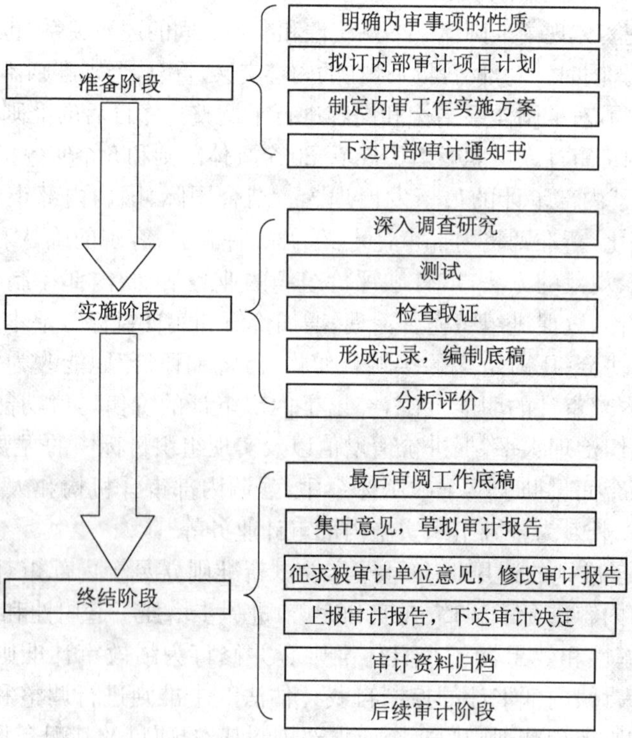


图 2-1　内部审计工作程序

**(一) 准备阶段**

内部审计工作准备阶段是指内部审计工作从拟订内部审计项目计划到内部审计实施前的过程以及该过程中各项工作的先后次序。在内部审计的准备阶段,由于审计项目的确定、审计计划制订的依据,更多的是本部门、本单位实际经济情况,以及本部门、本单位的内部情况,因此,能够迅速地转入实施阶段。同时,因内部审计人员是本部门、本单位内部的成员,所以,审计工作方案可以比较机动灵活,并且可以随时补充修改。一般来说,内部审计工作的准备阶段主要应做好以下几项工作。

1. 明确内审事项的性质

明确内审事项的性质包括明确内审事项属哪一种类型的审计,是内部经济效益审计,还是内部财务收支审计;明确内审事项的审计范围,是全面审计还是专项审计;明确应用的审计程序,是普通审计程序,还是特别审计程序。

2. 拟订内部审计项目计划

内部审计机构应根据本单位在某一阶段经济工作的中心或者依据所掌握的其他有关方面的内部审计线索和疑点,研究拟订内部审计项目计划,并报董事会或总经理审批。研究拟订的内部审计项目计划应包括以下主要内容:项目名称、立项的依据及重要性和必要性、该项目所要达到的内部审计目标、内部审计的方式和方法、内部审计实施的总体安排等。

3. 制定内审工作实施方案

在了解被审计项目和被审计单位情况的基础上,内部审计工作小组应根据所掌握的情况与资料,确定具体工作的内容、范围、时间、方式、步骤、分工和责任等。

4. 下达内部审计通知书

内部审计方案确定后,即应给被审计单位下达审计通知书。审计通知书的内容包括:检查单位名称、地址;审计种类;审计目的、要求;审计内容、范围;审计方式;审计起止时间;审计小组负责人和成员;其他要求。

**(二) 实施阶段**

内部审计准备阶段工作完成之后,即进入实施阶段。该阶段主要是围绕搜集内部审计证据展开的,内部审计的大部分工作都是在该阶段完成的,因此它是内部审计工作的核心阶段。它是针对重点问题进行审计的阶段,也就是将审计工作方案付诸实施,化为实际行动的阶段。一般是根据其规划阶段所做的工作,有针对性地进行审计。无论是进行什么性质的审计,在审计的实施阶段,一般都要做好下列工作。

1. 深入调查研究

在对审计项目实施过程中,一般先要对所审查的项目的情况,开展深入调查,以便找出问题进行深入的审查。对于情况的调查,内部审计人员先要提出一定的调查要求,并根据调查要求,采用一定的方式进行。调查的方式主要有:召开各种形式的座谈会;向有关人员作口头调查;利用“问题式调查表”方式;实地走访等。

在这个过程中,内部审计人员对发现的问题必须随时详细记入审计工作底稿。根据工作需要,对作为证明材料的原始资料、文件、实物或对某些经济指标所作必要的技术测试等,内部审计人员可以进行复制,并要求有关单位或有关人员签字盖章或提供书面材料。

2. 测试

内审人员可以绘制测试流程图。对内部控制系统的各个流转环节、各个职能部门的相互关系或工作顺序,用专门的、统一的符号和格式来表示其工作流转程序和方向,并指出关键控制部位。用内控制制度评价的专用方法来对被审计单位的内控制度健全程度进行有效性的实质评价,从内控制度的强弱点评价入手,对设计的内控制度的合理性、健全性、有效性以及各个流转环节的可控性、人员分工的合理性等进行进一步的评价。然后对重点领域进行实质性程序。在审计实施阶段,内部审计人员还要对单位在人力、物力、财力等资源利用方面的效率进行测试分析,作出评价,并对存在的问题提出处理意见。

3. 检查取证

进行调查研究和测试分析,都是为了抓住关键,揭示矛盾。在揭示了矛盾,了解了问题后,还要查明事物的真相,才能作出审计评价和判断。检查取证是内部审计工作程序中重要的环节,它直接影响内审工作质量的高低。在审计实施过程中,应该收集充分的证据,查明真相,并对照审计依据,以便对经济活动进行评价。如果证据不充分,评价无依据,就无法弄清事物真相,也就无法作出审计判断,当然就谈不上挖潜力和提建议。

4. 形成记录,编制底稿

对实施阶段的一系列工作,内部审计人员都要将查证情况、取得的各种审计依据和证据,详细地、及时地作出审计记录,形成内部审计工作底稿。同时,经办审计人员在工作底稿中要对所审查的具体对象提出查证的意见。

内部审计工作底稿是内部审计人员在审计过程中对所采用的方法、步骤和所收集的用来证明审计事项的经济事实和资料,按照一定的格式填制的。底稿中记载了审计人员所审具体对象的审计资料、审计方法、审计证据、审计意见。它是反映审计过程、体现审计质量、明确审计责任、控制审计风险的重要审计文件。由于具体审计事项、审计的性质、目标、要求、审计方法的不同,因此工作底稿的内容也不尽相同。但都要做到资料翔实、重点突出、简繁得当、结论明确;在形式上做到要素齐全、格式规范、标识一致、记录清晰。

5. 分析评价

当某个审计项目的审查告一段落时，审计小组负责人要对工作底稿进行复核，并要根据底稿按问题进行汇总和分析。通过分析，要确定问题的取舍，即对审计中发现的各种问题，确定其重要性，确定哪些是关键问题，需要重点说明，哪些可以不列入审计报告，作为口头意见提出。在现场审计的过程中，审计人员适时地将发现的问题与被审计单位进行讨论，征求他们的意见和看法是非常必要的。这不但可以进一步确认揭示的问题和提高审计结论、建议的正确性，同时也是对被审计单位的一种尊重，有助于培养双方良好的合作关系。总之，通过汇总分析，要作出综合性的审计评价，以作为审计报告阶段提出审计意见，作出审计结论的基础。

应该指出，审计实施阶段的各项工作，并不完全是按上述程序依次进行的，它们往往是相互联系，交叉进行的。比如，审计取证一般都与测试分析相交叉，因为进行测试分析，实际上也是获得证据的过程。

**（三）终结阶段**

内部审计的终结阶段是指内部审计实施阶段结束以后，根据内部审计工作底稿分析、整理、综合审计证据，编写审计报告，及做好一系列后续内部审计事项的过程及该过程中各项工作的先后次序。在审计机构内部，还应总结审计工作的经验教训，以期改进今后的工作。

审计的终结阶段，主要有以下几方面的工作。

1. 最后审阅工作底稿

在草拟内审报告之前，项目负责人应最后审阅所有的审计工作底稿。这是检查评价审计项目工作完成情况，完成质量控制的一种重要手段。更重要的是，项目负责人可以进一步评估审计发现问题的性质和潜在的危害、评估结论的正确性和建议的可行性，为起草审计报告获取详尽素材，为全面、准确和客观地报告审计结果提供合理的保证。为此，这次审阅必须保证各个领域的审计工作都已全部完成并恰当地记录于审计底稿中。

2. 集中意见，草拟审计报告

审计报告阶段的一项重要工作是撰写审计报告。内部审计报告是内部审计人员对被审单位的经济活动经过审核后进行评价，提出意见和处理建议，作出结论的书面文件。

内部审计的审计报告需由经办内部审计的审计人员提出后，征求被审计单位意见，并报送本部门、本单位领导审批。内部审计报告反映了审计人员对审计任务的完成情况，反映了在审计工作中所取得的成果，对改善本部门、本单位的管理工作具有重大意义。经批准的审计意见书和审计决定，送达被审计单位，被审计单位必须执行审计决定。

在最后审阅审计工作底稿的基础上，项目负责人应该召开审计小组的内部会议，征求参加审计工作人员的意见。在集中分析各种意见后，就可以指定专人起草审计报告。通常，最终的书面审计报告由主审或审计小组负责人撰写。

3. 征求被审计单位意见，修改审计报告

这项工作包括：听取被审计单位对审计报告的意见；收集新的审计证据；对正确的意见要采纳并及时修改审计报告；如有分歧意见，要实事求是地说明，或者将不同意见附在审计报告之后，以备单位负责人和上级内部审计机构研究或向部门负责人反映；审计报告由被审计单位负责人签署意见后定稿。这样做，一方面可以使审计报告中的结论和处理意见，真正做到客观公正，有充分的说服力；另一方面可以使被审单位对审计报告中提出的结论和处理决定，做到心悦诚服，有利于报告的贯彻执行。

4. 上报审计报告，下达审计决定

审计小组负责人将审计报告上报内审机构负责人，经过讨论通过后，作出审计结论，并报部门单位负责人批准签发，同时通知被审计单位限期执行。

5. 审计资料归档

一个审计项目结束后，审计人员应当将审计过程中所积累的各种资料，包括审计报告底稿、审计报告、审计工作方案、审计工作底稿、各种审计证据、被审计单位提供和通过各种形式获得的数据资料，加以集中、整理、分类而形成审计案卷，这些案卷按规定归档便成为审计档案。内审资料归档工作应本着谁审计谁立档的原则进行，归档后要由专人保管。建立审计档案，有利于今后查阅和参考，有利于回顾总结，无论对部门或单位内部审计机构来说，都有十分重要的意义。

6. 后续审计阶段

在内部审计实务中，作为完整的审计过程的一部分，后续审计意味着对报告中反映的问题进行跟踪检查，知道被审计单位采取了纠正行动，使内部审计人员感到满意为止。后续审计阶段的内容主要有：一是被审计单位对审计决定不服，要求复审。复审不一定由原审计小组执行，可由上一级部门审计机构派人实施复审工作。二是定期回访，检查整改情况。以确定对已报告的审计发现是否采取了恰当的纠正措施，确定纠正措施是否已经实施并正在取得预期的效果，或者是确定企业管理层是否对已报告的发现已经承担了不采取纠正措施的风险。三是编写后续审计报告，总结审计效果。完成后续审计后，内部审计人员应写出后续审计报告。后续审计报告是对后续审计工作的总结，也是对审计工作效果的总结。后续审计报告应当报送单位负责人审阅。

后续审计是完善审计工作，确保审计成果的重要一环。通常，后续审计的时间和方式由内部审计部主任决定，其时间、费用和人力的预算应该纳入年度审计计划的预算之中。

## 六、内部审计的报告

内部审计报告是指内部审计人员在内部审计项目工作完成以后，向内部审计机构以及部门、单位领导提出的各种报告的总称。它是内部审计工作中的一种内部审计文件。内部审计人员报告的方式多种多样，没有固定的模式，依据实际情况或需要的不同而不同。

1. 内部审计报告的种类

内部审计报告可按不同的标准予以分类：

按内部审计报告的内容，可以分为内部财务收支审计报告、内部经济效益审计报告和专题审计报告等。内部财务收支审计报告是内部审计机构对部门、单位财务状况和财务活动综合审计后提出的报告；内部经济效益审计报告是内部审计机构对部门、单位的经济活动状况进行审计后提出的报告；专题审计报告是内部审计机构对有关专题项目，如经理经济目标责任、破产责任等进行审计后提出的报告。

按内部审计报告的主体，可以分为部门内部审计报告和单位内部审计报告。部门内部审计报告是由部门审计机构完成某项审计工作后所提出的报告，它具有双重性质，对部门本身，具有内部审计性质，对部门下属单位，则有外部审计性质，故其权威性较强。单位内部审计报告是由单位内部审计机构完成审计事项后所提出的报告，它仅适用于本单位内部。

按其提交时间的先后，可以分为期中审计报告和最终审计报告。期中审计报告一般指那些在审计项目尚未全部完成时，对一些具体问题急待通报以引起注意而提交的报告。这种报告，可以是书面的，也可以是口头的；可以正式报送，也可以非正式报送。最终审计报告是指在整个审计项目完成以后所编写的，包括全部审计结论和建议的最终报告。

按写作形式，可以分为详式内部审计报告和简式内部审计报告。详式内部审计报告叙述一个内部审计事项审计实施过程的全部情况，包括审计背景、审计概况、审计提出的问题、处理依据、提出建议等内容。简式内部审计报告只是简单地、重点地叙述一个内部审计事项的实施过程，主要是说明审计提出的问题及处理意见。

另外，内部审计报告还可以分为正式审计报告和非正式审计报告；书面审计报告和口头审计报告；内部审计证明书、内部审计决定书和内部审计报告书等。在现代内部审计实务中，这些不同的各具特色的内部审计报告可以结合使用，取长补短，共同满足报告审计结果、达到报告目的的要求。

2. 内部审计报告的写作标准

与注册会计师的审计报告相比，内部审计报告在内容和形式上均具有很大的灵活性。它可以不拘泥于某一固定的格式，而是根据被审计单位（或项目）的实际情况和审计目的的不同作相应处理。尽管内部审计报告不存在标准格式，但为了要达到报告的目的，良好的写作是必需的，内部审计报告必须具有客观性、清晰性、简洁性、及时性和建设性。

客观性意味着编写审计报告人员的写作态度是实事求是的，不带丝毫个人偏见的；事实的陈述是必须经过审计人员亲自观察和证实的，并非来源于道听途说；所揭示的问题和缺陷都是真实存在，并有充分可靠的审计证据做支持的；所提出的意见和结论是根据真实的审计发现，依据客观的评价标准作出的符合逻辑，能够反映事物本来面目的判断评价；对被审查者就审计结果发表的不同意见所作的说明是符合实际的。

清晰性是指内部审计报告各部分具有良好的组织安排，所说明的内容是易于理解和富于逻辑的。内部审计报告所表述的审计目的、审计范围及审计意见，应力求语言清晰、观点清楚，尽量避免使用不必要的技术术语；报告中的各段内容，要层次分明，有逻辑联系。

简洁性是指报告既要简明扼要、文字简练，又要表达审计人员的观点，即用最少的语言来准确完整地表达思想，阐明与完成审计任务相关的重要信息。防止空泛的议论和对琐事进行阐述，力避行文冗长费解。但简洁并不意味着报告要简短，也并非意味着只用短句而不用长句。事实上，一些重大的问题往往需要详细的说明，并非三言两语所能阐述清楚的，长短句的结合运用往往使文章富有变化，减轻单调沉闷的氛围，使内部审计报告更具吸引力。

及时性是编写审计报告应考虑的一个重要方面。审计报告能否达到报告的目的，发挥其应有的作用，这在一定程度上取决于报告的及时性。它是指审计报告应按审计计划及时发出，以收到监督经济活动及促进、改进工作的时效。

建设性是针对审计发现、意见和建议而言的，尤其是为改进经营活动而提出的建议。它是建立在内部审计中发现的问题和所作审计意见的基础之上，要求提出改进现有条件或改善现存的经营状况的措施和办法，以有效发挥内部审计作为一种管理控制职能的作用。建议可以是一般性的，也可以是具体的。

除上述标准外，还应注意内部审计报告要具有得体的语调，偏激或浮夸之辞都将影响和破坏双方良好的合作关系，从而使内部审计人员作为被审查单位的对立方出现在组织中。一份语调恰当的审计报告应该使读者感觉到各种说明是心平气和并不带感情色彩的，是客观求实且富有新意的。这要求报告的作者具有客观公正的写作态度和踏实朴素的语言功底。

3. 内部审计报告内容

一般来说，内部审计报告应该反映以下内容：审计背景；审计目标和范围；审计结果；被审计单位对审计结果的意见；其他相关内容；图表和附录。这些组成部分构成了现行内部审计报告的总体结构和内容要求。

(1) 审计背景。这一部分是报告的序言，目的在于为读者提供了解审计主题的解释性资料。在这里可以简明扼要地说明所审计的组织单位和活动。描述其主要特征；说明在报告之前对审计发现、意见和建议的有关情况；还可以说明报告是否包括了审计的日程和所要求的答复。如果是企业管理层或董事会审计委员会所要求完成的特殊任务，应该首先指明这一点，并简明说明被审查者的目标、权力和责任范围。

(2) 审计目标和范围。准确地说明审计目标并按照适当的逻辑顺序来说明达到目标的活动及其结果，能够给读者清晰地展示一条贯穿整个报告的中心主线，为读者了解报告其余部分的内容提供符合逻辑的思维。目标的说明应该准确，并适当具体。

审计范围是指审计所涉及的活动和所包含的期间。由于审计范围受到审计目的、目标和准备工作结果的共同影响和制约，可能与年度审计计划或最初拟订的范围不一致。因此，在必要的情况下，范围说明应该清楚地指明所审查的具体领域及其原因，还可以适当地指出每一个审计领域的工作深度。

(3) 审计结果。审计结果是审计检查和评价活动的最终成果，一般包括审计意见、审计发现和建议三部分。

审计意见是内部审计人员对审计发现所作的职业判断和评价结果，它表明了审计人员对被审查活动所持的态度和看法。尽管不是所有的内部审计组织都要求对审计发现的事实进行全面综合评价，但是，阅读报告的高层管理人员却往往需要这种意见，因此，一些先进的内部审计组织都要求在审计报告中表述审计意见。这种意见应该包括审计范围内的所有方面。通常，意见可以包括正反两个方面，但更多的是后者。如果审计人员感觉到不能或难以准确地表述审计意见，应该在报告中说明原因。

审计发现是审计结果的核心内容，意见和建议都是针对审计发现提出来的。通常，积极的审计发现一般不需要与被审计单位进行广泛深入的讨论，因为对此提出异议的被审计单位几乎不存在。但这种陈述必须有充分的审计证据支持，并完整地记录于审计工作底稿中，否则，不符合实际的陈述会损害内部审计的独立性和声誉。尽管高层管理人员希望听到他们所关心和忧虑的领域的实际状况是令人满意的，但在绝大多数情况下，他们更希望知道哪些领域存在问题和缺陷，哪些方面还需要或可以得到改进。因此，消极的审计发现往往是审计报告的核心部分。但并非所有的消极审计发现都要写入审计报告，因为只有那些对组织有重大危害的问题才会引起高层管理人员的关注，才值得报告。而一般意义上的细小缺陷只需提醒被审计单位注意，并督促其改正便可。在撰写审计报告之前，内部审计人员应该将所有的消极审计发现与适当层次管理人员进行讨论，取得一致意见，以确认其真实性和合理性。

建议是内部审计人员根据审计发现和意见提出的改进不良状况的措施或纠正行动。审计报告所提出的审计建议应该与审计发现存在必然的联系。确切地讲，建议必须针对所存在的问题或缺陷。报告中的建议可以是概括性的，也可以是具体的，但任何一条建议都应该有利于组织目标的实现，符合成本效益原则，并应该是切实可行的。只有这样，才能使有权对之采取行动的管理人员接受并将其付诸实施。

(4) 被审计单位对审计结果的意见。内部审计人员应当与被审计单位适当层次的管理人员或经理讨论审计的意见和建议，并将被审计者的意见写入审计报告。这部分主要说明被审查者对审计中发现的问题和缺陷所表述的与审计人员不同的意见和看法。如果双方对报告的所有方面都达成了共识，则不必将被审查者的每项具体观点都写入审计报告；如果对有关重要事项存在严重分歧且讨论没有达成一致性意见，则应该如实地反映在审计报告中，供上级管理者评判。但是，对审计发现所揭示的事实，双方不应该存在分歧。

为避免不应有的争执，内部审计人员通常根据实际需要将被审查者的书面答复作为报告的一部分。这既可以避免因争执带来的感情伤害，又迫使被审查者认真考虑并证实审计人员所认定的问题和建议中所提出的改进措施。

(5) 其他相关内容。其他相关事宜可能是一些不重要但应该引起关注的不良倾向，也可能是被审计单位要求审计人员向企业管理层反映的一些实际困难等。有时，高层管理人员临时要求关心的一些事项或后续审计结果的有关情况也包括在这一部分中。

(6) 图表和附录。内部审计报告中可附以必要的图表（如单位的组织机构图、有关销售生产、成本的统计表等），对某些不便在报告中作详细说明的问题可列附录。

内部审计报告应该包括上述内容，但这并非最完美的格式。在实际报告中，可能不同的组织都有自己的适用格式。这种格式一经确定，就应该保持一致，不应该经常处于变化之中。

## 第六节　政府审计

### 一、政府审计的概念

政府审计是指由政府审计机构对各级政府、国家金融机构、全民所有制企业事业单位以及其他国有资产单位的财政、财务收支的真实性、合法性和效益性所实施的审计。

建立于1807年的法国审计法院在组织形式、司法权限方面都很独特。近40年来其组织、法律、工作方法等都有了许多变化。这些变化除了反映在1967年6月修订的相关法律中，按照1982年7月《财政法》(第二卷)在审计法院之下设立了26个大区审计法庭。根据1994年12月《财政法》(第一卷)，审计法院的第一主席由部长会议通过的政令任命。按照国家宪法规定，审计法院行使财政总监的职权，直接或间接地检查所有公共账目，包括预算和国库专项基金执行的合法性。被审计单位必须按规定期限报送账目以进行审计，逾期不报者将被处以罚款或刑罚。由此可见，法国审计法院享有最高法院的特权。

第八届全国人民代表大会常务委员会第九次会议1994年8月通过，1995年1月1日起执行的《中华人民共和国审计法》(以下简称《审计法》)规定：审计机关有权对国务院各部门和地方各级人民政府及其各部门的财政收支、国有的金融机构和企业事业组织的财务收支，以及其他依照本法规定应当接受审计的财政收支、财务收支等的真实、合法和效益进行审计监督。

## 二、政府审计的机构和人员

### (一) 政府审计的机构

1. 政府审计机关的设置

政府审计机关是代表政府行使审计监督权的行政机关，它具有法律赋予的独立性和权威性。政府审计机关的设置，按其同其他监督的关系划分，可分为以下三种审计模式：

(1) 经济监督模式。这种模式下的政府审计机关纯粹是一种独立的经济监督性质的机构。如美国、英国、加拿大等国家。这些国家的审计机关由议会领导，并向议会报告工作，审计报告中提出的问题由议会负责处理。

(2) 经济监督和法律监督相结合的模式。这种模式下的政府审计机关兼有经济监督和法律监督的职能。如西班牙的审计法院兼有的司法职能，有权依法判处罚款或建议政府给予违法官员行政处分。

(3) 经济监督和行政监督相结合的模式。这种模式下的政府审计机关兼有经济监督和行政监督职能。对违反财政法规的被审计单位，可以依法进行处理、处罚。但对认为应当追究直接责任人员和单位负责人行政责任的，一般移交检察机关或有关部门处理。构成犯罪的，提请司法机关追究刑事责任。我国的政府审计机关即属这种模式。

目前已有160多个国家设置了适应各自国情的政府审计机关。审计机关在整个国家机构中隶属体制主要有以下几种：

(1) 立法型。立法型的审计机关隶属于议会，依照国家法律赋予的权力，对各级政府机关的财政经济活动，以及国有企业、事业单位的财务收支和有关经济活动进行审计。这是西方国家按照立法、行政、司法三权分立的制度建立的，将政府审计机关隶属于立法机关的一个监督机构。如美国审计总署、英国政府审计署、加拿大审计长公署等，它们独立行使职权，对国会或议会负责，不受行政当局的控制和干涉，其地位较高，独立性较强。

(2) 司法型。司法型的国家最高审计机关隶属于司法部门，拥有很强的司法权。例如，意大利的审计法院对公共财务案件和法律规定的其他案件有裁判权，审计法院直接向两院报告审查的结果；西班牙审计法院拥有自己的司法权；法国审计法院也有一定的审判权。司法型审计机关可以直接行使司法权力，具有司法地位，具有很高的权威性。

(3) 行政型。行政型的国家最高审计机关隶属于政府行政部门，它是政府行政部门中的一个职能部门，根据国家赋予的权限，对政府所属各级、各部门、各单位的财政财务收支活动进行审计。它们对政府负责，保证政府财经政策、法令、计划、预算的正常实施。例如，沙特阿拉伯王国审计总局是对首相负责的独立机构，年度报告应呈递国王陛下；泰王国审计长公署应向内阁总理呈报；瑞典审计局认为有必要报告有关情况，则应首先向负责部门或有关机构报告，如认为无此必要，可直接向政府报告；我国政府审计署在国务院总理领导下，对国务院负责。

(4) 财政型。财政型的国家机关隶属于财政部，如瑞士的政府审计机关就是财政部的特别机构，不过，国家法律规定它必须向议会报告工作，这样就提高了它的独立性和权威性。一般来说，财政部门领导体制下审计机关的独立地位相对较低。

(5) 独立型。审计机关的设置独立于立法、司法、行政三权，如日本的会计检察院，就是既不属于议会、内阁，也不属于司法，而是独立于内阁且与内阁平行的行政机构。它的使命是检查监督国家财政的执行情况，并定期向国会报告工作，具有较高的独立性。

2. 我国的政府审计机关

我国现行审计机关是根据 1982 年 12 月公布的修改后的宪法的规定建立起来的。宪法规定，国务院和县级以上的地方各级人民政府设立审计机关，实行审计监督制度。

我国对地方各级审计机关实行双重领导体制。宪法规定，地方各级审计机关依照法律规定独立行使审计监督权，对本级人民政府和上一级审计机关负责。《审计法》规定，省、自治区、直辖市、设区的市、自治州、县、自治县、不设区的市、市辖区的人民政府的审计机关，分别在省长、自治区主席、市长、州长、县长、区长和上一级审计机关的领导下，负责本行政区域内的审计工作，地方各级审计机关对本级人民政府和上一级审计机关负责并报告工作，审计业务以上级审计机关领导为主。

根据《审计法》的规定，国务院设立审计署，在国务院总理领导下，主管全国的审计工作。审计署根据工作需要，可以在其审计管辖范围内派出审计特派员。地方各级审计机关的机构设置，大体上是与审计署的职能司的设置相对应的，但在基层审计机关，有些相近的职能部门作了相应的合并。

1）我国政府审计机关的职责

从各国政府审计现状来看，政府审计机关的主要职责是对财政、金融与保险、公共投资、政府行政部门、公营企业及公债等进行审计。我国2010年新修订的《中华人民共和国审计法实施条例》规定“审计机关依照有关财政收支、财务收支的法律、法规，以及国家有关政策、标准、项目目标等方面的规定进行审计评价，对被审计单位违反国家规定的财政收支、财务收支行为，在法定职权范围内作出处理、处罚的决定”。

根据《审计法》的规定，我国实行审计监督制度，国务院各部门和地方各级人民政府及其各部门的财政收支，国有的金融机构和企事业组织的财务收支，以及其他应当接受审计的财政收支、财务收支，依法接受审计监督；审计机关对上述财政收支、财务收支的真实、合法和效益，依法进行审计监督。概括来说，审计机关的职责是：

（1）财政审计。财政审计是审计机关的主要职责。审计机关对本级各部门（含直属单位）和下级政府预算执行情况和决算，以及预算外资金的管理和使用情况，进行审计监督。审计署对中央预算执行情况进行审计监督，向国务院总理提出审计结果报告；地方各级审计机关对本级预算执行情况进行审计监督，向本级人民政府和上一级审计机关提出审计结果报告。

（2）金融审计。金融审计是审计机关的重要职责。审计署对中央银行的财务收支，审计机关对国有金融机构的资产、负债、损益，进行审计监督。

（3）事业审计。审计机关对国家的事业组织的财务收支，进行审计监督。

（4）企业审计。审计机关对国有企业的资产、负债、损益，进行审计监督。对与国计民生有重大关系的国有企业、接受财政补贴较多或者亏损数额较大的国有企业，以及国务院和本级地方人民政府指定的其他国有企业，有计划地定期进行审计。对国有资产占控股地位或者主导地位的企业，进行相应的审计监督。

（5）国家建设项目审计。审计机关对国家建设项目预算的执行情况和决算进行监督。

(6) 社会保障基金、社会捐赠资金审计。审计机关对政府部门管理的和社会团体受政府委托管理的社会保障基金、社会捐赠资金以及其他有关基金、资金的财务收支,进行审计监督。

(7) 外资运用审计。审计机关对国际组织和外国政府援助、贷款项目的财务收支,进行审计监督。

(8) 专项审计调查。审计机关对与国家财政收支有关的特定事项、部门、单位进行专项审计调查。

(9) 指导、监督内部审计。审计机关对各部门、国有的金融机构和企事业组织的内部审计,进行业务指导和监督。

(10) 指导、监督、管理社会审计。审计机关对依法独立进行社会审计的机构进行指导、监督和管理。

2) 我国政府审计的权限

审计机关的权限是国家依法赋予审计机关在履行职责过程中享有的资格和权能。在不同的国家、不同的政府审计体制下,审计机关权限是有差异的。在立法型审计体制下,审计机关行使的是议会监督权,如英国、美国等国;在司法型审计体制下,审计机关行使部分司法监督权,如法国、意大利等国;在行政型审计体制下,审计机关行使的是行政监督权,我国审计机关即行使行政监督权。

我国法律赋予了审计机关广泛的与履行审计监督职责相适应的审计权限,包括审查权和处理权。

审查权是指为取得足够的形成并支持审计意见的审计证据而在审计过程中所必须拥有的权力。它主要是指政府审计人员在审计过程中有权全面、充分地接触和检查有关的资料。审查权是最基本的审计权限。《审计法》就政府审计机关的审查权作了明确的规定。具体包括要求报送资料权、审计检查权和审计调查取证权。

处理权是指审计机关在审计过程中或审计工作完成后针对审计中所发现的问题拥有的处理权力。处理权是在审查权基础上的更高层次的审计权限。《审计法》就政府审计机关的处理权也作了明确规定,具体包括:采取行政强制措施权、建议纠正违法规定权、对违反预算的行为或者其他违反国家规定的财政收支行为的处理权、对违反国家规定的财务收支行为的处理、处罚权、建议行政处分权、依法通报或向社会公布审计结果权。

3. 最高审计机关国际组织

最高审计机关国际组织是由联合国成员国的最高审计机关组成的国际性组织。这个组织是经过长期筹备后建立的,筹备工作始于 1953 年,此后每隔 3 年分别在哈瓦那、布鲁塞尔、里约热内卢、维也纳和耶路撒冷召开了会议，讨论筹建政府审计机关国际组织的事宜。1968 年在东京举行大会，通过组织章程，正式宣布成立“最高审计机关国际组织”，受联合国经社理事会领导。联合国成员国的最高审计机关均可参加，但各国政府对国际审计组织不承担任何义务，现已有 150 多个成员国，并在亚、非、阿拉伯、拉美地区设立了四个区域性的分支组织，总部设在维也纳。

最高审计机关国际组织的宗旨是：互相介绍情况，交流经验，推动和促进各国最高审计机关更好地完成本国的审计工作，“经验分享，全球共惠”。

我国于 1983 年正式加入最高审计机关国际组织，并于 1986 年参加了在澳大利亚悉尼举行的第 12 届最高审计机关国际组织大会。

**(二) 政府审计人员**

政府审计人员是指审计机关中接受国家委托，依法行使审计监督权，从事审计事务的人员，也即是审计“公务员”。

政府审计人员包括政府审计署的审计长、副审计长、地方各级审计厅、局的厅、局长、各级审计机关的领导人员和非领导职务的一般工作人员。

除上述主要负责人以外的其他审计人员，由有关部门依据《国家公务员暂行条例》和其他法律规定的干部管理权限决定任免。

## 三、政府审计准则

政府审计准则是政府审计机构和人员在执行审计业务时应遵循的质量标准。自 20 世纪 60 年代开始，各国特别是西方一些发达国家的政府投资项目及投资额都有较大的增长，为了保证投资的效益，就需要政府审计人员按一套统一的审计准则来对政府部门承担的经济责任和投资效益进行审查，这是产生制定政府审计准则的重要原因。

中国国家审计署于 1992 年便开始着手研究、起草《中华人民共和国国家审计基本准则》，经过不断论证、修改，于 1996 年颁布了这一基本准则。继此之后，按照国际审计领域通行的审计准则体例结构，结合中国政府审计工作实际情况，又提出了构建审计准则体系的设想，以制定一系列与审计基本准则相配套的具体审计准则。该准则于 2009 年进行了重新修订，2010 年 9 月 1 日，审计署 8 号令公布了修订后的《中华人民共和国国家审计准则》，修订后的审计准则将于 2011 年 1 月 1 日起施行。审计准则的修订和颁布，是继《审计法》及其实施条例修订后，我国审计法制建设的又一件大事，是完善我国审计法律制度的重大举措，是国家审计准则体系建设史上一个重要的里程碑，对规范审计机关和审计人员执行审计业务的行为，保证审计质量，防范审计风险，发挥审计保障国家经济和社会健康运行的“免疫系统”

功能有十分重大的意义。

新修订的《中华人民共和国国家审计准则》①包括：总则、审计机关和审计人员、审计计划、审计实施、审计报告、审计质量控制和责任、附则，共7章200条。新审计准则对执行审计业务基本程序作了系统规范，是审计机关和审计人员履行法定审计职责的行为规范，是执行审计业务的职业标准，是评价审计质量的基本尺度，适用于审计机关开展的各项审计业务。

## 四、政府审计过程

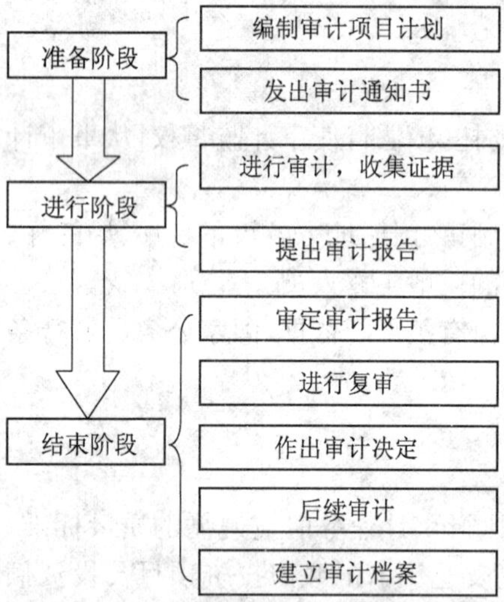


**图2-2　政府审计过程流程图**

政府审计过程如图2-2所示。

### (一) 审计工作的准备阶段

1. 编制审计项目计划

各级审计机关根据国家政策以及上级审计机关和本级政府的要求，确定审计工作的重点。再根据审计工作的重点确定具体的审计项目。

审计项目既可以是单位，也可以是项目或个人。审计项目确定后，应对该项目进行调查研究。

2. 发出审计通知书

审计项目计划编好后，应报审计机关领导审批。审计项目计划一经领导审批后，即可下达审计通知书。

审计通知书是审计机关发给被审计单位的正式审计文件之一，也是审计人员执行审计任务的依据，行使审计监督权的证件。审计通知书的内容主要包括被审计单位名称、审计依据、审计范围、审计起始时间、审计组组长及其他成员名单和被审计单位配合审计工作的要求。同时，还应当向被审计单位告知审计组的审计纪律要求。采取跟踪审计方式实施审计的，审计通知书应当列明跟踪审计的具体方式和要求。专项审计调查项目的审计通知书应当列明专项审计调查的要求②。

审计通知书一般采用公文式、表格式和介绍信三种格式。

(1) 公文式审计通知书。公文式审计通知书，就是把审计通知书的内容用公

① 审计署：《中华人民共和国国家审计准则》，中华人民共和国审计署网站，2010年。

② 同上。

文形式通知被审计单位。其优点是能够把审计的内容充分表达清楚，缺点就是每次审计都需要拟稿签发，手续繁琐。

(2) 表格式审计通知书。表格式审计通知书，就是把审计通知书的内容，用固定格式印出，根据审计需要，随时逐项填写，通知被审计单位。其优点能够简化手续，缺点就是不能充分表达审计通知的内容。

(3) 介绍信审计通知书。介绍信审计通知书，就是用介绍信形式，简单通知被审计单位，见面后再通知需要通知的具体内容。其优点在于介绍信到人就到，便于及时当面商讨问题，缺点就是介绍信内容过于简单，不易说明问题。

**(二) 审计工作的进行阶段**

1. 进行审计，收集证据

审计人员应按检查、取证、分析、评价四个基本步骤进行审计。

检查就是根据审计项目计划，按各项审计目标分别对有关业务及资料采取各种审计方法进行审查，并将检查情况填入审计工作底稿。

取证就是收集审计证据，这是审计工作的核心，可以说，审计工作过程，就是收集审计证据的过程。这项工作是在审计的进行阶段中完成的。在这个阶段里，应对检查中发现的问题和需要查实的情况，通过查阅有关的文件、资料，以及进行实地考察、盘点、调整、鉴定等取得审计证据，并将取得证据的详细情况登入审计工作底稿。

分析主要是对证据进行整理，分析，研究证据的相关性、重要性、胜任性和足够性，同时，也不放过对情况的分析。通过分析，进一步发现问题，进行必要的再检查、再取证、再分析。

评价就是根据分析的结果，再进行调查、综合、推理、判断，依据审计根据，对审计对象作出评价，为编写一份客观、公正、合理的审计报告打下基础。

检查、取证、分析和评价这四个步骤是相互联系的一个审计循环。如果经过一个循环后还有未解决的问题或有疑点，则需要再检查、再取证、再分析和再评价，直至把全部问题弄清楚，达到审计的要求为止。因此，一项审计工作往往需要经过几个循环才能完成。

2. 提出审计报告

经过检查、取证、分析和评价后，如果各项审计目标都已达到，便可转入撰拟审计报告步骤。审计报告应由审计组负责提出。可直接由审计组负责人撰拟，也可由参加审计工作的人员按其分工分头编写。然后由审计组负责人或指定专人负责审核签字。在撰拟审计报告的过程中，应根据审计工作底稿进行编制，审计报告的初稿拟好后，应征求被审计单位意见。

### (三) 审计工作的结束阶段

1. 审定审计报告

审计组提出的审计报告，尽管已经征求过被审计单位的意见，并作过修改，但不能直接下达给被审计单位执行，必须提交派出的审计机关审定。在审定时，应注意审计报告的形式是否为报告的内容服务；应附的附件是否必要、齐全，手续是否完备；是否充分考虑了被审计单位的意见。应重点审查审计报告的评价和结论是否正确，是否有充分、有效的审计证据作为依据；处理意见和建议部分是否符合被审计单位的实际情况和客观社会经济环境；如有必要，还应到被审计单位落实审计报告中提出的问题。

此外，委托审计的审计报告应由委托审计机关审定。审定报告应分别报送上级审计机关和本级人民政府。

2. 作出审计决定

审计决定是审计机关根据审计组提出的审计报告经过审定后作出的指令性文件。根据审定的审计报告，按其违反财经法纪的情况，审计机关应作出经济处理的决定，及时下达给被审计单位，并分别报送上级审计机关和本级人民政府，抄送给被审计单位的主管部门及有关单位，通知财政、税务、银行等有关部门执行。对违犯党纪、政纪和触犯刑律的，要连同审计报告的有关附件，移送和转请纪检、监察或司法部门处理。

3. 进行复审

被审计单位接到审计机关的审计结论和决定后，如果被审计单位对审计机关作出的审计结论和决定不服的，可以在收到审计结论和决定之日起15日内，向上一级审计机关申请复审。上一级审计机关应当在收到复审申请之日起30日内，作出复审结论和决定。特殊情况下，作出复审结论和决定的期限可以适当延长。复审期间，原审计结论和决定照常执行。上一级审计机关的复审结论和决定或者审计署的审计结论和决定，被审计单位对此不服的，可以向人民法院提出申诉。

4. 后续审计

如果被审计单位对审计决定没有异议，则应立即执行。但其执行情况怎样，尚须间隔一段时间以后，再对被审计单位进行审查，以确定其审计决定是否被严格认真执行，是否收到一定的效果等。

5. 建立审计档案

凡是在审计过程中收集的各种证据，填制的工作底稿，撰拟的审计报告，作出的审计决定，均属于审计档案。本着谁办案谁立卷的原则，应依主卷和副卷分别整理归档。归档的材料，应指定专人负责，并制订保管和阅读手续。审计档案必须按规定期限进行保管，以备查考。销毁过期资料，应按规定审批程序审批，未经批准，不得销毁。

同步案例 2-1

### 一张银行利息通知单“挖”出一个女“巨贪”[①]

2008年5月，湖北省随州市中级人民法院公开审理了原随州市第二棉纺厂厂长、党委书记，后来升任随州市经济技术开发区主任(副处级)的武晓丽经济案件。武晓丽因贪污罪，被随州市中级人民法院最终判处有期徒刑5年，并处没收个人财产10万元。

武晓丽，女，1965年出生，研究生学历，1998年3月任随州市第二棉纺厂厂长、党委书记；同年7月兼任随州金环织业有限公司经理；2000年10月任随州大地有限公司经理；2002年3月任湖北省铁树纺织印染集团董事长、总经理、党委书记；2004年到随州市经济技术开发区任职。一路的提升，一连串的头衔，一切似乎都是那么正常、顺当，这多少会让武晓丽感到头晕目眩、飘飘然，也许她连做梦都没想到，在仕途一帆风顺，事业如日中天，正走在通向更加灿烂且充满阳光的大道上还会“栽跟头”？人世间的事情，往往就是这样，在犯罪分子侥幸之时，已是她堕入“深渊”的开始。

2007年1月，随州市审计局受该市纪律检查委员会委托，组成审计组对原随州市第二棉纺厂宣布破产后织部维持生产经营期间盈亏情况进行审计。

审计组进驻原随州市第二棉厂采取就地审计，审计人员从一开始就表现很平静，不与过多的人接触，只与相关的会计人员联系，但是他们内心有数，采取稳扎稳打、步步为营的战术展开审计调查。首先摸清该厂破产前后的基本情况，据了解，1998年7月，随州市第二棉纺厂(以下简称二棉厂)，将其纺部租赁给广东省佛山市石湾区东鄱纱布经销公司(以下简称东鄱公司)，东鄱公司以租赁的纺部成立了随州兴发纺织有限公司；同年同月，二棉厂以其织部成立了该厂控股的湖北随州金环织业有限责任公司(以下简称金环公司)。2000年10月22日，原随州市人民法院依法宣告二棉厂破产还债，并委托资产评估事务所对二棉厂资产进行评估。2000年10月25日，随着二棉厂破产而注销的金环公司改称兴发织部，由武晓丽受随州市政府委托管理经营。2001年2月，二棉厂破产清算组在二棉厂资产评估总值基础上出标，决定对该厂整体拍卖。经协商，拟由东鄱公司以3 900万元购买二棉纺部，由武晓丽牵头购买成立的随州大地纺织有限公司(以下简称大地公司)以1 000万元购买织部。

根据所掌握的情况，精明的审计人员为了弄清二棉厂破产前的财产情况，没有直接审计二棉厂2000年10月至2001年5月维持生产经营期间经营盈亏情况，而是从大地公司2005年财产情况往前查，面对纷繁复杂的账目、凭证等资料，仅账目凭证就堆满了大半间房子，审计人员并没有为需要付出大量心血和工作而退缩，经过2个多月的奋战，实际情况要比审计人员想象的复杂得多，二棉厂涉及的业务往来大户包括南阳棉纺织厂等就有16个。直到开始审计二棉厂2000年资产、负债，包括财务收支情况时，仍未能发现有价值的线索或破绽，整个审计工作为

---

① 湖北省随州市审计局:《一张银行利息通知单“挖”出一个女“巨贪”——原随州市第二棉纺厂厂长、党委书记贪污案查处纪实》,中华人民共和国审计署网站,2009年4月。

此陷入了僵局。该市审计局领导立即召集参与审计的人员，分析前段时间工作情况，研究布置下一步工作，最后决定，有必要继续往前延伸审计，使审计人员进一步增强了信心。有一天，一位细心的审计人员在查看金环公司2000年财务费用分类账原始凭证时，发现一张某银行存款利息通知单：时间2000年5月26日，利息1 017.5元。且利息收入与其他费用抵冲，同时某银行存款利息通知单利息票面显示属定期存款利息，存款户：金环织业有限责任公司，存折账号：8054010255。这位审计人员仔细查看过这张存款利息通知单之后，顿时感到有点蹊跷，迅速跟身边的一位审计人员讨论，决定带着疑问到某银行查询，结果某银行的负责人告诉审计人员此存折账号系1999年5月26日300万元现金存款。然后，审计人员又通过二棉厂及下属金环公司往来账审计查明：1999年5月，经武晓丽安排，以准备企业破产后职工生活费用为由，二棉厂、金环公司财务人员将二棉厂原纺部的卖纱款转出300万元至金环公司的存折户，财务账据处理为虚增金环公司佛山办应收账款300万元。2000年7月5日，因生产需要，从该存折户转出100万元存入金环公司的经营账户投入生产，账务处理为增加金环公司经营存款，减少佛山办应收账款，至此，金环公司虚增佛山办应收账款为200万元，在2000年10月二棉厂破产评估时作呆账处理。审计人员又发现，经武晓丽同意，会计人员在财务报表上将金环公司银行存款余额677 025.19元调整为应收账款，也在2000年10月二棉厂破产评估时作呆账处理。随后，该市审计部门迅速将审计报告按程序移交到随州市纪委和随州市人民检察院。

随州市中级人民法院审理认为：被告人武晓丽身为国有企业工作人员和受政府委托管理经营国有资产的工作人员，利用职务之便，将二棉厂国有资金人民币267.7万元，变通转移至绝对控股的大地公司非法控制占有，其行为已构成贪污罪。

## 五、政府审计的报告

### （一）政府审计机关审计报告的含义

《审计法》第4条规定，国务院和县级以上地方人民政府应当每年向本级人民代表大会常务委员会提出审计机关对预算执行和其他财政收支的审计工作报告。《审计法》第17条规定，审计署在国务院总理领导下，对中央预算执行情况进行审计监督，向国务院总理提出审计结果报告。地方各级审计机关分别在省长、自治区主席、市长、州长、县长、区长和上一级审计机关的领导下，对本级预算执行情况进行审计监督，向本级人民政府和上一级审计机关提出审计结果报告。

因而，这里所说的审计报告，是指《审计法》中规定的审计结果报告和审计工作报告。它是审计机关对同级财政预算执行情况和其他财政收支等，包括预算收入征收部门（税务、海关等）和财政部门，及接受和使用财政预算拨款的部门和单位进行审计后，综合形成的全面反映对同级财政预算执行情况的审计成果，是在对各有关部门、单位审计报告的基础上形成的审计综合报告。

它实际上是审计机关内部的工作报告，是审计机关对派出的审计组所承担的行政职责。所以，凡审计机关发出审计通知书的审计事项，审计组实施审计后，都应当提出审计报告，而且实行审计组组长负责制，审计组长应当对提出的审计报告的真实性负责。这种审计报告本身只反映审计事实和表达审计组的初步审计意见，而不是审计机关的最后结论意见。因此，它对被审计单位来说并没有法律上的直接约束力，只有政府审计机关以审计报告为基础向被审计单位提出的审计意见书和作出的审计决定，被审计单位才有接受和执行的责任，其中审计决定必须执行。

同步案例 2-2 给出了一个具体的审计结果报告的形式，图 2-2 给出了审计报告的一般模式。

**同步案例 2-2**

**外交部 2008 年度预算执行情况和其他财政收支情况审计结果①**

根据《中华人民共和国审计法》的规定，2008 年 12 月至 2009 年 3 月，审计署对外交部 2008 年度预算执行情况和其他财政收支情况进行了审计，并抽审了 2 个所属单位。

一、基本情况

外交部为中央财政一级预算单位，部门预算由本级部门和 6 个二级预算单位的预算组成。

审计结果表明，外交部 2008 年度预算收支基本符合国家有关预算和财经法规的规定，会计处理基本符合会计法、相关会计准则和会计制度的规定，能够认真做好本部门预算编报的组织工作，进一步加强了预算和财务管理工作，建立健全了有关制度，认真整改以前年度审计发现的问题。但审计也发现了一些需要加以纠正和改进的问题。

二、审计发现的主要问题

(1) 授权地方外办收取的认证费等共 1.32 亿元未上缴中央国库。外交部将应由其代中央政府管理的领事认证和护照颁发权授权给地方外办办理。2006 年至 2008 年，地方外办办理过程中收取认证费、护照费、加急费共 1.32 亿元，未按规定上缴中央国库，其中 2008 年 4 048.59 万元。

(2) 未及时足额征收代发电报收费 89.12 万元。2008 年，外交部应收未收 2007 年 7 月至 2008 年 6 月期间发生的代发电报行政事业性收费 89.12 万元。

(3) 项目资金累计结余 8 105.27 万元。2008 年，外交部负责实施的因公电子护照项目预算 4 500 万元，实际支出 302.97 万元，占预算的 6.73%，结余 4 197.03 万元；外交部护照工本费项目 2008 年年初结余 3 551.14 万元，当年财政拨款收入 670 万元，实际支出 312.90 万元，年末累计结余 3 908.24 万元。以上财政资金结余，未能很好发挥资金使用效益。

(4) 将下年度支出 2 891.89 万元列作本年支出。外交部 2008 年 12 月底与所属单位下属的一家企业签订委托采购设备供应合同约定：采购设备总金额 2 891.89 万元，在设备交货后一次

① 审计署：《54 个部门单位 2008 年度预算执行情况和其他财政收支情况审计结果》，中华人民共和国审计署网站。

付清货款。但外交部却在未办理上述合同收货验收手续的情况下，支付了全部货款，并列支了项目支出。

(5) 多报国际电讯费项目预算200万元，提前编报新闻领事中心开办费项目预算500万元。

国际电讯费项目主要核算电信运营商为外交部提供年度固定通信服务的支出，年合同金额约为400万元。但外交部2008年申请并获批复预算600万元，多报预算200万元。截至2008年年底，此项目累计结余855.18万元。

外交部在其新闻领事中心综合办公楼合同竣工日期为2009年8月的情况下，却向财政部申请2008年新闻领事中心开办费项目预算500万元，实际当年该项目无支出。

(6) 账外资产5 169.17万元。

1998年，外交部在上海购买了15套公寓，总购房款125万美元(按当年平均汇率折合人民币465.25万元)；1999年在北京购买了一宗土地使用权，价值1 700万元。2006年外交部所属驻外机构服务中心(以下简称服务中心)在北京购买了一处房产，支付房款等3 003.92万元。以上资产共计5 169.17万元，均未纳入本单位固定资产账内核算。

(7) 驻外使领馆16项建设项目未办理竣工决算。

外交部已竣工的16项驻外使领馆新建、改建工程未办理竣工决算，涉及项目合同金额合计3.49亿元。

(8) 2008年，所属服务中心未编报附属单位上缴收入预算，实际当年附属单位上缴收入4 586.43万元。

三、审计处理情况及建议

对上述问题，审计署已按照国家法律、法规的规定，及时出具了审计报告，下达了审计决定书。对授权地方外办收取的认证费、护照费和加急费未上缴中央国库的问题，要求商财政部研究办法，确保及时足额上缴中央国库；对未及时足额征收代发电报收费的问题，要求补收相关费用并上缴中央国库；对项目资金结余的问题，要求今后按照实际需求编制项目预算；对将下年度支出列作本年支出的问题，要求严格按照预算安排和合同约定据实进行付款核算；对多报和提前编报项目预算的问题，要求根据部门预算编制要求和业务需要编制项目预算；对账外资产的问题，要求全面清理核实，据实登记入账；对驻外使领馆建设项目未办理竣工决算的问题，要求及时办理固定资产交付和结余资金处理工作；对服务中心未将附属单位上缴收入纳入预算编报的问题，要求责成服务中心加强预算编报工作。

针对审计发现的问题，审计署建议：外交部应进一步建立健全内部管理控制制度，完善业务管理流程，建立对重大事项的决策制度和问责机制；加强预算管理、项目管理、基本建设管理和国有资产管理，提高预算资金的使用效益和保证国有资产的保值增值；加强对业务部门和所属单位的财务指导和监管，促进其提高项目管理和财务管理水平，为外交事业发展提供强有力保障。

四、审计发现问题的整改情况

外交部在审计前开展了自查，并纠正了部分自查发现的问题。对这次审计发现的问题，外交部高度重视，积极组织相关单位认真纠正和整改。对授权地方外办收取的认证费、护照费和加急费未上缴中央国库的问题，拟商财政部研究解决办法；对未及时足额征收代发电报收费的问题，已积极催缴收费并补收10.88万元；对项目经费结余的问题，将采取措施，加快预算执行进度；对将下年度支出列作本年支出的问题，今后将严格按预算安排和合同约定据实付款；对多报和提前编报项目预算的问题，将根据部门预算编制要求和业务需要，进一步提高预算的准确性；对账外资产的问题，正在清理，服务中心已将房产纳入固定资产账管理；对驻外使领馆建设项目未办理竣工决算的问题，外交部正在制定相关管理办法；对服务中心未将附属单位上缴收入纳入预算编报的问题，已在编制2009年预算时纠正。

此外，对审计发现的少数管理不规范等问题，审计署另行出具了审计建议函，外交部正在进行整改。

中华人民共和国审计署

审计报告

××××年第××号

（编号由署办公厅统一填写）

被审计单位：××××××

审计项目：××××××××××××××××

根据《中华人民共和国审计法》第××条（与审计通知书中引用的法规名称及条款号一致）的规定和《审计署关于审计××××××的通知》（审×通〔××××〕××号），审计署派出审计组，自××××年××月××日至××××年××月××日，对××××××（被审计单位名称，与封面上"被审计单位"表述一致）××××××××（一般表述为"××××年度××××××情况"，与封面上"审计项目"表述基本一致）进行了审计，××××××××（根据需要可简要列明审计重点和审计范围），对重要事项在时间上作了必要的延伸和追溯，并抽审了下属的××××××、××××××等单位。××××××××（简要列明被审计单位配合审计情况）。××××××（被审计单位名称）对其提供的与审计相关的会计资料、其他证明材料的真实性和完整性负责。审计署的责任是对此进行审计并出具审计报告。

一、被审计单位基本情况

××××××××××××××××××××××××××××××××××××××××××××××××××××××××××××。

（要求：

1. 内容要素应符合《审计机关审计项目质量控制办法（试行）》第58条第2项的规定，即包括被审计单位的经济性质、管理体制、财政、财务隶属关系或者国有资产监督管理关系，以及财政收支、财务收支状况等。

2. 反映的内容一般应与审计实施方案确定的审计事项密切相关，其他无关内容尽可能少写或不写。

3. 部门预算执行审计基本情况中有关数据应列表反映。）

二、审计评价意见

××××××××××××××××××××××××××××××××××××××××××××××××××××××××××××。

（总体上应执行《审计机关审计事项评价准则》和《审计机关审计项目质量控制办法（试行）》第58条第5项的规定。具体要求包括：

1. 发表审计评价意见应运用审计人员的专业判断，并考虑重要性水平、可接受的审计风险、审计发现问题的数额大小、性质和情节等因素。

2. 只对所审计的事项发表审计评价意见。对审计过程中未涉及、审计证据不充分、评价依据或者标准不明确以及超越审计职责范围的事项，不发表审计评价意见。

3. 审计评价意见不能与审计发现的问题相矛盾。

4. 审计评价用语要平实、适度，以写实为主。）

三、审计发现的主要问题及处理处罚意见

（一）××××××××

××××××××××××××××××××××××××××××××××××××××××××××××××××××××××××。

（二）××××××××

××××××××××××××××××××××××××××××××××××××××××××××××××××××××××××。

……

（要求：

1. 只反映审计发现的被审计单位违法违规问题，审计发现的其他需要研究、关注的问题，应在审计报告"审计建议"部分反映。

2. 审计发现的问题按性质归类，按重要性程度排序。如发现以前年度审计决定未执行的问题，应列在当年查出的问题之后。如果审计工作方案已明确审计内容和重点的归类和排序的，此处对问题的归类、排序应符合审计工作方案的要求。

3. 每类问题一般应列有标题。标题一般应包含对问题的定性用语、金额和处理处罚意见。

4. 每类问题包括三部分内容，即：违法违规事实、定性及依据、处理处罚决定或移送处理决定及依据。三部分内容应根据文字多少注意适当分段。事实表述一般应包括违法违规主体、时间、主要情节、金额、截止审计时的状况等，文字要简洁，避免过多的过程或细节描述。定性表述用语必须规范、准确，不得模棱两可、含糊其辞。定性和处理处罚决定应列出明确法规依据，法规依据包括法律、法规、规章和规范性文件，引用法规应准确、规范。归于同一类的若干具体问题应尽可能合并表述，适当简化，其法规依据相同的，一般只引用一次。反映以前年度审计决定未执行的问题也可适当简略。处理处罚决定均应列明金额。特殊情况无法列明的，应作出说明。移送处理决定的表述中应包括"对该问题审计署已（将）移送××××××（有关单位）处理"。

5. 在引用法律和法规时，一般应列明文件名称、具体条款号及条款内容；在引用规章和规范性文件时，一般应列明发文单位、文件名称、发文号、具体条款号及条款内容。）

四、审计建议

××××××××××××××××××××××××××××××××××××××××××××××××××××××××××××。

（要求：

1. "审计建议"部分不是审计报告必备内容，只在必要时可以对被审计单位或有关部门提出改进财政收支、财务收支管理，完善有关规章制度的意见和建议。

2. 所提意见和建议应针对审计发现的问题或者需要研究、关注的问题，应具有可操作性，便于被审计单位和其他有关单位整改。

3. 建议的对象一般为被审计单位，如果涉及被审计单位以外的其他有关单位，应建议被审计单位商有关单位或者注明该问题审计署已（将）移送有关单位。）

（审计署印章）

××××年××月××日

**图 2-3 审计报告**

**（二）政府审计机关审计报告的复核**

为了使审计报告反映的审计事项，事实清楚、数字准确，审计评价客观公正，审计意见恰当可行，保证审计报告的质量，审计机关应当建立审计报告的复核和审定制度。审计组所撰写的审计报告在未提交审计机关前，凡涉及重大审计事项或其他认为需要复核的审计报告，要经审计机关分层次的内部专门部门或专职复核人员进行认真负责地复核。经复核的审计报告要修改、充实的，复核部门或专职人员出具书面复核意见，并责成审计组进行处理。审计组提交的审计报告以及被审计单位的反馈意见，审计机关应进行审定。

**（三）审计意见书和审计决定**

1. 审计意见书

审计意见书是政府审计机关对审计事项阐明审计结果、表达审计意见和态度的书面业务文件。它是由审计机关独立作出的行政法律文书，发给被审计单位和有关单位，属于审计人员向被审计人提出审计报告的范畴。在实际工作中，审计机关在审定审计报告后，认为被审计单位的财政、财务收支行为没有违反国家规定，不需要进行经济处理、处罚，则只对被审计单位的财政、财务收支情况作出结论，进行适当评价，出具审计意见书。

审计意见书的内容主要包括：

（1）审计的范围、内容和时间。

（2）审计机关认定的事实。

（3）对反映被审计事项的财政、财务收支的真实、合法、效益、内部控制制度以及相关行业重点事项进行评价及其评价依据。

（4）改进财政、财务收支管理的建议。

编写审计意见书应当实事求是。凡审计过程中未涉及的具体事项以及证据不足，评价依据或标准不明确的事项不进入审计意见书，不作评价。

2. 审计决定

审计决定是政府审计机关按照规定的程序，审定审计报告后，发现被审计单位有违反国家规定的财政、财务收支行为，应依法进行经济处理、处罚的，由审计机关作出处理、处罚的决定文件。审计机关作出审计处理、处罚的决定要以法律、法规、规章的规定为依据，应遵循公正、公开、适度的原则，保持严谨、负责的态度。

为了在法定职权范围内正确作出审计决定，必须划清处理和处罚的界限。审计处理是指审计机关对违反国家规定的财政收支、财务收支行为采取的纠正措施。审计处理的种类有：限期缴纳、上缴应当缴纳或上缴的财政收入；限期退还违法所得；限期退还被侵占的国有资产；冲转或调整有关账目等处理。

审计处罚是指审计机关对违反国家规定的财务收支行为和违反《审计法》的行

为采取的行政制裁措施。审计处罚的种类有：警告；通报批评；罚款；没收违法所得等处罚。

审计决定的内容主要包括：

(1) 依据审计意见书中所列审计机关认定的被审计单位违反国家规定的财政收支、财务收支行为的事实。

(2) 引证有关的法律、规章和具有普遍约束力的决定、命令的条文以及据以作出的审计处理、处罚决定。

(3) 审计处理、处罚决定执行的期限。

(4) 被审计单位不服审计决定，向上一级审计机关申请复议的期限。

## 本章小结

### ■ 本章内容结构图

- 审计职业
  - 注册会计师业务范围
    - 鉴证业务
      - 审计业务
      - 审阅业务
      - 其他鉴证业务
    - 相关咨询服务业务
      - 管理咨询服务业务
      - 会计服务业务
      - 税务服务业务
      - 执行商定程序服务业务
    - 《注册会计师业务指导目录》(2012)
  - 注册会计师
    - 注册会计师考试
    - 注册会计师注册
  - 会计师事务所
    - 会计师事务所组织形式
      - 独资会计师事务所
      - 普通合伙会计师事务所
      - 有限责任会计师事务所
      - 有限责任合伙会计师事务所
    - 会计师事务所设立条件
  - 注册会计师协会
    - 中国注册会计师协会的职责
    - 中国注册会计师协会会员
    - 注册会计师协会权力机构和常设办事机构
      - 全国会员代表大会
      - 理事会与常务理事会
      - 常设执行机构
      - 专门委员会与专业委员会
    - 地方注册会计师协会

- 内部审计
  - 内部审计的概念
  - 内部审计的特征
  - 内部审计的机构和人员
    - 内部审计机构设置的要求
    - 内部审计机构设置的组织形式
    - 审计委员会
    - 内部审计机构的职责和权限
    - 内部审计人员
  - 内部审计准则
  - 内部审计过程
  - 内部审计的报告
- 政府审计
  - 政府审计的概念
  - 政府审计的机构和人员
    - 政府审计的机构
      - 政府审计机关的设置
      - 我国的政府审计机关
      - 最高审计机关国际组织
    - 政府审计人员
  - 政府审计准则
  - 政府审计过程
    - 审计工作的准备阶段
    - 审计工作的进行阶段
    - 审计工作的结束阶段
  - 政府审计的报告
    - 政府审计机关审计报告的含义
    - 政府审计机关审计报告的复核
    - 审计意见书和审计决定

## ■ 重要名词术语

**注册会计师**:是指取得注册会计师证书并在会计师事务所执业的人员,有时也指其所在的会计师事务所。

**独资会计师事务所**:又称个人会计师事务所,是指由具有审计人员执业资格的个人独立开业,承担无限责任的会计师事务所。

**普通合伙会计师事务所**:是指由两位或两位以上合伙人组成的合伙组织形式的会计师事务所。合伙人以各自的财产对会计师事务所的债务承担无限连带责任。

**有限责任会计师事务所**:是指由注册会计师认购会计师事务所股份,并以其所认购股份对会计师事务所承担有限责任。会计师事务所以其全部资产对其债务承担有限责任。

**有限责任合伙会计师事务所**:在我国又称特殊普通合伙会计师事务所。无过失的合伙人对于其他合伙人的过失或不当执业行为以自己在会计师事务所的财产为限承担责任,不承担无限责任,除非该合伙人参与了过失或不当执业行为。

**特殊普通合伙会计师事务所**:是指对债务的形成负有重大过失责任的一个或者数个合伙人应当承担无限责任或者无限连带责任,其他合伙人仅以其在特殊普通合伙会计师事务所中的财产份额为限承担责任的会计师事务所。

**内部审计机构**:是指从事一个组织内部中的独立审计活动的审计机构。

**内部审计师协会**:是指内部审计师的组织,旨在为其成员提供职业教育、鼓励职业化。

**内部审计人员**:是指部门、单位内部审计机构从事审计业务的人员。

**政府审计**:是指由政府审计机构对各级政府、国家金融机构、全民所有制企业事业单位以及其他国有资产单位的财政、财务收支的真实性、合法性和效益性所实施的审计。

**政府审计人员**:是指审计机关中接受国家委托,依法行使审计监督权,从事审计事务的人员,也即是审计“公务员”。

**政府审计准则**:是指政府审计机构和人员在执行审计业务时应遵循的质量标准。

## 思考与练习

### 一、思考题

1. 审计人员可以从事哪些相关咨询服务业务?

2. 鉴证业务要素有哪些?

3. 职业道德基本原则有哪些?

4. 简述审计人员申请注册的条件。

5. 简述设立特殊普通合伙会计师事务所的条件。

6. 中国注册会计师协会的职责是什么?

7. 试述我国在审计准则制定过程中的两次国际趋同情况。

### 二、选择题

1. 注册会计师执行的下列业务中,不属于鉴证业务的是(　　)。

A. 验资　　B. 财务报表审阅

C. 对财务信息执行商定程序　　D. 预测性财务信息审核

2. 下列关于审阅业务的说法正确的是(　　)。

A. 审阅业务是注册会计师的核心业务

B. 审阅业务是为了增强信息使用者对所审阅信息的信赖程度

C. 审阅业务程序简单,保证程度有限,不能增强信息使用者对所审阅信息的

信赖程度

D. 审阅业务是注册会计师不能绝对保证信息可靠程度的选择

3. 贾先生是大连居民。根据《注册会计师全国统一考试办法》的相关规定，如果贾先生仅具备下列条件中的(　　)，还不一定能报名参加注册会计师全国统一考试。

A. 高等专科学历　　B. 中级经济师职称

C. 拥有ACCA证书　　D. 高级审计师

4. 对于下列不同类型会计师事务所的陈述中恰当的有(　　)。

A. 独资会计师事务所由注册会计师个人承担无限责任

B. 有限责任会计师事务所以其全部资产承担无限连带责任

C. 普通合伙会计师事务所的合伙人以各自的财产对事务所的债务承担无限连带责任

D. 有限责任合伙会计师事务所的无过失的合伙人对于其他合伙人的过失不承担无限责任，除非该合伙人参与了过失或不当执业行为

5. 既能把会计师事务所做大做强，又能规避风险的会计师事务所类型是(　　)。

A. 独资会计师事务所　　B. 普通合伙会计师事务所

C. 有限责任会计师事务所　　D. 有限责任合伙会计师事务所

6. 中国注册会计师协会的职责包括(　　)。

A. 组织全国注册会计师考试和会员培训

B. 拟订并颁布注册会计师执业准则

C. 制定会计师事务所的收费标准

D. 指导地方协会办理注册会计师注册

7. 注册会计师在应用独立性概念框架时应当运用职业判断。以下关于注册会计师运用独立性概念框架的工作思路表达不恰当的是(　　)。

A. 注册会计师在承接业务或续约时首先要识别对独立性的不利影响

B. 评价已识别不利影响的重要程度

C. 消除对独立性的所有不利影响的方面

D. 必要时采取防范措施消除不利影响或将其降至可接受水平

## 三、案例分析题

### 跨越雷池——人力资源审计引发大麻烦

某公司审计总监李由现在一筹莫展，桌子上醒目的文件是人力资源总监送来

的关于公司工资信息泄密情况通报，李由翻来覆去看了几遍，几次抓成一团，又几次摊开，眉宇一直未能展开。

半个月前，公司薪酬委员会兼审计委员会主席，提请审计部作一份审计调查，了解公司中层人员薪资政策及其调整情况，供薪酬委员会讨论公司薪酬政策参考，同时指示，对薪资调整流程实施专项审计。

由于公司实行薪酬保密制度，审计部门从未做过薪酬福利方面的审计，原来人力资源审计仅限于人力资源招募、录用、晋升、考核和培训方面审计，且考核结果运用于薪酬发放都不列入审计范围，人员晋升流程中涉及晋升后薪资调整文件也不向审计部门提供。因此接到这个任务，李由立即想到了授权，审计通知书由董事长亲自签发，总经理也专门找了人力资源总监面谈。李由派出了审计部最强的两员干将，并专门就此项审计单独签署了保密协议，明确要求对薪酬等敏感信息保密。审计见面会和结束沟通会议上，人力资源总监一直没有好脸色，尤其在结束沟通会议上对审计发现很是反感，将很多问题推说为出于保密要求。现在审计报告和调查报告初稿已出，在人力资源部征求意见多日，人力资源部没有按期回复，却交来一份泄密情况通报。通报指出：公司一直实行薪酬保密制度，对工资信息实行不公开、不询问、不讨论的“三不”政策多年，员工对于薪酬从未有过攀比等。怀疑最近进行的审计泄露了薪酬机密。公司在这几天收到数份加薪申请，加薪申请人将自己的薪酬与多个自认为同岗、同档次应该同酬的员工进行了详细比较，所提数据相当准确，这可是从未有过的事情。人力资源部正在安抚加薪申请人，对其提供的其他员工薪酬信息不予承认，并要求其提供信息源，相关员工讳莫如深。通报还指出某加薪申请人入职时就是审计师王亮推荐的。

让李由更头痛的是，通报提到的那位审计师王亮向他提出了离职申请，原因也来自这次审计。

王亮在审计中发现，公司薪资调整制度就是会哭的孩子有奶吃，审计部门的员工普遍低于公司其他部门，而且审计部每年加薪申请均被调减为按最低增资额调整，而其他部门还出现申请少，批得多的情况，而那些人往往是审计出问题被处罚的人，审计处罚后获得了更多的补偿。王亮心灰意冷，将此审计发现也写入了审计报告，却被李由在初稿中就删掉了。李由深知王亮的为人，他从来不会透露审计中的任何信息，但这次审计对他的冲击会否让他失了方寸，况且他口头提出不满，并要离职。

要求：

(1) 结合本案例，简述审计人员王亮的权限，其是否有越权行为？

(2) 结合本案例，简述内部审计过程以及实施内部审计时应注意哪些问题？

(3) 假设你是审计人员王亮，请代其编制内部审计报告。

(4) 结合所学知识，分析本案例中存在的问题以及导致上述问题的根源。

# 第三章 执业准则和职业道德



## 本章要点

- 了解我国执业准则的制定历程
- 掌握我国执业准则的体系构成
- 掌握鉴证业务的定义、目标及构成要素
- 掌握质量管理准则的目标及构成
- 了解会计师事务所质量管理体系的构成要素
- 了解职业道德的概念
- 了解制定职业道德守则的必要性
- 熟悉职业道德基本原则
- 理解职业道德概念框架
- 熟悉提供专业服务的具体要求
- 掌握审计和审阅业务对独立性的要求以及审计、审阅与其他鉴证业务之间对独立性要求的差异

## 适用的准则和规范

- 《中国注册会计师鉴证业务基本准则》
- 《会计师事务所质量管理准则第 5101 号——业务质量准则》
- 《中国注册会计师审计准则第 1121 号——对财务报表审计实施的质量管理》
- 《中国注册会计师职业道德守则第 1 号——职业道德基本原则》
- 《中国注册会计师职业道德守则第 2 号——职业道德概念框架》
- 《中国注册会计师职业道德守则第 3 号——提供专业服务的具体要求》
- 《中国注册会计师职业道德守则第 4 号——审计和审阅业务对独立性

的要求》

- 《中国注册会计师职业道德守则第5号——其他鉴证业务对独立性的要求》

## 引例　民间审计准则产生的背景
## ——麦克逊·罗宾斯公司破产案例[1]

20世纪30年代，在美国经济发展进程中，上市公司自愿委托社会公认会计师实施审计形成风气。通过民间审计，有效帮助了投资者决策，维护了资本市场的稳定，民间审计的会计报表审计在美国逐渐深化。在这样的背景下，1938年美国发生了一桩令人震惊的“麦克逊·罗宾斯公司破产案”，引起了全美各界人士的关注。

1938年年初，麦克逊·罗宾斯药材公司(以下简称麦克逊公司)的债权人米利安·汤普森在与麦克逊公司的经济往来业务中，发现了该公司的财务资料有异常之处，其一，该公司制药原料部门是盈利较高的经营部门，但公司经营者都直接对其重新投资，而该部门还没有资金积累；其二，公司账面制药原材料存货的保险金额较少。前任公司董事会决定减少存货余额，并要求现任经理菲利普·科斯特仍执行这一决定，但1938年年末，公司存货却增加了100万美元。米利安对上述问题产生疑惑，向公司管理人员要求提供制药原材料实际存货的证明，但未能取得该证据，且其拒绝承认公司300万美元的债券。尔后，美国证券交易委员会开始对麦克逊公司立案调查。

美国证券交易委员会对麦克逊公司的调查结果如下：

(1) 麦克逊公司的有价证券在纽约证券交易所公开上市，并已依法在证券交易所注册登记。

(2) 该公司及其子公司10多年来的会计报表均由美国第一流的普莱斯·沃特豪斯会计公司执行审计，对麦克逊公司财务状况及经营成果出具了无保留意见的审计报告。

(3) 1937年12月31日麦克逊公司的合并资产负债表中总资产8 700万美元，其中1 907.5万美元属虚假资产(存货1 000万美元，销售收入900万美元，银行存款7.5万美元)。1937年度该公司合并损益表中虚假收入1 820万美元，虚假毛利180万美元。

(4) 公司现任总经理菲利普使用化名并有诈骗罪前科，其3位兄弟均使用化名在公司任要职。菲利普与其3位兄弟共同舞弊，利用公司内部控制薄弱，贪污巨款。

美国证券交易委员会核实上述事实后，召开了由注册会计师参加的听证会，宣布了这些事实。而后，美国证券交易委员会颁布了新的报告，对审计程序加以修改，增加了关于应收账款函证，对存货实地检查，对内部控制系统详细评价的条款，同时强调了审计人员对公共持股人的责任及加强对管理部门的检查，及对发表审计意见的具体要求的规范。

美国注册会计师协会对此也作出了积极反应，建立了审计程序委员会，并于1939年制定了《审计程序的扩展》，对审计程序的完善从以下四个方面提出了更加具体的要求：①对存货检查，通过实地盘存确认存货数量，并将之作为必需的审计程序；②对应收账款检查，应积极采用函证

① 孙伟龙：《审计学——教程与案例》，浙江大学出版社2012年版。

法，对债务人直接询证；③对审计报告格式及内容加以规范，将其分为范围段和意见段；④通过董事会任命或股东大会投票选举独立注册会计师等。

1947年10月，美国注册会计师协会的审计程序委员会颁布了《审计标准草案——公认的意见和范围》，1954年对其修改，改名为《公认审计准则——其意义和范围》。从此民间审计有了一套公认的执业标准。

该公司破产案的披露对民间审计界产生了重大影响，也提出了新的课题。首先，此案件的披露对美国民间审计在社会中的声誉产生了极大的负面影响，使社会公众对处于独立地位的民间审计及审计结论的信任度急剧下降；其次，这一事件的背后隐含着十分丰富的内涵，即提出了民间审计工作质量如何保证，怎样发挥民间审计在社会经济发展中的应有作用，如何保证民间审计的生存和发展等问题。要解决上述问题，民间审计界应该围绕提高审计质量问题深刻反思，吸取教训，采取可行措施，有效规范审计行为。

# 第一节 执业准则概述

## 一、我国执业准则的制定历程

我国注册会计师执业准则的制定历程可划分为三个阶段。

### (一) 起步阶段(1980—1993年)

1980年注册会计师行业恢复重建后不久，针对当时的审计验资业务，启动了执业标准的制定工作，并陆续出台了相关执业规定。随着中国注册会计师协会(以下简称中注协)的成立，专业标准建设工作得到了高度重视，进入了快速发展时期。中注协专门设立了专业标准部，负责专业标准的研究制定工作。1991—1993年，先后发布了《注册会计师检查验证会计报表规则(试行)》等7个执业规则。这些执业规则对我国注册会计师行业走向正规化、法制化和专业化起到了积极作用。

### (二) 制定准则阶段(1994—2004年)

1993年10月31日，第八届全国人民代表大会常务委员会第四次会议通过《注册会计师法》，赋予中国注册会计师协会依法拟订执业准则、规则的职能。经财政部批准同意，中注协自1994年5月开始起草独立审计准则。到2004年，中注协先后分6批制定了审计准则，共计41个项目，基本建立起了我国审计准则体系框架。

### (三) 国际趋同阶段(2005年至今)

随着审计环境的巨大变化和公司财务舞弊重大事件的发展，以及国际审计准则的规模修改，迫切要求我国大力改进审计准则，增加审计的有效性，防范和化解审计风险，维护市场经济的稳定有序运行。在此背景下，财政部于2005年年初提出了我国会计审计准则国际趋同的主张和中国会计审计准则体系建设目标。根据这一目标，遵循科学、民主、透明和公开的准则制定程序，2006年2月15日，包括

48 项审计准则的新审计准则体系正式发布，审计准则体系实现了国际趋同的历史性突破。

在新审计准则体系实施后，我国并没有放慢实现国际趋同的脚步。近年来，国际审计与鉴证准则理事会开展国际审计准则明晰项目，对国际审计准则作了重大修订；企业经营环境的变化也导致审计实务风险日益增加；行业发展形势和服务经济社会发展大局的需要，也要求拓展审计准则的适用范围，为我国注册会计师的新兴审计实务提供便利和指引。我们密切关注国内外审计业务发展形势，及时修订完善审计准则体系，以保持技术标准的先进性，为建立健全经济运行风险防范机制提供强有力的专业支持，进一步提高行业服务经济社会发展的能力。

2010 年 10 月 31 日，中国注册会计师协会修订后的 38 项审计准则，通过了中国审计准则委员会审核，经进一步修改完善后已由财政部正式发布，并于 2012 年 1 月 1 日起施行。据中注协专业标准部有关负责人介绍，国际审计准则近年来最大的变化是完成了项目明晰，涉及 37 项准则，与我国现行 33 项审计准则相对应。此次修订中，这 33 个项目全部被纳入修订范围，并调整为 37 个，从而实现了与国际审计准则的一一对应。此外，此次修订还包括我国特有的前后任注册会计师的沟通准则。因此，此次修订后公布的审计准则共 38 项。此次修订主要有两方面变化，一方面是对 16 项准则的内容进行实质性修订，并制定 1 项新的准则；另一方面是对全部准则按照新体例进行改写。

修订后的审计准则体系具有以下特点：

(1) 提高准则理解和执行的一致性。此次修订充分借鉴了国际审计与鉴证理事会明晰项目的成果，除对 16 项准则的内容进行实质性修订外，还对全部 38 项审计准则按照新的体例结构进行了改写。按照新的体例结构改写后的审计准则体系，有利于提高审计准则理解和执行的一致性，有利于监管机构开展更有针对性的监管。

(2) 全面体现风险导向审计。此次修订审计准则，进一步强化了风险导向审计的思想，除修订核心风险审计准则外，对其他审计准则也作出修改，将风险导向审计理念全面彻底地贯彻到整套审计准则中。例如，对关联方、会计估计、公允价值、对被审计单位使用服务机构的考虑等准则，强化重大错报风险的风险识别、评估和应对，摆脱原来的审计程序导向思维。

(3) 增强识别舞弊风险的有效性。新审计准则对注册会计师发现和报告舞弊的责任作出了明确的规定，即，注册会计师有责任按照审计准则的规定实施审计工作，获取财务报表在整体上不存在重大错报的合理保证，无论该错报是由于舞弊还是错误导致的。新审计准则以积极的姿态，设定了注册会计师发现舞弊的责任，明确地指出舞弊与财务报表错报的固有联系。审计的目标是对财务报表是否存在影响信息使用者决策的重大错报发表审计意见，既然重大舞弊通常会导致财务报表重大错报，合理保证发现导致财务报表重大错报的舞弊就不是注册会计师的分外之事，而是应尽职责。此外，新审计准则还对注册会计师如何履行这一职责提供了更详细的指导和要求，包括要求注册会计师积极主动地识别、评估和应对舞弊发生的风险，包括保持职业怀疑态度、增加审计程序的不可预测性、项目组就舞弊风险进行专题讨论、考虑舞弊产生的条件（动机、机会和将舞弊行为合理化）、考虑管理层凌驾于内部控制之上的风险、假定收入确认存在舞弊风险等。

(4) 加强与治理层有效的沟通。一方面，新审计准则规范了治理层在监督财务报告方面的职责和作用，对管理层与治理层在财务报告方面的职责作出明确区分；另一方面，要求注册会计师就审计工作中遇到的重大困难、对被审计单位会计处理质量的看法、审计过程中发现的错报、违反法律法规的行为、舞弊等及时与治理层沟通。同时要求注册会计师向治理层和管理层恰当通报注册会计师在审计过程中识别出的，根据职业判断认为足够重要从而值得治理层和管理层各自关注的内部控制缺陷。

(5) 增强对小型企业审计的相关性。新审计准则取消了现行的《中国注册会计师审计准则第 1621 号——对小型被审计单位审计的特殊考虑》，代之以在每项应用指南中增加“对小型被审计单位的特殊考虑”部分。这种做法将显著增强对审计小型被审计单位的指导力度，有效提高审计准则的适用性。

2008 年全球金融危机发生后，国际上对提高审计质量、提升审计报告信息含量的呼声日趋强烈。2015 年，国际审计与鉴证准则理事会（IAASB）修订发布了新的国际审计报告准则，在改进审计报告模式、增加审计报告要素、丰富审计报告内容等方面作出了重大改进。在我国，随着资本市场的改革与发展，政府部门、监管机构和投资者对注册会计师执业质量提出更高的要求，期望注册会计师出具的审计报告具有更高的信息含量和决策相关性，以降低资本市场的不确定性和信息不对称带来的风险。为顺应市场各方的需求，体现审计准则持续趋同要求，中国注册会计师协会借鉴国际审计报告改革的成果，结合我国实际情况，启动了审计报告准则的改革修订工作。经过近两年的研究、起草、论证和广泛征求意见，新审计报告准则由中国注册会计师协会审计准则委员会审议通过。2016 年 12 月 23 日，财政部印发了《在审计报告中沟通关键审计事项》等 12 项中国注册会计师审计准则（新审计报告准则）。

本次发布的 12 项审计准则，最为核心的 1 项是新制订的《中国注册会计师审计准则第 1504 号——在审计报告中沟通关键审计事项》，该准则要求在上市公司的审计报告中增设关键审计事项部分，披露审计工作中的重点难点等审计项目的个性化信息。其中，要求注册会计师说明某事项被认定为关键审计事项的原因、针对该事项是如何实施审计工作的。该准则仅适用于上市实体的审计业务。除该准则外，“对财务报表形成审计意见和出具审计报告”“在审计报告中发表非无保留意见”“在审计报告中增加强调事项段和其他事项段”“与治理层的沟通”“持续经营”“注册会计师对其他信息的责任”等 6 项准则属于作出实质性修订的准则，另外 5 项准则属于为保持审计准则体系的内在一致性而作出实质性修订的准则，这 11 项准则中，有的条款是仅对上市实体审计业务的规定，有的条款是对所有被审计单位（包括上市实体和非上市实体）审计业务的规定。

新审计报告准则的发布实施，将带来三个方面的积极变化：一是提高审计报告的信息含量，增强其决策相关性；二是提高审计报告的沟通价值，增强审计工作的透明度；三是强化注册会计师的责任，提高审计质量，回应财务报表使用者对持续经营、其他信息、注册会计师独立性的关注。

修订后的审计准则，实现了与国际审计准则的持续趋同，解决了我国审计实务中迫切需要解决的问题，提高了应对审计风险的能力。新准则体例明晰、文字质量高、内容成熟，更易于注册会计师的使用和执行，有利于提高审计效率，促进我国资本市场健康发展。有鉴于此，本书后续章节涉及相关准则的内容均按照最新修订审计准则体例编写。

## 二、我国执业准则的体系构成

中国注册会计师执业准则体系受注册会计师职业道德守则统御，包括注册会计师业务准则和会计师事务所质量管理准则，如图 3-1 所示。注册会计师业务准则又包括鉴证业务准则和相关服务准则两个部分，如图 3-2 所示。会计师事务所质量管理准则是为了规范会计师事务所建立并保持有关财务报表审计和审阅、其

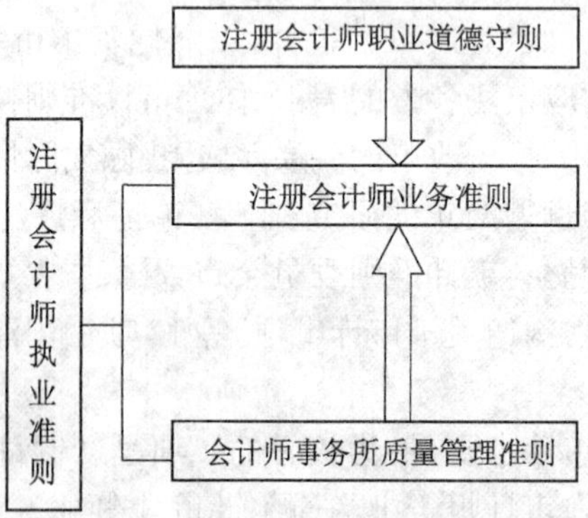


**图 3-1 我国执业准则的体系构成①**

① 中国注册会计师协会：《审计》，经济科学出版社，2013 年版。

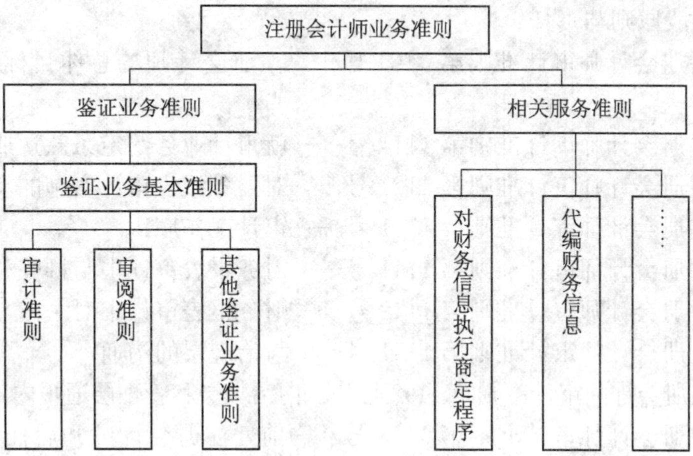


图 3-2 注册会计师业务准则体系

他鉴证和相关服务业务的质量控制体系。本章第二节将主要介绍鉴证业务基本准则的相关内容,第三节将主要介绍质量管理准则的构成,有关审计准则、审阅准则和其他鉴证业务准则的内容将结合在后续章节中予以介绍。

鉴证业务准则由鉴证业务基本准则统领,按照鉴证业务提供的保证程度和鉴证对象的不同,分为审计准则、审阅准则和其他鉴证业务准则。

鉴证业务基本准则是鉴证业务准则的概念框架,旨在规范注册会计师执行鉴证业务,明确鉴证业务的目标和要素,确定审计准则、审阅准则、其他鉴证业务准则适用的鉴证业务类型。

审计准则用以规范注册会计师执行历史财务信息的审计业务。在提供审计服务时,注册会计师对所审计信息是否不存在重大错报提供合理保证,并以积极方式提出结论。审阅准则用以规范注册会计师执行历史财务信息的审阅业务。在提供审阅服务时,注册会计师对所审阅信息是否不存在重大错报提供有限保证,并以消极方式提出结论。其他鉴证业务准则用以规范注册会计师执行历史财务信息审计或审阅以外的其他鉴证业务,根据鉴证业务的性质和业务约定的要求,提供有限保证或合理保证。

在准则框架体系中,审计准则无疑是其核心内容和重点所在。因此按照审计过程、业务性质和规范的内容,又将审计准则划分为一般原则与责任、风险评估与风险应对、审计证据、利用其他主体的工作、审计结论与报告,以及特殊目的、特殊业务、特殊领域等六小类。中国注册会计师执业准则体系具体包括如下内容。

**(一) 审计、审阅与其他鉴证业务准则**

1. 中国注册会计师鉴证业务基本准则
2. 中国注册会计师审计准则

(1) 一般原则与责任：

中国注册会计师审计准则第 1101 号——注册会计师的总体目标和审计工作的基本要求

中国注册会计师审计准则第 1111 号——就审计业务约定条款达成一致意见

中国注册会计师审计准则第 1121 号——对财务报表审计实施的质量管理

中国注册会计师审计准则第 1131 号——审计工作底稿

中国注册会计师审计准则第 1141 号——财务报表审计中与舞弊相关的责任

中国注册会计师审计准则第 1142 号——财务报表审计中对法律、法规的考虑

中国注册会计师审计准则第 1151 号——与治理层的沟通

中国注册会计师审计准则第 1152 号——向治理层和管理层通报内部控制缺陷

中国注册会计师审计准则第 1153 号——前任注册会计师和后任注册会计师的沟通

(2) 风险评估与风险应对：

中国注册会计师审计准则第 1201 号——计划审计工作

中国注册会计师审计准则第 1211 号——通过了解被审计单位及其环境识别和评估重大错报风险

中国注册会计师审计准则第 1221 号——计划和执行审计工作时的重要性

中国注册会计师审计准则第 1231 号——针对评估的重大错报风险采取的应对措施

中国注册会计师审计准则第 1241 号——对被审计单位使用服务机构的考虑

中国注册会计师审计准则第 1251 号——评价审计过程中识别出的错报

(3) 审计证据：

中国注册会计师审计准则第 1301 号——审计证据

中国注册会计师审计准则第 1311 号——对存货等特定项目获取审计证据的具体考虑

中国注册会计师审计准则第 1312 号——函 证

中国注册会计师审计准则第 1313 号——分析程序

中国注册会计师审计准则第 1314 号——审计抽样

中国注册会计师审计准则第 1321 号——审计会计估计(包括公允价值会计估计)和相关披露

中国注册会计师审计准则第 1323 号——关联方

中国注册会计师审计准则第 1324 号——持续经营

中国注册会计师审计准则第 1331 号——首次审计业务涉及的期初余额

中国注册会计师审计准则第 1332 号——期后事项

中国注册会计师审计准则第 1341 号——书面声明

（4）利用其他主体的工作：

中国注册会计师审计准则第 1401 号——对集团财务报表审计的特殊考虑

中国注册会计师审计准则第 1411 号——利用内部审计人员的工作

中国注册会计师审计准则第 1421 号——利用专家的工作

（5）审计结论与报告：

中国注册会计师审计准则第 1501 号——对财务报表形成审计意见和出具审计报告

中国注册会计师审计准则第 1502 号——在审计报告中发表非无保留意见

中国注册会计师审计准则第 1503 号——在审计报告中增加强调事项段和其他事项段

中国注册会计师审计准则第 1504 号——在审计报告中沟通关键审计事项

中国注册会计师审计准则第 1511 号——比较信息:对应数据和比较财务报表

中国注册会计师审计准则第 1521 号——注册会计师对含有已审计财务报表的文件中的其他信息的责任

（6）特殊领域：

中国注册会计师审计准则第 1601 号——对按照特殊目的编制基础编制的财务报表审计的特殊考虑

中国注册会计师审计准则第 1603 号——对单一财务报表和财务报表特定要素审计的特殊考虑

中国注册会计师审计准则第 1604 号——对简要财务报表出具报告的业务

3. 中国注册会计师审阅业务准则

中国注册会计师审阅准则第 2101 号——财务报表审阅

4. 中国注册会计师其他鉴证业务准则

中国注册会计师其他鉴证准则第 3101 号——历史财务信息审计或审阅以外的鉴证业务

中国注册会计师其他鉴证准则第 3111 号——预测性财务信息的审核

**（二）中国注册会计师相关服务准则**

中国注册会计师相关服务准则第 4101 号——对财务信息执行商定程序

中国注册会计师相关服务准则第 4111 号——代编财务信息

**（三）会计师事务所质量管理准则**

会计师事务所质量管理准则第 5101 号——业务质量管理

会计师事务所质量管理准则第 5102 号——项目质量复核

# 第二节 鉴证业务基本准则

## 一、鉴证业务的定义

鉴证业务是指注册会计师对鉴证对象信息提出结论，以增强除责任方之外的预期使用者对鉴证对象信息信任程度的业务。鉴证对象信息是按照标准对鉴证对象进行评价和计量的结果。例如，责任方按照会计准则和相关会计制度（标准）对其财务状况、经营成果和现金流量（鉴证对象）进行确认、计量和列报而形成的财务报表（鉴证对象信息）。

鉴证业务包括历史财务信息审计业务、历史财务信息审阅业务和其他鉴证业务。注册会计师执行历史财务信息审计业务、历史财务信息审阅业务和其他鉴证业务时，应当遵守鉴证业务基本准则以及依据该准则制定的审计准则、审阅准则和其他鉴证业务准则。

## 二、鉴证业务的分类

鉴证业务分为基于责任方认定的业务和直接报告业务。

在基于责任方认定的业务中，责任方对鉴证对象进行评价或计量，鉴证对象信息以责任方认定的形式为预期使用者获取。如在财务报表审计中，被审计单位管理层（责任方）对财务状况、经营成果和现金流量（鉴证对象）进行确认、计量和列报（评价或计量）而形成的财务报表（鉴证对象信息）即为责任方的认定，该财务报表可为预期报表使用者获取，注册会计师针对财务报表出具审计报告。这种业务属于基于责任方认定的业务。

在直接报告业务中，注册会计师直接对鉴证对象进行评价或计量，或者从责任方获取对鉴证对象评价或计量的认定，而该认定无法为预期使用者获取，预期使用者只能通过阅读鉴证报告获取鉴证对象信息。如在内部控制鉴证业务中，注册会计师可能无法从管理层（责任方）获取其对内部控制有效性的评价报告（责任方认定），或虽然注册会计师能够获取该报告，但预期使用者无法获取该报告，注册会计师直接对内部控制的有效性（鉴证对象）进行评价并出具鉴证报告，预期使用者只能通过阅读该鉴证报告获得内部控制有效性的信息（鉴证对象信息）。这种业务属于直接报告业务。

## 三、鉴证业务的目标

鉴证业务的保证程度分为合理保证和有限保证。合理保证的保证水平要高于有限保证的保证水平。

合理保证的鉴证业务的目标是注册会计师将鉴证业务风险降至该业务环境下可接受的低水平，以此作为以积极方式提出结论的基础。如在历史财务信息审计中，要求注册会计师将审计风险降至该业务环境下可接受的低水平，对审计后的历史财务信息提供高水平保证（合理保证），在审计报告中对历史财务信息采用积极方式提出结论。这种业务属于合理保证的鉴证业务。

有限保证的鉴证业务的目标是注册会计师将鉴证业务风险降至该业务环境下可接受的水平，以此作为以消极方式提出结论的基础。如在历史财务信息审阅中，要求注册会计师将审阅风险降至该业务环境下可接受的水平（高于历史财务信息审计中可接受的低水平），对审阅后的历史财务信息提供低于高水平的保证（有限保证），在审阅报告中对历史财务信息采用消极方式提出结论。这种业务属于有限保证的鉴证业务。

## 四、鉴证业务要素

鉴证业务要素是指鉴证业务的三方关系、鉴证对象、标准、证据和鉴证报告。

### （一）三方关系

鉴证业务涉及的三方关系人包括注册会计师、责任方和预期使用者。责任方与预期使用者可能是同一方，也可能不是同一方。

如果鉴证业务涉及的特殊知识和技能超出了注册会计师的能力，注册会计师可以利用专家协助执行鉴证业务。在这种情况下，注册会计师应当确信包括专家在内的项目组整体已具备执行该项鉴证业务所需的知识和技能，并充分参与该项鉴证业务和了解专家所承担的工作。

责任方是指下列组织或人员：在直接报告业务中，对鉴证对象负责的组织或人员；在基于责任方认定的业务中，对鉴证对象信息负责并可能同时对鉴证对象负责的组织或人员。责任方可能是鉴证业务的委托人，也可能不是委托人。注册会计师通常提请责任方提供书面声明，表明责任方已按照既定标准对鉴证对象进行评价或计量，无论该声明是否能为预期使用者获取。在直接报告业务中，当委托人与责任方不是同一方时，注册会计师可能无法获取此类书面声明。

预期使用者是指预期使用鉴证报告的组织或人员。责任方可能是预期使用者，但不是唯一的预期使用者。注册会计师可能无法识别使用鉴证报告的所有组织和人员，尤其在各种可能的预期使用者对鉴证对象存在不同的利益需求时。注册会计师应当根据法律法规的规定或与委托人签订的协议识别预期使用者。在可行的情况下，鉴证报告的收件人应当明确为所有的预期使用者。

**(二) 鉴证对象**

1. 鉴证对象与鉴证对象信息的形式

鉴证对象与鉴证对象信息具有多种形式,主要包括:

(1) 当鉴证对象为财务业绩或状况时(如历史或预测的财务状况、经营成果和现金流量),鉴证对象信息是财务报表。

(2) 当鉴证对象为非财务业绩或状况时(如企业的运营情况),鉴证对象信息可能是反映效率或效果的关键指标。

(3) 当鉴证对象为物理特征时(如设备的生产能力),鉴证对象信息可能是有关鉴证对象物理特征的说明文件。

(4) 当鉴证对象为某种系统和过程时(如企业的内部控制或信息技术系统),鉴证对象信息可能是关于其有效性的认定。

(5) 当鉴证对象为一种行为时(如遵守法律法规的情况),鉴证对象信息可能是对法律法规遵守情况或执行效果的声明。

同步思考 3-1

鉴证对象和鉴证对象信息之间有何区别与联系?

2. 鉴证对象特征

鉴证对象具有不同特征,可能表现为定性或定量、客观或主观、历史或预测、时点或期间。这些特征将对下列方面产生影响:

(1) 按照标准对鉴证对象进行评价或计量的准确性。

(2) 证据的说服力。

**(三) 标准**

标准是指用于评价或计量鉴证对象的基准,当涉及列报时,还包括列报的基准。标准可以是正式的规定,如编制财务报表所使用的会计准则和相关会计制度;也可以是某些非正式的规定,如单位内部制定的行为准则或确定的绩效水平。注册会计师在运用职业判断对鉴证对象作出合理一致的评价或计量时,需要有适当的标准。

适当的标准应当具备下列所有特征:

(1) 相关性:相关的标准有助于得出结论,便于预期使用者作出决策。

(2) 完整性:完整的标准不应忽略业务环境中可能影响得出结论的相关因素,当涉及列报时,还包括列报的基准。

(3) 可靠性:可靠的标准能够使能力相近的注册会计师在相似的业务环境中,对鉴证对象作出合理一致的评价或计量。

(4) 中立性:中立的标准有助于得出无偏向的结论。

(5) 可理解性:可理解的标准有助于得出清晰、易于理解、不会产生重大歧义的结论。

注册会计师基于自身的预期、判断和个人经验对鉴证对象进行的评价和计量,不构成适当的标准。在具体鉴证业务中,注册会计师评价标准各项特征的相对重要程度,需要运用职业判断。标准可能是由法律法规规定的,或由政府主管部门或国家认可的专业团体依照公开、适当的程序发布的,也可能是专门制定的。采用标准的类型不同,注册会计师为评价该标准对于具体鉴证业务的适用性所需执行的工作也不同。

**(四) 证据**

注册会计师应当以职业怀疑态度计划和执行鉴证业务,获取有关鉴证对象信息是否不存在重大错报的充分、适当的证据。注册会计师应当及时对制定的计划、实施的程序、获取的相关证据以及得出的结论作记录。

注册会计师在计划和执行鉴证业务,尤其在确定证据收集程序的性质、时间和范围时,应当考虑重要性、鉴证业务风险以及可获取证据的数量和质量。

**(五) 鉴证报告**

注册会计师应当出具含有鉴证结论的书面报告,该鉴证结论应当说明注册会计师就鉴证对象信息获取的保证。注册会计师应当考虑其他报告责任,包括在适当时与治理层沟通。

注册会计师应当考虑就执行业务过程中注意到的与治理层责任相关的事项与治理层沟通的适当性。“与治理层责任相关的事项”是指在鉴证业务中发现的,与治理层相关并重大的事项。相关事项仅包括执行鉴证业务过程中引起注册会计师注意的事项,如果委托人并非责任方,注册会计师直接与责任方或责任方的治理层沟通可能是不适当的。

## 第三节 质量管理准则

### 一、质量管理准则概述

我国执业准则的体系构成中涉及质量管理的准则包括:《中国注册会计师审计准则第 1121 号——对财务报表审计实施的质量管理》以及《会计师事务所质量管理准则第 5101 号——业务质量管理》。其中第 5101 号准则的目的是为了规范会计师事务所建立并保持有关财务报表审计和审阅、其他鉴证和相关服务业务的质量控制制度;而第 1121 号准则则是为了规范注册会计师对财务报表审计实施质量控制程序的具体责任，以及项目质量控制复核人员的责任。第 5101 号准则的实施是第 1121 号准则实施的前提。本节将分别阐述以上两个有关质量控制的准则的主要内容。

## 二、会计师事务所质量管理准则

《会计师事务所质量管理准则第 5101 号——业务质量管理》要求会计师事务所建立并保持有关财务报表审计业务、财务报表审阅业务、其他鉴证业务以及相关服务业务的质量管理体系。质量管理体系是指会计师事务所设计、实施和运行的系统，旨在为以下方面提供合理保证：

(1) 会计师事务所及其人员按照法律法规和职业准则的规定履行职责，并根据这些规定执行业务。

(2) 会计师事务所和项目合伙人出具适合具体情况的业务报告。

在本准则的框架下，会计师事务所质量管理体系包括下列八个组成要素。①会计师事务所的风险评估程序；②治理和领导层；③相关职业道德要求；④客户关系和具体业务的接受与保持；⑤业务执行；⑥资源；⑦信息与沟通；⑧监控和整改程序。质量管理体系各组成要素应当有效衔接、互相支撑、协同运行，以保障会计师事务所能够积极有效地实施质量管理。

### (一) 会计师事务所的风险评估程序

1. 总体要求

会计师事务所持续高质量地执行业务是服务公众利益的内在要求。设计、实施和运行质量管理体系可以使会计师事务所能够持续高质量地执行业务。实现业务的高质量，需要会计师事务所执业人员按照适用的法律法规和职业准则的规定计划和执行业务并出具报告。遵守适用的法律法规的规定并实现职业准则的目标需要运用职业判断，针对某些类型的业务，还需要保持职业怀疑。

会计师事务所在设计、实施和运行质量管理体系时，应当采用风险导向的方法，包括采取以下步骤：

(1) 设定质量目标。质量目标是指会计师事务所在其质量管理体系的各组成要素方面期望达到的结果。会计师事务所设定的质量目标是由质量管理体系各组成要素相关的目标构成的。

(2) 识别和评估质量风险。质量风险是指一种具有合理可能性会发生的风险，这种风险一旦发生，将单独或连同其他风险对质量目标的实现产生不利影响。会计师事务所应当识别和评估质量风险，为设计和采取应对措施奠定基础。

(3) 设计和采取应对措施以应对质量风险。应对措施，就会计师事务所质量管理体系而言，是指会计师事务所为了应对质量风险而设计和实施的政策和程序。

其中，政策是指会计师事务所为应对质量风险而作出的应当或不应当采取某种措施的规定，这种规定可能以成文的方式存在，也可能通过讯息予以明示，或者暗含于行动或决策中；程序是指为执行政策而采取的行动。应对措施的性质、时间安排和范围取决于相关质量风险的评估结果及得出该评估结果的理由。

2. 考虑因素

在采用风险导向的方法时，会计师事务所应当考虑下列因素：

(1) 会计师事务所的性质和具体情况。

(2) 会计师事务所执行的业务的性质和具体情况。

由于会计师事务所之间、业务之间存在差异，质量管理体系在设计上会存在差异，特别是其复杂程度和规范程度也会存在差异。例如，为多种不同类型的实体执行不同类型业务的会计师事务所，包括为上市实体执行财务报表审计业务的会计师事务所，相对于只执行财务报表审阅或代编财务信息业务的会计师事务所来说，很可能需要更加复杂和规范的质量管理体系和支持性工作记录。

质量管理体系应当不断完善和优化，而不是一成不变。实务中，会计师事务所应当根据本所及其业务在性质和具体情况方面的变化，对质量管理体系的设计、实施和运行进行动态调整。

会计师事务所的性质和具体情况，具体包括：

(1) 会计师事务所的复杂程度和经营特征。

(2) 会计师事务所在战略和运营方面的决策与行动、业务流程及业务模式。

(3) 领导层的特征和管理风格。

(4) 会计师事务所的资源，包括由服务提供商提供的资源。

(5) 法律法规、职业准则的规定以及会计师事务所运营所处的环境。

(6) 网络要求和网络服务的性质和范围(如适用)。

会计师事务所业务的性质和具体情况，具体包括：

(1) 会计师事务所执行的业务的类型和出具报告的类型。

(2) 业务执行对象属于哪种类型的实体。

3. 应对措施

在某些情况下，由于会计师事务所或其业务的性质和具体情况发生变化，可能需要设定额外的质量目标、评估额外的质量风险，也可能需要调整之前评估的质量风险或采取的应对措施。会计师事务所应当制定政策和程序，以识别表明存在这些情况的信息。

如果识别出这些信息，会计师事务所应当加以考虑，并在适当时采取下列措施：

(1) 设定额外的质量目标或调整之前设定的额外质量目标。

(2) 识别和评估额外的质量风险，调整已评估的质量风险或重新评估质量风险。

(3) 设计和采取额外的应对措施，或调整已采取的应对措施。

**(二) 治理和领导层**

1. 总体要求

会计师事务所质量管理体系中的治理和领导层应当为质量管理体系的设计、实施和运行营造良好的环境，以为该体系提供支持。会计师事务所主要负责人(如首席合伙人、主任会计师或者同等职位的人员，下同)应当对质量管理体系承担最终责任。会计师事务所应当指定专门的合伙人(或类似职位的人员)对质量管理体系的运行承担责任。会计师事务所应当指定专门的合伙人(或类似职位的人员)对质量管理体系特定方面的运行承担责任。这些特定方面包括遵守独立性要求、监控和整改程序等。

2. 胜任条件

会计师事务所应当确保对质量管理体系的运行承担责任的人员、对遵守独立性要求承担责任的人员、对监控和整改程序承担责任的人员，能够直接与对质量管理体系承担最终责任的人员(即主要负责人)沟通。应当确保这些人员同时符合下列条件：

(1) 具备适当的知识、经验和资质。

(2) 在会计师事务所内具有履行其责任所需要的权威性和影响力。

(3) 具有充足的时间和资源履行其责任。

(4) 充分理解其应负的责任并接受对这些责任履行情况的问责。

3. 树立质量至上的意识

治理和领导层应当为质量管理体系的设计、实施和运行营造良好的环境，以为该体系提供支持。针对治理和领导层，会计师事务所应当设定下列质量目标：

(1) 会计师事务所在全所范围内形成一种质量至上的文化，树立质量意识。这种文化认同和强调下列方面：第一，会计师事务所有责任通过持续高质量地执行业务服务于公众利益；第二，职业价值观、职业道德和职业态度的重要性；第三，会计师事务所所有人员都对其执行业务的质量承担责任，或对质量管理体系中执行活动的质量承担责任，并且这些人员的行为应当得当；第四，会计师事务所的战略决策和行动，包括会计师事务所在财务和运营方面对优先事项的安排，都不能以牺牲质量为代价。

(2) 会计师事务所领导层对质量负责。

(3) 会计师事务所领导层通过实际行动展示其对质量的重视。

(4) 会计师事务所领导层向会计师事务所人员传递质量至上的执业理念，培育以质量为导向的文化。

(5) 会计师事务所的组织结构以及对相关人员角色、职责、权限的分配是恰当的,能够满足质量管理体系设计、实施和运行的需要。

(6) 会计师事务所的资源(包括财务资源)需求有计划,并且资源的取得和分配能够保障会计师事务所履行其对质量的承诺。

会计师事务所领导层成员应当以身作则、率先垂范,带头遵守质量管理体系中的各项政策和程序,不得干扰项目组按照职业准则的要求执行业务、作出职业判断,加强对合伙人晋升、培训、考核、分配、转入、退出的管理,体现以质量为导向的文化,确保合伙人能够按照质量管理体系的要求,切实履行其在质量管理方面的责任,防范业务风险,应当综合考虑合伙人的执业质量、管理能力、经营业绩、社会声誉等指标,不得以承接和执行业务的收入或利润作为首要指标,不得直接或变相以分所、部门、合伙人所在团队作为利润中心进行收益分配。

会计师事务所应当针对合伙人晋升建立和实施质量一票否决制度。

**(三) 相关职业道德要求**

会计师事务所应当制定政策和程序,以合理保证会计师事务所及其人员遵守相关职业道德要求。会计师事务所及其人员执行任何类型的业务,都应当遵守职业道德规范所要求的诚信、独立、客观原则,保持专业胜任能力和应有的关注,并对执业过程中获知的信息保密。

值得说明的是,执行鉴证业务还应当遵守独立性的要求。首先,会计师事务所应当制定政策和程序,以合理保证会计师事务所及其人员和其他受独立性要求约束的人员(包括网络事务所的人员),保持相关职业道德要求规定的独立性。其次,会计师事务所应当每年至少一次向所有需要按照相关职业道德要求保持独立性的人员获取其遵守独立性政策和程序的书面确认函。最后,会计师事务所还应该防范关系密切的威胁,即会计师事务所应当制定相应的政策和程序,以防范同一高级人员由于长期执行某一客户的鉴证业务可能对独立性造成的威胁。

**(四) 客户关系和具体业务的接受与保持**

接受与保持客户关系和具体业务是注册会计师开展业务活动的第一个环节,也是防范业务风险的重要环节。会计师事务所应当制定有关客户关系和具体业务接受与保持的政策和程序,以合理保证只有在下列情况下,才能接受或保持客户关系和具体业务:

(1) 能够胜任该项业务,并具有执行该项业务必要的素质、时间和资源。

(2) 能够遵守相关职业道德要求。

(3) 已考虑客户的诚信,没有信息表明客户缺乏诚信。

在接受新客户的业务前,或者决定是否保持现有业务和考虑接受现有客户的新业务时，会计师事务所应当根据具体情况获取必要信息；在接受新客户或现有客户的新业务时，如果识别出潜在的利益冲突，会计师事务所应当确定接受该业务是否适当；当识别出问题而又决定接受或保持客户关系或具体业务时，会计师事务所应当记录问题是如何得到解决的。

如果在接受业务后获知某项信息，而该信息若在接受业务前获知，可能导致会计师事务所拒绝接受业务，会计师事务所应当针对这种情况制定保持具体业务和客户关系的政策和程序。这些政策和程序应当考虑下列方面：

（1）适用于这种情况的职业责任和法律责任，包括是否要求会计师事务所向委托人报告或在某些情况下向监管机构报告。

（2）解除业务约定或同时解除业务约定和客户关系的可能性。

同步思考3-2

接受一项新业务可能导致的现实或潜在利益冲突包括哪些内容？

**（五）业务执行**

1. 总体要求

会计师事务所应当制定政策和程序，以合理保证按照职业准则和适用的法律法规的规定执行业务，使会计师事务所和项目合伙人能够出具适合具体情况的报告。

这些政策和程序应当包括：

（1）与保持业务执行质量一致性相关的事项。

（2）监督责任。

（3）复核责任。

会计师事务所在安排复核工作时，应当由项目组内经验较多的人员复核经验较少的人员的工作。会计师事务所应当根据这一原则，确定有关复核责任的政策和程序。

2. 咨询

项目组在业务执行中时常会遇到各种各样的疑难问题或者争议事项。当这些问题和事项在项目组内不能得到解决时，有必要向项目组之外的适当人员咨询。为此，会计师事务所应当建立政策和程序，以合理保证：

（1）就疑难问题或争议事项进行适当咨询。

（2）能够获取充分的资源进行适当咨询。

（3）咨询的性质和范围以及咨询形成的结论得以记录，并得到咨询者和被咨询者的认可。

(4) 咨询形成的结论得到执行。

比如，审计人员可以向信用经理询问某项应收账款为何作为坏账注销，向资产管理人员询问公司批准购买设备时采用哪些程序。

3. 项目质量复核

项目质量复核是指在报告日或报告日之前，项目质量复核人员对项目组作出的重大判断和在准备报告时得出的结论进行客观评价的过程。

为了保证特定业务执行的质量，除了需要项目组实施组内复核外，会计师事务所应当制定政策和程序，要求对特定业务实施项目质量复核，以客观评价项目组作出的重大判断以及在准备报告时得出的结论。

会计师事务所应当制定政策和程序，以明确项目质量复核的性质、时间安排和范围。这些政策和程序应当要求，只有完成项目质量复核，才可以签署业务报告。

同步案例

**虚假审计报告导致重犯被判无罪　法院亡羊补牢①**

身为会计师事务所主任，李某却胡乱签发审计报告，导致犯罪嫌疑人被定为无罪。昨日，李某因"出具证明文件重大失实罪"，被江汉区法院一审判处徒刑1年、缓刑1年，并处罚金5万元。本案也由此成为江汉区法院追究审计责任的第一案。

经审理查明，2004年年初，湖北某会计师事务所(简称会计师事务所)接受武汉中级法院的委托，对几家公司(湖北汽车工业总公司武汉公司、武汉康顺集团有限公司、湖北岭丰实业公司等)在2001年1月至2002年12月2年时段的财务往来及债权、债务情况进行审计。

李某违反审计准则，指派不具有注册会计师资格的周某、左某单独进行审计工作；在审计证据收集不全、审计范围受限的情况下，仍然定稿、审核、签发了一份审计报告。这份审计报告被法院采信，导致相关案件的嫌疑人被判无罪。

其后，经再次审计，发现李某出具的这份审计报告与事实严重不符。法院重审该案，以犯有挪用公款罪将犯罪嫌疑人判刑12年。

法院审理认为，李某的行为已构成"出具证明文件重大失实罪"。

4. 意见分歧

会计师事务所应当制定政策和程序，以处理和解决项目组内部、项目组与被咨询者之间以及项目合伙人与项目质量复核人员之间的意见分歧。会计师事务所制定的政策和程序应当要求：

(1) 得出的结论已得到记录和执行。

(2) 只有问题得到解决，才可以签署业务报告。

---

① 柳洪强、金文兵：《虚假审计报告导致重犯被判无罪　法院亡羊补牢》，《武汉晚报》2008年2月3日。

5. 业务工作底稿

(1) 归档要求。会计师事务所在出具业务报告后，及时将工作底稿归整为最终业务档案，不仅有利于保证业务工作底稿的安全完整性，还便于使用和检索业务工作底稿。为此，会计师事务所应当制定政策和程序，以使项目组在出具业务报告后及时完成最终业务档案的归整工作。

由于鉴证业务的执业责任较大，而其工作底稿又对证明会计师事务所是否履行了规定责任起着关键性作用，因此，对历史财务信息审计和审阅业务、其他鉴证业务，业务工作底稿的归档期限为业务报告日后60日内。

(2) 管理要求。会计师事务所应当制定政策和程序，以满足下列要求：①安全保管业务工作底稿并对业务工作底稿保密；②保证业务工作底稿的完整性；③便于使用和检索业务工作底稿。

(3) 保存期限。会计师事务所应当制定政策和程序，以使业务工作底稿的保存期限满足会计师事务所的需要和法律法规的规定。

对历史财务信息审计和审阅业务、其他鉴证业务，会计师事务所应当自业务报告日起对业务工作底稿至少保存10年。如果组成部分业务报告日早于集团业务报告日，会计师事务所应当自集团业务报告日起对组成部分业务工作底稿至少保存10年。

**(六) 资源**

1. 总体要求

会计师事务所应当设定下列质量目标，以及时且适当地获取、开发、利用、维护和分配资源，支持质量管理体系的设计、实施和运行：

(1) 会计师事务所招聘、培养和留住在下列方面具备胜任能力的人员：第一，具备与会计师事务所执行的业务相关的知识和经验，能够持续高质量地执行业务；第二，执行与质量管理体系运行相关的活动或承担与质量管理体系相关的责任。

(2) 会计师事务所人员通过其行为展示出对质量的重视不断培养和保持适当的胜任能力以履行其职责。会计师事务所通过及时的业绩评价、薪酬调整、晋升和其他奖惩措施对这些人员进行问责或认可。

(3) 当会计师事务所在质量管理体系的运行方面缺乏充分、适当的人员时，能够从外部(如网络、网络事务所或服务提供商)获取必要的人力资源支持。

(4) 会计师事务所为每项业务分派具有适当胜任能力的项目合伙人和其他项目组成员，并保证其有充足的时间持续高质量地执行业务。

(5) 会计师事务所分派具有适当胜任能力的人员执行质量管理体系内的各项活动，并保证其有充足的时间执行这些活动。

(6) 会计师事务所获取、开发、维护、利用适当的技术资源，以支持质量管理体系的运行和业务的执行。

(7) 会计师事务所获取、开发、维护、利用适当的知识资源，以为质量管理体系的运行和高质量业务的持续执行提供支持，并且这些知识资源符合相关法律法规(如适用)和职业准则的规定。

(8) 结合上述第(4)项至第(7)项所述的质量目标，从服务提供商获取的人力资源、技术资源或知识资源能够适用于质量管理体系的运行和业务的执行。

2. 一般性要求

会计师事务所应当投入足够资源打造一支专业性强、经验丰富、运作规范的质量管理体系团队，以维持质量管理体系的日常运行。建立与专业技术支持相关的政策和程序，配备具备相应专业胜任能力、时间和权威性的技术支持人员，确保相关业务能够获得必要的专业技术支持。建立和运行完善的工时管理系统，确保相关人员投入足够的时间执行业务，并为业绩评价提供依据。建立和完善与业务操作规程、业务软件等有关的指引，把职业准则的要求从实质上执行到位，避免执业人员仅简单勾画程序表格、未实质性执行程序、程序与目标不一致、程序执行不到位、业务工作底稿记录不完整等问题，确保执业人员恰当记录判断过程、程序执行情况及得出的结论。

**(七)信息与沟通**

1. 总体要求

针对获取、生成和利用与质量管理体系有关的信息，并及时在会计师事务所内部或与外部各方沟通信息，会计师事务所应当设定下列质量目标，以支持质量管理体系的设计、实施和运行：

(1) 会计师事务所的信息系统能够识别、获取、处理和维护来自内部或外部的相关、可靠的信息，为质量管理体系提供支持。

(2) 会计师事务所的文化认同并强化会计师事务所人员与会计师事务所之间，以及这些人员彼此之间交换信息的责任。

(3) 会计师事务所内部以及各项目组之间能够交换相关、可靠的信息，包括：第一，会计师事务所向相关人员和项目组传递信息，传递的性质、时间安排和范围足以使其理解和履行与执行业务或质量管理体系各项活动相关的责任；第二，会计师事务所人员和项目组在执行业务或质量管理体系各项活动的过程中向会计师事务所传递信息。

(4) 会计师事务所向外部各方传递相关、可靠的信息，包括：第一，会计师事务所向网络、在网络中或向服务提供商(如有)传递信息，使该网络或服务提供商能够履行其与网络要求、网络服务或提供资源相关的责任；第二，会计师事务所根据相关法律法规或职业准则的规定向外部传递信息，或为了帮助外部各方了解质量管理体系而向外部传递信息。

2. 一般要求

会计师事务所应当制定与下列方面相关的政策和程序：

(1) 会计师事务所在执行上市实体财务报表审计业务时，应当与治理层沟通质量管理体系是如何为持续高质量地执行业务提供支撑的。

(2) 会计师事务所在何种情况下向外部各方沟通与质量管理体系相关的信息是适当的。

(3) 会计师事务所按照上述第(1)项和第(2)项的规定进行外部沟通时应当沟通哪些信息，以及沟通的性质、时间安排、范围和适当形式。

**(八) 监控和整改程序**

1. 总体要求

会计师事务所应当建立在全所范围内统一的监控和整改程序，并开展实质性监控，以实现下列质量目标：

(1) 就质量管理体系的设计、实施和运行情况提供相关、可靠、及时的信息；

(2) 采取适当的行动以应对识别出的质量管理体系的缺陷，以使该缺陷能够及时得到整改。

会计师事务所应当设计和实施监控活动，包括定期和持续的监控活动，以为识别质量管理体系的缺陷奠定基础。

在确定监控活动的性质、时间安排和范围时，会计师事务所应当考虑下列方面：

(1) 相关质量风险的评估结果及得出该评估结果的理由。

(2) 应对措施的设计。

(3) 会计师事务所风险评估程序以及监控和整改程序的设计。

(4) 质量管理体系发生的变化。

(5) 以前实施监控活动的结果，包括以前实施的监控活动是否仍然与评价质量管理体系相关，以及为应对以前识别出的缺陷所采取的整改措施是否有效。

(6) 其他相关信息，包括：由于未能按照适用的法律法规、职业准则执行业务，或者由于未能遵守会计师事务所的政策和程序而引发的投诉或指控；从外部检查和服务提供商获取的信息。

2. 质量管理体系的缺陷

会计师事务所质量管理体系的缺陷，是指会计师事务所质量管理体系的设计、实施或运行无法合理保证实现其目标的情况。当存在下列情况之一时，表明会计师事务所质量管理体系存在缺陷：

(1) 未能设定某些质量目标，而这些质量目标对实现质量管理体系的目标是必要的。

(2) 未能识别或恰当评估一项或多项质量风险。

(3) 未能恰当设计和采取应对措施，或者应对措施未能有效发挥作用，导致一项应对措施或者多项应对措施的组合未能将相关质量风险发生的可能性降低至可接受的低水平。

(4) 质量管理体系的某些方面缺失，或者某些方面未能得到恰当的设计、实施或有效运行，导致会计师事务所未能遵守本准则的某些要求。

会计师事务所应当评价发现的情况，以确定是否存在缺陷，包括监控和整改程序中的缺陷。

会计师事务所应当通过下列方法评价识别出的缺陷的严重程度和广泛性：

(1) 调查所识别出的缺陷的根本原因。在确定用于调查根本原因的程序的性质、时间安排和范围时，会计师事务所应当考虑这些识别出的缺陷的性质和可能的严重程度。

(2) 评价这些识别出的缺陷单独或累积起来对质量管理体系的影响。

会计师事务所应当根据对根本原因的调查结果，设计和采取整改措施，以应对识别出的缺陷。并对监控和整改程序的运行承担责任的人员应当评价整改措施是否得到恰当的设计，以应对识别出的缺陷及其根本原因，并确定这些程序是否已得到实施。该人员还应当评价针对以前识别出的缺陷采取的整改措施是否有效。

如果上述评价表明整改措施并未得到恰当的设计和执行，或未达到预期效果，则对监控和整改程序的运行承担责任的人员应当采取适当措施以确保对这些整改措施已作出必要调整以使其能够达到预期效果。

3. 整改程序

如果发现的情况表明某项业务在执行过程中遗漏了应当实施的程序，或者出具的报告可能不适当，会计师事务所应当予以应对。会计师事务所采取的应对措施应当包括下列方面：

(1) 采取适当行动，以遵守适用的法律法规和职业准则的规定。

(2) 当认为出具的报告不适当时，考虑其影响并采取适当的行动，包括考虑是否需要征询法律意见。

对监控和整改程序的运行承担责任的人员，应当及时与对质量管理体系承担最终责任的人员(即主要负责人)，以及对质量管理体系的运行承担责任的人员沟通下列事项：

(1) 对已执行的监控活动的描述。

(2) 识别出的缺陷，包括这些缺陷的严重程度和广泛性。

(3) 针对识别出的缺陷采取的整改措施。

会计师事务所应当制定政策和程序，针对监控中发现的缺陷的性质和影响，对相关人员进行问责。这种问责应当与相关责任人员的考核、晋升和薪酬挂钩。对执业中存在重大缺陷的项目合伙人，会计师事务所应当对其是否具备从事相关业务的职业道德水平和专业胜任能力作出评价，并就监控的实施情况，发现的缺陷，评价、补救和改进措施、问责等形成监控报告。存在缺陷的，应当及时修订完善质量管理体系。

## 三、业务质量管理准则

根据《会计师事务所质量管理准则第 5101 号——业务质量管理》的规定，会计师事务所的目标是，针对所执行的财务报表审计业务、财务报表审阅业务、其他鉴证业务和相关服务业务，设计、实施和运行质量管理体系，为会计师事务所在下列方面提供合理保证：

(1) 会计师事务所及其人员按照适用的法律法规和职业准则的规定履行职责，并根据这些规定执行业务。

(2) 会计师事务所和项目合伙人出具适合具体情况的报告。

审计项目组在项目合伙人的领导下，在会计师事务所质量管理体系的框架下，通过遵守本准则的要求，承担下列责任：

(1) 利用会计师事务所传递或从会计师事务所获取的信息，实施会计师事务所政策和程序所要求的、适用于该审计项目的应对措施，以应对质量风险。

(2) 考虑审计项目的性质和具体情况，确定除会计师事务所的政策和程序外，是否需要在项目层面设计和采取其他应对措施。

(3) 与会计师事务所沟通来自审计项目的信息，或按照会计师事务所的政策和程序应予沟通的信息，以支持会计师事务所质量管理体系的设计、实施和运行。

对于每项审计业务，注册会计师都实现本准则及其他审计准则的目标，以持续高质量地执行审计业务，是服务公众利益的内在要求。实现审计业务的高质量，需要会计师事务所执业人员按照适用的法律法规和职业准则的规定计划和执行审计工作并出具审计报告。遵守适用的法律法规的规定并实现职业准则的目标需要运用职业判断，保持职业怀疑。具体要求包括以下主要内容。

### (一) 管理和实现审计质量的领导责任

项目合伙人应当采取明确、一致和有效的行动，以体现会计师事务所对质量的重视，并确定和沟通对审计项目组成员的行为期望，包括强调下列方面：

(1) 审计项目组所有成员都有责任为在项目层面管理和实现业务的高质量作出贡献。

(2) 审计项目组成员的职业价值观、职业道德和职业态度的重要性。

(3) 在审计项目组内部进行开放、顺畅、深入沟通的重要性，同时，进行沟通能够支持审计项目组成员提出自己的质疑，而不怕遭受报复。

(4) 审计项目组成员在整个审计项目中保持职业怀疑的重要性。

**(二) 相关职业道德要求**

在整个审计过程中，项目合伙人应当通过观察和必要的询问，对项目组成员违反相关职业道德要求的迹象保持警觉。

如果通过会计师事务所质量控制制度或其他途径注意到项目组成员违反相关职业道德要求，项目合伙人应当在与会计师事务所相关人员讨论后，确定采取的适当措施。

项目合伙人应当就适用于审计业务的独立性要求的遵守情况形成结论。在形成结论时，项目合伙人应当：

(1) 从会计师事务所或网络事务所获取相关信息，以识别、评价对独立性产生不利影响的情形。

(2) 评价识别出的有关违反会计师事务所独立性政策和程序的信息，以确定其是否对审计业务的独立性产生不利影响。

(3) 采取适当的行动，运用防范措施以消除对独立性的不利影响或将其降至可接受的水平，或在必要时解除审计业务约定(除非法律法规禁止)；项目合伙人应当立即向会计师事务所报告未能解决的事项，以便采取适当的行动。

**(三) 客户关系和审计业务的接受与保持**

项目合伙人应当确信，有关客户关系和审计业务的接受与保持的质量控制程序已得到遵守，并确定得出的有关结论是恰当的。

如果项目合伙人在接受审计业务后获知了某项信息，而该信息若在接受业务前获知，可能导致会计师事务所拒绝该项业务，项目合伙人应当立即将该信息告知会计师事务所，以使会计师事务所和项目合伙人能够采取必要的行动。

**(四) 业务资源**

项目合伙人应当结合审计项目的性质和具体情况、会计师事务所的政策和程序，以及在执行审计项目过程中可能发生的任何变化，确定充分、适当的资源已被及时分配给审计项目组用于执行审计项目，或使审计项目组能够及时获取这些资源。确保审计项目组成员以及审计项目组成员以外提供直接协助的外部专家或内部审计人员，作为一个集体拥有适当的胜任能力，包括充足的时间执行审计项目。

如果项目合伙人确定所分配的资源或审计项目组能够获取的资源对于审计项目的性质和具体情况来说是不充分、不适当的，项目合伙人应当采取适当的行动，包括与适当的人员沟通，以向审计项目组分配或提供额外的资源或替代资源。

项目合伙人应当负责根据审计项目的性质和具体情况，适当使用向审计项目组分配或提供的资源。应当在考虑审计项目的性质和具体情况的基础上，制定合理的时间预算，以保证项目合伙人和审计项目组其他成员投入充分时间参与审计项目。

（五）业务执行

1. 总体要求

项目合伙人应当对下列事项负责：

(1) 按照执业准则和适用的法律法规的规定指导、监督与执行审计业务。

(2) 出具适合具体情况的审计报告。

项目合伙人应当对项目组按照会计师事务所复核政策和程序实施的复核负责。

在审计报告日或审计报告日之前，项目合伙人应当通过复核审计工作底稿和与项目组讨论，确信已获取充分、适当的审计证据，支持得出的结论和拟出具的审计报告。

2. 咨询

在涉及咨询时，项目合伙人应当：

(1) 对项目组就疑难问题或争议事项进行适当咨询承担责任。

(2) 确信项目组成员在审计过程中已就相关事项进行了适当咨询，咨询可能在项目组内部进行，或者在项目组与会计师事务所内部或外部的其他适当人员之间进行。

(3) 确信这些咨询的性质、范围以及形成的结论已由被咨询者认可。

(4) 确定这些咨询形成的结论已得到执行。

3. 项目质量复核

对于上市实体财务报表审计以及会计师事务所确定需要实施项目质量复核的其他审计业务，项目合伙人应当：

(1) 确定会计师事务所已委派项目质量复核人员。

(2) 与项目质量复核人员讨论在审计过程中遇到的重大事项，包括在项目质量复核过程中识别出的重大事项。

(3) 只有完成了项目质量复核，才能签署审计报告。

项目质量复核人员应当客观地评价项目组作出的重大判断以及在准备审计报告时得出的结论。评价工作应当涉及下列内容：

(1) 与项目合伙人讨论重大事项。

(2) 复核财务报表和拟出具的审计报告。

(3) 复核选取的与项目组作出的重大判断和得出的结论相关的审计工作底稿。

(4) 评价在准备审计报告时得出的结论，并考虑拟出具审计报告的恰当性。

对于上市实体财务报表审计，项目质量复核人员在实施项目质量复核时，还应当考虑：

(1) 项目组就具体审计业务对会计师事务所独立性作出的评价。

(2) 项目组是否已就涉及意见分歧的事项，或者其他疑难问题或争议事项进行适当咨询，以及咨询得出的结论。

(3) 选取的用于复核的审计工作底稿，是否反映了项目组针对重大判断执行的工作，以及是否支持得出的结论。

4. 分歧

如果项目组内部、项目组与被咨询者之间、项目合伙人与项目质量复核人员之间出现意见分歧，项目组应当遵守会计师事务所处理及解决意见分歧的政策和程序。

**(六) 监控与整改**

项目合伙人应当负责下列方面：

(1) 了解从会计师事务所的监控和整改程序获取的信息，这些信息可能是由会计师事务所提供的，也可能来自网络和网络事务所的监控和整改程序(如适用)。

(2) 确定上述第(1)项提及的信息与审计项目的相关性及其对审计项目的影响，并采取适当行动。

(3) 在整个审计过程中，对可能与会计师事务所的监控和整改程序相关的信息保持警觉，并将此类信息通报给对监控和整改程序负责的人员。

**(七) 对管理和实现高质量承担总体责任**

在签署审计报告之前，项目合伙人应当确定其已对管理和实现审计项目的高质量承担责任。在此过程中，项目合伙人应当确定下列事项：

(1) 项目合伙人充分、适当地参与了审计项目的全过程，以使其能够确定，根据审计项目的性质和具体情况，审计项目组作出的重大判断和据此得出的结论是适当的。

(2) 在遵守本准则的要求时，已考虑了审计项目的性质和具体情况、发生的任何变化，以及会计师事务所与之相关的政策和程序。

**(八) 审计工作底稿**

注册会计师应当在审计工作底稿中记录下列事项：

(1) 针对下列方面识别出的事项、与相关人员进行的讨论以及得出的结论：第一，履行与遵守相关职业道德要求(包括与独立性相关的要求)相关的责任；第二，客户关系和审计业务的接受与保持。

(2) 在审计过程中进行咨询的性质、范围、得出的结论，以及这些结论是如何得到执行的。

(3) 如果审计项目需要实施项目质量复核,则应当记录项目质量复核已经在审计报告日或之前完成。

## 第四节 职业道德基本原则和概念框架

### 一、注册会计师职业道德守则修订的总体原则

2020 年 12 月 17 日,中国注册会计师协会发布《中国注册会计师职业道德守则(2020)》和《中国注册会计师协会非执业会员职业道德守则(2020)》(以下统称守则)。

为了顺应经济社会发展对注册会计师诚信和职业道德水平提出的更高要求,进一步提升审计质量,吸收借鉴国际职业会计师道德守则(以下简称国际守则)的最新成果,保持与国际守则的持续动态趋同,中国注册会计师协会对守则进行了全面修订。

本次修订主要遵循以下总体原则:

一是坚持以维护公众利益为宗旨。本次修订从总体上强化了维护公众利益的要求,要求注册会计师始终牢记维护公众利益的宗旨。修订后的守则进一步加强了独立性要求,以保障审计质量。本次修订对于应对违反法律法规行为、利益冲突等涉及公众利益较多的方面,提出了更严格的要求并提供了更为详尽、具体的指引。

二是体现中国传统文化与社会主义核心价值观。道德与文化密不可分,中国注册会计师职业道德要想具有生命力,必须深深扎根于中华民族优秀传统文化之中。本次修订特别考虑将中华民族传统文化和社会主义核心价值观写入职业道德基本原则。

三是切合中国实际情况。本次修订注重将国际守则的要求与中国注册会计师的执业实践相结合,绝大多数条款与国际守则保持一致,某些个别条款比国际守则更加严格,更加适合中国国情和实践。例如,根据国际守则与公众利益实体审计客户关键审计合伙人轮换相关的规定,我国守则针对目前中国注册会计师行业的实际情况,依旧保持原守则中关键审计合伙人任职期不得超过 5 年的规定,以强化独立性要求。

四是保持与国际守则的持续全面动态趋同。本次修订按照国际守则的体例对原守则进行了全面改写,更易于阅读、理解和执行,更清晰地规范了应当如何运用职业道德概念框架应对职业道德问题。

## 二、本次修订的主要变化

本次修订主要包括以下方面：

一是完善了职业道德概念框架。职业道德概念框架的作用是为注册会计师提供解决职业道德问题的基本思路和方法。本次修订强化要求注册会计师应当运用职业道德概念框架来识别、评价和应对对职业道德基本原则的不利影响，全面梳理了原守则中关于应对不利影响的防范措施，对原守则中不具有针对性的防范措施进行了修改，用举例的方式列举可能能够应对不利影响的防范措施，更加强调不利影响与可采取的防范措施之间的对应联系，使防范措施与不利影响能够更好地匹配起来。

二是扩展了与"礼品和款待"相关的规定。将原守则中"礼品和款待"部分改为"利益诱惑"部分，将该部分的适用范围从礼品和款待扩展到包括娱乐活动、捐助、工作岗位、商业机会、特殊待遇等多种利益诱惑，还针对注册会计师的近亲属提供和接受利益诱惑作出了规范。本次修订进一步明确了注册会计师能够提供和接受利益诱惑的适当界限，阐明应对利益诱惑的基本思路。针对非执业会员职业道德守则，本次修订也作出了与注册会计师职业道德守则类似的修订。

三是增加了与应对违反法律法规行为相关的规定。针对注册会计师如何应对客户的违反法律法规行为，本次修订按照职业道德概念框架的要求提供了基本思路，并分别就执行财务报表审计时和提供其他服务时应对违反法律法规行为提出具体要求，强调采取符合维护公众利益的应对措施。针对非执业会员职业道德守则，本次修订也增加了应对违反法律法规行为相关的规定，并重点强调处于高级职位的非执业会员的责任。

四是强化了与会计师事务所长期审计某一客户相关的规定。为保证独立性原则得到有效遵循，守则规定，会计师事务所应当制定政策和程序，对本所连续为公众利益实体审计客户执行审计业务的年限实施监控，识别和评价因长期连续为某一公众利益实体审计客户执行审计业务可能对独立性产生的不利影响，并采取适当的防范措施应对该不利影响。

五是修订了与关键审计合伙人任职及冷却期相关的规定。为强化独立性原则，本次修订修改了原守则中冷却期统一为2年的规定，将关键审计合伙人分为三类：项目合伙人、项目质量复核人员、其他关键审计合伙人，分别将冷却期规定为5年、3年和2年。

六是增加了与为审计客户提供非鉴证服务相关的规定。本次修订进一步明确了非鉴证服务中涉及管理层职责的范围，同时为注册会计师如何避免承担管理层职责提供了更加详细的指引，提高了守则的可操作性。本次修订增加了注册会计师提供行政事务性服务与独立性相关的规定。

七是细化了非执业会员在编制和列报信息方面的规定。本次修订更全面地规定了非执业会员在编制和列报信息方面应当遵守的要求，以提升基础会计信息质量；规定非执业会员在运用职业判断以编制或列报信息时，可能需要运用自由裁量权，但自由裁量权的运用不得有意误导他人或者不当影响合同或监管结果。

八是增加了与非执业会员面临违反职业道德基本原则的压力相关的规定。本次修订明确非执业会员不得因面临其他人员施加的压力违反职业道德基本原则，也不得向其他人员施加压力使该人员违反职业道德基本原则；增加帮助非执业会员应对压力的指引。

## 三、职业道德基本原则

注册会计师为实现执业目标，必须遵守一系列前提或一般原则。这些基本原则包括下列职业道德基本原则：诚信、独立、客观和公正、专业胜任能力和勤勉尽责、保密、良好职业行为。

### （一）诚信

诚信是指诚实、守信。也就是说，一个人言行与内心思想一致，不虚假；能够履行与别人的约定而取得对方的信任。诚信原则要求注册会计师应当在所有的职业关系和商业关系中保持正直和诚实，秉公处事、实事求是。

当注册会计师在执行业务时认为报告、申报资料或其他信息存在下列情形时，不应在明知的情况下与其发生牵连：

（1）含有严重虚假或误导性陈述。

（2）含有缺少充分依据的陈述或信息。

（3）存在遗漏或含糊其辞的信息。

如果注册会计师注意到其已经与上述信息发生牵连，则应当采取措施消除与该信息的牵连。

### （二）独立

独立是指不受外来力量控制、支配，按照一定之规行事。独立原则通常是对注册会计师而非非执业会员提出的要求。在执行鉴证业务时，注册会计师必须保持独立性。在市场经济条件下，投资者主要依赖财务报表判断投资风险，在投资机会中作出选择。如果注册会计师不能与客户保持独立，而是存在经济利益、关联关系，或屈从于外界压力，就很难取信于社会公众。

对于独立性，较早给出权威解释的是美国注册会计师协会。美国注册会计师协会在1947年发布的《审计暂行标准》中指出："独立性的含义相当于完全诚实、公正无私、无偏见、客观认识事实、不偏袒。"传统观点认为，注册会计师的独立性包括两个方面——实质上的独立和形式上的独立。美国注册会计师协会在职业行为守则中要求:"在公共业务领域中的会员(执业注册会计师),在提供审计和其他鉴证业务时应当保持实质上与形式上的独立。"国际会计师联合会职业道德守则也要求执行公共业务的职业会计师(执业注册会计师)保持实质上的独立和形式上的独立。

中国注册会计师协会会员职业道德守则规定,独立性包括实质上的独立性和形式上的独立性:

(1) 实质上的独立性是一种内心状态,要求注册会计师在提出结论时不受有损于职业判断的因素影响,能够诚实公正行事,并保持客观和职业怀疑态度。

(2) 形式上的独立性要求注册会计师避免出现重大的事实和情况,否则,会使一个理性且掌握充分信息的第三方在权衡这些事实和情况后,很可能推定会计师事务所或项目组成员的诚信、客观或职业怀疑态度已经受到损害。

小资料

在扩展的审计业务中,有一个领域目前越来越流行,即将内部审计职责的一部分外包给公共会计师事务所。只要审计不同时执行控制活动或监督职能,那么这种外包业务并不一定会损害独立性。其中,客户负责确定审计工作的范围和风险,并负责评价审计的结果。外部审计人员负责根据业务的条款执行审计程序并报告审计结果。同时,审计人员还必须确定董事会或审计委员会理解这些责任的性质①。

**(三) 客观和公正**

客观是指按照事物的本来面目去考察,不添加个人的偏见。公正是指公平、正直、不偏袒。客观和公正原则要求注册会计师应当公正处事、实事求是,不得由于偏见、利益冲突或他人的不当影响而损害自己的职业判断。

如果某一情形或关系导致偏见或者对职业判断产生不当影响,注册会计师不应提供相关专业服务。注册会计师在许多领域提供专业服务,在不同情况下均应表现出客观性。

**(四) 专业胜任能力和勤勉尽责**

专业胜任能力和勤勉尽责原则要求注册会计师应当保持专业胜任能力,将专业知识和技能始终保持在应有的水平之上,以适应当前实务、法律和技术的发展,确保客户或雇佣单位能够得到合格的专业服务。同时,在提供专业服务时,注册会计师应当保持应有的关注,遵守职业准则和技术规范,勤勉尽责。

① W·罗伯特·克涅科:《审计——增信服务与风险》,中信出版社 2007 年版。

1. 专业胜任能力

注册会计师作为专业人士，在许多方面都要履行相应的责任，保持和提高专业胜任能力就是其中的重要内容。专业胜任能力是指注册会计师具有专业知识、技能和经验，能够经济、有效地完成客户委托的业务。注册会计师如果不能保持和提高专业胜任能力，就难以完成客户委托的业务。事实上，如果注册会计师在缺乏足够的知识、技能和经验的情况下提供专业服务，就构成了一种欺诈。一个合格的注册会计师，不仅要充分认识自己的能力，对自己充满信心，更重要的是，必须清醒地认识到自己在专业胜任能力方面存在的不足。如果注册会计师不能认识到这一点，承接了难以胜任的业务，就可能给客户乃至社会公众带来危害。

专业服务要求注册会计师在运用专业知识和技能提供服务时合理运用职业判断。专业胜任能力可分为两个独立阶段：①专业胜任能力的获取；②专业胜任能力的保持。注册会计师应当持续了解和掌握相关的专业技术和业务的发展，以保持专业胜任能力。持续职业发展能够使注册会计师发展和保持专业胜任能力，使其能够胜任特定业务环境中的工作。

2. 勤勉尽责

勤勉尽责，要求注册会计师按照有关工作要求，认真、全面、及时地完成工作任务。在审计过程中，注册会计师应当保持职业怀疑态度，运用专业知识、技能和经验，获取和评价审计证据。同时，注册会计师应当采取措施以确保在其授权下工作的人员得到适当的培训和督导。在适当情况下，注册会计师应当使客户、雇佣单位和专业服务的其他使用者了解专业服务的固有局限性。

例如，某公司急于成立一个注册资金为500万元的装饰公司，有关办事人员找到一家会计师事务所验资，并提供了一张经过涂改的银行进账单复印件。该会计师事务所的注册会计师并未提出任何疑问，就出具了验资报告。在这一案例中，注册会计师没有索要进账单原件，也未向银行函证，没有保持应有的职业谨慎。

**（五）保密**

注册会计师能否与客户维持正常的关系，有赖于双方能否自愿而又充分地进行沟通和交流，不掩盖任何重要的事实和情况。只有这样，注册会计师才能有效地完成工作。注册会计师与客户的沟通，必须建立在为客户信息保密的基础上。这里所说的客户信息，通常是指涉密信息。一旦涉密信息被泄露或被利用，往往会给客户造成损失。因此，许多国家规定，在公众领域执业的注册会计师，在没有取得客户同意的情况下，不能泄露任何客户的涉密信息。

保密原则要求注册会计师应当对执业活动中获知的涉密信息保密，避免出现下列行为：

(1) 未经客户授权或法律法规允许，向会计师事务所以外的第三方披露其所获知的涉密信息。

（2）利用所获知的涉密信息为自己或第三方谋取利益。

注册会计师在社会交往中应当遵循保密原则。注册会计师应当警惕无意泄密的可能性，特别是向直系亲属、近亲属以及关系密切的商业伙伴无意泄密的可能性。直系亲属是指配偶或父母（含岳父母）、子女或兄弟姐妹。近亲属是指不属于直系亲属的近亲属。

另外，注册会计师应当对其预期的客户或雇佣单位的信息予以保密。在终止与客户或雇佣单位的关系之后，注册会计师仍然应当对在职业关系和商业关系中获知的信息保密。如果变更雇佣单位或获得新客户，注册会计师可以利用以前的经验，但不应利用或披露任何由于职业关系和商业关系获得的涉密信息。注册会计师应当明确在会计师事务所内部或雇佣单位内部保密的必要性，采取有效措施，确保其下级员工以及为其提供建议和帮助的人员遵循保密原则。

注册会计师在下列情况下可以披露客户的涉密信息：

（1）法律法规允许披露，并且取得客户的授权。

（2）根据法律法规的要求，为法律诉讼、仲裁准备文件或提供证据，以及向监督机构报告所发现的违法行为。

（3）法律法规允许的情况下，在法律诉讼、仲裁中维护自己的合法权益。

（4）接受注册会计师协会或监管机构的执业质量检查，答复其询问和调查。

（5）法律法规、执业准则和职业道德规范规定的其他情形。

**同步思考 3-3**

注册会计师王某在对A公司年度财务报表审计时，发现一张装修发票上的金额与原合同规定金额有出入，发票金额比合同金额少了50 000元。A公司接到发票后未曾发现与合同有误，并将款项付讫。以后，执行该装修业务的B公司亦未继续来讨账①。

请问：假定以后B公司也聘请王某审核他们的财务报表，王某能否利用他掌握的A公司的审计资料，建议B公司去同A公司催讨这一差额款？

**（六）良好职业行为**

注册会计师应当遵守相关法律法规，避免发生任何损害职业声誉的行为。

注册会计师在向公众传递信息以及推介自己和工作时，应当客观、真实、得体，不得损害职业形象。

注册会计师应当诚实、实事求是，不得有下列行为：

（1）夸大宣传提供的服务、拥有的资质或获得的经验。

① 孙伟龙：《审计学——教程与案例》，浙江大学出版社2012年版。

（2）贬低或无根据地比较其他注册会计师的工作。

## 四、职业道德概念框架

### （一）职业道德概念框架的内涵

中国注册会计师协会注册会计师职业道德守则提出职业道德概念框架，以帮助注册会计师遵循职业道德基本原则，履行维护公众利益的职责。那么，什么是职业道德概念框架呢？职业道德概念框架旨在为注册会计师提供解决职业道德问题的思路和方法，要求注册会计师：①识别对职业道德基本原则的不利影响；②评价不利影响的严重程度；③必要时采取防范措施消除不利影响或将其降低至可接受的水平。

在运用职业道德概念框架时，注册会计师应当：

（1）运用职业判断。职业判断涉及对与具体事实和情况（包括特定职业活动的性质和范围，以及所涉及的利益和关系）相关的教育和培训、专业知识、技能、经验的运用。在从事具体职业活动的过程中，当运用概念框架，以对可采取的行动作出知情的决策，并确定这些决策在具体情况下是否适当时，注册会计师应当运用职业判断。

（2）对新信息、事实和情况的变化保持警觉。当运用职业判断了解已知的事实和情况时，注册会计师可能需要考虑下列事项：①是否有理由担心注册会计师已知的事实和情况可能遗漏了某些相关信息；②已知的事实和情况是否与注册会计师的预期不符；③注册会计师的专长和经验是否足以得出结论；④是否需要向具有相关专长或经验的人员咨询；⑤所了解到的信息是否能够为得出结论提供合理的依据；⑥注册会计师自身的先入之见或偏见是否可能影响其职业判断；⑦从现有可获得的信息中是否还可能得出其他合理的结论。

（3）实施理性且掌握充分信息的第三方测试。具体来说，它是指注册会计师考虑：假设存在一个理性且掌握充分信息的第三方，在权衡了注册会计师于得出结论的时点可以了解到的所有具体事实和情况后，是否很可能得出与注册会计师相同的结论。理性且掌握充分信息的第三方不一定是注册会计师，但需要具备相关的知识和经验，以使其能够公正地了解和评价注册会计师结论的适当性。

### （二）对遵循职业道德基本原则产生不利影响的因素

注册会计师对职业道德基本原则的遵循可能受到多种因素的不利影响。不利影响的性质和严重程度因注册会计师提供服务类型的不同而不同。可能对遵循职业道德基本原则产生不利影响的因素包括自身利益、自我评价、过度推介、密切关系和外在压力。

（1）自身利益。如果经济利益或其他利益对注册会计师的职业判断或行为产生不当影响，将产生自身利益导致的不利影响。

（2）自我评价。如果对其以前的判断或服务结果作出不恰当的评价，并且将据此形成的判断作为当前服务的组成部分，将产生自我评价导致的不利影响。

（3）过度推介。如果注册会计师过度推介客户或工作单位的某种立场或意见，使其客观性受到损害，将发生过度推介导致的不利影响。

（4）密切关系。如果注册会计师与客户或工作单位存在长期或亲密的关系，而过于倾向他们的利益，或认可他们的工作，将产生密切关系导致的不利影响。

（5）外在压力。如果注册会计师受到实际的压力或感受到压力而无法客观行事，将产生外在压力导致的不利影响。

**（三）应对不利影响的防范措施**

注册会计师应当运用判断，确定如何应对超出可接受水平的不利影响，包括采取防范措施消除不利影响或将其降低至可接受的水平，或者终止业务约定或拒绝接受业务委托。

应对不利影响的防范措施包括以下两类：

1. 法律法规和职业规范规定的防范措施

法律、法规和职业规范规定的防范措施主要包括：

（1）取得注册会计师资格必需的教育、培训和经验要求。

（2）持续的职业发展要求。

（3）公司治理方面的规定。

（4）执业准则和职业道德规范的要求。

（5）监管机构或注册会计师协会的监控和惩戒程序。

（6）由依法授权的第三方对注册会计师编制的业务报告、申报资料或其他信息进行外部复核。

2. 在具体工作中采取的防范措施

在具体工作中，应对不利影响的防范措施包括会计师事务所层面的防范措施和具体业务层面的防范措施。

**同步思考 3-4**

A 注册会计师的妻子拥有鉴证客户的少量股票，在 A 注册会计师成为鉴证小组成员之前未进行处置，会计师事务所认为该经济利益由于金额较小，不会影响注册会计师的独立性，故未将 A 注册会计师调离鉴证小组。请问：这种做法是正确的吗？

**（四）道德冲突问题的解决**

在遵循职业道德基本原则时，注册会计师应当解决遇到的道德冲突问题。在解决道德冲突问题时，注册会计师应当考虑下列因素：

（1）与道德冲突问题有关的事实。

（2）涉及的道德问题。

（3）道德冲突问题涉及的职业道德基本原则。

（4）会计师事务所制定的解决道德冲突问题的程序。

（5）可供选择的措施。

在考虑上述因素并权衡可供选择措施的后果后，注册会计师应当确定适当的措施。如果道德冲突问题仍无法解决，注册会计师应当考虑向会计师事务所内部的适当人员咨询，寻求帮助解决问题。如果道德问题涉及注册会计师与某一组织的冲突或是组织内部的冲突，注册会计师还应当确定是否向该组织的治理层（如董事会）咨询。

如果与所在会计师事务所或外部单位存在道德冲突，注册会计师应当确定是否与会计师事务所领导层或外部单位治理层讨论。注册会计师应当考虑记录涉及的道德冲突问题、解决问题的过程，以及作出的相关决策。如果某项重大道德冲突问题未能解决，注册会计师可以考虑向注册会计师协会或法律顾问咨询。如果所有可能采取的措施都无法解决道德冲突问题，注册会计师不得再与产生道德冲突问题的事项发生牵连。在这种情况下，注册会计师应当确定是否退出项目组或不再承担相关任务，或者向会计师事务所提出辞职。

## 第五节 审计和审阅业务对独立性的要求

本部分旨在讨论注册会计师执行审计业务时的独立性要求，以及注册会计师如何运用职业道德概念框架，以达到和保持独立性。本部分所称审计、审计项目组、审计业务、审计客户和审计报告，也包括审阅、审阅项目组、审阅业务、审阅客户和审阅报告以及其他鉴证业务、项目组、客户和报告。除非特别说明，本部分所称会计师事务所包括网络事务所。对客观原则的遵循要求审计项目组成员、会计师事务所、网络事务所与审计客户保持独立。在提供审计服务的过程中，可能存在多种对独立性产生不利影响的情形，注册会计师应当对此保持警觉，并按照守则的规定办理。当遇到守则未列举的情形时，注册会计师应当运用独立性概念框架评价具体情形对独立性的影响，并采取防范措施消除不利影响或将其降低至可接受的水平。

**（一）独立性概念框架**

独立性概念框架是指解决独立性问题的思路和方法，用以指导注册会计师：①识别对独立性的不利影响；②评价不利影响的严重程度；③必要时采取防范措施消除不利影响或将其降低至可接受的水平。在运用独立性概念框架时，注册会计师应当运用职业判断。

如果无法采取适当的防范措施消除不利影响或将其降低至可接受的水平，注册会计师应当消除产生不利影响的情形，或者拒绝接受审计业务委托或终止审计业务。在确定是否接受或保持某项业务，或某一特定人员能否作为审计项目组成员时，会计师事务所应当识别和评价各种对独立性的不利影响。

如果不利影响超出可接受水平，在确定是否接受某项业务或某一特定人员能否作为审计项目组成员时，会计师事务所应当确定能否采取防范措施以消除不利影响或将其降低至可接受的水平。

在决定是否保持某项业务时，会计师事务所应当确定现有的防范措施是否仍然有效，如果无效，是否需要采取其他防范措施或者终止业务。在执行业务过程中，如果注意到对独立性产生不利影响的新情况，会计师事务所应当运用独立性概念框架评价不利影响的严重程度。

在评价不利影响的严重程度时，注册会计师应当从性质和数量两个方面予以考虑。由于会计师事务所规模、结构和组织形式的不同，会计师事务所人员对独立性承担的责任也不同。会计师事务所应当按照《质量控制准则第 5101 号——会计师事务所对执行财务报表审计和审阅、其他鉴证和相关服务业务实施的质量控制》的要求，制定政策和程序，以合理保证按照本守则的要求保持独立性。项目合伙人应当就审计项目组遵守相关独立性要求的情况形成结论。

**(二) 经济利益**

在审计客户中拥有经济利益，可能因自身利益导致不利影响。不利影响存在与否及其严重程度取决于下列因素：

(1) 拥有经济利益的人员的角色。

(2) 经济利益是直接还是间接的。

(3) 经济利益的重要性。

受益人可能通过投资工具拥有经济利益。确定经济利益是直接还是间接的，取决于受益人能否控制投资工具或具有影响投资决策的能力。如果受益人能够控制投资工具或具有影响投资决策的能力，守则将这种经济利益界定为直接经济利益。如果受益人不能控制投资工具或不具有影响投资决策的能力，守则将这种经济利益界定为间接经济利益。

1. 如果会计师事务所、审计项目组成员或其主要近亲属在审计客户中拥有直接经济利益或重大间接经济利益

如果会计师事务所、审计项目组成员或其主要近亲属在审计客户中拥有直接经济利益或重大间接经济利益，将因自身利益产生非常严重的不利影响，导致没有

任何防范措施能够将其降低至可接受的水平。

会计师事务所、审计项目组成员或其主要近亲属不得在审计客户中拥有直接经济利益或重大间接经济利益。

2. 如果审计项目组某一成员的其他近亲属在审计客户中拥有直接经济利益或重大间接经济利益

不利影响的严重程度主要取决于下列因素：

(1) 审计项目组成员与其他近亲属之间的关系。

(2) 经济利益对其他近亲属的重要性。

会计师事务所应当评价不利影响的严重程度，并在必要时采取防范措施消除不利影响或将其降低至可接受的水平。防范措施主要包括：

(1) 其他近亲属尽快处置全部经济利益，或处置全部直接经济利益并处置足够数量的间接经济利益，以使剩余经济利益不再重大。

(2) 由审计项目组以外的注册会计师复核该成员已执行的工作。

(3) 将该成员调离审计项目组。

3. 会计师事务所、审计项目组成员或其主要近亲属在可以对审计客户施加控制的实体中拥有直接经济利益或重大间接经济利益

当一个实体在审计客户中拥有控制性的权益，并且审计客户对该实体重要时，如果会计师事务所、审计项目组成员或其主要近亲属在该实体中拥有直接经济利益或重大间接经济利益，将因自身利益产生非常严重的不利影响，导致没有防范措施能够将其降低至可接受的水平。

会计师事务所、审计项目组成员或其主要近亲属不得在该实体中拥有直接经济利益或重大间接经济利益。

4. 通过会计师事务所的退休金计划在审计客户中拥有直接经济利益或重大间接经济利益

如果审计项目组成员通过会计师事务所的退休金计划，在审计客户中拥有直接经济利益或重大间接经济利益，将因自身利益产生不利影响。注册会计师应当评价不利影响的严重程度，并在必要时采取防范措施消除不利影响或将其降低至可接受的水平。

5. 项目合伙人所在分部的其他合伙人或其主要近亲属在该审计客户中拥有直接经济利益或重大间接经济利益

当其他合伙人与执行审计业务的项目合伙人同处一个分部时，如果其他合伙人或其主要近亲属在审计客户中拥有直接经济利益或重大间接经济利益，将因自身利益产生非常严重的不利影响，导致没有防范措施能够将其降低至可接受的水平。

其他合伙人或其主要近亲属不得在审计客户中拥有直接经济利益或重大间接经济利益。

6. 项目合伙人和项目组其他成员分属于不同的分部

执行审计业务的项目合伙人所处的分部并不一定是其所隶属的分部。当项目合伙人与审计项目组的其他成员隶属于不同的分部时，会计师事务所应当确定项目合伙人执行审计业务时所处的分部。

7. 为审计客户提供非审计服务的其他合伙人、管理人员或其主要近亲属在审计客户中拥有直接经济利益或重大间接经济利益

如果为审计客户提供非审计服务的其他合伙人、管理人员或其主要近亲属，在审计客户中拥有直接经济利益或重大间接经济利益，将因自身利益产生非常严重的不利影响，导致没有防范措施能够将其降低至可接受的水平。

为审计客户提供非审计服务的其他合伙人、管理人员或其主要近亲属不得在审计客户中拥有直接经济利益或重大间接经济利益。

8. 所在分部的其他合伙人或向审计客户提供非审计服务的合伙人或管理人员的其他近亲属在审计客户中拥有经济利益

执行审计业务的项目合伙人所处分部的其他合伙人，或者向审计客户提供非审计服务的合伙人或管理人员，如果其主要近亲属在审计客户中拥有经济利益，只要其主要近亲属作为审计客户的员工有权(例如，通过退休金或股票期权计划)取得该经济利益，并且在必要时能够采取防范措施消除不利影响或将其降低至可接受的水平，则不被视为损害独立性。

如果其主要近亲属拥有或取得处置该经济利益的权利。例如，按照股票期权方案有权行使期权，则应当尽快处置或放弃该经济利益。

9. 会计师事务所、审计项目组成员或其主要近亲属和审计客户同时在某一实体拥有经济利益

会计师事务所、审计项目组成员或其主要近亲属在某一实体拥有经济利益，并且审计客户也在该实体拥有经济利益，可能因自身利益产生的不利影响。

如果经济利益并不重大，并且审计客户不能对该实体施加重大影响，则不被视为损害独立性。如果经济利益重大，并且审计客户能够对该实体施加重大影响，则没有防范措施能够将不利影响降低至可接受的水平。会计师事务所不得拥有此类经济利益。拥有此类经济利益的人员，在成为审计项目组成员之前，应当处置全部经济利益，或处置足够数量的经济利益，使剩余经济利益不再重大。

10. 会计师事务所、审计项目组成员或其主要近亲属和审计客户的利益相关者同时在某一实体拥有经济利益

会计师事务所、审计项目组成员或其主要近亲属在某一实体拥有经济利益，并

且知悉审计客户的董事、高级管理人员或具有控制权的所有者也在该实体拥有经济利益，可能因自身利益、密切关系或外在压力产生不利影响。不利影响存在与否及其严重程度主要取决于下列因素：

(1) 该项目组成员在审计项目组中的角色。

(2) 实体的所有权是由少数人持有还是多数人持有。

(3) 经济利益是否使得投资者能够控制该实体，或对其施加重大影响。

(4) 经济利益的重要性。

注册会计师应当评价不利影响的严重程度，并在必要时采取防范措施消除不利影响或将其降低至可接受的水平。防范措施主要包括：

(1) 将拥有该经济利益的审计项目组成员调离审计项目组。

(2) 由审计项目组以外的注册会计师复核该成员已执行的工作。

11. 作为信托业务的受托人在审计客户中拥有直接经济利益或重大间接经济利益

如果会计师事务所、审计项目组成员或其主要近亲属作为受托管理人在审计客户中拥有直接经济利益或重大间接经济利益，将因自身利益产生不利影响。

如果下列人员作为受托管理人在审计客户中拥有直接经济利益或重大间接经济利益，也将因自身利益产生不利影响：

(1) 与执行审计业务的项目合伙人处于同一分部的其他合伙人。

(2) 向审计客户提供非审计服务的其他合伙人和管理人员。

(3) 上述人员的主要近亲属。

只有在同时满足下列条件时，才允许拥有上述经济利益：

(1) 审计项目组成员及其主要近亲属和会计师事务所均不是受托财产的受益人。

(2) 委托人在审计客户中拥有的经济利益对委托人并不重大。

(3) 委托人不能对审计客户施加重大影响。

(4) 针对委托人在审计客户中拥有的经济利益，受托管理人及其主要近亲属和会计师事务所对其任何投资决策都不能施加重大影响。

12. 其他相关人员在审计客户中拥有任何已知的经济利益

审计项目组成员应当确定下列人员在审计客户中拥有已知的经济利益是否因自身利益产生不利影响：

(1) 除本章前面条款提及的人员以外，会计师事务所合伙人、专业人员或其主要近亲属。

(2) 与审计项目组成员存在密切私人关系的人员。

这些经济利益是否因自身利益产生不利影响主要取决于下列因素：

(1) 会计师事务所的组织结构、经营模式和沟通机制。

(2) 本条前款提及的人员与审计项目组成员之间的关系。

注册会计师应当评价不利影响的严重程度，并在必要时采取防范措施消除不利影响或将其降低至可接受的水平。防范措施主要包括：

(1) 将存在密切私人关系的审计项目组成员调离审计项目组。

(2) 不允许该审计项目组成员参与有关审计业务的任何重大决策。

(3) 由审计项目组以外的注册会计师复核该审计项目组成员已执行的工作。

13. 从审计客户处获得直接经济利益或重大间接经济利益

如果会计师事务所、合伙人及其主要近亲属、员工及其主要近亲属，从审计客户处获得直接经济利益或重大间接经济利益(例如，通过继承、馈赠或因合并而获得经济利益)，而根据本守则的规定不允许拥有此类经济利益，则应当采取下列措施：

(1) 如果会计师事务所获得经济利益，应当立即处置全部经济利益，或处置全部直接经济利益并处置足够数量的间接经济利益，以使剩余经济利益不再重大。

(2) 如果审计项目组成员或其主要近亲属获得经济利益，应当立即处置全部经济利益，或处置全部直接经济利益并处置足够数量的间接经济利益，以使剩余经济利益不再重大。

(3) 如果审计项目组以外的人员或其主要近亲属获得经济利益，应当在合理期限内尽快处置全部经济利益，或处置全部直接经济利益并处置足够数量的间接经济利益，以使剩余经济利益不再重大。在完成处置该经济利益前，会计师事务所应当确定是否需要采取防范措施。

当无意中违反有关经济利益的规定时，如果会计师事务所同时满足下列条件，不被视为损害独立性：

(1) 会计师事务所已经制定政策和程序，要求所有专业人员在因购买、继承或其他方式拥有审计客户的经济利益而违反规定时，立即向会计师事务所报告。

(2) 按照规定采取了适当的措施。

(3) 会计师事务所在必要时已采取其他防范措施将剩余的不利影响降低至可接受的水平。防范措施主要包括由审计项目组以外的注册会计师复核该成员已执行的工作，或不允许该成员参与任何有关该审计业务的重大决策。

会计师事务所应当确定是否就该事项与治理层讨论。

**(三) 贷款和担保**

1. 从银行或类似机构等审计客户取得贷款或由其作为担保人

会计师事务所、审计项目组成员或其主要近亲属从银行或类似金融机构等审计客户取得贷款，或获得贷款担保，可能对独立性产生不利影响。

如果审计客户不按照正常的程序、条款和条件提供贷款或担保，将因自身利益产生非常严重的不利影响，导致没有防范措施能够将其降低至可接受的水平。会计师事务所、审计项目组成员或其主要近亲属不得接受此类贷款或担保。

如果会计师事务所按照正常的贷款程序、条款和条件，从银行或类似金融机构等审计客户取得贷款，即使该贷款对审计客户或会计师事务所影响重大，也可能通过采取防范措施将因自身利益产生的不利影响降低至可接受的水平。

采取的防范措施包括由网络中未参与执行审计业务并且未接受该贷款的会计师事务所复核已执行的工作等。

2. 从非银行或类似机构等审计客户取得贷款或为其提供担保

审计项目组成员或其主要近亲属从非银行或类似金融机构等审计客户取得贷款，或由审计客户提供贷款担保，如果按照正常的程序、条款和条件取得贷款或担保，则不会对独立性产生不利影响。

3. 从不属于非银行或类似机构等审计客户取得贷款或为其提供担保

会计师事务所、审计项目组成员或其主要近亲属从不属于银行或类似金融机构的审计客户取得贷款，或由审计客户提供贷款担保，将因自身利益产生非常严重的不利影响，导致没有防范措施能够将其降低至可接受的水平。

4. 向审计客户提供贷款或为其提供担保

会计师事务所、审计项目组成员或其主要近亲属向审计客户提供贷款或为其提供担保，将因自身利益产生非常严重的不利影响，导致没有防范措施能够将其降低至可接受的水平。

5. 在审计客户开立存款或交易账户

会计师事务所、审计项目组成员或其主要近亲属在银行或类似金融机构等审计客户开立存款或交易账户，如果账户按照正常的商业条件开立，则不会对独立性产生不利影响。

**（四）商业关系**

会计师事务所、审计项目组成员或其主要近亲属与审计客户或其高级管理人员之间，由于商务关系或共同的经济利益而存在密切的商业关系，可能因自身利益或外在压力产生严重的不利影响。这些商业关系主要包括：

（1）在与客户或其控股股东、董事、高级管理人员共同开办的企业中拥有经济利益。

（2）按照协议，将会计师事务所的产品或服务与客户的产品或服务结合在一起，并以双方名义捆绑销售。

（3）按照协议，会计师事务所销售或推广客户的产品或服务，或者客户销售或推广会计师事务所的产品或服务。

会计师事务所不得介入此类商业关系。如果存在此类商业关系，应当予以终止。如果此类商业关系涉及审计项目组成员，会计师事务所应当将该成员调离审计项目组。

如果审计项目组成员的主要近亲属与审计客户或其高级管理人员之间存在此类商业关系，注册会计师应当评价不利影响的严重程度，并在必要时采取防范措施消除不利影响或将其降低至可接受的水平。

如果会计师事务所、审计项目组成员或其主要近亲属，在某股东人数有限的实体中拥有经济利益，而审计客户或其董事、高级管理人员也在该实体拥有经济利益，在同时满足下列条件时，这种商业关系不会对独立性产生不利影响：

(1) 这种商业关系对于会计师事务所、审计项目组成员或其主要近亲属以及审计客户均不重要。

(2) 该经济利益对一个或几个投资者并不重大。

(3) 该经济利益不能使一个或几个投资者控制该实体。

会计师事务所、审计项目组成员或其主要近亲属从审计客户处购买商品或服务，如果按照正常的商业程序公平交易，通常不会对独立性产生不利影响。

如果交易性质特殊或金额较大，可能因自身利益产生不利影响。会计师事务所应当评价不利影响的严重程度，并在必要时采取防范措施消除不利影响或将其降低至可接受的水平。防范措施主要包括：

(1) 取消交易或降低交易规模。

(2) 将相关审计项目组成员调离审计项目组。

**(五) 家庭和私人关系**

如果审计项目组成员与审计客户的董事、高级管理人员，或所处职位能够对客户会计记录或被审计财务报表的编制施加重大影响的员工(以下简称特定员工)存在家庭和私人关系，可能因自身利益、密切关系或外在压力产生不利影响。不利影响存在与否及其严重程度取决于多种因素，包括该成员在审计项目组的角色、其家庭成员或相关人员在客户中的职位以及关系的密切程度等。

1. 审计项目组成员的主要近亲属处在重要职位

如果审计项目组成员的主要近亲属是审计客户的董事高级管理人员或特定员工，或者在业务期间或财务报表涵盖的期间曾担任上述职务，只有把该成员调离审计项目组，才能将对独立性的不利影响降低至可接受的水平。

2. 审计项目组成员的主要近亲属可以对财务报表施加重大影响

如果审计项目组成员的主要近亲属在审计客户中所处职位能够对客户的财务状况、经营成果和现金流量施加重大影响，将对独立性产生不利影响。不利影响的严重程度主要取决于下列因素：

(1) 主要近亲属在客户中的职位。

(2) 该成员在审计项目组中的角色。

会计师事务所应当评价不利影响的严重程度，并在必要时采取防范措施消除不利影响或将其降低至可接受的水平。防范措施主要包括：

(1) 将该成员调离审计项目组。

(2) 合理安排审计项目组成员的职责，使该成员的工作不涉及其主要近亲属的职责范围。

3. 审计项目组成员的其他近亲属处在重要职位或可以对财务报表施加重大影响

如果审计项目组成员的其他近亲属是审计客户的董事、高级管理人员或特定员工，将对独立性产生不利影响。不利影响的严重程度主要取决于下列因素：

(1) 审计项目组成员与其他近亲属的关系。

(2) 其他该近亲属在客户中的职位。

(3) 该成员在审计项目组中的角色。

会计师事务所应当评价不利影响的严重程度，并在必要时采取防范措施消除不利影响或将其降低至可接受的水平。防范措施主要包括：

(1) 将该成员调离审计项目组。

(2) 合理安排审计项目组成员的职责，使该成员的工作不涉及其他近亲属的职责范围。

4. 审计项目组的成员与审计客户重要职位的人员具有亲密关系

如果审计项目组成员与审计客户的员工存在密切关系，并且该员工是审计客户的董事、高级管理人员或特定员工，即使该员工不是审计项目组成员的近亲属，也将对独立性产生不利影响。拥有此类关系的审计项目组成员应当按照会计师事务所的政策和程序的要求，向会计师事务所内部或外部的相关人员咨询。

不利影响的严重程度主要取决于下列因素：

(1) 该员工与审计项目组成员的关系。

(2) 该员工在客户中的职位。

(3) 该成员在审计项目组中的角色。

会计师事务所应当评价不利影响的严重程度，并在必要时采取防范措施消除不利影响或将其降低至可接受的水平。防范措施主要包括：

(1) 将该成员调离审计项目组。

(2) 合理安排该成员的职责，使其工作不涉及与之存在密切关系的员工的职责范围。

5. 非审计项目组成员的合伙人或员工与审计客户重要职位的人员存在家庭或个人关系

会计师事务所中审计项目组以外的合伙人或员工，与审计客户的董事、高级管理人员或特定员工之间存在家庭或私人关系，可能因自身利益、密切关系或外在压力产生不利影响。会计师事务所合伙人和员工在知悉此类关系后，应当按照会计师事务所的政策和程序进行咨询。不利影响存在与否及其严重程度主要取决于下列因素：

(1) 该合伙人或员工与审计客户的董事、高级管理人员或特定员工之间关系。

(2) 该合伙人或员工与审计项目组之间的相互影响。

(3) 该合伙人或员工在会计师事务所中的角色。

(4) 董事、高级管理人员或特定员工在审计客户中的职位。

会计师事务所应当评价不利影响的严重程度，并在必要时采取防范措施消除不利影响或将其降低至可接受的水平。防范措施主要包括：

(1) 合理安排该合伙人或员工的职责，以减少对审计项目组可能产生的影响。

(2) 由审计项目组以外的注册会计师复核已执行的相关审计工作。

当无意中违反有关家庭和私人关系的规定时，如果会计师事务所同时满足下列条件，不被视为损害独立性：

(1) 会计师事务所已经制定政策和程序，要求所有专业人员在其近亲属或与其存在私人关系的员工因工作变动而违反规定时，立即向会计师事务所报告。

(2) 审计项目组成员因其主要近亲属成为审计客户的董事、高级管理人员或特定员工而无意中违反规定时，将该成员调离审计项目组。

(3) 会计师事务所在必要时已采取其他防范措施将剩余不利影响降低至可接受的水平。防范措施主要包括由审计项目组以外的注册会计师复核该成员已执行的工作，不允许该成员参与任何有关该业务的重大决策等。

会计师事务所应当确定是否就该事项与治理层讨论。

**(六) 与审计客户发生雇佣关系**

如果审计客户的董事、高级管理人员或特定员工，曾经是审计项目组的成员或会计师事务所的合伙人，可能因密切关系或外在压力产生不利影响。

1. 审计项目组前任成员或会计师事务所前任合伙人担任审计客户的重要职位且与事务所保持重要联系

如果审计项目组前任成员或会计师事务所前任合伙人加入审计客户，担任董事、高级管理人员或特定员工，并且与会计师事务所仍保持重要交往，将产生非常严重的不利影响，导致没有防范措施能够将其降低至可接受的水平。

如果审计项目组前任成员或会计师事务所前任合伙人加入审计客户，担任董事、高级管理人员或特定员工，除非同时满足下列条件，否则将被视为损害独立性：

(1) 前任成员或前任合伙人无权从会计师事务所获取报酬或福利(除非报酬或福利是按照预先确定的固定金额支付的，并且未付金额对会计师事务所不重要)。

(2) 前任成员或前任合伙人未继续参与,并且在外界看来未参与会计师事务所的经营活动或专业活动。

2. 审计项目组前任成员或会计师事务所前任合伙人担任审计客户的重要职位但未与事务所保持重要联系

如果审计项目组前任成员或会计师事务所前任合伙人加入审计客户,担任董事、高级管理人员或特定员工,但前任成员或前任合伙人与会计师事务所已经没有重要交往,因密切关系或外在压力产生的不利影响存在与否及其严重程度主要取决于下列因素:

(1) 前任成员或前任合伙人在审计客户中的职位。

(2) 前任成员或前任合伙人在其工作中与审计项目组交往的程度。

(3) 前任成员或前任合伙人离开会计师事务所的时间长短。

(4) 前任成员或前任合伙人以前在审计项目组或会计师事务所中的角色。例如,前任成员或前任合伙人是否负责与客户治理层或管理层保持定期联系。

会计师事务所应当评价不利影响的严重程度,并在必要时采取防范措施消除不利影响或将其降低至可接受的水平。防范措施主要包括:

(1) 修改审计计划。

(2) 向审计项目组分派经验更丰富的人员。

(3) 由审计项目组以外的注册会计师复核前任审计项目组成员已执行的工作。

3. 前任成员加入的某一实体成为审计客户

如果会计师事务所前任合伙人加入某一实体,而该实体随后成为会计师事务所的审计客户,会计师事务所应当评价对独立性不利影响的严重程度,并在必要时采取防范措施消除不利影响或将其降低至可接受的水平。

4. 审计项目组成员拟加入审计客户

如果审计项目组某一成员参与审计业务,当知道自己在未来某一时间将要或有可能加入审计客户时,将因自身利益产生不利影响。会计师事务所应当制定政策和程序,要求审计项目组成员在与审计客户协商受雇于该客户时,向会计师事务所报告。在接到报告后,会计师事务所应当评价不利影响的严重程度,并在必要时采取防范措施消除不利影响或将其降低至可接受的水平。防范措施主要包括:

(1) 将该成员调离审计项目组。

(2) 由审计项目组以外的注册会计师复核该成员在审计项目组中作出的重大判断。

**(七) 临时借出员工**

如果会计师事务所向审计客户借出员工,可能因自我评价产生不利影响。会计师事务所只能短期向客户借出员工，并且借出的员工不得为审计客户提供本守则禁止提供的非鉴证服务，也不得承担审计客户的管理层职责。审计客户有责任对借调员工的活动进行指导和监督。

会计师事务所应当评价借出员工产生不利影响的严重程度，并在必要时采取防范措施消除不利影响或将其降低至可接受的水平。防范措施主要包括：

(1) 对借出员工的工作进行额外复核。

(2) 合理安排审计项目组成员的职责，使借出员工不对其在借调期间所执行的工作进行审计。

(3) 不安排借出员工作为审计项目组成员。

**(八) 审计项目组成员最近曾任审计客户董事、高级管理人员和特定员工**

如果审计项目组成员最近曾担任审计客户的董事、高级管理人员或特定员工，可能因自身利益、自我评价或密切关系产生不利影响。例如，如果审计项目组成员在审计客户工作期间曾经编制会计记录，现又对据此形成的财务报表要素进行评价，则可能产生这些不利影响。

如果在被审计财务报表涵盖的期间，审计项目组成员曾担任审计客户的董事、高级管理人员或特定员工，将产生非常严重的不利影响，导致没有防范措施能够将其降低至可接受的水平。会计师事务所不得将此类人员分派到审计项目组。

如果在被审计财务报表涵盖的期间之前，审计项目组成员曾担任审计客户的董事、高级管理人员或特定员工，可能因自身利益、自我评价或密切关系产生不利影响。例如，如果在当期需要评价此类人员以前就职于审计客户时作出的决策或工作，将产生这些不利影响。不利影响存在与否及其严重程度主要取决于下列因素：

(1) 该成员在客户中曾担任的职务。

(2) 该成员离开客户的时间长短。

(3) 该成员在审计项目组中的角色。

会计师事务所应当评价不利影响的严重程度，并在必要时采取防范措施将其降低至可接受的水平。防范措施包括复核该成员已执行的工作等。

**(九) 兼任审计客户的董事或高级管理人员**

如果会计师事务所的合伙人或员工兼任审计客户的董事或高级管理人员，将因自我评价和自身利益产生非常严重的不利影响，导致没有防范措施能够将其降低至可接受的水平。会计师事务所的合伙人或员工不得兼任审计客户的董事或高级管理人员。

如果会计师事务所的合伙人或员工担任审计客户的公司秘书，将因自我评价和过度推介产生非常严重的不利影响，导致没有防范措施能够将其降低至可接受的水平。会计师事务所的合伙人或员工不得兼任审计客户的公司秘书。

会计师事务所提供日常和行政事务性的服务以支持公司秘书职能，或提供与公司秘书行政事项有关的建议，只要所有相关决策均由审计客户管理层作出，通常不会损害独立性。

**(十) 与审计客户长期存在业务关系**

会计师事务所长期委派同一名合伙人或高级员工执行某一客户的审计业务，将因密切关系和自身利益产生不利影响。不利影响的严重程度主要取决于下列因素：

(1) 该人员加入审计项目组的时间长短。

(2) 该人员在审计项目组中的角色。

(3) 会计师事务所的组织结构。

(4) 审计业务的性质。

(5) 客户的管理团队是否发生变动。

(6) 客户的会计和报告问题的性质或复杂程度是否发生变化。

会计师事务所应当评价因密切关系和自身利益产生的不利影响的严重程度，并在必要时采取防范措施消除不利影响或将其降低至可接受的水平。防范措施主要包括：

(1) 将该人员轮换出审计项目组。

(2) 由审计项目组以外的注册会计师复核该人员已执行的工作。

(3) 定期对该业务实施独立的质量复核。

**(十一) 为审计客户提供非鉴证服务**

会计师事务所向审计客户提供非鉴证服务，可能对独立性产生不利影响，包括因自我评价、自身利益和过度推介等产生的不利影响。守则并未涵盖会计师事务所向审计客户提供的所有非鉴证服务。当遇到守则未列举的非鉴证服务时，注册会计师应当运用独立性概念框架予以解决。

在接受委托向审计客户提供非鉴证服务之前，会计师事务所应当确定提供该服务是否将对独立性产生不利影响。在评价某一特定非鉴证服务产生不利影响的严重程度时，会计师事务所应当考虑审计项目组认为提供其他相关非鉴证服务将产生的不利影响。如果没有防范措施能够将不利影响降低至可接受的水平，会计师事务所不得向审计客户提供该非鉴证服务。

1. 无意中向客户的关联实体或分支机构提供非鉴证服务

向审计客户提供某些非鉴证服务可能对独立性产生非常严重的不利影响，导致没有防范措施能够将其降低至可接受的水平。如果无意中向客户的关联实体或分支机构，或者针对财务报表项目提供了非鉴证服务，会计师事务所应采取下列补救措施将不利影响降低至可接受的水平，以避免损害独立性：

(1) 由其他会计师事务所对客户的关联实体、分支机构或财务报表项目进行审计。

(2) 由其他会计师事务所重新执行非鉴证服务，并且所执行工作的范围能够使其承担责任。

2. 接受委托对审计客户关联实体提供非鉴证服务

会计师事务所通常不向审计客户的下列关联实体提供本守则限制的非鉴证服务：

(1) 不是会计师事务所的审计客户，但能够直接或间接控制审计客户的实体。

(2) 不是会计师事务所的审计客户，但在审计客户中拥有直接经济利益的实体，该实体能够对审计客户施加重大影响，并且经济利益对该实体重大。

(3) 不是会计师事务所的审计客户，但与审计客户处于同一控制下的实体。

如果有理由认为同时满足下列条件，会计师事务所可以向上述关联实体提供非鉴证服务：

(1) 向上述关联实体提供的非鉴证服务的结果不构成实施审计程序的对象，该服务不因自我评价产生不利影响；

(2) 已采取防范措施将非鉴证服务所产生的任何不利影响予以消除，或将其降低至可接受的水平。

3. 向成为公众利益实体的审计客户提供非鉴证服务

如果审计客户成为公众利益实体，在同时满足下列条件时，会计师事务所向其提供非鉴证服务不会损害独立性：

(1) 以往向该实体提供的非鉴证服务符合本守则有关向非公众利益实体提供非鉴证服务的规定。

(2) 在客户成为公众利益实体之前终止，或之后尽快终止本守则不允许向公众利益实体提供的非鉴证服务。

(3) 在必要时采取防范措施消除对独立性产生的不利影响，或将其降低至可接受的水平。

**(十二) 收费**

1. 收费结构

如果会计师事务所从某一审计客户收取的全部费用占其审计收费总额的比重很大，则对该客户的依赖及对可能失去该客户的担心将因自身利益或外在压力产生不利影响。不利影响的严重程度主要取决于下列因素：

(1) 会计师事务所的业务类型及收入结构。

(2) 会计师事务所成立时间的长短。

(3) 该客户对会计师事务所是否重要。

会计师事务所应当评价不利影响的严重程度，并在必要时采取防范措施消除不利影响或将其降低至可接受的水平。防范措施主要包括：

(1) 降低对该客户的依赖程度。

(2) 实施外部质量控制复核。

(3) 就关键的审计判断向第三方咨询。例如,向行业监管机构或其他会计师事务所咨询。

如果从某一审计客户收取的全部费用占某一合伙人从所有客户收取的费用总额比重很大,或占会计师事务所某一分部收取的费用总额比重很大,也将因自身利益或外在压力产生不利影响。不利影响的严重程度主要取决于下列因素:

(1) 该客户在性质上或数量上对该合伙人或分部是否重要。

(2) 该合伙人或该分部合伙人的报酬来源于该客户的收费的依赖程度。

会计师事务所应当评价不利影响的严重程度,并在必要时采取防范措施消除不利影响或将其降低至可接受的水平。防范措施主要包括:

(1) 降低对来源于该客户的收费的依赖程度。

(2) 由审计项目组以外的注册会计师复核已执行的工作或在必要时提出建议。

(3) 定期实施独立的质量控制复核。

如果会计师事务所连续两年从某一属于公众利益实体的审计客户及其关联实体收取的全部费用,占其从所有客户收取的全部费用的比重超过15%,会计师事务所应当向审计客户治理层披露这一事实,并讨论选择下列何种防范措施,以将不利影响降低至可接受的水平:

(1) 在对第二年度财务报表发表审计意见之前,由其他会计师事务所对该业务再次实施项目质量控制复核(简称发表审计意见前复核)。

(2) 在对第二年度财务报表发表审计意见之后、对第三年财务报表发表审计意见之前,由其他会计师事务所对第二年度的审计工作再次实施项目质量控制复核(简称发表审计意见后复核)。

在上述收费比例明显超过15%的情况下,如果采用发表审计意见后复核无法将不利影响降低至可接受的水平,会计师事务所应当采用发表审计意见前复核。

如果两年后每年收费比例继续超过15%,则会计师事务所应当每年向治理层披露这一事实,并讨论选择采取上述哪种防范措施。在收费比例明显超过15%的情况下,如果采用发表审计意见后复核无法将不利影响降低至可接受的水平,会计师事务所应当采用发表审计意见前复核。

2. 逾期收费

如果审计客户长期未支付应付的审计费用,尤其是相当部分的审计费用在出具下一年度审计报告前仍未支付,可能因自身利益产生不利影响。

会计师事务所通常要求审计客户在审计报告出具前付清上一年度的审计费用。如果在审计报告出具后审计客户仍未支付该费用,会计师事务所应当评价不利影响存在与否及其严重程度，并在必要时采取防范措施消除不利影响或将其降低至可接受的水平。

可采取的防范措施包括由未参与执行审计业务的注册会计师提供建议，或复核已执行的工作等。

会计师事务所还应当确定逾期收费是否可能被视同向客户贷款，并且根据逾期收费的重要程度确定是否继续执行审计业务。

3. 或有收费

或有收费是指收费与否或收费多少取决于交易的结果或所执行工作的结果。如果一项收费是由法院或政府有关部门规定的，则该项收费不被视为或有收费。

会计师事务所在提供审计业务时，以直接或间接形式取得或有收费，将因自身利益产生非常严重的不利影响，导致没有防范措施能够将其降低至可接受的水平。会计师事务所不得采用这种收费安排。

会计师事务所在向审计客户提供非鉴证服务时，如果非鉴证业务以直接或间接形式取得或有收费，也可能因自身利益产生不利影响。

如果出现下列情况之一，将因自身利益产生非常严重的不利影响，导致没有防范措施能够将其降低至可接受的水平，会计师事务所不得采用这种收费安排：

(1) 非鉴证服务的或有收费由对财务报表发表审计意见的会计师事务所取得，并且对其影响重大或预期影响重大。

(2) 网络事务所参与大部分审计工作，非鉴证服务的或有收费由该网络事务所取得，并且对其影响重大或预期影响重大。

(3) 非鉴证服务的结果以及由此收取的费用金额，取决于未来或当期与财务报表重大金额审计相关的判断。

在向审计客户提供非鉴证服务时，如果会计师事务所采用其他形式的或有收费安排，不利影响存在与否及其严重程度主要取决于下列因素：

(1) 可能的收费金额区间。

(2) 是否由适当的权威方确定有关事项的结果，并且该结果作为或有收费的基础。

(3) 非鉴证服务的性质。

(4) 事项或交易对财务报表的影响。

会计师事务所应当评价不利影响的严重程度，并在必要时采取防范措施消除不利影响或将其降低至可接受的水平。防范措施主要包括：

(1) 由审计项目组以外的注册会计师复核相关审计工作，或在必要时提供建议；

(2) 由审计项目组以外的专业人员提供非鉴证服务。

**(十三) 薪酬和业绩评价政策**

如果某一审计项目组成员的薪酬或业绩评价与其向审计客户推销的非鉴证服

务挂钩，将因自身利益产生不利影响。不利影响的严重程度取决于下列因素：

(1) 推销非鉴证服务的因素在该成员薪酬或业绩评价中的比重。

(2) 该成员在审计项目组中的角色。

(3) 推销非鉴证服务的业绩是否影响该成员的晋升。

会计师事务所应当评价不利影响的严重程度。如果不利影响超出可接受的水平，会计师事务所应当修改该成员的薪酬计划或业绩评价程序，或者采取其他防范措施消除不利影响或将其降低至可接受的水平。防范措施主要包括：

(1) 将该成员调离审计项目组。

(2) 由审计项目组以外的注册会计师复核该成员已执行的工作。

关键审计合伙人的薪酬或业绩评价不得与其向审计客户推销的非鉴证服务直接挂钩。职业道德守则并不禁止会计师事务所合伙人之间正常的利润分享安排。

**(十四) 利益诱惑**

注册会计师提供或接受利益诱惑，可能因自身利益、密切关系或外在压力对职业道德基本原则产生不利影响，尤其可能对诚信、客观公正、良好职业行为原则产生不利影响。注册会计师应当运用职业道德概念框架识别、评价和应对此类不利影响。

利益诱惑是指影响其他人员行为的物质、事件或行为，但利益诱惑并不一定具有不当影响该人员行为的意图。利益诱惑范围广泛，小到注册会计师和客户之间正常礼节性的交往，大到可能违反法律法规的行为。利益诱惑可能采取多种形式，例如：①礼品；②款待；③娱乐活动；④捐助；⑤意图建立友好关系；⑥工作岗位或其他商业机会；⑦特殊待遇、权利或优先权。

某些法律法规禁止在特定情况下提供或接受利益诱惑，如有关反腐败和反贿赂的法律法规。注册会计师应当了解并遵守相关法律法规的规定。然而，即使法律法规未予禁止，在某些情况下，注册会计师提供或接受利益诱惑仍可能对职业道德基本原则产生不利影响。

**(十五) 诉讼或诉讼威胁**

如果会计师事务所或审计项目组成员与审计客户发生诉讼或很可能发生诉讼，将因自身利益和外在压力产生不利影响。

会计师事务所和客户管理层由于诉讼或诉讼威胁而处于对立地位，将影响管理层提供信息的意愿，从而因自身利益和外在压力产生不利影响。不利影响的严重程度主要取决于下列因素：

(1) 诉讼的重要性。

(2) 诉讼是否与前期审计业务相关。

会计师事务所应当评价不利影响的严重程度，并在必要时采取防范措施消除不利影响或将其降低至可接受的水平。防范措施主要包括：

（1）如果诉讼涉及某一审计项目组成员，将该成员调离审计项目组。

（2）由审计项目组以外的专业人员复核已执行的工作。

如果此类防范措施不能将不利影响降低至可接受的水平，会计师事务所应当拒绝接受审计业务委托，或解除审计业务约定。

## 本章小结

### ■ 本章内容结构图

- 执业准则和职业道德
  - 执业准则概述
    - 我国执业准则的制定历程
      - 起步阶段（1980—1993 年）
      - 制定准则阶段（1994—2004 年）
      - 国际趋同阶段（2005 年至今）
    - 我国执业准则的体系构成
      - 审计、审阅与其他鉴证业务准则
      - 中国注册会计师相关服务准则
      - 会计师事务所质量控制准则
  - 鉴证业务基本准则
    - 鉴证业务的定义
    - 鉴证业务的分类
    - 鉴证业务的目标
    - 鉴证业务要素
      - 三方关系
      - 鉴证对象
      - 标准
      - 证据
      - 鉴证报告
  - 质量管理准则
    - 质量管理准则概述
    - 会计师事务所质量管理准则
      - 会计师事务所的风险评估程序
      - 治理和领导层
      - 相关职业道德要求
      - 客户关系和具体业务的接受与保持
      - 业务执行
      - 资源
      - 信息与沟通
      - 监控和整改程序
    - 业务质量管理准则
  - 职业道德基本原则和概念框架
    - 职业道德基本原则
    - 职业道德概念框架
  - 审计和审阅业务对独立性的要求

■ 重要名词术语

**鉴证业务要素**:是指鉴证业务的三方关系、鉴证对象、标准、证据和鉴证报告。

**标准**:是指用于评价或计量鉴证对象的基准,当涉及列报时,还包括列报的基准。

**执业准则**:中国注册会计师鉴证业务基本准则、中国注册会计师审计准则、中国注册会计师审阅准则、中国注册会计师其他鉴证业务准则、中国注册会计师相关服务准则、质量控制准则和相关职业道德要求。

**职业道德要求**:是指项目组和项目质量控制复核人员应当遵守的职业道德规范,通常包括中国注册会计师职业道德守则中与财务报表审计相关的规定。

**项目合伙人**:是指会计师事务所中负责某项业务及其执行,并代表会计师事务所在出具的报告上签字的合伙人。在有限责任公司制的会计师事务所,项目合伙人是指主任会计师、副主任会计师或同等职位的高级管理人员。

**项目组**:是指执行业务的所有合伙人和员工,以及会计师事务所或网络事务所聘请的为该项业务实施程序的所有人员,但不包括会计师事务所或网络事务所聘请的外部专家。

**网络事务所**:是指属于某一网络的会计师事务所或实体。

**项目质量复核**:是指在报告日或报告日之前,项目质量复核人员对项目组作出的重大判断和在准备报告时得出的结论进行客观评价的过程。

**项目质量复核人员**:是指项目组成员以外的,具有足够、适当的经验和权限,对项目组作出的重大判断和在准备报告时得出的结论进行客观评价的合伙人、会计师事务所的其他人员、具有适当资格的外部人员或由这类人员组成的小组。

**业务工作底稿**:是指注册会计师对执行的工作、获取的结果和得出的结论作出的记录。

**报告日**:是指注册会计师在出具的报告上签署的日期。

**监控**:是指对会计师事务所质量控制制度进行持续考虑和评价的过程,包括定期选取已完成的业务进行检查,以使会计师能够合理保证其质量控制制度正在有效运行。

**检查**:是指实施程序以获取证据,确定项目组在已完成的业务中是否遵守会计师事务所质量控制政策和程序。

**可接受水平**:是指注册会计师可以容忍的对遵循职业道德基本原则所产生不利影响的最大程度。

**经济利益**:是指因持有某一实体的股权、债券和其他证券以及其他债务性的工具而拥有的利益,包括为取得这种利益享有的权利和承担的义务。

**直接经济利益**:是指个人或实体直接拥有并控制的经济利益(包括授权他人管理的经济利益);个人或实体通过投资工具拥有的经济利益,并且有能力控制这些投资工具，或影响其投资决策。

**间接经济利益**：是指个人或实体通过投资工具拥有的经济利益，但没有能力控制这些投资工具，或影响其投资决策。

**审计项目组**：是指会计师事务所为执行审计业务成立的项目组。会计师事务所中能够直接影响审计业务结果的其他人员，以及网络事务所中能够直接影响审计业务结果的所有人员，通常也被视为审计项目组成员。

**关键审计合伙人**：是指项目合伙人、实施项目质量控制复核的负责人，以及审计项目组中负责对财务报表审计所涉及的重大事项作出关键决策或判断的其他审计合伙人。其他审计合伙人还可能包括负责审计重要子公司或分支机构的项目合伙人。

**审阅项目组**：是指会计师事务所为执行审阅业务成立的项目组。会计师事务所中能够直接影响审阅业务结果的其他人员，以及网络事务所中能够直接影响审阅业务结果的所有人员，通常也被视为审阅项目组成员。

**外部专家**：是指在会计或审计领域以外拥有特殊技能、知识和经验的个人或组织。外部专家不是会计师事务所或网络事务所的雇员，接受会计师事务所的聘请，协助注册会计师获取充分、适当的证据。

**近亲属**：包括主要近亲属的其他近亲属。

**主要近亲属**：是指配偶、父母或子女。

**其他近亲属**：是指兄弟姐妹、祖父母、外祖父母、孙子女、外孙子女。

**专业服务**：是指注册会计师提供的需要会计或相关技能的服务，包括会计、审计、税务、管理咨询和财务管理等服务。

## 思考与练习

### 一、思考题

1. 什么是鉴证业务？它的目标是什么？
2. 鉴证业务的承接条件有哪些？
3. 什么是鉴证业务风险？包括哪些内容？
4. 质量管理体系的要素有哪些？
5. 会计师事务所在什么情况下才能接受或保持客户关系和具体业务？

### 二、选择题

1. 注册会计师执行的下列业务中，对保证程度描述不正确的是（　　）。

A. 代编财务信息不需要任何程度的保证

B. 对财务信息执行商定程序仅需要有限保证

C. 预测性财务信息审核业务有可能是有限保证也有可能是合理保证

D. 验资业务是合理保证的审计业务

2. 在注册会计师的鉴证业务中，属于“预期使用者”的有(　　)。

A. 股东及潜在投资者　　　　　　B. 债权人

C. 管理层　　　　　　　　　　　D. 证券交易机构

3. 下列有关鉴证业务三方关系人的陈述中，恰当的是(　　)。

A. 鉴证业务的责任方是对鉴证对象负责的组织和人员

B. 鉴证业务的责任方和预期使用者两者就是同一方

C. 鉴证业务的责任方也是预期使用者之一

D. 注册会计师是承接业务的会计师事务所

4. 注册会计师执行的下列业务中，保证程度最高的是(　　)。

A. 财务报表审计　　　　　　　　B. 代编财务信息

C. 财务报表审阅　　　　　　　　D. 对财务信息执行的商定程序

5. 下列关于注册会计师承接或变更鉴证业务的说法中，不恰当的有(　　)。

A. 对已承接的鉴证业务，如果没有合理理由，注册会计师不应将该项业务变更为非鉴证业务

B. 对已承接的鉴证业务，如果没有合理理由，注册会计师不应将合理保证的鉴证业务变更为有限保证的鉴证业务

C. 在审计实务中，注册会计师一般是根据职业道德规范要求来变更业务类型的

D. 如果业务范围存在限制，注册会计师应当同意变更业务

6. 会计师事务所应当(　　)，以防范同一高级人员由于长期执行某一客户的鉴证业务可能对独立性造成的不利影响。

A. 对所有的上市公司财务报表审计，按照法律法规的规定定期轮换项目负责人

B. 确定高级管理人员提供该项鉴证业务的服务年限

C. 确定鉴证业务的性质，包括涉及公众利益的范围

D. 建立适当的标准，以便确定是否需要采取防护措施，将由于关系密切导致的不利影响降至可接受的水平

## 三、案例分析题

IBM公司长期以来被人们视为最赚钱的公司，但在20世纪80年代也经历了“利润窘迫”。这是由个人电脑行业日趋激烈的竞争及IBM公司在商业领域大型主机的主导地位瓦解所引起的。1984年，IBM公司管理当局开始改变其保守的会计政策。

会计专家Thornton O'Glove在1993年指出：“自20世纪80年代中期开始，

IBM公司开始从未来借取利润,以充实今天的利润。"根据这一说法,公司预期主机在未来会得到回报,恢复高盈利状态,但这是一个从未实现的预期。O'Glove还估计,会计变更能够解释公司在1984年取得的26%的利润。

财务专家指责会计政策的变更使财务分析师不能及时发现IBM公司的"利润下滑",因为他们以为公司还采用以前的保守的会计政策。这种指责可能是正确的,因为公司的普通股股价在1987年(即利润下滑的3年后)达到高峰,并从1987年最高点175美元开始下跌,在1993年8月跌至43美元。

两项会计变更涉及收入的确认时间和计算机租赁的处理。关于收入确认,IBM公司尽管还留有回收权,但自1984年开始就将发往批发商的产品确认为销售。甚至在一些情况下,公司将发往自己仓库的产品确认为销售。公司还承诺,如果发生价格下跌,顾客只需支付下跌后的价格,而此时公司却将全部价格确认为收入。

在给管理局的书面备忘录中,当时负责IBM公司审计的普华事务所合伙人Donald Chandeler指出,收入确认的变化似乎"明显不当"。但IBM公司解释说,它对产品的回收提取了准备金,并且"盈利的过程实际是在发货时完成的"。对于将发往仓库的产品确认为收入,IBM公司称他只是在"预计顾客将在30天内安装时"才将这种发货确认为收入。

关于租赁,IBM公司将主机的租赁作为销售类租赁进行会计处理,在签订租赁合同时确认毛利。为了运用这种会计处理方法,公司需要符合"90%"的规定,Merrill Lynch公司卖给IBM公司"7D保险"。该保险保证在租赁期末的价值能够满足IBM公司达到90%的标准。对此,一位会计教授指出:"构造一项违反会计规则精神的租赁……是狡辩、虚假的,完全不符合IBM公司的地位。"但普华事务所认为"7D保险"是"可以接受的会计方法,她在实施前得到了彻底的复核"。审计合伙人Chandeler在他的备忘录中注明,这些业务如果没有第三方的帮助,几乎不具备按照销售类租赁进行处理的条件。

IBM公司的前任会计经理Daniel Gough被认为由于不同意这些会计政策而离开了公司。而在20世纪80年代,IBM公司的执行官得到了很大的提升和丰厚的奖金,其中一部分就是与所报告的盈利挂钩的。至1989年,IBM公司的股东权益回报率已经从1984年的26.5%降至9.6%,这是伴随者1991年、1992年的亏损而产生的。

要求:

(1) 虽然负责IBM公司审计的普华事务所合伙人Chandeler对公司会计政策的运用持有所保留的态度,事务所仍对IBM公司1984年的财务报表发表了无保留意见。请解释合伙人书面备忘录与无保留意见之间明显不一致的原因。

(2) 您认为在这一案例中,审计人员同意公司管理当局的会计变更是否公允地体现了对第三方使用者的利益的保护?

# 第四章　审计目标与审计流程



## 本章要点

- 了解审计总目标的演进过程
- 熟悉我国注册会计师审计的总目标
- 理解被审计单位和注册会计师在财务报表审计中的责任划分
- 掌握被审计单位管理层对财务报表认定的内容
- 理解被审计单位管理层对财务报表认定与审计具体目标的关系
- 理解与业务相关的审计目标和与余额相关的审计目标之间的区别
- 熟悉审计的基本过程

## 适用的准则和规范

- 《中国注册会计师审计准则第 1101 号——注册会计师的总体目标和审计工作的基本要求》
- 《中国注册会计师审计准则第 1111 号——就审计业务约定条款达成一致意见》
- 《中国注册会计师审计准则第 1201 号——计划审计工作》
- 《中国注册会计师审计准则第 1211 号——通过了解被审计单位及其环境识别和评估重大错报风险》
- 《中国注册会计师审计准则第 1501 号——对财务报表形成审计意见和出具审计报告》

## 引例　科龙电器审计案例分析[①]

"科龙"是中国驰名商标，涵盖空调、冰箱、冰柜、小家电等多个产品系列。广东科龙电器股

① 李寿喜：《审计学原理——面向人性缺陷的治理技术》，经济管理出版社 2012 年版。

份有限公司(以下简称科龙电器)是于1992年12月16日注册成立的股份有限公司。1996年4月,顺德区容奇镇经济发展总公司将其持有的公司股份全部转让给科龙(容声)集团控股的子公司。1996年7月23日,公司公开发行了459 589 808股H股并在香港联合交易所有限公司上市交易;1998年,公司获准发行110 000 000股A股,总股本达88 200.656 3万股,并于1999年7月13日在深圳证券交易所上市交易。

2002年之前,科龙电器的审计机构是安达信。2001年年底,顾雏军掌控下的格林柯尔入主科龙。当年"ST科龙"的财务报表显示,其共计提坏账准备及存货跌价准备6.35亿元,导致巨亏15亿多元。时任审计师安达信会计师事务所"由于无法执行满意的审计程序以获得合理的保证来确定所有重大交易均已被正确记录并充分披露"而出具了拒绝表示意见的审计报告。2002年,美国安达信会计师事务所因安然事件破产后,其在我国内地和香港的业务并入普华永道,然而,普华永道会计师事务所对格林柯尔和科龙电器这两个"烫手山芋"采取了请辞之举。随即,德勤会计师事务所走马上任,为科龙电器审计了2002—2004年的年报。

2003年3月28日,德勤会计师事务所为"ST科龙"2002年年报出具了保留意见的审计报告。在科龙电器当年的年报中,通过高达3.5亿元的资产减值和预计负债转回,实现净利润2亿多元。德勤会计师事务所对该份年报出具保留意见,主要理由是不能确定年初科龙电器及合并的净资产是否真实,未取得科龙电器的联营公司华意压缩机股份有限公司的财务报表,以及认为应当调减科龙电器1亿元的净利润(其中包括转回的2 500万元存货跌价准备)。即使是调减后科龙电器仍然盈利,时任科龙电器董事长的顾雏军同意调账,调减后科龙电器2002年的净利润是1亿元。由于科龙电器在2000年和2001年都是巨亏,2002年经审计过的财务报表公布盈利,按照当时证监会的规定就可以免于退市,并脱掉ST的帽子。此前安达信会计师事务所曾给出过拒绝表示意见的审计报告,在2001年年末科龙电器整体资产价值不确定的情况下,德勤会计师事务所2002年给出"保留意见"的审计报告显得有些牵强。

2004年4月19日,德勤会计师事务所对科龙电器2003年年报出具了无保留意见的审计报告,主要是因为未能确认两家客户达5.76亿元的应收账款,未能确定是否应对销售退回计提准备。科龙电器当年的财务报表称亏损6 400万元。2005年5月科龙电器危机爆发,随后德勤会计师事务所宣布不再担任科龙电器的审计机构。但它此前为科龙电器2003年年报出具的无保留意见审计报告以及2002年和2004年年报出具的保留意见审计报告并没有撤回,也没有要求公司进行财报重述。既然科龙电器被证实有重大错报事实,德勤会计师事务所显然难以免责。

2005年8月2日,证监会经过对科龙电器5个月的调查,公布了《关于广东科龙电器股份有限公司涉嫌证券违法违规案件调查终结报告》。报告指出,通过虚构销售收入、少提坏账准备、少计诉讼赔偿金等手段,科龙电器从2002年至2004年分别虚增利润1.199 6亿元、1.184 7亿元、1.487 5亿元。根据证监会调查显示,2002年科龙电器通过虚增利润掩盖了其亏损的事实,尽管德勤会计师事务所因不能确定2002年年初的净资产而对2002年年报出具了保留意见,但其是认同科龙电器2002年扭亏为盈的;德勤会计师事务所对科龙电器2003年年报出具了无保留意见的审计报告,未能发现科龙电器2003年年报中现金流量表披露存在重大虚假,少计借款收到现金30.255亿元,少计"偿还债务所支付的现金"21.36亿元,多计经营活动产生的现金流量净额8.897亿元,科龙电器未披露17起会计政策变更等重大事项,也未披露与格林柯尔是公司连体投资、关联采购等关联交易事项。2004 年德勤会计师事务所尽管对科龙电器的收入确认出具了保留意见，但没有揭示科龙电器巨额资金被挪用或侵占的事实，也未对以前年度财务报表要求调整。

2005 年，中国证监会认定科龙电器披露的财务报告与事实严重不符。

1. 审计目标

(1) 德勤会计师事务所应对科龙提供的财务报表是否真实、公允地反映企业的财务状况和经营成果提出独立公正的鉴证意见。但在本案例中，德勤会计师事务所未能发现科龙电器在现金流量表中的重大问题，存在严重过失，未能达到应有的审计目标。

(2) 德勤会计师事务所未能揭露和报告对财务报表有直接影响的重大欺诈舞弊和非法行为。特别是"销售退回"这一敏感问题，也未能发现科龙电器的重大关联交易而导致企业利润虚增。

2. 审计职能

德勤会计师事务所未能实施有效的审计程序，发现科龙电器财务报表的重大错报。特别是在存货盘点时选用范围不当，未能进行账实相符调查，导致营业收入虚增。因此德勤会计师事务所未能对科龙电器的经济活动的合规性和报表的公允性表达提供合理的保证，导致审计失败。

3. 审计作用

德勤会计师事务所应代表科龙电器的投资人、债权人以及社会公众对科龙电器的真实运行情况给予有效的评价与监督。但在 2002—2004 年三年审计中，未保持应有的职业谨慎，未施有效的审计程序，致使科龙电器的报表存在重大错报，严重误导投资者的决策。

4. 审计标准

《注册会计师法》《中国注册会计师审计准则》。

5. 审计程序

德勤会计师事务所对科龙电器存货及主营业务成本执行的审计程序不充分、不适当。德勤会计师事务所对科龙电器各期存货及主营业务成本进行审计时，直接按照科龙电器期末存货盘点数量和各期平均成本确定存货期末余额，并推算出科龙电器各期主营业务成本。在未对产成品进行有效测试和充分抽样盘点的情况下，德勤会计师事务所通过上述审计程序对存货和主营业务成本进行审计并予以确认，其审计程序不合理。

## 第一节 审计目标与审计责任

### 一、审计目标的演进

审计目标既反映了社会环境对审计的要求，也反映了审计作用于审计环境的实质内容。审计目标受到审计环境的影响并随着审计环境的变化而变化，经历了一个不断演进的过程。对于审计目标的发展演变，许多专家学者根据不同的目的要求作出了不同的划分。一般认为，审计总目标的演进大致可以分为以下 3 个阶段。

**(一) 以查错揭弊为主的审计目标阶段(审计产生之初至 20 世纪至 30 年代)**

在此阶段，企业主要通过审计来了解管理层履行其职责的情况。因此，查错揭弊被公认为是审计的首要目标，即审计的总目标是通过对被审计单位一定时期内会计记录的逐笔审查或一定程度的抽查，判定有无技术错误和舞弊行为。由于这一阶段的经济业务较为简单，注册会计师通过对账项的详细审查，基本上可以满足审计目标的需求。

随着经济的发展，人们逐渐认识到，注册会计师不可能也无法承担起揭露所有的欺诈舞弊和差错的责任，公司管理部门也有责任采取措施预防欺诈、舞弊和差错的发生，当时的法官认为注册会计师仅是门卫而不是侦探，但对重大的舞弊和差错仍然有责任予以揭露，否则就没有履行其职责，没有达到审计目标。

**(二) 以验证财务报表的真实公允为主的审计目标阶段(20 世纪至 30 年代至 80 年代)**

首先，促使这一阶段审计目标转换的原因是社会环境的变化。随着以美国为代表的资本主义经济的迅速发展，特别是股份公司的大量涌现，使经济生活出现了两个新变化。一是管理人员的责任范围由原来的只对股东和债权人负责扩大到要向利害关系人提供财务信息，财务信息也就显得日益重要；二是企业的筹资逐渐由银行转向证券市场，使企业风险承担者由银行变为广大的股东，而股东对会计信息的关注转向反映企业盈利能力的信息。上述两个变化形成了强化审计责任的氛围。其次，是审计能力的有限性。对注册会计师来说，由于企业规模的扩大和经济业务的日益复杂，要进行像以前那样的查错揭弊所需的详细审计已极为困难，社会也支付不起详细审计所需的审计费用，受审计能力限制，审计职业界为了避免审计风险，也极力把揭弊查错的责任推向企业管理部门，强调审计仅仅是对财务报表发表一个意见，不可能去揭露贪污盗窃和其他舞弊。同时，由于内部控制理论的发展，使审计职业界开始认为，欺诈舞弊可通过建立完善的内部控制制度来予以控制，注册会计师可以在抽查的基础上，对财务报表的公允性发表一个意见，这不仅可以提高审计效率，而且可保证审计质量。因此，审计不再以查错揭弊为主要目标，而是着重对财务报表的真实性和公允性发表意见，以帮助报表使用者作出相应的决策。

**(三) 验证财务报表的真实公允与查错揭弊并重的审计目标阶段(20 世纪 80 年代至今)**

这一阶段的开始是以美国注册会计师协会的第 53、54 号《审计准则说明书》的发布为标志的。促使揭弊查错成为与验证财务报表的真实公允并重的审计目标的原因之一是20世纪60年代以后，企业管理人员欺诈舞弊案的增加及针对注册会计师的诉讼爆炸。原因之二是法院判决几乎一直倾向于社会公众的需求。例如，英国PW会计师事务所1991年秋涉嫌BCCI舞弊案，受到了BCCI的股东、存款户及职工的财务索赔。也就是说，不管审计职业界愿意不愿意承受，社会都要求审计职业界实际承担起揭弊查错的责任，审计职业界为了维护其生存和发展，也应顺应这个要求。原因之三是审计职业界认为，虽然无法揭露所有的差错和舞弊，但通过设计适当的程序可以合理地保证财务报表不受重大欺诈的影响。

## 二、我国的审计总目标

《中国注册会计师审计准则第1101号——注册会计师的总体目标和审计工作的基本要求》规定，在执行财务报表审计工作时，注册会计师的总体目标是：

(1) 对财务报表整体是否不存在由于舞弊或错误导致的重大错报获取合理保证，使得注册会计师能够对财务报表是否在所有重大方面按照适用的财务报告编制基础编制发表审计意见；

(2) 按照审计准则的规定，根据审计结果对财务报表出具审计报告，并与管理层和治理层沟通。

适用的财务报告编制基础，是指法律法规要求采用的财务报告编制基础；或者管理层和治理层(如适用)在编制财务报表时，就被审计单位性质和财务报表目标而言，采用的可接受的财务报告编著基础。

## 三、财务报表审计责任

在财务报表审计中，被审计单位管理层和治理层与注册会计师承担着不同的责任，不能相互混淆和替代。明确划分责任，不仅有助于被审计单位管理层和治理层与注册会计师认真履行各自的职责，为财务报表及其审计报告的使用者提供有用的经济决策信息，还有利于保护相关各方的正当权益。

### (一) 被审计单位管理层和治理层的责任

企业的所有权与经营权分离后，经营者负责企业的日常经营管理并承担受托责任。管理层通过编制财务报表反映受托责任的履行情况。为了借助公司内部之间的权力平衡和制约关系保证财务信息的质量，现代公司治理结构往往要求治理层对管理层编制财务报表的过程实施有效的监督。

治理层是指对被审计单位战略方向以及管理层履行经营管理责任负有监督责任的人员或组织。治理层的责任包括对财务报告过程的监督。在治理层的监督下,管理层作为会计工作的行为人,对编制财务报表负有直接责任。因此,在被审计单位治理层的监督下,按照适用的会计准则和相关会计制度的规定编制财务报表是被审计单位管理层的责任。管理层对编制财务报表的责任具体包括:①选择适用的会计准则和相关会计制度;②选择和运用恰当的会计政策;③根据企业的具体情况,作出合理的会计估计。为了履行编制财务报表的职责,管理层通常设计、实施和维护与财务报表编制相关的内部控制,以保证财务报表不存在由于舞弊或错误而导致的重大错报。管理层和治理层认可与财务报表相关的责任,是注册会计师执行审计工作的前提,构成注册会计师按照审计准则的规定执行审计工作的基础。财务报表审计并不减轻管理层或治理层的责任。

为了表明被审计单位的责任,美国的许多上市公司在年度报告中都包括一份关于管理部门责任及其与会计师事务所关系的报告书。

同步案例

**IBM 公司管理部门报告书①**

IBM 管理层对年度报告中的财务报表的完整性和客观性负责。这些财务报表是按照美国公认的会计原则编制的,这些财务报表的编制需要运用一定的估计和判断。

IBM 保持了一个有效的内部控制结构,它部分地由定义清楚的职责和授权、全面的系统和控制程序组成。我们的系统还包含自我监控机制,且能在控制缺陷一得到识别就采取相应的矫正行动。

董事会下属的审计委员会全部由独立的非管理董事组成,并负责向董事会推荐来年要聘请的会计师事务所,当然最终聘请还需经股东大会批准。他们定期且私下与会计师事务所、公司内部审计师和 IBM 管理层会面,审查会计、审计、内部控制结构和财务报告事项。

Samuel J. Palmisano
董事长兼总裁和 CEO
2010 年 2 月 23 日

Mark Loughridge
副总裁兼财务总监
2010 年 2 月 23 日

### (二) 注册会计师的责任

按照中国注册会计师审计准则的规定,对财务报表发表审计意见是注册会计师的责任。注册会计师作为独立的第三方,对财务报表发表审计意见,有利于提高财务报表的可信赖程度。为履行这一职责,注册会计师应当遵守职业道德规范,按照审计准则的规定计划和实施审计工作,获取充分、适当的审计证据,并根据获取的审计证据得出合理的审计结论、发表恰当的审计意见。注册会计师通过签署审

① 阿伦斯、洛布贝克:《审计学(第 14 版)》,中国人民大学出版社 2013 年版。

计报告确认其责任。按照审计准则和相关法律法规的规定，注册会计师还可能就审计中出现的事项，负有与管理层、治理层和其他财务报表使用者进行沟通和向其报告的责任。

为恰当履行对财务报表发表审计意见的责任，充分发挥财务报表审计的作用，注册会计师需要在整个审计过程中遵守职业道德规范；遵守质量控制准则；遵守审计准则；合理运用职业判断和保持职业怀疑态度。

需要强调的是，由于受审计证据的性质和舞弊事项的特性的影响，注册会计师只能为查出主要错报取得合理保证，而不是绝对的保证。注册会计师没有责任计划和实施审计，以便为查出因错误或舞弊事项而引起的对财务报表来说不重要的错报取得合理保证。因此，要理解审计责任，必须明确以下几个基本概念。

1. 重要错报与非重要错报

如果财务报表中尚未更正的错误或舞弊事项合并起来会改变或影响一个正常报告使用者的决策，这样的错报通常就被认为是重要的。尽管将重要性予以量化极其困难，在此会计师仍然有责任合理地保证这一重要性水平已得到满足。注册会计师要负责找出所有不重要的错误和舞弊事项的成本是极其高昂的，恐怕也是不可能的。

2. 合理保证

合理保证是指注册会计师在财务报表审计中，提供的一种高水平但并非绝对的保证。合理保证而非绝对保证这一概念表明，注册会计师不是财务报表正确性的保证人或保险人。注册会计师应该对审计工作作出合理安排，以便有合理的把握去发现被审计单位财务报表中存在的重大错弊。如果注册会计师要负责保证报表中的所有认定都正确，那么所要求的证据和由此引起的审计成本将大幅度增加，从而使审计在经济上成为不可能。如果审计过程中未能发现重要错报，注册会计师最好的辩护理由就是说明审计是按照公认审计准则执行的。

就我国审计总目标中的公允性而言，注册会计师应注意运用正确的判断，通过对被审计单位的报表、账簿、凭证以及一切相关资料进行审查予以确定；就合法性而言，尽管注册会计师不可能发现财务报表中的全部错误、舞弊和违反法规行为，但有责任合理制订计划和实施必要程序，以合理保证发现财务报表的重要错误、舞弊和对财务报表有直接影响的重大违反法规行为。

3. 错误与舞弊

这两种错报均有重要和不重要之分。错误是指财务报表中存在的无意错报或漏报，如销售发票中单价和数量的乘积有误，在确定存货的成本与市价孰低时忽略了原有的原材料，就是错误的两个例子。舞弊则是指财务报表中存在不实反映的故意行为。例如，雇员在销货时截留货款，就属于舞弊中的侵吞资产；为了高估报告收益而蓄意高估接近报告日的销售额，就属于舞弊中的欺诈性财务报告。

4．执业怀疑态度

如上所述，注册会计师应计划审计工作，为查出财务报表中的重要错误和舞弊事项提供合理保证。为实现这一目标，注册会计师必须持有执业怀疑态度来计划和实施审计。执业怀疑态度是指注册会计师执行审计业务的一种态度，包括采取质疑的思维方式，对可能表明由于错误或舞弊导致错报的迹象保持警觉，以及对审计证据进行审慎评价。注册会计师不能假定管理部门是不诚实的，但必须考虑他们不诚实的可能性。

**（三）两种责任不能相互取代**

注册会计师的审计责任是按照审计准则的要求出具审计报告，并对出具的审计报告的真实性、合法性负责。其中，审计报告的真实性是指审计报告应当如实反映注册会计师的审计范围、审计依据、已实施的审计程序和应表示的审计意见；审计报告的合法性是指审计报告的编制和出具必须符合《中华人民共和国注册会计师法》和《中国注册会计师审计准则》的规定。注册会计师的审计责任不能替代、减轻或者免除被审计单位管理层和治理层的责任。

财务报表编制和财务报表审计是财务信息生成链条上的不同环节，两者各司其职。法律法规要求管理层和治理层对编制财务报表承担责任，有利于从源头上保证财务信息质量。同时，在某些方面，注册会计师与管理层和治理层之间可能存在信息不对称。管理层和治理层作为内部人员，对企业的情况更为了解，更能作出适合企业特点的会计处理决策和判断，因此管理层和治理层理应对编制财务报表承担完全责任。尽管在审计过程中，注册会计师可能向管理层和治理层提出调整建议，甚至在不违反独立性的前提下为管理层编制财务报表提供协助，但管理层仍然对编制财务报表承担责任，并通过签署财务报表确认这一责任。

## 第二节 审计具体目标

审计的具体目标是审计总目标的进一步具体化，具体审计目标的确定，有助于注册会计师按照注册会计师审计准则的要求收集充分、适当的审计证据，并根据项目的实际情况确定应收集的证据。一般地说，审计具体目标必须根据被审计单位管理层的认定和审计总目标来确定。

审计是由客户准备的财务报告以及客户对财务报告上的数字的声明开始的，这些由管理层作出的声明称为"认定"。管理层的责任是编制财务报告，注册会计师的责任是确认财务报告是否真实公允。也就是说，注册会计师的工作是确定被审计单位管理层对其财务报表的认定是否恰当。所以，注册会计师要设定的审计目标和管理层的认定相匹配。

在确认交易的记录与分类、管理层的相关认定和审计目标后，注册会计师要决定将实施的审计程序的性质、时间和范围，要对每一个审计目标进行风险分析，比如，决定对账户余额和交易的错报进行敏感性分析。注册会计师从管理层对财务报表的认定出发制定审计目标，针对每一个科目制订一个审计计划，然后在审计过程中对每一个科目的审计目标进行修正，制定审计程序，完成每一个具体的审计目标。

## 一、认定

认定与具体审计目标密切相关，注册会计师的基本职责就是确定被审计单位管理层对财务报表的认定是否恰当。注册会计师了解认定，就是要确定每个项目的具体审计目标。

### (一) 认定的含义

认定是指管理层在财务报表中作出的明确或隐含的表达，注册会计师将其用于考虑可能发生的不同类型的潜在错报。通过考虑可能发生的不同类型的潜在错报，注册会计师运用认定评估风险，并据此设计审计程序以应对评估的风险。

当管理层声明财务报表已按照适用的财务报告编制基础编制，在所有重大方面作出公允反映时，就意味着管理层对各类交易和事项、账户余额以及披露的确认、计量和列报作出了认定。管理层在财务报表上的认定有些是明确表达的，有些则是隐含表达的。例如，管理层在资产负债表中列报存货及其金额，意味着作出下列明确的认定：①记录的存货是存在的；②存货以恰当的金额包括在财务报表中，与之相关的计价或分摊调整已恰当记录。同时，管理层也作出下列隐含的认定：①所有应当记录的存货均已记录；②记录的存货都由被审计单位所有。

对于管理层对财务报表各组成要素作出的认定，注册会计师的审计工作就是要确定管理层的认定是否恰当。

### (二) 关于所审计期间各类交易、事项及相关披露的认定

关于所审计期间各类交易、事项及相关披露的认定通常分为下列类别：

(1) 发生：记录或披露的交易和事项已发生，且这些交易和事项与被审计单位有关。

(2) 完整性：所有应当记录的交易和事项均已记录，所有应当包括在财务报表

中的相关披露均已包括。

(3) 准确性:与交易和事项有关的金额及其他数据已恰当记录,相关披露已得到恰当计量和描述。

(4) 截止:交易和事项已记录于正确的会计期间。

(5) 分类:交易和事项已记录于恰当的账户。

(6) 列报:交易和事项已被恰当地汇总或分解且表述清楚,相关披露在适用的财务报告编制基础下是相关的、可理解的。

**(三) 关于期末账户余额及相关披露的认定**

关于期末账户余额及相关披露的认定通常分为下列类别:

(1) 存在:记录的资产、负债和所有者权益是存在的。

(2) 权利和义务:记录的资产由被审计单位拥有或控制,记录的负债是被审计单位应当履行的偿还义务。

(3) 完整性:所有应当记录的资产、负债和所有者权益均已记录,所有应当包括在财务报表中的相关披露均已包括。

(4) 准确性、计价和分摊:资产、负债和所有者权益以恰当的金额包括在财务报表中,与之相关的计价或分摊调整已恰当记录,相关披露已得到恰当计量和描述。

(5) 分类:资产、负债和所有者权益已记录于恰当的账户。

(6) 列报:资产、负债和所有者权益已被恰当地汇总或分解且表述清楚,相关披露在适用的财务报告编制基础下是相关的、可理解的。

注册会计师可以按照上述分类运用认定,也可按其他方式表述认定,但应涵盖上述所有方面。例如,注册会计师可以选择将关于各类交易、事项及相关披露的认定与关于账户余额及相关披露的认定综合运用。又如,当发生和完整性认定包含了对交易是否记录于正确会计期间的恰当考虑时,就可能不存在与交易和事项截止相关的单独认定。

## 二、具体审计目标

注册会计师了解认定后,就很容易确定每个项目的具体审计目标,并以此作为评估重大错报风险以及设计和实施进一步审计程序的基础。

**(一) 与所审计期间各类交易、事项及相关披露相关的审计目标**

(1) 发生:由发生认定推导的审计目标是确认已记录的交易是真实的。例如,如果没有发生销售交易,但在销售日记账中记录了一笔销售,则违反了该目标。

发生认定所要解决的问题是管理层是否把那些不曾发生的项目列入财务报表,它主要与财务报表组成要素的高估有关。

(2) 完整性:由完整性认定推导的审计目标是确认已发生的交易确实已经记录,所有应包括在财务报表中的相关披露均已包括。例如,如果发生了销售交易,但没有在销售明细账和总账中记录,则违反了该目标。

发生和完整性两者强调的是相反的关注点。发生目标针对多记、虚构交易(高估),而完整性目标则针对漏记交易(低估)。

(3) 准确性:由准确性认定推导出的审计目标是确认已记录的交易是按正确金额反映的,相关披露已得到恰当计量和描述。例如,如果在销售交易中,发出商品的数量与账单上的数量不符,或是开账单时使用了错误的销售价格,或是账单中的乘积或加总有误,或是在销作明细账中记录了错误的金额,则违反了该目标。

准确性与发生、完整性之间存在区别。例如,若已记录的销售交易是不应当记录的(如发出的商品是寄销商品),则即使发票金额是准确计算的,仍违反了发生目标。又如,若已入账的销售交易是对正确发出商品的记录,但金额计算错误,则违反了准确性目标,没有违反发生目标。在完整性与准确性之间也存在同样的关系。

(4) 截止:由截止认定推导出的审计目标是确认接近于资产负债表日的交易记录于恰当的期间。例如,如果本期交易推到下期,或下期交易提到本期,均违反了截止目标。

(5) 分类:由分类认定推导出的审计目标是确认被审计单位记录的交易经过适当分类。例如,如果将出售经营性固定资产所得的收入记录为营业收入,则导致交易分类的错误,违反了分类的目标。

(6) 列报:由列报认定推导出的审计目标是确认被审计单位的交易和事项已被恰当地汇总或分解且表述清楚,相关披露在适用的财务报告编制基础下是相关的、可理解的。

**(二) 与期末账户余额及相关披露相关的审计目标**

(1) 存在:由存在认定推异的审计目标是确认记录的金额确实存在。例如,如果不存在某顾客的应收账款,在应收账款明细表中却列入了对该顾客的应收账款,则违反了存在目标。

(2) 权利和义务:由权利和义务认定推导的审计目标是确认资产归属于被审计单位,负债属于被审计单位的义务。例如,将他人寄售商品列入被审计单位的存货中,违反了权利目标;将不属于被审计单位的债务记入账内,违反了义务目标。

(3) 完整性:由完整性认定推导的审计目标是确认已存在的金额均已记录,所有应包括在财务报表中的相关披露均已包括。例如,如果存在某顾客的应收账款,而应收账款明细表中却没有列入,则违反了完整性目标。

(4) 准确性、计价和分摊:资产、负债和所有者权益以恰当的金额包括在财务报表中,与之相关的计价或分摊调整已恰当记录,相关披露已得到恰当计量和描述。

(5) 分类:资产、负债和所有者权益已记录于恰当的账户。

(6) 列报:资产、负债和所有者权益已被恰当地汇总或分解且表述清楚,相关披露在适用的财务报告编制基础下是相关的、可理解的。

通过以上介绍可知,认定是确定具体审计目标的基础。注册会计师通常将认定转化为能够通过审计程序予以实现的审计目标。针对财务报表每一项目所表现出的各项认定,注册会计师相应地确定一项或多项审计目标,然后通过执行一系列审计程序获取充分、适当的审计证据以实现审计目标。

认定、审计目标和审计程序之间的关系如表 4-1 所示。

表 4-1 **认定、审计目标和审计程序之间的关系**

| 认定 | 审计目标 | 审计程序 |
|---|---|---|
| 存在 | 资产负债表列示的存货存在 | 实施存货监盘程序 |
| 完整性 | 销售收入包括了所有已发货的交易 | 检查发货单和销售发票的编号以及销售明细账 |
| 准确性 | 应收账款反映的销售业务是否基于正确的价格和数量,计算是否准确 | 比较价格清单与发票上的价格、发货单与销售订购单上的数量是否一致,重新计算发票上的金额 |
| 截止 | 销售业务记录在恰当的期间 | 比较上一年度最后几天和下一年度最初几天的发货单日期与记账日期 |
| 权利和义务 | 资产负债表中的固定资产确实为公司所有 | 查阅所有权证书、购货合同、结算单和保险单 |
| 计价和分摊 | 以净值记录应收款项 | 检查应收账款账龄分析表、评估计提的坏账准备是否充足 |

## 第三节 审计过程与审计目标的实现

注册会计师必须取得充分、适当的审计证据来证明财务报表中的管理层认定。如前所述,这一工作是通过收集审计证据同时满足业务审计目标、余额审计目标以及列报审计目标来完成的。审计证据的收集是在审计过程中实现的。因此,审计目标的实现与审计过程密切相关。所谓审计过程,也称审计步骤,是指审计工作从开始到结束的整个过程。历史地看,审计方法已从早期的账项基础审计演变到今天的风险导向审计。风险导向审计模式要求注册会计师在审计过程中，以重大错报风险的识别、评估和应对作为工作主线。相应地，审计过程大致可分为以下几个阶段，如图 4-1 所示。

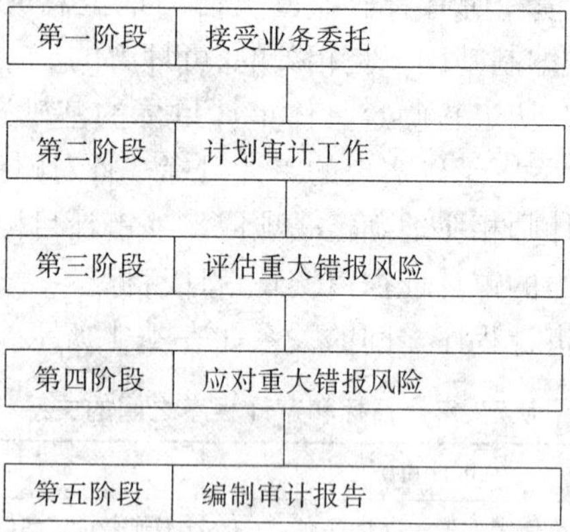


**图 4-1　审计过程**

## 一、接受业务委托

会计师事务所应当按照执业准则的规定，谨慎决策是否接受或保持某客户关系和具体审计业务。在接受新客户的业务前，或决定是否保持现有业务或考虑接受现有客户的新业务时，会计师事务所应当执行一些客户接受与保持的程序，以获取如下信息：①考虑客户的诚信，没有信息表明客户缺乏诚信；②具有执行业务必要的素质、专业胜任能力、时间和资源；③能够遵守职业道德规范。

会计师事务所执行客户接受与保持的程序的目的，旨在识别和评估会计师事务所面临的风险。例如，如果注册会计师发现潜在客户正面临财务困难，或者发现现有客户在之前的业务中作出虚假陈述，那么可以认为接受或保持该客户的风险非常高，甚至是不可接受的。会计师事务所除考虑客户施加的风险外，还需要复核执行业务的能力，如当工作需要时能否获得合适的具有相应资格的员工，能否获得专业化协助；是否存在任何利益冲突；能否对客户保持独立性等。

注册会计师需要作出的最重要的决策之一就是接受和保持客户。一项低质量的决策会导致不能准确确定计酬的时间或未被支付的费用，增加项目负责人和员工的额外压力，使会计师事务所声誉遭受损失，或者涉及潜在的诉讼。

一旦决定接受业务委托，注册会计师应当与客户就审计约定条款达成一致意见。对于连续审计，注册会计师应当确定是否需要根据具体情况修改业务约定条款，以及是否需要提醒客户注意现有的条款。

小资料

**影响接受未来客户的因素**①

1. 审计人员可控因素

(1) 专业知识和人员配备:事务所的员工是否具备或能够获取必要的专业知识,可以按照执业准则及时完成审计业务。

(2) 独立性:事务所是否独立于客户,能够提供无偏见的结论。

2. 审计人员必须加以评估的因素

(1) 诚信:公司管理层的诚信情况是否足以让事务所有理由相信他们不会有意进行重大欺诈或作出违法行为。

(2) 声誉和形象:公司的声誉是否良好,事务所接受这一客户是否会给事务所带来损失或麻烦。

(3) 会计实务:公司是否积极遵守职业会计准则,其财务报表是否能全面、准确地反映公司的财务状况以及经营业绩。

(4) 财务状况:公司是否存在极糟的业绩或其他负面因素导致其近期内面临停业的危险。

(5) 盈利情况:接受并完成这项审计业务约定是否能给事务所带来合理的利润。

## 二、计划审计工作

计划审计工作十分重要,计划不周不仅会导致盲目实施审计程序,无法获取充分、适当的审计证据以将审计风险降至可接受的低水平,影响审计目标的实现,而且还会浪费有限的审计资源,增加不必要的审计成本,影响审计工作的效率。因此,对于任何一项审计业务,注册会计师在执行具体审计程序之前,都必须根据具体情况制定科学、合理的计划,使审计业务以有效的方式得以执行。

一般来说,计划审计工作主要包括:

(1) 在本期审计业务开始时开展的初步业务活动。

(2) 制定总体审计策略。

(3) 制订具体审计计划等。

需要指出的是,计划审计工作不是审计业务的一个孤立阶段,而是一个持续的、不断修正的过程,贯穿于整个审计过程的始终。

## 三、评估重大错报风险

审计准则规定,注册会计师必须实施风险评估程序,以此作为评估财务报表层

① W·罗伯特·克涅科:《审计——增信服务与风险》,中信出版社 2007 年版。

次和认定层次重大错报风险的基础。所谓风险评估程序，是指注册会计师为了解被审计单位及其环境（包括内部控制），以识别和评估财务报表层次和认定层次的重大错报风险（无论该风险由于舞弊或错误导致）而实施的审计程序。风险评估程序是必要程序，了解被审计单位及其环境特别是为注册会计师在许多关键环节作出职业判断提供了重要基础。了解被审计单位及其环境是一个连续和动态地收集、更新与分析信息的过程，贯穿于整个审计过程的始终。注册会计师应当运用职业判断确定需要了解被审计单位及其环境的程度。一般来说，实施风险评估程序的主要工作包括：了解被审计单位及其环境；识别和评估财务报表层次以及各类交易、账户余额和披露认定层次的重大错报风险，包括确定需要特别考虑的重大错报风险（即特别风险）以及仅通过实施实质性程序无法应对的重大错报风险等。

## 四、应对重大错报风险

注册会计师实施风险评估程序本身并不足以为发表审计意见提供充分、适当的审计证据，注册会计师还应当实施进一步审计程序，包括实施控制测试和实质性程序。因此，注册会计师评估财务报表重大错报风险后，应当运用职业判断，针对评估的财务报表层次重大错报风险确定总体应对措施，并针对评估的认定层次重大错报风险设计和实施进一步审计程序，以将审计风险降至可接受的低水平。

如果审计师通过识别控制点，认为降低估计控制风险水平时，就可以减少用以证实与这些控制直接相关的财务报表信息的正确性的证据收集范围。但是，审计师要为降低计划的估计控制风险水平提出正当理由，就必须对这些控制点的有效性进行测试。这种测试所使用的手续通常称为"控制点测试"（也称控制测试）。例如，假设客户的内部控制规定，应当由一名独立的工作人员验证所有发票上的销售单价之后，才能将销售发票寄给顾客。这个控制点与销售业务审计目标中记账金额正确性目标直接相关。要测试这一控制点的有效性，审计师可以采用的方法之一就是从销售发票副本中选取样本，检查该工作人员在验证完销售发票上的销售单价后，是否按规定在每一份销售发票副本上签字。

实质性程序是指注册会计师针对评估的重大错报风险实施的直接用以发现认定层次重大错报的审计程序。因此，注册会计师应当针对评估的重大错报风险设计和实施实质性程序，以发现认定层次的重大错报。实质性程序包括细节测试和实质性分析程序。

细节测试是对各类交易、账户余额、列报的具体细节进行测试，目的在于直接识别财务报表认定是否存在错报。例如，审计师将销售发票副本上的销售单价与经核准的价目表进行核对，来测试销售业务的记账金额正确性目标，就是交易的实质性测试的例子。账户余额的细节测试是用来测试财务报表余额中的金额错报的一种特定手续。例如，直接向客户的顾客寄发书面函证，就是一种详细的余额测试。它与应收账款的记账金额正确性目标（余额审计目标）直接相关。详细的余额测试对审计的实施至关重要，因为由此取得的大多数证据都有独立于客户的来源，因而质量很高。

实质性分析程序从技术特征上仍然是分析程序，主要是通过研究数据间关系评价信息，只是将该技术方法用作实质性程序，即用以识别各类交易、账户余额、列报及相关认定是否存在错报。

### 五、编制审计报告

注册会计师在完成财务报表所有循环的进一步审计程序后，还应当按照有关审计准则的规定做好审计完成阶段的工作，并根据所获取的各种证据，合理运用专业判断，形成适当的审计意见。本阶段主要工作有：审计期初余额、比较数据、期后事项和或有事项；考虑持续经营问题和获取管理层声明；汇总审计差异，并提请被审计单位调整或披露；复核审计工作底稿和财务报表；与管理层和治理层沟通；评价所有审计证据，形成审计意见；编制审计报告等。

## 本章小结

■ **本章内容结构图**

- 审计目标与审计流程
  - 审计目标与审计责任
    - 审计目标的演进
    - 我国的审计总目标
    - 财务报表审计责任
      - 被审计单位管理层和治理层的责任
      - 注册会计师的责任
      - 两种责任不能相互取代
  - 审计具体目标
    - 认定
      - 关于所审计期间各类交易、事项及相关披露的认定
      - 关于期末账户余额及相关披露的认定
    - 具体审计目标
      - 与所审计期间各类交易、事项及相关披露相关的审计目标
      - 与期末账户余额及相关披露相关的审计目标
  - 审计过程与审计目标的实现
    - 接受业务委托
    - 计划审计工作
    - 评估重大错报风险
    - 应对重大错报风险
    - 编制审计报告

## ■ 重要名词术语

**财务报表审计总体目标:**在执行财务报表审计工作时,注册会计师的总体目标是:①对财务报表整体是否不存在由于舞弊或错误导致的重大错报获取合理保证,使得注册会计师能够对财务报表是否在所有重大方面按照适用的财务报告编制基础编制发表审计意见;②按照审计准则的规定,根据审计结果对财务报表出具审计报告,并与管理层和治理层沟通。

**被审计单位管理层的责任:**是指在被审计单位治理层的监督下,按照适用的会计准则和相关会计制度的规定编制财务报表。管理层对编制财务报表的责任具体包括:①选择适用的会计准则和相关会计制度;②选择和运用恰当的会计政策;③根据企业的具体情况,作出合理的会计估计。

**被审计单位治理层的责任:**治理层是指对被审计单位战略方向以及管理层履行经营管理责任负有监督责任的人员或组织。治理层的责任包括对财务报告过程的监督。

**注册会计师的责任:**按照中国注册会计师审计准则的规定,对财务报表发表审计意见是注册会计师的责任。

**重要错报:**如果财务报表中尚未更正的错误或舞弊事项合并起来会改变或影响一个正常报告使用者的决策,这样的错报通常就被认为是重要的。

**合理保证:**是指注册会计师在财务报表审计中,提供的一种高水平但并非绝对的保证。合理保证而非绝对保证这一概念表明,注册会计师不是财务报表正确性的保证人或保险人。

**被审计单位管理层的认定:**是指被审计单位管理层对其财务报表组成要素的确认、计量、列报作出的明确或隐含的表达。

**风险评估程序:**是指注册会计师为了解被审计单位及其环境(包括内部控制),以识别和评估财务报表层次和认定层次的重大错报风险(无论该风险由于舞弊或错误导致)而实施的审计程序。

**实质性程序:**是指注册会计师针对评估的重大错报风险实施的直接用以发现认定层次重大错报的审计程序。实质性程序包括细节测试和实质性分析程序。

**细节测试:**是指对各类交易、账户余额、列报的具体细节进行测试,目的在于直接识别财务报表认定是否存在错报。

# 思考与练习

### 一、思考题

1. 什么是审计的总目标？它与审计的具体目标有何关系？

2. 审计总目标是如何演变的?

3. 如何区分被审计单位和注册会计师在报表审计中的责任? 区分两者有何重要意义?

4. 被审计单位管理层对财务报表的认定有哪几类? 其具体内容是什么?

5. 存在或发生认定与完整性认定的区别在哪里?

6. 财务报表审计的基本过程分成哪几步?

## 二、选择题

1. 在撰写审计计划的时候,注册会计师应该确定的具体审计目标主要和下列因素中(　　)相关。

A. 审计程序的进度

B. 审计证据收集过程中的成本效益原则

C. 选择审计技术

D. 财务报表认定

2. 以下各项中,(　　)对于注册会计师关于财务报表相关的责任的叙述是正确的。

A. 对公司财务报表所采用的形式和内容提出意见会削减注册会计师的独立性

B. 注册会计师可能直接采用基于管理者会计系统的信息形成的财务报表

C. 和会计准则一致的已审财务报表的公允呈报毫无疑问是注册会计师的责任

D. 注册会计师对于已审财务报表的责任不仅仅限于表达审计意见

3. 下列各项认定中,与各类交易、事项及相关披露的、与期末账户余额及相关披露的均相关的是(　　)。

A. 发生　　B. 完整性

C. 截止　　D. 权利和义务

4. 关于注册会计师执行财务报表审计工作的总体目标,下列说法中,正确的有(　　)。

A. 对财务报表整体是否不存在重大错报获取合理保证,使得注册会计师能够对财务报表是否在所有重大方面按照适用的财务报告编制基础编制发表审计意见

B. 对被审计单位的持续经营能力提供合理保证

C. 对被审计单位内部控制是否存在值得关注的缺陷提供合理保证

D. 按照审计准则的规定,根据审计结果对财务报表出具审计报告,并与管理层和治理层沟通

5. 注册会计师的审计责任是指(　　)。

A. 对其出具的会计报表的真实性、合法性负责

B. 对其出具的审计报告的真实性、合法性负责

C. 对其出具的管理建议书的真实性、合法性负责

D. 对其助理人员的工作底稿的真实性、合法性负责

6. 在注册会计师所关心的下列各种问题中,能够实现截止目标的是(　　)。

A. 应收账款是否已经按照规定计提坏账准备

B. 年后开出的支票是否未计入报告期报表中

C. 存货的跌价损失是否已抵减

D. 固定资产是否有用作抵押的

7. 在注册会计师针对下列各项目分别提出的具体目标中,属于完整性目标的是(　　)。

A. 实现的销售是否均已登记入账

B. 关联交易类型、金额是否在附注中恰当披露

C. 将下期交易提前到本期入账

D. 有价证券的金额是否予以适当列示

8. 风险评估程序包括的主要内容有(　　)。

A. 了解被审计单位及其环境

B. 识别和评估财务报表层次以及各类交易、账户余额、列报认定层次的重大错报风险

C. 对内控有效性进行检查

D. 检查与交易和事项有关的金额及其他数据是否已恰当记录

9. 在接受业务委托前,会计师事务所应该获取(　　)信息。

A. 客户的诚信程度　　　　B. 专业胜任能力

C. 执行业务所需时间和资源　　　　D. 执行业务必要的素质

## 三、案例分析题

A 公司是一家以手机制造为主要业务的国产手机制造公司,主要产品是智能手机和智能硬件,其主要竞争对手包括国际知名品牌苹果、三星等以及新崛起的国产品牌等。A 公司 2019 年发生的部分业务如下:

(1) A 公司为生产手机在成都设立专门研发中心,并计划修建综合型集研发办公为一体的科技大厦,由于该项目符合科技创新,因而获得当地政府补贴 3 亿元用于建造该综合大厦,A 公司认为上述款项不属于正常经营范围,因此将其确认为

当期营业外收入。

(2) A 公司为了研究新手机，发生前期实验、测试等研究费用共 2 000 万元，之后又把自家研究的技术继续优化直到最终申请专利，期间共发生费用 3 000 万元，A 公司申请专利之后将专利授予其他部分竞争对手。A 公司认为其研发专利所有的支出均是必不可少的支出，因此将所有与之相关的支出均计入专利的账面价值。

(3) A 公司生产的手机在年中发布，由于主打性价比和 5G，销量大好，A 公司决定增加产量，本年最后一个季度，国际知名品牌苹果发布低价 iPhone，并推出一系列促销活动，同时国内其他厂商也相继发布新款手机，A 公司的手机销量受到影响，A 公司计划降价促销。

(4) A 公司手机促销策略进展缓慢，此时销售部门决定，采购鼠年老鼠吉祥物和手机一同销售，用户购买手机同时可以获得相应老鼠吉祥物。A 公司把购入的老鼠吉祥物确认为本公司存货。

(5) A 公司手机滞销，拖欠供应商货款，拖欠员工工资两个月，法定代表人被列入失信人员名单。公司高层多次与投资机构接触，但是均未果，年末公司关闭了一些销售研发网点，同时减员 1/3。

根据上述业务，指出每项业务中可能存在重大错报风险的财务报表项目及其认定。

# 第五章　审 计 计 划



## 本章要点

- 掌握总体审计策略的具体内容
- 了解制订总体审计策略时应考虑的主要事项
- 掌握编制总体审计策略时常用表格的填制方法
- 理解总体审计策略和具体审计计划的关系
- 了解审计计划的含义和作用
- 熟悉审计计划的过程

## 适用的准则和规范

- 《中国注册会计师审计准则第 1201 号——计划审计工作》
- 《中国注册会计师审计准则第 1211 号——通过了解被审计单位及其环境识别和评估重大错报风险》
- 《中国注册会计师审计准则第 1231 号——针对评估的重大错报风险采取的应对措施》
- 《质量控制准则第 5101 号——会计师事务所对执行财务报表审计和审阅、其他鉴证和相关服务业务实施的质量控制》
- 《中国注册会计师审计准则第 1121 号——对财务报表审计实施的质量控制》
- 《中国注册会计师审计准则第 1111 号——就审计业务约定条款达成一致意见》

## 引例　世界著名公司之会计造假案[①]

早在 20 世纪 30 年代，国外发生的一些股份公司会计造假案加速了人们对审计风险的认

① 高雅青等：《上市公司审计案例分析》，中国时代经济出版社 2003 年版。

识。到了20世纪70年代以后,西方国家审计诉讼案件大增,赔偿额也越来越大。1993年,美国的一个州法院作出决定,要求普华永道会计师事务所赔偿渣打银行3.38亿美元的损失。然而,尽管这样,公司造假、审计失败案还是层出不穷,一个个丑闻震惊世界。

(1) 施乐公司案件。2002年4月,美国证券交易委员会(SEC)宣布,施乐公司1997—2000年4年间总共虚报了近30亿美元的营业收入和15亿美元的税前利润。受施乐公司的影响,美国股市全面下跌。

(2) 世界通信公司案件。2002年6月25日,美国国家广播公司有线电视网公布,世界通信公司自2001年年初至2002年第一季度,通过将一般性费用支出计入资本项目的不正当手段,共虚增收入38.52亿美元,虚增利润16亿多美元。

(3) 默克制药公司案件。2002年7月7日,美国《华尔街日报》报道,药品制造业巨头默克(Merck)制药公司财务营业收入中有124亿美元的营业收入并不是其负责的企业和健康保险公司梅德科(MeDco)药房的实际所得,通常,梅德科药房代收病人自负额,然后转交给保险公司,但是,梅德科药房却在1999—2001年间将其列为营业收入,然后等转交出去时再列为费用支出,因此虚报124亿美元的营业收入。

## 第一节 初步业务活动

任何一项工作,有计划则成,无计划则败,审计工作也是如此。计划审计工作对于注册会计师顺利完成审计工作和控制审计风险具有非常重要的意义。在计划审计工作时,注册会计师需要进行初步业务活动、制订总体审计策略和具体审计计划。在此过程中,需要作出很多关键决策,包括确定可接受的审计风险水平和重要性、配置项目人员等。

### 一、审计计划的作用

审计计划是指注册会计师为了完成各项审计业务,达到预期的审计目标,在具体执行审计程序之前编制的工作计划,包括制订总体审计策略和具体审计计划。

注册会计师在整个审计过程中,应当按照审计计划执行审计业务。但审计计划仅是对审计工作的一种预先规划,在计划的执行过程中,情况会不断发生变化,常常会产生预期计划与实际不一致的情况。例如,在审计过程中通过检查,发现被审计单位某些内部控制执行效果不佳,导致原来制定的审计程序需要改变,这时,就应及时对审计计划进行修订和补充。对审计计划的补充、修订贯穿于整个审计过程。

通过制订和实施审计计划,可以实现以下几方面的作用:

第一,有助于注册会计师适当关注重要的审计领域。

第二，有助于注册会计师及时发现和解决潜在的问题。

第三，有助于注册会计师恰当地组织和管理审计业务，以有效率和效果的方式执行审计业务。

第四，有助于选择具备必要的专业素质和胜任能力的项目组成员应对预期的风险，并有助于向项目组成员分派适当的工作。

第五，有助于指导和监督项目组成员并复核其工作。

第六，在适用的情况下，有助于协调组成部分注册会计师和专家的工作。

## 二、初步业务活动

根据《中国注册会计师审计准则第 1201 号——计划审计工作》的规定，注册会计师需要在本期审计业务开始时开展下列初步业务活动：

(1) 按照《质量控制准则第 5101 号——会计师事务所对执行财务报表审计和审阅、其他鉴证和相关服务业务实施的质量控制》的规定，针对保持客户关系和具体审计业务，实施相应的质量控制程序。

(2) 按照《中国注册会计师审计准则第 1121 号——对财务报表审计实施的质量控制》的规定，评价遵守相关职业道德要求的情况。

(3) 按照《中国注册会计师审计准则第 1111 号——就审计业务约定条款达成一致意见》的规定，就业务约定条款与被审计单位达成一致意见。

初步业务活动的目的主要有：①具备执行业务所需的独立性和专业胜任能力；②不存在因管理层诚信问题而可能影响注册会计师保持该项业务意愿的事项；③与被审计单位不存在对业务约定条款的误解。

## 三、审计业务约定书

1. 审计业务约定书的作用

审计业务约定书是会计师事务所和客户之间就审计和相关服务达成的协议。签订审计业务约定书的目的是为了保护会计师事务所及委托人双方的利益，明确审计的性质，促进双方共同遵守商定事项和加强协作。在注册会计师审计实际工作中，审计业务约定书具有十分重要的作用，主要体现在以下三个方面：

(1) 审计业务约定书可以增进会计师事务所与委托人之间的了解，尤其是使委托人了解被审计单位的会计责任及需要提供的合作。

(2) 审计业务约定书可以作为两方面的鉴定依据。其一，委托人可以据此鉴定注册会计师、会计师事务所审计业务的完成情况；其二，会计师事务所可以据此鉴定委托人约定义务的履行情况。

(3) 审计业务约定书是判定约定双方责任承负的重要依据。当会计师事务所承接的审计业务出现法律诉讼时，可以据此确定注册会计师及其所在会计师事务所审计责任的承负、减轻以至免除。

会计师事务所就上述事项与被审计单位协商一致后，即可指派人员起草审计业务约定书。起草完毕的审计业务约定书一式两份，应由双方法人代表或授权代表签署，并加盖双方单位印章。任何方如需修改、补充约定书，均应以适当方式获得对方的确认。

2. 审计业务约定书的基本内容

审计业务约定书应由会计师事务所和委托人双方的法定代表人，或其授权代表签订，并加盖委托人和会计师事务所的印章。审计业务约定书经双方签章后，一份送交客户，一份作为审计工作底稿文件归档。审计业务约定书的具体内容可视每一审计项目的不同而不同，但应当包括以下主要内容：

(1) 财务报表审计的目标与范围。

(2) 注册会计师的责任。

(3) 管理层的责任。

(4) 指出用于编制财务报表所适用的财务报告编制基础。

(5) 提及注册会计师拟出具的审计报告的预期形式和内容，以及在特定情况下对出具的审计报告可能不同于预期形式和内容的说明。

## 四、审计计划的两个层次

计划过程的最后一个步骤就是编制审计计划。审计计划分为总体审计策略和具体审计计划两个层次。制定总体审计策略和具体审计计划的过程紧密联系，并且两者的内容也紧密相关。

注册会计师计划和执行审计以将审计风险降低到低水平，总体审计策略用以确定审计范围、时间和方向，并指导制定具体审计计划。总体审计策略的目的是对重要风险作出有效反应。注册会计师考虑在最初计划活动中发现的如业务承接、审计客户的职业道德和对客户及环境包括内部控制的了解，制定对评估风险适当反应的有效的整体审计策略。

具体审计计划是依据总体审计策略制定的，对实施总体审计策略所需要的审计程序的性质、时间和范围所作的详细规划与说明。需要说明的是，在理解总体审计策略和具体审计计划的概念和内容时要注意，总体审计策略虽然称之为“总体”，但不是“粗线条，精计划”，而应当能有操作性，同时其准确形式和内容是随着被审计单位的规划、审计复杂性和注册会计师所采用的具体方法和技术的不同而改变的。具体审计计划是给所有参加审计工作的人员一套指令，使控制、记录审计工作正确执行的手段，包括每一审计项目的审计目标及程序。

## 五、审计过程中对计划的更改

计划审计工作并非审计业务的一个孤立阶段，而是一个持续的、不断修正的过程，贯穿于整个审计业务的始终。由于未预期事项、条件的变化或在实施审计程序中获取的审计证据等原因，注册会计师应当在审计过程中对总体审计策略和具体审计计划作出必要的更新和修改，以确定哪些领域需要较多的审计工作，哪些领域可以执行较少的审计工作。

审计过程可以分为不同阶段，通常前一阶段的工作结果会对后一阶段的工作计划产生影响，而后一阶段的工作过程中又可能发现需要对已制定的相关计划进行相应的更新和修改。通常来讲，这些更新和修改涉及比较重要的事项。例如，对重要性水平的修改，对某类交易、账户余额和列报的重大错报风险的评估和进一步审计程序(包括总体方案和拟实施的具体审计程序)的更新和修改等。一旦计划被更新和修改，审计工作也就应当进行相应修正。

注册会计师应该记录总体审计策略和具体审计计划，包括审计业务重点改变的原因。注册会计师记录总体审计策略和具体审计计划重大变化的原因，包括注册会计师对引起变化的事件、情况或审计程序结果的反应。注册会计师依靠职业判断决定这些事项的记录方式。

# 第二节　总体审计策略

总体审计策略是注册会计师对审计业务的范围、审计工作的时间安排和方向所作的规划，也是注册会计师从接受审计委托到出具审计报告整个过程的基本工作的综合计划，可以说是整个审计工作的蓝图，也是指导制订更为详细的具体审计计划的依据。

## 一、制定总体审计策略时考虑的事项

总体审计策略用以确定审计范围、时间安排和方向，并指导制订具体审计计划。在制定总体审计策略时，注册会计师应当考虑以下主要事项。

**(一) 审计范围**

为了界定审计范围，注册会计师应当确定审计业务的特征，包括采用的会计准则和相关会计制度、特定行业的报告要求以及被审计单位组成部分的分布等。具体来说，注册会计师在确定审计范围时，需要考虑下列具体事项：

(1) 编制财务报表适用的会计准则和相关会计制度。

(2) 特定行业的报告要求，如某些行业监管部门要求提交的报告。

(3) 预期的审计工作涵盖范围,包括审计的集团内部组成部分的数量及所在地点。

(4) 母公司和集团内其他组成部分之间存在的控制关系的性质,以确定如何编制合并会计报表。

(5) 其他注册会计师参与审计集团内组成部分的范围。

(6) 需审计的业务分部性质,包括是否需要具有专门知识。

(7) 外币业务的核算方法及外币财务报表折算和合并方法。

(8) 除对合并财务报表审计之外,是否需要对组成部分的财务报表单独进行法定审计。

(9) 内部审计工作的可利用性及对内部审计工作的拟依赖程度。

(10) 被审计单位使用服务机构的情况,及注册会计师如何取得有关服务机构内部控制设计、执行和运行有效性的证据。

(11) 预期利用在以前期间审计工作中获取的审计证据的程度,如获得的与风险评估程序和控制测试相关的审计证据。

(12) 信息技术对审计程序的影响,包括数据的可获得性和预期使用计算机辅助审计技术的情况。

(13) 根据中期财务信息审阅及在审阅中所获信息对审计的影响,相应调整审计涵盖的范围和时间安排。

(14) 与为被审计单位提供其他服务的会计师事务所人员讨论可能影响审计的事项。

(15) 被审计单位的人员和相关数据的可利用性。

**(二) 报告目标、时间安排及所需沟通**

为计划报告目标、时间安排和所需沟通,需要考虑下列事项:

(1) 被审计单位的财务报告时间表。

(2) 与管理层和治理层就审计工作的性质、范围和时间所举行会议的组织工作。

(3) 与管理层和治理层讨论预期签发报告和其他沟通文件的类型及提交时间。报告和其他沟通文件,既包括书面的,也包括口头的,如审计报告、管理建议书和与治理层沟通函等。

(4) 就组成部分的报告及其他沟通文件的类型及提交时间与组成部分的注册会计师沟通。

(5) 项目组成员之间预期沟通的性质和时间安排,包括项目组会议的性质和时间安排及复核工作的时间安排。

(6) 是否需要跟第三方沟通,包括与审计相关的法律法规规定和业务约定书约定的报告责任。

(7) 与管理层讨论在整个审计过程中通报审计工作进展及审计结果的预期方式。

**(三) 审计方向**

总体审计策略的制定应当包括考虑影响审计业务的重要因素，以确定项目组工作方向，包括确定适当的重要性水平，初步识别可能存在较高重大错报风险的领域，初步识别重要的组成部分和账户余额，评价是否需要针对内部控制的有效性获取审计证据，识别被审计单位、所处行业、财务报告要求及其他相关方面最近发生的重大变化等。

在确定审计方向时，注册会计师需要考虑下列事项：

(1) 重要性方面。具体包括：①为计划目的确定重要性；②为组成部分确定重要性且与组成部分的注册会计师沟通；③在审计过程中重新考虑重要性；④识别重要的组成部分和账户余额。

(2) 重大错报风险较高的审计领域。

(3) 评估的报表层次的重大错报风险对指导、监督及复核的影响。

(4) 项目组人员的选择(在必要时包括项目质量控制复核人员)和工作分工，包括向重大错报风险可能较高的审计领域分派具备适当经验的人员。

(5) 项目预算，包括考虑为重大错报风险可能较高的审计领域分配适当的工作时间。

(6) 向项目组成员强调在收集和评价审计证据过程中保持职业怀疑必要性的方式。

(7) 以往审计中对内部控制运行有效性评价的结果，包括所识别的控制缺陷的性质及应对措施。

(8) 管理层重视设计和实施健全的内部控制的相关证据，包括这些内部控制得以适当记录的证据。

(9) 业务交易量规模，以基于审计效率的考虑确定是否依赖内部控制。

(10) 对内部控制重要性的重视程度。

(11) 影响被审计单位经营的重大发展变化，包括信息技术和业务流程的变化，关键管理人员的变化，以及收购、兼并和分立。

(12) 重大的行业发展情况，如行业法规变化和新的报告规定。

(13) 会计准则及会计制度的变化。

(14) 其他重大变化，如影响被审计单位法律环境的变化。

在制定总体审计策略时，注册会计师还应考虑初步业务活动的结果，以及为被审计单位提供其他服务时所获得的经验。

**(四) 审计资源**

注册会计师应当在总体审计策略中清楚地说明审计资源的规划和调配，包括确定执行审计业务所必需的审计资源的性质、时间和范围。

(1) 向具体审计领域调配的资源，包括向高风险领域分派有适当经验的项目组成员，就复杂的问题利用专家工作等。

(2) 向具体审计领域分配资源的数量，包括安排到重要存货存放地观察存货盘点的项目组成员的数量，对其他注册会计师工作的复核范围，对高风险领域安排的审计时间预算。

(3) 何时调配这些资源，包括是在期中审计阶段还是在关键的截止日期调配资源等。

(4) 如何管理、指导、监督这些资源的利用，包括预期何时召开项目组预备会和总结会，预期项目负责人和经理如何进行复核，是否需要实施项目质量控制复核等。

## 二、总体审计策略的内容

注册会计师应当制定总体审计策略，用以确定审计工作的范围、时间安排和方向，以及指导具体审计计划的制定。根据《中国注册会计师审计准则第 1201 号——计划审计工作》规定，在制定总体审计策略时，注册会计师应当：

(1) 确定审计业务的特征，以界定审计范围。

(2) 明确审计业务的报告目标，以计划审计的时间安排和所需沟通的性质。

(3) 根据职业判断，考虑用以指导项目组工作方向的重要因素。

(4) 考虑初步业务活动的结果，并考虑项目合伙人对被审计单位执行其他业务时获得的经验是否与审计业务相关(如适用)。

(5) 确定执行业务所需资源的性质、时间安排和范围。

## 三、总体审计策略的编制

审计计划(包括总体审计策略和具体审计计划)一般由审计项目负责人编制，并以书面的形式将其记录于审计工作底稿之中。审计计划的记录不仅限于审计计划本身，还包括支持审计计划的有关书面证据和审计过程作出的任何重大变动。注册会计师对总体审计策略的记录，应当包括为恰当计划审计工作和向项目组传达重要事项而作出的关键决策。在总体审计策略中，风险评估以及重点审计领域的确定是一个重要的内容，注册会计师的评估过程必须以书面的形式记录下来。时间预算也是总体审计策略编制中的一项十分重要的内容。

实务中，注册会计师通常通过填制总体审计策略表格的形式来记录总体审计策略。总体审计策略表格格式参见表 5-1。

表 5-1　　　　总体审计策略参考范例

被审计单位：＿＿＿＿＿＿＿＿　　索引号：＿＿＿＿＿＿＿＿

项目：总体审计策略　　财务报表截止日/期间：＿＿＿＿＿＿＿＿

编制：＿＿＿＿＿＿＿＿　　复核：＿＿＿＿＿＿＿＿

日期：＿＿＿＿＿＿＿＿　　日期：＿＿＿＿＿＿＿＿

**一、审计范围**

| 报 告 要 求 | |
|---|---|
| 适用的财务报告编制基础(包括是否需要将财务信息按照其他财务报告编制基础进行转换) | |
| 适用的审计准则 | |
| 与财务报告相关的行业特别规定 | 例如，监管机构发布的有关信息披露法规，特定行业主管部门发布的与财务报告相关的法规等 |
| 由组成部分注册会计师审计的组成部分的范围 | |
| …… | |

**二、审计时间安排**

（一）报告时间要求

| 审 计 工 作 | 时　间 |
|---|---|
| 1. 提交审计报告草稿 | |
| 2. 签署正式审计报告 | |
| 3. 公布已审计报表和审计报告 | |
| …… | |
| | |

（二）执行审计工作的时间安排

| 执行审计时间安排 | 时　间 |
|---|---|
| 1. 制定总体审计策略 | |
| 2. 制订具体审计计划 | |
| 3. 执行存货监盘 | |
| …… | |
| | |

（续表）

（三）沟通的时间安排

| 沟　　通 | 时　　间 |
|---|---|
| 与管理层的沟通 | |
| 与治理层的沟通 | |
| 项目组会议（包括预备会和总结会） | |
| 与注册会计师的专家沟通 | |
| 与组成部分注册会计师的沟通 | |
| 与前任注册会计师的沟通 | |
| …… | |
| | |

**三、影响审计业务的重要因素**

（一）重要性

| 重　　要　　性 | 索引号 |
|---|---|
| 财务报表整体重要性 | |
| 特别类别的交易、账户余额或披露的一个或多个重要性水平（如适用） | |
| 实际执行的重要性 | |
| 明显微小错报的临界值 | |

（二）可能存在较高重大错报风险的领域

| 可能存在较高重大错报风险的领域 | 索引号 |
|---|---|
| | |
| | |
| | |
| | |
| | |

（三）识别重要组成部分

（四）识别重要的交易、账户余额和披露

**四、人员安排**

（一）项目组主要成员

（续表）

| 姓名 | 职级 | 主要职责 |
| --- | --- | --- |
| | | |
| | | |
| | | |
| | | |
| | | |
| | | |
| | | |

注：在分配职责时可以根据被审计单位的不同情况按会计科目划分，或按交易类别划分。

（二）质量控制复核人员

| 姓名 | 职级 | 主要职责 |
| --- | --- | --- |
| | | |
| | | |

**五、对专家或其他第三方工作的利用**

（一）对专家工作的利用

| 主要报表项目 | 专家名称 | 主要职责及工作范围 | 索引号 |
| --- | --- | --- | --- |
| | | | |
| | | | |
| | | | |

（二）对内部审计工作的利用

| 主要流程/报表项目 | 拟利用的内部审计工作 | 索引号 |
| --- | --- | --- |
| | | |
| | | |
| | | |
| | | |

（三）对组成部分注册会计师工作的利用

| 组成部分注册会计师名称 | 利用其工作范围及程度 | 索引号 |
| --- | --- | --- |
| | | |
| | | |
| | | |
| | | |

（续表）

（四）对被审计单位使用服务机构的考虑

| 主要报表项目 | 服务机构名称 | 服务机构提供的相关服务及其注册会计师出具的审计报告意见及日期（如有） | 索引号 |
|---|---|---|---|
| | | | |
| | | | |
| | | | |

六、其他事项

# 第三节 具体审计计划

具体审计计划是依据总体审计策略制定的，是对实施总体审计策略所需要的审计程序的性质、时间安排和范围所作的详细规划与说明。具体审计计划又称审计方案或审计程序表。

## 一、总体审计策略和具体审计计划之间的关系

制定总体审计策略和具体审计计划的过程紧密联系，并且两者的内容也紧密相关。注册会计师应当针对总体审计策略中所识别的不同事项，制定具体审计计划，并考虑通过有效利用审计资源以实现审计目标。值得注意的是，虽然制定总体审计策略的过程通常在具体审计计划之前，但是两项计划活动并不是孤立、不连续的过程，而是内在紧密联系的，对其中一项的决定可能会影响甚至改变对另一项的决定。因此，注册会计师应当根据实施风险评估程序的结果，对总体审计策略的内容予以调整。在实务中，注册会计师将制定总体审计策略和具体审计计划相结合，可能会使计划审计工作更有效率及效果，并且注册会计师也可以采用将总体审计策略和具体审计计划合并为一份审计计划文件的方式，以提高编制及复核工作的效率，增强其效果。

## 二、具体审计计划的内容

具体审计计划比总体审计策略更加详细，其内容包括为获取充分、适当的审计证据以将审计风险降至可接受的低水平，项目组成员拟实施的审计程序的性质、时间安排和范围。可以说，为获取充分、适当的审计证据，确定审计程序的性质、时间安排和范围的决策是具体审计计划的核心。具体审计计划应当包括风险评估程序、计划实施的进一步审计程序和其他审计程序。

**（一）风险评估程序**

具体审计计划应当包括按照《中国注册会计师审计准则第1211号——通过了解被审计单位及其环境识别和评估重大错报风险》的规定，为了充分识别和评估财务报表重大错报风险，注册会计师计划实施的风险评估程序的性质、时间安排和范围。

**（二）计划实施的进一步审计程序**

具体审计计划应当包括按照《中国注册会计师审计准则第1231号——针对评估的重大错报风险采取的应对措施》的规定，针对评估的认定层次的重大错报风险，注册会计师计划实施的进一步审计程序的性质、时间安排和范围。进一步审计程序包括控制测试和实质性程序。

需要强调的是，随着审计工作的推进对审计程序的计划会一步步深入，并贯穿于整个审计过程。例如，计划风险评估程序通常在审计开始阶段进行，计划进一步审计程序则需要根据风险评估程序的结果进行。因此，为达到制定具体审计计划的要求，注册会计师需要完成风险评估程序，识别和评估重大错报风险，并针对评估的认定层次的重大错报风险，计划实施进一步审计程序的性质、时间和范围。

通常，注册会计师计划的进一步审计程序可以分为进一步审计程序的总体方案和拟实施的具体审计程序（包括进一步审计程序的具体性质、时间和范围）两个层次。进一步审计程序的总体方案主要是指注册会计师针对各类交易、账户余额和列报决定采用的总体方案（包括实质性方案或综合性方案）。具体审计程序则是对进一步审计程序的总体方案的延伸和细化，它通常包括控制测试和实质性程序的性质、时间安排和范围。在实务中，注册会计师通常单独编制一套包括这些具体程序的"进一步审计程序表"，待具体实施审计程序时，注册会计师将基于所计划的具体审计程序，进一步记录所实施的审计程序及结果，并最终形成有关进一步审计程序的审计工作底稿。

另外，完整、详细的进一步审计程序的计划包括对各类交易、账户余额和列报余额的具体审计程序的性质、时间安排和范围，包括抽取的样本量等。在实务中，注册会计师可以统筹安排进一步审计程序的先后顺序如果对某类交易、账户余额或列报已经作出计划，则可以安排先行开展工作，与此同时再制定其他交易、账户余额和列报的进一步审计程序。

**（三）计划其他审计程序**

根据审计准则的规定，计划应当实施的其他审计程序可以包括上述进一步审计程序的计划中没有涵盖的、根据其他审计准则的要求注册会计师应当执行的既定程序。在审计计划阶段，除了按照《中国注册会计师审计准则第1211号——通过了解被审计单位及其环境识别和评估重大错报风险》进行计划工作，注册会计师还需要兼顾其他准则中规定的、针对特定项目在审计计划阶段应执行的程序及记录要求。例如，《中国注册会计师审计准则第 1141 号——财务报表审计中与舞弊相关的责任》《中国注册会计师审计准则第 1324 号——持续经营》《中国注册会计师审计准则第 1323 号——关联方》等准则中对注册会计师针对这些特定项目在审计计划阶段应当执行的程序及其记录作出了规定。当然，由于被审计单位所处行业、环境各不相同，特别项目可能也有所不同，例如，有些企业可能涉及环境事项等，在实务中注册会计师应根据被审计单位的具体情况确定特定项目并执行相应的审计程序。

同步案例

**美国联区金融集团租赁公司审计计划案例①**

美国联区金融集团是一家从事金融服务的企业，公司有可公开交易的债券上市，美国证券交易委员会要求它定期提供财务报表。经过 7 年的发展，联区金融集团租赁公司的雇员已超过 4 万名，在全国各地设有 10 个分支机构，未收回的应收租赁款接近 4 亿美元，占合并总资产的 35%。

1981 年年底，联区金融集团租赁公司进攻型市场策略的弊端开始显现出来，债务拖欠率日渐升高，该公司不得不采用多种非法手段，来掩饰其财务状况已经恶化的事实。美国证券交易委员会指控联区金融集团租赁公司在其定期报送的财务报表中，始终没有对应收租赁款计提充足的坏账准备金。1981 年以前，坏账准备率为 1.5%，1981 年调增至 2%，1982 年调增至 3%。尽管这种估计坏账损失的会计方法，美国证券交易委员会是认可的，但该联邦机构一再重申，联区金融集团租赁公司的管理层应该早就知晓，它们所选用的固定比率实在太小了。事实上，截至 1982 年 9 月，该公司应收账款中拖欠期超过 90 天的金额已高达 20%以上。对坏账准备金缺乏应有的控制所引起的一个直接后果是，财务报表中该账户的金额被严重低估。

美国证券交易委员会对塔奇·罗丝会计师事务所在联区金融集团租赁公司 1981 年度审计中的表现极为不满。联邦机构指责该年度的审计“没有进行充分的计划和监督”。美国证券交易委员会宣称，事务所在编制联区金融集团租赁公司 1981 年度的审计计划及设计审计程序时，没有充分考虑存在于该公司的大量审计风险因素。事实上，美国证券交易委员会发现，1981 年度的审计计划“大部分是以前年度审计计划的延续”。该审计计划的缺陷如下：

(1) 塔奇·罗丝会计师事务所没有对超期应收租赁款账户的内部会计控制加以测试。由于审计计划没有测试公司的会计制度是否能准确地确定应收租赁款的超期时间，注册会计师无法判断从客户那里获取的账龄汇总表是否准确。

① 刘静：《审计案例与模拟实验》，经济科学出版社 2007 年版。

(2) 塔奇·罗丝会计师事务所的审计计划只要求测试一小部分(8%)未收回的应收租赁款。由于把大部分注意力集中在金额超过5万美元、拖欠期达120天的超期应收租赁款上，塔奇·罗丝会计师事务所忽略了相当部分无法收回的应收租赁款。

(3) 尽管审计计划要求对客户坏账核销政策进行复核，但并没有要求外勤注册会计师去确定该政策是否被实际执行。事实上，该公司并没有遵循其坏账核销政策。联区金融集团租赁公司实际采用的是一种核销坏账的预算方法，可以随时将大量无法收回的租赁款冲销坏账准备，而实际却根本没有对这些应收租赁款计提坏账准备金。据美国证券交易委员会称，某些无法收回的应收租赁款挂账多达几年。

(4) 塔奇·罗丝会计师事务所无视联区金融集团租赁公司审计的复杂性以及非同寻常的高风险性，在所分派的执行1981年度审计聘约的注册会计师中，大多数人对客户以及租赁行业的情况非常陌生。事实上，该公司的会计主管后来作证说，塔奇·罗丝会计师事务所第一次分派了一些对租赁行业少有涉猎，或缺乏经验甚至一无所知的注册会计师来执行审计。

最后，美国证券交易委员会决定对该事务所进行惩罚，要其承担出具虚假会计报告带来的损失。

## 三、审计过程中对计划的更改

计划审计工作并非审计业务的一个孤立阶段，而是一个持续的、不断修正的过程，因此，对审计计划的补充和修订将贯穿在整个审计过程中。注册会计师应当在审计过程中对总体审计策略和具体审计计划作出更新和修改。

审计过程可以分为不同阶段，通常前面阶段的工作结果会对后面阶段的工作计划产生一定的影响，而后面阶段的工作过程中又可能发现需要对已经制定的相关计划进行相应的更新与修改。通常来讲，这些更新和修改可能涉及比较重要的事项。一旦计划被更新和修改，审计工作也就应当进行相应的修正。

如果注册会计师在审计过程中对总体审计策略或具体审计计划作出重大修改，应当在审计工作底稿中记录作出的重大修改及其理由。

# 本章小结

### ■ 本章内容结构图

- 初步业务活动
  - 审计计划的作用
  - 初步业务活动
  - 审计业务约定书
  - 审计计划的两个层次
  - 审计过程中对计划的更改

- 审计计划
  - 总体审计策略
    - 制定总体审计策略时考虑的事项
      - 审计范围
      - 报告目标、时间安排及所需沟通
      - 审计方向
      - 审计资源
    - 总体审计策略的内容
    - 总体审计策略的编制
  - 具体审计计划
    - 总体审计策略和具体审计计划之间的关系
    - 具体审计计划的内容
      - 风险评估程序
      - 计划实施的进一步审计程序
      - 计划其他审计程序
    - 审计过程中对计划的更改

## ■ 重要名词术语

**审计计划**:是指注册会计师为了完成各项审计业务,达到预期的审计目标,在具体执行审计程序之前编制的工作计划,包括制订总体审计策略和具体审计计划。

**初步业务活动**:是指注册会计师在本期审计业务开始时开展的活动,是制订审计计划的前期工作。

**审计业务约定书**:是指会计师事务所和客户之间就审计和相关服务达成的协议。签订审计业务约定书的目的是为了保护会计师事务所及委托人双方的利益,明确审计的性质,促进双方共同遵守商定事项和加强协作。

**总体审计策略**:是指注册会计师对审计业务的范围、审计工作的时间安排和方向所作的规划,也是注册会计师从接受审计委托到出具审计报告整个过程的基本工作的综合计划,可以说是整个审计工作的蓝图,也是指导制定更为详细的具体审计计划的依据。

**具体审计计划**:是指依据总体审计策略制定的,是对实施总体审计策略所需要的审计程序的性质、时间安排和范围所作的详细规划与说明。

**进一步审计程序的总体方案**:是指注册会计师针对各类交易、账户余额和列报决定采用的总体方案(包括实质性方案或综合性方案)。

**具体审计程序**:是指对进一步审计程序的总体方案的延伸和细化,它通常包括控制测试和实质性程序的性质、时间安排和范围。

# 思考与练习

## 一、思考题

1. 什么是审计计划?它有何作用?

2. 审计计划过程需要做哪些工作?

3. 签订业务约定书的主要作用是什么?

4. 注册会计师制定总体审计策略时应考虑哪些主要事项?

5. 如何确定审计范围?

6. 在制定审计总体策略时,应考虑重要性的哪些方面?

7. 如何在总体审计策略中考虑资源的规划和调配?

8. 总体审计策略的基本内容有哪些?

9. 总体审计策略和具体审计计划的关系如何?

10. 具体审计计划的内容有哪些?

## 二、选择题

1. 注册会计师在制定总体审计策略时,对审计范围的考虑事项不包括(　　)。

A. 编制财务报表适用的会计准则和相关会计制度

B. 其他注册会计师参与审计集团内组成部分的范围

C. 评估的财务报表层次之重大错报风险对指导、监督及复核的影响

D. 需审计的业务分部性质,包括是否需要具备专门知识

2. 在注册会计师编制的X公司年度财务报表审计的总体审计策略中,应当包含下列(　　)内容。

A. 对项目组成员的指导、监督、复核

B. 拟实施审计程序的性质、时间、范围

C. 拟实施的项目质量控制复核的时间

D. 与X公司治理层整体直接沟通的时间

3. 具体审计计划是对总体审计策略的进一步具体化。以下关于具体审计计划的各种说法中,不正确的是(　　)。

A. 制订具体审计计划的主要目的是为了获取充分、适当的审计证据以将检查风险降至可接受的低水平

B. 具体审计计划的核心内容是审计项目组成员拟实施的审计程序的性质、时间和范围

C. 具体审计计划的内容包括何时召开项目组预备会和总结会,预期项目负责人和经理如何对审计工作底稿进行复核

D. 具体审计计划可以因为非预期事项、条件的变化或在实施审计程序中获取的审计证据等原因进行必要的更新和修改

4. 下列内容中,不属于具体审计计划的是(　　)。

A. 对高风险领域安排的审计时间预算，对专家工作的利用和对其他注册会计师工作的复核范围

B. 为识别和评估财务报表重大错报风险，计划实施的风险评估程序的性质、时间和范围

C. 针对所有重大交易、账户余额、列报认定的重大错报风险计划实施的进一步审计程序的性质、时间和范围

D. 注册会计师针对审计业务需要实施的其他审计程序

5. 下列不属于注册会计师在财务报表审计中之具体审计计划所包括之内容的是(　　)。

A. 风险评估程序

B. 计划实施之进一步审计程序

C. 确定财务报表层次之重要性水平

D. 计划实施之其他审计程序

## 三、案例分析题

A注册会计师负责对常年审计客户甲公司20××年度财务报表进行审计，撰写了总体审计策略和具体审计计划，部分内容摘录如下：

(1) 初步了解20××年度甲公司及其环境未发生重大变化，拟信赖以往审计中对管理层、治理层诚信形成的判断。

(2) 因对甲公司内部注册会计师的客观性和专业胜任能力存有疑虑，拟不利用内部审计的工作。

(3) 如对计划的重要性水平作出修正，拟通过修改计划实施的实质性程序的性质、时间和范围降低重大错报风险。

(4) 假定甲公司在收入确认方面存在舞弊风险，拟将销售交易及其认定的重大错报风险评估为高水平，不再了解和评估相关控制设计的合理性并确定其是否已得到执行，直接实施细节测试。

(5) 因甲公司于20××年9月关闭某地办事处并注销其银行账户，拟不再函证该银行账户。

(6) 因审计工作时间安排紧张，拟不函证应收账款，直接实施替代审计程序。

(7) 20××年度甲公司购入股票作为可供出售的金融资产核算。除实施询问程序外，预期无法获取有关管理层持有意图的其他充分、适当的审计证据，拟就询问结果获取管理层书面声明。

要求：针对上述事项(1)至(7)，逐项指出A注册会计师拟订的计划是否存在不当之处。如有不当之处，简要说明理由。

# 第六章　审计证据和审计工作底稿



## 本章要点

- 了解审计证据的含义和特征
- 掌握审计证据的分类
- 掌握审计证据决策的内容
- 掌握常用的审计程序及其分类
- 了解审计工作底稿的定义和作用
- 了解审计工作底稿的分类
- 熟悉审计工作底稿的基本要素
- 掌握审计工作底稿复核的要点、基本要求

## 适用的准则和规范

- 《中国注册会计师审计准则第 1301 号——审计证据》
- 《中国注册会计师审计准则第 1131 号——审计工作底稿》

## 引例　福森公司的“轿车之谜”①

2005 年 5 月 25 日，武汉市审计局委托长江会计师事务所对武汉市福森公司进行资产、负债及损益的审计，一连几天深入检查，审计小组一一查出了该公司存在的多提职工教育经费、多列福利、多上交管理费、多支付职工风险金集资利息和违控购置等问题，并发现经常停放在公司办公楼前的一辆特利卡牌轿车没有在账上反映。针对这一疑问，审计小组在公司上下进行了较广泛的座谈。据了解关于轿车的来源，公司的干部职工有两种说法：一是 2004 年 10 月份购买的。可该公司近几年连续亏损，且从 2004 年开始由银行对其资金运营进行监管，其大额开支必须经过银行同意，不可能有那么多资金用于购车；二是抵债收回来的。审计小组不仅看到了一份由

① 高雅青等：《上市公司审计案例分析》，中国时代经济出版社 2003 年版。

甲单位出具的“抵债协议书”，而且得到公司领导和财会人员的一致解释：车刚收回来，没来得及入账，后一种说法似乎更有说服力。为了破解轿车之谜，审计小组决定兵分两路：一路到市车辆证照登记管理部门查询该车的证照手续办理情况；另一路则直奔甲单位查询有关抵债的情况。到市车辆证照登记管理部门的审计人员，查出购车发票，并从中获知车系武汉某公司出售的初步证据；对甲单位查询的审计人员，虽说起初被甲单位推说财会人员不在家所抵制，但最终还是被审计人员说服，甲单位承认了与该公司签订假抵债协议书的实情。据此，审计小组立即派人员前往出售车的武汉某公司查询，了解到购车款是通过S市某银行储蓄所名为“壹贰叁”账户以转账支票方式支付，金额为138万元。经查询该银行账户，审计小组发现户主正是该公司，显然，车是买的，不是抵债收回的。谜底被揭穿后，该公司领导和财会人员不得不说出了购车款的来源。

2003年，该公司主管部门的负责人授意将该公司历年收取的商品销售价外收入1 000多万元设立“小金库”，并涉嫌经济犯罪。市纪检司法部门对其进行了立案查处，在处理1 000多万元“小金库”时，该公司称其中有138万元是职工集资款，并出示收取和退还职工集资款的有关手续凭证，专案组也就剔除了其中138万元。哪知该公司原收取的职工集资款已汇入账内“长期借款”户，并未纳入原“小金库”收入，在用原“小金库”资金退还职工集资款138万元后，其账内仍以职工集资款名义虚列138万元的债务，直到2004年该公司以为“调包”成功，就将这138万元转入某银行储蓄所，开设了“壹贰叁”账户，在账外又形成了一个新的“小金库”。

至此，审计人员彻底破解了这桩“轿车之谜”。

## 第一节 审计证据决策

### 一、审计证据的含义和特征

《中国注册会计师审计准则第1301号——审计证据》将审计证据定义为“注册会计师为了得出审计结论和形成审计意见而使用的信息。审计证据包括构成财务报表基础的会计记录所含有的信息和从其他来源获取的信息”。会计记录是指初始会计分录形成的记录和支持性记录。例如，支票、电子资金转账记录、发票和合同；总分类账、明细分类账、会计分录以及对财务报表予以调整但未在账簿中反映的其他分录；支持成本分配、计算、调节和披露的手工计算表和电子数据表。会计记录中含有的信息本身并不足以提供充分的审计证据作为对财务报表发表审计意见的基础，注册会计师还应当获取用作审计证据的其他信息。可用作审计证据的其他信息包括注册会计师从被审计单位内部或外部获取的会计记录以外的信息；通过询问、观察和检查等审计程序获取的信息；以及自身编制或获取的可以通过合理推断得出结论的信息。

不仅注册会计师使用证据，科学家、律师、科研人员、历史学家也都广泛使用证据。法律证据用于判决被指控有抢劫等罪行的人是否有罪的法律案件中。在法律案件中，法官要实施明确的证据规则，以保护无罪之人。例如，在法庭上，法官可以某项证据不相关、存有偏见或纯属道听途说为由而判定该项证据无效。同样，在科学实验中，科学家也要取得证据来形成对某一项理论的结论。例如，假设医学家要鉴定某种新型药物是否可以缓解哮喘病患者的症状，那么他就要从一定期间内在大量受控条件下的实验中去取得证据，以确定这种药物的效用。相似地，收集证据也是审计师的大部分工作。虽然这些职业都依赖不同类型的证据，运用证据的环境和方式也是不同的，但是律师、科学家和审计师都要使用证据来帮助他们得出结论。

表 6-1 对比了测试药物的科学实验、指控被告盗窃的法律案件和财务报表审计中所使用的证据的关键特征。注意它们在三种职业中的异同点。

表 6-1　**科学试验、法律案件、财务报表审计中证据的特征①**

| 比较内容 | 测试药物的科学实验 | 指控被告盗窃的法律案件 | 财务报表审计 |
|---|---|---|---|
| 证据用途 | 确定药物是否有效 | 确定被告是否有罪 | 确定报表是否公允反映 |
| 证据性质 | 重复实验的结果 | 直接证据和证人及有关各方的证词 | 各类审计证据 |
| 证据使用者 | 科研人员 | 陪审团和法官 | 注册会计师 |
| 根据证据得出结论的肯定程度 | 介于不确定和接近肯定之间 | 排除合理怀疑来定罪 | 高水平的保证 |
| 根据证据得出结论的性质 | 建议或不建议使用该药物 | 当事人有罪或无罪 | 出具某种类型的审计报告 |
| 根据证据得出错误结论的典型结果 | 社会公众使用无效甚至有害的药物 | 罪犯没有受到应有惩罚或无辜者被定罪 | 财务报表使用者据以作出错误的决策，注册会计师可能被起诉 |

## 二、审计证据的分类

### （一）按照外形特征分类

1. 实物证据

实物证据是指注册会计师通过观察、实地盘点等方法获取的确定实物资产存

① 阿尔文·A·阿伦斯、兰德尔·J·埃尔德、马克·S·比斯利（谢盛纹，张龙平译）：《审计学——一种整合方法》，中国人民大学出版社 2013 年版。

在性的证据。这里实物资产包括库存现金、有价证券、存货、在建工程和固定资产。实物证据大多是注册会计师通过实地监盘和观察的方式获取的。比如，库存现金和有价证券可以通过盘点数额的方式加以验证；存货的存在性可以用盘点及观察的方式加以验证；在建工程和固定资产的存在性可以运用实际观察的方式加以验证。因此，注册会计师获取的典型的实物证据是各类实物盘点表，如库存现金盘点报告表、存货盘点报告表等。

一般认为，由于实物证据是注册会计师通过一定手段亲自或在其监督下获取的，因此实物证据具有较强的证明力。但实物证据也有其不可避免的局限性，如难以证明实物的所有权、难以判定实物的确切质量和价值。也就是说，实物证据只能证明实物的存在性，而对于实物的所有权和价值则需要通过其他审计程序获取的其他审计证据加以证明。

2. 书面证据

书面证据是指以书面形式存在的，并以其记载内容证明审计事项的证据。该类证据主要包括与审计有关的各种原始凭证、记账凭证、会计账簿等会计记录，以及各种会议记录、合同、报告、往来函件、声明书、通知书等非会计记录。书面证据数量较多，来源比较广泛，是审计证据的主要组成部分。注册会计师使用书面证据时，要注意是否有涂改和伪造现象。此外，一般从外部获取的比被审计单位内部自行编制的书面证据更加可靠。

需要注意的是，上述会计记录和非会计记录可能是纸质资料，也可能是磁盘等电子资料，它们只是记录的载体不同，均属于书面证据。

3. 口头证据

口头证据是指注册会计师从被审计单位员工或其他有关人员那里得到的口头答复所形成的证据。如询问被审计单位有关人员材料保管情况、职责分工情况、内部控制设计和执行情况等；就被审计单位所涉法律事项询问相关律师。口头证据的载体可以是纸、光盘、磁盘、录音带、录像带等，但这并不改变口头证据的性质。

一般，口头证据易受被询问者的经历、情绪等因素的影响，主观性较强，所以证明力较弱。但口头证据能够帮助注册会计师发现一些重要线索以进一步调查，或为注册会计师的判断提供佐证。如通过询问应收账款负责人收回逾期应收账款的可能性，来验证注册会计师对被审计单位坏账损失计提情况的判断。

4. 环境证据

环境证据是指对审计事项产生影响的各种环境事实。环境证据包括：被审计单位面临的外部环境情况，如社会经济形势、被审计单位所在行业的发展状况、竞争对手综合实力发生的变化等；被审计单位的内部状况，包括被审计单位管理条件和管理水平、内部控制的运行情况、中高层管理人员的素质和水平等。环境证据一般不属于主要的审计证据，但它有助于注册会计师从整体上了解被审计单位所处的环境，以将各种孤立的审计事项联系起来进行考虑，同时为进一步审计提供线索。

**（二）按照来源分类**

1. 内部证据

内部证据是指被审计单位的相关部门和人员编制的审计证据，包括各种会计记录和非会计记录，如被审计单位的职工工时记录卡、工资结算单、销货发票、收料单、库存商品入库单、会议记录、询问被审计单位内部人员而获得的答复等。

2. 外部证据

外部证据是指被审计单位以外的机构或人员编制的审计证据，包括由外部机构或人员编制但从被审计单位内部获取的审计证据，如购货发票、银行对账单等；注册会计师从被审计单位以外的机构或人员直接获取的审计证据，如应收账款的函证回函、被审计单位所处行业的经济状况统计资料、证券公司的证明等。

3. 亲历证据

亲历证据是指注册会计师根据相关资料自行编制的审计证据，如注册会计师亲自盘点库存现金所编制的库存现金盘点报告表、观察被审计单位业务执行情况所编制的报告表、重新执行某项内部控制的记录等。

同步案例6-1

**注册会计师对审计证据的处理**

以下是某注册会计师在审计过程中所收集的书面证据：①销售发票；②明细账；③银行对账单；④应收票据；⑤有限责任公司章程；⑥采购合同；⑦董事会会议记录；⑧应收账款函证回函；⑨管理当局声明；⑩货运提单复印件。

(1) 将上述书面审计证据按其来源划分为外部证据和内部证据。

(2) 为什么说外部证据的可靠性要大于内部证据？

(3) 外部证据之间是否存在可靠性的差异？

(1) 外部证据有：③④⑥⑧⑩；内部证据有①②⑤⑦⑨。

(2) 由于外部证据来自被审计单位以外的有关方面，虚构和篡改的可能性较小，又可向有关方面进行查证，因此一般具有较强证明力。内部证据是由被审计单位内部机构或人员编制或提供的证据。由于内部证据产生于单位内部，还可能会进行虚构和篡改，因此一般来说其可靠性不如外部证据。

(3) 外部证据又可分为由被审计单位以外有关方面编制并直接递交注册会计师的外部证据和被审计单位持有的由被审计单位以外有关方面编制的外部证据两种类型。前者如应收账款函证回函等;后者如银行对账单等。其中,前者的可靠性强于后者,因为前者是由独立于被审计单位以外的机构提供的,并且未经被审计单位有关职员之手,从而排出了伪造或更改证据的可能性。

## 三、审计证据决策

所谓审计证据决策,就是注册会计师为发表审计意见,而确定应收集的审计证据的数量和类型的决策过程。审计证据决策之所以重要,是因为如果对所有可取得的证据都进行检查和评价,其成本是难以承受的。例如,在大多数企业的财务报表审计中,注册会计师不可能检查所有的已核销支票、购货发票、顾客订单、工时卡和其他许多类型的凭证与记录。注册会计师收集审计证据的决策过程包括以下四项内容。

### (一) 审计程序

审计程序是指在审计过程对所需的审计证据如何进行收集的详细指令。如存货实物盘点、已核销支票与现金支出日记账核对、发运凭证细目相核对的证据等,都是通过实施审计程序而获得的。在设计审计程序时,通常要使用充分的审计术语,以使审计师在审计过程中能够更好地遵循这些指令。例如,一个验证现金支出的审计程序可以表述为:取得现金日记账,并将已核销支票上的收款人名称、金额和日期与现金日记账相核对。

### (二) 样本规模

样本规模是指从总体中选取样本项目的数量。一旦选取了一项审计程序,样本规模可以是所测总体中的一个项目或所有项目不等。但是,选取的样本规模如果过小,就不能反映出审计对象总体的特征,审计师就无法获取充分的审计证据,其审计结论的可靠性就会大打折扣;选取的样本规模如果过大,则会增加审计工作量,造成不必要的时间和人力上的浪费,加大审计成本,降低审计效率。

对于每项审计程序,审计师都必须作出应测试多少项目的决策。同一程序所需样本规模因具体审计对象而异。在上述验证现金支出的审计程序中,假设现金支出日记账共记录了6 000张支票,注册会计师可能选取其中的200张支票作为样本与现金支出日记账进行核对。

### (三) 样本项目

确定了审计抽样规模后,还必须确定应测试总体中的哪些项目。例如,注册会计师决定从总体6 000张已核销支票中选取200张作为样本与现金日记账进行核对时,他可以采用几种不同的方法来选取应检查的具体支票。他可以选取某一周的支票,并检查前200张;也可以选取金额最大的200张支票;也可以随机选取200

张支票；还可以选取注册会计师认为最有可能发生错误的200张支票。实践中，注册会计师也可以将上述方法结合起来使用。

**（四）时间安排**

财务报表审计通常要覆盖一定的期间，而审计通常要在期末之后的几个星期乃至几个月才能完成。所以实施具体审计程序的时间可以从期初一直延续到期末结束后的很长一段时间。在年度财务报表审计中，客户通常希望审计能在年度结束后的1至3个月内完成。因此，注册会计师必须确定执行审计程序的时间和被选取样本项目所处的期间。

对审计证据决策的描述，应当包括具体审计程序、抽样规模、样本项目和时间安排四个方面的表述。以下是对前述验证现金支出的审计证据决策的描述，包括了上述审计证据决策的四项内容：取得10月份的现金日记账，从已核销的6 000张支票中随机选取200张作为样本，将支票上的收款人名称、金额和日期与现金日记账相核对。

审计方案是某一审计领域或整个审计的审计程序清单。审计方案总是包括一系列的审计程序，它通常包括测试的样本规模、项目选择和时间安排。一般来说，每一部分审计都有一份审计方案，如表6-2通常就是一份包含审计程序、样本规模、选取样本项目和时间安排的审计方案，这份审计方案的右侧还列示了每项程序所对应的与余额相关的审计目标。

表6-2　**应收账款的余额细节测试审计方案①**

| 余额细节测试审计程序 | 样本规模 | 选取样本项目 | 时间安排 | 应收账款余额审计目标 | | | |
|---|---|---|---|---|---|---|---|
| | | | | 存在 | 完整性 | 计价和分摊 | 权利 |
| 编制或取得应收账款账龄分析表，将各账户追查至相关原始凭证，加总表内数并追查至总账 | 追查20个项目，加总两页和全部小计数 | 随机选取 | I | √ | √ | √ | √ |
| 编制或取得坏账准备和坏账损失分析表，测试其正确性，并追查至总账 | 全部 | 全部 | Y | × | × | √ | × |
| 函证应收账款，对未回函项目采用替代审计程序 | 50 | 最大的10项和随机选择的40项 | I | √ | × | √ | √ |

① 阿尔文·A·阿伦斯、兰德尔·J·埃尔德、马克·S·比斯利(谢盛纹，张龙平译)：《审计学——一种整合方法》，中国人民大学出版社2013年版。

（续表）

| 余额细节测试审计程序 | 样本规模 | 选取样本项目 | 时间安排 | 应收账款余额审计目标 | | | |
|---|---|---|---|---|---|---|---|
| | | | | 存在 | 完整性 | 计价和分摊 | 权利 |
| 审查应收账款明细账中大额或异常项目，检查其入账依据。调查大额或异常的业务以及没有正常凭证来源的业务的性质，并检查其依据。检查年末销售额的重大增减情况 | NA | NA | Y | √ | × | √ | × |
| 检查所有已出售或已抵押的应收账款 | 全部 | 全部 | Y | × | × | √ | √ |
| 调查应收账款的可收回性 | NA | NA | Y | × | × | √ | × |

注：I＝期中；Y＝年末；NA＝不适用

## 四、审计证据的证明力

审计证据证明财务报表是否按公认会计原则反映的证明力有很大不同。有些证据具有较强的证明力，如注册会计师亲自盘点有价证券的结果；也有些证据的证明力较弱，如客户对注册会计师的提问所作的答复。《中国注册会计师审计准则第1301号——审计证据》第九条规定：注册会计师的目标是，通过恰当的方式设计和实施审计程序，获取充分、适当的审计证据，以得出合理的结论，作为形成审计意见的基础。受审计证据的性质和审计成本因素的影响，注册会计师不可能肯定其审计结论是完全正确的。但是，注册会计师又必须确定其审计意见的正确性具有较高的保证水平。因此，注册会计师应当综合考虑在执行审计程序中所获得的所有证据，并判断这些证据是否有足够的证明力以作出恰当的审计意见。在一般情况下，充分、相关、可靠的审计证据还必须满足及时性的要求，因此决定审计证据证明力的因素有四个，即充分性、相关性、可靠性和及时性。

### （一）充分性

充分性是指审计证据的数量能足以支持审计意见。它是对注册会计师为形成审计意见所需证据数量的最低要求。审计证据的充分性是对审计证据数量的衡量，主要与注册会计师确定的样本量有关。客观公正的审计意见必须建立在有足够数量的审计证据的基础之上。但这并不是说审计证据的数量越多越好，注册会计师在获取审计证据过程中，要考虑成本效益原则。为提高审计效率，注册会计师通常把需要足够数量审计证据的范围降到最低限度。注册会计师需要获取的审计证据的数量受其对错报风险评估结果的影响，错报风险越大，需要的审计证据可能越多。每一审计项目对审计证据的需要量，以及取得这些证据的途径和方法，应当根据该项目的具体情况来确定。在某些情况下，由于时间、空间和成本的限制而不能获取最为理想的审计证据时，可考虑通过其他的途径或利用其他的审计证据来替代。只有通过不同的渠道和方法取得足够的审计证据时，注册会计师才能据以发表审计意见。

在实务中，注册会计师判断审计证据的充分性一般应当考虑以下因素。

1. 重大错报风险

审计风险由固有风险、控制风险和检查风险三部分组成，其中固有风险和控制风险统称为重大错报风险。注册会计师判断审计证据充分性应当考虑其中重大错报风险。一般说来，如果注册会计师对会计报表层次和认定层次的重大错报风险估计得越严重，那么所需收集的证据的数量就越多；反之，所需收集的证据数量就少。

2. 具体审计项目的重要性

越是重要的审计项目，注册会计师就越需要获取充分的审计证据以支持其审计结论或意见；否则一旦出现判断失误，就会影响注册会计师对会计报表整体的判断。相对而言，对于不太重要的审计项目，即使注册会计师出现判断上的偏差，也不至于引发注册会计师的整体判断失误，注册会计师就可以减少审计证据的数量。

3. 注册会计师及其业务助理人员的审计经验

丰富的审计经验，可以使注册会计师及其助理人员从较少的审计证据中判断出被审事项是否存在错误或舞弊行为。相对来说，此时就可减少对审计证据数量的依赖程度；相反，当注册会计师及其助理人员缺乏审计经验时，少量的审计证据就不一定能使其发现被审事项是否存在错误或舞弊行为，因而应增加审计证据的数量。

4. 审计过程中是否发现错弊

一旦审计过程中发现了被审事项存在错误或舞弊的行为，被审计单位会计报表整体存在问题的可能性就增加，因此注册会计师需要增加审计证据的数量，以确保作出合理的审计结论，形成恰当的审计意见。

5. 审计证据的类型与获取途径

如果大多数审计证据都是从独立于被审计单位的第三者所获得的，而且这些证据本身不易伪造，则审计证据的质量就较高。相对而言，注册会计师所需获取的审计证据的数量就可减少；反之，审计证据的数量就应增加。

6. 总体规模与特征

在现代审计中，对很多会计报表项目采用抽样的方法来收集证据。通常，抽样总体规模越大，所需审计证据的数量就越多。这里的总体规模是指包括在总体中的项目数量,比如赊销交易数、应收账款明细账数量及账户余额的金额数量等。总体的特征是指总体中各组成项目的同质性或变异性。注册会计师对不同质的总体需要较大的样本量和更多的信息。

7. 成本问题

成本问题虽然不是影响证据充分性的重要因素,但却必须加以考虑。由于审计工作受到成本限制,注册会计师必须以合理的时间和合理的成本取得充分的证据,因此,注册会计师常常面临一种决策,那就是增加时间和成本能否给审计证据的质量和数量带来相当的效益。如注册会计师增加时间和成本之后,并没有带来相应的效益,就应考虑采用更有效的审计程序来收集高质量的足够的审计证据。

**(二) 相关性**

审计证据的相关性是指审计证据必须和审计目标保持相关性。这里的审计目标通常指具体审计目标。注册会计师只能利用与审计目标相关联的审计证据来证明或否定被审计单位所认定的事项。例如,假设注册会计师怀疑被审计单位已经发货却没有向顾客开票(即"完整性"目标),如果注册会计师从销售发票副本中选取样本,并追查每张发票相应的发货单,由此所获得的证据与"完整性"目标就不相关。与"完整性"目标相关的手续应当是从发货单中选取样本,并追查每张发货单相应的销售发票副本,以确定每张发货单是否均已开票。

相关性只能结合具体审计目标来考虑。在确定审计证据的相关性时,注册会计师应当考虑:

(1) 特定的审计程序可能只为某些认定提供相关的审计证据,而与其他认定无关。同一证据与某一目标相关,但与另一目标可能就不相关。例如,存货盘点结果只能证明存货是否存在,是否有毁损和短缺,而不能证明存货的计价和所有权的情况。

(2) 针对同一项认定可以从不同来源获取审计证据或获取不同性质的审计证据。例如,为了获取与坏账准备计价有关的审计证据,可以分析应收账款的账龄、债务人的财务状况、应收账款的期后收款情况。

(3) 只与特定认定相关的审计证据并不能替代与其他认定相关的审计证据。例如,有关固定资产实物存在的审计证据并不能够替代与固定资产所有权相关的审计证据。

相关性是判断证据证明力的重要因素。收集的证据如果和审计目标不相关,即使证据再可靠、再充分、再及时,也是无济于事。注册会计师取得非相关性的审计证据,不仅花费不必要的时间和成本,而且还可能导致注册会计师发表错误的审计意见。也就是说,注册会计师取得的审计证据相关性越强,质量就越好,证明力就越强。

**（三）可靠性**

可靠性也称证明性，是指审计证据的可信程度或值得信任的程度。审计证据可靠性越强，质量就越好，就越能使注册会计师相信财务报表的反映是公允的。

审计证据的可靠性只与注册会计师所选用的具体审计程序有关。扩大样本规模或选用不同的样本项目并不能提高证据的可靠性。《中国注册会计师审计准则第1301号——审计证据》第三条规定：审计证据的可靠性受其来源和性质的影响，并取决于获取审计证据的具体环境。判断审计证据可靠性的一般原则包括：

(1) 从被审计单位外部独立来源获取的审计证据比从其他来源获取的审计证据更可靠。

(2) 相关控制有效时内部生成的审计证据比控制薄弱时内部生成的审计证据更可靠。

(3) 直接获取的审计证据比间接获取或推论得出的审计证据更可靠。

(4) 以文件记录形式（无论是纸质、电子或其他介质）存在的审计证据比口头形式的审计证据更可靠。

(5) 从原件获取的审计证据比从复印、传真或通过拍摄、数字化或其他方式转化成电子形式的文件获取的审计证据更可靠。

在通常情况下，注册会计师以函证方式直接从被询证者获取的审计证据，比被审计单位内部生成的审计证据更可靠。通过函证等方式从独立来源获取的相互印证的信息，可以提高注册会计师从会计记录或管理层书面声明中获取的审计证据的保证水平。

按照上述原则评价审计证据的可靠性时，注册会计师应当注意可能出现的重大例外情况。例如，注册会计师不具备相应的专业胜任能力，即使其直接获取的审计证据，也可能不可靠。又如，曾遭受病毒攻击的电子文件，可靠性会大大降低，甚至不及可以信赖的相关人员的口头证据可靠。

此外，考虑审计证据的可靠性时还应当注意：

(1) 证据提供者的资格。除非证据提供者具备应有的资格，否则，即使他是独立的，证据也不会可靠。正因为如此，律师声明书和银行函证回函通常要比来自不熟悉工商业的顾客的应收账款回函更加受到注册会计师的重视。同样，如果注册会计师不具备评价审计证据的资格，即使是他亲自获取的审计证据，也有可能不具有可靠性。例如，如果注册会计师不具备区分钻石和玻璃的相关知识，那么他对钻石存货的检查就不能形成有关钻石存货是否存在的可靠证据。

(2) 证据客观性程度。客观的审计证据比需要经过大量主观判断的证据更可靠。客观证据的例子包括应收账款和银行函证回函，有价证券和库存现金的监盘，对应收账款明细表进行加总以确定其合计数是否与总账余额相符等。主观证据的例子有律师对受控客户未决诉讼的可能结果所做的陈述，监盘存货时观察其是否变质，向被审计单位的信用人员询问长期应收账款的可收回性等。评价主观证据的可靠性时，证据提供者的资格是关键的考虑因素。

审计工作通常不涉及鉴定文件记录的真伪，注册会计师也不是鉴定文件记录真伪的专家，但应当考虑用作审计证据的信息的可靠性，并考虑与这些信息生成与维护相关的控制的有效性。如果在审计过程中识别出的情况使其认为文件记录可能是伪造的或文件记录中的某些条款已发生变动，注册会计师应当作出进一步调查，包括直接向第三方询证，或考虑利用专家的工作以评价文件记录的真伪。如果针对某项认定从不同来源获取的审计证据或获取的不同性质的审计证据能够相互印证，与该项认定相关的审计证据则具有更强的说服力。如果从不同来源获取的审计证据或获取的不同性质的审计证据不一致，可能表明某项审计证据不可靠，注册会计师应当追加必要的审计程序。

同步思考

**判别审计证据是否可靠的标准有哪些？**

提示：一般来说，审计证据的可靠程度通常可参照下列标准进行判断：①书面证据比口头证据可靠。②外部证据比内部证据可靠，已获独立第三者确认的内部证据比未获独立第三者确认的内部证据可靠。③注册会计师自行获得的审计证据比由被审计单位提供的审计证据可靠。④内部控制较好时的内部证据比内部控制较差时的内部证据可靠。⑤不同来源或不同性质的审计证据互相印证时，审计证据较为可靠；反之，若通过某一来源所获取的证据与通过其他来源所获取的证据不相一致，或者不同性质的证据相互矛盾时，则注册会计师就需进一步审计。

**（四）及时性**

审计证据的及时性是对审计证据收集的时间以及审计证据所涵盖的期间的要求。一般而言，越及时的审计证据越相关。对资产负债表审计来说，证据的取得越是接近结账日，其证明力就越强。例如，结账日盘点有价证券所获得的证据就比两个月前盘点更有证明力。对利润表审计来说，从被审计单位的整个会计期间内选取样本所获得的证据，比仅从一部分期间内选取样本所获得的证据更有证明力。例如，从全年销售业务中随机选取的样本，比仅从上半年销售业务中选取的样本更有证明力。

值得注意的是，审计证据的证明力只有在综合考虑了相关性、可靠性、充分性和及时性后才能加以评价。大量的有力证据除非与所测试的审计目标有关，否则不会具有证明力。大量的审计证据如果不具备可靠性和及时性，也会缺乏证明力。同理，样本规模较小，只有一两个具有相关性、可靠性和及时性的证据，同样缺乏证明力。因此，注册会计师在确定审计证据的证明力时，必须评价四项质量要求都得到满足的程度。

在四项证据决策和决定证据证明力的四项质量因素之间存在着直接的关系，如表 6-3 所示。

表 6-3　　证据决策与证明力之间的关系①

| 审计证据决策 | 审计证据证明力的质量因素 |
|---|---|
| 审计程序和时间安排 | 适当性<br>相关性<br>可靠性<br>提供者的独立性<br>内部控制的有效性<br>注册会计师的直接了解<br>提供者的资格<br>证据的客观性及及时性<br>程序执行的时机<br>执行审计期间占整个期间的比例 |
| 抽样规模和样本项目 | 充分性<br>足够的样本规模<br>选择恰当的样本项目 |

现以注册会计师验证会计报表中的存货这一个重要项目为例，来说明表 6-3 中的这种关系。注册会计师为了验证存货项目中是否存在重大错报，必须对存货项目取得足够数量的，具有相关性、可靠性和及时性的证据。这就意味着注册会计师要决定采用何种审计程序来审计存货项目，以满足相关性和可靠性的要求，并要确定恰当的样本规模和应从总体中选取的项目以满足充分性的要求。最后，注册会计师还必须决定实施这些审计程序的具体时间。这四项证据决策综合起来，必须能够产生具有充分证明力的证据，使注册会计师相信存货项目在重要方面是正确的，审计工作底稿的存货部分可以反映这些决策的内容。

## 第二节　审计证据的获取、整理与评价

### 一、审计证据的获取

#### （一）审计证据的获取方法

在开始学习审计证据的获取方法之前，首先说明一下审计准则、审计程序和审

① 阿尔文·A·阿伦斯、兰德尔·J·埃尔德、马克·S·比斯利（谢盛纹，张龙平译）：《审计学——一种整合方法》，中国人民大学出版社 2013 年版。

计证据决策之间的关系，如图 6-1 所示。

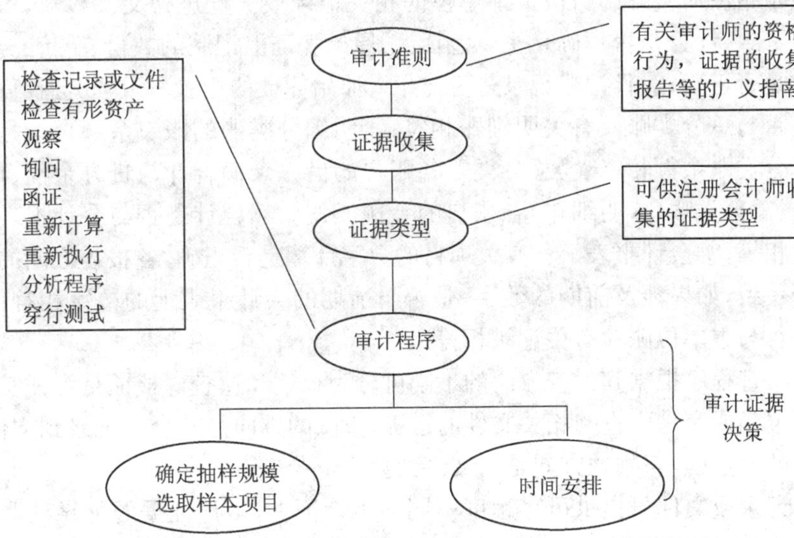


**图 6-1　审计准则、审计程序和审计证据决策的关系**①

注册会计师可以采用下列审计程序获取审计证据：检查记录或文件；检查有形资产；观察；询问；函证；重新计算；重新执行；分析程序。在实务中，通常使用的审计程序还包括穿行测试。

1. 检查记录或文件

检查记录或文件是指注册会计师对被审计单位内部或外部生成的，以纸质、电子或其他介质形式存在的记录或文件进行审查。上述记录或文件包括会计和会计以外的其他记录或文件，它储存的载体不仅限于纸，还包括电子或其他介质形式。这里的"审查"包括审阅和复核两个方面。审阅和复核通常情况下是结合使用的。

审阅是指注册会计师通过对被审计单位有关记录或文件的阅读，以确定被审计单位账目是否真实、合法，是否符合国家有关的法规、制度等。主要包括：①审阅原始凭证，注意有无涂改或伪造现象，记载的经济业务是否合理合法，是否有业务负责人的签字等；②审阅会计账簿，注意原始凭证是否整齐完备，账簿记录与原始凭证内容是否一致，货币收支金额是否异常，成本核算是否符合有关规定，会计分录的编制或账户的运用是否恰当；③审阅财务报表，注意会计报表的编制是否符合会计准则与制度的规定，会计报表附注是否对应予揭示的重大问题做了充分的

① 阿尔文·A·阿伦斯、兰德尔·J·埃尔德、马克·S·比斯利(谢盛纹,张龙平译):《审计学——一种整合方法》,中国人民大学出版社 2013 年版。

披露。

复核是指注册会计师对被审计单位的相关记录或文件进行交叉核对，以验证内容是否一致、计算是否正确。主要包括：①原始凭证上记载的数量、单价、金额及其合计数是否正确；②日记账记录是否与相应原始凭证的记录一致；③会计凭证上的记录是否与总分类账及有关明细账相符；④明细分类账的账户余额合计是否与有关的总分类账余额相符；⑤总分类账各账户的借方余额合计与贷方余额合计是否相符；⑥总分类账（或明细账）各账户的余额或发生额合计是否与会计报表上的相应金额相等；⑦会计报表上各有关项目的数字计算是否正确，各报表之间的有关数字是否一致，如果涉及前期的数字，是否与前期的会计报表上的数字相符；⑧外来账单是否与本单位账簿有关记录相符。

上述检查程序根据其检查方向的不同可分为核证和追查。核证是为证实某一有记载的金额或交易而查阅相关文件的过程，查阅的方向是从会计记录到文件；追查是核证的反过程，查阅的方向是从文件到会计记录。

检查记录或文件可提供可靠程度不同的审计证据，审计证据的可靠性取决于记录或文件的来源和性质。外部记录或文件通常比内部记录或文件可靠。

小资料

**检查记录和文件的综合运用①**

首先，注册会计师进行表表核对、账表核对。若发现不平衡现象，再根据具体情况进一步扩大审查的范围。

其次，账账核对。先审阅总账记录，若没有问题，可将其作为标准账户与明细账（或日记账）核对。若相符，暂时认为是正确的；若不相符，相关的明细账或日记账应作为重点追查的对象。

最后，进一步对抽出的明细账（或日记账）中的每一笔业务进行账证核对、证证核对。

2. 检查有形资产

检查有形资产是指注册会计师对资产实物进行审查。检查有形资产主要适用于存货和现金，但也适用于有价证券、应收票据和固定资产等。一般，被审计单位的人员对有形资产进行盘点，由注册会计师对其盘点工作进行监督；而对于贵重的有形资产，注册会计师还可以进行抽查复点。

检查有形资产是验证资产确实存在的直接手段，取得的是最可靠、最有用的审计证据。一般说来，检查有形资产是认定资产数量和规格的客观手段。在某些情况下，它还是评价资产状况和质量的一种有用方法。但是，要验证存在的资产是否

① 何秀英：《审计学》，东北财经大学出版社 2012 年版。

确实为被审计单位所有，仅仅依靠检查有形资产所取得的实物证据是不充分的；并且在许多情况下，注册会计师也没有胜任能力去判断诸如陈旧或真实性之类的质量因素，也就不能确定资产计价是否正确。

小资料

当注册会计师对资产检查日与被查日不在一个时间点上，还须利用调节公式进行调节，以便账实核对。

(1) 当检查日晚于被查日时：

被查日应存数＝检查日实有数＋被查日至检查日期间减少数－被查日至检查日期间增加数

(2) 当检查日早于被查日时：

被查日应存数＝检查日实有数＋被查日至检查日期间增加数－被查日至检查日期间减少数

3. 观察

观察是指注册会计师察看相关人员正在从事的活动或执行的程序。观察是对被审计单位的经营场所、实物资产和有关业务活动及其内部控制的执行情况等所进行的实地查看。也可以说，观察就是注册会计师利用感官进行评价。在整个审计过程中，注册会计师有很多机会利用视觉、听觉、触觉以及嗅觉评价大量的事物。注册会计师需要深入被审计单位的车间、工地、科室、仓库等现场，对其生产经营活动的开展情况、内部控制执行情况、财产物资保管和利用情况等，进行直接观察，从中发现异常现象、薄弱环节和存在的问题，为实施风险评估程序和进一步审计程序寻找线索。例如，注册会计师深入被审计单位的厂房，可以取得对设备的总体印象；通过观察设备是否生锈，可以评价设备是否陈旧；通过观察雇员实施会计工作的情况，可以确定会计人员是否履行其职责。

观察本身获得的证据并不充分。观察提供的审计证据仅限于观察发生的时点，并且在相关人员已知被观察时，相关人员从事活动或执行程序可能与日常的做法不同，从而影响注册会计师对真实情况的了解。因此，通过观察有了初步印象后，还有必要使用其他类型的确凿证据加以证实。尽管如此，对于大多数审计业务来说，通过观察取得的仍然是非常有用的证据。

4. 询问

询问是指注册会计师以书面或口头方式，向被审计单位内部或外部的知情人员获取财务信息和非财务信息，并对答复进行评价的过程。口头询问时，注册会计师应作书面记录，并要求被询问者签字。知情人员对询问的答复可能为注册会计师提供尚未获悉的信息或佐证证据，也可能提供与已获悉信息存在重大差异的信息；注册会计师应当根据询问结果考虑修改审计程序或实施追加的审计程序。例如，注册会计师在进行风险评估时，会询问被审计单位管理层和内部审计师、采购人员、生产人员、销售人员等，并考虑询问不同级别的员工，以获取对识别重大错报风险有用的审计证据，根据具体情况适当修改审计程序。

尽管通过询问可以从被审计单位获得大量的证据，但询问本身不足以发现认定层次存在的重大错报，也不足以测试内部控制运行的有效性，通常不能把询问结果作为结论。因为它不是来自独立的来源，可能偏向于被审计单位的意愿。通过询问取得审计证据后，注册会计师还应当实施其他审计程序获取充分、适当的审计证据。例如，注册会计师想了解有关被审计单位记录和控制会计业务的方法，他通常要实施审计测试，通过检查和观察来确定业务是否按被询问者所说的方法进行记录和授权。

小资料

**询问法的应用技巧①**

询问法的应用技巧如下：

(1) 谈话应有计划性。最好拟出谈话提纲，事先规划好找什么人谈、谈什么问题、怎么谈等事项。

(2) 注意谈话方式和语气。要想取得好的效果，最好采用单独交谈的方式，并以平等、和蔼、诚恳的语气进行交谈。

(3) 及时记录。在询问时要认真做好记录，由询问人和被询问人签名后作为审计证据。

(4) 注意保密。对员工会外单位人员的谈话记录必须保密，以免谈话人员受到伤害。

5. 函证

函证(即外部函证)，是指注册会计师直接从第三方(被询证者)获取书面答复作为审计证据的过程，书面答复可以采用纸质、电子或其他介质等形式。由于函证回函来自独立的第三方，因而具有较高的可靠性，是受到高度重视的一种证据类型。但是，取得回函要花费较高的成本，并可能会给被函证人带来一定的不便。因此，并不是每一种可利用函证的情况下都利用函证。

究竟是否应当进行函证，主要取决于在当时情况下所要求的可靠性以及是否有可替代的证据。从传统上说，函证很少用于固定资产增加的审计，因为固定资产增加可以通过文件检查和实物检查来验证。同样，函证一般也不用于验证单位之间的具体业务，如销售业务等，因为可经通过检查文件达到这一目的。当然也有例外。假设注册会计师发现，在期末的3天前记录了两笔金额异常大的销售业务，对

① 何秀英：《审计学》，东北财经大学出版社2012年版。

其进行函证是恰当的。第67号《审计准则说明书》要求：一般注册会计师要对应收账款进行函证，对应收账款以外的其他账户一般不要求进行函证。《中国注册会计师审计准则第1312号——函证》规定，注册会计师应当对银行存款、借款(包括零余额账户和在本期内注销的账户)及与金融机构往来的其他重要信息实施函证；注册会计师应当对应收账款实施函证，除非有充分证据表明应收账款对财务报表不重要，或函证很可能无效；如果认为函证很可能无效，注册会计师应当实施替代审计程序，获取相关、可靠的审计证据。如果不对应收账款函证，注册会计师应当在工作底稿中说明理由。函证的内容通常还涉及下列账户余额或其他信息：短期投资、应收票据、其他应收款、预付账款、由其他单位代为保管、加工或销售的存货、长期投资、委托贷款、应付账款、预收账款、保证、抵押或质押、或有事项、重大或异常的交易。

函证可以用来验证多种类型的信息。一般经常进行函证的信息及其来源如表6-4所示。

表6-4 **经常函证的信息及其来源**①

| 信息 | 来源 |
| --- | --- |
| 资产： | |
| 银行存款 | 银行 |
| 应收账款 | 客户 |
| 其他应收款 | 相关单位及人员 |
| 应收票据 | 出票人 |
| 短期投资 | 被投资单位 |
| 预付账款 | 客户 |
| 人寿保险的退保金额 | 保险公司 |
| 负债： | |
| 应付账款 | 债权人 |
| 应付票据 | 贷款人 |
| 预收账款 | 顾客 |
| 应付抵押借款 | 抵押人 |
| 应付债券 | 债券持有人 |
| 所有者权益： | |
| 流通在外的股份 | 股票登记机构和转让代理机构 |
| 其他信息： | |
| 保险总额 | 保险公司 |
| 或有负债 | 银行、贷款人等 |
| 债券发行契约 | 债券持有人 |
| 债权人持有的抵押品 | 债权人 |

① 阿尔文·A·阿伦斯、兰德尔·J·埃尔德、马克·S·比斯利(谢盛纹,张龙平译)：《审计学——一种整合方法》,中国人民大学出版社2013年版。

在我国，函证有积极式函证和消极式函证两种类型。积极式询证函是指要求被询证者直接向注册会计师回复，表明是否同意询证函所列示的信息，或填列所要求的信息的一种询证函。消极式询证函是指要求被询证者只有在不同意询证函所列示的信息时才直接向注册会计师回复的一种询证函。

如果由被审计单位控制询证函的编制、寄发和收取，那么注册会计师就会因失去控制而丧失独立性，证据的独立性也就会随之削弱。出于对证据可靠性的考虑，当实施函证程序时，注册会计师应当对询证函保持控制，包括：

(1) 确定需要确认或填列的信息。

(2) 选择适当的被询证者。

(3) 设计询证函，包括正确填列被询证者的姓名和地址，以及被询证者直接向注册会计师回函的地址。

(4) 发出询证函并予以跟进，必要时再次向被询证者寄发询证函。

**同步案例 6-2**

**外高桥审计案例①**

因 2005 年巨额证券保证金被挪用遭受损失并导致年度亏损，而担任年报审计的普华永道中天会计师事务所(以下简称普华永道)被认为负有不可推卸的责任。为此，外高桥于 2006 年 5 月 9 日向中国国际经济贸易仲裁委员会上海分会提起仲裁，要求普华永道退还全部审计服务费共计人民币 170 万元，赔偿外高桥的全部经济损失共计人民币 2 亿元，并承担全部仲裁费用和律师费。据悉，中国国际经济贸易仲裁委员会上海分会已经受理，并启动了仲裁程序。

外高桥于 2005 年 6 月发现公司存放在国海证券上海圆明园路营业部证券保证金账户中的 2.2 亿元资金被挪用，且绝大部分难以追回，外高桥为此已计提特殊坏账准备。但普华永道在对外高桥 2003 年度和 2004 年度的各项财务报表进行审计后，分别于 2004 年 4 月 8 日、2005 年 4 月 1 日出具了无保留意见的审计报告。

据外高桥方面介绍，普华永道在对前述保证金账户资金余额实施函证时，均未直接向证券公司发出询证函，相反却交给外高桥的相关人员处理。询证函的发出和收回均控制在外高桥的相关人员手中，为相关人员弄虚作假掩盖挪用资金行为创造了机会。普华永道未对询证函的发出和收回保持有效控制，已表明收回的询证函不可靠，但普华永道仍没有实施其他适当的审计程序予以证实或消除疑虑。外高桥管理层认为，普华永道未保持应有的职业谨慎、未实施有效的审计程序，即出具了无保留意见的审计报告，从而使外高桥蒙受了巨额经济损失。

在这个案例中，注册会计师执行的函证程序存在问题吗？为什么？

6. 重新计算

重新计算是指注册会计师以人工方式或使用计算机辅助审计技术，对记录或

① 葛荣根：《2 亿元足以让合作伙伴翻脸》，《上海证券报》2006 年 5 月 11 日。

文件中的数据计算准确性进行核对。它主要包括重新计算会计凭证、会计账簿、财务报表和其他会计资料中有关数据。例如，重复计算销售发票乘积和存货记录乘积，重复加总日记账记录与明细账，重复计算折旧费用和预付费用等。在审计实务中，需要重新计算的内容很多，注册会计师应当有选择、有重点地进行。通常情况下，注册会计师会抽出一些凭证及会计记录，就其中的数据进行重新计算，验证凭证及会计记录计算的正确性。

7. 重新执行

重新执行是指注册会计师以人工方式或使用计算机辅助审计技术，重新独立执行作为被审计单位内部控制组成部分的程序或控制。例如，注册会计师利用被审计单位的银行存款日记账和银行对账单，重新编制银行存款余额调节表，并与被审计单位编制的银行存款余额调节表进行比较。再如，注册会计师为调查评价被审计单位销售收款循环内部控制设计的合理性和执行的有效性，选择一种商品沿着其销售到收款的整个过程执行一遍。可见，重新执行的目的是弄清被审计单位内部控制设计是否合理，执行是否有效。

8. 分析程序

分析程序是指注册会计师通过研究不同财务数据之间以及财务数据与非财务数据之间的内在关系，对财务信息作出评价。分析程序还包括调查识别出的、与其他相关信息不一致或与预期数据严重偏离的波动和关系。分析的内容主要包括：将本期与上期或前期的会计数据进行比较；将实际数与计划数或同行业平均数进行比较；对财务报表各重要项目间的关系进行分析等。分析的方法主要包括：比较分析法、比率分析法、结构百分比法、趋势分析法等。

分析程序的应用范围较广，可以用作风险评估程序，调查了解被审计单位情况及其环境，评估财务报表重大错报风险；也可以直接用作实质性程序（称作实质性分析程序），获取与各交易、账户余额和列报认定有关的审计证据；还可以用于对财务报表的总体合理性进行复核，以评价财务报表是否依然存在重大错报风险，是否有必要追加审计程序。《中国注册会计师审计准则第 1313 号——分析程序》规定，注册会计师应当将分析程序用作风险评估程序，并在审计结束时运用分析程序对财务报表进行总体复核。注册会计师也可将分析程序用作实质性程序。

同步案例 6-3

**分析程序的应用：蓝田股份**

第一部分：对蓝田股份 2000 年年报数据的分析

(1) 蓝田股份的偿债能力分析。截至2000年年末，蓝田股份流动资产43 310万元(其中存货27 934万元)，流动负债56 701万元(其中短期贷款9 980万元)，蓝田股份2000年年末流动比率是0.77，速动比率是0.35，净营运资金是−1.3亿元。蓝田股份的流动比率和速动比率与同业相比明显偏低。

(2) 蓝田股份的农副水产品销售收入分析。蓝田公司声称已开发30万亩养殖方面，高产值的特种养殖鱼塘面积只有1万亩，这种精养水池亩产值可达3万元，是粗放经营的10倍。而同湖北的武昌鱼公司，6.5万亩鱼塘养殖收入每年6 000万元，亩产值不足1 000元。蓝天股份粗放经营的亩产量是武昌公司的3倍，精养水池的亩产量是后者的30倍。

2000年蓝田股份的应收款回收期位于"A07渔业"上市公司的同业最低水平，低于同业平均值大约1/31，通过应收账款周转率同业对比，认定蓝田股份不可能以"钱货两清"和客户上门提货的方式销售。2000年蓝田股份12.7亿元农副水产品销售收入数据是虚假的。

(3) 蓝田股份的现金流量分析。2000年蓝田股份经营活动产生的净现金流量大部分转化成在建工程本期增加投资。如果蓝田股份水产品基地瞿家湾每年有12.7亿元销售水产品收到的现金，各家银行会争先恐后的在瞿家湾设立分支机构，会为争取这"12.7亿元销售水产品收到的现金"业务而展开激烈的竞争。蓝田股份"钱货两清"交易规则可疑。所谓的"生态基地""鱼塘升级改造"和"大湖开发项目"巨额投资可能都是假的。公司在虚增收入的同时虚增在产品、固定资产和在建工程。

(4) 蓝田股份的资产结构分析。蓝田股份的在产品占存货百分比和固定资产占资产百分比异常高于同业平均水平，蓝天股份的在产品和固定资产的数据是虚假的。

(数据主要来源：刘姝威：《应立即停止对蓝田股份发放贷款》，《金融内参》2001年10月26日。)

第二部分：蓝田股份1999年、2000年年报数据的修正(见表6-5)

表6-5 **蓝田股份1999年、2000年年报数据的修正** (单位：元)

| 蓝田股份 | 1999年追溯调整前 | 1999年追溯调整后 | 2000年追溯调整前 | 2000年追溯调整后 |
|---|---|---|---|---|
| 主营业务收入 | 1 851 429 973 | 24 238 787 | 1 840 909 605 | 38 094 774 |
| 净利润 | 513 027 676 | −22 879 728 | 431 628 612 | −10 686 569 |
| 总资产 | 2 337 962 570 | 874 766 383 | 2 837 651 897 | 1 155 472 867 |
| 股东权益 | 1 746 789 534 | 268 102 569 | 2 178 418 146 | 129 253 932 |

数据来源：蓝田股份2001年年报，http://www.sse.com.cn/cs/zhs/scfw/gg/oldBulletin/600709_2001_n.pdf。

课堂讨论：在案例中，注册会计师如何运用分析程序？

9. 穿行测试

穿行测试是通过追踪交易在财务报告系统中的处理过程，来证实和评价内部控制设计和执行状况的一种方法。穿行测试不是单独的一种审计程序，而是将多种审计程序按特定需要进行结合使用的方法。

**(二) 审计程序的分类**

上述审计取证方法贯穿于财务报表审计的全过程。由于现代财务报表审计要求首先进行风险评估，再根据风险评估的结果决定如何进行控制测试和实质性程序。因此，上述审计取证方法按其运用目的可以分为以下三类。

1. 风险评估程序

风险评估程序是指注册会计师为了解被审计单位及其环境（包括内部控制），以识别和评估财务报表层次和认定层次的重大错报风险（无论该风险由于舞弊或错误导致）而实施的审计程序。注册会计师实施风险评估程序时可以使用上述询问、观察、检查和分析程序等具体审计程序。注册会计师应当利用风险评估程序所获取的信息，作为支持风险评估结果的审计证据。注册会计师应当实施风险评估程序，为识别和评估财务报表层次和认定层次的重大错报风险提供基础。但是，风险评估程序本身并不能为形成审计意见提供充分、适当的审计证据，注册会计师还需要实施进一步的审计程序，包括控制测试（如果需要）和实质性程序。

2. 控制测试

控制测试是指用于评价内部控制在防止或发现并纠正认定层次重大错报方面的运行有效性的审计程序。控制测试与了解内部控制所需要的审计证据是不同的。在设计和实施控制测试时，注册会计师应当：①将询问与其他审计程序结合使用，以获取有关控制运行有效性的审计证据；②确定拟测试的控制是否依赖其他控制（间接控制）。如果依赖其他控制，确定是否有必要获取支持这些间接控制有效运行的审计证据。比如，假定控制程序规定“现金应每天如数送存银行”，那么，注册会计师就可以通过观察实际送存过程和检查有效的存款单据，以测试该项内部控制的有效性。值得注意的是，尽管大多数的财务报表审计都执行控制测试程序，但并不一定每次财务报表审计都必须执行这一程序。

3. 实质性程序

实质性程序是指用于发现认定层次重大错报的审计程序。实质性程序包括下列两类程序：①对各类交易、账户余额和披露的细节测试；②实质性分析程序。实质性程序在每次报表审计中都必须执行。交易的细节测试和余额的细节测试是有区别的，前者是为了审定某类或某项交易认定的恰当性，而后者则是为了审定某账户余额认定的恰当性。比如，追查购货发票至分类账，以确定有关分录的正确性和完整性，就属于购货业务交易的细节测试。再如，注册会计师函证某债务人，以决定某项应收账款余额的正确性，则属于应收账款账户余额的细节测试。细节测试和实质性分析程序在审计中各有其独特的作用，不可相互替代。实质性分析程序的结果往往可以为细节测试提供一定的有益的方向性指导。

**（三）各种审计证据的可靠性程度**

利用第一节中考虑审计证据可靠性的原则，来确定将上述审计证据获取方法

（具体审计程序）的可靠性，如表6-6所示。

表6-6　　各类审计证据的可靠性

| 证据获取方法 | 决定可靠性的原则 | | | | | |
|---|---|---|---|---|---|---|
| | 证据提供者的独立性 | 内部控制有效性 | 注册会计师的直接认识 | 证据的存在形式 | 证据提供者的资格 | 证据客观性 |
| 检查记录或文件 | 多样化 | 多样化 | 低 | 高 | 多样化 | 高 |
| 检查有形资产 | 高（注册会计师实施） | 多样化 | 高 | 高 | 通常较高（注册会计师实施） | 高 |
| 观察 | 高（注册会计师实施） | 多样化 | 高 | 中 | 通常较高（注册会计师实施） | 中 |
| 询问 | 低 | 不适用 | 低 | 低 | 多样化 | 多样化 |
| 函证 | 高 | 不适用 | 低 | 高 | 多样化 | 高 |
| 重新计算 | 高（注册会计师实施） | 不适用 | 高 | 不适用 | 高（注册会计师实施） | 高 |
| 重新执行 | 高（注册会计师实施） | 多样化 | 高 | 不适用 | 高（注册会计师实施） | 高 |
| 分析程序 | 高（注册会计师实施） | 多样化 | 低 | 高 | 高（注册会计师实施） | 一般较低 |
| 穿行测试 | 高（注册会计师实施） | 多样化 | 高 | 不适用 | 高（注册会计师实施） | 高 |

**（四）各种审计证据的成本**

检查有形资产和函证获取的审计证据成本最高。通过检查有形资产获取证据成本高，是因为被审计单位盘点一般是在结账日，而且要求注册会计师在场，还可能导致多位注册会计师在相距较远的地区间奔波；通过函证获取审计证据的成本高是因为注册会计师在编制、寄发、收取函件或发生意外时，都要投入大量的精力和时间。

检查记录或文件和分析程序获取审计证据成本适中。如果被审计单位为注册会计师准备好凭证，并将它们组织好以便于使用，则检查取证方式的成本较低。如果注册会计师必须亲自寻找这些证据，那么检查取证方式的成本就较高。此外，即使在理想条件下，书面资料上的信息和数据也会很复杂，需要进行解释和分析。例如，审阅和评价客户的合同、租赁协议和董事会会议记录通常需要花费大量的时间。分析程序需要审计师决定采取哪些分析性程序，并要进行计算和评价结果，这样工作通常要花费大量的时间。

观察、询问、重新计算和重新执行获取审计证据成本最低。观察通常与其他审计程序同步实施。例如,注册会计师在监盘存货的同时,就很容易观察到被审计单位的雇员是否采用了恰当的存货盘点方法。询问在每一次审计业务中都广泛应用,并且通常成本较低。但某些询问的成本可能较高,比如从被审计单位那里取得记录整个审计过程中双方会谈内容的书面声明。重新计算和重新执行通常成本较低,因为它们只涉及注册会计师比较容易做的简单计算和追查,而且通常注册会计师可以用电脑软件来实施这些测试。

穿行测试的成本需要根据具体情况来确定,因为它是上述若干审计程序的组合。

**(五) 将各种审计证据应用于审计决策**

表 6-7 以存货余额审计目标为例,说明了将各类证据应用于四项证据决策的过程。存货项目余额的审计总目标是以最低的成本取得具有充分证明力(相关性、可靠性、充分性和及时性)的证据,证明存货项目在重要方面是正确的。因此,注册会计师必须决定采用何种审计程序来满足每一个余额审计目标;对每一项审计程序应选取多大的样本规模;选取总体中的哪些项目作为样本;以及何时实施各项审计程序。以存货账存数量是否与实物结存数量相符这一具体审计目标为例,可以使用一些方法获取审计证据来满足这一目标。表 6-7 列示了其中三种证据获取方法,并为每种方法获取的证据的四项证据决策给出了范例。

表 6-7 **存货项目余额审计目标的各类证据和四项证据决策**①

| 证据决策 / 获取方法 | 具体审计程序 | 抽样规模 | 样本项目 | 时间安排 |
|---|---|---|---|---|
| 观察 | 观察被审计单位雇员盘点存货以确定其是否正确地遵守了盘点指令。 | 所有盘点小组 | 不适用 | 结账日 |
| 检查有形资产 | 盘点存货样本,将盘点数量与客户盘点的数量和说明相核对。 | 120 个项目 | 金额较大的 40 个项目,随机选取 80 个项目。 | 结账日 |
| 检查记录或文件 | 将客户永续盘存记录中的数量与客户盘点的数量相核对。 | 70 个项目 | 金额较大的 30 个项目,随机选取 40 个项目。 | 结账日 |

① 阿尔文·A·阿伦斯、兰德尔·J·埃尔德、马克·S·比斯利(谢盛纹,张龙平译):《审计学——一种整合方法》,中国人民大学出版社 2013 年版。

## 二、审计证据的整理和评价

### (一) 审计证据整理和评价的意义

注册会计师为了使所收集到的分散的、个别的审计证据，变成充分的、适当的、具有充分证明力的证据，以正确评价被审计单位财务报表等有关会计资料是否恰当地反映了其财务状况、经营成果及现金流量，就必须按照一定的方法对审计证据进行分类整理与评价，使之条理化、系统化。只有这样，注册会计师才能对各种审计证据合理地进行审计小结，并在此基础上恰当地形成整体的审计意见。

首先，通过检查记录或文件、检查有形资产、观察、询问、函证、重新计算、重新执行、分析程序等方法所获取的大部分审计证据，在注册会计师对其进行分析评价之前，都还是一种原始状态的证据。这些证据往往是初始的、零乱的、无序的和彼此孤立的，且证据的形式也复杂多样。因此，注册会计师只有按照一定的程序、目的和方法进行科学的加工整理，才能使其变成有序的、系统化的、彼此联系的审计证据。

其次，初始状态的审计证据必须与审计目标相联系，并就性质和重要程度以及同其他证据间的关系进行分析、计算和比较，以对被审计单位的各个方面作出评价，并形成正确的审计结论和意见。在整理过程中对发现证据不足的地方，还可进行补充收集，以便获取新的证据材料，把审计工作引向深入。

最后，在审计过程中，通过注册会计师的评价和研究，还可以产生一些有价值的新的证据，从而对客户作出更为恰当的审计结论。

需要指出的是，审计证据的收集与整理、评价并非互不相关的独立环节，相反，它们经常是交叉进行的。

### (二) 审计证据整理和评价的方法

审计证据的整理、评价并没有一个固定的模式，审计的目的不同，审计证据的种类不同，其整理、评价的方法也不相同。一般而言，审计证据整理、评价的方法有如下。

1. 分类和排序

分类和排序是指将审计证据按其证明力的强弱，或按与审计目标的关系是否直接等分门别类排列成序。它也可以按照审计事项分类、按照审计证据与审计事项相关程度排序，从而使审计方案确定的审计事项脉络清楚、重点突出。

2. 计算

计算是指按照一定的方法对数据方面的审计证据进行计算，并从计算中得出所需要的新的证据。

3. 比较

比较包括两方面的内容：一方面要将各种审计证据进行反复比较，从中分析出客户经济业务的变动趋势及其特征；另一方面还要与审计目标进行比较，判断其是否符合要求（如不符合要求，则需补充收集有关的审计证据）。

4. 小结

小结是指对审计证据在上述分类、计算的比较的基础上，注册会计师对审计证据进行归纳、总结，得出具有说服力的局部的审计结论。

5. 综合

综合是指注册会计师对各类审计证据及其所形成的局部的审计结论进行综合分析，最终形成整体的审计意见。

**（三）审计证据整理和评价应注意的几个问题**

1. 审计证据的取舍

注册会计师不必也不可能把审计证据所反映的内容全部都包括在审计报告之中。在编写审计报告之前，必须对反映不同内容的审计证据做适当的取舍，舍弃那些无关紧要的、不必在审计报告中反映的次要证据，只选择那些具有代表性的、典型的审计证据在审计报告中加以反映。审计证据取舍的标准有：

（1）金额大小。对于金额较大、足以对客户的财务状况或经营成果的反映产生重大影响的证据，应当作为重要的审计证据。

（2）问题性质的严重程度。有些审计证据本身所揭露的金额也许并不大，但这类问题的性质较为严重，它可能导致其他重要问题的产生或与其他可能存在的重要问题有关，则这类审计证据也应作为重要的证据。

2. 分清事实的现象与本质

某些审计证据所反映的可能只是一种假象，注册会计师必须对其加以认真地分析和研究，透过现象找出它所反映的事物的本质而不能被表面的假象所迷惑。

3. 排除伪证

伪证是被审计单位等审计证据的提供者出于某种动机而伪造的证据，或是有关方面基于主观或客观原因而提供的假证。这些证据或因精心炮制而貌似真实证据，或与被审计事实之间存在某些巧合，如不认真排除，往往就会鱼目混珠、以假乱真。

# 第三节 审计工作底稿

## 一、审计工作底稿的定义和作用

### （一）审计工作底稿的定义

审计工作底稿是指注册会计师对制定的审计计划、实施的审计程序、获取的相关审计证据，以及得出的审计结论作出的记录。该定义具有以下两方面的含义：

1. 审计工作底稿形成于审计全过程

审计全过程一般指从承接审计业务开始，到审计约定事项全部完成，发出审计报告为止的全过程，包括审计计划、审计实施和审计报告三个阶段。也就是说，注册会计师接受审计任务、确立审计对象、出具审计报告的全过程，实际上就是收集审计证据，编制审计工作底稿，进而作出审计结论的过程。

2. 审计工作底稿的形成方式：编制和取得

审计工作底稿既包括注册会计师对审计工作的记录，也包括注册会计师取得的各种相关资料。但注册会计师对于取得的有关资料，只有在经过亲自审核以后才能作为审计工作底稿。

注册会计师应当就下列事项形成审计工作底稿：

(1) 总体审计策略。

(2) 具体审计计划。

(3) 在审计过程中对总体审计策略或具体审计计划作出的任何重大修改及其理由。

审计工作底稿可以以纸质、电子或其他介质形式存在。审计工作底稿通常包括总体审计策略、具体审计计划、分析表、问题备忘录、重大事项概要、询证函回函、管理层声明书、核对表、有关重大事项的往来信件（包括电子邮件），以及对被审计单位文件记录的摘要或复印件等。

**（二）审计工作底稿的作用**

审计工作底稿的作用主要表现在以下几方面。

1. 审计工作底稿是形成审计结论，发表审计意见的直接依据

因为审计结论和审计意见是注册会计师根据所搜集到的审计证据和专业判断形成的，而审计证据及注册会计师的专业判断都完整地记录于审计工作底稿中。

2. 审计工作底稿是评价、考核注册会计师专业胜任能力与工作业绩，并解脱其审计责任的重要依据

依照注册会计师审计准则，实施必要的审计程序，发表客观公正的审计意见是注册会计师的审计责任，而注册会计师是否执行审计准则、选择的审计程序是否必要、专业判断是否准确等都必须通过审计工作底稿来体现，因此评价考核注册会计师的专业能力与工作业绩，解脱其审计责任必须依赖审计工作底稿。

3. 审计工作底稿为审计质量的控制与监督提供了基础

会计师事务所进行审计质量控制，注册会计师协会进行审计质量监督，都必须借助于审计工作底稿来进行。离开了审计工作底稿，审计质量的控制与监督就无法落到实处。

4. 审计工作底稿对未来审计业务具有参考作用

同类型的审计业务具有一定的共同性，同一被审计单位的审计业务具有一定的

连续性。因此,当年的审计工作底稿对以后年度的审计业务具有较大的参考价值。

5. 审计工作底稿是整个审计工作的连接纽带

审计项目组的工作分工、在规定的时间内执行规定的审计程序、形成系统的支持性证据并最终得出结论,这些环节都需要审计工作底稿建立连接纽带。审计项目负责人也可以通过对审计工作底稿的复核,来避免审计工作的重复及遗漏、对工作进度和人员分工进行有效的监督和控制。

## 二、审计工作底稿的分类

关于审计工作底稿的分类,目前还没有一个能为理论界和实务界都能接受的统一标准。通常按照审计工作底稿的性质和用途,将其分为综合类工作底稿、业务类工作底稿和备查类工作底稿。

**(一) 综合类工作底稿**

综合类工作底稿是指注册会计师在审计计划和审计报告阶段,为规划、控制和总结整个审计工作,并发表审计意见所形成的审计工作底稿。主要包括审计业务约定书、审计计划、审计总结、未审计会计报表、审计差异调整表、审计报告底稿、管理建议书、被审计单位声明书等。这类工作底稿反映注册会计师对整个审计工作的规划、管理和总结,并体现注册会计师的审计意见。一般来说,该类工作底稿较多地在注册会计师的办公地完成。

**(二) 业务类工作底稿**

业务类工作底稿是指注册会计师在审计实施阶段执行具体审计程序所形成的审计工作底稿。该类工作底稿的形成时间主要是在审计实施阶段,其作用是反映注册会计师执行具体审计程序的情况。主要包括注册会计师编制的控制测试工作底稿、实质性程序工作底稿、注册会计师执行具体审计程序时从被审计单位或他人处取得的各种审计资料的重要摘录和复制件。例如,销售与收款业务循环控制测试表,应收账款汇总表等。这类工作底稿通常在审计外勤工作时完成。

业务类工作底稿按其性质和内容不同,又可分为审计日记、调查类、查账类、盘点类和专项审计工作底稿。

1. 审计日记

审计日记是承担审计项目的每位注册会计师对每天工作所做的记录。它包括日期、审计种类、审计工作内容等。

2. 调查类工作底稿

调查类工作底稿是注册会计师为了了解被审计单位有关情况或被审计事项的实际情况,以及为了收集审计证据所作的各种审计记录。例如,内部控制调查表、被审计单位基本情况表等。

3. 查账类工作底稿

查账类工作底稿是注册会计师审查会计凭证、账簿和报表过程中所编写的各种工作记录。例如,在进行财务报表审计时常用的试算平衡表、汇总表、分析表、计算表、账项调整表等。表6-8列示了试算平衡表的一般格式和内容。

表6-8　　**审计工作底稿——试算平衡表**

被审计单位名称：　　编制人：

日期：　　复核人：　　底稿号码

| 会计账户 | 原试算表记录 | | 注册会计师调整账户 | | 调整后试算表 | |
|---|---|---|---|---|---|---|
| | 借方 | 贷方 | 借方 | 贷方 | 借方 | 贷方 |
| | | | | | | |

4. 盘点类工作底稿

盘点类工作底稿是注册会计师对库存现金、有价证券、存货、固定资产等实物资产进行清查盘点后所做的记录。例如,库存现金清点表、有价证券清点表、库存材料抽查表、固定资产盘点表等。表6-9列示了库存现金清点表的一般格式和内容。

表6-9　　**审计工作底稿——库存现金清点表**

被审计单位：　　清点时间：

| 摘　要 | | 金　额 |
|---|---|---|
| 一、库存现金实有额 | | |
| 人民币100元券 | ××张 | 元 |
| 50元券 | ××张 | 元 |
| 10元券 | ××张 | 元 |
| 5元券 | ××张 | 元 |
| 1元券 | ××张 | 元 |
| 5角券 | ××张 | 元　角 |
| …… | …… | |
| 二、已收款未入账的总计 | | |
| (1) | | |
| (2) | | |
| 三、已付款未入账的总计 | | |
| (1) | | |
| (2) | | |

（续表）

| 摘　要 | 金　额 |
|---|---|
| 四、白条 | |
| 五、其他 | |
| 库存现金实存额（大写） | 现金账面结存额（大写） |
| 出纳员或备额保管员：（签章） | 清点人：（签章） |
| 审计结论 | |
| 审计负责人签章 | 注册会计师签章 |

5. 专项审计工作底稿

专项审计工作底稿是除了上述四类工作底稿之外，注册会计师为了记录其他特殊事项所设计的工作底稿，这些特殊事项包括伪造凭证、贪污盗窃、行贿受贿等违法乱纪事件。针对这些特殊事项，注册会计师应当根据不同情况设计不同格式的工作底稿，详细说明审计过程、取得的审计证据、问题性质、金额、被审计人的态度和注册会计师的分析意见等。

**（三）备查类工作底稿**

备查类工作底稿是指注册会计师在审计过程中形成的、对审计工作仅仅具有备查作用的审计工作底稿。该类工作底稿的形成时间是审计全过程。主要包括与审计约定事项有关的重要法律性文件、重要会议记录与纪要、重要经济合同与协议、企业营业执照、公司章程等原始资料的副本或者复印件等。

注册会计师在将上述资料归档为备查类工作底稿的同时，还应根据具体需要，将其中与具体审计项目有关的内容复印、摘录或综合后归入业务类工作底稿的具体审计项目之后。备查类工作底稿常常是由被审计单位或第三者提供或代为编制，注册会计师应对所取得的有关文件资料标明其来源。

## 三、审计工作底稿的形成

**（一）审计工作底稿的基本要素**

审计工作底稿的形成方式主要有两种：一种是注册会计师直接编制；另一种是取得。一般而言，注册会计师直接编制的审计工作底稿主要应包括以下基本要素。

1. 被审计单位名称

被审计单位名称用以明确审计客体，防止混淆。如果被审计单位有子公司，或业务单元等，则应同时注明子公司或业务部门的名称。

2. 审计项目名称

审计项目名称是某一会计报表项目名称或某一审计程序及实施对象名称。用以明确审计内容。例如，审查财务报表中的存货项目，对购货及付款循环进行控制测试等。

3. 审计项目时点或期间

审计项目时点或期间用以明确审计范围。

4. 审计过程及其结论的记录

注册会计师的审计过程包括实施的审计程序、获取的审计证据、形成的各种专业判断、得出的审计结论。应当注意的是，每张审计工作底稿都应该有经过注册会计师审计的轨迹或者专业判断的记录，这一点很重要。有的工作底稿只是抄录了被审计单位账簿上的一些记录，而没有审计过程记录，也没有注册会计师专业判断或者审计结论，这种不说明问题的工作底稿实际上是无用的底稿。

5. 审计标识及说明

审计标识是注册会计师为方便表达审计含义而采用的符号。为了便于他人理解，注册会计师应在审计工作底稿中说明各种审计标识所代表的含义，或者采用审计标识及其说明表的形式在整套审计工作底稿前统一说明。审计标识应前后一致。常用的审计标识如表 6-10 所示。

表 6-10　**常用的审计标识**

| 顺序号 | 标识 | 图　意 | 顺序号 | 标识 | 图　意 |
|---|---|---|---|---|---|
| 1 | √ | 已核对 | 7 | < | 横加核对 |
| 2 | ? | 疑问待查 | 8 | B | 与上年结转数核对一致 |
| 3 | S | 与明细账核对相符 | 9 | T | 与原始凭证核对一致 |
| 4 | G | 与总账核对相符 | 10 | T/B | 与试算平衡表核对一致 |
| 5 | ∧ | 纵加核对 | 11 | ? √ | 疑问已查清 |
| 6 | C: | 已发询证函 | 12 | C\: | 已收回询证函 |

6. 索引号及页次

为了便于整理和查阅，在每张审计工作底稿上都要注明索引号及页次。索引号也称编号，是注册会计师为整理利用审计工作底稿，将具有同一性质或反映同一具体审计事项的审计工作底稿分别归类所形成的相互联系、相互控制的特定编号。页次是在同一索引号下不同的审计工作底稿的顺序编号。如 A1-2 可以表示库存现金盘点核对表。其中，A 代表资产类工作底稿，1 代表货币资金工作底稿，2 代表货币资金类的第 2 张底稿。会计师事务所可以通过制订“审计工作底稿目录表”，来规定各种工作底稿的索引号，以备查阅。

7. 编制者姓名及编制日期

编制者姓名及编制日期目的在于明确工作职责,以便检查者、使用者了解谁能提供审计资料;另外,可证明编写工作底稿的时间,便于追查审计步骤与顺序,为以后类似审计工作安排时间。

8. 复核者姓名及复核日期

复核者姓名及复核日期目的在于明确复核责任,便于查询。

9. 其他应说明的事项

由被审计单位、其他第三者提供的资料或代为编制的审计工作底稿,注册会计师应在上面注明其来源,实施必要的审计程序,并按照上述基本要素的要求记录在工作底稿上。

**(二) 审计工作底稿的编制要求**

(1)《中国注册会计师审计准则第1131号——审计工作底稿》要求注册会计师应当及时编制审计工作底稿。编制审计工作底稿的文字应当使用中文。少数民族自治地区可以同时使用少数民族文字。中国境内的中外合作会计师事务所、国际会计公司成员所可以同时使用某种外国文字。会计师事务所执行涉外业务时可以同时使用某种外国文字。

(2) 注册会计师编制的审计工作底稿,应当使未曾接触该项审计工作的有经验的专业人士清楚了解:①按照审计准则和相关法律法规的规定实施的审计程序的性质、时间安排和范围;②实施审计程序的结果和获取的审计证据;③审计中遇到的重大事项和由此得出的结论,以及在得出结论时作出的重大职业判断。

有经验的专业人士,是指会计师事务所内部或外部的具有审计实务经验,并且对下列方面有合理了解的人士:①审计过程;②审计准则和相关法律法规的规定;③被审计单位所处的经营环境;④与被审计单位所处行业相关的会计和审计问题。

(3) 在记录已实施审计程序的性质、时间安排和范围时,注册会计师应当记录:①测试的具体项目或事项的识别特征;②审计工作的执行人员及完成审计工作的日期;③审计工作的复核人员及复核的日期和范围。

(4) 注册会计师应当记录与管理层、治理层和其他人员对重大事项的讨论,包括所讨论的重大事项的性质以及讨论的时间、地点和参加人员。如果识别出的信息与针对某重大事项得出的最终结论不一致,注册会计师应当记录如何处理该不一致的情况。在极其特殊的情况下,如果认为有必要偏离某项审计准则的相关要求,注册会计师应当记录实施的替代审计程序如何实现相关要求的目的以及偏离的原因。

(5) 在某些例外情况下,如果在审计报告日后实施了新的或追加的审计程序,或者得出新的结论，注册会计师应当记录：①遇到的例外情况；②实施的新的或追加的审计程序，获取的审计证据，得出的结论，以及对审计报告的影响；③对审计工作底稿作出相应变动的时间和人员，以及复核的时间和人员。

除上述三种情况外，在完成最终审计档案归整工作后，如果注册会计师发现有必要修改现有审计工作底稿或增加新的审计工作底稿，无论修改或增加的性质如何，注册会计师均应当记录：①修改或增加审计工作底稿的具体理由；②修改或增加审计工作底稿的时间和人员，以及复核的时间和人员。

另外，由于审计工作底稿不仅是形成审计结论的依据，而且是评价注册会计师业绩，控制和监督审计质量的基础，因此对于审计工作底稿的编制应该认真对待。一般在编制审计工作底稿时应考虑以下几点要求。

1. 完整性

审计工作底稿的完整性要求主要表现在两个方面，一是资料的完整性，也就是注册会计师应将收集的资料全部编入审计工作底稿；二是要素的完整性，即注册会计师必须保证组成审计工作底稿的若干要素编写齐全，不重复或遗漏。

2. 重要性

审计工作底稿的重要性要求是指审计工作底稿应包括被审计单位所有重要的事项。例如能支持审计报告及审计结论的事项，能证明审计报告中某一项目的资料，能证明交易事项及会计记录的正确性、真实性的资料，对于下一步调查有用的资料等都是属于重要的资料，因此必须列入审计工作底稿。而有些不重要的，与应证明事项没有必然联系的资料尽量不列入审计工作底稿。

3. 真实性

审计工作底稿的真实性要求是指在编制审计工作底稿时，应注意以下事项：①整个审计工作底稿的资料来源应该是可靠的；②来自被审计单位的资料应该是对被审计单位有关情况的客观描述；③注册会计师自己编制的各种试算表、分析表等应该在时间、地点、事实、当事人、计量单位、计量方法等方面准确无误；④从被审计单位以外的其他单位取得的资料应通过一定的审计程序验证其真实性。

4. 结构性

审计工作底稿的结构性要求包括形式结构和内容结构两方面。形式结构主要指：审计工作底稿的格式设计要实用、具体，使之易于了解，使用方便；书写上应留有充分的余地，以备增添新的内容；审计事实与审计意见分开排列，如有可能，应使用统一的标志符号表达审计证据。良好的形式结构，旨在节约审计时间，提高审计效率。内容结构主要指：从工作底稿间的关系看，各个工作底稿的内容应该有一个相互一致的结构，以防重复或者遗漏；各个工作底稿的主从关系要明确界定，以形成一个合理的结构。对审计工作底稿的内容结构进行控制，可以提高审计质量和效果。例如，审计工作底稿的审计标识要前后一致。

**(三) 审计工作底稿的勾稽关系**

审计工作底稿的勾稽关系主要包括三方面内容。

1. 各会计报表项目审计工作底稿之间的勾稽关系

由于被审计单位的经济业务与财务状况是一个有机整体，对某一会计报表项目进行审计必然会涉及另一些会计报表项目，因此，每一张审计工作底稿反映的内容，必然与其他审计工作底稿之间存在密切关系。注册会计师必须通过交叉索引及备注说明等形式反映相关审计工作底稿之间的勾稽关系。

交叉索引是指注册会计师在某一审计工作底稿中引用其他审计工作底稿上的资料或数据时，在两张工作底稿上同时注明对方工作底稿索引号的一种方法。即在引用其他工作底稿数据的工作底稿上引用的数据前，注明被引用工作底稿的索引号(表示数据来源)；被引用工作底稿上被引用数据后，注明引用工作底稿的索引号(表示数据去向)。交叉索引可以帮助注册会计师清晰地反映某些审计资料或数据的来源和去向，以方便对审计工作底稿的检查和复核，并且有利于简化审计工作底稿和节省审计工时，增强审计工作底稿的严谨性和可理解性。

2. 各会计报表项目审计工作底稿与试算平衡表之间的勾稽关系

当注册会计师按照审计计划完成审计业务约定书中约定的全部审计事项后，应将具体审计项目审计工作底稿中的相关数据和内容进行归类汇总，编制试算平衡表和审计差异调整表。上述审计工作底稿经复核无误后，才能编制审计报告。试算平衡表应控制审计差异调整表和各会计报表项目审计工作底稿，并通过交叉索引得以明确反映。

3. 各会计报表项目审计工作底稿与被审计单位未审会计报表之间的勾稽关系

按照有关会计报表项目、会计科目或具体审计项目编制的审计工作底稿所记载的内容和数据(未审数)，应与被审计单位未审计会计报表、账簿、凭证等直接对应，并通过交叉索引或备注说明予以反映。以存货为例，图 6-2 列示了上述勾稽关系。

## 四、审计工作底稿的复核

**(一) 审计工作底稿复核的作用**

一张审计工作底稿往往由一名专业人员独立完成，编制者对有关资料的引用、

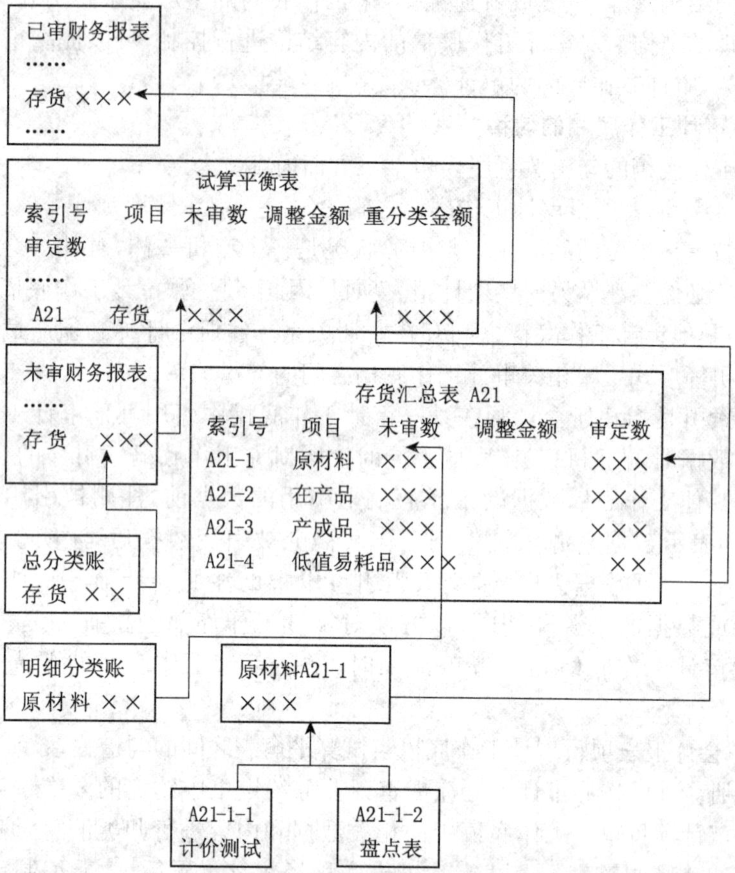


**图 6-2　存货项目审计工作底稿勾稽关系①**

对有关事项的判断、对会计数据的计算等都有可能出现误差，因此在审计工作底稿编制完成后，通过一定的程序，经过多层次的复核显得很有必要。审计工作底稿复核的作用主要表现在以下三个方面：

（1）减少或消除人为的审计误差，以降低审计风险，提高审计质量。

（2）及时发现和解决问题，保证审计计划顺利执行，并能够不断地协调审计工作进度，节约审计时间，提高审计效率。

（3）便于上级管理人员对注册会计师进行审计质量监控和工作业绩考评。

① 蒋武、刘丽华：《审计学》，经济科学出版社 2001 年版。

**(二) 审计工作底稿复核的要点**

目前我国实行多层次的复核制度，而不同层次的复核其复核重点可能会不完全相同，但是就复核工作的基本要点来看，主要有以下几点：

(1) 所引用的资料是否翔实、可靠。

(2) 所获取的审计证据是否充分、适当。

(3) 审计判断是否有理有据。

(4) 审计结论是否恰当。

**(三) 审计工作底稿复核的基本要求**

复核是进行审计项目质量控制的一项重要程序，必须有严格和明确的规则。一般而言，复核时应做好以下四项工作：

(1) 做好复核记录。对审计工作底稿中存在的问题和疑点要明确指出，并以文字形式记录于审计工作底稿中。

(2) 复核人签名和签署日期。这样做有利于划清责任，也有利于上级复核人对下级复核人的监督。

(3) 书面表示复核意见。

(4) 督促编制人及时修改、完善审计工作底稿。

**(四) 审计工作底稿三级复核制度**

为了保证审计工作底稿复核工作的质量，大多数会计师事务所实行三级复核制度。所谓审计工作底稿三级复核制度，是指会计师事务所制定的以主任会计师、部门经理(或签字注册会计师)和项目经理为复核人，对审计工作底稿进行逐级复核的一种制度。三级复核制度的主要内容如表 6-11 所示。

表 6-11 **审计工作底稿三级复核制度**

| 复核级次 | 复核主体 | 复核性质 | 复 核 目 标 |
|---|---|---|---|
| 第一级复核 | 项目经理(或项目负责人) | 详细复核 | 要求项目经理对下属审计助理人员形成的审计工作底稿逐张复核，发现问题，及时指出，并督促注册会计师及时修改完善 |
| 第二级复核 | 部门经理(或签字注册会计师) | 一般复核 | 在项目经理完成了详细复核之后，再对审计工作底稿中重要会计账项的审计、重要审计程序的执行以及审计调整事项等进行复核。这既是对项目经理复核的一种再监督，也是对重要审计事项的重点把关 |
| 第三级复核 | 主任会计师 | 重点复核 | 是对审计过程中的重大会计审计问题、重大审计调整事项及重要的审计工作底稿所进行的复核。主任会计师复核既是对前面两级复核的再监督，也是对整个审计工作的计划、进度和质量的重点把关 |

尚需指出的是，若部门经理作为某一审计项目的项目负责人，该项目又没有项目经理参加，则该部门经理的复核应视为项目经理复核，主任会计师应另行指定人员代为执行部门经理复核工作，以保证三级复核彻底执行。

## 五、审计工作底稿的归档与管理

审计工作底稿经过分类整理、汇集归档后，就形成了审计档案。注册会计师应当在审计报告日后及时将审计工作底稿归整为审计档案，并完成归整最终审计档案过程中的事务性工作。审计档案是会计师事务所审计工作的重要历史资料，是会计师事务所的宝贵财富，应当妥善管理。

### （一）审计档案的分类

审计档案按其使用期限的长短和作用大小可分为永久性档案和当期档案。

永久性档案是指由那些记录内容相对稳定，具有长期使用价值，并对以后审计工作具有重要影响和直接作用的审计工作底稿所组成的审计档案。永久性档案主要由综合类工作底稿和备查类工作底稿组成。在这些工作底稿中，有些记录内容十分重要，诸如审计报告书副本等；有些记录内容则是可供以后年度直接使用，诸如重要的法律性文件、合同及协议等。因此，应把它们归入永久性档案进行管理。

当期档案又称一般档案，是由那些记录内容在各年度之间经常发生变化，只供当期审计使用和下期审计参考的审计工作底稿所组成的审计档案。一般档案主要由业务类工作底稿组成，诸如控制测试工作底稿、具体会计账项实质性程序的工作底稿等。这些工作底稿所记录的内容，在各年度之间是不同的，因此，主要供当期审计使用。

### （二）审计档案的所有权与保管

1. 审计档案的所有权

审计工作底稿是注册会计师对其执行的审计工作所做的完整记录。从一般意义上讲，审计档案的所有权应属于执行该项业务的注册会计师。但是，我国注册会计师不能独立于会计师事务所之外承揽审计业务，审计业务必须以会计师事务所的名义承接。因此，审计档案的所有权属于承接该项业务的会计师事务所。

2. 审计工作底稿的归档

审计业务完成后，审计工作底稿要尽快归档，对历史财务信息的审计形成的工作底稿的归档期限为审计报告日后60天内。如果注册会计师未能完成审计业务，审计工作底稿的归档期限为审计业务中止后的60天内。在完成最终审计档案的归整工作后，注册会计师不应在规定的保存期限届满前删除或废弃任何性质的审计工作底稿。

3. 审计档案的保管期限

会计师事务所应当制定审计档案保管制度,对审计档案妥善管理,以保证审计档案的安全、完整。审计档案的保管期限可视不同档案类别而有所不同。对于永久性档案,应当长期保存。若会计师事务所中止了对被审计单位的后续审计服务,那么,其永久性档案的保管年限与最近一年当期档案的保管年限相同。对当期档案,会计师事务所应当自审计报告日起,至少保存10年。如果注册会计师未能完成审计业务,会计师事务所应当自审计业务中止日起,对审计工作底稿至少保存10年。即使会计师事务所中止了对被审计单位的后续审计服务,其当期档案的保存年限也不得任意缩减。

对于最低保存年限届满的审计档案,会计师事务所可以决定将其销毁。但在销毁之前,应当按规定履行必要的手续,对将要销毁的审计档案做最后一次检查,然后报主任会计师批准。销毁时,有关人员应进行现场监督或检查,以保证被销毁的审计档案彻底销毁干净。

**(三) 审计档案的保密与调阅**

会计师事务所应建立严格的审计工作底稿保密制度,并落实专人管理。除下列情况外,会计师事务所不得对外泄露审计档案中涉及的商业秘密及有关内容:

(1) 取得被审计单位的授权。

(2) 接受注册会计师协会和监管机构对执业情况的检查。

(3) 根据法律法规的要求,会计师事务所为法律诉讼准备文件或提供证据,以及向监管机构报告发现的违反法规行为。

(4) 法院、检察院及其他部门因工作需要,按规定办理手续依法查阅。

(5) 不同会计师事务所的注册会计师,因审计工作的需要,并经委托人同意,在下列情况下,办理了有关手续后,可以要求查阅审计档案:①被审计单位更换了会计师事务所,后任注册会计师可以调阅前任注册会计师的审计档案;②基于合并财务报表审计业务的需要,母公司所聘的注册会计师可以调阅子公司所聘注册会计师的审计档案;③联合审计;④会计师事务所认为合理的其他情况。

拥有审计工作底稿的会计师事务所应当对要求查阅者提供适当的协助,并根据有关审计工作底稿的性质和内容,决定是否允许要求查阅者阅览其底稿,及复印或摘录其中的有关内容。审计工作底稿中的内容被查阅者引用后,因为查阅者的误用而造成的后果,与拥有审计工作底稿的会计师事务所无关。

# 本章小结

## ■ 本章内容结构图

- 审计证据和审计工作底稿
  - 审计证据决策
    - 审计证据的含义和特征
    - 审计证据的分类
      - 按照外形特征分类
      - 按照来源分类
    - 审计证据决策
      - 审计程序
      - 样本规模
      - 样本项目
      - 时间安排
    - 审计证据的证明力
      - 充分性
      - 相关性
      - 可靠性
      - 及时性
  - 审计证据的获取、整理与评价
    - 审计证据的获取
      - 审计证据的获取方法
      - 审计程序的分类
      - 各种审计证据的可靠性程度
      - 各种审计证据的成本
      - 将各种审计证据应用于审计决策
    - 审计证据的整理和评价
      - 审计证据整理和评价的意义
      - 审计证据整理和评价的方法
      - 审计证据整理和评价应注意的几个问题
  - 审计工作底稿
    - 审计工作底稿的定义和作用
    - 审计工作底稿的分类
    - 审计工作底稿的形成
    - 审计工作底稿的复核
    - 审计工作底稿的归档与整理

## ■ 重要名词术语

**审计证据**:是指注册会计师为了得出审计结论和形成审计意见而使用的信息。审计证据包括构成财务报表基础的会计记录所含有的信息和从其他来源获取的信息。

**内部证据**:是指被审计单位的相关部门和人员编制的审计证据,包括各种会计记录和非会计记录,如被审计单位的职工工时记录卡、工资结算单、销货发票、收料单、库存商品入库单、会议记录、询问被审计单位内部人员而获得的答复等。

**外部证据**:是指被审计单位以外的机构或人员编制的审计证据,包括由外部机构或人员编制但从被审计单位内部获取的审计证据,如购货发票、银行对账单等;注册会计师从被审计单位以外的机构或人员直接获取的审计证据。

**亲历证据**:是指注册会计师根据相关资料自行编制的审计证据,如注册会计师亲自盘点库存现金所编制的库存现金盘点报告表、观察被审计单位业务执行情况所编制的报告表、重新执行某项内部控制的记录等。

**审计证据的充分性**:是指审计证据的数量能足以支持审计意见,它是对注册会计师为形成审计意见所需证据数量的最低要求。审计证据的充分性是对审计证据数量的衡量,主要与注册会计师确定的样本量有关。

**审计证据的相关性**:是指审计证据必须和审计目标保持相关性。这里的审计目标通常指具体审计目标。

**审计证据的可靠性**:也称证明性,是指审计证据的可信程度或值得信任的程度。审计证据可靠性越强,质量就越好,就越能使注册会计师相信财务报表的反映是公允的。

**检查记录或文件**:是指注册会计师对被审计单位内部或外部生成的,以纸质、电子或其他介质形式存在的记录或文件进行审查。

**检查有形资产**:是指注册会计师对资产实物进行审查。检查有形资产主要适用于存货和现金,但也适用于有价证券、应收票据和固定资产等。

**观察**:是指注册会计师察看相关人员正在从事的活动或执行的程序。观察是对被审计单位的经营场所、实物资产和有关业务活动及其内部控制的执行情况等所进行的实地查看。

**询问**:是指注册会计师以书面或口头方式,向被审计单位内部或外部的知情人员获取财务信息和非财务信息,并对答复进行评价的过程。

**函证**:是指注册会计师直接从第三方(被询证者)获取书面答复作为审计证据的过程,书面答复可以采用纸质、电子或其他介质等形式。

**重新计算**:是指注册会计师以人工方式或使用计算机辅助审计技术,对记录或文件中的数据计算准确性进行核对。它主要包括重新计算会计凭证、会计账簿、财务报表和其他会计资料中有关数据。

**重新执行**:是指注册会计师以人工方式或使用计算机辅助审计技术,重新独立执行作为被审计单位内部控制组成部分的程序或控制。

**分析程序**:是指注册会计师通过研究不同财务数据之间以及财务数据与非财务数据之间的内在关系,对财务信息作出评价。分析程序还包括调查识别出的、与其他相关信息不一致或与预期数据严重偏离的波动和关系。

**穿行测试**:是指通过追踪交易在财务报告系统中的处理过程,来证实和评价内部控制设计和执行状况的一种方法。

**审计工作底稿**:是指注册会计师对制定的审计计划、实施的审计程序、获取的相关审计证据,以及得出的审计结论作的记录。

## 思考与练习

### 一、思考题

1. 什么是审计证据？审计证据与法律证据和科学证据相比有何区别与联系？

2. 审计证据应如何进行分类？

3. 如何将审计证据应用于审计决策？试举例说明。

4. 如何理解审计证据的证明力？

5. 审计证据获取方法同审计证据的可靠程度之间的关系是什么？

6. 如何理解审计准则、审计程序和审计证据决策之间的关系？

7. 审计证据的获取方法有哪几种？其成本有何区别？

8. 审计证据的整理和评价有何重要意义？其方法有哪些？应注意哪些问题？

9. 请解释为什么审计工作底稿中应当包括以下要素：被审计单位名称、审计项目时点或期间、审计过程及其结论的记录、索引号、编制日期。

10. 为什么要进行审计工作底稿复核？

11. 审计档案的所有权归谁？何种情况下其他人可以调阅审计档案？

12. 审计工作底稿在归档期间的变动有哪些？

### 二、选择题

1. (　　)是审计证据适当性的核心内容。

A. 相关性和可靠性　　B. 审计证据的数量

C. 审计证据的质量　　D. 审计证据的来源

2. 将销售发运单和发票、顾客对账单以及顾客的汇款通知单等会计记录作为审计证据时，其(　　)都会影响注册会计师对这些原始凭证的信赖程度。

A. 来源和被审计单位内部控制有效性

B. 充分性

C. 相关性

D. 适当性

3. 评估的认定层次重大错报风险与从实质性程序中获取的审计证据的充分性、相关性和可靠性的关系是(　　)。

A. 正向关系　　B. 反向关系

C. 没有关系　　D. 比例关系

4. 下列关于对审计证据可靠性的比较中，不恰当的是(　　)。

A. 已结转存货明细表比询问企业仓库管理员关于已销售存货的口头表述

可靠

B. 银行对账单比银行询证函回函可靠

C. 应收账款询证函原件比从传真件获取的可靠

D. 口头证据在得到不同人和不同信息的证实后其可靠性大大提高

5. 为证实W公司所记录的资产是否均由W公司拥有或控制，记录的负债是否均为W公司应当履行的偿还义务，注册会计师采用下列（　　）程序能够获取充分、适当的审计证据。

A. 检查有形资产　　　　B. 检查文件或记录

C. 重新执行　　　　D. 询问

6. 下列关于注册会计师评价审计证据的充分性和适当性的说法中，不正确的是（　　）。

A. 审计工作通常不涉及鉴定文件记录的真伪，注册会计师也不是鉴定文件记录真伪的专家，但应当考虑用作审计证据的信息的可靠性，并考虑与这些信息生成与维护相关的控制的有效性

B. 如果在实施审计程序时使用被审计单位生成的信息，注册会计师应当就这些信息的准确性和完整性获取审计证据

C. 如果从不同来源获取的审计证据或获取的不同性质的审计证据不一致，表明某项审计证据不可靠，注册会计师应当追加必要的审计程序

D. 注册会计师可以考虑获取审计证据的成本与所获取信息的有用性之间的关系，因此可以减少某些不可替代的审计程序

7. 注册会计师执行财务报表审计业务获取的下列审计证据中，可靠性最弱的是（　　）。

A. 购货发票　　　　B. 销货发票

C. 采购订货单副本　　　　D. 应收账款函证回函

8. 下列各项中，属于会计师事务所泄露被审计单位商业秘密的是（　　）。

A. 未经客户同意，允许法院查阅有关审计工作底稿

B. 未经客户同意，允许政府审计部门派出的检查组查阅审计工作底稿

C. 未经客户同意，允许注册会计师协会执业检查组查阅审计工作底稿

D. 未经客户同意，允许审计其母公司的注册会计师调阅审计工作底稿

9. 工作底稿均应做到格式规范、内容完整、范围适当，以便使（　　）的注册会计师通过工作底稿清楚了解实施的审计程序、获取的审计证据和形成的审计结论。

A. 未学过审计准则和相关要求

B. 不了解通达公司所处的具体经营环境

C. 未曾接触过通达公司审计工作

D. 不了解通达公司所属行业的会计问题

10. 如果不存在未能完成审计业务的情况，则审计工作底稿的归档期限应为审计报告日后的(　　)天内。

A. 30　　B. 60　　C. 90　　D. 180

## 三、案例分析题

### “琼民源”公司审计案例

自1997年2月28日，海南民源现代农业发展股份有限公司(以下简称“琼民源”)被宣布停牌1年半之后，“琼民源”案的一审判决终于也在1998年年末公之于众，原董事长马玉和及有关人员都受到相应的刑事及行政处罚。至此，“琼民源”公司案终于有了一个说法，正可谓天网恢恢，疏而不漏。

“琼民源”，1988年7月在海口注册成立。1992年9月，在全国证券交易自动报价(STAQ)系统中募集法人股3 000万股，实收股本3 000万元。1993年4月30日，以琼民源A股的名义在深圳上市，成为当时在深圳上市的5家异地企业之一。上市后的第二年，“琼民源”便开始走下坡路，经营业绩不挂，其股票无人问津，在1995年公布的年报中，“琼民源”每股收益不足1厘，年报公布日(1996年4月30日)其股价仅为3.65元。从1996年7月1日起，“琼民源”的股价以4.45元起步，在短短几个月内股价已蹿升至20元，翻了数倍。在被某些无形之手悉心把玩之后，“琼民源”成了创造1996年中国股市神话中的一匹“大黑马”。

经过一番精心包装之后，1997年1月22日，“琼民源”率先公布1996年年报。年报赫然显示：“琼民源”1996年每股收益0.867元，净利润比去年同比增长1 290.68倍，分配方案为每10股转送9.8股；年报一公布，“琼民源”股价便飙升至26.18元；股市掀起了一阵不小的波动，有人为买入“琼民源”股票而欢呼，有人为错失良机而顿足、还有些人则报以疑惑——短短1年内有如此骄人的业绩，“琼民源”的利润从何而来？为了消除股民的疑惑，坚定投资者的信心，“琼民源”两次登报声明，进一步说明“琼民源”年报的正确性。而对“琼民源”年报进行审计的海南中华会计师事务所也公开站出来，在媒介上表示报表的真实性不容置疑。

公司和事务所的“声明”使股市得到暂时的平静。然而，经过1997年2月28日罕见的、巨大的成交量之后，证交所突然宣布：“琼民源”于3月1日起停牌。“琼民源”成为至今为止中国股市停牌时间最长者之一。

被“琼民源”股票牢牢套住的众多中小投资者经过1年多的等待，终于在1998

年 4 月 29 日等来了中国证监会对“琼民源”案的处理决定。中国证监会对“琼民源”、会计师事务所以及相关机构作出了行政处罚。1998 年 11 月 12 日，北京市第一中级人民法院也对此案作出了一审判决，追究直接责任人的刑事责任。

对“琼民源”在短短 1 年的时间内有如此惊人的业绩，略有会计常识的人都会提出怀疑。

首先，巨额利润令人疑惑。“琼民源”报表显示，公司 1996 年利润总额和净利润分别较 1995 年增长 848 倍和 1 290 倍。

其次，巨额资本公积令人疑惑。公司新增加的 6.57 亿元的资本公积是从何而来的呢？年报在资本公积这一栏是这样写的：“资本公积金增加的原因可参阅对本期数与上期数比较超过 30%的解释。”然而在第 11 项“对本期数与上期数比较变化”的解释中，却只字不提资本公积金。

尽管“琼民源”的有关人员在这一案件中难逃其责任，而作为对“琼民源”年报进行审计的海南中华会计师事务所和出具资产评估报告的海南大正会计师事务所同样负有不可推卸的责任。因为，面对“琼民源”1996 年年报中利润和资本公积如此大幅度的增加，具有审计专业知识的注册会计师自然应该引起足够的注意，保持应有的职业谨慎。但事实是，注册会计师不但没有这样做，相反，在众多投资者对资本公积、盈余公积、未分配利润等项目提出疑问的情况下，海南中华会计师事务所还站出来为“琼民源”辩护，声称“报表的真实性不容置疑”。可见，“琼民源”案会造成如此严重后果，很大程度与注册会计师的失职及某种意义上的推波助澜有关。

按照独立审计准则的规定，对财务报表进行审计时，除了采用一般的检查、盘点、函证等取证方法外，还遵循最常用的分析性复核程序。所谓分析性复核程序，是指通过对被审计单位会计报表重要项目的各种数据比较分析，来检查报表项目中有否反常现象。如果一旦出现异常变动情况，注册会计师就必须追踪审核，并掌握异常变动的根本原因及其证据。这是年报审计工作的基本常识。如果“琼民源”案中的注册会计师能够按照独立审计准则的这些要求，对有异常变动的“资本公积”“未分配利润”等项目进行实质性测试，并取得能够说明异常变动原因的可靠证据，或者说认真检查资本公积增加的相关会计记录和原始凭证，审核对资产评估是否经有关部门批准，估价方法是否合规，然后再发表有关声明，就不会出现上述后果。

或许注册会计师会为自己开脱辩称，由于成本效益原则，注册会计师不可能对每一个项目都进行实质性测试。但我们说，这个理由是不成立的。因为《独立审计具体准则第 5 号——审计证据》第 12 条写道：“注册会计师获取证据时，可以考虑成本效益原则，但对于重要审计项目，不应将审计成本的高低或获取审计证据的难易程度作为减少必要审计程序的理由。”因此，我们认为在“琼民源”一案中，注册会计师负有不可推卸的责任。证监会和中注协对相关的注册会计师事务所和个人均作出了严厉的处罚，证明了他们在工作中确实存在严重的过失与错误。

要求：

(1) 注册会计师获得审计证据的方法有哪些？审计证据有哪些类型？

(2) 结合本案例，怎样理解用分析性复核获取审计证据？

(3) 如何理解被审计单位内部控制较好时所形成的内部证据比内部控制较差时形成的内部证据要可靠。

# 第七章　审计重要性与审计风险



## 本章要点

- 重要性的定义
- 掌握重要性的确定和应用
- 掌握审计风险的类型及审计风险模型
- 理解审计风险、重要性、审计证据三者之间的关系

## 适用的准则和规范

- 《中国注册会计师审计准则第 1221 号——计划和执行审计工作时的重要性》
- 《中国注册会计师审计准则第 1251 号—— 评价审计过程中识别出的错报》

## 引例　东方电子财务报表审计失败的案例[①]

东方电子(000682)于 1997 年 1 月 21 日在深交所挂牌上市，公开发行 1 030 万股 A 股，发行价为 7.88 元/股。此后东方电子的股价一路上行，4 年间累计飙升 60 倍以上。在股本高速扩张的基础上，东方电子连续 3 年实现业绩翻番，一度被评为中国最优秀的上市公司。

2001 年 7 月，东方电子股价莫名下挫，同年 9 月，中国证监会正式对东方电子立案调查。此后，东方电子股价一路下挫。同年 10 月，公司公告承认“在信息披露、利润确认等方面存在一定问题，结果将以证监会调查结论为准”。2002 年 4 月，证监会初步查明东方电子涉嫌提供虚假财务报告、存在内幕交易，为其审计的山东烟台乾聚会计师事务所涉嫌出具文件失实。东方电子历年来将高达 10.39 亿元的税后炒股收益(通过在二级市场炒作本公司股票)悉数计入“主营业务收入”以虚构公司业绩的事实真相大白于天下。

东方电子的舞弊行为主要发生在其 1997 年上市后至 2001 年年报披露期间，5 年间，东方电子总计违法交易金额高达 51 亿余元，同时利用炒股收益粉饰财务报表。而烟台乾聚会计师事务所 1997—2000 年均出具了无保留意见的审计报告，2001 年出具了非标准的无保留意见，未发现会计报表有重大的错误和舞弊。烟台乾聚会计师事务所法人代表刘天聚也因涉嫌出具证明

① 孙伟龙:《审计学——教程与案例》，浙江大学出版社 2011 年版。

文件重大失实罪受到了应有惩罚。

许多学者(如吴芳等)都一致认为烟台乾聚会计师事务所的行为构成了审计失败。究其原因有许多,从根本上来讲,不容忽视的一条就是烟台乾聚会计师事务所在执行审计工作时未能保持独立性,未能保持应有的职业怀疑精神,未能确定合理的重要性水平,将审计风险降低到可接受的低水平。

准则明确规定,注册会计师的总体审计目标之一是对财务报表整体是否不存在由于舞弊或错误导致的重大错报获取合理保证。此处的两个关键术语"重大错报""合理保证"就与本章所要介绍的内容审计重要性和审计风险密切相关。

重要性和审计风险是审计学中的基本概念,它们对于做好工作,防止审计失败非常重要。本章着重讲述在审计计划阶段和执行阶段如何运用这两个概念。

## 第一节 审计重要性

### 一、重要性的概念

#### (一) 重要性的定义

如果合理预期错报(包括漏报)单独或汇总起来可能影响财务报表使用者依据财务报表作出的经济决策,则通常认为错报是重大的。

错报是指某一财务报表项目的金额、分类、列报或披露,与按照适用的财务报告编制基础应当列示的金额、分类、列报或披露之间存在的差异;或根据注册会计师的判断,为了使财务报表在所有重大方面实现公允反映,需要对金额、分类、列报或披露作出的必要调整。错报可能是由于错误或舞弊导致的。这里的会计报表使用者是指具有一定的理解能力,并能够理性的作出判断和决策的使用者。

#### (二) 重要性概念的理解

通常而言,重要性概念可从下列方面进行理解:

(1) 如果合理预期错报(包括漏报)单独或汇总起来可能影响财务报表使用者依据财务报表作出的经济决策,则通常认为错报是重大的。

(2) 对重要性的判断是根据具体环境作出的,并受错报的金额或性质的影响,或受两者共同作用的影响。

(3) 判断某事项对财务报表使用者是否重大,是在考虑财务报表使用者整体共同的财务信息需求的基础上作出的。由于不同财务报表使用者对财务信息的需求可能差异很大,因此不考虑错报对个别财务报表使用者可能产生的影响。

同步思考 7-1

会计重要性和审计重要性有什么异同点?

## 二、重要性水平的确定

### (一) 对重要性水平作出初步判断时应考虑的因素

注册会计师应当综合考虑以下主要因素,并结合其审计经验,对重要性水平作出初步判断。

1. 以往的审计经验

以往审计中所运用的重要性水平,如果较为恰当,可以作为本年度确定重要性水平的重要依据,注册会计师可以依据这一重要性水平,考虑被审计单位经营环境和经营业务的变化,对其加以修正。

2. 审计的目标,包括特定报告要求

信息使用者的要求等因素影响注册会计师对重要性水平的确定。例如,对特定报表项目进行审计的业务,其重要性水平可能需要以该项目金额,而不是以财务报表的一些汇总性财务数据为基础加以确定。

3. 有关法规对财务会计的要求

一般来说,注册会计师执行年度财务报表审计时,应当谨慎判断重要性水平,因为有关法规对企业财务报表的编制可能存在特别的要求。如果企业存在由管理层自主决定处理的会计事项,注册会计师应从严确定重要性水平。

4. 被审计单位的经营规模及业务性质

规模大的企业,其重要性水平的绝对值一般比规模小的企业要大,但相对值一般要比规模小的企业小;不同行业的企业,其会计核算的工作组织以及所遵循的会计规范均存在较大的差异,因此企业所处行业的性质对重要性水平的确定有较大影响。

5. 内部控制与审计风险的评估结果

如果内部控制较为健全,可信赖程度高,可以将重要性水平定得高一些;反之,则低一些。由于重要性水平与审计风险之间成反向关系,若审计风险较高,则重要性水平应确定的相对较低;反之则应较高。

6. 财务报表各项目的性质及其相互关系

财务报表项目的重要程度是存在差别的,财务报表使用者对某些报表项目要比另外的一些报表项目更为关心。一般而言,对流动性较高的项目应从严制定重要性水平。另外,由于财务报表各项之间是相互联系的,注册会计师在确定重要性水平时,必须考虑这种相互关系。

7. 财务报表各项目的金额及其波动幅度

财务报表项目的金额及其波动幅度可能成为财务报表使用者作出反应的信号,因此注册会计师在确定重要性水平时,应当深入研究这些金额及其波动幅度。

因为重要性是从财务报表使用者决策的角度来考虑的，所以，只要是影响财务报表使用者决策的因素，都可能对重要性产生影响。注册会计师应当在计划阶段充分考虑这些因素，并采用合理方法确定重要性水平。

**（二）财务报表层次的重要性水平**

由于财务报表审计的目标是注册会计师通过执行审计工作对财务报表发表审计意见，因此，注册会计师应当考虑财务报表层次的重要性。只有这样，才能得出财务报表是否公允反映的结论。注册会计师在制定总体审计策略时，应当确定财务报表层次的重要性水平。

确定重要性需要运用职业判断。通常先选定一个基准，再乘以某一百分比作为财务报表整体的重要性。在选择基准时，需要考虑的因素包括：

（1）财务报表要素（如资产、负债、所有者权益、收入和费用）。

（2）是否存在特定会计主体的财务报表使用者特别关注的项目（如为了评价财务业绩，使用者可能更关注利润、收入或净资产）。

（3）被审计单位的性质、所处的生命周期阶段以及所处行业和经济环境。

（4）被审计单位的所有权结构和融资方式（例如，如果被审计单位仅通过债务而非权益进行融资，财务报表使用者可能更关注资产及资产的索偿权，而非被审计单位的收益）。

（5）基准的相对波动性。

审计人员经常采用资产总额、净资产、营业收入、净利润等财务指标，但是适当基准取决于被审计单位的具体情况。例如，对以盈利为目的的被审计单位，来自经常性业务的税前利润或税后净利润可能是一个适当的基准；而对收益不稳定的被审计单位或非盈利组织来说，选择税前利润或税后净利润作为判断重要性水平的基准就不合适。

为选定的基准确定百分比需要运用职业判断。实务界常用的判断重要性水平的百分比有：税前净利润的5%～10%，资产总额的0.5%～1%，营业收入的0.5%～1%等。

**（三）特定类别交易、账户余额或披露的重要性水平**

根据被审计单位的特定情况：下列因素可能表明存在一个或多个特定类别的交易、账户余额或披露，其发生的错报金额虽然低于财务报表整体的重要性，但合理预期将影响财务报表使用者依据财务报表作出的经济决策：

（1）法律法规或适用的财务报告编制基础是否影响财务报表使用者对特定项目（如关联方交易、管理层和治理层的薪酬）计量或披露的预期。

（2）与被审计单位所处行业相关的关键性披露（如制药企业的研究与开发成本）。

(3) 财务报表使用者是否特别关注财务报表中单独披露的业务的特定方面(如新收购的业务)。

在根据被审计单位的特定情况考虑是否存在上述交易、账户余额或披露时，注册会计师可能会发现了治理层和管理层的看法和预期是有用的。

**(四) 实际执行的重要性**

1. 实际执行的重要性的定义

实际执行的重要性，是指注册会计师确定的低于财务报表整体的重要性的一个或多个金额，旨在将未更正和未发现错报的汇总数超过财务报表整体的重要性的可能性降至适当的低水平。如果适用，实际执行的重要性还指注册会计师确定的低于特定类别的交易、账户余额或披露的重要性水平的一个或多个金额。

2. 实际执行的重要性的确定

确定实际执行的重要性需要注册会计师运用职业判断，并考虑下列因素的影响：①对被审计单位的了解；②前期审计工作中识别出的错报的性质和范围；③根据前期识别出的错报对本期错报作出的预期。

通常而言，实际执行的重要性为财务报表整体重要性的50%～75%。接近财务报表整体重要性50%的情况：①非连续审计；②以前年度审计调整较多；③项目总体风险较高(如处于高风险行业，经常面临较大市场压力)。接近财务报表整体重要性75%的情况：①连续审计，以前年度审计调整较少；②项目总体风险较低(如处于低风险行业，面临市场压力较小)。

**(五) 审计过程中修改重要性**

由于下列原因，注册会计师可能需要修改财务报表整体的重要性和特定类别的交易、账户余额或披露的重要性水平：①审计过程中情况发生重大变化，如决定处置被审计单位的一个重要组成部分；②获取新信息；③通过实施进一步审计程序，注册会计师对被审计单位及其经营的了解发生变化。例如注册会计师在审计过程中发现实际的财务结果与最初确定财务报表整体的重要性时时使用的预期财务结果相比存在着很大的差异，则需要修改重要性。

## 三、重要性的运用

《中国注册会计师审计准则第1221号——计划和执行审计工作时的重要性》规定，注册会计师在计划和执行审计工作，评价识别出的错报对审计的影响，以及未更正错报对财务报表和审计意见的影响时需要恰当地运用重要性概念。

**(一) 计划和执行审计工作时**

在编制审计计划时，注册会计师应当对重要性水平作出初步判断。重要性的初步判断是审计师认为报表中可能存在错报，而又不至于影响理性使用者决策的最大金额。作出的判断为确定风险评估程序的性质、时间安排和范围；识别和评估重大错报风险；确定进一步审计程序的性质、时间安排和范围等方面提供了基础。

**（二）评价审计结果时**

注册会计师在评价审计结果时，应当汇总已发现但尚未更正的错报或漏报，以考虑尚未更正错报的汇总数是否对财务报表的反映产生重大影响。在作出这种判断时，就需要利用重要性水平。但是需要注意的是，注册会计师在确定重要性水平时是根据对被审计单位财务结果的估计，因此可能尚不知道实际的财务结果。因此，在评价未更正错报的影响前，注册会计师可能有必要依据实际的财务结果对重要性作出修改。

1. 累计识别出的错报

注册会计师应当累计审计过程中识别出的错报，除非错报明显微小。为了帮助注册会计师评价审计过程中累积的错报的影响以及与管理层和治理层沟通错报事项，将错报区分为事实错报、判断错报和推断错报。

(1) 事实错报。事实错报是毋庸置疑的错报。这类错报产生于被审计单位收集和处理数据的错报，对事实的忽略或误解，或故意舞弊行为。例如，注册会计师在审计测试中发现最近购入存货的实际价值为30 000元，但账面记录的金额却为50 000元。因此，存货和应付账款分别被高估了20 000元，这里被高估的20 000元就是已识别的对事实的具体错报。

(2) 判断错报。由于注册会计师认为管理层对会计估计作出不合理的判断或不恰当地选择和运用会计政策而导致的差异。这类错报产生于两种情况：一是管理层和注册会计师对会计估计值的判断差异；二是管理层和注册会计师对选择和运用会计政策的判断差异。

(3) 推断错报。它也称“可能的误差”，是注册会计师对不能明确、具体识别的其他错报的最佳估计数。推断误差通常包括两种，一是通过测试样本估计出的总体错报减去在测试中发现的已经识别的事实错报。例如，应收账款年末余额为2 000万元，注册会计师抽查10%样本发现金额有100万元的高估，高估部分为账面金额的20%，据此注册会计师推断总体的错报金额为400万元(2 000×20%)，那么上述100万元就是已识别的事实错报，其余300万元即推断错报。二是通过实质性分析程序推断出的估计错报。例如，注册会计师根据客户的预算资料及行业趋势等要素，对客户年度销售费用独立作出估计，并与客户账面金额比较，发现两者之间有50%的差异；考虑到估计的精确性有限，注册会计师根据经验认为10%的差异通常是可接受的，而剩余的差异需要有合理解释并取得佐证性证据；假定注册会计师对其中的10%的差异无法得到合理解释或不能取得佐证，则该部分差异金额即为推断错报。

必须指出，注册会计师在汇总时，也可能包括前期尚未调整的错报或漏报。一般而言，如果前期尚未调整的错报或漏报尚未消除，且导致本期财务报表严重失实，注册会计师在汇总时就应将其包括进来。此外，在汇总时，注册会计师还应考虑期后事项和或有事项是否已进行适当处理。

2. 评价未更正错报的影响

未更正错报是指注册会计师在审计过程中累积的且被审计单位未更正的错报。尚未更正错报与财务报表层次重要性水平相比，可能出现以下三种情况：

(1) 尚未更正错报的汇总数低于重要性水平(并且特定项目的尚未更正错报也低于考虑其性质所设定的更低的重要性水平，下同)。如果尚未更正错报汇总数低于重要性水平，对财务报表的影响不重大，注册会计师可以发表无保留意见的审计报告。

(2) 尚未更正错报的汇总数超过重要性水平。如果尚未更正错报或漏报汇总数超过重要性水平，对财务报表的影响可能是重大的，注册会计师应当考虑通过审计程序的范围或提请被审计单位调整财务报表，以降低审计风险。即当汇总数超过重要性水平时，为降低审计风险，注册会计师应当考虑采用两种措施：一是扩大实质性程序的范围，以进一步确认汇总数是否重要；二是提请被审计单位调整财务报表，以使汇总数低于重要性水平。如果被审计单位拒绝调整财务报表，或扩大实质性程序的范围后，尚未调整的错报或漏报汇总数仍超过重要性水平，注册会计师应当发表保留意见或否定意见。一般来说，如果尚未调整的错报或漏报的汇总数可能影响到某个财务报表使用者的决策，但财务报表的反映就其整体而言是公允的，注册会计师应当发表保留意见。如果尚未调整的错报或漏报非常重要，可能影响到大多数甚至全部财务报表使用者的决策时，注册会计师应当发表否定意见。

(3) 尚未更正错报的汇总数接近重要性水平。如果尚未调整的错报或漏报汇总数接近于重要性水平，由于该汇总数连同尚未发现的错报或漏报可能超过重要性水平，注册会计师应当实施追加审计程序，或提请被审计单位进一步调整已发现的错报或漏报，以降低审计风险。被审计单位财务报表的错报或漏报，除了已发现的错报或漏报及推断的错报或漏报之外，还可能存在其他的错报或漏报。当汇总数接近重要性水平时，如考虑该种错报或漏报汇总数可能超过重要水平，审计风险就会增加，为降低审计风险，注册会计师应当实施追加审计程序，或提请被审计单位进一步调整财务报表。具体如表7-1所示。

表 7-1 尚未更正错报与财务报表层次重要性水平对审计报告的影响举例①

| 情 形 | 尚未更正错报的汇总数 | 重要性水平 | 影 响 |
|---|---|---|---|
| 低于(并且特定项目的尚未更正错报也低于考虑其性质所设定的更低的重要性水平,下同) | 60 万元 | 100 万元 | 对财务报表的影响不重大,注册会计师可以发表无保留意见的审计报告 |
| 超过 | 150 万元 | 100 万元 | 对财务报表的影响可能是重大的,注册会计师应当考虑通过扩大审计程序的范围或要求管理层调整财务报表降低审计风险;<br>在任何情况下,注册会计师都应当要求管理层就已识别的错报调整财务报表;<br>如果管理层拒绝调整财务报表,并且扩大审计程序范围的结果不能使注册会计师认为尚未更正错报的汇总数不重大,注册会计师应当考虑出具非无保留意见的审计报告 |
| 接近 | 99 万元 | 100 万元 | 注册会计师应当考虑该汇总数连同尚未发现的错报是否可能超过重要性水平并考虑实施追加的审计程序;或要求管理层调整财务报表降低审计风险 |

# 第二节 审计风险

## 一、审计风险的含义

审计风险是审计学中的一个重要概念,它是指财务报表存在重大错报时,注册会计师发表不恰当审计意见的可能性。审计风险是一个与审计过程相关的技术术语,并不是指注册会计师执行业务的法律后果,如因诉讼、负面责任或其他与财务报表审计相关的事项而导致损失的可能性。

**同步思考 7-2**

审计风险的成因有哪些?

## 二、审计风险的构成要素及相互关系

审计风险取决于重大错报风险和检查风险。

① 王生根:《审计实务——基于风险导向审计理念》,清华大学出版社 2009 年版,第 103 页。

### (一) 重大错报风险

重大错报风险是指财务报表在审计前存在重大错报的可能性。重大错报风险与被审计单位的风险相关,且独立于财务报表审计而存在。在设计审计程序以确定财务报表整体是否存在重大错报时,注册会计师应当从财务报表层次和各类交易、账户余额、披露认定层次考虑重大错报风险。

1. 财务报表层次的重大错报风险

财务报表层次重大错报风险与财务报表整体存在广泛联系,它可能影响多项认定。此类风险通常与控制环境有关,如管理层缺乏诚信、治理层形同虚设而不能对管理层进行有效监督等;但也可能与其他因素有关,如经济萧条、企业所处行业处于衰退期。此类风险难以被界定于某类交易、账户余额、列报的具体认定,相反,此类风险增大了一个或多个不同认定发生重大错报的可能性。此类风险对注册会计师考虑由舞弊引起的风险特别相关。

在审计过程中,注册会计师应当评估财务报表层次的重大错报风险,并根据评估结果确定总体应对措施。

2. 认定层次的重大错报风险

注册会计师还应同时考虑各类交易、账户余额、披露认定层次的重大错报风险,并根据既定的审计风险水平和评估的认定层次重大错报风险确定可接受的检查风险水平,从而直接有利于确定认定层次上实施的进一步审计程序的性质、时间和范围。

认定层次的重大错报风险又可进一步细分为固有风险和控制风险。

固有风险是指在考虑相关的内部控制之前,某一认定易于发生错报(该错报单独或连同其他错报可能是重大的)的可能性。这样的可能性既可从该错报单独考虑,也可能是连同其他错报构成的重大错报。某些类别的交易、账户余额、列报及其认定,固有风险很高。例如,复杂的计算比简单的计算更可能出错;受重大计量不确定性影响的会计估计发生错报的可能性更大等。

控制风险是指某项认定发生错报,该错报单独或连同其他错报是重大错报,但没有被内部控制及时防止、发现和纠正的可能性。控制风险取决于与财务报表编制有关的内部控制设计和运行的有效性。由于控制的固有局限性,某种程序的控制风险始终存在。

需要特别说明的是,由于固有风险和控制风险不可分割地交织在一起,有时无法单独进行评估,审计准则通常也不再单独提到固有风险和控制风险,而只是将这两者合并称为"重大错报风险"。但这并不意味着注册会计师不可以单独对固有风险和控制风险进行评估。相反,注册会计师既可以单独对两者进行评估,也可以对两者进行合并评估。具体采用的评估方法取决于会计师事务所编好的审计技术和方法及实务上的考虑。

**(二) 检查风险**

检查风险是指某一认定存在错报，该错报单独或连同其他错报可能是重大的，但注册会计师为将审计风险降至可接受的低水平而实施程序后没有发现这种错报的风险。检查风险是由现代审计方法本身的性质造成的，同时也受审计程序的性质、时间和范围的影响，取决于审计程序设计的合理性和执行的有效性。审计人员应该合理设计审计程序的性质、时间和范围，并有效执行审计程序，以控制检查风险。但是由于注册会计师通常并不对所有的交易、账户余额和列报进行检查，以及存在其他原因①，检查风险不可能降低为零。

**(三) 审计风险模型**

重大错报风险和检查风险两者之间的关系可以从定性和定量两个方面加以考虑。

1. 从定量角度看

在既定的审计风险水平下，可接受的检查风险水平与认定层次重大错报风险的评估结果成反向关系。评估的重大错报风险越高，可接受的检查风险越低；评估的重大错报风险越低，可接受的检查风险越高。这种反向关系可以用数学模型表示为：

$$\text{审计风险} = \text{重大错报风险} \times \text{检查风险}$$

由于认定层次的重大错报风险由固有风险和控制风险构成，所以该模型可以进一步表示为：

$$\text{审计风险} = \text{重大错报风险} \times \text{检查风险} = \text{固有风险} \times \text{控制风险} \times \text{检查风险}$$

需要注意的是，上式中审计风险是指既定的审计风险，也就是审计人员可接受的审计风险，检查风险是指可接受的检查风险，它不同于实际的检查风险，审计人员将依据其可接受的检查风险实施进一步审计程序。

这个模型也就是审计风险模型。假设针对某一认定，注册会计师将可接受的审计风险水平设定为5%，实施风险评估程序后将重大错报风险评估为25%，则根据这一模型，可接受的检查风险为20%。当然，在实务工作中，注册会计师也可以用“高”“中”“低”等字眼对风险水平进行定性描述。

---

① 其他原因包括：注册会计师可能选择了不恰当的审计程序、审计程序执行不当，或者错误解读了审计结论等。这些其他因素可以通过适当计划、在项目组成员之间进行恰当的职责分配、保持职业怀疑态度以及监督、指导和复核助理人员所执行的审计工作得以解决。

2. 从定性角度看

审计风险的两个构成要素不是孤立存在的，而是相互联系、相互作用的。这主要体现在：检查风险与重大错报风险之间存在着反比例关系。评估的重大错报风险越高，可接受的检查风险越低；反之亦然。换言之，当重大错报风险水平较高时，审计人员必须扩大审计范围，将检查风险尽量降低，以便使整个审计风险降低至可接受的水平。

## 三、审计风险与重要性之间的关系

### (一) 重要性与审计风险呈反向关系

审计风险与重要性之间存在反向关系。重要性水平越高，审计风险越低；重要性水平越低，审计风险越高。这种反向关系对注册会计师将要执行的审计程序的性质、时间和范围有直接影响，应当引起注册会计师的注意。

这里所说的重要性水平高低指的是金额的大小。通常，5 000 元的重要性水平比 2 000 元的重要性水平高。在理解两者之间的关系时必须注意，重要性水平是注册会计师从财务报表使用者的角度进行判断的结果。如果重要性水平是 5 000 元，则意味着低于 5 000 元的错报不会影响到财务报表使用者的决策，此时注册会计师需要通过执行有关审计程序合理保证能发现高于 5 000 元的错报。如果重要性水平是 2 000 元，则金额在 2 000 元以上的错报就会影响财务报表使用者的决策，此时注册会计师需要通过执行有关审计程序合理保证能发现金额在 2 000 元以上的错报。显然，重要性水平为 2 000 元时，审计不出这样的重大错报的可能性，亦即审计风险，要比重要性水平为 5 000 元时的审计风险高。审计风险越高，越要求注册会计师收集更多更有效的审计证据，以将审计风险降至可接受的低水平。因此，重要性和需要获取的审计证据之间也是反向变动关系。

值得注意的是，注册会计师不能通过不合理地人为调高重要性水平，降低审计风险。因为重要性是依据重要性概念中所述的判断标准确定的，而不是由主观期望的审计风险水平决定。可容忍错报，审计风险与计划所需证据之间的关系如图 7-1 所示。

### (二) 考虑重要性与审计风险的关系对审计程序的影响

注册会计师对重要性及其与审计风险的关系的考虑贯穿于注册会计师审计工作的全过程。在不同的审计阶段，重要性与审计风险的关系都会对审计程序产生影响。

1. 在审计计划阶段

在审计计划阶段，注册会计师在确定审计程序的性质、时间和范围时，需要考

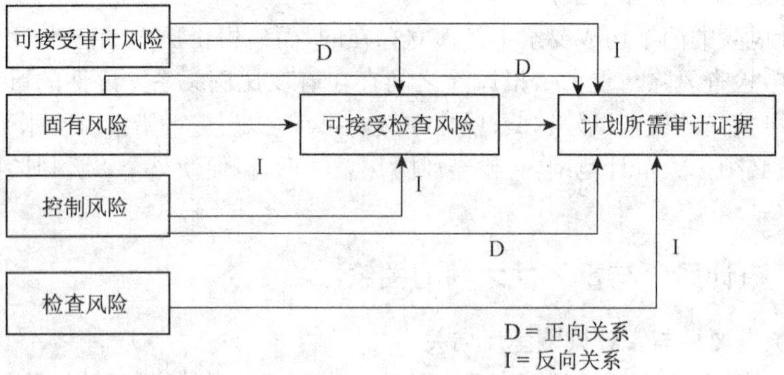


图 7-1 可容忍错报、审计风险与计划所需证据之间的关系

虑计划的重要性水平。在计划审计工作时，注册会计师应该考虑导致财务报表发生重大错报的原因，并应当在了解被审计单位及其环境的基础上，确定一个可接受的重要性水平，即首先为财务报表层次确定重要性水平，同时还应该评估各交易、账户余额及列报认定层次的重要性，以便确定进一步审计程序的性质、时间和范围，将审计风险降至可接受的低水平。注册会计师在确定审计程序的性质、时间和范围时应当考虑重要性与审计风险之间的反向关系。

2. 在审计执行阶段

在审计执行阶段，随着审计过程的推进，注册会计师应当及时评价计划阶段确定的重要性水平是否仍然合理，并根据具体环境的变化或审计过程中进一步获取的信息，修正计划的重要性水平，进而修改进一步审计程序的性质、时间和范围。例如，随着审计证据的累积，注册会计师可能认为初始选用的重要性基准并恰当，需要选用其他的基准来计算重要性水平。在确定审计程序后，如果注册会计师决定接受更低的重要性水平，审计风险将会增加。为将审计风险降低到可接受的低水平，注册会计师应选用的方法有：第一，如有可能，通过扩大控制测试范围或实施追加的控制测试，降低评估的重大错报风险，并支持降低后的重大错报风险。第二，通过修改计划实施的实质性程序的性质、时间和范围，降低检查风险。

3. 在评价审计程序结果阶段

在评价审计程序结果时，注册会计师确定的重要性和审计风险，可能与计划审计工作时评估的重要性和审计风险存在差异。在这种情况下，注册会计师应当重新确定重要性和审计风险，并考虑实施的审计程序是否充分。

# 本章小结

## ■ 本章内容结构图

- 审计重要性与审计风险
  - 审计重要性
    - 重要性的概念
      - 重要性的定义
      - 重要性概念的理解
    - 重要性水平的确定
      - 对重要性水平作出初步判断时考虑的因素
      - 财务报表层次的重要性水平
      - 特定类别交易、账户余额或披露的重要性水平
      - 实际执行的重要性
      - 审计过程中修改重要性
    - 重要性的运用
      - 计划和执行审计工作时
      - 评价审计结果时
  - 审计风险
    - 审计风险的含义
    - 审计风险的构成要素及相互关系
      - 重大错报风险
      - 检查风险
      - 审计风险模型
    - 审计风险与重要性之间的关系
      - 重要性与审计风险呈反向关系
      - 考虑重要性与审计风险的关系对审计程序的影响

## ■ 重要名词术语

**重要性:**是指合理预期错报(包括漏报)单独或汇总起来可能影响财务报表使用者依据财务报表作出的经济决策,则该项错报是重大的。重要性取决于在具体环境下对错报金额和性质的判断。

**实际执行的重要性:**是指注册会计师确定的低于财务报表整体的重要性的一个或多个金额,旨在将未更正和未发现错报的汇总数超过财务报表整体的重要性的可能性降至适当的低水平。如果适用,实际执行的重要性还指注册会计师确定的低于特定类别的交易、账户余额或披露的重要性水平的一个或多个金额。

**审计风险:**是指当财务报表存在重大错报时,注册会计师发表不恰当审计意见的可能性。

**重大错报风险:**是指财务报表在审计前存在重大错报的可能性。

**固有风险:**是指在考虑相关的内部控制之前,某一认定易于发生错报(该错报单独或连同其他错报可能是重大的)的可能性。

**控制风险:**是指某项认定发生了错报,该错报单独或连同其他错报是重大的,但没有被内部控制及时防止、发现和纠正的可能性。

检查风险:是指如果存在某一错报,该错报单独或连同其他错报可能是重大的,注册会计师为将审计风险降至可接受的低水平而实施程序后没能发现这种错报的风险。

## 思考与练习

### 一、思考题

1. 如何理解重要性的含义?

2. 什么是实际执行的重要性?在确定实际执行的重要性时应考虑的因素有哪些?

3. 在评价审计结果时如何运用重要性?

4. 什么是审计风险?审计风险包括哪两个组成部分?

5. 审计风险与重要性之间存在怎样的关系?

### 二、选择题

1. 下列与重大错报风险相关的表述中,正确的是(　　)。

A. 重大错报风险是因错误使用审计程序产生的

B. 重大错报风险是假定不存在相关内部控制,某一认定发生重大错报的可能性

C. 重大错报风险独立于财务报表审计而存在

D. 重大错报风险可以通过合理实施审计程序予以控制

2. 关于审计风险模型中其各要素的下列说法中,不正确的是(　　)。

A. 审计风险是预先设定的

B. 重大错报风险是评估的

C. 审计风险是注册会计师审计前面临的

D. 检查风险是注册会计师通过实施实质性程序控制的

3. 下列有关检查风险的观点中,不能认同的是(　　)。

A. 检查风险的控制效果取决于审计程序设计的合理性和执行的有效性

B. 在既定的审计风险水平下,可接受的检查风险水平与认定层次重大错报风险的评估结果呈反向关系

C. 注册会计师应当合理设计审计程序的性质、时间和范围,并有效执行审计程序,以控制检查风险

D. 在既定审计风险水平下,检查风险与注册会计师所需的审计证据成同向关系

4. 下列事项中,(　　)影响认定层次的重大错报风险。

A. 被审计单位存在复杂的联营或合资

B. 在经济不稳定的国家和地区开展业务

C. 资产的流动性出现问题

D. 管理层缺乏诚信或承受异常的压力可能引发舞弊风险

5. 如果同一期间不同财务报表的审计重要性水平不同,注册会计师应选取(　　)作为财务报表层次的重要性水平。

A. 最高者　　B. 最低者

C. 平均数　　D. 加权平均数

## 三、案例分析题

A和B注册会计师对XYZ股份有限公司2008年度财务报表进行审计,其未经审计的有关财务报表项目金额如下(单位:万元)。

| 财务报表项目名称 | 金额 |
|---|---|
| 资产总计 | 180 000 |
| 股东权益合计 | 88 000 |
| 主营业务收入 | 240 000 |
| 净利润 | 24 120 |

要求:

(1) 如果以资产总额、净资产(股东权益)、主营业务收入和净利润作为判断基础,采用固定比率法,并假定资产总额、净资产、主营业务收入和净利润的固定百分比数值分别为0.5%、1%、0.5%和5%,请代A和B注册会计师计算确定XYZ股份有限公司2008年度财务报表层次的重要性水平。

(2) 简要说明重要性水平与审计风险之间的关系。

# 第八章　风险评估和应对

- 本章要点
- 适用的准则和规范
- 引例
- 第一节　风险评估
- 第二节　风险应对
- 本章小结
- 思考与练习

## 本章要点

- 掌握风险评估程序
- 掌握了解被审计单位及其环境的内容
- 理解重大错报风险评估程序
- 理解风险评估程序、控制测试、实质性程序之间的关系
- 理解进一步审计程序的含义
- 了解针对评估的财务报表层次重大错报风险应采取的总体应对策略，以及针对评估的认定层次重大错报风险的进一步审计程序
- 掌握控制测试和实质性程序

## 适用的准则和规范

- 《中国注册会计师审计准则第1211号——通过了解被审计单位及其环境识别和评估重大错报风险》
- 《中国注册会计师审计准则第1231号——针对评估的重大错报风险采取的应对措施》

## 引例　银广夏造假案①

广夏(银川)实业股份有限公司(简称ST银广夏)1994年6月上市，曾因骄人的业绩和诱人的前景被称为“中国第一蓝筹股”。2001年8月，《财经》杂志发表《银广夏陷阱》一文，曝光了其虚构财务报表事件。专家意见认为，天津广夏出口德国诚信贸易公司的为“不可能的产量，不可能的价格，不可能的产品”。天津银广夏以其萃取设备的产能，即使通宵达旦运作，也生产不出所宣称的数量；天津银广夏萃取产品出口价格高到近乎荒谬；对德出口合同中的某些产品，根本不可能用二氧化碳超临界萃取设备提取。

银广夏审计失败的原因很多，其中一个重要的原因是注册会计师对银广夏公司的经营性

① http://wenku.baidu.com/view/f347beeaeaadlf346933f91.html。

质、经营状况、公司的治理和管理现状了解不够，没有评估和控制审计风险。例如，对于银广夏2000年度主营业务收入大幅增长的同时生产用电的电费反而降低的情况没有发现和报告等。

如果中天勤会计师事务所及注册会计师能以风险导向理论为指导，通过对银广夏经营环境、生产能力和经营状况进行了解和评估，就可以发现银广夏的虚假业务和虚构事项。

# 第一节 风险评估

现代审计是以风险为导向的审计，即审计的实施以评估风险为切入点，将对审计风险的识别、评估和应对贯穿于整个审计过程，以使审计风险降至可接受的水平。

## 一、风险评估程序

为了解被审计单位及其环境而实施的程序称为“风险评估程序”。注册会计师了解被审计单位及其环境，依据实施这些程序所获取的信息，评估重大错报风险。

注册会计师为了识别和评估财务报表重大错报风险，需要实施一定的程序来了解被审计单位及其环境，这些程序通常包括：询问、分析程序、观察和检查（见图8-1）。

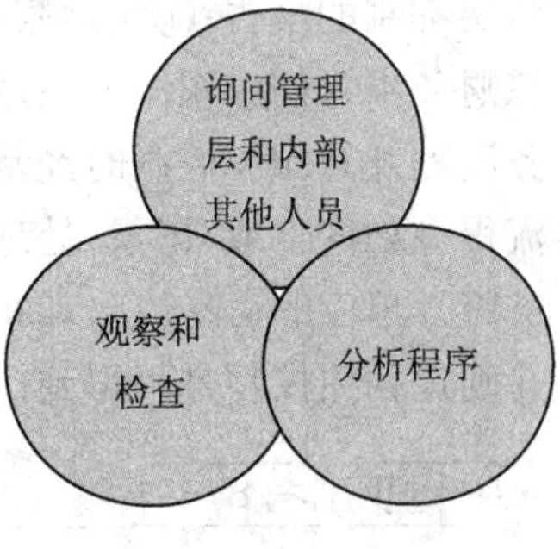


图 8-1 风险评估程序

### （一）询问被审计单位管理层和内部其他相关人员

询问被审计单位管理层和内部其他相关人员是注册会计师了解被审计单位及其环境的一个重要信息来源。注册会计师可以考虑向管理层和财务负责人询问的事项包括：管理层所关注的主要问题；被审计单位最近的财务状况、经营成果和现金流量；可能影响财务报告的交易和事项，或者目前发生的重大会计处理问题；被审计单位发生的其他重要变化等。

除了询问管理层和对财务报告负有责任的人员外，注册会计师还应当考虑询问内部审计师、采购人员、生产人员、销售人员等其他人员，并考虑询问不同级别的员工，以获取对识别重大错报风险有用的信息。

### （二）实施分析程序

分析程序是指注册会计师通过研究不同财务数据之间以及财务数据与非财务数据之间的内在关系，对财务信息进行评价。分析程序还包括调查识别出的、与其他相关信息不一致或与预期数据严重偏离的波动和关系。

注册会计师实施分析程序有助于识别异常的交易或事项，以及对财务报表和审计产生影响的金额、比率和趋势。

在实施分析程序时，注册会计师应当预期可能存在的合理关系，并与被审计单位记录的金额、依据记录金额计算的比率或趋势相比较。如果发现异常或未预期到的关系，注册会计师应当在识别重大错报风险时考虑这些比较结果。

如果使用了高度汇总的数据，实施分析程序的结果仅可能初步显示财务报表存在重大错报风险，注册会计师应当将分析结果连同识别重大错报风险时获取的其他信息一并考虑。例如，被审计单位存在很多产品系列，各个产品系列的毛利率存在一定差异。对总体毛利率实施分析程序的结果仅可能初步显示销售成本存在重大错报风险，这时注册会计师需要实施更为详细的分析程序，如对每一产品系列进行毛利率分析，或者将总体毛利率分析的结果连同其他信息一并考虑。

**(三) 观察和检查**

观察和检查程序可以印证对管理层和其他相关人员的询问结果，并可提供有关被审计单位及其环境的信息，注册会计师应当实施下列观察和检查程序：①观察被审计单位的经营活动；②检查文件、记录和内部控制手册；③阅读由管理层和治理层编制的报告；④实地察看被审计单位的生产经营场所和厂房设备；⑤追踪交易在财务报告信息系统中处理过程(穿行测试)。这是注册会计师了解被审计单位业务流程及其相关控制时经常使用的审计程序。通过追踪某笔或某几笔交易在业务流程中如何生成、记录、处理和报告，以及相关控制如何执行，注册会计师可以确定被审计单位的交易流程和相关控制是否与之前通过其他程序所获得的了解一致，并确定相关控制是否得到执行。

**同步思考8-1**

注册会计师实施的询问、分析程序、观察和检查、重新执行的审计程序中，哪些属于风险评估程序？结合后面控制测试，讨论穿行测试和重新执行的区别？（注：重新执行是注册会计师执行进一步审计程序时实施的一项控制测试程序。）

## 二、了解被审计单位及其环境

审计过程的起点就是获得对被审计单位及其环境的了解，包括对其内部控制的了解。了解被审计单位及其环境是必要程序。对被审计单位及其环境的了解需单独或者综合运用风险评估程序，是一个连续动态收集、更新、分析信息的过程，贯穿于整个审计过程的始终。

通过对被审计单位及其环境的了解，为识别和评估财务报表重大错报风险、设计和实施进一步审计程序，以将审计风险降至可接受的低水平提供了重要的判断基础。如果了解被审计单位及其环境获得的信息足以识别和评估财务报表重大错报风险,设计和实施进一步审计程序,那么了解的程度就是恰当的。

注册会计师对被审计单位及其环境的了解应包括以下几个方面:①相关行业状况、法律环境和监管环境以及其他外部因素;②被审计单位的性质;③被审计单位对会计政策的选择和运用;④被审计单位的目标、战略以及可能导致重大错报风险的相关经营风险;⑤被审计单位财务业绩的衡量和评价;⑥被审计单位的内部控制。此外,根据《中国注册会计师审计准则第 1324 号——持续经营》的规定,注册会计师在实施风险评估程序时,还应当考虑是否存在可能导致被审计单位持续经营能力产生重大疑虑的事项或情况。

**(一) 了解行业状况、法律环境和监管环境以及其他外部因素**

1. 行业状况

多数企业的行业状况,都会与本行业总体发展趋势密切相关,行业整体的繁荣发展,会给企业的发展带来更多的机遇;相反,则会给企业经营带来更多的困难和风险。因此,了解行业状况有助于注册会计师识别与客户所处行业有关的重大错报风险。

注册会计师一般从以下五个方面了解客户的行业状况:所在行业的市场供应与竞争;生产经营的季节性和周期性;产品生产技术的变化;能源供应与成本;行业的关键指标和统计数据。

2. 法律环境与监管环境

任何一个企业都必须依法经营,如果违反了法律就要承担一定的法律责任,很多法律要求可能对客户的经营活动产生重大影响,甚至会影响到企业能否持续经营。通过对被审计单位法律与监管环境的了解有助于注册会计师识别与客户相关的法律与监管环境方面的重大错报风险。

一般应了解以下六个方面:会计准则和行业特定惯例;受管制行业的法规框架;对经营活动产生重大影响的法律法规及监管活动;税收政策;对开展业务产生重大影响的政府政策,包括货币、财政、税收和贸易政策;与客户所处行业和所从事经营活动相关的环保要求。例如,被审计单位是高能耗企业,那么就应更多地了解政府政策或环保要求对开展业务产生重大的影响。

3. 其他外部因素

除此之外,注册会计师还应当了解:总体经济情况、利率、融资的可获得性、通货膨胀水平及币值变动等。

**(二) 了解被审计单位的性质**

了解被审计单位的性质有助于注册会计师理解预期在财务报表中反映的各类交易、账户余额和披露。注册会计师应当主要从下列方面了解被审计单位的性质。

1. 所有权结构

现代企业复杂的所有权关系为企业之间进行非公平基础的关联方交易提供了基础，关联方交易往往成为企业提供虚假信息、粉饰财务状况的工具。因此，注册会计师应对了解被审计单位的所有权结构以及所有者与其他人员或单位之间的关系，考虑关联方关系是否已经得到了识别。

2. 治理结构

公司的治理结构是这样一套必需的制衡机制——它是一套明确公司内部不同权利主体，包括股东、董事、经理之间权力和利益、责任关系的制度安排。良好的治理结构可以对客户的经营活动实施有效的监督，从而降低财务报表发生重大错报的风险。

注册会计师应当了解客户的治理机构，例如，董事会的构成、是否设有独立董事、是否设有审计委员会及监事会，它们是否正常、有效地运作；注册会计师应当考虑治理层是否独立于管理层，管理层有无直接或间接地干涉或影响治理层的判断决策。

3. 组织结构

复杂的组织结构有可能导致某些特定的重大错报风险。注册会计师应当了解客户的组织结构，考虑复杂组织机构可能导致的重大错报风险，包括财务报表合并、商誉摊销和减值、长期股权投资核算以及特殊目的实体核算等问题。

另外，注册会计师还应当了解被审计单位的经营活动、投资活动、筹资活动和财务报告等，从而对被审计单位的性质进行全面的评价。

**(三) 了解被审计单位对会计政策的选择和运用**

注册会计师应当了解被审计单位对会计政策的选择和运用，是否符合适用的会计准则和相关会计制度，是否符合被审计单位的具体情况。在进行了解时，注册会计师重点关注的事项主要包括：重要项目的会计政策和行业惯例、重大和异常交易的会计处理方法、在新领域和缺乏权威性标准或共识的领域采用重要会计政策产生的影响、会计政策的变更、被审计单位何时采用以及如何采用新颁布的会计准则和相关会计制度等。

在了解被审计单位对会计政策的选择和运用时，注册会计师可以实施的风险评估程序包括：查阅以前年度的审计工作底稿，询问被审计单位管理层和员工，查阅被审计单位的财务资料和内部报告(如会计工作手册和操作指引)等。注册会计师还可结合对被审计单位及其环境其他方面的了解，考虑被审计单位选用的会计政策是否符合其具体情况。

需要强调的是，注册会计师应当关注被审计单位本期会计政策的选用与前期相比发生的重大变化，包括对本期新发生的交易或事项选用的会计政策，对前期不重大而本期重大的交易或事项选用的会计政策，重要会计政策的变更以及新会计准则发布施行的影响等。

**（四）了解被审计单位的目标、战略以及相关经营风险**

目标是企业经营活动的指针；战略就是被审计单位在分析外部环境和内部条件的现状及其变化趋势的基础上，为了干涉预定经营目标所采取的整体性、全局性、长远性的谋划及其相应的对策，是发展的行动纲领；相关经营风险是指可能对被审计单位实现目标和战略产生不利影响的重大状况、事项、情况作为（或不作为）所导致的风险，或由于制定不恰当的目标和战略而导致的风险。

多数经营风险最终都会产生财务后果，从而影响财务报表。因此，注册会计师应对了解客户的目标和战略，以及可能导致财务报表发生重大错报。当然，并非对所有的经营风险都要考虑，注册会计师没有责任识别或评估对财务报表没有影响的经营风险。注册会计师应当根据被审计单位的实际情况考虑经营风险是否可能导致财务报表发生重大错报。

此外，注册会计师还应当考虑被审计单位的目标和战略是否与其各项内部和外部因素相适应。例如，被审计单位的外部因素发生变化，对目标和战略是否作了相应调整；目标和战略是否与企业利益相关者，包括股东、客户、债权人、管理层、员工以及政府相关部门等的要求和预期相符合；是否与被审计单位的经营和财务运作系统相适应。如果不是的话，可能显示被审计单位存在经营风险和潜在的财务报表重大错报风险。

**（五）了解被审计单位财务业绩的衡量和评价**

注册会计师了解被审计单位财务业绩的衡量与评价，是为了考虑管理层是否面临实现某些关键财务业绩指标的压力。这些压力既可能源于需要达到市场分析师或股东的预期，也可能产生于达到获得股票期权或管理层和员工奖金的目标。受压力影响的人员可能是高级管理人员（包括董事会），也可能是可以操纵财务报表的其他经理人员，如子公司或分支机构管理层可能为达到奖金目标操纵财务报表。

**（六）了解被审计单位的内部控制**

注册会计师应当了解与审计相关的内部控制以识别潜在错报的类型，考虑导致重大错报风险的因素。了解内部控制的内容详见“三、了解内部控制”。

被审计单位及其环境的各个方面可能会互相影响。例如，被审计单位的行业状况、法律环境与监管环境以及其他外部因素可能影响到被审计单位的目标、战略以及相关经营风险，而被审计单位的性质、目标、战略以及相关经营风险可能影响到被审计单位对会计政策的选择和运用，以及内部控制的设计和执行。因此，注册会计师在对被审计单位及其环境的各个方面进行了解和评估时，应当考虑各因素之间的相互关系。

注册会计师针对上述六个方面，实施的审计程序（也就是风险评估程序）的性质、时间和范围取决于审计业务的具体情况,如被审计单位的规模和复杂程度,以及注册会计师的相关审计经验,包括以前对被审计单位提供审计和相关服务的经验和对类似行业、类似企业的审计经验。此外,识别被审计单位及其环境在上述各方面与以前期间相比发生的重大变化,对于充分了解被审计单位及其环境、识别和评估重大错报风险尤为重要。

同步案例 8-1

**安然事件的反思——有人了解其业务吗?①**

安然公司——全美最大的能源公司的破产,是美国历史上最大的公司破产案件。尽管不久前它还以750亿美元的市值在《财富》500强中名列第7,但它却很快就倒下了。其陨落始于2001年10月,当时安然公司宣布了一项令人震惊的消息,其季度亏损达到6.18亿美元,据说与神秘、隐蔽的内部人关联方关系有关。随后,2001年11月初,公司高层被迫承认他们曾于1997年虚报近6亿美元的利润,为此,他们必须重编过去4年的已审财务报表。2001年年底,安然公司破产。

在安然公司倒塌以后,许多人都想知道为什么如此严重的财务丑闻在这样漫长的时间里没有被发现。很多人指出了安然公司难以置信的复杂的业务结构和它们相互关联、模糊不清的财务状况。"我们这里所看到的是最复杂的财务报告的例子。"来自密歇根州的国会议员 John Dingell 说道。一些人甚至声称,即使是掌管该公司的人也从来不了解他们的业务框架,因为它太复杂了。

安然公司业务和财务报表的复杂性以及不确定性也明显地愚弄了他们的审计师。安然公司的审计师正面临着一场猛烈攻击和集体诉讼。在2001年12月国会听证会上,为安然公司进行审计的事务所CEO承认,事务所的职业判断被证明出现了差错,当关联实体应该合并时,他们错误地允许了安然公司使它们保持独立。

从安然事件中,我们可能需要吸取一些沉痛的教训。审计师必须加强的工作之一就是深入了解客户的业务和行业状况。否则的话,就几乎不可能识别影响客户财务报表的重大经营风险。

同步思考 8-2

注册会计师是否有义务识别所有的经营风险?

## 三、了解内部控制

### (一) 内部控制的概念

1. 内部控制思想的演进

内部控制思想在世界各国都有悠久的历史,其演进经历了一个渐进的过程。

① "Why Enron Went Bust", Fortune, December 24, 2001.

总的来说，大致上可以将其发展演变分为以下几个阶段：①内部牵制阶段（20 世纪 40 年代前）；②内部控制制度阶段内部控制制度（20 世纪 40 年代至 70 年代）；③内部控制结构阶段（20 世纪 80 年代）；④内部控制整体框架阶段（20 世纪 90 年代）；⑤企业风险管理整体框架阶段（21 世纪开始至今）。

内部控制理论和实践的发展经历了一个漫长的历程，并逐步趋于成熟。在我国，财政部、审计署、证监会、银监会以及保监会等五部委坚持立足我国国情、借鉴国际惯例，确立了我国企业建立和实施内部控制的基础框架，并取得了重大突破。《企业内部控制基本规范》已于 2011 年起先在境内外同时上市的上市公司范围内施行，鼓励非上市的其他大中型企业执行，相关的应用指引、评价指引和审计指引等也已发布。《企业内部控制基本规范》中指出，内部控制是由企业董事会、监事会、经理层和全体员工实施的、旨在实现控制目标的过程。内部控制的目标是合理保证企业经营管理合法合规、资产安全、财务报告及相关信息真实完整，提高经营效率和效果，促进企业实现发展战略。

2. 管理层和注册会计师对内部控制的不同关注

内部控制由一系列政策和程序组成。一方面，这些政策和程序为被审计单位管理层实现企业目标提供了合理保证；另一方面，对内部控制的了解，尤其是对与财务报告可靠性相关的内部控制的了解，对注册会计师开展审计工作至关重要。因此，内部控制受到了来自上述两方面的共同关注。但由于管理层和注册会计师各自扮演的角色不同，因此，他们对内部控制的关注重点也有所不同。

（1）管理层的关注。设计和实施内部控制是被审计单位的责任。管理层在设计有效的内部控制时，通常考虑以下三个目标：

第一，经营的效率和效果。内部控制的存在，应当促进企业内部资源的优化配置和有效利用。一方面，企业采用的控制措施应该为内部的经济决策提供准确信息，例如，财务会计信息系统提供的成本资料，可以用于生产经营控制，并帮助企业制定恰当的产品销售价格。另一方面，企业的内部控制应该保证资产的安全和记录的完整。实物资产如果没有完善的控制加以保护，就可能被盗窃、滥用或意外损坏；非实物资产（如应收账款）、重要文件（如购销合同）、会计记录（如总账、明细账）等也是如此。另外，在信息时代，计算机在企业的经营管理中得到了广泛的应用，大量的信息存储在电子媒质上，其中有的信息可能涉及商业机密（如投资计划），有的在企业的日常管理中不可或缺（如会计资料），有的涉及资金的管理（如资金的调拨），在这种环境下，保护资产和记录的安全完整显得更加重要。

第二，财务报告的可靠性。管理层有责任向政府主管部门、税务机关、投资者、债权人和其他利益相关者提供财务报告，因此，企业的内部控制应当确保所有的交易和事项以正确的金额、在恰当的会计期间及时记录于适当的账户，并保证财务报告的编制遵循企业会计准则和其他信息披露要求，公允地表达企业的财务状况和经营成果。

第三，遵守现行法律和法规。企业经营活动的开展不能逾越法律、法规的界限。内部控制的存在应当规范企业的经营行为，促使企业遵循相关法律、法规，从而避免承担违规损失或遭受其他不利后果。

(2) 注册会计师的关注。审计的目标是对财务报表是否不存在重大错报发表审计意见。为了实现这一目标，注册会计师需要了解和评价的内部控制只是与财务报表审计相关的内部控制，并非被审计单位所有的内部控制。具体包括：

第一，为实现财务报告可靠性目标设计和实施的控制。与审计相关的控制包括被审计单位为实现财务报告可靠性目标设计和实施的控制。注册会计师应当运用职业判断，考虑一项控制单独或连同其他控制是否与评估重大错报风险以及针对评估的风险设计和实施进一步审计程序有关。

第二，其他与审计相关的控制。如果在设计和实施进一步审计程序时拟利用被审计单位内部生成的信息，注册会计师应当考虑用以保证该信息完整性和准确性的控制可能与审计相关。注册会计师以前的经验以及在了解被审计单位及其环境过程中获得的信息，可以帮助其识别与审计相关的控制。

如果用以保证经营效率、效果的控制以及对法律、法规遵守的控制与实施审计程序时评价或使用的数据相关，注册会计师应当考虑这些控制可能与审计相关。例如，对于某些非财务数据(如生产统计数据)的控制，如果注册会计师在实施分析程序时使用这些数据，这些控制就可能与审计相关。又如，某些法规(如税法)对财务报表存在直接和重大的影响(影响应交税金和所得税费用)，为了遵守这些法规，被审计单位可能设计和执行相应的控制，这些控制也与审计相关。

被审计单位通常有一些与审计无关的控制，注册会计师无需对其加以考虑。例如，被审计单位可能依靠某一复杂的自动控制系统提高经营活动的效率和效果(如航空公司用于维护航班时间表的自动控制系统)，但这些控制通常与审计无关。

3. 内部控制的人工和自动化成分

大多数被审计单位出于编制财务报告和实现经营目标的需要使用信息技术。然而，即使信息技术得到广泛使用，人工因素仍然会存于这些系统之中。不同的被审计单位采用的控制系统中人工控制和自动化控制的比例是不同的。在一些小型的生产经营不太复杂的被审计单位，可能以人工控制为主；而在另外一些被审计单位，可能以自动化控制为主。也就是说，内部控制可能既包括人工成分又包括自动化成分，在风险评估以及设计和实施进一步审计程序时，注册会计师应当考虑内部控制的人工和自动化特征及其影响。

内部控制采用人工系统还是自动化系统，将影响交易生成、记录、处理和报告的方式。在以人工为主的系统中，内部控制一般包括批准和复核业务活动，编制调节表并对调节项目进行跟踪。当采用信息技术系统生成、记录、处理和报告交易时，交易的记录形式（如订购单、发票、装运单及相关的会计记录）可能是电子文档而不是纸质文件。信息技术系统中的控制可能既有自动控制（如嵌入计算机程序的控制）又有人工控制。人工控制可能独立于信息技术系统，利用信息技术系统生成的信息，也可能用于监督信息技术系统和自动控制的有效运行或者处理例外事项。被审计单位的性质和经营的复杂程度会对采用人工控制和自动控制的成分产生影响。

信息技术通常在下列方面提高被审计单位内部控制的效率和效果：①在处理大量的交易或数据时，一贯运用事先确定的业务规则，并进行复杂运算；②提高信息的及时性、可获得性及准确性；③有助于对信息的深入分析；④加强对被审计单位政策和程序执行情况的监督；⑤降低控制被规避的风险；⑥通过对操作系统、应用程序系统和数据库系统实施安全控制，提高不相容职务分离的有效性。

但是，信息技术也可能对内部控制产生特定风险。注册会计师应当从下列方面了解信息技术对内部控制产生的特定风险：①系统或程序未能正确处理数据，或处理了不正确的数据，或两种情况同时并存；②在未得到授权情况下访问数据，可能导致数据的毁损或对数据不恰当的修改，包括记录未经授权或不存在的交易，或不正确地记录了交易；③信息技术人员可能获得超越其履行职责以外的数据访问权限，破坏了系统应有的职责分工；④未经授权改变主文档的数据；⑤未经授权改变系统或程序；⑥未能对系统或程序做出必要的修改；⑦不恰当的人为干预；⑧数据丢失的风险或不能访问所需要的数据。

内部控制的人工成分在处理下列需要主观判断或酌情处理的情形时可能更为适当：①存在大额、异常或偶发的交易；②存在难以定义、防范或预见的错误；③为应对情况的变化，需要对现有的自动化控制进行调整；④监督自动化控制的有效性。

但是，由于人工控制由人执行，受人为因素的影响，也产生了特定风险，注册会计师应当从下列方面了解人工控制产生的特定风险：①人工控制可能更容易被规避、忽视或凌驾；②人工控制可能不具有一贯性；③人工控制可能更容易产生简单错误或失误。相对于自动控制，人工控制的可靠性较差。为此，注册会计师应当考虑人工控制在下列情形中可能是不适当的：一是存在大量或重复发生的交易；二是事先可预见的错误能够通过自动化控制得以防范或发现；三是控制活动可得到适当设计和自动化处理。

内部控制风险的程度和性质受被审计单位信息系统的性质和特征的影响。因此，在了解内部控制时，注册会计师应当考虑被审计单位是否通过建立有效的控制，以恰当应对由于使用信息技术系统或人工系统而产生的风险。

4. 内部控制的局限性

任何事物都不可能尽善尽美，内部控制也一样，它存在着固有的、不可避免的局限，主要表现在以下五个方面：①受成本效益原则的约束；②受人为错误的影响；③受串通舞弊的限制；④受管理越权的限制；⑤受制度滞后的限制。内部控制不是万能的“保险”系统，其作用只能是“合理保证”。正如COSO报告中所指出的：“不论设计及执行多么完善，内部控制都只能为管理层及董事会提供达成企业目标的合理保证，而目标达成的可能性还受到内部控制的先天条件的限制。”

**（二）内部控制的要素**

《企业内部控制基本规范》中指出，企业建立与实施有效的内部控制，应当包括下列要素：①内部环境；②风险评估；③控制活动；④信息与沟通；⑤内部监督。从图8-2可以看出，内部环境是其他四个要素的保护伞，如果没有一个有效的内部环境，其他四个要素不论其质量如何，都不可能形成有效的内部控制。另外，上述每一类要素中又包括许多控制。

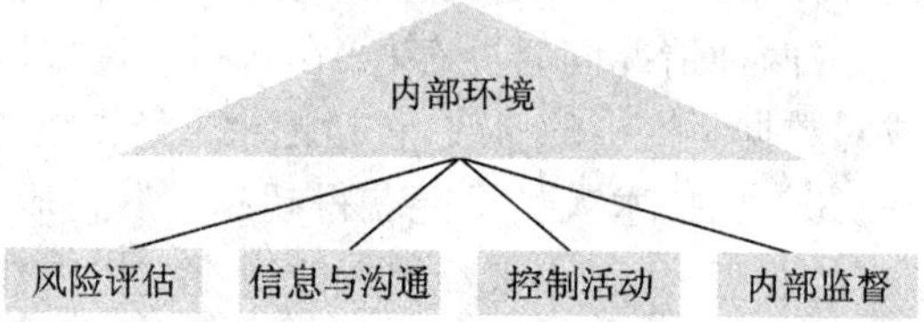


**图8-2　内部控制的五项构成要素**

**同步案例8-2**

**对“亚细亚”内控失败的分析①**

郑州亚细亚集团（简称“郑亚集团”）曾取得过几个“全国第一”，以其在经营和管理上的创新创造了一个平凡而奇特的“亚细亚现象”。然而，1998年8月15日，郑亚商场悄然关门！面对这残酷的事实，人们众说纷纭。有关专家认为，导致郑亚集团倒闭的原因是多方面的，而其内部控制的极端薄弱是促成其倒闭的主要原因之一。

首先，了解一下郑亚集团的内部环境：

（1）经营者品行、操守、价值观 。有一些例子很能说明问题：南阳亚细亚商场借到贷款两千万元，股东高××却要了600万元，调拨到成都给其一位朋友做房地产生意，结果全亏，以两栋

① 吴水澎、陈汉文、邵贤弟：《论改进我国企业内部控制——由“亚细亚”失败引发的思考》，《会计研究》2000年第9期，第43－48页。

楼房抵债。抵债手续尚未办妥,高××却对欠债人说,你不要向南阳亚细亚商场还债了,你把两栋楼房给我,南阳亚细亚商场的钱由我还。最终,南阳亚细亚商场分文未得。

上述事实只是郑亚集团暴露出来的冰山一角,但已能说明郑亚集团经营者的品行与操守状况。

(2) 董事会。郑亚集团的注册日期是1993年10月,但直到1995年6月才最后确立。在近两年的时间里,集团公司决策层一直处于不断演变的状态之中,没有按章程规范化运作,董事会从未召集董事们就重大决策进行过表决,凡事都由总经理王××一人拍板。1995年年初,郑亚集团的主要股东中原不动产公司董事长易人,新任董事长认为前任批准的股权转让造成公司资产流失,不予承认,表示股权纠纷问题不解决就不参加董事会。从此,郑亚集团最高决策机构、监督机构陷于瘫痪。比如,冠名权属于无形资产,其转让照理应该经董事会讨论通过,但实际上是王××一个人说了算,只要他签字同意,别人就可建个"亚细亚",如许昌、安阳、洛阳、商丘的亚细亚都是他签字同意的。在郑亚集团,总经理成了国王,董事会如同虚设。

(3) 人事政策与员工素质。郑亚集团实际表现出来的人事政策可以归纳为四条:以貌取人、随意用人、任人唯亲、排斥异己。在这样的人事政策下,员工素质状况可想而知。

(4) 企业产权关系及组织结构。郑亚商场是由河南省建行租赁公司和中原不动产公司共同出资200万元设立的股份制企业,其中,租赁公司102万元,占51%的股份,中原不动产公司98万元,占49%的股份。由于郑亚商场计划在1992年改组成股份有限公司,面向社会公众发行股票。按照有关规定,上市公司的股东必须在5家以上才具备上市资格。由于种种原因,改建的郑州亚细亚股份有限公司上市未获成功。1993年9月,经河南省体改委批准,仅仅有过渡意义的郑州亚细亚股份有限公司正式更名为郑州亚细亚集团股份有限公司。于是,郑亚集团上市未能做成,但虚拟的股权转让已被河南省体改委等政府职能部门认定,即河南建行租赁公司51%的股权转让给海南大昌实业发展公司18%,转让给广西北海巨龙房地产公司10%;中原不动产公司49%的股权转让给海南三联企业发展公司18%,转让给海南汇通信托投资公司18%。由于股权受让方未按协议及时把购股资金兑付,从此埋下了一个巨大的资金隐患。特别是后来中原不动产公司新任董事长认为前任批准的股权转让造成公司资产流失,不予承认。郑亚集团产权关系混乱局面就此形成。

上述四个方面较清楚地说明了郑亚集团的内部环境情况。其内部环境若此,其最终结局亦在意料之内。

其次,郑亚集团是如何进行风险评估的呢?

原郑亚集团总经理王××,对以往的经营失误总结了六大教训,其中有四条涉及对风险的认识和把握问题。

第一是"对市场认识不足,对形势认识不足"。"在我们前进的过程中,不但遇到了国内商业同行的压力,而且国外零售业的大举进入也给我们造成了很大的冲击,导致我们认为较先进的经营模式一下子就被冲得体无完肤。"

第二是"过于自信、乐观、想当然,其结果是骄兵必败"。

第三是"面对零售业艰难的状况,我们的应变能力差,整个经营进入死胡同,最后到了山穷水尽的地步。"

第四是"抗风险能力差,一遇事阵脚就乱了。"

这几个教训说明,在郑亚集团管理层的思想中缺乏风险概念,没有设置风险管理机制,因此抗险能力极低。

再次,关于控制活动。根据了解,郑亚集团运作中几乎不存在控制活动,或者即使存在所谓的政策和程序,也是名存实亡,未实际发生作用。且看一组数据:亚细亚一年一度的场庆花费都超过70万元;集团某股东从郑亚商场借出800万元,连借条也没有,后来归还300万元,剩余500万元商场账面和收据显示是"工程款";集团另一个股东1993年借走商场57万元,也无人催要;1997年,郑亚商场管理费用就高达18.6亿元。郑亚集团的控制活动若此,何以确保管理层的指令得以实现?

又次,关于信息与沟通。在郑亚集团内部,信息沟通系统几乎不存在。据称,集团内部一不需要成本信息,二不计算投资回收期及投资回报率,三不收集市场方面的信息。会计信息系统由管理层随意控制(例如,郑亚商场初期的年利润最高不到1 200万元,却虚报为1 500万元甚至更多),资金被大量挪用,却不知去向何方。在郑亚集团,信息系统已经不再是一个管理和控制的工具,而是上层管理人员的话筒,信息随其意愿而变。

最后,关于内部监督。在郑亚集团,自开业以来,没有进行过一次全面彻底的审计。偶尔的局部的内部审计中曾发现几笔几百万元资金被转移出去的事,后来也不了了之。任何事情都是总经理说了算,属下当然包括内部审计师在内,全无发言权,可见内部监督极度缺乏是既成事实。

### (三)内部控制的了解和评价

注册会计师应当了解与审计相关的内部控制以识别潜在错报的类型,考虑导致重大错报风险的因素,以及设计和实施进一步审计程序的性质、时间和范围。需要注意的是,除非存在某些可以使控制得到一贯运行的自动化控制,注册会计师对控制的了解并不能够代替对控制运行有效性的测试(即控制测试)。

注册会计师在了解内部控制时,应当评价控制的设计,并确定其是否得到执行。评价控制的设计是指考虑一项控制单独或连同其他控制是否能够有效防止或发现并纠正重大错报。控制得到执行是指某项控制存在且被审计单位正在使用。设计不当的控制可能表明内部控制存在重大缺陷,注册会计师在确定是否考虑控制得到执行时,应当首先考虑控制的设计。如果控制设计不当,不需要再考虑控制是否得到执行。

1. 在被审计单位整体层面了解和评价内部控制

内部控制对被审计单位的影响可能体现在普遍的整体层面,也可能体现在具体的业务流程层面,因此,注册会计师对内部控制的了解和评价也相应地分为两个层次:在被审计单位整体层面的了解和评价以及在业务流程层面的了解和评价。

在实际工作中,注册会计师应当根据被审计单位的具体情况和职业判断,在整体层面了解和评价对被审计单位有普遍影响的内部控制,并评估财务报表重大错报风险。从整体层面了解内部控制的要素一般包括：内部环境、风险评估、信息与沟通、内部监督。

2. 在业务流程层面了解和评价内部控制

由于内部控制的各个要素，尤其是信息系统和控制活动更多地体现在业务流程层面，因此，注册会计师应当从被审计单位重要业务流程层面了解内部控制，并据此评估认定层次的重大错报风险，进而针对评估的风险设计和实施进一步审计程序。

注册会计师在业务流程层面了解和评估内部控制的一般步骤包括：

(1) 确定重要业务流程和重要交易类别。为了使注册会计师更有效地了解和评估重要业务流程及相关控制，在实务中可以将被审计单位的整个经营活动划分为几个重要的业务循环。例如，通常对制造业企业可以划分为销售与收款循环、采购与付款循环、存货与仓储循环、筹资与投资循环等。当然，被审计单位经营活动的性质不同，所划分的业务循环也不同。例如，对于银行，就没有存货与仓储循环，而有发放贷款循环、吸收存款循环。

重要交易类别是指可能对被审计单位财务报表产生重大影响的各类交易。重要交易类别应与相关账户及其认定相联系，例如，对于一般制造业企业，销售收入和应收账款通常是重大账户，销售和收款都是重要交易类别。除了一般所理解的交易以外，对财务报表具有重大影响的事项和情况也应包括在内，例如，计提资产减值准备等。

(2) 了解重要交易流程，并记录获得的了解。在确定重要的业务流程和交易类别后，注册会计师便可着手了解每一类重要交易在信息技术或人工系统中生成、记录、处理及在财务报表中报告的程序，即重要交易流程。这是确定在哪个环节或哪些环节可能发生错报的基础。下面以销售和收款业务流程为例加以说明。

**同步案例8-3**

**销售和收款循环中的重要交易流程**

销售和收款循环在制造企业通常属于重要业务流程，销售收入、应收账款等一般也被确定为存在较高重大错报风险的重大账户，销售和收款通常都是重要交易类别。对某些企业来说，销售退回的处理可能也是重要的交易类别。

销售的交易流程通常可能包括下列主要步骤：

(1) 客户下订单及将订单输入系统。

(2) 核准信用状况及赊销条款。

(3) 填写订单并准备发货。

(4) 编制货运单据。

(5) 订单运送/递送至客户处或由客户提货。

(6) 开具销售发票。

(7) 复核发票的准确性并邮寄/送至客户处。

(8) 生成销售日记账。

(9) 汇总销售日记账,并过账至总账和应收账款明细账。

收款的交易流程通常可能包括下列主要步骤:

(1) 对方以现金、支票或银行转账方式结算。

(2) 记录所收款项。

(3) 将收款存入银行。

(4) 更新应收账款账户。

销售退回的交易流程通常可能包括下列主要步骤:

(1) 处理销售退回的请求。

(2) 批准请求。

(3) 收到退货。

(4) 编制贷项通知单,即销售方同意贷记购买方应收账款的凭证。

(5) 记录销售退回。

(6) 更新应收账款账户。

注册会计师应当对上述销售、收款和销售退回的交易流程进行了解。例如,注册会计师可能询问销售部门的人员,了解订单处理和开票的流程;也可能询问仓库人员,了解发货的流程;还可能询问会计部门的人员,了解有关账务处理的流程。询问对象包括具体业务人员和主管人员。注册会计师可能考虑流程在各部门之间如何衔接,如单据的流转和核对,以及各部门人员的职责分工等。在了解的过程中,注册会计师可以通过文字叙述、流程图等方式记录上述交易流程。

(3) 确定可能发生错报的环节。注册会计师需要确认和了解被审计单位应在哪些环节设置控制,以防止或发现并纠正各重要业务流程可能发生的错报。注册会计师所关注的控制,是那些能通过防止错报的发生,或者通过发现和纠正已有错报,从而确保每个流程中业务活动具体过程(从交易的发生到记录于账目)能够顺利运转的人工或自动化控制程序。

尽管不同的被审计单位为确保会计信息的可靠性而对业务流程设计和实施不同的控制,但设计控制的目的都是为了实现完整性、存在或发生、计价和分摊、截止、分类等控制目标,而这些控制目标又与财务报表重大账户的相关认定相联系。对于每个重要交易流程,注册会计师都会考虑这些控制目标,并通过设计一系列关于控制目标是否实现的问题,来确认某项业务流程中需要加以控制的环节。仍然以上面提到的销售与收款循环为例,注册会计师应当结合对上述销售、收款和销售退回的交易流程的了解，确定错报可能在什么环节发生。表 8-1 列示的是销售、收款以及销售退回的交易流程中针对“错报在什么环节发生”所设计的部分问题。

表 8-1　“错报在什么环节发生”的问题示例表

| “错报在什么环节发生”的问题示例 | 有关重大账户的认定（账户：应收账款/销售收入） |
| --- | --- |
| 怎样确保所有的销售均已入账？ | 完整性 |
| 怎样确保贷项通知单为销售退回开具/记录？ | 完整性 |
| 怎样确保发货在正确的期间予以记录？ | 完整性/截止 |
| 怎样确保发票和发货单据在发货时开具？ | 完整性 |
| 怎样确保销售（包括销售折扣）正确过入销售账簿和客户往来账？ | 完整性 |
| 怎样避免记录虚假或重复的销售？ | 存在/发生 |
| 怎样确保将货物发运给正确的客户？ | 存在/发生 |
| 怎样确保不在发货前开具和记录发票？ | 存在/发生 |
| 怎样确保发货单据只在发货时开具？ | 存在/发生 |
| 怎样确保发票正确反映发货数量？ | 计价/准确性 |
| 怎样确保发票反映正确的价格、折扣和税款？ | 计价/准确性 |
| 怎样确保在销售货物或提供服务时及时开具发票？ | 完整性/截止 |
| 怎样确保收款来自产品销售对应的客户？ | 存在/发生 |
| 怎样确保款项在收到时予以记录？ | 完整性、存在/发生 |
| 怎样确保现金收款/转账在正确的期间入账？ | 完整性/截止 |
| 怎样确保收款的编码正确？ | 完整性 |
| 怎样确保现金收款不重复入账？ | 存在/发生 |
| 怎样确保外币收款正确计价？ | 计价/准确性 |
| 怎样确保不记录没有实际收到的现金收入？ | 存在/发生 |
| 怎样确保将客户往来账的累计发生数正确过入总账？ | 完整性 |
| 怎样确保将所有的贷记通知单均记录于贷记通知单登记簿和客户往来账？ | 完整性 |
| 怎样确保贷记通知单上销售退回数量的正确性？ | 计价/准确性 |
| 怎样确保贷记通知单上销售退回价格的正确性？ | 计价/准确性 |

注：当然，上述问题不一定适用于所有被审计单位，某些被审计单位的业务流程可能存在其他容易发生错报的环节。注册会计师应根据被审计单位有关交易流程的具体情况设计这些问题。

(4) 识别和了解相关控制。注册会计师通过对被审计单位的了解,包括在被审计单位整体层面对内部控制各要素的了解,以及在上述程序中对重要业务流程的了解,可以确定是否有必要进一步了解在业务流程层面的控制。在某些情况下,注册会计师之前的了解可能表明被审计单位在业务流程层面针对某些重要交易流程所设计的控制是无效的,或者注册会计师并不打算依赖控制,这时注册会计师没有必要进一步了解在业务流程层面的控制。需要注意的是,如果认为仅通过实质性程序无法将认定层次的检查风险降至可接受的水平,或者针对特别风险,注册会计师应当了解和评估相关的控制活动。

如果注册会计师计划对业务流程层面的有关控制进行进一步的了解和评价,那么针对业务流程中容易发生错报的环节,注册会计师应当确定:①被审计单位是否建立了有效的控制,防止或发现并纠正这些错报;②被审计单位是否遗漏了必要的控制;③是否识别了可以最有效测试的控制。

控制包括被审计单位使用并依赖的、用以在交易流程中防止错报的发生或在发生错报后发现与纠正错报的所有政策和程序。有效的控制应与错报发生的环节相关,并能降低错报风险。通常将业务流程中的控制划分为预防性控制和检查性控制。预防性控制通常用于正常业务流程的每一项交易中,以防止错报的发生。它可能是人工的,也可能是自动化的。建立检查性控制的目的则是发现流程中可能发生的错报(尽管有预防性控制还是会发生的错报)。它可以由人工执行也可以由信息系统自动执行。检查性控制通常并不适用于业务流程中的所有交易,而适用于一般业务流程以外的已经处理或部分处理的某类交易,可能一年只运行几次,如每月将应收账款明细账与总账比较;也可能每周运行,甚至一天运行几次。

值得注意的是,表 8-1 中列示的某些“错报在什么环节发生”的问题可能涉及几项控制。例如,“怎样确保所有的销售均已入账”这一控制目标可能涉及“总账和明细账根据发货自动更新”“每月将销售货物的开票数和发运数调节一致”以及“分不同产品/服务和客户对销售进行复核”等多项控制。其中,第一项为预防性控制,后两项为检查性控制。注册会计师应重点考虑某项控制活动单独或连同其他控制活动,是否能够以及如何防止或发现并纠正各类交易、账户余额、列报存在的重大错报。例如,“分不同产品/服务和客户对销售进行复核”这一控制的主要目的可能并不是查出未开票的发货,注册会计师应将该项控制与“每月将销售货物的开票数和发运数调节一致”等控制结合起来考虑。

此外,某些控制可能涉及多项控制目标。例如,“每月与客户对账”这一控制能够涉及“怎样确保销售(包括销售折扣)正确过入销售账簿和客户往来账”“怎样避免记录虚假或重复的销售”“怎样确保将货物发运给正确的客户”以及

"怎样确保收款来自产品销售对应的客户"等多项控制目标。因此,在实务中,为提高审计效率,注册会计师应当考虑了解和识别能针对多项控制目标的控制。

类似地,注册会计师还可以通过询问、观察等审计程序,了解和识别涉及"错报在什么环节发生"的相关控制,并对其结果形成审计工作记录,包括记录控制由谁执行以及如何执行。

(5) 执行穿行测试,证实对交易流程和相关控制的了解。注册会计师通常会每年执行穿行测试,以了解各类重要交易在业务流程中发生、处理和记录的过程。执行穿行测试可以使注册会计师确认对业务流程的了解;确认对重要交易的了解是完整的,即在交易流程中所有与财务报表认定相关的可能发生错报的环节都已识别;确认所获取的有关流程中的预防性控制和检查性控制信息的准确性;评估控制设计的有效性;确认控制是否得到执行;确认之前所作的书面记录的准确性。即使不打算信赖控制,注册会计师仍需要执行穿行测试以确认以前对业务流程及可能发生错报环节的了解的准确性和完整性。

对于重要的业务流程,不管是人工控制还是自动化控制,注册会计师都要对整个流程执行穿行测试,涵盖交易从发生到记账的过程。当某重要业务流程有显著变化时,注册会计师应当根据变化的性质,及其对相关账户发生重大错报的影响程度,考虑是否需要对变化前后的业务都执行穿行测试。

例如,注册会计师针对销售交易,追踪从订单处理→核准信用状况及赊销条款→填写订单并准备发货→编制货运单据→订单运送/递送至客户或由客户提货→开具销售发票→复核发票的准确性并邮寄/送至客户→生成销售日记账→汇总销售日记账,并过账至总账和应收账款明细账等交易的整个流程,考虑之前对相关控制的了解是否正确和完整,并确定相关控制是否得到执行。

在执行穿行测试时,注册会计师应当询问执行交易流程和控制的相关人员,并根据需要检查有关单据和文件,询问其对已发现的错报的处理。

(6) 进行初步评价和风险评估。注册会计师在识别和了解控制后,根据执行上述程序和获取的审计证据,需要评价控制设计的合理性并确定其是否得到执行。由于对控制的了解和评价是在穿行测试完成后,但又在测试控制运行有效性之前进行的,因此,上述评价结论只是初步结论,仍可能随控制测试后实施实质性程序的结果而发生变化。

在对控制进行初步评价及风险评估后,注册会计师需要利用实施上述程序获得的信息,回答以下问题:

第一,控制本身的设计是否合理。注册会计师需要根据上述的考虑因素判断,如果识别的控制设计合理,该控制在重要业务流程中单独或连同其他控制能否有效地实现特定控制目标。

第二，控制是否得到执行。如果设计合理的控制没有得到执行，该控制也不会发挥应有的作用。因此，注册会计师需要获取审计证据，评价这类控制是否确实存在，且正在被使用。

第三，是否更多地信赖控制并拟实施控制测试。如果认为被审计单位控制设计合理并得到执行，能够有效防止或发现并纠正重大错报，那么，注册会计师可以进行控制测试，进一步获取控制运行有效性的证据，从而减少拟实施的实质性程序。

(7) 对财务报告流程的了解和评估。在实务工作中，注册会计师除了需要在重要业务流程层面了解重大交易生成、处理和记录的流程，并评估在可能发生错报的环节控制的设计和是否得到执行，还需要进一步了解有关信息从具体交易的业务流程过入总账、财务报表以及相关列报的流程，即财务报告流程及其控制。

财务报告流程包括：①将业务数据汇总记入总账的程序，即如何将重要业务流程的信息与总账和财务报告系统相连接；②在总账中生成、记录和处理会计分录的程序；③记录对财务报表常规和非常规调整的程序，如合并调整、重分类等；④草拟财务报表和相关披露的程序。因此，财务报告流程可能包括若干个子流程。例如，编制试算平衡表，汇总、编制、复核和过入会计分录；草拟财务报表和相关披露；编制管理层对财务报表的内部分析等。被审计单位的财务报告流程也应包括相关的控制程序，以确保按照适用的会计准则和相关会计制度的规定收集、记录、处理、汇总所需要的信息，并在财务报告中予以充分披露。例如，关联方交易、分部报告等。

了解和评估财务报告流程的控制采取的步骤与重要业务流程类似，也包括了解流程(包括上述的子流程，并考虑各个子流程之间如何链接)，确定可能发生错报的环节，识别和了解用于防止或发现并纠正错报的控制，执行穿行测试，对控制的设计及是否得到执行进行评估等。

## 四、重大错报风险评估

评估重大错报风险是风险评估阶段的最后一个步骤。在了解被审计单位及其环境的过程中，通过各种风险评估程序获取的风险因素和抵消控制风险的信息，将全部用于对财务报表层次和认定层次的重大错报风险评估。

### (一) 评估财务报表层次和认定层次的重大错报风险

1. 评估重大错报风险时考虑的因素

风险评估时考虑的部分风险因素如表 8-2 所示。

表 8-2 风险评估时考虑的部分风险因素

| | |
|---|---|
| 1. 已识别的风险是什么? | |
| 财务报表层次 | 1. 源于薄弱的被审计单位整体层面内部控制或信息技术一般控制<br>2. 与财务报表整体广泛相关的特别风险<br>3. 与管理层凌驾和舞弊相关的风险因素<br>4. 管理层愿意接受的风险,例如小企业因缺乏职责分离导致的风险 |
| 认定层次 | 1. 与完整性、准确性、存在或计价相关的特定风险<br>(1) 收入、费用和其他交易<br>(2) 账户余额<br>(3) 财务报表披露<br>2. 可能产生多重错报的风险 |
| 相关内部控制程序 | 1. 特别风险<br>2. 用于预防、发现或减轻已识别风险的恰当设计并执行的内部控制程序<br>3. 仅通过执行控制测试应对的风险 |
| 2. 错报(金额影响)可能发生的规模有多大? | |
| 财务报表层次 | 什么事项可能导致财务报表重大错报?考虑管理层凌驾、舞弊、未预期事件和以往经验 |
| 认定层次 | 考虑:<br>(1) 交易、账户余额或披露的固有性质<br>(2) 日常和例外事件<br>(3) 以往经验 |
| 3. 事件(风险)发生的可能性有多大? | |
| 财务报表层次 | 考虑:<br>(1) 来自高层的基调<br>(2) 管理层风险管理的方法<br>(3) 采用的政策和程序设计<br>(4) 以往经验 |
| 认定层次 | 考虑:<br>(1) 相关的内部控制活动<br>(2) 以往经验 |
| 相关内部控制程序 | 识别对于降低事件发生可能性非常关键的管理层风险应对要素 |

2. 评估重大错报风险的审计程序

在识别和评估重大错报风险时,注册会计师应当实施下列审计程序:

(1) 识别风险并考虑其对认定层次的影响。注册会计师应当运用各项程序,在了解被审计单位及其环境的整个过程中识别风险，并将识别的风险与各类交易、账户余额和披露相联系。例如，被审计单位因相关环境法规的实施需要更新设备，可能面临原有设备闲置或贬值的风险；宏观经济的低迷可能预示应收账款的回收存在问题；竞争者开发的新产品上市，可能导致被审计单位的主要产品在短期内过时，预示将出现存货跌价和长期资产的减值。

(2) 识别风险并考虑其对认定层次可能发生错报的领域的影响。注册会计师应当将识别的风险与认定层次可能发生错报的领域相联系。例如，销售困难使产品的市场价格下降，可能会导致年末存货成本高于其可变现净值而需要计提存货跌价准备，这显示存货的计价认定可能会发生错报。

(3) 识别风险，并评价其是否更广泛地与财务报表整体相关，进而潜在地影响多项认定

注册会计师应当确定，识别的重大错报风险是与特定的某类交易、账户余额、列报的认定相关，还是与财务报表整体广泛相关，进而影响多项认定。某些重大错报风险可能与特定的各类交易、账户余额、列报的认定相关。例如，被审计单位存在复杂的联营或合资，这一事项表明长期股权投资账户的认定可能存在重大错报风险。某些重大错报风险则可能与财务报表整体广泛相关，进而影响多项认定。

注册会计师应当利用实施风险评估程序获取的信息，包括在评价内部控制设计和确定其是否得到执行时获取的审计证据，作为支持风险评估结果的审计证据。注册会计师应当根据风险评估结果，确定实施进一步审计程序的性质、时间安排和范围。

(4) 考虑发生错报的可能性(包括发生多项错报的可能性)以及潜在错报的重大程度是否足以导致重大错报。风险是否重大是指风险造成后果的严重程度。例如，除考虑产品市场价格下降因素外，注册会计师还应当考虑产品市场价格下降的幅度、该产品在被审计单位产品中的比重等，以确定识别的风险对财务报表的影响是否重大。

注册会计师还需要考虑上述识别的风险是否会导致财务报表发生重大错报。在某些情况下，尽管识别的风险重大，但仍不至于导致财务报表发生重大错报。例如，期末财务报表中存货的余额较低，尽管识别的风险重大，但不至于导致存货的计价认定发生重大错报风险。

3. 识别两个层次的重大错报风险

在对重大错报风险进行识别和评估后，注册会计师应当确定，识别的重大错报风险是与特定的某类交易、账户余额和披露的认定相关，还是与财务报表整体广泛相关，进而影响多项认定。例如，在经济不稳定的国家和地区开展业务、资产的流

动性出现问题、重要客户流失、融资能力受到限制等，可能导致注册会计师对被审计单位的持续经营能力产生重大疑虑。

**(二) 内部控制对风险评估的影响**

1. 控制环境对评估财务报表层次重大错报风险的影响

财务报表层次的重大错报风险很可能源于薄弱的控制环境。薄弱的控制环境带来的风险可能对财务报表产生广泛影响，难以限于某类交易、账户余额和披露认定，注册会计师应当采取总体应对措施。薄弱的控制环境可能表现为：被审计单位治理层、管理层对内部控制的重要性缺乏认识，没有建立必要的制度和程序；或管理层经营理念偏于激进，又缺乏实现激进目标的人力资源等。

2. 控制对评估认定层次重大错报风险的影响

在评估重大错报风险时，注册会计师应当将所了解的控制与特定认定相联系。

这是由于内部控制有助于防止或发现并纠正认定层次的重大错报。在评估重大错报发生的可能性时，除了考虑可能的风险外，还要考虑控制对风险的抵消和遏制作用。有效的控制会减少错报发生的可能性，而控制不当或缺乏控制，错报就会由可能变成现实。

注册会计师可能识别出有助于防止或发现并纠正特定认定发生重大错报的控制。在确定这些控制是否能够实现上述目标时，注册会计师应当将控制活动和其他要素综合考虑。如将销售和收款的控制置于其所在的流程和系统中考虑，以确定其能否实现控制目标。因为单个的控制活动(如将发货单与销售发票相核对)本身并不足以控制重大错报风险，只有多种控制活动和内部控制的其他要素综合作用才足以控制重大错报风险。

控制可能与某一认定直接相关，也可能与某一认定间接相关。关系越间接，控制在防止或发现并纠正认定中错报的作用越小。例如，销售经理对分地区的销售网点的销售情况进行复核，与销售收入完整性的认定只是间接相关。相应地，该项控制在降低销售收入完整性认定中的错报风险方面的效果，要比与该认定直接相关的控制(例如，将发货单与开具的销售发票相核对)的效果差。当然，也有某些控制活动可能专门针对某类交易或账户余额的个别认定。例如，被审计单位建立的、以确保盘点工作人员能够正确地盘点和记录存货的控制活动，直接与存货账户余额的存在性和完整性认定相关。注册会计师只需要对盘点过程和程序进行了解，就可以确定控制是否能够实现目标。

注册会计师应当考虑对识别的各类交易、账户余额和披露认定层次的重大错报风险予以汇总和评估，以确定进一步审计程序的性质、时间安排和范围。表 8-3 给出了评估认定层次重大错报风险汇总示例。

表 8-3 评估认定层次的重大错报风险汇总表

| 重大账户 | 认定 | 识别的重大错报风险 | 风险评估结果 |
|---|---|---|---|
| 列示重大账户。例如,应收账款 | 列示相关的认定。例如,存在、完整性、计价或分摊等 | 汇总实施审计程序识别出的与该重大账户的某项认定相关的重大的错报风险 | 评估该项认定的重大错报风险水平(应考虑控制设计是否合理、是否得到执行) |
| | | | |
| | | | |
| | | | |
| | | | |

同步思考 8-3

注册会计师识别出的重大错报风险是否均与特定的交易、账户余额、列报的认定相对应?

## 第二节 风险应对

注册会计师应当针对评估的财务报表层次重大错报风险确定总体应对措施,并针对评估的认定层次重大错报风险设计和实施进一步审计程序,以将审计风险降至可接受的低水平。图 8-3 为风险应对的基本措施和程序,两者存在对应关系。

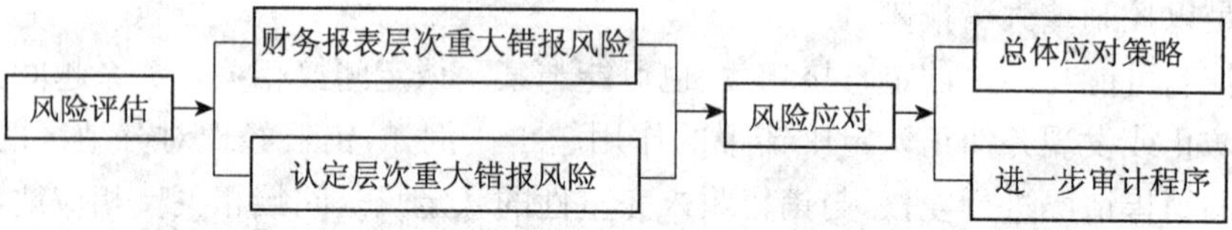


图 8-3 重大错报风险应对的基本措施和程序

### 一、财务报表层次重大错报风险的总体应对措施

针对评估的财务报表层次重大错报风险确定下列总体应对措施:

(1) 向项目组强调在收集和评价审计证据过程中保持职业怀疑态度的必要性。

(2) 分派更有经验或具有特殊技能的注册会计师,或利用专家的工作。

(3) 提供更多的督导。对于财务报表层次重大错报风险较高的审计项目,审计项目组的高级别成员，如项目合伙人、项目经理等经验较丰富的人员，要对其他成员提供更详细、更经常、更及时的指导和监督并加强项目质量控制复核。

(4) 审计程序的不可预见性。可以通过以下方式：①对某些以前未测试的低于设定的重要性水平或风险较小的账户余额和认定实施实质性程序；②调整实施审计程序的时间，使其超出被审计单位的预期；③采取不同的审计抽样方法，使当年抽取的测试样本与以前有所不同；④选取不同的地点实施审计程序，或预先不告知被审计单位所选定的测试地点。

(5) 程序的弹性.对拟实施审计程序的性质、时间和范围作出总体修改。有效的控制环境可以使注册会计师增强对内部控制和被审计单位内部产生的证据的信赖程度。若控制环境存在缺陷，注册会计师在对拟实施审计程序的性质、时间安排和范围作出总体修改时应当考虑：①修改审计程序的性质，获取更具说服力的审计证据，主要是调整拟实施审计程序的类别和组合；②主要依赖实质性程序获取更广泛的审计证据。良好的控制环境是其他控制要素发挥作用的基础。控制环境存在缺陷通常会削弱其他控制要素的作用，导致注册会计师可能无法信赖内部控制，而主要依赖实施实质性程序获取审计证据；③在期末而非期中实施更多的审计程序；④增加拟纳入审计范围的经营地点的数量。

## 二、总体应对措施对拟实施进一步审计程序总体方案的影响

财务报表层次重大错报风险难以限于某类交易、账户余额和披露的特点，意味着此类风险可能对财务报表的多项认定产生广泛影响，并相应增加注册会计师对认定层次重大错报风险的评估难度。因此，注册会计师评估的财务报表层次重大错报风险以及采取的总体应对措施，对拟实施进一步审计程序的总体审计方案具有重大影响。

拟实施进一步审计程序的总体审计方案包括实质性方案和综合性方案。其中，实质性方案是指注册会计师实施的进一步审计程序以实质性程序为主；综合性方案是指注册会计师在实施进一步审计程序时，将控制测试与实质性程序结合使用。

当评估的财务报表层次重大错报风险属于高风险水平(并相应采取更强调审计程序不可预见性以及重视调整审计程序的性质、时间安排和范围等总体应对措施)时，拟实施进一步审计程序的总体方案往往更倾向于实质性方案。

## 三、针对认定层次重大错报风险的进一步审计程序

### (一) 进一步审计程序的含义

进一步审计程序是指注册会计师针对评估的各类交易、账户余额、披露认定层

次重大错报风险实施的审计程序，包括控制测试和实质性程序。

注册会计师设计和实施的进一步审计程序的性质、时间安排和范围，应当与评估的认定层次重大错报风险具备明确的对应关系。注册会计师实施的审计程序应具有目的性和针对性，有的放矢地配置审计资源，有利于提高审计效率和效果。

注册会计师应当根据对认定层次重大错报风险的评估结果，恰当选用实质性方案或综合性方案。在通常情况下，注册会计师出于成本效益的考虑可以采用综合性方案设计进一步审计程序，即将测试控制运行的有效性与实质性程序结合使用。而在另一些情况下（如注册会计师的风险评估程序未能识别出与认定相关的任何控制，或注册会计师认为控制测试很可能不 符合成本效益原则），注册会计师可能认为仅实施实质性程序就是适当的。

小型被审计单位可能不存在能够被注册会计师识别的控制活动，注册会计师实施的进一步审计程序可能主要是实质性程序。但是，注册会计师始终应当意识到在缺乏控制的情况下，仅通过实施实质性程序是否能够获取充分、适当的审计证据。

还需要特别说明的是，注册会计师对重大错报风险的评估毕竟是种主观判断，可能无法充分识别所有的重大错报风险，同时内部控制存在固有局限性（特别是存在管理层凌驾于内部控制之上的可能性），因此，无论选择何种方案，注册会计师都应当对所有重大的各类交易、账户余额、列报设计和实施实质性程序。

**（二）进一步审计程序的具体安排**

注册会计师需要针对评估的认定层次重大错报风险设计和实施进一步审计程序，包括审计程序的性质、时间和范围。进一步审计程序的性质、时间和范围应当与评估的认定层次重大错报风险具备明确的对应关系，这其中进一步审计程序的性质又是最重要的，因为不同的审计程序应对特定认定错报风险的效力不同，只有首先确保进一步审计程序的性质与特定认定错报风险相关，审计活动才是有效的。例如，对于与收入完整性认定相关的重大错报风险，控制测试通常更能有效应对；对于与收入发生认定相关的重大错报风险，实质性程序通常更能有效应对。

1. 进一步审计程序的性质

进一步审计程序的性质是指进一步审计程序的目的和类型。其中，进一步审计程序的目的包括通过实施控制测试以确定内部控制运行的有效性，通过实施实质性程序以发现认定层次的重大错报。

在确定进一步审计程序的性质时，注册会计师需要考虑的因素主要包括：

(1) 认定层次重大错报风险的评估结果。这是注册会计师首先需要考虑的因素。评估的认定层次重大错报风险越高，对通过实质性程序获取的审计证据的相关性和可靠性的要求越高，从而可能影响进一步审计程序的类型及其综合运用。例如，当注册会计师判断某类交易协议的完整性存在更高的重大错报风险时，除了检查文件以外，注册会计师还可能决定向第三方询问或函证协议条款的完整性。

(2) 评估的认定层次重大错报风险产生的原因。除了从总体上把握认定层次重大错报风险的评估结果对选择进一步审计程序的影响外，在确定拟实施的审计程序时，注册会计师接下来应当考虑评估的认定层次重大错报风险产生的原因，包括考虑各类交易、账户余额、列报的具体特征以及内部控制。例如，注册会计师可能判断某特定类别的交易即使在不存在相关控制的情况下发生重大错报的风险仍较低，此时注册会计师可能认为仅实施实质性程序就可以获取充分、适当的审计证据。又如，对于经由被审计单位信息系统日常处理和控制的某类交易，如果注册会计师预期此类交易在内部控制运行有效的情况下发生重大错报的风险较低，且拟在控制运行有效的基础上设计实质性程序，注册会计师就会决定先实施控制测试。

需要说明的是，如果在实施进一步审计程序时拟利用被审计单位信息系统生成的信息，注册会计师应当就信息的准确性和完整性获取审计证据。例如，注册会计师在实施实质性分析程序时，使用了被审计单位生成的非财务信息或预算数据。注册会计师应当获取关于这些信息的准确性和完整性的审计证据。

2. 进一步审计程序的时间

进一步审计程序的时间是指注册会计师何时实施进一步审计程序，或审计证据适用的期间或时点。

因此，有关进一步审计程序的时间的选择问题，第一个层面是注册会计师选择在何时实施进一步审计程序的问题；第二个层面是选择获取什么期间或时点的审计证据的问题。第一个层面的选择问题主要集中在如何权衡期中与期末实施审计程序的关系；第二个层面的选择问题分别集中在如何权衡期中审计证据与期末审计证据的关系、如何权衡以前审计获取的审计证据和本期审计获取的审计证据的关系。这两个层面的最终落脚点都是如何确保获取审计证据的效率和效果。

注册会计师可以在期中或期末实施控制测试或实质性程序。在进行选择时，一项基本的考虑因素应当是注册会计师评估的重大错报风险。当重大错报风险较高时，注册会计师应当考虑在期末或接近期末实施实质性程序，或采用不通知的方式，或在管理层不能预见的时间实施审计程序。另外，注册会计师在确定何时实施审计程序时还应当考虑以下几项重要因素：

(1) 控制环境。良好的控制环境可以抵消在期中实施进一步审计程序的局限性，使注册会计师在确定实施进一步审计程序的时间时有更大的灵活度。

(2) 何时能得到相关信息。例如,某些控制活动可能仅在期中(或期中以前)发生,而之后可能难以再被观察到。在这种情况下,注册会计师如果希望获取相关信息,则需要考虑能够获取相关信息的时间。

(3) 错报风险的性质。例如,被审计单位可能为了保证盈利目标的实现,而在会计期末以后伪造销售合同以虚增收入,此时注册会计师需要考虑在期末(即资产负债表日)这个特定时点获取被审计单位截至期末所能提供的所有销售合同及相关资料,以防范被审计单位在资产负债表日后伪造销售合同虚增收入的做法。

(4) 审计证据适用的期间或时点。注册会计师应当根据需要获取的特定审计证据确定何时实施进一步审计程序。例如,为了获取资产负债表日的存货余额证据,显然不宜在与资产负债表日间隔过长的期中时点或期末以后时点实施存货监盘等相关审计程序。

3. 进一步审计程序的范围

进一步审计程序的范围是指实施进一步审计程序的数量,包括抽取的样本量,对某项控制活动的观察次数等。

在确定审计程序的范围时,注册会计师应当考虑下列因素:

(1) 确定的重要性水平。确定的重要性水平越低,注册会计师实施进一步审计程序的范围越广。

(2) 评估的重大错报风险。评估的重大错报风险越高,对拟获取审计证据的相关性、可靠性的要求越高,因此注册会计师实施的进一步审计程序的范围也越广。

(3) 计划获取的保证程度,即注册会计师计划通过所实施的审计程序对测试结果可靠性所获取的信心。计划获取的保证程度越高,对测试结果可靠性要求越高,注册会计师实施的进一步审计程序的范围越广。

鉴于进一步审计程序的范围往往是通过一定的抽样方法加以确定的,因此,注册会计师需要慎重考虑抽样过程对审计程序范围的影响是否能够有效实现审计目的。注册会计师使用恰当的抽样方法通常可以得出有效结论。但如果出现注册会计师从总体中选择的样本量过小,或者选择的抽样方法对实现特定目标不适当,或者未对发现的例外事项进行恰当的追查等情形,注册会计师依据样本得出的结论可能与对总体实施同样的审计程序得出的结论不同,从而出现不可接受的风险。

**同步思考8-4**

试讨论总体应对策略和进一步审计程序的区别以及两者之间的联系。

## 四、控制测试

### (一) 控制测试的含义

控制测试是指用于评价内部控制在防止或发现并纠正认定层次重大错报方面的运行有效性的审计程序。

这一概念需要与“了解内部控制”进行区分。“了解内部控制”包含两层含义：一是评价控制的设计；二是确定控制是否得到执行。因此，在概念上容易引起混淆的是“测试控制运行的有效性”与“确定控制是否得到执行”。需要指出的是，测试控制运行的有效性与确定控制是否得到执行所需获取的审计证据是不同的。具体来说：

(1) 在了解被审计单位及其环境获取控制是否得到执行的审计证据时，注册会计师应当确定某项控制是否存在，被审计单位是否正在使用。

(2) 在测试控制运行的有效性时，注册会计师应当从下列方面获取关于控制是否有效运行的审计证据：①控制在所审计期间的不同时点是如何运行的；②控制是否得到一贯执行；③控制由谁执行或以何种方式执行。

从这三个方面来看，控制运行有效性强调的是控制能够在各个不同时点按照既定设计得以一贯执行。因此，在了解控制是否得到执行时，注册会计师只需抽取少量的交易进行检查或观察某几个时点。但在测试控制运行的有效性时，注册会计师需要抽取足够数量的交易进行检查或对多个不同时点进行观察。

测试控制运行的有效性与确定控制是否得到执行所需获取的审计证据虽然存在差异，但两者也有联系。为评价控制设计和确定控制是否得到执行而实施的某些审计程序并非专为控制测试而设计，但可能提供有关控制运行有效性的审计证据，注册会计师可以考虑在评价控制设计和获取其得到执行的审计证据的同时测试控制运行有效性，以提高审计效率；同时注册会计师应当考虑这些审计证据是否足以实现控制测试的目的。例如，穿行测试是通过追踪交易在财务报告信息系统中的处理过程，来证实注册会计师对控制的了解，以确定控制是否得到了执行，但同时，注册会计师可能获取部分控制运行有效性的审计证据。

### (二) 控制测试的要求

作为进一步审计程序的类型之一，控制测试并非在任何情况下都需要实施。当存在下列情形之一时，注册会计师应当实施控制测试：①在评估认定层次重大错报风险时，预期控制的运行是有效的；②仅实施实质性程序不足以提供认定层次充分、适当的审计证据。

如果认为仅实施实质性程序获取的审计证据无法将认定层次重大错报风险降至可接受的低水平，注册会计师应当实施相关的控制测试，以获取控制运行有效性的审计证据。

**（三）控制测试的性质**

控制测试的性质是指控制测试所使用的审计程序的类型及其组合。

计划从控制测试中获取的保证水平是决定控制测试性质的主要因素之一。注册会计师应当选择适当类型的审计程序以获取有关控制运行有效性的保证。计划的保证水平越高，对有关控制运行有效性的审计证据的可靠性要求越高。当拟实施的进一步审计程序主要以控制测试为主，尤其是仅实施实质性程序获取的审计证据无法将认定层次重大错报风险降至可接受的低水平时，注册会计师应当获取有关控制运行有效性的更高的保证水平。

控制测试采用的审计程序包括询问、观察、检查、重新执行和穿行测试。

通常，只有当询问、观察和检查程序结合在一起仍无法获得充分的证据时，注册会计师才考虑通过重新执行来证实控制是否有效运行。例如，为了合理保证计价认定的准确性，被审计单位一项控制是由复核人员核对发票上的价格与统一价格单上的价格是否一致。但是，要检查复核人员有没有认真执行核对，仅仅检查复核人员是否在相关文件上签字是不够的，注册会计师还需要自己选取一部分销售发票进行核对，这就是重新执行程序。

注册会计师在确定控制测试的性质时，应当注意以下几个方面：

1. 考虑特定控制的性质

注册会计师应当根据特定控制的性质选择所需实施审计程序的类型。例如，某些控制可能存在反映控制运行有效性的文件记录，在这种情况下，注册会计师可以检查这些文件记录以获取控制运行有效的审计证据；而某些控制可能不存在文件记录（如一项自动化的控制活动），或文件记录与能否证实控制运行有效性不相关，注册会计师应当考虑实施检查以外的其他审计程序（如询问和观察）或借助计算机辅助审计技术，以获取有关控制运行有效性的审计证据。

2. 考虑测试与认定直接相关与间接相关的控制

在设计控制测试时，注册会计师不仅应当考虑与认定直接相关的控制，还应当考虑这些控制所依赖的与认定间接相关的控制，以获取支持控制运行有效性的审计证据。例如，被审计单位可能针对超出信用额度的例外赊销交易设置报告和审核制度（与认定直接相关的控制）；在测试该项制度的运行有效性时，注册会计师不仅应当考虑审核的有效性，还应当考虑与例外赊销报告中信息准确性有关的控制（与认定间接相关的控制）是否有效运行。

3. 对于自动化应用控制运行有效性的测试应紧密结合信息技术的特点

对于一项自动化的应用控制，由于信息技术处理过程的内在一贯性，注册会计师可以利用该项控制得以执行的审计证据和信息技术一般控制（特别是对系统变动的控制)运行有效性的审计证据,作为支持该项控制在相关期间运行有效性的重要审计证据。

4. 注册会计师可以考虑实施双重目的测试

控制测试的目的是评价控制是否有效运行,细节测试的目的是发现认定层次的重大错报。尽管两者目的不同,但注册会计师可以考虑针对同一交易同时实施控制测试和细节测试,以实现双重目的。例如,注册会计师通过检查某笔交易的发票可以确定其是否经过适当的授权,也可以获取关于该交易的金额、发生时间等细节证据。当然,如果拟实施双重目的的测试,注册会计师应当仔细设计和评价测试程序。

5. 实施实质性程序的结果会对控制测试结果产生影响

如果通过实施实质性程序未发现某项认定存在错报,这本身并不能说明与该认定有关的控制是有效运行的;但如果通过实施实质性程序发现某项认定存在错报,注册会计师应当在评价相关控制的运行有效性时予以考虑。因此注册会计师应当考虑实施实质性程序发现的错报对评价相关控制运行有效性的影响(如降低对相关控制的信赖程度、调整实质性程序的性质、扩大实质性程序的范围等)。如果实施实质性程序发现被审计单位没有识别出的重大错报,通常表明内部控制存在重大缺陷,注册会计师应当就这些缺陷与管理层和治理层进行沟通。

**(四) 控制测试的时间**

控制测试的时间包含两层含义:一是何时实施控制测试;二是测试所针对的控制适用的时点或期间。

注册会计师应当根据控制测试的目的确定控制测试的时间,并确定拟信赖的相关控制的时点或期间。如果仅需要测试控制在特定时点的运行有效性(如对被审计单位期末存货盘点进行控制测试),注册会计师只需要获取该时点的审计证据。如果需要获取控制在某一期间有效运行的审计证据,仅获取与时点相关的审计证据是不充分的。关于控制在多个不同时点的运行有效性的审计证据的简单累加并不能构成控制在某期间的运行有效性的充分、适当的审计证据,注册会计师应当辅以其他控制测试,包括测试被审计单位对控制的监督等,以提供相关控制在所有相关时点都运行有效的审计证据。

**(五) 控制测试的范围**

控制测试的范围主要是指某项控制活动的测试次数。

注册会计师在确定某项控制的测试范围时通常考虑的因素包括:

(1) 在整个拟信赖的期间,被审计单位执行控制的频率(控制执行的频率越高,控制测试的范围越大)。

(2) 在所审计期间,注册会计师拟信赖控制运行有效性的时间长度(拟信赖期间越长,控制测试的范围越大)。

(3) 为证实控制能够防止或发现并纠正认定层次重大错报所需获取审计证据的相关性和可靠性(对审计证据的相关性和可靠性要求越高,控制测试的范围越大)。

(4) 通过测试与认定相关的其他控制获取的审计证据的范围(针对同一认定,可能存在不同的控制。当针对其他控制获取审计证据的充分性和适当性较高时,测试该控制的范围可适当缩小)。

(5) 在风险评估时拟信赖控制运行有效性的程度(注册会计师在风险评估时对控制运行有效性的拟信赖程度越高,需要实施控制测试的范围越大)。

(6) 在控制测试中,对样本规模的影响因素及方向。

需要指出的是,由于信息技术处理具有内在一贯性,除非系统发生变动,一项自动化应用控制应当一贯运行。因此,对于一项自动化应用控制,一旦确定被审计单位正在执行该控制,注册会计师通常无需扩大控制测试的范围。

控制测试汇总表如表 8-4 所示。

表 8-4　　　　**控制测试汇总表**

被审计单位:＿＿＿＿＿＿＿＿　　索引号:＿＿＿＿＿＿＿＿

项目:＿＿＿＿＿＿＿＿　　财务报表截止日/期间:＿＿＿＿＿＿＿＿

编制:＿＿＿＿＿＿＿＿　　复核:＿＿＿＿＿＿＿＿

日期:＿＿＿＿＿＿＿＿　　日期:＿＿＿＿＿＿＿＿

1. 了解内部控制的初步结论

＿＿＿＿＿＿＿＿＿＿＿＿＿＿＿＿＿＿＿＿＿＿＿＿

＿＿＿＿＿＿＿＿＿＿＿＿＿＿＿＿＿＿＿＿＿＿＿＿

(注:根据了解本循环控制的设计并评估其执行情况所或获取的审计证据,注册会计师对控制的评价结论可能是:①控制设计合理,并得到执行;②控制设计合理,未得到执行;③控制设计无效或缺乏必要的控制)

2. 控制测试结论

| 控制目标 | 被审计单位的控制活动 | 控制活动对实现控制目标是否有效(是/否) | 控制活动是否得到执行(是/否) | 控制活动是否有效运行(是/否) | 控制测试结果是否支持风险评估结论(支持/不支持) |
|---|---|---|---|---|---|
| | | | | | |
| | | | | | |
| | | | | | |

(编制说明:①本审计工作底稿记录注册会计师测试的控制活动及结论。其中,“控制活动对实现控制目标是否有效”“控制活动是否得到执行”“控制活动是否有效运行”各栏,应根据控制测试过程中获取的审计证据分析填写;“控制测试结果是否支持风险评估结论”一栏,应根据了解和测试内部控制中获取的审计证据分析填写。②如果注册会计师不拟对与某些控制目标相关的控制活动实施控制测试,则应直接执行实质性程序,对相关交易和账户余额的认定进行测试,以获取足够的保证程度。)

（续表）

3. 相关交易和账户余额的审计方案

(1) 对未进行测试的控制目标的汇总。根据计划实施的控制测试，我们未对下列控制目标、相关交易和账户余额及其认定进行测试。

| 业务循环 | 主要业务活动 | 控制目标 | 相关交易和账户余额及其认定 | 原因 |
| --- | --- | --- | --- | --- |
| | | | | |
| | | | | |
| | | | | |

(2) 对未达到控制目标的主要业务活动的汇总。根据控制测试的结果，我们确定下列控制运行无效，在审计过程中不予信赖，拟实施实质性程序获取充分、适当的审计证据。

| 业务循环 | 主要业务活动 | 控制目标 | 相关交易和账户余额及其认定 | 原因 |
| --- | --- | --- | --- | --- |
| | | | | |
| | | | | |
| | | | | |

（注：如果本期执行控制测试的结果表明本循环与相关交易和账户余额及其认定相关的控制不能予以信赖，应重新考虑本期拟信赖的以前审计获取的其他循环控制运行有效性的审计证据是否恰当。）

根据控制测试的结果，执行下列审计方案：

| 受影响的交易账户余额 | 完整性（控制测试结果/需从实质性程序中获取的保证程度） | 发生/存在（控制测试结果/需从实质性程序中获取的保证程度） | 准确性/计价和分摊（控制测试结果/需从实质性程序中获取的保证程度） | 截止（控制测试结果/需从实质性程序中获取的保证程度） | 权利和义务（控制测试结果/需从实质性程序中获取的保证程度） | 分类（控制测试结果/需从实质性程序中获取的保证程度） | 列报（控制测试结果/需从实质性程序中获取的保证程度） |
| --- | --- | --- | --- | --- | --- | --- | --- |
| | | | | | | | |
| | | | | | | | |
| | | | | | | | |

（注：如果本期执行控制测试的结果表明本循环与相关交易和账户余额及其认定相关的控制不能予以信赖，应重新考虑本期拟信赖的以前审计获取的其他循环控制运行有效性的审计证据是否恰当。）

4. 沟通事项

是否需要就已识别出的内部控制设计、执行以及运行方面的重大缺陷，与适当层次的管理层或治理层进行沟通？

需要与管理层沟通的事项：________________________________________

________________________________________

需要与治理层沟通的事项：________________________________________

________________________________________

同步思考8-5

风险评估程序的类型和控制测试的类型有哪些是相同的？哪些是控制测试独有的？

## 五、实质性程序

### （一）实质性程序的含义

实质性程序是指注册会计师针对评估的重大错报风险实施的直接用于发现认定层次重大错报的审计程序。实质性程序包括对各类交易、账户余额和披露的细节测试以及实质性分析程序。

由于注册会计师对重大错报风险的评估是一种判断，可能无法充分识别所有的重大错报风险，并且由于内部控制存在固有局限性，无论评估的重大错报风险结果如何，注册会计师都应当针对所有重大的各类交易、账户余额、列报实施实质性程序。此外，如果认为评估的认定层次重大错报风险是特别风险，注册会计师应当专门针对该风险实施实质性程序。

### （二）实质性程序的性质

实质性程序的性质，是指实质性程序的类型及其组合。实质性程序的两种基本类型包括细节测试和实质性分析程序。

1. 细节测试

细节测试是对各类交易、账户余额、列报的具体细节进行测试，目的在于直接识别财务报表认定是否存在错报。

细节测试适用于对各类交易、账户余额、披露认定的测试，尤其是对存在或发生、计价认定的测试。注册会计师需要根据不同的认定层次的重大错报风险设计有针对性的细节测试。例如，在针对存在或发生认定设计细节测试时，注册会计师应当选择包含在财务报表金额中的项目，并获取相关审计证据。又如，在针对完整性认定设计细节测试时，注册会计师应当选择有证据表明应包含在财务报表金额中的项目，并调查这些项目是否确实包括在内。

2. 实质性分析程序

实质性分析程序从技术特征上讲仍然是分析程序，主要是通过研究数据间关系评价信息，只是将该技术方法用作实质性程序，即用以识别各类交易、账户余额、列报及相关认定是否存在错报。

对在一段时期内存在可预期关系的大量交易，注册会计师可以考虑实施实质性分析程序。注册会计师在设计实质性分析程序时应当考虑的因素包括：对特定认定使用实质性分析程序的适当性；对已记录的金额或比率作出预期时，所依据的内部或外部数据的可靠性；作出预期的准确程度是否足以在计划的保证水平上识别重大错报;已记录金额与预期值之间可接受的差异额等。

考虑到数据及分析的可靠性,当实施实质性分析程序时,如果使用被审计单位编制的信息,注册会计师应当考虑测试与信息编制相关的控制,以及这些信息是否在本期或前期经过审计。

**(三) 实质性程序的时间**

与控制测试的时间选择类似,实质性程序也面临着对期中审计证据和对以前审计获取的审计证据的考虑。但与控制测试不同的是:在控制测试中,期中实施控制测试并获取期中关于控制运行有效性审计证据的做法更具有一种"常态",而由于期中实施实质性程序获取的审计证据不能直接作为期末财务报表认定的审计证据,注册会计师仍然需要消耗进一步的审计资源使期中审计证据能够合理延伸至期末,因此,注册会计师在期中实施实质性程序时更需要考虑其成本效益的权衡。另外,在本期控制测试中拟信赖以前审计获取的有关控制运行有效性的审计证据,已经受到了很大的限制;而对于以前审计中通过实质性程序获取的审计证据,现行审计准则采取了更加慎重的态度和更严格的限制。

如果在期中实施了实质性程序,注册会计师应当针对剩余期间实施进一步的实质性程序,或将实质性程序和控制测试结合使用,以将期中测试得出的结论合理延伸至期末。如果拟将期中测试得出的结论延伸至期末,注册会计师应当考虑针对剩余期间仅实施实质性程序是否足够。如果认为实施实质性程序本身不充分,注册会计师还应测试剩余期间相关控制运行的有效性或针对期末实施实质性程序。此外,如果已识别出由于舞弊导致的重大错报风险,为将期中得出的结论延伸至期末而实施的审计程序通常是无效的,注册会计师应当考虑在期末或者接近期末实施实质性程序。

在以前审计中实施实质性程序获取的审计证据,通常对本期只有很弱的证据效力或没有证据效力,不足以应对本期的重大错报风险。只有当以前获取的审计证据及其相关事项未发生重大变动时(例如以前审计通过实质性程序测试过的某项诉讼在本期没有任何实质性进展),以前获取的审计证据才可能用作本期的有效审计证据。但即便如此,如果拟利用以前审计中实施实质性程序获取的审计证据,注册会计师应当在本期实施审计程序,以确定这些审计证据是否具有持续相关性。

**(四) 实质性程序的范围**

在确定实质性程序的范围时,注册会计师应当考虑评估的认定层次重大错报风险和实施控制测试的结果。注册会计师评估的认定层次的重大错报风险越高,需要实施实质性程序的范围越广。如果对控制测试结果不满意,注册会计师应当考虑扩大实质性程序的范围。

在设计细节测试时,注册会计师除了从样本量的角度考虑测试范围外,还要考虑选样方法的有效性等因素。例如,注册会计师有时从总体中选取大额或异常项目进行测试，而不是进行代表性抽样或分层抽样。

实质性分析程序的范围有两层含义：一是对什么层次上的数据进行分析，注册会计师可以选择在高度汇总的财务数据层次进行分析，也可以根据重大错报风险的性质和水平调整分析层次。例如，按照不同产品线、不同季节或月份、不同经营地点或存货存放地点等实施实质性分析程序。二是需要对什么幅度或性质的偏差展开进一步调查。一般来说，可接受的偏差越大，作为实质性分析程序一部分的进一步调查的范围就越小，因此，在设计实质性分析程序时，注册会计师应当确定已记录金额与预期值之间可接受的差异额。

在实务中，注册会计师根据评估的重大错报风险水平和实施控制测试的结果来确定计划实施的实质性程序，如表 8-5 所示，风险评估程序、控制测试和实质性程序之间存在对应关系。

表 8-5　**计划实施的实质性程序**

| 项　目 | | | 财务报表认定 | | | | | |
|---|---|---|---|---|---|---|---|---|
| | | | 存在 | 完整性 | 权利和义务 | 计价和分摊 | 列报 | …（注 1） |
| 评估的重大错报风险水平（注 2） | | | | | | | | |
| 控制测试结果是否支持风险评估结论（注 3） | | | | | | | | |
| 需从实质性程序获取的保证程度 | | | | | | | | |
| 计划实施的实质性程序（注 4） | 索引号 | 执行人 | | | | | | |
| 1. | | | | | | | | |
| 2. | | | | | | | | |
| 3. | | | | | | | | |
| 4. | | | | | | | | |
| 5. | | | | | | | | |
| 6. | | | | | | | | |
| 7. | | | | | | | | |
| 8. | | | | | | | | |
| 9. | | | | | | | | |
| 10. | | | | | | | | |
| …… | | | | | | | | |

注：1. 对于不同的项目来说，所对应的认定也不同，例如，所对应的认定还可能是发生、准确性、截止、分类等。
2. 结果取自风险评估工作底稿。
3. 结果取自该项目所属业务循环内部控制测试工作底稿。
4. 计划实施的实质性程序与财务报表认定之间的对应关系用“√”表示。

# 本章小结

## ■ 本章内容结构图

- 风险评估和应对
  - 风险评估
    - 风险评估程序
      - 询问被审计单位管理层和内部其他相关人员
      - 实施分析程序
      - 观察和检查
    - 了解被审计单位及其环境
      - 了解行业状况、法律环境与监管环境以及其他外部因素
      - 了解被审计单位的性质
      - 了解被审计单位对会计政策的选择和运用
      - 了解被审计单位的目标、战略和相关经营风险
      - 了解被审计单位财务业绩的衡量和评价
      - 了解被审计单位的内部控制
    - 了解内部控制
      - 内部控制的概念
        - 内部控制思想的演进
        - 管理层和注册会计师对内部控制的不同关注
        - 内部控制的人工和自动化成分
        - 内部控制的局限性
      - 内部控制的要素
      - 内部控制的了解和评价
        - 在被审计单位整体层面了解和评价内部控制
        - 在业务流程层面了解和评价内部控制
    - 重大错报风险评估
      - 评估财务报表层次和认定层次的重大错报风险
        - 评估重大错报风险时考虑的因素
        - 评估重大错报风险的审计程序
        - 识别两个层次的重大错报风险
      - 内部控制对风险评估的影响
        - 控制环境对评估财务报表层次重大错报风险的影响
        - 控制对评估认定层次重大错报风险的影响
  - 风险应对
    - 财务报表层次重大错报风险的总体应对措施
    - 总体应对措施对拟实施进一步审计程序总体方案的影响
    - 针对认定层次重大错报风险的进一步审计程序
      - 进一步审计程序的含义
      - 进一步审计程序的具体安排
    - 控制测试
      - 控制测试的含义
      - 控制测试的要求
      - 控制测试的性质
      - 控制测试的时间
      - 控制测试的范围
    - 实质性程序
      - 实质性程序的含义
      - 实质性程序的性质
      - 实质性程序的时间
      - 实质性程序的范围

■ 重要名词术语

**风险评估程序**:是指注册会计师为了识别和评估财务报表重大错报风险所实施的了解被审计单位及其环境的程序。

**分析程序**:是指注册会计师通过研究不同财务数据之间以及财务数据与非财务数据之间的内在关系,对财务信息进行评价。

**穿行测试**:是指通过追踪某笔或某几笔交易在业务流程中如何生成、记录、处理和报告,以及相关控制如何执行,注册会计师可以确定被审计单位的交易流程和相关控制是否与之前通过其他程序所获得的了解一致,并确定相关控制是否得到执行。

**实质性方案**:是指注册会计师实施的进一步审计程序以实质性程序为主。

**综合性方案**:是指注册会计师在实施进一步审计程序时,将控制测试与实质性程序结合使用。

**进一步审计程序**:是指注册会计师针对评估的各类交易、账户余额、披露认定层次重大错报风险实施的审计程序,包括控制测试和实质性程序。

**控制测试**:是指用于评价内部控制在防止或发现并纠正认定层次重大错报方面的运行有效性的审计程序。

**细节测试**:是指对各类交易、账户余额、列报的具体细节进行测试,目的在于直接识别财务报表认定是否存在错报。

**实质性分析程序**:从技术特征上讲仍然是分析程序,主要是通过研究数据间关系评价信息,只是将该技术方法用作实质性程序,即用以识别各类交易、账户余额、列报及相关认定是否存在错报。

## 思考与练习

### 一、思考题

1. 应当从哪些方面了解被审计单位及其环境?
2. 内部控制的目的与控制测试的目的有什么区别?
3. 怎样初步评价内部控制?
4. 进一步审计程序的总体方案有哪两种? 应当如何进行选择?
5. 简述实质性程序的两种基本类型。
6. 注册会计师在哪些情形下,应当实施控制测试?
7. 注册会计师应当从哪些方面获得关于控制运行有效性的证据?
8. 注册会计师在设计实质性分析程序时应考虑哪些因素?

## 二、选择题

1. 注册会计师实施的下列审计程序中，属于风险评估程序的是（　　）。

A. 询问被审计单位管理层和内部其他相关人员

B. 分析程序

C. 观察和检查

D. 重新执行

2. 注册会计师认为甲公司的控制环境存在缺陷，在对拟实施审计程序的性质、时间和范围作出总体修改时，下列做法中不恰当的是（　　）。

A. 在期中实施更多的审计程序

B. 主要依赖实质性程序获取审计证据

C. 主要依赖控制测试程序获取审计证据

D. 增加实质性程序的样本量

3. 下面有关对控制环境进行风险评估的提法中，正确的是（　　）。

A. 穿行测试一般用作对控制环境风险评估的审计程序

B. 尽管注册会计师了解到控制环境薄弱，但仍然可以认定某一流程的控制是有效的

C. 在审计计划过程中，注册会计师就应开始对控制环境进行风险评估，以制定相应的总体审计策略

D. 由于对小型被审计单位无法获取以文件形式存在的有关控制环境要素的审计证据，注册会计师可通过了解管理层对内部控制设计的态度、认识和措施来评估风险

4. 在进行风险评估时，注册会计师通常采用的审计程序是（　　）。

A. 将财务报表与其所依据的会计记录相核对

B. 实施分析程序以识别异常的交易或事项，以及对财务报表和审计产生影响的金额、比率和趋势

C. 对应收账款进行函证

D. 以人工方式或使用计算机辅助审计技术，对记录或文件中的数据计算准确性进行核对

5. 如果通过实施进一步审计程序获取的审计证据与初始评估获取的审计证据相矛盾，注册会计师应当（　　）。

A. 修正风险评估结果，并相应修改原计划实施的进一步审计程序

B. 与相应的管理层沟通

C. 获取管理层的声明

D. 以进一步审计程序获取的审计证据为准

6. 注册会计师从成本效益的角度往往考虑采用的进一步审计程序方案是(　　)。

A. 实质性方案

B. 综合性方案

C. 控制测试

D. 实质性程序

7. 注册会计师设计和实施的进一步审计程序的性质、时间和范围,应当与下列评估的(　　)层次的重大错报风险具备明确的对应关系。

A. 财务报表层次

B. 认定层次

C. 账户余额

D. 交易或事项

8. 以下说法不正确的是(　　)。

A. 设计实施进一步审计程序的性质、时间和范围的依据是注册会计师识别的风险是否重大

B. 财务报表层次的重大错报风险很可能源于薄弱的控制环境

C. 如果多项控制活动能够实现同一目标,注册会计师不必了解与该目标相关的每项控制活动

D. 被审计单位通常有一些与审计无关的控制,注册会计师无需对其加以考虑

9. 注册会计师在了解及评价被审计单位内部控制后,实施控制测试的范围是(　　)。

A. 有重大缺陷的内部控制

B. 拟信赖的内部控制

C. 对财务报表有重大影响的内部控制

D. 并未有效运行的内部控制

10. 询问程序一般不足以测试控制运行的有效性,注册会计师应将询问与其他审计程序结合使用,以获取有关控制运行有效性的审计证据。相对而言,将询问程序与下列(　　)程序相结合所获取的审计证据在证实控制运行有效性方面的保证程序最低。

A. 询问

B. 检查

C. 重新执行

D. 穿行测试

11. 对于被审计单位的下列(　　)控制,注册会计师可能不进行测试而加以

信赖。

A. 上期审计发现了重大缺陷

B. 与旨在减轻特别风险相关

C. 上期审计曾加以高度信赖

D. 与收入确认、现金收支相关

12. 分析程序是注册会计师执行财务报表审计业务时运用的一种重要的审计程序。这种程序通常适合于审计(　　)。

A. 连续3年中各年主营业务成本占主营业务收入的比例

B. 相邻两个会计期间营业外支出中包含的固定资产的毁损情况

C. 被审计期间实际发生的坏账损失占当年年末预收账款的比例

D. 连续3年中各年应付账款与当年年末应收票据的比例

13. 当评估的财务报表层次重大错报风险属于高风险水平时,注册会计师通常拟实施进一步审计程序的总体方案是(　)。

A. 风险应对方案

B. 控制测试方案

C. 实质性方案

D. 综合性方案

14. 只有认为控制设计合理、能够防止或发现和纠正认定层次的重大错报以及仅仅实施实质性程序不足以提供认定层次充分适当的审计证据时,注册会计师才有必要进行(　　)。

A. 细节测试

B. 分析程序

C. 控制测试

D. 了解内部控制

15. 注册会计师在测试控制运行的有效性时,下列各项中,不属于注册会计师应当获取关于控制是否有效运行的审计证据的是(　　)。

A. 控制设计是否合理

B. 控制在审计期间是如何运行的

C. 是人工控制还是自动化控制

D. 控制由谁执行

## 三、案例分析题

ABC会计师事务所正在准备接受甲公司的委托审计其2013年的财务报表。甲公司以前年度是由M会计师事务所审计的,并对2012年的财务报表出具了带强调事项段的保留意见。在接受委托之前，主管此项业务的ABC会计师事务所合伙人A注册会计师经甲公司的允许与M事务所进行了沟通，了解到甲公司的一些信息。以下为A注册会计师了解的部分信息：

(1) 甲公司是一家广告公司，拥有多领域市场，在广告行业内属于佼佼者；

(2) 日益激烈的市场竞争与国际广告公司的加入使公司变现能力和盈利能力恶化；

(3) 公司的管理层最大限度的“挤压利润”，竭尽全力地使报告的收入和每股收益最大化。在2012年度，甲公司的收入被M会计师事务所的注册会计师调减了1 200万元，占原报告收入的30%；

(4) 甲公司管理层不愿意接受审计调整；董事会中无审计委员会，内部审计部门形同虚设；

(5) 甲公司大多数交易采用计算管理系统进行核算，核算系统内部控制政策和程序比较健全，但对资产的控制很差；最近实现的电算化系统中的固定资产记录并不是很准确。而且，该公司没有内部审计人员，银行账户也没有定期调整；

(6) 甲公司2012年财务报表附注中提到了一起由该公司竞争对手所提起的诉讼，称甲公司某项广告存在侵权问题。M会计师事务所在2012年度审计报告中增加了一个强调说明段，表示了对甲公司持续经营能力的怀疑；

(7) 甲公司2009—2012年3年的总收益水平持续下降，但是2013年度未经审计的净收入比2012年有大幅上升。

要求：根据所了解的情况，你认为甲公司的重大错报风险水平是高、中还是低？为什么？

# 第九章　销售与收款循环的审计



## 本章要点

- 理解分项审计与循环审计的区别
- 了解销售与收款循环的所涉及的主要业务活动和相关凭证与记录
- 了解销售与收款活动的内部控制及控制测试
- 掌握营业收入审计的实质性程序,熟悉相关工作底稿
- 掌握应收账款审计的实质性程序,熟悉相关工作底稿

## 适用的准则和规范

- 《中国注册会计师审计准则第 1211 号——通过了解被审计单位及其环境识别和评估重大错报风险》
- 《中国注册会计师审计准则第 1231 号——针对评估的重大错报风险采取的应对措施》
- 《中国注册会计师审计准则第 1313 号——分析程序》
- 《中国注册会计师审计准则第 1314 号——审计抽样》
- 《中国注册会计师审计准则第 1312 号——函证》
- 《企业内部控制应用指引第 9 号——销售业务》
- 《企业内部控制应用指引第 9 号——销售业务》解读

## 引例　琼民源事件

琼民源全名为"海南民源现代农业发展股份有限公司",1988 年 7 月在海口注册成立。1992 年 9 月在全国证券交易自动报价(STAQ)系统中募集法人股 3 000 万股,实收资本 3 000 万元;1993 年 4 月 30 日以琼民源 A 股的名义在深圳证券交易所上市。

1993年上市之初,“琼民源”每股收益达0.68元,净资产收益率为35%。但1994年公司开始走下坡路,经营业绩不佳,每股收益降至0.17元,到了1995年每股收益不足1厘,年报公布日(1996年4月30日)其股价仅为3.65元,公司已至亏损边缘,其股票无人问津。而从1996年7月1日起,“琼民源”的股价以4.45元起步,在4个月内,股价蹿升至20元,翻了数倍。“琼民源”成了创造1996年中国股市神话中的一匹“大黑马”。经过一番精心包装之后,1997年1月22日,“琼民源”率先公布1996年年报,显示每股收益0.867元,净利润比去年同比增长1 290.68倍,分红方案为每10股转送9.8股。年报一经公布,市场震惊,股市波动,“琼民源”股价创出26.18元的历史最高。

1996年年报显示,“琼民源”利润总额5.71亿元,而主营业务收入仅为1 677万元,利润39.1万元,其他业务利润和营业外收入则分别为4.41亿元和1.01亿元。利润构成明显与报告声称的“公司主营业务包括房地产开发、移动通信、农业开发三方面”有悖,如此高额利润收入为何不列出处?面对传言与疑问,“琼民源”于1997年2月1日登出《补充公告》,声明年报的正确性。对“琼民源”年报进行审计的海南中华会计师事务所也公开表示报表的真实性。

纸终究是包不住火的,无论怎样的解释,都随着1997年2月28日“琼民源”停牌的事实成为泡沫。调查发现,“琼民源”1996年年报中所称利润总额5.7亿中有5.4亿是虚构出来的,并虚增了6.57亿元资本公积金。而海南中华会计师事务所出具的1996年年度审计报告和海南大正会计师事务所出具的资产评估报告,均含有虚假、严重误导性内容,面对“琼民源”1996年年报中利润和资本公积大幅度的增加,两个事务所都没有保持应有的职业谨慎。鉴于“琼民源”原董事长兼总经理马玉和等人制造虚假财务数据的行为涉嫌犯罪,中国证监会旋即将有关材料移交司法机关。

“琼民源”事件作为中国证券史上最为严重的一起证券欺诈案,自从1997年2月28日停牌至今,已有十几年,但就其虚报利润、虚增资本金以及操纵市场等严重违规行为,一直是中国股市“心口永远的痛”。

案例思考:“琼民源”虚报利润、虚增资本金等违规行为以及两家会计师事务所出具不实报告的行为留给我们怎样的启示?

## 第一节 业务循环与审计方法

### 一、业务循环

被审计单位的业务活动可以划分为若干业务循环。所谓业务循环,是指处理某类经济业务的工作程序和先后顺序。除了公司的成立和清理以外,各业务循环是周而复始的:

(1) 公司成立时要取得资本,通常是现金形式(投资与筹资循环)。

(2) 对制造业公司来说,现金要用来采购原材料、固定资产等,以便生产存货

（采购与付款循环）。为生产存货，现金还用来取得人工（人力资源与工薪循环）。采购与付款循环与人力资源与工薪循环在性质上类似，但其功能上的区别足以将它们分为两个循环。

（3）这两个循环的结果合并起来就是存货（生产与存货循环）。

（4）随后是售出存货、开列账单和收回货款（销售与收款循环）。

（5）由此就产生了现金，可用于支付股利和利息以及开始新的循环（投资与筹资循环）。

这里将其划分为销售与收款循环、采购与付款循环、生产与存货循环、人力资源与工薪循环、投资与筹资循环，并以销售与收款循环、采购与付款循环、生产与存货循环为例阐述各业务循环的审计。由于货币资金与上述各业务循环均有着密切的联系，且具有鲜明的特征，因此将其作为单独的一部分。各业务循环之间的关系如图 9-1 所示。

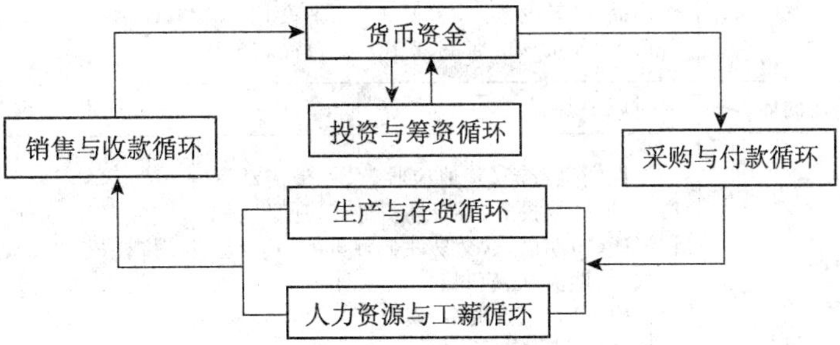


**图 9-1　各业务循环之间的关系**

## 二、分项审计方法与循环审计方法

财务报表审计的组织方式大致有两种：一是分项审计方法，是指按会计报表项目组织实施审计的方法，这种方法要求对财务报表的每个账户余额单独进行审计；二是循环审计方法，是指按业务循环组织实施审计的方法，这种方法要求将财务报表分成几个循环进行审计，即把紧密联系的交易种类和账户余额归入同一循环中，按业务循环组织实施审计。

一般而言，控制测试是在了解被审计单位内部控制、实施风险评估程序基础上进行的，而了解内部控制主要是评价控制的设计以及是否得到执行，与被审计单位的业务流程关系密切，因此，控制测试通常应采用循环审计法实施。对交易和账户余额的实质性程序，既可采用分项审计法实施，也可采用循环审计法实施。但由于控制测试通常按循环审计法实施，为避免实质性程序与控制测试严重脱节的弊端，提倡采用循环审计法。表9-1列示了各业务循环和资产负债表、利润表项目之间的对应关系。

表9-1　　业务循环与主要报表项目对照表

| 业务循环 | 资产负债表项目 | 利润表项目 |
|---|---|---|
| 销售与收款循环 | 应收票据、应收账款、长期应收款、预收款项、应交税费 | 营业收入、税金及附加 |
| 采购与付款循环 | 预付款项、固定资产、在建工程、工程物资、固定资产清理、无形资产、开发支出、商誉、长期待摊费用、应付票据、应付账款、长期应付款 | 管理费用、销售费用、研发费用 |
| 生产与存货循环 | 存货(包括材料采购或在途物资、原材料、材料成本差异、库存商品、发出商品、商品进销差价、委托加工物资、委托代销商品、受托代销商品、周转材料、生产成本、制造费用、劳务成本、存货跌价准备、受托代销商品款等) | 营业成本 |
| 人力资源与工薪循环 | 应付职工薪酬 | 营业成本、销售费用、管理费用 |
| 投资与筹资循环 | 交易性金融资产、其他应收款、其他流动资产、长期股权投资、投资性房地产、递延所得税资产、短期借款、交易性金融负债、其他应付款、长期借款、应付债券、预计负债、递延所得税负债、实收资本(或股本)、资本公积、盈余公积、未分配利润 | 财务费用、资产减值损失、信用减值损失、投资收益、营业外收入、营业外支出、所得税费用 |

# 第二节　销售与收款循环概述

## 一、不同行业类型的收入来源

企业的收入主要来自出售商品、提供服务等,由于所处行业不同,企业具体的收入来源有所不同。注册会计师需要对被审计单位的相关行业活动和经营性质有比较全面的了解,才能胜任被审计单位收入、支出的审计工作。表9-2列示了不同行业类型的收入来源。

表9-2　　不同行业类型的主要收入来源

| 行业类型 | 收 入 来 源 |
|---|---|
| 贸易业 | 作为零售商向普通大众(最终消费者)零售商品;作为批发商向零售商供应商品 |

（续表）

| 行业类型 | 收入来源 |
|---|---|
| 一般制造业 | 通过采购原材料并将其用于生产流程制造产成品卖给客户取得收入 |
| 专业服务业 | 律师、会计师、商业咨询师等主要通过专业服务取得服务费收入；医疗服务机构通过提供医疗服务取得收入，包括给住院病人提供病房和医护设备，为病人提供护理、手术和药品等取得收入 |
| 金融服务业 | 向客户提供金融服务取得手续费；向客户发放贷款取得利息收入；通过协助客户对其资金进行投资取得相关理财费用 |
| 建筑业 | 通过提供建筑服务完成建筑合同取得收入 |

## 二、销售与收款循环的主要业务活动

销售与收款活动所涉及的业务环节主要包括以下各项。

### （一）编制销售计划

销售计划是指在进行销售预测的基础上，结合企业生产能力，设定总体目标额及不同产品的销售目标额，进而为能实现该目标而设定具体营销方案和实施计划，以支持未来一定期间内销售额的实现。

### （二）客户信用管理

企业信用管理部门应当加强现有客户维护，开发潜在目标客户，对有销售意向的客户进行资信评估，根据企业自身风险接受程度确定具体的信用等级。根据资信评估和信用等级评价的结果，信用管理部门一般列出已经批准销售的顾客名单，并对每个顾客的赊销信用额度进行授权。

### （三）销售定价

销售定价是指商品价格的确定、调整及相应审批。企业应当根据产品生产成本和定价策略及时更新产品价目表，确保产品定价的准确性。

### （四）订立销售合同

企业与客户订立销售合同，明确双方权利和义务，以此作为开展销售活动的基本依据。在与顾客签订销售合同前，须经一定的审批。只有经过批准的销售，才能作为订立销售合同的依据。销售合同订立后，需编制一式多联的销货通知单。信用部门接到销货通知单后，根据公司的赊销政策和客户的信用额度授权决定是否批准赊销。对同意赊销的客户，信用部门应在销货通知单上签字，对不同意赊销的客户，公司将告知客户，并讨论能否使用付款方式，比如现销方式。

### （五）发货

发货是根据销售合同的约定向客户提供商品的环节。当销货通知单传递至仓储部门，仓储部门据此发货，填制出库单等凭证，并将产品交给运输部门。运输部门依据销货通知单和出库单装运货物，填制提货单等货运文件，并将其送往开具发票的部门。发票开具部门核对销售合同、销货通知单、提货单等文件，如以上文件完全相符，并符合产品价目表的要求，则可开具销售发票。

### （六）收款

收款指企业经授权发货后与客户结算的环节。收到客户货款后，会计部门应编制相应的收款凭证，并及时完整予以记录，以确保收回货款的完整性。

### （七）客户服务

客户服务是在企业与客户之间建立信息沟通机制，对客户提出的问题，企业应予以及时解答或反馈、处理，不断改进商品质量和服务水平，以提升客户满意度和忠诚度。客户服务包括产品维修、销售退回、维护升级等。

### （八）会计系统控制

会计系统控制是指利用记账、核对、岗位职责落实和相互分离、档案管理、工作交接程序等会计控制方法，确保企业会计信息真实、准确、完整。会计系统控制包括销售收入的确认、应收款项的管理、坏账准备的计提和冲销、销售退回的处理等内容。

## 三、销售与收款循环涉及的主要凭证、记录与账户

### （一）主要凭证与会计记录

从前面对各个业务环节的介绍可以看出，销售与收款活动所涉及的主要凭证和会计记录如表9-3所示。

表9-3　**销售与收款循环涉及的主要凭证和会计记录**

| 业务活动 | 涉及的主要凭证及会计记录 |
|---|---|
| 编制销售计划 | 销售计划 |
| 客户开发与信用管理 | 核准赊销的客户名单 |
| 销售定价 | 商品价目表 |
| 订立销售合同 | 销售合同、客户订购单、销售通知单 |
| 发货 | 出库单、提货单、装运凭证、销售发票 |
| 收款 | 支票、汇款通知单、银行汇票等 |
| 客户服务 | 销售退回入库单、贷项通知单 |
| 会计系统控制 | 账龄分析表、坏账审批表、银行存款日记账与总账、应收账款明细账与总账 |

### (二) 主要账户及其相互关系

销售与收款循环主要涉及销售和收款两类交易。这两类交易所涉及的主要账户及其相互关系如图 9-2 所示。

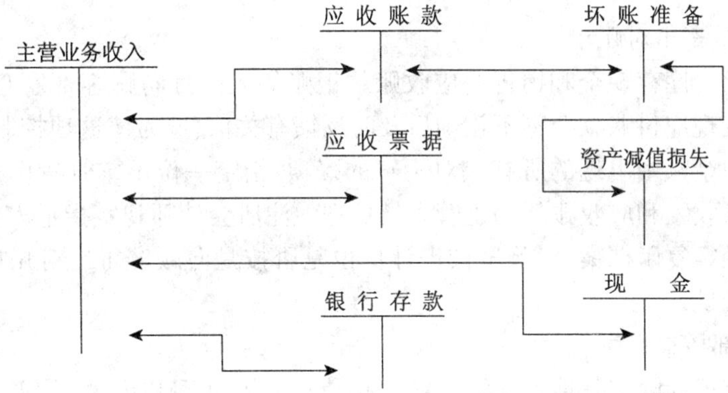


图 9-2 销售与收款循环涉及的主要账户及其相互关系

# 第三节 控制测试和交易的实质性程序

## 一、销售与收款循环的内部控制与控制测试

### (一) 销售与收款交易的内部控制

与销售与收款循环主要业务活动相关的关键内部控制和相应的控制测试主要包括以下几点。

1. 适当的职责分离

将销售与收款循环过程中各项职责进行明确的分工，分别由不同的部门或人员执行。建立岗位责任制，使各项工作之间既相互联系，又相互牵制，防止错误或舞弊的发生。注册会计师通常通过观察有关人员的活动，以及与这些人员进行讨论，来实施职责分离的控制测试。

2. 正确的授权审批

销售业务必须经过适当审批，包括对赊销限额、发运货物、结算价格、付款条件、销售退回与折让、坏账准备计提、坏账注销等进行授权。通过检查凭证上是否经过审批，可以很容易地测试出授权审批方面的内部控制效果。

3. 充分的凭证和记录

对内部控制来说，只有具备充分的记账手续、充分的凭证和记录才能实现其各项控制目标。另外凭证要预先编号，以防止销售以后忘记向顾客开具账单或登记入账，也可以防止重复开具账单或重复记账。对这种控制常用的一种控制测试程序是清点各种凭证，这种程序还可同时提供有关真实性和完整性目标的证据。

4. 按月寄出对账单

由不负责库存现金和销售及应收账款记账的人按月向顾客寄发对账单，能促使顾客在发现应付账款余额不正确后及时反馈有关信息，为使这项控制更加有效，最好将账户余额中出现的所有核对不符的账项，指定一位不掌管货币资金也不记录主营业务收入和应收账款的主管人员处理。注册会计师观察指定人员寄送对账单和检查顾客复函档案，对测试被审计单位是否按月向顾客寄出对账单是十分有效的控制测试。

5. 内部核查程序

由内部审计师或其他独立人员核查销货业务的处理和记录，是实现内部控制目标不可缺少的一项控制措施。表 9-4 所列程序是针对各项控制目标的典型内部核查程序。

表 9-4　**内部核查程序**

| 内部控制目标 | 内部核查程序举例 |
|---|---|
| 登记入账的销售交易是真实的 | 检查销售发票的连续性并检查所附的佐证凭证 |
| 销售交易均经适当审批 | 了解客户的信用情况，确定是否符合企业的赊销政策 |
| 所有销售交易均已登记入账 | 检查发运凭证的连续性，并将其与主营业务收入明细账核对 |
| 登记入账的销售交易金额准确 | 检查会计记录中的数据以验证其正确性 |
| 登记入账的销售交易分类恰当 | 将登记入账的销售交易的原始凭证与会计科目表比较核对 |
| 销售交易的记录及时 | 检查开票员所保管的未开票发运凭证，确定是否包括所有应开票的发运凭证在内 |
| 销售交易已经正确地记入明细账并经正确汇总 | 从发运凭证追查至主营业务收入明细账和总账 |

同步案例 9-1

注册会计师 A 于 2017 年 12 月对甲公司销售与收款循环的内部控制进行了解和测试，并在相关工作底稿中对相关事项进行记录，摘录如下：

(1) 甲公司发出商品时，由销售部门填制一式四联的出库单。仓库发出商品后，将第一联出库单留存登记产成品卡片，第二联交销售部门留存，第三联、第四联交会计部门会计人员乙登记产成品总账和明细账。

(2) 会计人员丙负责开具销售发票。在开具销售发票之前，先取得仓库的发货记录和销售商品价目表，然后填写销售发票的数量、单价和金额。

要求：根据上述摘录，请代注册会计师A指出甲公司在销售与收款内部控制方面的缺陷，并提出改进建议。

(1) 会计人员乙同时登记产成品总账和明细账，属于不相容职务未进行分离。应建议甲公司由不同的会计人员登记产成品总账和明细账。

(2) 会计人员丙开具销售发票不能只依据发货单和价目表，因为实际销售的数量和结算价格可能会与发货单数量和价目表上的价格不一致。应建议甲公司会计人员丙先核对装运凭证和相应的经批准的销货单，并根据已授权批准的商品价格填写销售发票的价格，根据装运凭证上的数量填写销售发票上的数量，再根据数量和价格计算出金额。

### (二) 销售与收款循环的控制测试

表9-5列示了销售交易的控制目标、关键内部控制和测试的关系。

表9-5　　销售交易的控制目标、关键内部控制和测试一览表

| 内部控制目标 | 关键内部控制 | 常用的控制测试 | 常用的交易实质性程序 |
|---|---|---|---|
| 登记入账的销售交易确系已经发货给真实的客户(发生) | 销售交易是以经过审核的发运凭证及经过批准的客户订购单为依据登记入账的；<br>在发货前，客户的赊购已经被授权批准；<br>每月向客户寄送对账单，对客户提出的意见作专门追查 | 检查销售发票副联是否附有发运凭证(或提货单)及销售单(或客户订购单)；<br>检查客户的赊购是否经授权批准；<br>观察是否寄发对账单，并检查客户回函档案 | 复核主营业务收入总账、明细账以及应收账款明细账中的大额或异常项目；<br>追查主营业务收入明细账中的分录至销售单、销售发票副联及发运凭证；<br>将发运凭证与存货永续记录中的发运分录进行核对 |
| 所有销售交易均已登记入账(完整性) | 发运凭证(或提货单)均经事先编号并已经登记入账；<br>销售发票均经事先编号并已登记入账 | 检查发运凭证连续编号的完整性；<br>检查销售发票连续编号的完整性 | 将发运凭证与相关的销售发票和主营业务收入明细账及应收账款明细账中的分录进行核对 |
| 登记入账的销售数量确系已发货的数量，已正确开具账单并登记入账(计价和分摊) | 销售有经批准的装运凭证和客户订购单支持将装运数量与开具账单的数量相比对；<br>从价格清单主文档获取销售单价 | 检查销售发票有无支持凭证；<br>检查比对留下的证据；<br>检查价格清单的准确性及是否经恰当批准 | 复算销售发票上的数据；<br>追查主营业务收入明细账中的分录至销售发票；<br>追查销售发票上的详细信息至发运凭证、经批准的商品价目表和客户订购单 |

（续表）

| 内部控制目标 | 关键内部控制 | 常用的控制测试 | 常用的交易实质性程序 |
| --- | --- | --- | --- |
| 销售交易的分类恰当(分类) | 采用适当的会计科目表；<br>内部复核和核查 | 检查会计科目表是否适当<br>检查有关凭证上内部复核和核查的标记 | 检查证明销售交易分类正确的原始证据 |
| 销售交易的记录及时(截止) | 采用尽量能在销售发生时开具收款账单和登记入账的控制方法；<br>每月末由独立人员对销售部门的销售记录、发运部门的发运记录和财务部门的销售交易入账情况作内部核查 | 检查尚未开具收款账单的发货和尚未登记入账的销售交易；<br>检查有关凭证上内部核查的标记 | 比较核对销售交易登记入账的日期与发运凭证的日期 |
| 销售交易已正确地记入明细账,并经正确汇总(准确性) | 每月定期给客户寄送对账单由独立人员对应收账款明细账作内部核查；<br>将应收款明细账余额合计数与其总账余额进行比较 | 观察对账单是否已经寄出<br>检查内部核查标记；<br>检查将应收账款明细账余额合计数与其总账余额进行比较的标记 | 将主营业务收入明细账加总,追查其至总账的过账 |

小资料

控制测试并非在任何情况下都需要实施。但当存在下列情形之一时,注册会计师应当实施控制测试:①在评估认定层次重大错报风险时,预期控制的运行是有效的;②仅实施实质性程序不足以提供认定层次充分、适当的审计证据。

## 二、销售与收款交易的实质性程序

### (一)销售与收款交易的实质性分析程序

通常,注册会计师在对交易和余额实施细节测试前实施实质性分析程序,符合成本效益原则。具体到销售与收款交易和相关余额,主要包括:

1. 识别需要运用实质性分析程序的账户余额或交易

就销售与收款交易和相关余额而言,通常需要运用实质性分析程序的是销售交易、收款交易、营业收入项目和应收账款项目。

2. 确定期望值

基于注册会计师对经营活动、市场份额、经济形势和发展历程的了解,与营业额、毛利率和应收账款等的预期相关。

3. 确定可接受的差异额

在确定可接受的差异额时,注册会计师首先应当确定管理层使用的关键业绩指标，并考虑这些指标的适当性和监督过程。

4. 识别需要进一步调查的差异并调查异常数据关系

注册会计师应当计算实际和期望值之间的差异，这涉及一些比率和比较，包括：

(1) 观察月度(或每周)的销售记录趋势，与往年或预算相比较。任何异常波动都必须与管理层讨论，如果有必要的话还应作进一步的调查。

(2) 将销售毛利率与以前年度和预算相比较。如果被审计单位各种产品的销售价格是不同的，那么就应当对每种产品或者相近毛利率的产品组进行分类比较。任何重大的差异都需要与管理层沟通。

(3) 计算应收账款周转率和存货周转率，并与以前年度相比较。未预期的差异可能由很多因素引起，包括未记录销售、虚构销售记录或截止问题。

(4) 检查异常项目的销售。例如，对大额销售以及未从销售记录过入销售总账的销售应予以调查。对临近年末的异常销售记录更应加以特别关注。

5. 调查重大差异并作出判断

注册会计师在分析上述与预期相联系的指标后，如果认为存在未预期的重大差异，就可能需要对营业收入发生额和应收账款余额实施更加详细的细节测试。

6. 评价分析程序的结果

注册会计师应当就收集的审计证据是否能支持其试图证实的审计目标和认定形成结论。

**(二) 销售交易的细节测试**

有些交易细节测试程序与环境条件关系不大，适用于各审计项目，有些则不然，要取决于被审计单位内部控制的健全程度和注册会计师实施控制测试的结果。接下来，我们将详细介绍销售交易常用的细节测试程序，这些程序在审计中常常被疏忽，而事实上它们恰恰需要注册会计师给予重视并根据它们作出审计决策。事先需要指出两点：一是这些细节测试程序并未包含销售交易全部的细节测试程序；二是其中有些程序可以实现多项控制目标，而非仅能实现一项控制目标。销售交易类别的细节测试主要包括以下几个方面。

1. 测试登记入账的销售交易是真实的

该测试所要实现的审计目标是存在或发生目标。对“存在或发生”这一目标而言，注册会计师通常只在认为内部控制有弱点时，才实施实质性程序。因此，测试的性质取决于潜在的控制弱点的性质：

(1) 对未曾发货却将销售交易登记入账错误的审计。注册会计师可以从主营业务收入明细账中抽取若干笔分录，追查有无发运凭证及其他佐证凭证，借以查明有无事实上没有发货却已登记入账的销售交易。如果注册会计师对发运凭证的真实性也有怀疑，就可能有必要再进一步追查存货的永续盘存记录，测试存货余额有无减少。

(2) 对销售交易重复入账错误审计。注册会计师可以通过检查企业的销售交易记录清单以确定是否存在重号、缺号。

(3) 对向虚构的顾客发货并作为销售交易登记入账错误的审计。一般来说，这类错误通常在负责登记销售的人员同时兼任核准发货职能的情况下发生。注册会计师应当检查主营业务收入明细账中与销售分录相应的销售单，以确定销售是否经过赊销批准手续和发货审批手续。

检查上述三类多报销售错误的可能性的另一有效的方法是追查应收账款明细账中贷方发生额的记录。如果应收账款最终得以收回货款或者收到退货，则记录入账的销售交易一开始通常是真实的，如果贷方发生额是注销坏账，或者直到审计时所欠货款仍未收回，就必须详细追查相应的发运凭证和顾客订货单等，因为这些迹象都说明可能存在虚构的销售交易。

2. 测试已发生的销售交易均已登记入账

该测试所要实现的审计目标是完整性目标。销售交易的审计一般偏重于检查虚报资产与收入的问题，因此，通常无需针对完整性目标进行交易实质性程序。但是，如果内部控制不健全，比如被审计单位没有由发运凭证追查至主营业务收入明细账这一独立内部核查程序，就有必要进行交易实质性程序。因为在这种情况下容易出现漏记销售交易。

从发货部门的档案中选取部分发运凭证，并追查至有关的销售发票副本和主营业务收入明细账，是测试未开票发货的一种有效程序。为使这一程序成为一项有意义的测试，注册会计师必须能够确信全部发运凭证均已归档，这一点可以通过检查发运凭证的顺序编号来查明。

小资料

设计发生目标和完整性目标的细节测试程序时，确定追查凭证的起点即测试的方向很重要。

测试发生目标时，起点是明细账，即从主营业务收入明细账中抽取一个发票号码样本，追查至销售发票存根、发运凭证以及客户订购单(即“逆查”)。

测试完整性目标时，起点应是发运凭证，即从发运凭证中选取样本，追查至销售发票存根和主营业务收入明细账，以确定是否存在遗漏事项(即“顺查”)。

注册会计师如果关心的是发生目标，但弄错了追查的方向(即由发运凭证追查至明细账)，就属于严重的审计缺陷。在测试其他目标时，方向一般无关紧要。例如，测试交易业务计价的准确性时，可以由销售发票追查发运凭证，也可以反向追查。

3. 测试登记入账的销售交易均经正确计价

该测试所要实现的审计目标是计价和分摊目标。销售交易的计价准确包括：按订货数量发货、按发货数量准确地开具账单以及将账单上的数额准确地记入会计账簿。对这三个方面，在每次审计中一般都要执行实质性程序，以确保其准确无误。

典型的实质性程序包括复算会计记录中的数据。通常的做法是：以主营业务收入明细账中的会计分录为起点，将所选择的交易业务的合计数与应收账款明细账和销售发票存根进行比较核对。其金额小计和合计数也要进行复算。发票中列出的商品的规格、数量和顾客代号等，则应与发运凭证进行比较核对。另外，往往还审核顾客订货单和销售单中的同类数据。

4. 测试登记入账的销售交易分类恰当

如果销售分为现销和赊销，应注意不要记错会计科目，也不要将营业资产（如固定资产）的转让记作正常销售。销售分类恰当的测试一般可与计价准确性测试一并进行，可以通过审核原始凭证具体交易业务的类型是否恰当，并以此与账簿的实际记录作比较。

5. 测试销售交易已记录于正确的会计期间

该测试与截止审计目标有关。企业发货后应尽快开具账单并登记入账，以防止无意漏记销售交易，确保它们记入正确的会计期间。在执行计价实质性的测试的同时，一般要将所选取的提货单或其他发运凭证的日期与相应的销售发票存根、主营业务收入明细账和应收账款明细账的日期作比较。如有重大差异，就可能存在销售截止期限上的错误。

6. 测试销售交易已正确地记入明细账并正确地汇总

该测试与准确性审计目标有关。针对过账、汇总目标的测试包括加总主营业务收入明细账、应收账款明细账和过入总账三项，并从其中之一追查其他两项。在多数审计中，通常都要加总主营业务收入明细账，并将加总数和一些具体内容分别追查至主营业务收入总账和应收账款明细账或现金、银行存款日记账，以检查在销售过程中是否存在有意或无意的错报问题。

**（三）收款交易的细节测试**

收款交易类别的细节测试与销售交易的细节测试是相似的，都应针对各交易类别的审计目标来组织交易类别的细节测试。与销售交易测试一样，收款交易类别细节测试的范围，在一定程度上取决于关键控制是否存在以及控制测试的结果。由于销售与收款交易同属一个循环，在经济活动中密切相连，因此，收款交易类别的一部分测试可与销售交易类别测试一并执行，但收款交易的特殊性又决定了其另一部分测试仍需单独实施。

## 第四节 营业收入审计

营业收入包括主营业务收入和其他业务收入。主营业务收入在不同行业包括的内容不同。工业企业的主营业务收入主要包括销售商品、自制半成品、代制品、代修品、提供工业性劳务等取得的收入;商品流通企业的主营业务收入主要包括销售商品取得的收入。主营业务收入一般占企业收入的比重较大,对企业的经济效益具有较大影响。表 9-6 列示了有关主营业务收入的认定—审计目标—可供选择的审计程序之间的内在关系。

表 9-6　　　　主营业务收入实质性程序

被审计单位:南方工业有限公司　　　　索引号:A6-1

项目:主营业务收入实质性程序表　　　　期间:20×6 年度

编制:王胜　　　　复核:张雷

日期:20×7.2.16　　　　日期:20×7.3.1

一、审计目标与认定对应关系表

| 审计目标 | 财务报表认定 | | | | | |
|---|---|---|---|---|---|---|
| | 发生 | 完整性 | 准确性 | 截止 | 分类 | 列报 |
| A. 利润表中记录的主营业务收入已发生,且与被审计单位有关 | √ | | | | | |
| B. 所有应当记录的主营业务收入均已记录 | | √ | | | | |
| C. 与主营业务收入有关的金额及其他数据已恰当记录 | | | √ | | | |
| D. 主营业务收入已记录于正确的会计期间 | | | | √ | | |
| E. 主营业务收入已记录于恰当的账户 | | | | | √ | |
| F. 主营业务收入已按照企业会计准则的规定在财务报表中作出恰当的列报 | | | | | | √ |

二、审计目标与审计程序对应关系表

| 审计目标 | 可供选择的审计程序 | 索引号 |
|---|---|---|
| C | 1. 获取或编制主营业务收入明细表:(1)复核加计是否正确,并与总账数和明细账合计数核对是否相符,结合其他业务收入科目与报表数核对是否相符;(2)检查以非记账本位币结算的主营业务收入的折算汇率及折算是否正确 | A6-3 |
| ABC | 2. 实质性分析程序:(1)将本期的主营业务收入与上期的主营业务收入进行比较,分析产品销售的结构和价格变动是否异常,并分析异常变动的原因;(2)计算本期重要产品的毛利率,与上期比较,检查是否存在异常,各期之间是否存在重大波动,查明原因;(3)比较本期各月各类主营业务收入的波动情况,分析其变动趋势是否正常,是否符合被审计单位季节性、周期性的经营规律,查明异常现象和重大波动的原因;(4)将本期重要产品的毛利率与同行业企业进行对比分析,检查是否存在异常;(5)根据增值税发票申报表或普通发票,估算全年收入,与实际收入金额比较 | A6-4<br>A6-3<br>A6-5 |

（续表）

二、审计目标与审计程序对应关系表

| 审计目标 | 可供选择的审计程序 | 索引号 |
| --- | --- | --- |
| ABCD | 3. 检查主营业务收入的确认条件、方法是否符合企业会计准则，前后期是否一致；关注周期性、偶然性的收入是否符合既定的收入确认原则、方法 | 略 |
| C | 4. 获取产品价格目录，抽查售价是否符合价格政策，并注意销售给关联方或关系密切的重要客户的产品价格是否合理，有无以低价或高价结算的方法，相互之间有无转移利润的现象 | 略 |
| ABCD | 5. 抽取若干张发货单，审查出库日期、品名、数量等是否与发票、销售合同、记账凭证等一致 | 略 |
| ACD | 6. 抽取若干张记账凭证，审查入账日期、品名、数量、单价、金额等是否与发票、发货单、销售合同等一致 | A6-7 |
| AC | 7. 结合对应收账款的审计，选择主要客户函证本期销售额 | 略 |
| A | 8. 对于出口销售，应当将销售记录与出口报关单、货运提单、销售发票等出口销售单据进行核对，必要时向海关函证 | 略 |
| D | 9. 销售的截止测试：(1)通过测试资产负债表日前后__天且金额大于__的发货单据，将应收账款和收入明细账进行核对；同时，从应收账款和收入明细账选取在资产负债表日前后__天且金额大于__的凭证，与发货单据核对，以确定销售是否存在跨期现象；(2)复核资产负债表日前后销售和发货水平，确定业务活动水平是否异常，并考虑是否有必要追加截止程序；(3)取得资产负债表日后所有的销售退回记录，检查是否存在提前确认收入的情况；(4)结合对资产负债表日应收账款的函证程序，检查有无未取得对方认可的大额销售；(5)调整重大跨期销售 | A6-6 |
| A | 10. 存在销货退回的，检查手续是否符合规定，结合原始销售凭证检查其会计处理是否正确。结合存货项目审计关注其真实性 | 略 |
| C | 11. 销售折扣与折让：(1)获取或编制折扣与折让明细表，复核加计正确，并与明细账合计数核对相符；(2)取得被审计单位有关折扣与折让的具体规定和其他文件资料，并抽查较大的折扣与折让发生额的授权批准情况，与实际执行情况进行核对，检查其是否经授权批准，是否合法、真实；(3)销售折让与折扣是否及时足额提交对方，有无虚设中介、转移收入等情况；(4)检查折扣与折让的会计处理是否正确 | 略 |
| ABCDE | 12. 检查有无特殊的销售行为，如委托代销、分期收款销售、商品需要安装和检验的销售、附有退回条件的销售、售后租回、售后回购、以旧换新、出口销售等，选择恰当的审计程序进行审核 | 略 |
| AC | 13. 调查向关联方销售情况，记录其交易品种、价格、数量、金额和比例，并记录占总销售收入的比例。对于合并范围内的销售活动，记录应予合并抵销的金额 | 略 |
| AC | 14. 调查集团内部销售的情况，记录其交易价格、数量和金额，并追查在编制合并财务报表时是否已予以抵销 | 略 |
|  | 15. 根据评估的舞弊风险等因素增加的审计程序 | 略 |
| F | 16. 检查主营业务收入是否已按照规定在财务报表中作出恰当列报 | 略 |

## 一、主营业务收入审计的实质性程序

主营业务收入审计的实质性程序如下。

### (一)取得或编制主营业务收入明细表

注册会计师应从被审计单位取得或自己编制主营业务收入明细表,以确定被审计单位利润表上主营业务收入的数额与其明细表合计数是否相符。在审计时,注册会计师必须将明细表上的数汇总,并与总分类账核对,如果两者不符,应查明原因,并作出相应的调整。如果明细表是从被审计单位取得的,注册会计师还可抽查明细表中的一些项目,验证其正确性。

主营业务收入明细表如表 9-7 所示。

表 9-7　**主营业务收入明细表**

被审计单位:南方工业有限公司　索引号:A6-3

项目:主营业务收入明细表　期间:20×6 年度

编制:王胜　复核:张雷

日期:20×7.2.16　日期:20×7.3.1

| 月份 | 主营业务收入明细项目 | | | | | | |
|---|---|---|---|---|---|---|---|
| | 合计 | HZMC20BK | XJCW1225B | …… | | | |
| 1 | 6 416 752 | 231 436 | | | | | |
| 2 | 4 248 453 | | 365 418 | | | | |
| 3 | 3 607 171 | 352 148 | | | | | |
| 4 | 6 770 342 | 56 487 | | | | | |
| 5 | 7 349 017 | | 589 742 | | | | |
| 6 | 4 035 256 | 87 945 | 77 546 | | | | |
| 7 | 2 608 547 | 115 462 | | | | | |
| 8 | 6 245 085 | 77 985 | 352 473 | | | | |
| 9 | 7 903 932 | | | | | | |
| 10 | 2 838 667 | 254 129 | 55 689 | | | | |
| 11 | 5 884 669 | 35 421 | | | | | |
| 12 | 8 251 213 | | 145 698 | | | | |
| 合计 | 66 159 104 | 1 211 013 | 1 586 566 | | | | |
| 上期数 | 68 077 968 | 1 058 742 | 1 859 742 | | | | |
| 变动额 | −1 918 864 | 152 271 | −273 176 | | | | |
| 变动比例 | −2.82% | 14.38% | −14.69% | | | | |

审计说明:

**(二) 实施实质性分析程序**

注册会计师可运用下列分析程序：

(1) 将本期的主营业务收入与上期的主营业务收入进行比较，分析产品销售的结构和价格变动是否异常，并分析异常变动的原因。

(2) 计算本期重要产品的毛利率，与上期比较，检查是否存在异常，各期之间是否存在重大波动，查明原因。

(3) 比较本期各月各类主营业务收入的波动情况，分析其变动趋势是否正常，是否符合被审计单位季节性、周期性的经营规律，查明异常现象和重大波动的原因。

(4) 将本期重要产品的毛利率与同行业企业进行对比分析，检查是否存在异常。

(5) 根据增值税专用发票申报表或普通发票，估算全年收入，与实际收入金额比较。

**(三) 检查主营业务收入的确认方法是否符合《企业会计准则》的规定**

根据财会 2017 年 22 号《关于修订印发〈企业会计准则第 14 号——收入〉的通知》的规定，企业应当在履行了合同中的履约义务，即在客户取得相关商品控制权时确认收入。

取得相关商品控制权是指能够主导该商品的使用并从中获得几乎全部的经济利益。

当企业与客户之间的合同同时满足下列条件时，企业应当在客户取得商品控制权时确认收入：

(1) 合同各方已批准该合同并承诺将履行各自义务。

(2) 该合同明确了合同各方与所转让商品或提供劳务相关的权利和义务。

(3) 该合同有明确的与所转让的商品相关的支付条款。

(4) 该合同具有商业实质，即履行该合同将改变企业未来现金流量的风险、时间分布或金额。

(5) 企业因向客户转让商品而有权取得的对价很可能收回。

合同开始日，企业应当对合同进行评估，识别该合同所包含的各单项履约义务，并确定各单项履约义务是在某一时段内履行，还是在某一时点履行，然后在履行了各单项履约义务时分别确认收入。

对于在某一时段内履行的履约义务，企业应当在该段时间内按照履约进度确认收入。当履约进度能够合理确定时，采用产出法或投入法确定恰当的履约进度当履约进度不能合理确定时，企业已经发生的成本预计能够得到补偿的，应当按照已经发生的成本金额确认收入，直到履约进度能够合理确定为止。

对于在某一时点履行的履约义务，企业应当在客户取得相关商品的控制权时确认收入。

在判断客户是否已取得商品控制权时，企业应当考虑下列迹象：

（1）企业就该商品享有现时收款权利，即客户就该商品负有现时付款义务。

（2）企业已将该商品的法定所有权转移给客户，即客户已拥有该商品的法定所有权。

（3）实物转移给客户，即客户已实物占有该商品。

（4）企业已将该商品所有权上的主要风险和报酬转移给客户即客户已取得该商品所有权上的主要风险和报酬。

（5）客户已接受该商品。

（6）其他表明客户已取得商品控制权的迹象。

注册会计师需要基于对被审计单位商业模式和日常经营活动的了解，判断被审计单位的合同履约义务是在某一时段内履行还是某一时点履行的，据以评估被审计单位确认产品销售收入的会计政策是否符合《企业会计准则》，并测试被审计单位是否按照其既定的会计政策确认产品销售收入。

注册会计师通常对所选取的交易，追查至原始的销售合同及与履行合同相关的单据和文件记录，以评价收入确认方法是否符合《企业会计准则》的规定。

同步案例 9-2

**主营业务收入审计案例**

注册会计师在审计甲公司的销售收入时，发现甲公司与子公司合作开发的御水豪庭楼盘已开发完毕，且已通过建筑工程核验，甲公司就上述楼盘的部分房屋已与购买业主签订了销售合同，合同约定金额为人民币16 000万元，且收到部分售房款计人民币10 000万元，但尚未办理完毕业主入住手续。甲公司的账务处理已确认销售收入10 000万元，并在其会计报表附注中对此予以披露。为此，注册会计师A检查了相应的销售合同、收款凭证及会计处理，认为不能获取其他充分的证据确定该商品房所有权上的主要风险和报酬已转移，因此销售收入不能确认，提请甲公司编制相应的调整分录。

在甲公司拒绝接受调整建议时，注册会计师发表了保留意见的审计报告，保留意见为："如贵公司会计报表附注六所述，截至20×6年12月31日，贵公司与子公司合作开发的御水豪庭楼盘已开发完毕，且已通过建筑工程核验，贵公司已就上述楼盘的部分房屋与购买业主签订了销售合同，合同约定金额为人民币16 000万元，且收到部分售房款计人民币10 000万元，但尚未办理完毕业主入住手续，我们未能获取其他充分的证据确定该商品房所有权上的主要风险和报酬已转移,与该事项有关的利润为人民币 4 000 万元。”

注册会计师充分关注了被审计单位与其子公司合作开发的商品房,由于“尚未办理完毕业主入住手续”即已确认为当期的营业收入,按《企业会计准则》所规定的收入确认条件“商品所有权上的重要风险和报酬确实转移”,未能取得足够的证据,因而表示了保留意见。

**(四) 审查主营业务收入会计处理的恰当性**

(1) 抽查销售交易的原始凭证(发票、出库单),并追查至相应的记账凭证及明细账,确定销售收入是否真实,销售记录是否完整。

(2) 从主营业务收入明细账中挑选若干样本,与相应的发票、订单、出库单(或提货单)的内容进行核对,并验算发票金额的正确性。

(3) 抽查部分销售交易,将相应的明细账、销售发票副联、发运凭证、商品价目表、销售单和客户订货单的有关项目进行比较核对。注意销售发票副联上的单价与经审批的商品价目表是否一致,销售发票副联上的商品规格、数量、单价等是否与发运凭证等一致;发票上金额小计和合计数的计算是否正确。

**(五) 结合应收账款的函证,查明有无未经认可的大额销售**

结合对资产负债表日应收账款的函证程序,查明有无未经认可的大额销售。

**(六) 实施截止测试**

对主营业务收入项目实施截止测试,其目的主要在于确定被审计单位主营业务收入交易的会计记录归属期是否正确;应计入本期或下期的主营业务收入有无被推迟至下期或提前至本期。

为确定被审单位主营业务收入的会计记录归属期是否正确,注册会计师在审计中应注意考察三个日期的一致性:一是发票开具日期或收款日期;二是记账日期;三是发货日期。检查三者是否归属于同一适当会计期间是主营业务收入截止测试的关键所在。

围绕上述三个重要日期,在审计实务中,注册会计师可以考虑选择三条审计路线实施主营业务收入的截止测试。具体内容可见表 9-8。

表 9-8 **销售截止测试的三条审计路线对比**

| 起点 | 路　　线 | 目　　的 | 优　　点 | 缺点 |
|---|---|---|---|---|
| 账簿记录 | 从报表日前后若干天的账簿记录查至记账凭证,检查发票存根与发运凭证 | 证实已入账收入是否在同一期间已开具发票发货,有无多记收入,防止高估主营业务收入 | 比较直观,容易追查至相关凭证记录,检查跨期收入十分便捷,提高审计效率 | 缺乏全面性、连贯性,只能查多记,无法查漏记 |

（续表）

| 起点 | 路　线 | 目　的 | 优　点 | 缺点 |
| --- | --- | --- | --- | --- |
| 销售发票 | 从报表日前后若干天的发票存根查至发运凭证与账簿记录 | 确认已开具发票的货物是否已发货并于同一会计期间确认收入，防止低估收入 | 较全面、连贯，容易发现漏记收入 | 较费时费力，难以查找相应的发货及账簿记录，不易发现多记收入 |
| 发运凭证 | 从报表日前后若干天的发运凭证查至发票开具情况与账簿记录 | 确认收入是否已计入适当的会计期间，防止低估收入 | 优缺点与以上方法二类似，具体操作中还应考虑被审计单位的会计政策才能作出恰如其分的处理 | |

在实际工作中，注册会计师可以从三个日期中的任一个出发追查至另外两个日期。选择不同审计路线，可以结合其他不同目标的审计程序一并进行。如以记账日期为起点，可以在进行真实性目标测试时同时完成；以发货日期为起点，则可与完整性目标的测试一并进行。注册会计师应当根据被审单位的实际情况，运用职业判断，选择一条或两条有效的审计路线，以提高审计效率。

**（七）检查销售折扣与折让、销售退回交易**

企业在销售交易中，往往会因产品品种不符、质量不符合要求以及结算方面的原因发生销售折扣与折让。尽管引起销售折扣与折让的原因不尽相同，其表现形式也不尽一致，但都是对收入的抵减，直接影响收入的确认和计量。因此，注册会计师应重视销售折扣与折让的审计。销售折扣与折让的实质性程序主要包括：

（1）获取或编制销售折扣与折让明细表，复核加计正确，并与明细账合计数核对相符。

（2）取得被审计单位有关销售折扣与折让的具体规定和其他文件资料，并抽查较大的销售折扣与折让发生额的授权批准情况，与实际执行情况进行核对，检查其是否经授权批准，是否合法、真实。

（3）销售折让与折扣是否及时足额提交对方，有无虚设中介、转移收入、私设账外"小金库"等情况。

（4）检查销售折扣与折让的会计处理是否正确。

存在销货退回的，检查相关手续是否符合规定，结合原始销售凭证检查其会计处理是否正确，结合存货项目审计其真实性。

同步案例 9-3

审计甲公司 20×6 年度财务报表时，注册会计师 A 发现甲公司于 20×6 年 12 月 5 日向乙公司赊销含税价款为 158 万元的一批产品，销售发票已开具，并已按规定确认了主营业务收入、结转相应的主营业务成本。会计处理如下：

借：应收账款——乙公司　　1 580 000
　贷：主营业务收入　　1 350 400
　　应交税费——应交增值税（销项税额）　　229 600
借：主营业务成本　　1 200 000
　贷：库存商品　　1 200 000

经查，至20×6年12月31日止，该笔业务的货款尚未收回。按照甲公司的会计政策，无需对此笔应收账款计提坏账准备。20×7年1月5日，乙公司因质量不合格将所购产品全部退回。20×7年3月初，注册会计师A发现甲公司尚未对此笔销货退回业务进行会计处理。

要求：审查上述业务，提出审计处理建议。

尽管商品退回于20×7年，但因销售发生于20×6年，故上述销售退回事项作为“需要调整的日后事项”，应在甲公司20×6年度会计报表中反映，即甲公司应将原已确认的主营业务收入和原已结转的主营业务成本冲回（如果甲公司对此笔应收账款计提了坏账准备，还应对资产减值损失等项目作相应调整）。建议的审计调整分录为：

（1）冲回原已确认的应收账款、主营业务收入和应交纳的增值税：

借：主营业务收入　　1 350 400
　应交税费——应交增值税（销项税额）　　229 600
　贷：应收账款——乙公司　　1 580 000

（2）冲回原已结转的成本：

借：存货　　1 200 000
　贷：主营业务成本　　1 200 000

如果涉及坏账准备，还应冲减已计提的坏账准备：

借：应收账款（替代坏账准备）
　贷：资产减值损失

### （八）检查有无特殊的销售行为

如附有销售退回条件的商品销售、委托代销、售后回购、以旧换新、商品需要安装和检验的销售、分期收款销售、出口销售、售后租回等，选择恰当的审计程序进行审核：

（1）附有销售退回条件的商品销售，如果对退货部分能作合理估计的，确定其是否按估计不会退货部分确认收入；如果对退货部分不能作合理估计的，确定其是否在退货期满时确认收入。

（2）售后回购，分析特定销售回购实质，判断其属于真正的销售交易还是属于融资行为。

（3）以旧换新销售，确定销售的商品是否按照商品销售的方法确认收入，回收的商品是否作为购进商品处理。

(4) 出口销售,确定其是否按离岸价格、到岸价格或成本加运费价格等不同的成交方式,确认收入的时点和金额。

(5) 售后租回,若售后租回形成一项融资租赁,检查是否对售价与资产账面价值之间的差额予以递延,并按该项租赁资产的折旧进度进行分摊,作为折旧费用的调整;若售后租回形成一项经营租赁,检查是否对售价与资产账面价值之间的差额予以递延,并在租赁期内按照与确认租金费用相一致的方法进行分摊,作为租金费用的调整。但对有确凿证据表明售后租回交易是按照公允价值达成的,检查售价与资产账面价值之间的差额是否已经计入当期损益。

**同步案例 9-4**

甲公司 20×6 年 10 月 20 日销售一批新产品给 A 公司,公司为增值税一般纳税人,税率 13%,已开具增值税专用发票,不含税产品销售金额为 40 万元,该批产品成本为 30 万元,货款已经收到。但在审查销售合同时,双方约定,如果 A 公司不满意,可在 3 个月内退货,退货概率无法估计。甲公司按正常销售处理:

借:银行存款　　452 000
　　贷:主营业务收入　　400 000
　　　　应交税费——应交增值税(销项税额)　　52 000

借:主营业务成本　　300 000
　　贷:存货　　300 000

要求:指出甲公司会计处理存在的问题,并提出审计调整建议。

按企业会计准则销售确认条件的规定,对于附有销售退回条件的商品,企业如能合理估计退货可能性且确认与退货相关的负债的,通常应在发出商品时确认收入;企业不能合理估计退货可能性的,通常应在售出商品退货期满时确认收入。因此针对甲公司收入的确定应提出审计调整要求,并编制相应的审计调整分录如下:

借:主营业务收入　　400 000
　　应交税费——应交增值税(销项税额)　　52 000
　　贷:预收账款　　452 000

借:发出商品　　300 000
　　贷:主营业务成本　　300 000

**(九) 检查集团内部和关联方销售**

(1) 调查向关联方销售的情况,记录其交易品种、价格、数量、金额以及占主营业务收入总额的比例。对于合并范围内的销售活动,记录应予合并抵消的金额。

(2) 调查集团内部销售的情况,记录其交易价格、数量和金额,并追查在编制合并财务报表时是否已予以抵消。

(十) 检查主营业务收入在利润表上的披露是否恰当

注册会计师应当检查主营业务收入在利润表中的列报是否恰当。

## 二、其他业务收入审计的实质性程序

目前,一些企业的其他业务收入占营业收入的比重增大,从而其他业务利润对利润总额的贡献率不断提高。因此,注册会计师已不能忽视对其他业务收入的审计。其他业务收入的实质性程序有以下方面:

1. 获取或编制其他业务收入明细表

复核加计是否正确,并与总账数和明细账合计数核对是否相符,结合主营业务收入科目与营业收入报表数核对是否相符。

2. 比率分析

计算本期其他业务收入与其他业务成本的比率,并与上期该比率比较,检查是否有重大波动,如有,应查明原因。

3. 其他业务收入内容检查

检查其他业务收入内容是否真实、合法,收入确认原则及会计处理是否符合规定,择要抽查原始凭证予以核实。

4. 异常项目检查

对异常项目,应追查入账依据及有关法律文件是否充分。对用材料进行非货币性资产交换的,应确定其是否具有商业实质且公允价值能够可靠计量。

5. 其他业务收入的截止测试

截止测试抽查资产负债表日前后一定数量的记账凭证,实施截止测试,追踪到销售发票、收据等,确定入账时间是否正确,对于重大跨期事项作必要的调整建议。

6. 确定其他业务收入在财务报表中的列报是否恰当

# 第五节 应收账款审计

应收账款余额包括应收账款账面余额和相应的坏账准备两部分。企业的应收账款是在销售商品或提供劳务过程中产生的。企业的销售如果属于赊销,即销售实现时没有立即收取现款,而是获得了要求客户在一定条件下和一定时间内支付货款的权利,就产生了应收账款。因此,应收账款的审计应结合销售交易来进行。

坏账是指企业无法收回或收回可能性极小的应收款项(包括应收票据、应收账款、预付款项、其他应收款和长期应收款等)。由于发生坏账而产生的损失称为坏账损失。企业应当定期或者至少于每年年度终了对应收款项进行全面检查,预计各项应收款项可能发生的坏账,对于没有把握能够收回的应收款项,应当计提坏账准备。

正因为如此，坏账准备通常是审计的重点领域，并且，由于坏账准备与应收账款的联系非常紧密，我们把对坏账准备的审计与对应收账款的审计合在一起予以阐述。

## 一、应收账款的实质性程序

### （一）获取或编制应收账款余额明细表，复核加计数额是否正确

应收账款明细表可由注册会计师自己编制，也可以由被审计单位提供。如果由被审计单位提供，则注册会计师应对该表进行独立审查，对明细表中所列的应收账款进行抽查，追查至明细账，并对明细账中的借、贷合计加以验算。具体的审计程序如下：

（1）复核加计正确，并与总账数和明细账合计数核对是否相符；结合“坏账准备”科目与报表数核对是否相符。应当注意，应收账款报表数反映企业因销售商品、提供劳务等应向购买单位收取的各种款项，减去已计提的相应的坏账准备后的净额。因此，其报表数应同应收账款总账数和明细账数分别减去与应收账款相应的坏账准备总账数和明细账数后的余额核对相符。

（2）检查非记账本位币应收账款的折算汇率及折算是否正确。对于用非记账本位币结算的应收账款，注册会计师应检查被审计单位外币应收账款的增减变动是否采用交易发生日的即期汇率将外币金额折算为记账本位币金额，或者采用按照系统合理的方法确定的、与交易发生日即期汇率近似的汇率折算，选择采用汇率的方法前后各期是否一致；期末外币应收账款余额是否采用期末即期汇率折合为记账本位币金额；折算差额的会计处理是否正确。

（3）分析有贷方余额的项目，查明原因，必要时，建议作重分类调整。

（4）结合其他应收款、预收款项等往来项目的明细余额，调查有无同一客户多处挂账、异常余额或与销售无关的其他款项。如有，应作出记录，必要时提出调整建议。

（5）标识重要的欠款单位，计算其欠款合计数占应收账款余额的比例。

应收账款明细表如表9-9所示。

表9-9　应收账款明细表

被审计单位：南方工业有限公司　　索引号：A2-2
项目：应收账款明细表　　财务报表截止日：20×6.12.31
编制：王胜　　复核：张雷
日期：20×7.2.16　　日期：20×7.3.1

| 单位名称（项目） | 期末余额 | | | 账龄 | | | | 备注 |
|---|---|---|---|---|---|---|---|---|
| | 原币 | 汇率 | 折合人民币 | 1年以内 | 1～2年 | 2～3年 | 3年以上 | |
| 一、关联方 | | | | | | | | |
| 小计 | | | | | | | | |

（续表）

| 单位名称（项目） | 期末余额 | | | 账龄 | | | | 备注 |
|---|---|---|---|---|---|---|---|---|
| | 原币 | 汇率 | 折合人民币 | 1年以内 | 1～2年 | 2～3年 | 3年以上 | |
| 二、非关联方 | | | | | | | | |
| 北京隆茂 | 1 896 432 | | | 1 896 432 | | | | |
| 沈阳鑫远 | 842 330 | | | 842 330 | | | | |
| 宁波建发 | 656 321 | | | 656 321 | | | | |
| 合肥中诚 | 478 543 | | | 478 543 | | | | |
| 上海恒辉 | 432 875 | | | | 432 875 | | | |
| | … | | | … | … | … | … | |
| 小计 | 14 761 342 | | | 10 138 671 | 3 526 494 | 690 605 | 405 572 | |
| 合计 | 14 761 342 | | | 10 138 671 | 3 526 494 | 690 605 | 405 572 | |

审计说明：

### （二）实施应收账款的分析程序

在进行分析程序时，主要考虑以下几个方面：

（1）应收账款、坏账准备的本期数与本企业的历史数据及同行业的平均水平进行比较。

（2）复核应收账款借方累计发生额与主营业务收入是否配比，如存在不匹配的情况应查明原因。

（3）在明细表上标注重要客户，并编制对重要客户的应收账款增减变动表，与上期比较分析是否发生变动，必要时，收集客户资料，分析其变动合理性。

（4）计算应收账款周转率、应收账款周转天数、应收账款与流动资产总额比等财务比率，并将本期数与本企业的历史数据及同行业的平均水平进行比较分析，检查是否存在重大异常。

### （三）分析应收账款的账龄

（1）获取应收账款账龄分析表。注册会计师可以通过编制或索取应收账款账龄分析表来分析应收账款的账龄，如表9-10所示。应收账款的账龄，是指资产负债表中的应收账款从销售实现、产生应收账款之日起，至资产负债表日止所经历的时间。编制应收账款账龄分析表时，可以考虑选择重要的客户及其余额列示，而将不重要的或余额较小的汇总列示。应收账款账龄分析表的合计数减去已计提的相应坏账准备后的净额，应该等于资产负债表中的应收账款项目余额。

表 9-10　　应收账款账龄分析表

20×6 年 12 月 31 日　　(单位:元)

| 单位名称 | 期末余额 | 账龄 | | | |
| --- | --- | --- | --- | --- | --- |
| | | 1 年以内 | 1～2 年 | 2～3 年 | 3 年以上 |
| 北京隆茂 | 1 896 432 | 1 896 432 | | | |
| 上海恒辉 | 432 875 | | 432 875 | | |
| | … | … | … | … | … |
| 合计 | 14 761 342 | 10 138 671 | 3 526 494 | 690 605 | 405 572 |

(2) 如果应收账款账龄分析表由被审计单位编制,测试其计算的准确性。

(3) 将应收账款账龄分析表中的合计数与应收账款总分类账余额相比较,并调查重大调节项目。

(4) 检查原始凭证,如销售发票、运输记录等,测试账龄核算的准确性。

**(四) 向债务人函证应收账款**

函证(即外部函证),是指注册会计师直接从第三方(被询证者)获取书面答复作为审计证据的过程,书面答复可以采用纸质、电子或其他介质等形式。注册会计师对应收账款使用函证程序的目标是,设计和实施函证程序,以获取相关、可靠的审计证据,证实应收账款账户余额的真实性、正确性,防止或发现被审计单位及其有关人员在销售交易中发生的错误或舞弊行为。通过函证应收账款,可以比较有效地证明被询者(即债务人)的存在和被审计单位记录的可靠性。

注册会计师应当考虑被审计单位的经营环境、内部控制的有效性、应收账款账户的性质、被询证者处理询证函的习惯做法及回函的可能性等,以确定应收账款函证的范围、对象、方式和时间等问题。

1. 函证的范围和对象

注册会计师应当对应收账款实施函证程序,除非有充分证据表明应收账款对财务报表不重要,或函证很可能无效。如果注册会计师不对应收账款进行函证,应当在工作底稿中说明理由。如果认为函证很可能是无效的,注册会计师应当实施替代审计程序,获取充分、适当的审计证据。函证的数量、范围是由诸多因素决定的,主要有:

(1) 应收账款在全部资产中的重要性。若应收账款在全部资产中所占的比重较大,则函证的范围应相应大一些。

(2) 被审计单位内部控制的强弱。若内部控制制度较健全,则可以相应减少函证量;反之,则应相应扩大函证范围。

(3) 以前期间的函证结果。若以前期间函证中发现过重大差异,或欠款纠纷较多,则函证范围应相应扩大一些。

一般情况下,注册会计师应选择以下项目作为函证对象:大额或账龄较长的项目;与债务人发生纠纷的项目;重大关联方项目;重大或异常的交易;主要客户(包括关系密切的客户)项目;交易频繁但期末余额较小甚至余额为零的项目;可能产生重大错报或舞弊的非正常的项目。

2. 函证的方式

函证方式分为积极的函证方式和消极的函证方式。注册会计师可采用积极的或消极的函证方式实施函证,也可将两种方式结合使用。

积极式函证是指要求被询证者直接向注册会计师回复,表明是否同意询证函所列示的信息,或填列所要求的信息的一种询证方式。

在采用积极的函证方式时,只有注册会计师收到回函,才能为财务报表认定提供审计证据。注册会计师没有收到回函,可能是由于被询证者根本不存在,或是由于被询证者没有收到询证函,也可能是由于询证者没有理会询证函,因此,无法证明所函证信息是否正确。

消极式函证是指要求被询证者只有在不同意询证函所列示的信息时才直接向注册会计师回复的一种询证方式。

在采用消极的函证方式时,如果收到回函,能够为财务报表认定提供说服力强的审计证据。未收到回函可能是因为被询证者已收到询证函且核对无误,也可能是因为被询证者根本就没有收到询证函。因此,消极的函证方式通常不如积极的函证方式提供的审计证据可靠,因而在采用消极的方式函证时,注册会计师通常还需辅之以其他审计程序。

当同时存在下列情况时,注册会计师可考虑采用消极的函证方式:重大错报风险评估为低水平;涉及大量余额较小的账户;预期不存在大量的错误;没有理由相信被询证者不认真对待函证。

两种函证方式也可以结合起来使用。当应收账款的余额是由少量的大额应收账款和大量的小额应收账款构成时,注册会计师可以对所有的或抽取的大额应收账款样本采用积极的函证方式,而对抽取的小额应收账款样本采用消极的函证方式。

3. 函证的时间选择

注册会计师通常以财务报表日为截止日,在财务报表日后某一天函证资产负债表日的应收账款余额。如果重大错报风险评估为低水平,注册会计师可以选择在财务报表日前对应收账款余额实施函证程序,这时注册会计师应当针对询证函件指明的截止日期与财务报表日期间实施进一步的实质性程序,或将实质性程序和控制测试结合使用,以将期中测试得出的结论合理延伸至期末。实质性程序包括测试该期间发生的影响应收账款余额的交易或实施分析程序等。控制测试包括测试销售交易、收款交易及与应收账款冲销有关的内部控制的有效性等。

4. 函证的控制

当实施函证程序时，注册会计师应当对询证函保持控制，包括：

（1）确定需要确认或填列的信息。

（2）选择适当的被询证者。

（3）设计询证函，包括正确填列被询证者的姓名和地址，以及被询证者直接向注册会计师回函的地址等信息。

（4）发出询证函并予以跟进，必要时再次向被询证者寄发询证函。

注册会计师可通过函证结果汇总表的方式对询证函的收回情况加以控制。函证结果汇总表如表9-11所示。

表9-11　**应收账款函证结果汇总表**

被审计单位：南方工业有限公司　　索引号：A2-5

项目：应收账款函证结果汇总表　　财务报表截止日：20×6.12.31

编制：王胜　　复核：张雷

日期：20×7.2.28　　日期：20×7.3.5

一、应收账款函证情况列表

| 项目<br>单位名称 | 编号 | 函证方式 | 函证日期 | | 回函日期 | 账面金额 | 回函金额 | 经调解后是否存在差异 | 调节表索引号 |
|---|---|---|---|---|---|---|---|---|---|
| | | | 第一次 | 第二次 | | | | | |
| 北京隆茂 | 001 | 积极式 | 2017.2.19 | | 3.2 | 1 896 432 | 1 896 432 | | |
| 沈阳鑫远 | 002 | 积极式 | 2017.2.19 | | 2.28 | 842 330 | 842 330 | | |
| 宁波建发 | 003 | 积极式 | 2017.2.19 | | 未回 | 656 321 | | | |
| 合肥中诚 | 004 | 积极式 | 2017.2.19 | | 3.4 | 478 543 | 478 543 | | |
| 上海恒辉 | 005 | 积极式 | 2017.2.19 | | 3.4 | 432 875 | 432 875 | | |
| …… | … | | | | | | | | |

审计说明：宁波建发机械设备公司应收账款账面余额为656 321元，已就此金额进行积极式函证，未回函，需进行替代测试。

5. 对不符事项的处理

收回的询证函若有差异，即函证出现了不符事项，注册会计师应当首先提请被审计单位查明原因，并作进一步分析和核实。不符事项的原因可能是由于双方登记入账的时间不同，或是由于一方或双方记账错误，也可能是被审计单位的舞弊行为。

对于双方登记入账的时间不同而导致的回函不符，注册会计师应当根据双方入账时间的不同表现形式，实施进一步审计程序，如表 9-12 所示。如果不符事项构成错报，注册会计师应当评价该错报是否表明存在舞弊，并重新考虑所实施审计程序的性质、时间安排和范围。

表 9-12 **购销双方入账时间不同的表现形式和进一步审计程序**

| 双方入账时间不同的表现 | 应实施的进一步审计程序 |
|---|---|
| 询证函发出时，债务人已经付款，而被审计单位尚未收到贷款 | 检查银行存款日记账，收款凭证及银行对账单，查明是否收到该笔金额，以及如何进行会计处理 |
| 询证函发出时，被审计单位的货物已经发出并已作销售记录，但货物仍在途中，债务人尚未收到货物 | 检查销售合同、销售发票、装运凭证等原始凭证的真实性并关注资产负债表日后的回款情况 |
| 债务人由于某种原因将货物退回，而被审计单位尚未收到 | 检查销售合同、销售退回相关的增值税发票、入库单，查明退回货物是否已验收入库等 |
| 债务人对收到的货物的数量，质量及价格等方面有异议而全部或部分拒付贷款 | 检查销售合同、核对装运凭证、出库单、商品价目表等原始凭证以确认拒付货款的原因 |

## 同步案例 9-5

ABC 会计师事务所接受委托，审计 Y 公司 20×6 年度的会计报表。A 审计人员了解和测试了与应收账款相关的内部控制，并将控制风险评估为高水平。A 审计人员取得 20×6 年 12 月 31 日的应收账款明细账，并于 20×7 年 1 月 15 日采用积极式函证方式对所有重要客户寄发了询证函。审计人员 A 将与函证结果相关的重要异常情况汇总于表 9-13。

表 9-13 **与函证结果相关的重要异常情况**

| 异常情况 | 函证编号 | 客户名称 | 询证函金额（元） | 回函日期 | 回函内容 |
|---|---|---|---|---|---|
| 1 | 22 | 甲 | 300 000 | 20×7.1.22 | 购买 Y 公司 300 000 元货物属实，但款项已于 2016 年 12 月 25 日用支票支付 |
| 2 | 56 | 乙 | 500 000 | 20×7.1.19 | 因产品质量不符合要求，根据购货合同，于 2016 年 12 月 28 日将货物退回 |
| 3 | 64 | 丙 | 640 000 | 20×7.1.19 | 2016 年 12 月 10 日收到 Y 公司委托本公司代销的货物 640 000 元，尚未销售 |
| 4 | 82 | 丁 | 900 000 | 20×7.1.18 | 采用分期付款方式购货 900 000 元，根据购货合同，已于 2016 年 12 月 25 日首付 300 000 元 |
| 5 | 134 | 戊 | 600 000 | 因地址错误，被邮局退回 | |

要求：针对上述各种异常情况，请问审计人员A应分别实施哪些重要审计程序？

(1) 审计人员于20×7年1月15日函证，并于20×7年1月22日收到函证结果，有可能在20×7年1月15日起至20×7年1月22日之间收到款项，审计人员应对此项收款情况进行检查，如果仍未收到，应向客户再次发函，要求其将有关凭单邮寄过来，以便查找。

(2) 审计人员于20×7年1月15日函证，并于20×7年1月19日收到函证结果，审计人员应当对近期退货进行检查，有可能在20×6年12月28日起至20×7年1月15日已收到退回的货物，被审计单位未及时冲账，审计人员应提醒其按会计制度的规定及时处理；也有可能在20×7年1月15日至20×7年1月19日之间收到退回的货物，审计人员应当对此退货及会计处理情况进行检查，如果仍未收到，应向客户再次发函，要求其将有关凭单复印件邮寄过来，以便查找。

(3) 在采用委托代销方式下，受托代销方在尚未销售的情况下，委托方不应确认销售收入及应收账款。审计人员应检查代销合同，确定是否属于委托代销方式，如果确实属于委托代销，应要求被审计单位冲销销售收入及应收账款。

(4) 在采用分期收款方式下，在合同约定收款期已到，但仍未收到时确认应收账款，审计人员应检查销货合同，并检查20×6年年底和20×7年是否收到首付的300 000元，如果未收到，应按300 000元确认应收账款，而非900 000元。

(5) 审计人员应检查地址是否错误，如果属地址错误，应按正确的地址再次发函，如果地址没错，审计人员可以考虑是否可能是一笔虚构的应收账款。

6. 对函证结果的总结和评价

注册会计师对函证结果可进行如下评价：

(1) 注册会计师应重新考虑，对内部控制的原有评价是否适当，控制测试的结果是否适当，分析程序的结果是否适当，相关的风险评价是否适当等。

(2) 如果函证结果表明没有审计差异，则注册会计师可以合理地推论，全部应收账款总体是正确的。

(3) 如果函证结果表明存在审计差异，注册会计师则应当估算应收账款总额中可能出现的累计差错是多少，估算未被选中进行函证的应收账款的累计差错是多少。为取得对应收账款累计差错更加准确的估计，也可以进一步扩大函证范围。

7. 管理层不允许寄发询证函时的处理

如果管理层不允许寄发询证函，注册会计师应当：

(1) 询问管理层不允许寄发询证函的原因，并就其原因的正当性及合理性收集审计证据。

(2) 评价管理层不允许寄发询证函对评估的相关重大错报风险(包括舞弊风险)，以及其他审计程序的性质、时间安排和范围的影响。

(3) 实施替代程序，以获取相关、可靠的审计证据。

**（五）确定已收回的应收账款金额**

请被审计单位协助，在应收账款账龄明细表中标出至审计时已收回的应收账款金额，对已收回金额较大的款项进行常规检查，如核对收款凭证、银行对账单、销货发票等，并注意凭证发生日期的合理性，分析收款时间是否与合同相关要素一致。

**（六）对未函证应收账款实施替代审计程序**

通常，注册会计师不可能对所有应收账款进行函证，因此，对于未函证应收账款，注册会计师应检查期后收款记录；检查销售合同、销售发票和发货记录等证明交易确实已经发生的证据；被审计单位与客户之间的函电记录等，以验证与其相关的应收账款的真实性。

**（七）检查坏账的确认和处理**

首先，注册会计师应检查有无债务人破产或者死亡的，以及破产或以遗产清偿后仍无法收回的，或者债务人长期未履行清偿义务的应收账款；其次，应检查被审计单位坏账的处理是否经授权批准，有关会计处理是否正确。

**（八）抽查有无不属于结算交易的债权**

不属于结算交易的债权，不应在应收账款中进行核算。因此，注册会计师应抽查应收账款明细账，并追查有关原始凭证，查证被审计单位有无不属于结算交易的债权。如有，应作记录或建议被审计单位作适当调整。

**（九）检查贴现、质押或出售**

检查银行存款和银行借款等询证函的回函、会议纪要、借款协议和其他文件，确定应收账款是否已被贴现、质押或出售，应收账款贴现业务属于质押还是出售，其会计处理是否正确。

企业以其按照销售商品、提供劳务的销售合同所产生的应收债权向银行等金融机构贴现，在进行会计核算时，应按照“实质重于形式”的原则，充分考虑交易的经济实质。对于有明确的证据表明有关交易事项满足销售确认条件，如与应收债权有关的风险、报酬实质上已经发生转移等，应按照出售应收债权处理，并确认相关损益。否则，应作为以应收债权为质押取得的借款进行会计处理。

**（十）对应收账款实施关联方及其交易审计程序**

标明应收关联方[包括持股5%以上（含5%）股东]的款项，实施关联方及其交易审计程序，并注明合并财务报表时应予抵销的金额；对关联企业、有密切关系的主要客户的交易事项作专门核查：

(1)了解交易事项目的、价格和条件，作比较分析。

(2) 检查销售合同、销售发票、发运凭证等相关文件资料。

(3) 检查收款凭证等货款结算单据。

(4) 向关联方、有密切关系的主要客户或其他注册会计师询函，以确认交易的真实性、合理性。

**(十一) 确定应收账款的列报是否恰当**

如果被审计单位为上市公司，则其财务报表附注通常应披露期初、期末余额的账龄分析，期末欠款金额较大的单位账款，以及持有 5%以上(含 5%)股份的股东单位账款等情况。

## 二、坏账准备的实质性程序

**(一) 取得或编制坏账准备明细表**

取得或编制坏账准备明细表，复核加计正确，与坏账准备总账数、明细账合计数核对，看是否相符。

**(二) 实施分析程序**

为确定被审计单位计提的坏账准备的合理性，注册会计师可作如下比较分析：

(1) 计算坏账准备占应收账款余额的比例，并和以前期间相关比例核对，对重大差异进行检查分析，以发现存在问题的领域。

(2) 计算坏账损失占当期主营业务收入的比例，并和以前期间及同行业的相关比例核对，以判断企业是否提取了足够的坏账准备。

**同步案例 9-6**

甲公司 20×6 年年末应收账款总账余额为借方 200 万元，其他应收款总账余额为借方 50 万元，该公司采用应收账款余额百分比法计提坏账准备，计提比例为 1%，计提金额为 2.5 万元。坏账准备的账户记录见表 9-14。

表 9-14　　**坏账准备明细账(简式)**　　单位：万元

| 日期 | 凭证字号 | 摘　要 | 借方 | 贷方 | 余额 |
|---|---|---|---|---|---|
| 1.1 | | 上年结转 | | | 贷方 5 |
| 5.10 | 转 135 | 核销坏账 | 2 | | 贷方 3 |
| 9.15 | 转 220 | 核销坏账 | 4 | | 借方 1 |
| 12.31 | 转 258 | 计提坏账准备 | | 2.5 | 贷方 1.5 |

要求：根据上述资料，指出坏账准备计提中存在的问题并进行纠正。

1. 审计测算

(1) 20×6 年 12 月 31 日坏账准备应计提的金额为(按公式计算)：(2 000 000+500 000)×1% = 25 000(元)

(2) 20×6 年 12 月 31 日坏账准备实际计提的金额为(做分录的金额)：25 000+10 000(计提

前的借方余额)=35 000(元)

(3) 20×6 年 12 月 31 日转 258 号正确的会计分录应该是:

借:资产减值损失 35 000

贷:坏账准备 35 000

2. 审计评价:

(1) 甲公司 20×6 年 12 月 31 日少计提坏账准备 10 000 元。

(2) 对当年费用、利润的影响:虚减费用 10 000 元,虚增利润 10 000 元。

(3) 建议调账处理。

**(三) 将应收账款坏账准备本期计提数与资产减值损失相应明细项目核对**

将应收账款坏账准备本期计提数与资产减值损失相应明细项目发生额核对,看是否相符。

**(四) 检查与评价坏账准备的计提和核销**

检查应收账款坏账准备计提和核销的批准程序,评价坏账准备所依据的资料、假设及计提方法。注册会计师应审查被审计单位坏账准备计提方法是否正确,前后期是否保持一致;被审计单位坏账准备计提比例的确定方法是否合理,前后期是否一致;坏账准备计提的会计处理是否正确。

企业通常应采用备抵法核算坏账损失,计提坏账损失的具体方法由企业自行确定。

用备抵法核算坏账,首先要按期估计坏账损失。估计坏账损失主要有账龄分析法、余额百分比法等方法。在采用账龄分析法、余额百分比法等方法的同时,是否采用个别认定法,应当视具体情况而定。企业应根据所持应收账款的实际可收回情况,合理计提坏账准备,不得多提或少提,否则应视为滥用会计估计,按照重大会计差错更正的方法进行会计处理。

在确定坏账准备的计提比例时,企业应当根据以往的经验、债务单位的实际财务状况和现金流量的情况,以及其他相关信息合理地估计。除有确凿证据表明该项应收账款不能收回,或收回的可能性不大时(如债务单位撤销、破产、资不抵债、现金流量严重不足、发生严重的自然灾害等导致停产而在短时间内无法偿付债务等,以及应收款项逾期 3 年以上),下列各种情况一般不能全额计提坏账准备:

(1) 当年发生的应收账款,以及未到期的应收账款。

(2) 计划对应收账款进行重组。

(3) 与关联方发生的应收账款。

(4) 其他已逾期,但无确凿证据证明不能收回的应收账款。

企业与关联方之间发生的应收账款与其他的应收账款一样,也应当在期末时分析其可收回性，并预计可能发生的坏账损失，计提相应的坏账准备。企业与关联方之间发生的应收账款一般不能全额计提坏账准备，但如果有确凿证据表明关联方（债务单位）已撤销、破产、资不抵债、现金流量严重不足等，并且不准备对应收账款进行重组或无其他收回方式的，则对预计无法收回的应收关联方的款项也可以全额计提坏账准备。坏账准备计算表如表 9-15 所示。

表 9-15　　**坏账准备计算表**

被审计单位：南方工业有限公司　　索引号：A2-7

项目：坏账准备计算表　　财务报表截止日：20×6.12.31

编制：王胜　　复核：张雷

日期：20×7.2.16　　日期：20×7.3.5

| 计算过程 | | | | | 索引号 |
|---|---|---|---|---|---|
| 一、坏账准备本期期末应有金额①=②+③ | | | | 349 131① | |
| 1. 期末单项金额重大且有客观证据表明发生了减值的应收款项对应坏账准备应有余额 | | | | | |
| 单位名称 | | 金额 | | | |
| 单位甲 | | | | | |
| 单位乙 | | | | | |
| 合计 | | —② | | | |
| 2. 期末单项金额非重大以及经单独测试后未减值的单项金额重大的应收款项对应坏账准备应有余额 | | | | | |
| 项目 | 账龄 | 应收款项余额 | 坏账计提比例 | 坏账准备应有余额 | |
| | 1年以内（含1年） | 10 138 671 | 0.5% | 50 693 | |
| | 1~2年（含2年） | 3 526 494 | 1.5% | 52 897 | |
| | 2~3年（含3年） | 690 605 | 15.0% | 103 591 | |
| | 3年以上 | 405 572 | 35.0% | 141 950 | |
| | 合计 | 14 761 342 | | 349 131③ | |
| 二、坏账准备上期审定数 67 616④ | | | | | |
| 三、坏账准备本期转出（核销）金额 | | | | | |
| 单位名称 | | | | 金额 | |
| 单位丙 | | | | | |
| 单位丁 | | | | | |
| …… | | | | | |
| 合计 | | | | —⑤ | |
| 四、计算坏账准备本期全部应计提金额 | | | | | |
| ⑥=①-④+⑤ | | | | 281 515⑥ | |

审计说明：坏账准备计提按账龄进行调整。

**（五）审查坏账损失**

实际发生坏账损失的，检查转销依据是否符合有关规定，会计处理是否正确。对于被审计单位在被审计期间内发生的坏账损失，注册会计师应检查其原因是否清楚，是否符合有关规定，有无授权批准，有无已作坏账处理后又重新收回的应收账款，相应的会计处理是否正确。对有确凿证据表明确实无法收回的应收账款，如债务单位已撤销、破产、资不抵债、现金流量严重不足等，企业应根据管理权限，经股东大会或董事会，或经理（厂长）办公会或类似机构批准作为坏账损失，冲销提取的坏账准备。

**（六）检查转销的坏账重新收回的情况**

已经确认并转销的坏账重新收回的，检查其会计处理是否正确。

**（七）检查长期挂账应收账款**

注册会计师应检查应收账款明细账及相关原始凭证，查找有无资产负债表日后仍未收回的长期挂账应收账款，如有，应提请被审计单位作适当处理。

**（八）检查函证结果**

对债务人回函中反映的例外事项及存在争议的余额，注册会计师应查明原因并作记录。必要时，应建议被审计单位作相应的调整。

**（九）审查坏账准备在财务报表上的列报是否恰当**

被审计单位应在财务报表附注中说明坏账准备的计提方法和计提比例，并分别披露应收账款和其他应收款不同账龄的坏账准备余额，对于上市公司而言，除应满足上述要求外，还应在财务报表附注中披露以下事项：

（1）本期全额计提坏账准备，或计提坏账准备的比例较大的（计提比例一般超过40%及以上的，下同），应说明计提的比例以及理由；

（2）以前期间已全额计提坏账准备，或计提坏账准备的比例较大但在本期又全额或部分收回的，或通过重组等其他方式收回的，应说明其原因、原估计计提比例的理由以及原估计计提比例的合理性；

（3）对某些金额较大的应收账款不计提坏账准备或计提坏账准备比例较低（一般为5%或低于5%）的理由；

（4）本期实际冲销的应收款项及其理由，其中，实际冲销的关联交易产生的应收账款应单独披露。

# 本章小结

## ■ 本章内容结构图

- 销售与收款循环的审计
  - 业务循环与审计方法
    - 业务循环
    - 分项审计方法与循环审计方法
  - 销售与收款循环概述
    - 不同行业类型的收入来源
    - 销售与收款循环的主要业务活动
    - 销售与收款循环涉及的主要凭证、记录与账户
  - 控制测试和交易的实质性程序
    - 销售与收款循环的内部控制与控制测试
    - 销售与收款交易的实质性程序
  - 营业收入审计
    - 主营业务收入审计的实质性程序
    - 其他业务收入审计的实质性程序
  - 应收账款审计
    - 应收账款的实质性程序
    - 坏账准备的实质性程序

## ■ 重要名词术语

**业务循环**:是指处理某类经济业务的工作程序和先后顺序。

**分项审计方法**:是指按会计报表项目组织实施审计的方法,这种方法要求对财务报表的每个账户余额单独进行审计。

**循环审计方法**:是指按业务循环组织实施审计的方法。

**销售与收款循环**:是指涉及商品和服务可供销售之后,将商品和服务的所有权转移给顾客的决策和过程;它从接受顾客订单开始,以原材料或服务转换为应收账款,最后转换为现金而结束。

**销售计划**:是指在进行销售预测的基础上,结合企业生产能力,设定总体目标额及不同产品的销售目标额,进而为能实现该目标而设定具体营销方案和实施计划,以支持未来一定期间内销售额的实现。

**客户信用管理**:是指加强现有客户维护,开发潜在目标客户,对有销售意向的客户进行资信评估,根据企业自身风险接受程度确定具体的信用等级。

**销售定价**:是指商品价格的确定、调整及相应审批。

**客户服务**:是指企业与客户之间建立信息沟通机制,对客户提出的问题,企业应予以及时解答或反馈、处理,不断改进商品质量和服务水平,以提升客户满意度和忠诚度。

**会计系统控制**:是指利用记账、核对、岗位职责落实和相互分离、档案管理、工

作交接程序等会计控制方法，确保企业会计信息真实、准确、完整。

**主营业务收入的截止测试：**是指确定被审计单位主营业务收入交易的会计记录归属期是否正确；应计入本期或下期的主营业务收入有无被推迟至下期或提前至本期。

**应收账款账龄：**是指资产负债表中的应收账款从销售实现、产生应收账款之日起，至资产负债表日止所经历的时间。

**函证：**是指注册会计师直接从第三方（被询证者）获取书面答复作为审计证据的过程，书面答复可以采用纸质、电子或其他介质等形式。

**积极式询证函：**是指要求被询证者直接向注册会计师回复，表明是否同意询证函所列示的信息，或填列所要求的信息的一种询证函。

**消极式询证函：**是指要求被询证者只有在不同意询证函所列示的信息时才直接向注册会计师回复的一种询证函。

**替代程序：**是指使用函证证据时，积极式函证方式下未收到债务人回函而采取的后续程序，以确定应收账款是否存在和可收回。

## 思考与练习

### 一、思考题

1. 内部控制测试可不可以按会计报表项目进行？

2. 确定应收账款函证样本量时应着重考虑哪些因素？

3. 某公司在年终前一周内有相当大量的销售收入业务，造成这种现象的原因有几种？如何核查证实？

4. 应收账款函证结果与被审计单位会计记录不一致的原因主要有哪些？注册会计师应相应实施哪些主要的审计程序？

5. 当被审计单位销售业务内部控制有弱点时，注册会计师为测试登记入账和销售业务的存在性，应采取哪些方法测试？

6. 应收账款为何要函证余额为零的项目？它与"对已收回的金额较大的款项进行常规检查"程序是否重复？

7. 简述注册会计师测试被审计单位销货交易所采用的审计程序主要有哪些？可以验证被审计单位什么认定？

8. 实施主营业务收入截止测试的目标？为了防止被审计单位多计收入，如何进行主营业务收入的截止测试？

9. 一般情况下，预付账款不计提坏账准备，是否正确？

## 二、选择题

1. 为了确保所有发出的货物均已开具发票，注册会计师应从本年度的(　　)中抽取样本，与相关的发票核对。

A. 销售合同　　B. 销售记账凭证

C. 货运文件　　D. 销售订单

2. 为了证实被审计单位是否存在高估或低估销售的行为，注册会计师应实施的分析性复核程序中效果最差的是(　　)。

A. 比较本年度与以前年度的毛利率

B. 按月比较销售额

C. 比较本年与以前年度折扣折让占销售收入的比例

D. 将高额欠款户的欠款额合计与以前年度比较

3. 注册会计师为了审查被审计单位是否有提前确认收入的情况，所采取的最有效的审计程序是(　　)。

A. 以账簿记录为起点做销售业务的截止测试

B. 以销售发票为起点做销售业务的截止测试

C. 以发运凭证为起点做销售业务的截止测试

D. 向债务人函证

4. 下列各项中，预防员工贪污、挪用销货款的最有效的方法是(　　)。

A. 记录应收账款明细账的人员不得兼任出纳

B. 收取顾客支票与收取顾客现金由不同的人员担任

C. 请顾客将货款直接汇入公司指定的银行账户

D. 公司收到顾客支票后立即寄送收据给顾客

5. 注册会计师在编制应收账款账龄分析表时，下列做法不恰当的是(　　)。

A. 选择重要的顾客及其余额列示，对不重要的或余额较小的不用列示

B. 应收账款账龄分析表可以由被审计单位编制，注册会计师测试其计算的准确性

C. 将应收账款账龄分析表中的合计数与应收账款总分类账余额相比较，并调查重大调节项目

D. 检查原始凭证，如销售发票、运输记录等，测试账龄核算的准确性

6. 在对询证函的以下处理方法中，正确的是(　　)。

A. 在粘封询证函时进行统一编号

B. 寄发询证函，并将重要的询证函复制给被审计单位进行催收

C. 有10封询证函直接交给被审计单位的业务员，由其到被询证单位盖章后取回

D. 有10封询证函要求被询证单位传真至被审计单位，并将原件盖章后寄至会计师事务所

7. 在对坏账损失进行审计时，A注册会计师发现被审计单位存在以下处理情况，其中不正确的是(　　)。

A. 某债务人失踪，在取得相关法律文件予以证实后，确认为坏账损失

B. 某债务人被撤销，尽管尚未完成清算，但根据政府相关部门责令关闭的文件等有关资料、确认坏账损失

C. 对某债务人提起诉讼，虽然胜诉但因无法执行被裁定终止执行，确认坏账损失

D. 某债务人已经注销，在取得相关法律文件予以证实后，确认为坏账损失

## 三、案例分析题

1. A和B注册会计师首次接受委托，负责审计上市公司甲公司2016年度财务报表。相关资料如下：

B注册会计师对主营业务收入的发生认定进行审计，编制了审计工作底稿，部分内容摘录如表9-16所示(金额单位：万元)。

表9-16　　审计工作底稿部分内容

| 记账凭证日期 | 记账凭证编号 | 记账凭证金额 | 发票日期 | 出库单日期 |
|---|---|---|---|---|
| 2016年1月5日 | 转字10 | 12 | 2016年1月8日 | 2016年1月8日 |
| 2016年2月20日 | 转字30 | −120 | 2016年2月20日 | 不适用 |
| 2016年2月28日 | 转字45 | 7 | 2016年2月27日 | 2016年2月27日 |
| 2016年3月20日 | 转字40 | 8 | 2016年3月19日 | 2016年3月19日 |
| 略 | | | | |
| 2016年11月3日 | 转字4 | 10 | 2016年11月2日 | 2016年11月2日 |
| 2016年11月15日 | 转字28 | 200 | 2016年11月14日 | 2016年11月14日 |
| 2016年12月10日 | 转字50 | 250 | 2016年12月10日 | 2016年12月10日 |
| 略 | | | | |

审计说明：

(1) 根据销售合同约定，在客户收到货物、验收合格并签发收货通知后，甲公司取得收取货款的权利。审计中已检查销售合同。

(2) 已检查记账凭证日期、发票日期和出库日期，未发现异常。发票和出库单中的其他信息与记账凭证一致。

(3) 11月转字28号和12月转字50号记账凭证反映的销售额较高，财务经理解释系调整售价所致。

(4) 2月转字30号记账凭证反映，甲公司在2015年度销售并确认收入的一笔交易，于2016年2月发生销货退回。甲公司未按规定调整2015年度财务报表，前任注册会计师于2016年3月对甲公司2015年度财务报表出具了标准审计报告。

要求:针对资料中的审计说明第(1)至(3)项,逐项指出B注册会计师实施的审计程序中存在的不当之处,并简要说明理由。

2. 长白山公司于20×1年上市,主要从事公用设施投资以及实业与科技投资,其控股股东为某市国有资产监督管理委员会(以下简称市国资委)全资持有的下属企业,长白山公司的最终实际控制人为市国资委。20×6年度审计后的净利润为300万元。

西湖会计师事务所首次接受委托,为长白山公司提供20×6年度财务报表审计服务,并出具了标准无保留意见的审计报告。

长白山公司对其他应收款按照账龄分析法计提坏账准备的比例如表9-17所示。

表9-17　对其他应收款按照账龄分析法计提坏账准备的比例

| 账　龄 | 计提比例 |
|---|---|
| 1年以内(含1年) | 5% |
| 1年至2年(含2年) | 10% |
| 2年至3年(含3年) | 15% |
| 3年至4年(含4年) | 20% |
| 4年至5年(含5年) | 25% |
| 5年以上 | 30% |

长白山公司其他应收款及坏账准备的会计记录如表9-18所示。

表9-18　其他应收款及坏账准备的会计记录

| 项　目 | 原值(万元) | 账　龄 | 坏账准备计提金额(万元) |
|---|---|---|---|
| 甲有限公司 | 2 500 | 大部分4～5年 | 360 |
| 甲有限公司关联企业 | 1 000 | 3年以上 | 120 |
| 合计 | 3 500 | | 480 |

注册会计师对上述往来款项实施了函证程序:注册会计师在审计过程中将询证函交给长白山公司的财务人员,并由其与市国资委有关人员协调取得。在出具审计报告时,注册会计师已取得了询证函回函,回函单位名称为"甲公司",而非"甲有限公司"。注册会计师将询证函回函作为审计证据归集在审计工作底稿中。

要求:

(1) 长白山公司对其他应收款确定的坏账准备计提比例是否正常?

(2) 你认为注册会计师在长白山公司20×6年度审计中实施的函证程序有何不当或不足之处?

(3) 仅就其他应收款而言,你认为注册会计师发表标准无保留意见是否适当?

(4) 有观点认为,函证并不能提供与计价和分摊认定有关的审计证据。你如何看待这个观点?

3. 高山公司是一家大型房地产开发企业,主要开发和销售普通住宅楼及高档公寓。高山公司于20×6年度以增资扩股和发行债券的方式募集了大量的项目开发资金,当年开发完工的楼盘多达11个,销售数量和销售价格大幅超出了管理层年初制定的计划水平。高山公司20×6年度确认的销售收入282 886万元较20×5年度增长了近两倍。

高山公司制定的房地产收入确认的会计政策为:在房产竣工验收合格且购房者签收了收房确认书时确认收入。另外,依据房产销售合同的规定,对于已发出收房通知书,购房者逾期一个月仍未收房的,视同购房者已收房并确认收入。

高山公司于20×6年4月聘请源水会计师事务所审计20×6年度财务报表。

注册会计师注意到,在高山公司20×6年度确认的房地产销售收入中,未包含以下两项:①龙盘公寓,涉及金额19 083万元;②越秀花园,涉及金额47 418万元。龙盘公寓和越秀花园地处远离城区的沿海新区。

对于龙盘公寓和越秀花园两项房产,注册会计师实施的审计程序和相关审计发现如下:

(1) 20×6年7月进行期中预审时,检查了所有存货实物(包括开发在产品),并对所有未完工的在建项目予以拍照存档。对于上述两项房产,根据检查有形资产所了解到的工程进度以及与管理层的沟通,注册会计师在《关于高山公司中期存货监盘小结》中作出的结论为:"预计龙盘公寓20×6年10月底全部完工,越秀花园20×6年年底前将有95%可以入住。"

(2) 在期中预审时,抽查了龙盘公寓和越秀花园的房屋买卖合同,合同条款分别注明"出卖人应当在20×6年10月31日前向买受人交付商品房"及"出卖人应当在20×6年12月16日前向买受人交付商品房"。

(3) 在期末审计时,从高山公司的销售部门获取了所有楼盘的销售台账,审计工作底稿"龙盘公寓项目销售台账"显示该公寓已入住了64套,涉及金额18 288万元;审计工作底稿"越秀花园销售、结存情况汇总表"显示该花园中51套已于20×6年年底入住,涉及金额46 685万元。

注册会计师为高山公司20×6年度财务报表出具了标准无保留意见的审计报告。

要求:

(1) 在注册会计师获取的关于龙盘公寓和越秀花园两处房产的审计证据中,你认为哪些证据不支持注册会计师出具的标准无保留意见的审计报告,为什么?

(2) 注册会计师获取的关于龙盘公寓和越秀花园两项房产的前两项审计证据,是否足以支持注册会计师确认高山公司应在20×6年度确认这两项房产的销售收入,为什么?

(3) 注册会计师获取的关于龙盘公寓和越秀花园两项房产的第三项审计证据,是否足以支持注册会计师确认高山公司应在20×6年度确认这两项房产的销售收入,为什么?

(4) 注册会计师于资产负债表日对高山公司记录为开发完成的商品房实施了监盘程序,但未对高山公司记录为开发中的商品房实施监盘程序。注册会计师的主要考虑是:开发中的商品房在没有完工前均承包给施工方建设,对于每一房产项目而言,其数量均为1个,中期的有形资产检查结果(包括拍照存档)已经满足了证实存货存在性的认定,且开发在产品不像其他存货会移动;同时考虑到两项房产均地处远离城区的沿海新区,期末审计时人力资源又相当紧张。因此如果开发在产品在资产负债表日仍处于在建阶段,则可不再纳入存货监盘范围。

你是否认同注册会计师的上述观点?你认为是否可以在期末审计过程中实施其他审计程序(比如向高山公司获取收房确认书,或向购房者函证收房时点)来替代开发中项目的监盘程序?

(5) 如果高山公司与20×6年度资产负债表日后、审计报告日前将龙盘公寓和越秀花园这两项房产确认为20×7年度的销售收入,你认为注册会计师可以实施哪些审计程序以增强相关收入确认时点的审计证据效力?

# 第十章　采购与付款循环的审计



## 本章要点

- 了解采购与付款循环的主要业务活动和相关凭证与记录
- 熟悉采购交易、付款交易的关键内部控制、常见的控制测试程序和交易实质性程序
- 熟悉应付账款和固定资产的实质性程序

## 适用的准则和规范

- 《中国注册会计师审计准则第 1211 号——通过了解被审计单位及其环境识别和评估重大错报风险》
- 《中国注册会计师审计准则第 1231 号——针对评估的重大错报风险采取的应对措施》
- 《中国注册会计师审计准则第 1312 号——函证》
- 《中国注册会计师审计准则第 1313 号——分析程序》
- 《中国注册会计师审计准则第 1314 号——审计抽样》
- 《企业内部控制应用指引第 7 号——采购业务》
- 《企业内部控制应用指引第 7 号——采购业务》解读
- 《企业内部控制应用指引第 8 号——资产管理》
- 《企业内部控制应用指引第 8 号——资产管理》解读

## 引例　美国巨人零售公司审计案

美国巨人零售公司是一家大型零售折扣商店，创建于 1959 年，总部设在马萨诸塞州的詹姆斯福特，至 1972 年已经拥有了 112 家零售批发商店。但就在那一年，巨人公司的管理部门面临着历史中第一次重大经营损失。为了掩盖这一真相，他们决定篡改公司的会计记录，把 1971 年

发生的250万美元的经营损失篡改为150万美元的收益，并且提高了与之有关的流动比率和周转率。1973年8月，巨人公司向波士顿法院提交破产申请，两年后法庭宣布公司破产，该公司的有关人员则被判有罪。

据法庭查证事实，巨人公司蓄意调整1972年1月29日结束的会计年度应付账款余额，如表10-1所示。

表10-1　　巨人零售公司对应付账款的蓄意调整

| 相关方 | 应付账款减少金额 | 应付账款减少的理由 |
| --- | --- | --- |
| 1 100家广告商 | $300 000 | 以前未入账的预付广告费用 |
| 米尔布鲁克发行商 | $257 000 | 商品退回；总购折扣；折扣优惠 |
| 罗斯盖尔公司 | $130 000 | 商品退回 |
| 各个供应商 | $170 000 | 以前购足货物索价过高 |
| 健身器材公司 | $163 000 | 商品退回 |

巨人公司舞弊行为与罗斯会计师事务所审计行为列示如下：

（1）巨人公司的总裁和财务主管命令下属广告部门的经理，准备了一份14页的备忘录，虚构了大约1 100家的广告商名单，记载巨人公司以前曾向他们预付广告费用但并未入账。

罗斯会计师事务所为了验证这些预付广告费是否属实，抽取了24个样本，向其中4个广告商发函询证，并要求巨人公司为另外20笔未入账费用提供证明文件。虽然4个广告商的回函指出预付广告费是错误的，但审计师并没有进一步追查，反而根据巨人公司提供的证明文件及发出的询证函确认了预付的30万美元广告费。

（2）巨人公司的财务副总裁伪造了28个虚假的贷项通知单（红字发票），以此来抵减外发的应付给米尔布鲁克的账款25.7万美元。

当审计师注意到这些贷项通知单并询问公司职员时，得到了先后3个不同的解释。为证实这一事项，审计师要求向米尔布鲁克公司的高级行政人员求证此事。巨人公司的财务副总裁当着审计师的面，打电话给一个听起来像是米尔布鲁克公司总裁的人，他口头上证实了这一事项，并同意递交罗斯会计师事务所一份书面证明。但几天后，米尔布鲁克公司的总裁改变了签发书面证明的主意，为此审计师写了一份备忘录附在工作底稿当中，对贷项通知单的真实性提出质疑。然而，负责巨人公司审计工作的事务所合伙人却认为已经搜集到充分的证据，可以证实贷项通知单的真实性，因此不再深入追查此事。

（3）巨人公司通过发出35份伪造的贷项通知单蓄意减少13万美元应付给供应商罗斯盖尔公司的账款。

在审阅这些贷项通知单后，审计师打电话给罗斯盖尔的一位会计人员，询问他有关这些商品退回的问题，回答是并无任何商品曾被巨人公司退回。巨人公司副总裁以两家公司即将发生法律诉讼为由，拒绝事务所和罗斯盖尔公司联系。最终合伙人由于收到了信件证实了这些由巨人公司收到的、然后又退回罗斯盖尔公司的有争议的货物确实“存在”，从而接受了巨人公司对此项贷项通知单的解释。

（4）巨人公司虚构了几百个曾被供应商索价过高的赊购事项，减少应付账款17万美元。

罗斯会计师事务所为调查这些问题，从巨人公司提供的名单中随意抽取几个供应商，打电话求证索价过高是否真实。然而在15个电话求证过程中，审计师居然允许巨人公司先同供应商联系并通知此事，接着再打电话询问该事项。罗斯事务所据此有限的测试接受了巨人公司因索价过高而抵减应付账款的理由。

(5) 巨人公司假造了发给健美产品制造商的贷款通知单，用根本没被确认的商品退回来减少应付账款。

1978年，巨人公司的4位管理者被陪审团以舞弊罪名起诉，经联邦法院审判后被定为有罪。美国证券交易委员会在经过调查后，严厉谴责了塔奇·罗斯会计师事务所，并暂停该所负责该公司审计的合伙人执业5个月。证券交易委员会同时要求由独立专家中的一位陪审员，对塔奇·罗斯会计师事务所的审计程序进行一次大规模的检查，内容包括了事务所的独立性以及如何接受聘约，保留客户等。

案例思考：企业财务舞弊除了表现在高估收入上，也常体现在低估负债上，作为一名审计师，该如何保持应有的职业谨慎，合理查找未入账的负债？

## 第一节 采购与付款循环概述

### 一、不同行业类型的采购和费用支出

企业的采购与付款循环包括购买商品、劳务和固定资产，以及企业在经营活动中为获取收入而发生的直接或间接的支出。本章主要关注与购买货物和劳务以及应付账款的支付有关的控制活动以及重大交易。

不同企业通常会发生的一些支出情况见表10-2，这些支出未包括经营用房产支出和人工费用支出在内。

表10-2 不同行业类型的采购和费用

| 行业类型 | 典型的采购和费用支出 |
|---|---|
| 贸易业 | 产品的选择和购买、产品的存储和运输、广告促销费用、售后服务费用 |
| 一般制造业 | 生产过程所需的设备支出，原材料、易耗品、配件的购买与存储支出，市场经营费用，把产成品运达顾客或零售商处发生的运输费用，管理费用 |
| 专业服务业 | 律师、会计师、财务顾问的费用支出，包括印刷、通讯、差旅费，电脑、车辆等办公设备的购置和租赁，书籍资料和研究设施的费用 |
| 金融服务业 | 建立专业化的安全的计算机信息网络和用户自动存取款设备的支出。给付储户的存款利息，支付其他银行的资金拆借利息手续费，现金存款、现金运送和网络银行设施的安全维护费用，客户关系维护费用 |
| 建筑业 | 建材支出，建筑设备和器材的租金或购置费用，支付给分包商的费用；保险支出和安保成本；建筑保证金和许可审批方面的支出；交通费、通信费等。当在外地施工时还会发生建筑工人的食宿费用 |

## 二、采购与付款循环的主要业务活动

采购与付款循环包括编制需求计划和采购计划、请购、选择供应商、确定采购价格、订立框架协议或采购合同、管理供应过程、验收、退货、付款、会计控制等环节。

**（一）编制需求计划和采购计划**

采购业务从计划(或预算)开始,包括需求计划和采购计划。在企业实务中,需求部门一般根据生产经营需要向采购部门提出物资需求计划,采购部门根据该需求计划归类汇总平衡现有库存物资后,统筹安排采购计划,并按规定的权限和程序审批后执行。

**（二）请购商品和劳务**

经授权的职员通过填制请购单对商品和劳务提出请购要求,它可能是由车间或仓库对原材料提出的请购,也可能是办公室或车间对修理配件提出的请购,还可能是由负责财产和设备管理的部门对保险提出的请购。许多公司还根据各种商品和劳务的预设再订货点,使用计算机自动生成请购单。

企业内不少部门都可以填列请购单,不便事先编号,为加强控制,每张请购单必须经对这类支出预算负责的主管人员签字批准。请购单是证明采购交易的"发生"认定的凭据之一。

**（三）选择供应商**

选择供应商也就是确定采购渠道,它是企业采购业务流程中非常重要的环节。

**（四）确定采购价格**

如何以最优"性价比"采购到符合需求的物资,是采购部门的永恒主题。企业要健全采购定价机制,采取协议采购、招标采购、动态竞价采购等多种方式,科学合理地确定采购价格。

**（五）订立框架协议或采购合同**

框架协议是企业与供应商之间为建立长期物资购销关系而作出的一种约定。采购合同是指企业根据采购需要、确定的供应商、采购方式、采购价格等情况与供应商签订的具有法律约束力的协议,该协议对双方的权利、义务和违约责任等情况作出了明确规定(企业按约定的结算方式向供应商支付合同规定的金额,供应商按照约定时间、期限、数量与质量、规格交付物资给采购方)。

**（六）管理供应过程**

管理供应过程主要是指企业建立严格的采购合同跟踪制度,科学评价供应商的供货情况,并根据合理选择的运输工具和运输方式,办理运输、投保等事宜,实时掌握物资采购供应过程的情况。

**(七) 验收商品**

企业从供应商处收到商品和劳务是采购和付款循环中的重要一环,因为绝大多数企业此时开始在账户中确认采购和相关的负债。验收部门首先应比较所收商品与订购单上的要求是否相符,如商品的品名、说明、数量、到货时间等,然后再盘点商品并检查商品有无损坏。验收后,验收部门应对已收货的每张订购单编制一式多联、预先编号的验收单,作为验收和检验商品的依据。验收人员将商品送交仓库或其他请购部门时,应取得经过签字的收据,或要求其在验收单的副联上签收,以确立他们对所采购的资产应负的保管责任。验收人员还应将其中的一联验收单送交应付凭单部门。

验收单是支持资产或费用以及与采购有关的负债的"存在或发生"认定的重要凭证。

**(八) 退货**

对于验收过程中发现的异常情况,比如无采购合同或大额超采购合同的物资、超采购预算采购的物资、毁损的物资等,验收机构或人员应当立即向企业有权管理的相关机构报告,相关机构应当查明原因并及时处理。对于不合格物资,采购部门依据检验结果办理让步接收、退货、索赔等事宜。对延迟交货造成生产建设损失的,采购部门要按照合同约定索赔。

**(九) 付款**

在记录采购交易和付款之前,应由应付凭单部门编制预先编号的付款凭单。由被授权人员在凭单上签字批准后,才能照此凭单向供应商支付款项。所有未付凭单的副联应保存在未付凭单档案中,以待日后付款。

经适当批准和有预先编号的凭单为记录采购交易提供了依据,因此,这项控制与"存在""发生""完整性""权利和义务"和"计价和分摊"等认定有关。

**(十) 会计控制**

企业应设置相应的总账、明细账以及日记账等,记录购货与付款循环的有关业务,以发挥会计系统控制作用。具体做法是:加强对购买、验收、付款业务的会计系统控制,详细记录供应商、采购申请、采购合同、采购通知、验收证明、入库凭证、退货情况、商业票据、款项支付等情况,做好采购业务各环节的记录,确保会计、采购与仓储记录核对一致。指定专人通过函证等方式,定期向供应商寄发对账函,核对应付账款、应付票据、预付账款等往来款项,对供应商提出的异议及时查明原因,报有权管理的部门或人员批准后,做相应调整。

会计控制与多项认定有关,为审计工作提供了大量的资料证据。

上述各个环节之间的关系如图 10-1 所示。

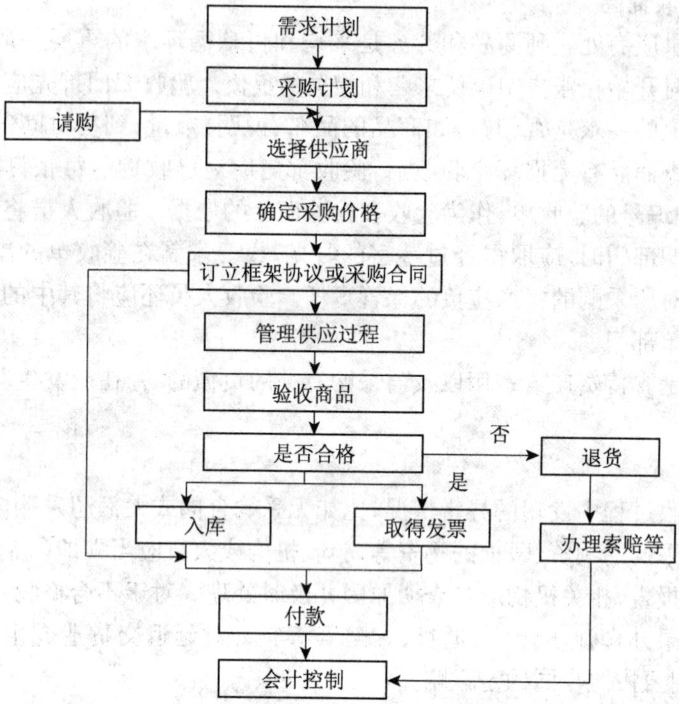


图 10-1　采购与付款循环业务流程图

## 三、采购与付款循环涉及的主要凭证、记录与账户

### （一）采购与付款循环涉及的主要凭证与会计记录

在内部控制比较健全的企业，处理采购和付款业务通常需要使用很多凭证和会计记录。从前面对采购与付款循环各个业务环节的介绍可以看出，典型的采购与付款循环所涉及的主要凭证和会计记录如表 10-3 所示。

表 10-3　　采购与付款循环涉及的主要凭证和会计记录

| 业务活动 | 涉及的主要凭证和会计记录 |
|---|---|
| 请购 | 采购申请表（请购单） |
| 选择供应商 | 供应商清单 |
| 确定采购价格 | 采购价格数据库 |
| 订立框架协议或采购合同 | 框架协议、采购合同 |
| 管理供应过程 | 购货合同、购货发票、监造合同、监造报告、有关记账凭证、相关总账及明细账 |

（续表）

| 业务活动 | 涉及的主要凭证和会计记录 |
| --- | --- |
| 验收 | 验收单、有关记账凭证、相关总账及明细账 |
| 退货 | 退货单、有关记账凭证、相关总账及明细账 |
| 付款 | 付款凭单、有关记账凭证、相关总账、明细账及日记账 |

**（二）采购与付款循环涉及的主要账户及其相互关系**

采购与付款循环主要涉及采购和付款两类交易。这两类交易所涉及的主要账户及其相互关系如图 10-2① 所示。

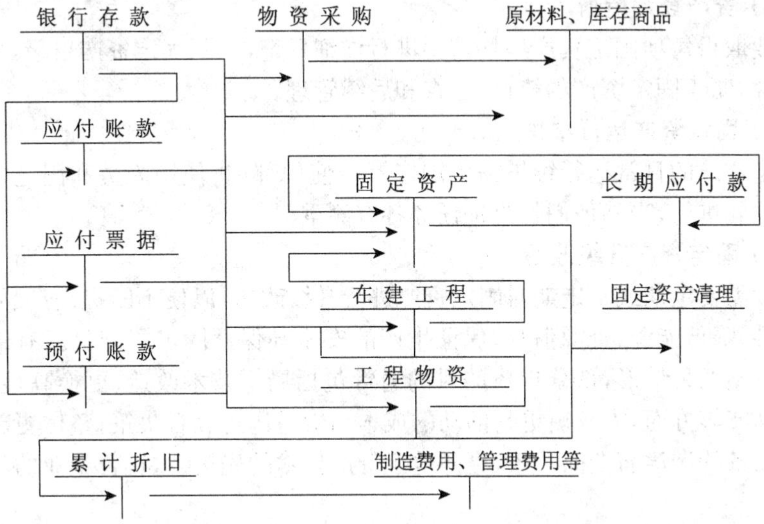


**图 10-2　采购与付款循环涉及的主要账户及其相互关系**

## 四、固定资产的业务活动内容

本教材将固定资产归属采购与付款循环，但固定资产的价值是随着企业生产经营活动逐渐转移到产品成本中的，与一般的商品在风险和控制问题上固然有许多共性的地方，但固定资产还存在不少特殊性，并且固定资产的安全、完整直接影响到企业生产经营的可持续发展能力，因此，有必要对其单独加以说明。

企业应当根据固定资产特点，分析、归纳、设计合理的业务流程，查找管理的薄

① 如前所述，无形资产、开发支出、商誉、长期待摊费用等报表项目通常也归入采购和付款循环，但考虑到它们与企业的常规交易联系不大，为了简化起见，在图 10-2 中没有列出这些报表项目所对应的账户。

弱环节，健全全面风险管控措施，保证固定资产安全、完整、高效运行。固定资产业务流程，通常可以分为取得、验收移交、日常维护、更新改造和淘汰处置等环节。

**（一）固定资产取得**

固定资产涉及外购、自行建造、非货币性资产交换换入等方式。生产设备、运输工具、房屋建筑物、办公家具和办公设备等不同类型固定资产有不同的验收程序和技术要求，同一类固定资产也会因其标准化程度、技术难度等的不同而对验收工作提出不同的要求。通常来说，办公家具、电脑、打印机等标准化程度较高的固定资产验收过程较为简化，对一些复杂的大型生产设备，尤其是定制的高科技精密仪器，以及建筑物竣工验收等，需要一套规范、严密的验收制度。

**（二）资产登记造册**

企业取得每项固定资产后均需要进行详细登记，编制固定资产目录，建立固定资产卡片，便于固定资产的统计、检查和后续管理。

**（三）固定资产运行维护**

固定资产的日常运行维护需要固定资产使用部门、使用人员和固定资产的管理部门共同进行，当然他们的维护任务各有侧重。

**（四）固定资产升级改造**

企业需要定期或不定期对固定资产进行升级改造，以便不断提高产品质量，开发新品种，降低能源、资源消耗，保证生产的安全环保。固定资产更新有部分更新与整体更新两种情形，部分更新的目的通常包括局部技术改造、更换高性能部件、增加新功能等方面，需权衡更新活动的成本与效益进行综合决策；整体更新主要指对陈旧设备的淘汰与全面升级，更侧重于资产技术的先进性，符合企业的整体发展战略。

**（五）资产清查**

企业应建立固定资产清查制度，至少每年全面清查，保证固定资产账实相符、及时掌握资产盈利能力和市场价值。固定资产清查中发现的问题，应当查明原因，追究责任，妥善处理。

**（六）抵押质押**

抵押是指债务人或者第三人不转移对财产的占有权，而将该财产抵押作为债权的担保，当债务人不履行债务时，债权人有权依法以抵押财产折价或以拍卖、变卖抵押财产的价款优先受偿。质押也称质权，就是债务人或第三人将其动产移交债权人占有，将该动产作为债权的担保，当债务人不履行债务时，债权人有权依法就该动产卖得价金优先受偿。企业有时因资金周转等原因以其固定资产作抵押物或质物向银行等金融机构借款，如到期不能归还借款，银行则有权依法以该固定资产折价或拍卖。

### (七) 固定资产处置

上述各个环节之间的关系如图 10-3 所示。

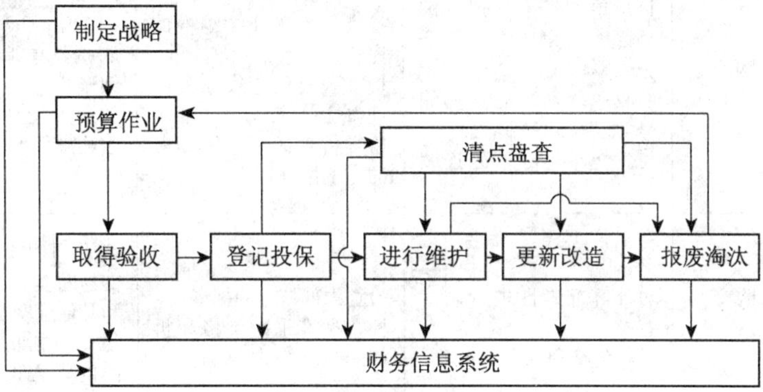


图 10-3 固定资产基本业务流程图

## 第二节 控制测试和交易的实质性程序

在采购与付款循环审计中,验证"应付账款""固定资产"及"有关费用"等账户通常十分费时、费力,如果注册会计师能够通过控制测试验证与采购和付款循环相关的内部控制是健全有效的,进而减少相关账户余额的细节测试,将大大节省审计时间和成本。因此,在组织良好的审计活动中,通常对采购与付款循环的控制测试给予极大的关注,尤其是对内部控制健全的被审计单位而言。

### 一、采购交易的内部控制、控制测试和交易的实质性程序

表 10-4 是针对采购交易的内部控制目标、关键内部控制和审计测试一览表。

表 10-4 采购交易的内部控制目标、关键内部控制和审计测试一览表

| 内部控制目标 | 关键内部控制 | 常用的控制测试 | 常用的交易实质性程序 |
|---|---|---|---|
| 所记录的采购都确已收到商品或已接受劳务(存在) | 请购单、订货单、验收单和卖方发票一应俱全,并附在付款凭单后;<br>采购经适当级别批准;<br>注销凭证以防止重复使用;<br>对卖方发票、验收单、订货单和请购单作内部核查 | 查验付款凭单后是否附有完整的相关单据;<br>检查批准采购的标记;<br>检查注销凭证的标记;<br>检查内部核查的标记 | 复核采购明细账、总账及应付账款明细账,注意是否有大额或不正常的金额;<br>检查卖方发票、验收单、订购单和请购单的合理性和真实性;<br>追查存货的采购至存货永续盘存记录;<br>检查取得的固定资产 |

（续表）

| 内部控制目标 | 关键内部控制 | 常用的控制测试 | 常用的交易实质性程序 |
| --- | --- | --- | --- |
| 已发生的采购交易均已记录（完整性） | 订货单均经事先连续编号并将已完成的采购登记入账；<br>验收单均经事先连续编号并已登记入账；<br>付款凭单均经事先连续编号并已登记入账 | 检查订购单连续编号的完整性；<br>检查验收单连续编号的完整性；<br>检查付款凭单连续编号的完整性 | 从验收单追查至采购明细账；<br>从卖方发票追查至采购明细账 |
| 所记录的采购交易估价正确（准确性、计价和分摊） | 对计算准确性进行内部查核；<br>采购价格和折扣的批准 | 检查内部核查的标记；<br>检查批准采购价格和折扣的标记 | 将采购明细账中记录的交易同卖方发票、验收单和其他证明文件比较；<br>复算包括折扣和运费在内的卖方发票金额的准确性 |
| 采购交易被正确记入应付账款和存货等明细账中，并被正确汇总（准确性） | 应付账款明细账内容的内部核查 | 检查内部核查的标记 | 通过加计采购明细账，追查过入采购总账和应付账款、存货期细账的数额是否准确，来测试过账和汇总的准确性 |
| 采购交易的分类正确（分类） | 采用适当的会计科目表；<br>分类的内部核查 | 检查工作手册和会计科目表；<br>检查有关凭证上内部核查的标记 | 参照卖方发票，比较会计科目表上的分类 |
| 采购交易按正确的日期记录（截止） | 要求收到商品或接受劳务后及时记录采购交易；<br>内部核查 | 检查工作手册并观察有无未记录的卖方发票存在；<br>检查内部核查的标记 | 将验收单和卖方发票上的日期与采购明细账中的日期进行比较 |
| 采购交易被正确记入应付账款和存货等明细账中，并正确汇总（准确性、计价和分摊） | 应付账款明细账内容的内部核查 | 检查内部核查的标记 | 通过加计采购明细账，追查过入采购总账和应付账款、存货明细账的数额是否正确，用以测试过账和汇总的正确性 |

在理解表10-4中列出的内容时，将与交易相关的审计目标、内部控制与控制测试、交易实质性程序等联系起来是十分重要的。第四栏所列的实质性程序与第一栏列示的控制目标有直接关系，是证明具体审计目标的证据，其目的在于确定交

易中与该控制目标有关的金额是否有错误，而实质性程序实施的范围在一定程度上取决于关键控制是否存在以及控制测试的结果。下面我们对表 10-4 中列出的各项内容进一步做简要说明。

**(一) 内部控制目标**

和其他交易类似，内部控制目标也包括五项，即：真实性、完整性、准确性、截止和分类。这些目标也是企业设立采购交易内部控制的目标。在审计工作中，如果注册会计师发现被审计单位的内部控制健全有效，对被审计单位针对上述目标的控制的恰当性感到满意，就可以相应减少对某些项目的细节测试，从而大大提高审计效率。

例如，对于完整性审计目标而言，在某些情况下，注册会计师通过执行细节测试来确定被审计单位是否存在未记录的采购交易非常困难，此时注册会计师必须依靠对内部控制的测试来实现该目标。另外，由于对应付账款完整性的审计通常会耗费大量的时间，因此有效的内部控制、适当的控制测试可以有效地降低审计成本。

**(二) 内部控制与控制测试**

表 10-4 列出了与注册会计师实现采购交易各项审计目标相关的关键内部控制，以及针对各项内部控制所实施的控制测试。

在采购交易的各项内部控制中，注册会计师需要特别关注以下环节。

1. 职责分离

不相容职务的分离可以有效地防止错误和舞弊。与销售与收款交易循环一样，采购与付款交易也需要适当的职责分离。企业应当建立采购与付款交易的岗位责任制，明确相关部门和岗位职责、权限，确保办理采购与付款交易的不相容岗位相互分离、制约和监督。具体来说，采购与付款循环的以下 6 项职务必须分离：请购与审批；询价与确定供应商；采购合同的订立与审批；采购与验收；采购、验收与相关会计记录；付款审批与付款执行。

2. 采购授权

对采购进行适当授权非常重要，因为它能保证所购商品和劳务符合企业的需要，同时避免采购多余的和不必要的项目。大多数企业对正常经营所需物资的购买均作一般授权，比如，仓库在现有库存达到再订购点时就可直接提出采购申请，其他部门也可为正常的维修工作和类似工作直接申请采购有关物品。但对资本支出和租赁合同，企业政策则通常要求作特别授权，只允许指定人员提出请购。企业一般都设立采购部门以保证用最低的价格取得符合质量的所需商品和劳务。在设计良好的内部控制系统中，采购部门无权批准购货或验收货物。

3. 及时的记录和独立的交易复核

企业的会计部门应当及时确认与采购相关的负债，并对采购交易的适当性进行验证。验证的方法通常是核对订货单、验收报告和采购发票，以确定商品和劳务的规格、价格、数量、条件和运费等是否正确，并核对数量与单价的乘积、汇总和所计入账户的正确性。

4. 内部核查程序

企业应当建立对采购与付款交易内部控制的监督检查制度，以核查采购与付款的内部控制是否健全、是否得到了有效执行，核查内容包括采购与付款的相关岗位设置和人员分工、授权批准制度的执行、应付账款和预收账款的管理、凭证和文件的使用和保管等。

控制测试与内部控制之间的对应关系是一目了然的。对于每项关键控制，注册会计师至少要执行一项控制测试以核实其效果。当然，表 10-4 仅仅从定性的角度列出了控制测试的内容，在实际工作中，注册会计师还需要结合被审计单位的具体情况，运用职业判断和抽样技术合理确定测试的样本。

**（三）实质性程序**

实质性程序通过对交易金额的验证以实现与交易有关的审计目标。实质性程序实施的范围，在一定程度上取决于关键内部控制是否存在以及控制测试的结果。

在实施实质性程序时，测试的样本可以与控制测试的样本相同（即双重目的测试），也可以另外选取样本。在测试交易的真实性、准确性、截止和分类时，注册会计师可以从采购明细账中选取恰当的样本，复核相关的支持性凭证以确定所有信息是否一致，是否以正确的金额、在恰当的时间记入恰当的账户。在测试交易的完整性时，则可以从预先顺序编号的验收凭证中选取样本，追查并复核相应的支持性凭证。

另外需要说明的是，表 10-4 的目的只在于为注册会计师根据具体审计情况和审计条件设计能够实现审计目标的审计方案提供参考，在审计实务工作中，注册会计师应根据表 10-4 所列示内容的精神实质，充分考虑被审计单位的具体情况和审计质量、审计成本效益原则，将其转换为更实用、高效的审计方案。

## 二、付款交易的内部控制、控制测试和交易的实质性程序

采购与付款循环包括采购和付款两个方面，在内部控制健全的企业，与采购相关的付款交易同样有其内部控制目标和内部控制，注册会计师应针对每个具体的控制目标确定关键的内部控制，并对此实施相应的控制测试和交易的实质性程序。

在付款交易的内部控制中，注册会计师对支付授权、职务分离和内部复核这三个环节需要特别予以关注，包括：签署支票的人员是否经过适当授权，签署支票时是否对有关凭证进行仔细核对；签署支票的人员和履行应付账款职责的人员是否分开；空白支票、作废支票和已签署支票的管理是否规范，等等。

付款交易中控制测试的性质取决于内部控制的性质，付款交易的实质性程序的实施范围在一定程度上取决于关键控制是否存在以及控制测试的结果。由于采购和付款交易同属一个交易循环，联系紧密，因此，对付款交易的部分测试可与测试采购交易一并实施。当然。另一些付款交易测试仍需单独实施。

同步案例 10-1

甲公司仓库9月5日填制一张未连续编号的请购单，报公司主管采购的副总经理批准后交采购部，采购部据此填制连续编号的订货单，并与一家老供货商谈判确定品质、价格、到货时间和地点后，签订了采购合同。货物到达后，仓库根据订货单的内容验收了货物，并填制一式多联的未连续编号的验收单，一联交采购部编制付款凭单，付款凭单经采购部经理批准后，交会计部；会计部根据验收单和付款凭单登记有关账簿，结算采购货款。

要求：分析上述采购业务处理中不符合内部控制要求的地方。

上述业务处理中不符合内部控制要求的地方主要是：①与老供货商谈判签订供应合同，既无经批准的价目表控制，也没有竞价采购控制，使采购商失去了控制；②验收单未连续编号，不能保证其完整性和不重复，因而不能保证有关账簿记录真实、完整；③由采购部编制和审批付款凭单，不符合不相容职务相分离原则，难以防止质次价高采购业务的发生；④付款凭单未附订货单和供应商发票，难以证明采购业务的真实、正确；⑤会计部未审核凭证是否真实、完整，即登记入账，不利于保证账簿记录的真实、正确。

## 三、固定资产的内部控制与控制测试

为了确保固定资产的真实、完整、安全和有效利用，被审计单位应当建立和健全固定资产的内部控制。下面结合企业常用的固定资产内部控制，讨论注册会计师实施控制测试所应予以关注的地方。

### （一）固定资产的预算制度

注册会计师应注意检查固定资产的取得与处置是否依据预算，对实际支出与预算之间的差异以及未列入预算的特殊事项，检查其是否履行特别的审批手续。如果固定资产增减均能处于良好的经批准的预算内部控制之下，注册会计师即可减少针对固定资产增加、减少实施的实质性程序的样本量。

**(二) 固定资产的授权批准制度**

注册会计师不仅要检查授权批准制度本身是否完善,还要关注授权批准制度是否得到切实执行。

**(三) 固定资产的账簿记录制度**

除固定资产总账外,被审计单位还需设置固定资产明细分类账和固定资产登记卡、按固定资产类别、使用部门和每项固定资产进行明细分类核算。固定资产增减变化均有原始凭证。一套设置完善的固定资产明细分类账和登记卡,将为注册会计师分析固定资产的取得和处置、复核折旧费用和修理支出的列支带来帮助。

**(四) 固定资产的职责分工制度**

对固定资产的取得、记录、保管、使用、维修、处置等,均应明确划分责任,由专门部门和专人负责。明确的职责分工制度,有利于防止舞弊,降低注册会计师的审计风险。

**(五) 固定资产的资本性支出和收益性支出的区分制度**

企业应制定区分资本性支出和收益性支出的书面标准。通常需明确资本性支出的范围和最低金额,凡不属于资本性支出的范围、金额低于下限的任何支出,均应列作费用并抵减当期收益。注册会计师应当检查该制度是否遵循企业会计准则的要求,是否适应被审计单位的行业特点和经营规模,并抽查实际发生于固定资产相关的支出是否按照该制度进行恰当的会计处理。

**(六) 固定资产的处置制度**

固定资产处置包括投资转出、报废、出售等,均要有一定的申请报批程序。注册会计师应当关注被审计单位是否建立了有关固定资产处置的分级申请报批程序;收取固定资产盘点明细表,检查账实之间的差异是否经审批后及时处理;抽取固定资产报废单,检查报废是否经适当批准和处理;抽取固定资产内部调拨单,检查调入、调出是否已进行适当处理;抽取固定资产增减变动情况分析报告,检查是否经复核。

**(七) 固定资产的定期盘点制度**

对固定资产的定期盘点,是验证账面各项固定资产是否真实存在、了解固定资产放置地点和使用状况以及发现是否存在未入账固定资产的必要手段。注册会计师应了解和评价企业固定资产盘点制度,并应注意查询盘盈、盘亏固定资产的处理情况。

**(八) 固定资产的维护保养和保险情况**

固定资产应有严密的维护保养制度,以防止其因各种自然和人为的因素而遭受损失,并应建立日常维护和定期检修制度,以延长其使用寿命。此外,注册会计师在检查、评价企业的内部控制时,应当了解企业对固定资产的保险情况。

## 四、在建工程的内部控制和控制测试

作为与固定资产密切相关的一个组成项目，在建工程项目有其特殊性，其流程主要包括立项、设计、招标、建设和竣工验收等。工程项目是企业自行或者委托其他单位进行的建造、安装活动。重大工程项目往往体现企业发展战略和中长期发展规划，对于提高企业再生产能力和支撑保障能力、促进企业可持续发展具有关键作用。国有及国有控股大型企业的重大工程项目，在调整经济结构、转变经济发展方式、促进产业升级和技术进步中更是具有举足轻重的作用。同时应当看到，由于工程项目投入资源多、占用资金大、建设工期长、涉及环节多、多种利益关系错综复杂，是构成经济犯罪和腐败问题的"高危区"。现实中，工程资金高估冒算，招投标环节的暗箱操作，"豆腐渣"工程，以及相关经济犯罪和腐败案例时有发生，引发社会各界对工程领域的批评和关注。

企业工程项目至少应当关注下列风险：①立项缺乏可行性研究或者可行性研究流于形式，决策不当，盲目上马，可能导致难以实现预期效益或项目失败。②项目招标暗箱操作，存在商业贿赂，可能导致中标人实质上难以承担工程项目、中标价格失实及相关人员涉案。③工程造价信息不对称，技术方案不落实，概预算脱离实际，可能导致项目投资失控。④工程物资质次价高，工程监理不到位，项目资金不落实，可能导致工程质量低劣，进度延迟或中断。⑤竣工验收不规范，最终把关不严，可能导致工程交付使用后存在重大隐患。

企业应当建立和完善工程项目各项管理制度，全面梳理各个环节可能存在的风险点，规范工程立项、招标、造价、建设、验收等环节的工作流程，明确相关部门和岗位的职责权限，做到可行性研究与决策、概预算编制与审核、项目实施与价款支付、竣工决算与审计等不相容职务相互分离，强化工程建设全过程的监控，确保工程项目的质量、进度和资金安全。

在建工程的内部控制包括以下内容。

### (一) 岗位分工

单位应当建立工程项目业务的岗位责任制，明确相关部门和岗位的职责、权限，确保办理工程项目业务的不相容岗位相互分离、制约和监督。工程项目业务不相容岗位一般包括：项目建议、可行性研究与项目决策；概预算编制与审核；项目实施与价款支付；竣工决算与竣工审计。

### (二) 授权批准

单位应当对工程项目相关业务建立严格的授权批准制度；明确审批人的授权批准方式、权限、程序、责任及相关控制措施，规定经办人的职责范围和工作要求。审批人应当根据工程项目相关业务授权批准制度的规定，在授权范围内进行审批，不得超越审批权限。经办人应当在职责范围内,按照审批人的批准意见办理工程项目业务。对于审批人超越授权范围审批的工程项目业务,经办人有权拒绝办理,并及时向审批人的上级授权部门报告。

**(三)项目决策控制**

单位应当建立工程项目决策环节的控制制度,对项目建议书和可行性研究报告的编制、项目决策程序等作出明确规定,确保项目决策科学、合理。

**(四)概预算控制**

单位应当建立工程项目概预算环节的控制制度,对概预算的编制、审核等作出明确规定,确保概预算编制科学、合理。

**(五)价款支付控制**

单位应当建立工程进度价款支付环节的控制制度,对价款支付的条件、方式以及会计核算程序作出明确规定,确保价款支付及时、正确。

**(六)竣工决算控制**

单位应当建立竣工决算环节的控制制度,对竣工清理、竣工决算、竣工审计、竣工验收等作出明确规定,确保竣工决算真实、完整、及时。

**(七)监督检查**

单位应当建立对工程项目内部控制的监督检查制度,明确监督机构或人员的职责权限定期或不定期地进行检查。检查内容主要包括:

(1)工程项目业务相关岗位及人员的设置情况。

(2)工程项目业务授权批准制度的执行情况。

(3)工程项目决策责任制的建立及执行情况。

(4)概预算控制制度的执行情况。

(5)各类款项支付制度的执行情况。

(6)竣工决算制度的执行情况。

在建工程的控制测试和固定资产的相似,在此不再赘述。

小资料

针对采购和付款交易的控制测试的结果会对接下来本循环涉及的各个报表项目的进一步测试产生影响。

以对应付账款审计的影响为例:①假设控制测试的结果表明被审计单位关于采购和付款的内部控制健全并运行有效,验收商品时立即填写预先编号的验收报告,立即编制预先编号的付款凭单并登记到采购明细账和应付账款明细账;负债到期时立即付款,并立即登记到现金日记账和应付账款明细账;每月根据供应商的月对账单调节应付账款明细余额,并由计算机自动地调节应付账款明细账的总额至总账。在这种情况下,注册会计师在验证应付账款项目时可以减少实质性分析程序和细节测试，从而大大减少审计成本。②相反，假设控制测试的结果表明被审计单位关于采购和付款的内部控制存在重要缺陷，包括没有使用验收报告，直到现金付款时才记录采购交易，由于现金紧张而导致往往在债务到期几个月后才能支付等，在这种情况下，注册会计师应当意识到应付账款存在错报的可能性很大，必须进行大量的应付账款细节测试。

本章接下来将对采购和付款循环涉及的各个报表项目的实质性程序进行介绍，重点是其中的应付账款和固定资产。

小资料

**美国废品管理公司财务舞弊手法剖析①**

美国废品管理公司是当时世界上最大的垃圾处理公司，1971 年在纽约证券交易所上市。1998 年 2 月，废品管理公司承认，在 1992—1996 年以及 1997 年前三个季度，虚增利润总额 17 亿美元(净利润为 11.06 亿美元)，成为当时美国最大的利润操纵舞弊案，一时间轰动全球。废品管理公司的舞弊手法虽不高明，但简单实用。其中手法之一就是隐瞒或不适当地递延期间费用，虚增经营利润。

1. 随意改变折旧方法，蓄意少计折旧费用

运送垃圾的车队及集装箱运输船队是废品管理公司的主要固定资产。迫于利润压力，废品管理公司的高管人员通过随意延长垃圾车和船队的预计使用年限，同时毫无根据地提高残值比率，轻而易举地达到减少当期折旧费用，夸大经营利润的目标。以运送垃圾的卡车为例，废品管理北美公司过去一直按照每辆卡车使用年限为 8 年且不预留残值的假设计提折旧，但废品管理公司在合并其子公司的报表时，却进行了所谓的“高层调整”，改按另一套不同的假设(每辆卡车使用年限为 12 年且残值为 3 万美元)重新调整该子公司的卡车折旧费。截止到 1996 年，废品管理公司通过随意改变折旧方法，累计少计提的车辆、船队、设备和容器器具折旧费高达 5.09 亿美元。

2. 故意混淆资本支出与收益支出，将期间费用资本化

自 1989 年起，废品管理公司通过所谓的“净账面价值法”，将部分已经建成并交付使用垃圾掩埋场的利息费用继续资本化。对其进行审计的安达信会计师事务所(以下简称安达信)发现这一问题后，要求废品管理公司予以更正。废品管理公司承诺从 1994 年 1 月 1 日起予以更正，但到了 1994 年管理当局发现，如果采用安达信提出的资本化方法，废品管理公司每年都得报告约 2 500 万美元的利息费用，这意味着 1989—1994 年期间，不恰当的资本化利息费用累计已经高达 1.5 亿美元。最后，废品管理公司决定从 1995 年开始采用符合安达信要求的资本化方法，并在 3 年内消化遗留的不良影响。但事实上，废品管理公司不仅在对外报送的财务报表中没有披露这些内幕，而且直至 1997 年仍在运用“净账面价值法”，继续将本应计入期间费用的利息费用资本化为在建工程或固定资产。事后调查表明，1992—1996 年期间，废品管理公司累计将 1.92亿美元的利息费用资本化，在夸大了利润总额的同时，也高估了在建工程和固定资产的价值。

---

① 黄世忠、张胜芳:《美国废品管理公司财务舞弊案例剖析》,《财务与会计》2004 年第 6 期。

其他不适当的资本化处理方法还包括将系统开发费用、管理费用、财产保险费用资本化。而且，资本化后的系统开发费用和财产保险费用又被武断地按照特别“经久耐用”的假设摊销，如对公司的财产保险费一律按15年期限摊销。安达信在1991年及随后年份再三地将上述摊销分录列为审计调整分录，并要求废品管理公司考虑技术发展造成系统贬值加速及保费对应的财产使用年限等因素，尽早冲销这些“虚拟资产”，但废品管理公司每年都拒绝调整。

3. 利用收购兼并随意计提坏账准备，冲抵当期经营费用。

按照公认会计准则的要求，废品管理公司每个会计期间都应计提一笔费用即环境补救准备，以弥补可能发生的环境负债。在年末审核环境准备计提的充足性时，废品管理公司管理当局借机用新近收购、兼并时虚增的环境准备负债来冲销与之不相关的、少计的垃圾掩埋场减值准备。通过将垃圾掩埋场的减值(财务报表上反映为经营费用)与虚增的环境负债对冲，废品管理公司避免确认了巨额的经营费用，从而增加了当期的盈利。安达信曾明确向管理当局指出，这种做法违背公认会计准则且已成为SEC的重点监管对象。尽管双方在“行动步骤”中曾就此达成共识，均认为必须停止这种以夸大的负债冲抵减值损失的不当会计处理，但由于担心改变这种做法将使废品管理公司达不到华尔街的盈利预期，高管人员并没有按照“行动步骤”的要求终止这种对冲行为。并且，在舞弊期间的所有年报附注及管理当局的分析和讨论中，废品管理公司均声称已经按照可能发生的环境负债提取了适当的环境准备，而实际情况却是，环境准备是在收购、兼并时随意提取的。通过将收购兼并时故意多提的环境准备冲减垃圾掩埋场减值损失等项目，废品管理公司在整个舞弊期间少计了1.73亿美元的期间费用。

4. 少计其他准备，凭空将准备冲抵期间费用

废品管理公司对其一些业务采取自行保险的做法，但却一直都低估应计提的自保损失负债。1991年，安达信的保险精算师指出废品管理公司计提保险准备的方法有误，1991—1996年，安达信都列示了低估的保险准备金额，但管理当局每年都拒绝调整。在“行动步骤”中，管理当局虽然同意按7年冲销累积的保险准备错报并纠正其不恰当的“折现”法，但从未付诸实施。废品管理公司继续采用过高的折现率报告其业务保险损失，低估保险准备，直至1997年舞弊行为被发现时才改用比较切合实际的保险费用和保险负债估算法。

根据公认会计准则的规定，废品管理公司每年应当确认应交的联邦和州所得税负债，并记录为交税期间的费用。但该公司的财务主管在计提所得税负债时，通过人为压低综合税率，低估了1991—1996年期间的所得税费用和所得税负债。安达信同样也量化了被低估的金额，但管理当局每年都拒绝调整。在“行动步骤”中，管理当局同意按5年冲销错报的所得税负债，但也从未付诸行动。这种舞弊行为一直延续至1997年。上述做法使得废品管理公司在舞弊期间少计了1.28亿美元的应计费用。

## 第三节 应付账款审计

### 一、审计目标

应付账款是企业在正常经营过程中因购买材料、商品和接受劳务供应等经营

活动而应付给供应商的款项。

应付账款的审计目标一般包括(括号内为相应的财务报表认定):

(1) 确定资产负债表中记录的应付账款是否存在。(存在)

(2) 确定所有应当记录的应付账款是否均已记录。(完整性)

(3) 确定资产负债表中记录的应付账款是否为被审计单位应当履行的现时义务。(权利和义务)

(4) 确定应付账款是否以恰当的金额包括在财务报表中,与之相关的计价调整是否已恰当记录。(计价和分摊)

(5) 确定应付账款是否已按照企业会计准则的规定在财务报表中做出恰当的列报。(列报)

## 二、应付账款的实质性程序

表 10-5 列示了有关应付账款的认定—审计目标—可供选择的审计程序之间的内在关系。

表 10-5 **应付账款的实质性程序**

被审计单位:南方工业有限公司　　索引号:B11-1

项目:应付账款实质性程序表　　财务报表截止日:20×6.12.31

编制:谢诚　　复核:张雷

日期:20×7.2.16　　日期:20×7.3.1

一、审计目标与认定对应关系表

| 审计目标 | 财务报表认定 | | | | |
|---|---|---|---|---|---|
| | 存在 | 完整性 | 权利和义务 | 计价和分摊 | 列报 |
| A. 资产负债表中记录的应付账款是存在的 | √ | | | | |
| B. 应当记录的应付账款均已记录 | | √ | | | |
| C. 资产负债表中记录的应付账款是被审计单位应当履行的现时义务 | | | √ | | |
| D. 应付账款以恰当的金额包括在财务报表中,与之相关的计价调整已恰当记录 | | | | √ | |
| E. 应付账款已按照企业会计准则的规定在财务报表中作出恰当列报 | | | | | √ |

（续表）

二、审计目标与审计程序对应关系表

| 审计目标 | 可供选择的审计程序 | 索引号 |
| --- | --- | --- |
| D | 1. 获取或编制应付账款明细表：<br>(1) 复核加计正确，并与报表数、总账数和明细账合计数核对是否相符。<br>(2) 检查非记账本位币应付账款的折算汇率及折算是否正确。<br>(3) 分析出现借方余额的项目，查明原因，必要时，作重分类调整。<br>(4) 结合预付账款等往来项目的明细余额，调查有无同时挂账的项目、异常余额或与购货无关的其他款项（如关联方账户或雇员账户）；如有，应做出记录，必要时作调整 | B11-3 |
| BD | 2. 获取被审计单位与其供应商之间的对账单（应从非财务部门，如采购部门获取），并将对账单和被审计单位财务记录之间的差异进行调节（如在途款项、在途货物、付款折扣、未记录的负债等），查找有无未入账的应付账款，确定应付账款金额的准确性。<br>3. 检查债务形成的相关原始凭证，如供应商发票、验收报告或入库单等，查找有无未及时入账的应付账款，确定应付账款金额的准确性 | B11-5 |
| AE | 4. 检查应付账款长期挂账的原因并作出记录，注意其是否可能无须支付；对确实无须支付的应付款的会计处理是否正确，依据是否充分；关注账龄超过3年的大额应付账款在资产负债表日后是否偿还，检查偿还记录及单据，并披露 | 略 |
| B | 5. 针对资产负债表日后付款项目，检查银行对账单及有关付款凭证（如银行划款通知、供应商收据等），询问被审计单位内部或外部的知情人员，查找有无未及时入账的应付账款。<br>6. 复核截止审计现场工作日的全部未处理的供应商发票，并询问是否存在其他未处理的供应商发票，确认所有的负债都记录在正确的会计期间内 | B11-4 |
| AC | 7. 选择应付账款的重要项目（包括零账户）函证其余额和交易条款，对未回函的再次发函或实施替代的检查程序（检查原始凭单，如合同、发票、验收单，核实应付账款的真实性） | B11-4 |
| B | 8. 针对已偿付的应付账款，追查至银行对账单、银行付款单据和其他原始凭证，检查其是否在资产负债表日前真实偿付。<br>9. 检查资产负债表日后应付账款明细账贷方发生额的相应凭证，关注其购货发票的日期，确认其入账时间是否合理 | B11-4 |
| BA | 10.结合存货监盘程序，检查被审计单位在资产负债日前后的存货入库资料（验收报告或入库单），检查是否有大额料到单未到的情况，确认相关负债是否计入了正确的会计期间 | 略 |
| AB | 11. 针对异常或大额交易及重大调整事项（如大额的购货折扣或退回，会计处理异常的交易，未经授权的交易，或缺乏支持性凭证的交易等），检查相关原始凭证和会计记录，以分析交易的真实性、合理性 | 略 |
| D | 12. 检查带有现金折扣的应付账款是否按发票上记载的全部应付金额入账，在实际获得现金折扣时再冲减财务费用 | 略 |

（续表）

| 二、审计目标与审计程序对应关系表 | | |
|---|---|---|
| 审计目标 | 可供选择的审计程序 | 索引号 |
| ABCD | 13. 被审计单位与债权人进行债务重组的，检查不同债务重组方式下的会计处理是否正确。<br>14. 检查应付关联款项的真实性、完整性 | 略 |
| | 15. 根据评估的舞弊风险等因素增加的审计程序 | 略 |
| E | 16. 检查应付账款是否已按照企业会计准则的规定在财务报表中作出恰当列报 | 略 |

小资料

**应付账款常见的舞弊手段**

1. 利用应付账款隐瞒收入。有的被审计单位将营业外收入列入“应付账款”，而不按会计制度规定计入有关收入账户中，以达到认为调节损益、减少当期应交税金的目的。

2. 应付账款长期挂账。出现长期挂账的原因可能有：被审计单位应付账款偿还不及时或故意拖欠、双方之间有业务纠纷、账务处理错误、对方已破产或倒闭。不论出于哪种原因，长期挂账的应付账款都应得到及时处理。

3. 虚列应付账款。有的被审计单位采用伪造发票、虚开验收单和入库单等手段虚列应付账款，以达到虚增费用、虚减利润、偷税漏税的目的，甚至用“应付账款”记录非法收支活动。

4. 少计应付账款。有的被审计单位为了粉饰财务状况，在期末对已收到购货发票或货到单未到的业务，不作账务处理，少列应付账款。

5. 利用应付账款扩大职工福利，发放钱物。会计分录如下：

（1）先把销售收入在应付账款中挂账

借：银行存款

　贷：应付账款（不计收入）

（2）在发放钱物时

借：应付账款

　贷：银行存款（现金）

6. 用产品或商品抵顶应付账款，隐瞒收入，偷逃税金（增值税）的情况。

借：应付账款

　贷：库存商品（产成品）

应付账款审计的实质性程序一般包括以下内容。

**(一) 应付账款明细表测试**

注册会计师应当获取或编制应付账款明细表,执行以下测试:

(1) 复核加计是否正确,并与报表数、总账数和明细账合计数核对是否相符。

(2) 检查非记账本位币应付账款的折算汇率及折算是否正确。

(3) 分析出现借方余额的项目,查明原因,必要时,做重分类调整。

(4) 结合其他应付款、预付款项等往来项目的明细余额,检查有无同时挂账的项目、异常余额或与购货无关的其他款项(如关联方账户或员工账户),如有,应做出记录,必要时做出调整。

**(二) 实质性分析程序**

根据被审计单位实际情况,注册会计师可以选择以下方法对应付账款执行实质性分析程序:

(1) 将期末应付账款余额与期初余额进行比较,分析波动原因。

(2) 分析长期挂账的应付账款,要求被审计单位做出解释,判断被审计单位是否缺乏偿债能力或利用应付账款隐瞒利润;并注意其是否可能无须支付,对确实无须支付的应付款的会计处理是否正确,依据是否充分。

(3) 计算应付账款与存货的比率,应付账款与流动负债的比率,并与以前年度相关比率对比分析,评价应付账款整体的合理性。

(4) 分析存货和营业成本等项目的增减变动,判断应付账款增减变动的合理性。

**(三) 应付账款的函证**

注册会计师可以向供应商函证应付账款的余额。在进行函证时,注册会计师应选择较大金额的债权人,以及那些在资产负债表日金额不大,甚至为零,但为企业重要供货人的债权人,作为函证对象。函证最好采用积极函证方式,并具体说明应付金额。同应收账款的函证一样,注册会计师必须对函证的过程进行控制,要求债权人直接回函,并根据回函情况编制与分析函证结果汇总表,对未回函的,应考虑是否再次函证。

如果存在未回函的重大项目,注册会计师应采用替代审计程序。比如,可以检查决算日后应付账款明细账及库存现金和银行存款日记账,核实其是否已支付,同时检查该笔债务的相关凭证资料,核实交易事项的真实性。

小资料

一般情况下,函证应付账款并不是一个必要的审计程序,这是因为函证不能保证查出未记录的应付账款,况且注册会计师能够取得采购发票等外部凭证来证实应付账款的余额。但如果控制风险较高,某应付账款明细账户金额较大或被审计单位处于财务困难阶段,则应进行应付账款的函证。

同步案例 10-2

ABC会计师事务所审计人员对甲公司 20×6 年度会计报表进行审计。甲公司总资产为 2 500万元,应收账款在报表上列示为 1 000 万元,控制风险评价为低水平;应付账款列示为 610 万元,控制风险评价为高水平。

要求:请分析审计人员是否需要对应收、应付账款进行函证?为什么?

审计人员应当对甲公司的应收账款和应付账款实施函证,原因如下:

1. 实施应收账款的函证是应收账款审计非常重要的程序。通过函证能获取十分有说服力的外部证据,来证明应收账款的真实存在性及正确性等情况。尽管被审计单位的应收账款内部控制良好,控制风险较低,可接受的检查风险高,审计人员只能减少函证的数量,但不能省略函证程序。

2. 审计应付账款时,一般情况下不需要函证,但是如果被审计单位控制风险较高,某应付账款金额较大或被审计单位处于经济困难阶段,则应进行应付账款的函证。被审计单位应付账款的控制风险较高,则也应实施函证程序。

**(四)查找未入账的应付账款**

负债审计的重点是负债是否被低估,因此查找被审计单位是否存在未入账的应付账款是一项很重要的内容。注册会计师可供选择的审计程序包括:

(1)复核截至审计现场工作日的全部未处理的采购发票,并询问是否存在其他未处理的采购发票,确认所有的负债是否记录在正确的会计期间内。

(2)结合存货盘存,检查被审计单位在资产负债表日是否存在有材料入库凭证但未收到采购发票的经济业务,确认相关负债是否计入了正确的会计期间。

(3)检查资产负债表日后收到的采购发票,关注采购发票的日期,确定其入账时间是否正确。

(4)获取被审计单位与其供应商之间的对账单(应从非财务部门获取,如采购部门),并将对账单和被审计单位财务记录之间的差异进行调节(如在途款项、在途货物、付款折扣、未记录的负债等),检查有无未入账的应付账款,确定应付账款金额的准确性。

(5)检查资产负债表日后应付账款明细账贷方发生额的相应凭证,关注其购货发票的日期,确认其入账时间是否合理。

(6)针对已偿付的应付账款,追查至银行对账单、银行付款单据和其他原始凭证,检查其是否在资产负债表日前真实偿付。

(7)针对资产负债表日后付款事项,检查银行对账单及有关付款凭证,询问被审计单位内部或外部的知情人员,确定有无未及时入账的应付账款。检查时,注册会计师还可以通过询问被审计单位的会计和采购人员，查阅资本预算、工作通告单和基建合同等来进行。

如果注册会计师通过这些程序发现某些未入账的应付账款，应将有关情况详细记入工作底稿，然后根据其重要性确定是否需建议被审计单位进行相应的调整。

同步案例 10-3

注册会计师A在审计甲公司20×6年度会计报表将近结束时，甲公司财务主管提出不必抽查20×7年付款记账凭证来证实20×6年的会计记录，其理由如下：①20×6年度的有些发票因收到太迟，不能记入12月份的付款记账凭证，公司已经全部用转账分录入账；②年后由公司内部审计人员进行了抽查；③公司愿意提供无漏记负债业务的说明书。

问题：

(1) 注册会计师A在执行抽查未入账债务程序时，是否可以因客户已利用转账分录将20×6年迟收发票入账的事实而改变原定程序？

(2) 注册会计师在抽查未入账债务的程序时可否因内部审计人员的工作而取消或减少？

(3) 注册会计师抽查未入账债务是否因客户愿意提供无漏记债务说明书而受影响？

(4) 除20×7年付款记账凭证外，注册会计师还可以从何途径审查是否存在未入账的债务？

1. 尽管委托人对迟收账单以转账方式入账，简化了注册会计师对未入账债务的抽查，也减少了进一步调整的可能性，但这不影响注册会计师抽查20×7年付款记账凭证。注册会计师通过实施该项测试，可以查明有关20×6年的验收单、卖方发票是否均已包括在转账分录内。这种抽查步骤与委托人自信十分完整、正确的报表仍须审核的理由是相同的。

2. 如果注册会计师已查明内部审计人员具有专业胜任能力和合理的独立性，并且已经抽查了未入账的债务，在和内部审计人员讨论其程序的性质、时间、范围并审阅其工作底稿后，注册会计师可减少本身拟进行的未入账债务抽查工作，但只是减少，绝不能取消该抽查工作。

3. 客户提供的无漏记债务声明书不能作为正当审计程序，仅提供给注册会计师额外的保证，作为一种内部证据，其证明力较弱，故无法减轻注册会计师应作抽查的责任。

4. 注册会计师审查未入账债务，还可以通过如下途径：(1)结合存货监盘，检查被审计单位在资产负债表日是否存在有材料入库凭证但未收到采购发票的经济业务；(2)获取被审计单位与其供应商之间的对账单，并将对账单和被审计单位财务记录之间的差异进行调节，检查有无未入账的应付账款，确定应付账款金额的准确性；(3)询问被审计单位有关会计和采购人员等。

**(五) 检查现金折扣的处理**

对于带有现金折扣的应付账款，注册会计师应当检查应付账款是否按发票上记载的全部应付金额入账，在实际获得现金折扣时再冲减财务费用。

**（六）特殊项目的测试**

注册会计师需要关注被审计单位是否存在与应付账款相关的特殊项目，并执行相应的审计程序，包括：

（1）被审计单位与债权人进行债务重组的，检查不同债务重组方式下会计处理是否正确。

（2）标明应付关联方[包括持5%以上（含5%）表决权股份的股东]的款项，执行关联方及其交易审计程序，并注明合并报表时应予抵销的金额。

**（七）检查列报的恰当性**

注册会计师应当检查应付账款在财务报表中的列报是否恰当。

一般来说，“应付账款”项目应根据“应付账款”和“预付账款”科目所属明细科目的期末贷方余额的合计数填列。如果被审计单位为上市公司，则通常在其财务报表附注中应说明有无欠持有5%以上（含5%）表决权股份的股东单位账款；说明账龄超过3年的大额应付账款未偿还的原因，并在期后事项中反映资产负债表日后是否偿还。

**同步案例 10-4**

某企业当年经济效益较好，为了给今后留有余地，调节当年利润，年终以车间修理为名，假造提供劳务单位，虚列劳务费用20万元，作为应付款项处理，编制会计分录如下：

借：制造费用——修理费　200 000
　贷：应付账款——X工程公司　200 000

从而使当年12月的产品成本增加了20万元。若12月份生产的产品全部完工入库，并已销售了60%，则结转的已销产品成本中，自然也就包括了制造费用中虚列的60%费用。结果虚减了利润12万元，相应也偷漏了所得税3万元。

因此在查处后应做调整会计分录：

借：应付账款　200 000
　贷：库存商品　80 000
　　　以前年度损益调整　120 000

借：以前年度损益调整　30 000
　贷：应交税费——应交所得税　30 000

借：以前年度损益调整　90 000
　贷：利润分配——未分配利润　90 000

提取盈余公积等略

同步案例 10-5

**应付账款审计①**

长乐公司是个中等规模的咨询服务公司，注册会计师在检查公司银行日记账时，发现长乐公司每一个月都有一笔向银信公司支付的劳务费，金额不等，于是就此事项询问会计人员“银信公司给公司提供什么服务?”会计主管、记账人员等回答不一致，但谁都说不清楚，这引起注册会计师的关注。经进一步询问，会计主管说与银信公司的业务往来都是总经理单线联系，每月月初总经理会交给记账人员一份与银信公司的合同，记账人员据此做会计处理如下：

借：劳务成本

贷：应付账款——银信公司

过一段时间，总经理会拿张银信公司的收据，签名后让出纳把款项支付出去，出纳付款后记账人员做会计处理如下：

借：应付账款——银信公司

贷：银行存款

注册会计师查阅了相应的原始凭证，没有发现异常，但由于该项业务的整个发生及其会计处理都受总经理一人控制，缺少相应的内部牵制，对此仍有疑问。当问起每月与银信公司的业务往来及其劳务费的支付情况时，主管副总经理非常惘然，说长乐公司成立以来一直都没有一个固定的业务客户，这又加大了注册会计师的疑虑，于是决定向银信公司函证应付账款。

就在审计工作基本完成，准备与长乐公司管理层交换意见的前一夜，那名副总与其他几名股东主动与注册会计师沟通，主要谈到他们对银信公司的调查情况。银信公司自注册以来没有开展过任何业务，但经常为他人提供银行账户使用，他们怀疑总经理是否利用银信公司把长乐公司的钱转移到自己口袋里，准备继续搜集证据，必要时将寻求法律诉讼。注册会计师听了他们的意见，又查阅了以前年度的相关账项，了解到这种情况已经发生很久了，对会计报表的影响很大，按照谨慎性原则，注册会计师在审计工作底稿中详细记录了对此事项的询问及其产生的疑虑，但由于函证没有收到，注册会计师又不可能实施延伸审计取证，仅凭会计人员的表述及其副总等的口头证据，不能完全支持注册会计师对虚构劳务支出及其应付账款的疑虑，因此注册会计师出具了无法表示意见的审计报告。

# 第四节 固定资产审计

## 一、审计目标

固定资产的审计目标一般包括(括号内为相应的财务报表认定)：

① 郭强华：《新概念审计——案例教学、考证物语与就业辅导》，清华大学出版社 2017 年版。

（1）确定资产负债表中记录的固定资产是否存在。（存在）

（2）确定所有应记录的固定资产是否均已记录。（完整性）

（3）确定记录的固定资产是否由被审计单位所有或控制。（权利和义务）

（4）确定固定资产的计价方法是否恰当。（计价和分摊）

（5）确定固定资产的折旧政策是否恰当。

（6）确定折旧费用的分摊是否合理、一贯。（计价和分摊）

（7）确定固定资产减值准备的计提是否充分、完整，方法是否恰当。

（8）确定固定资产、累计折旧和的期末余额是否正确。

（9）确定固定资产、累计折旧和固定资产减值准备是否已按照企业会计准则的规定在财务报表中作出恰当列报。（列报）

## 二、固定资产的实质性程序

表10-6列示了有关固定资产的认定—审计目标—可供选择的审计程序之间的内在关系。

表10-6 固定资产的实质性程序

被审计单位：南方工业有限公司　　索引号：B2-1

项目：固定资产实质性程序表　　财务报表截止日：20×6.12.31

编制：谢诚　　复核：张雷

日期：20×7.2.16　　日期：20×7.3.1

一、审计目标与认定对应关系表

| 审计目标 | 财务报表认定 | | | | |
|---|---|---|---|---|---|
| | 存在 | 完整性 | 权利和义务 | 计价和分摊 | 列报 |
| A. 资产负债表中记录的固定资产是存在的 | √ | | | | |
| B. 应当记录的固定资产均已记录 | | √ | | | |
| C. 记录的固定资产由被审计单位拥有或控制 | | | √ | | |
| D. 固定资产以恰当的金额包括在财务报表中，与之相关的计价或分摊已恰当记录 | | | | √ | |
| E. 固定资产已按照企业会计准则的规定在财务报表中作出恰当列报 | | | | | √ |

二、审计目标与审计程序对应关系表

| 审计目标 | 可供选择的审计程序 | 索引号 |
|---|---|---|
| D | 1. 获取或编制固定资产明细表，复核加计是否正确，并与总账数和明细账合计数核对是否相符，结合累计折旧和固定资产减值准备与报表数核对是否相符 | B2-3 |

（续表）

二、审计目标与审计程序对应关系表

| 审计目标 | 可供选择的审计程序 | 索引号 |
| --- | --- | --- |
| ABD | 2. 实质性分析程序：<br>(1) 基于对被审计单位及其环境的了解，进行以下比较，并考虑有关数据间关系的影响，建立有关数据的期望值：<br>① 分类计算本期计提折旧额与固定资产原值的比率，并与上期比较；<br>② 计算固定资产修理及维护费用占固定资产原值的比例，并进行本期各月、本期与以前各期的比较。<br>(2) 确定可接受的差异额。<br>(3) 将实际情况与期望值相比较，识别需要进一步调查的差异。<br>(4) 如果其差额超过可接受的差异额，调查并获取充分的解释和恰当的佐证审计证据(例如，通过检查相关的凭证)。<br>(5) 评估分析程序的测试结果 | 略 |
| A | 3.实地检查重要固定资产(如为首次接受委托，应适当扩大检查范围)，确定其是否存在，关注是否存在已报废但仍未核销的固定资产 | 略 |
| C | 4. 检查固定资产的所有权或控制权：<br>对各类固定资产，获取、收集不同的证据以确定其是否归被审计单位所有：对外购的机器设备等固定资产，审核采购发票、采购合同等；对于房地产类固定资产，查阅有关的合同、产权证明、财产税单、抵押借款的还款凭据、保险单等书面文件；对融资租入的固定资产，检查有关融资租赁合同；对汽车等运输设备，检查有关运营证件等；对受留置权限制的固定资产，结合有关负债项目进行检查 | 略 |
| ABDC | 5. 检查本期固定资产的增加：<br>(1) 询问管理层当年固定资产的增加情况，并与获取或编制的固定资产明细表进行核对。<br>(2) 检查本年增加固定资产的计价是否正确，手续是否齐备，会计处理是否正确。<br>① 对于外购固定资产，通过核对采购合同、发票、保险单、发运凭证等资料，抽查测试其入账价值是否正确，授权批准手续是否齐备，会计处理是否正确；如果购买的是房屋建筑物，还应检查契税的会计处理是否正确；检查分期付款购买固定资产入账价值及会计处理是否正确。<br>② 对于在建工程转入的固定资产，应检查固定资产确认时点是否符合会计准则的规定，入账价值与在建工程的相关记录是否核对相符，是否与竣工决算、验收和移交报告等一致；对已经达到预定可使用状态，但尚未办理竣工决算手续的固定资产，检查其是否已按估计价值入账，并按规定计提折旧。<br>③ 对于投资者投入的固定资产，检查投资者投入的固定资产是否按投资各方确认的价值入账，并检查确认价值是否公允，交接手续是否齐全；涉及国有资产的，是否有评估报告并经国有资产管理部门评审备案或核准确认。<br>④ 对于更新改造增加的固定资产，检查通过更新改造而增加的固定资产，增加的原值是否符合资本化条件，是否真实，会计处理是否正确；重新确定的剩余折旧年限是否恰当。<br>⑤ 对于融资租入增加的固定资产，获取融资租人固定资产的相关证明文件，检查融资租赁合同的主要内容，并结合长期应付款、未确认融资费用科目检查相关的会计处理是否正确。 | B2-5<br>B2-9 |

（续表）

二、审计目标与审计程序对应关系表

| 审计目标 | 可供选择的审计程序 | 索引号 |
|---|---|---|
| ABDC | ⑥ 对于企业合并、债务重组和非货币性资产交换增加的固定资产，检查产权过户手续是否齐备，检查固定资产入账价值及确认的损益和负债是否符合规定。<br>⑦ 如果被审计单位为外商投资企业，检查其采购国产设备退还增值税的会计处理是否正确。<br>⑧ 对于通过其他途径增加的固定资产，应检查增加固定资产的原始凭证，核对其计价及会计处理是否正确，法律手续是否齐全。<br>(3) 检查固定资产是否存在弃置费用，如果存在弃置费用，检查弃置费用的估计方法和弃置费用现值的计算是否合理，会计处理是否正确 | B2-5<br>B2-9 |
| ABD | 6. 检查本期固定资产的减少：<br>(1) 结合固定资产清理科目，抽查固定资产账面转销额是否正确。<br>(2) 检查出售、盘亏、转让、报废或毁损的固定资产是否经授权批准，会计处理是否正确。<br>(3) 检查因修理、更新改造而停止使用的固定资产的会计处理是否正确。<br>(4) 检查投资转出固定资产的会计处理是否正确。<br>(5) 检查债务重组或非货币性资产交换转出固定资产的会计处理是否正确。<br>(6) 检查其他减少固定资产的会计处理是否正确 | 略 |
| AB | 7. 检查固定资产的后续支出：<br>检查固定资产有关的后续支出是否满足资产确认条件；如不满足，检查该支出是否在该后续支出发生时计入当期损益 | 略 |
| ABDC | 8. 检查固定资产的租赁：<br>(1) 固定资产的租赁是否签订了合同、租约，手续是否完备，合同内容是否符合国家规定，是否经相关管理部门的审批。<br>(2) 租入的固定资产是否确属企业必需，或出租的固定资产是否确属企业多余、闲置不用的。<br>(3) 租金收取是否签有合同，有无多收、少收现象。<br>(4) 租入固定资产有无久占不用、浪费损坏的现象；租出的固定资产有无长期不收租金、无人过问，是否有变相馈赠、转让等情况。<br>(5) 租入固定资产是否已登记备查簿。<br>(6) 如果被审计单位的固定资产中融资租赁占有相当大的比例，复核新增加的租赁协议，检查租赁是否符合融资租赁的条件，会计处理是否正确（资产的入账价值、折旧、相关负债）。检查以下内容：<br>① 复核租赁的折现率是否合理。<br>② 检查租赁相关税费、保险费、维修费等费用的会计处理是否符合企业会计准则的规定。<br>③ 检查融资租入固定资产的折旧方法是否合理。<br>④ 检查租赁付款情况。<br>⑤ 检查租入固定资产的成新程度。<br>(7) 向出租人函证租赁合同及执行情况。<br>(8) 租入固定资产改良支出的核算是否符合规定 | 略 |

（续表）

二、审计目标与审计程序对应关系表

| 审计目标 | 可供选择的审计程序 | 索引号 |
|---|---|---|
| D | 9. 获取暂时闲置固定资产的相关证明文件，并观察其实际状况，检查是否已按规定计提折旧，相关的会计处理是否正确。<br>10. 获取已提足折旧仍继续使用固定资产的相关证明文件，并作相应记录 | 略 |
| A | 11. 获取持有待售固定资产的相关证明文件，并作相应记录，检查对其预计净残值调整是否正确、会计处理是否正确 | 略 |
| B | 12. 检查固定资产保险情况，复核保险范围是否足够 | 略 |
| ABD | 13. 检查有无与关联方的固定资产购售活动，是否经适当授权，交易价格是否公允。对于合并范围内的购售活动，记录应予合并抵销的金额 | 略 |
| D | 14. 对应计入固定资产价值的借款费用，应根据企业会计准则的规定，结合长短期借款、应付债券或长期应付款的审计，检查借款费用资本化的计算方法和资本化金额，以及会计处理是否正确 | 略 |
| DE | 15. 检查购置固定资产时是否存在与资本性支出有关的财务承诺 | 略 |
| CE | 16. 检查固定资产的抵押、担保情况。结合对银行借款等的检查，了解固定资产是否存在重大的抵押、担保情况。如存在，应取证，并作相应的记录，同时提请被审计单位作恰当披露 | 略 |
| D | 17. 检查累计折旧：<br>(1) 获取或编制累计折旧分类汇总表，复核加计正确，并与总账数和明细账合计数核对。<br>(2) 检查被审计单位制定的折旧政策和方法是否符合相关会计准则的规定，确定其所采用的折旧方法能否在固定资产预计使用寿命内合理分摊其成本，前后期是否一致，预计使用寿命和预计净残值是否合理。<br>(3) 复核本期折旧费用的计提和分配：<br>① 了解被审计单位的折旧政策是否符合规定，计提折旧范围是否正确，确定的使用寿命、预计净残值和折旧方法是否合理；如采用加速折旧法，是否取得批准文件。<br>② 检查被审计单位折旧政策前后期是否一致。<br>③ 复核本期折旧费用的计提是否正确，尤其关注已计提减值准备的固定资产。<br>④ 检查折旧费用的分配方法是否合理，是否与上期一致；分配计入各项目的金额占本期全部折旧计提额的比例与上期比较是否有重大差异。<br>⑤ 注意固定资产增减变动时，有关折旧的会计处理是否符合规定，查明通过更新改造、接受捐赠或融资租入而增加的固定资产的折旧费用计算是否正确。<br>(5) 将“累计折旧”账户贷方的本期计提折旧额与相应的成本费用中的折旧费用明细账户的借方相比较，检查本期所计提折旧金额是否已全部摊入本期产品成本或费用。若存在差异，应追查原因，并考虑是否应建议作适当调整。<br>(6) 检查累计折旧的减少是否合理、会计处理是否正确<br>18. 检查固定资产的减值准备：<br>(1) 获取或编制固定资产减值准备明细表，复核加计正确，并与总账数和明细账合计数核对相符。 | B2-8 |

（续表）

| 二、审计目标与审计程序对应关系表 | | |
|---|---|---|
| 审计目标 | 可供选择的审计程序 | 索引号 |
| D | (2) 检查被审计单位计提固定资产减值准备的依据是否充分，会计处理是否正确。<br>(3) 检查资产组的认定是否恰当，计提固定资产减值准备的依据是否充分，会计处理是否正确。<br>(4) 计算本期末固定资产减值准备占期末固定资产原值的比率，并与期初该比率比较，分析固定资产的质量状况。<br>(5) 检查被审计单位处置固定资产时原计提的减值准备是否同时结转，会计处理是否正确。<br>(6) 检查是否存在转回固定资产减值准备的情况，确定减值准备在以后会计期间没有转回 | B2-8 |
| | 19. 根据评估的舞弊风险等因素增加的审计程序 | 略 |
| E | 20. 检查固定资产是否已按照企业会计准则的规定在财务报表中作出恰当列报：<br>(1) 固定资产的确认条件、分类，计量基础和折旧方法。<br>(2) 各类固定资产的使用寿命、预计净残值和折旧率。<br>(3) 各类固定资产的期初和期末原价、累计折旧额及固定资产减值准备累计金额。<br>(4) 当期确认的折旧费用。<br>(5) 对固定资产所有权的限制及其金额和用于担保的固定资产账面价值。<br>(6) 准备处置的固定资产名称、账面价值、公允价值、预计处置费用和预计处置时间等 | 略 |

固定资产审计的实质性程序一般包括：

### (一) 固定资产明细表测试

注册会计师应当获取或编制固定资产明细表，复核加计是否正确，并与总账数和明细账合计数核对是否相符，结合累计折旧、固定资产减值准备与报表数核对是否相符。

在实务工作中，注册会计师通常汇总编制固定资产、累计折旧及减值准备明细表，以便于相互对照，参考格式见表 10-7。

表 10-7 **固定资产、累计折旧及减值准备明细表**

被审计单位：南方工业有限公司　　索引号：B2-2

项目：固定资产明细表　　财务报表截止日：20×6.12.31

编制：谢诚　　复核：张雷

日期：20×7.2.16　　日期：20×7.3.1

| 项目名称 | 期初余额 | 本期增加 | 本期减少 | 期末余额 | 备注 |
|---|---|---|---|---|---|
| 一、原价合计 | 2 712 812 | 1 705 256 | | 4 418 068 | |

（续表）

| 项目名称 | 期初余额 | 本期增加 | 本期减少 | 期末余额 | 备注 |
|---|---|---|---|---|---|
| 其中：房屋、建筑物 | — | — | | — | |
| 机器设备 | 746 250 | 1 688 034 | | 2 434 284 | |
| 运输工具 | 1 511 780 | | | 1 511 780 | |
| 电子设备 | 454 782 | 17 222 | | 472 004 | |
| 二、累计折旧合计 | 498 769 | 362 185 | | 860 954 | |
| 其中：房屋、建筑物 | — | — | | — | |
| 机器设备 | 214 419 | 136 850 | | 351 269 | |
| 运输工具 | 217 965 | 143 619 | | 361 584 | |
| 电子设备 | 66 385 | 81 716 | | 148 101 | |
| 三、固定资产减值准备合计 | | | | | |
| 其中：房屋、建筑物 | | | | | |
| 机器设备 | | | | | |
| 运输工具 | | | | | |
| 电子设备 | | | | | |
| 四、固定资产账面价值合计 | 2 214 043 | 1 343 071 | | 3 557 114 | |
| 其中：房屋、建筑物 | — | — | | — | |
| 机器设备 | 531 831 | 1 551 184 | | 2 083 015 | |
| 运输工具 | 1 293 815 | −143 619 | | 1 150 196 | |
| 电子设备 | 388 397 | −64 494 | | 323 903 | |

编制说明：备注栏可填列固定资产的使用年限、剩余使用年限、残值率和年折旧率等情况。
审计说明：______________________________

______________________________

### （二）实质性分析程序

注册会计师可以根据具体情况，选择表10-8所列指标进行分析。

表10-8　**实质性分析程序的内容与可能存在的信息**

| 比较的内容 | 可能存在的信息 |
|---|---|
| 将固定资产原值与全年产量的比率同以前年度比较 | 固定资产闲置或已减少固定资产未在账户上注销 |
| 将本期计提折旧额与固定资产总成本的比率与上年比较 | 本期折旧额计算方面的错误 |
| 将累计折旧与固定资产总成本的比率与上年比较 | 累计折旧核算中的错误 |
| 比较本期各月之间、本期与以前各期之间修理及维护费用 | 资本性支出和收益性支出区分上可能存在的错误 |
| 比较本期与以前各期的固定资产增加和减少 | 判断差异产生的原因是否合理 |
| 分析固定资产的构成及其增减变动情况，与在建工程、现金流量表、生产能力等相关信息交叉复核 | 检查固定资产相关金额的合理性和准确性 |

### (三) 实地盘点固定资产

注册会计师应当对重要固定资产进行实地检查，确定其是否存在。在实际工作中，注册会计师可以以固定资产明细分类账为起点，进行实地追查，以证明会计记录中所列固定资产确实存在，并了解其目前的使用状况；也可以以实地为起点，追查至固定资产明细分类账，以获取实际存在的固定资产均已入账的证据。

当然，注册会计师实地检查的重点是本期新增加的重要固定资产，有时，观察范围也会扩展到以前期间增加的重要固定资产。观察范围的确定需要依据被审计单位内部控制的强弱、固定资产的重要性和注册会计师的经验来判断。如为首次接受审计。则应适当扩大检查范围。

固定资产盘点检查情况表的参考格式如表 10-9 所示。

表 10-9　　**固定资产盘点检查情况表**

被审计单位：南方工业有限公司　　索引号：B2-2

项目：固定资产盘点检查情况表　　财务报表截止日：20×6.12.31

编制：谢诚　　复核：张雷

日期：20×7.2.16　　日期：20×7.3.1

| 编号 | 名称 | 规格型号 | 计量单位 | 单价 | 账面结存 | | 被审计单位盘点 | | | 实际检查 | | | 备注 |
|---|---|---|---|---|---|---|---|---|---|---|---|---|---|
| | | | | | 数量 | 金额 | 数量 | 金额 | 盈亏（+、-） | 数量 | 金额 | 盈亏（+、-） | |
| 117 | 格力空调 | KFR-50LW/K | 台 | 4 832 | 1 | 4 832 | 1 | 4 832 | | 1 | 4 832 | | |
| 221 | 广汽骏威客车 | GZ6 750E | 辆 | 222 300 | 1 | 222 300 | 1 | 222 300 | | 1 | 222 300 | | |
| 32 | 镗床 | | 台 | 247 863 | 1 | 247 863 | 1 | 247 863 | | 1 | 247 863 | | |
| | … | … | | … | | … | | … | | … | … | … | … |

检查时间：2009 年 2 月 19 日　　检查地点：公司　　检查人：邹志　　盘点检查比例：100%

审计说明：

### (四) 检查固定资产的所有权

对各类固定资产，注册会计师应获取、收集不同的证据以确定其是否确归被审计单位所有：对外购的机器设备等固定资产，通常经审核采购发票、采购合同等予以确定；对于房地产类固定资产，尚需查阅有关的合同、产权证明、财产税单、抵押借款的还款凭据、保险单等书面文件；对融资租入的固定资产，应验证有关融资租赁合同，证实其并非经营租赁；对汽车等运输设备，应验证有关运营证件等。

另外，注册会计师还应当结合对银行借款等负债项目的检查，了解固定资产是否存在重大的抵押、担保情况。如存在，应取证并作相应的记录，同时提请被审计单位作恰当披露。

同步案例 10-6

审计人员在审计甲公司的“固定资产”项目时，发现如下表所示的异常情况。

| 固定资产名称 | 固定资产明细账 | 固定资产卡片 | 实存数量 |
|---|---|---|---|
| 甲 | 10 台 | 10 台 | 9 台 |
| 乙 | 8 台 | 8 台 | 9 台 |
| 丙 | 10 台 | 9 台 | 10 台 |
| 丁 | 4 台 | 2 台 | 2 台 |

要求：请分析产生各种情况可能的原因及审计人员应提出的调整建议。

1. 甲设备账卡相符，实物短缺 1 台，原因可能是：

(1) 该设备已报废处理，但账卡未注销，若为事实，应建议对方予以注销账卡。

(2) 因保管不善，设备被盗，若为事实，应建议对方追究保管者的责任。

(3) 设备出租，但没有记入“出租固定资产”账户，若为事实，应建议对方补记。

2. 乙设备账卡相符，实物多出 1 台，原因可能是：

(1) 该设备已报废处理，卡片已注销，但实物仍在使用。

(2) 购进时未作固定资产入账，而作低值易耗品入账，但盘点时作为固定资产，查明后，应对照其价值和使用年限，确认其符合标准，补记固定资产明细账和卡片，若不符合标准，则不作盘盈，不记入固定资产账簿。

(3) 将租入固定资产误记作盘盈，查明后应将设备在备查簿上登记。

3. 丙设备明细账与实物相符，但卡片少了 1 台，原因可能是购进时有 1 台没有在卡片上登记，若为事实，应建议对方补记卡片。

4. 丁设备卡片与实物相符，但固定资产明细账多出 2 台，有可能是该 2 台设备已出售，但明细账没有注销，若为事实，应建议对方及时予以注销。

一般地，审计人员在抽查固定资产时，应关注固定资产的账、卡、物是否相符。如果不相符，应查明原因，提请被审计单位纠正。同时，对于造成被审计单位的账、卡、物不相符的内部控制制度，应提出改善意见。

**（五）检查本期固定资产的增加**

本期新增固定资产对财务报表有长期影响，例如，如果被审计单位在记录固定资产采购时记错金额，就会对资产负债表产生持续影响，直到企业处置该项资产为止，对利润表的影响也会持续到该资产提足折旧时为止，有鉴于此，注册会计师对被审计单位新增固定资产的记录是否恰当进行检查就显得尤其重要。

注册会计师应当询问管理层当年固定资产的增加情况，并与获取或编制的固定资产明细表进行核对，重点检查本年度增加固定资产的计价是否正确，手续是否齐备，会计处理是否正确。固定资产的增加有多种途径，包括外购、在建工程转入、投资者投入、更新改造、融资租赁、企业合并、债务重组和非货币性资产交换增加等，注册会计师应当结合具体情况检查被审计单位对固定资产增加的相关处理是否恰当。

需要指出的是，注册会计师在检查过程中需要对一些特殊情况予以关注，包括：

(1) 对于被审计单位发生的固定资产后续支出，如改良支出、装修费用等，注册会计师应当结合其资本化政策检查与固定资产有关的后续支出是否得到了恰当的核算。

(2) 对于被审计单位以借款方式购置的固定资产，注册会计师应结合长短期借款、应付债券或长期应付款的审计，检查借款费用(借款利息、折溢价摊销、汇兑差额、辅助费用)资本化的计算方法和资本化金额，以及会计处理是否正确。

(3) 关注被审计单位在购置固定资产时是否存在与资本性支出有关的财务承诺。

(4) 关注被审计单位有无与关联方的固定资产购售活动，是否经适当授权，交易价格是否公允，会计处理是否恰当。

固定资产增加检查表的参考格式如表 10-10 所示。

表 10-10　　固定资产增加检查表

被审计单位：南方工业有限公司　　索引号：B2-2

项目：固定资产增加检查表　　财务报表截止日：20×6.12.31

编制：谢诚　　复核：张雷

日期：20×7.2.16　　日期：20×7.3.1

| 固定资产名称 | 取得日期 | 取得方式 | 固定资产类别 | 增加情况 | | 凭证号 | 核对内容(用“√”“×”表示) | | | | | | | |
|---|---|---|---|---|---|---|---|---|---|---|---|---|---|---|
| | | | | 数量 | 原价 | | 1 | 2 | 3 | 4 | 5 | 6 | 7 | 8 |
| 起重机 | 2008.5.26 | 外购 | 机器设备 | 8 | 427 350 | 记—57 | √ | √ | √ | √ | √ | | √ | |
| 镗床 | 2008.9.18 | 外购 | 机器设备 | 1 | 247 863 | 记—46 | √ | √ | √ | √ | √ | | √ | |
| | | | | | | | | | | | | | | |
| … | … | … | … | … | … | … | | | | | | | | |

核对内容说明：1. 与发票是否一致；2. 与付款单据是否一致；3. 与购买/建造合同是否一致；4. 与验收报告或评估报告等是否一致；5. 审批手续是否齐全；6. 与在建工程转出数是否一致；7. 会计处理是否正确(入账日期和入账金额)；8. ……

审计说明：

### (六) 检查本期固定资产的减少

固定资产的减少主要包括出售、报废、毁损、盘亏、向其他单位投资转出、向债权人抵债转出、捐赠等。注册会计师需要确定固定资产的减少是否合理，是否经过授权批准，是否进行了恰当的会计处理。

固定资产减少检查表的参考格式如表 10-11 所示。

表 10-11　　　　固定资产减少检查表

被审计单位：南方工业有限公司　　　　索引号：B2-2

项目：固定资产减少检查表　　　　财务报表截止日：20×6.12.31

编制：谢诚　　　　复核：张雷

日期：20×7.2.16　　　　日期：20×7.3.1

| 固定资产名称 | 取得日期 | 处置方式 | 处置日期 | 固定资产原价 | 累计折旧 | 减值准备 | 账面价值 | 处置收入 | 净损益 | 索索引号 | 核对内容（用"√""×"表示） | | | | |
|---|---|---|---|---|---|---|---|---|---|---|---|---|---|---|---|
| | | | | | | | | | | | | | | | |
| | | | | | | | | | | | | | | | |
| | | | | | | | | | | | | | | | |
| | | | | | | | | | | | | | | | |
| | | | | | | | | | | | | | | | |
| … | … | … | … | … | … | … | … | … | | | | | | | |

核对内容说明：1. 与收款单据是否一致；2. 与合同是否一致；3. 审批手续是否完整；4. 会计处理是否正确；5. ……

审计说明：

### （七）检查固定资产的租赁

企业在生产经营过程中，有时可能有闲置的固定资产供其他单位租用；有时由于生产经营的需要，又需租用固定资产。租赁一般分为经营租赁和融资租赁两种。

对于经营性租赁，注册会计师应重点检查固定资产的租赁是否签订了合同、租约，手续是否完备，合同内容是否符合国家规定，是否经相关管理部门的审批；租入的固定资产是否确属企业必需，或出租的固定资产是否确属企业多余、闲置不用的，双方是否认真履行合同，其中是否存在不正当交易；租金收取是否签有合同，有无多收、少收现象；租入固定资产有无久占不用、浪费损坏的现象；租出的固定资产有无长期不收租金、无人过问，是否有变相馈送、转让等情况；租入固定资产是否已登入备查簿；租入固定资产改良支出的核算是否符合规定；等等。

对于融资租赁，注册会计师应重点复核新增加的租赁协议，检查租赁是否符合融资租赁的条件，租赁的折现率是否合理，相关会计处理是否正确等。

### （八）检查固定资产折旧

折旧费用最重要的审计目标是准确性，而准确性又涉及以下两个主要方面：被审计单位在不同会计期间是否遵循一致的折旧政策和被审计单位的折旧额计算是否正确。注册会计师在审计工作中需要对此予以特别关注。

注册会计师通常实施的审计程序主要包括：

(1) 检查被审计单位制定的折旧政策和方法是否符合相关会计准则的规定，确定其所采用的折旧方法能否在固定资产预计使用寿命内合理分摊其成本，前后期是否一致，预计使用寿命和预计净残值是否合理。在实际工作中，注册会计师可以通过与被审计单位有关人员讨论、取得被审计单位相关文件记录以及查阅永久性审计档案的记录等途径了解被审计单位的折旧政策。

(2) 对折旧计提的总体合理性进行复核。这是测试折旧金额正确与否的一个有效方法。在不考虑固定资产减值准备的前提下，计算、复核的方法是用应计提折旧的固定资产原价乘以本期的折旧率。在计算之前，注册会计师应当对本期增加和减少固定资产、使用寿命长短不一和折旧方法不同的固定资产做适当调整。在实际工作中，很多会计师事务所在其永久性档案里都有现成的固定资产在不同年限、不同方法下计提折旧的电子数据表，注册会计师可以利用软件直接计算出折旧金额。如果注册会计师计算的结果与被审计单位的折旧金额相当接近，就可以大大减少针对固定资产折旧的细节测试；反之，如果总体合理性测试结果不能令人满意，那么通常需要进行更多的细节测试。

(3) 复核本期折旧费用的计提是否正确，尤其关注计提折旧的范围是否正确，已计提减值准备的固定资产的折旧计提是否正确。折旧计算检查表的参考格式如表 10-12 所示。

表 10-12　　**折旧计算检查表**

被审计单位：南方工业有限公司　　索引号：B2-8

项目：折旧计算检查表　　财务报表截止日：20×6.12.31

编制：谢诚　　复核：张雷

日期：20×7.2.16　　日期：20×7.3.1

| 固定资产名称 | 取得时间 | 使用年限 | 固定资产原值 | 残值率 | 累计折旧期初余额 | 减值准备期初余额 | 本期应提折旧 | 本期已提折旧 | 差异 |
|---|---|---|---|---|---|---|---|---|---|
| 普通车床 | 2010.9 | 10 | 30 500 | 5% | 15 212 | | 2 897 | 18 109 | |
| 普通车床 | 2011.7 | 10 | 43 500 | 5% | 18 252 | | 4 133 | 22 385 | |
| 格力空调 | 2012.8 | 5 | 4 832 | 5% | 306 | | 918 | 1 224 | |
| 双梁起重机 | 2013.5 | 10 | 162 393 | 5% | 0 | | 8 999 | 8 999 | |
| 单梁起重机 | 2013.5 | 10 | 230 769 | 5% | 0 | | 12 788 | 12 788 | … |
| 单梁起重机 | 2013.5 | 10 | 34 188 | 5% | 0 | | 1 895 | 1 895 | |
| …… | | | | | | | | | |

审计说明：

(4) 检查折旧费用的分配是否合理,是否与上期一致;分配计入各项目的金额占本期全部折旧计提额的比例与上期比较是否有重大差异。

同步案例 10-7

ABC会计师事务所注册会计师审计甲股份有限公司20×6年度“固定资产”和“累计折旧”项目时发现下列情况:

(1) “未使用固定资产”中有固定资产——X设备已于本年度5月份投入使用,该公司未按规定转入“使用固定资产”和计提折旧。

(2) 对所有的“空调器”,按其实际使用的时间(5月至9月)计提折旧。

(3) 公司有融资租入的设备4台,租赁期为5年,尚可使用时间为6年,公司确定的折旧期为6年。

(4) 对已提足折旧继续使用的某设备,仍计提折旧。

(5) 8月初购入吊车2辆,价值650万元,当月已投入使用并同时开始计提折旧。

(6) 该公司采用平均年限法计提折旧,但于本年度9月改为工作量法,这一改变已经股东大会批准,但未报财政及有关部门备案,也未在会计报表附注中予以说明。

要求:请代注册会计师指出上述各项中存在的问题,并提出改进建议。

1. 除已提足折旧仍继续使用的固定资产、单独计价入账的土地外,企业应当对所有固定资产计提折旧,如根据生产经营的需要重新投入使用,则应自投入的次月开始计提折旧。该公司应把X设备及时转入“使用固定资产”,并自6月开始计提折旧。

2. 固定资产使用年限是指固定资产的实际使用寿命,作为一种具有特殊性质的“空调器”,其性质属于“季节性使用的固定资产”,按照制度规定停用期间应照常计提折旧;如果停用期间不提折旧,则使用期间所计提的折旧应当是折旧年限应提折旧金额。因此,该公司计提折旧的方法或者按月份平均计提年折旧额的1/12,或者是按实际使用月份平均分摊计提年折旧额。

3. 融资租入固定资产的折旧年限,应根据不同情况确定。若能合理确定租赁期届满时将取得租赁资产的所有权,则应在租赁资产尚可使用年限内计提折旧;若无法合理确定租赁届满时能否取得租赁资产的所有权,则应在租赁期与租赁资产尚可使用年限两个中较短的期间内计提折旧。该公司应区别不同情况,确定融资租赁固定资产的折旧期,而不应不分情况一律在租赁资产尚可使用年限内计提折旧。

4. 根据企业会计制度规定,已提足折旧继续使用的固定资产,不再计提折旧。该公司对其继续计提,造成多提折旧,应对多提的折旧进行冲回。

5. 根据企业会计制度规定,当月增加的固定资产从下月开始计提折旧。该公司的650万元的吊车应从9月份开始计提折旧,而不是8月份。

6. 企业会计制度规定,固定资产折旧方法一经确定,不得随意变更;如需要变更,应经股东大会批准,并应在会计报表附注中予以披露。该公司变更折旧方法后,未按规定程序披露,应加以纠正。

### (九) 检查固定资产减值准备

注册会计师在检查固定资产减值准备时，通常实施的审计程序主要包括：

(1) 实施实质性分析程序，计算本期末固定资产减值准备占期末固定资产原值的比率，并与期初该比率比较，分析固定资产的质量状况。

(2) 检查固定资产减值准备计提和核销的批准程序，取得书面报告等证明文件。

(3) 检查被审计单位计提固定资产减值准备的依据是否充分及会计处理是否正确。

(4) 检查被审计单位处置固定资产时原计提的减值准备是否同时结转，会计处理是否正确。

(5) 检查是否存在转回固定资产减值准备的情况，确定减值准备在以后会计期间没有被转回。

### (十) 检查列报的恰当性

注册会计师应当检查固定资产在财务报表中的列报是否恰当。

根据现行会计准则的规定，企业应当在附注中披露与固定资产有关的下列信息：

(1) 固定资产的确认条件、分类、计量基础和折旧方法。

(2) 各类固定资产的使用寿命、预计净残值和折旧率。

(3) 各类固定资产的期初和期末原价、累计折旧额及固定资产减值准备累计金额。

(4) 当期确认的折旧费用。

(5) 对固定资产所有权的限制及其金额和用于担保的固定资产账面价值。

(6) 准备处置的固定资产名称、账面价值、公允价值、预计处置费用和预计处置时间等。

同步案例 10-8

甲公司未经审计的固定资产原价和累计折旧内容如下表所示。

单位：万元

| 固定资产类别 | 年初数 | 本年增加 | 本年减少 | 年末数 |
|---|---|---|---|---|
| 房屋及建筑物 | 20 930 | 2 655 | 21 | 23 564 |
| 通用设备 | 8 612 | 1 158 | 62 | 9 708 |
| 专用设备 | 10 008 | 3 854 | 121 | 13 741 |
| 运输工具 | 1 681 | 460 | 574 | 1 567 |
| 土地 | 472 | | | 472 |
| 其他设备 | 389 | 150 | 11 | 528 |
| 合计 | 42 092 | 8 277 | 789 | 49 580 |

（续表）

| 累计折旧类别 | 年初数 | 本年增加 | 本年减少 | 年末数 |
|---|---|---|---|---|
| 房屋及建筑物 | 3 490 | 898 | 31 | 4 357 |
| 通用设备 | 863 | 865 | 34 | 1 694 |
| 专用设备 | 3 080 | 1 041 | 20 | 4 101 |
| 运输工具 | 992 | 232 | 290 | 934 |
| 土地 | | 15 | | 15 |
| 其他设备 | 115 | 83 | 3 | 195 |
| 合计 | 8 540 | 3 134 | 378 | 11 296 |

要求：假定上述表中的年初数已审定无误，请运用专业判断和分析程序，指出上述表中可能存在的不合理之处。

1. “累计折旧——土地”本年增加数为 15 万元，这与国家规定土地不提折旧的要求相悖；

2. “固定资产——房屋及建筑物”的本年减少数为 21 万元，小于“累计折旧——房屋及建筑物”的本年减少数 31 万元。而根据会计核算的基本原理，考虑固定资产净残值这一因素，即使这些减少的房屋及建筑物已提足折旧，其累计折旧数也应小于相应的固定资产原价。

分析提示：在审计实务中，审计人员应正确运用分析程序，调查重要项目的比率或趋势的异常变动及其与预期数额和相关信息的差异，以发现重大错报项目。

# 本章小结

## ■ 本章内容结构图

- 采购与付款循环的审计
  - 采购与付款循环概述
    - 不同行业类型的采购和费用支出
    - 采购与付款循环的主要业务活动
    - 采购与付款循环涉及的主要凭证、记录与账户
    - 固定资产的业务活动内容
  - 控制测试和交易的实质性程序
    - 采购交易的内部控制、控制测试和交易的实质性程序
    - 付款交易的内部控制、控制测试和交易的实质性程序
    - 固定资产的内部控制与控制测试
    - 在建工程的内部控制与控制测试
  - 应付账款审计
    - 审计目标
    - 应付账款的实质性程序
  - 固定资产审计
    - 审计目标
    - 固定资产的实质性程序

■ **重要名词术语**

**框架协议**:是指企业与供应商之间为建立长期物资购销关系而作出的一种约定。

**采购合同**:是指企业根据采购需要、确定的供应商、采购方式、采购价格等情况与供应商签订的具有法律约束力的协议,该协议对双方的权利、义务和违约责任等情况作出了明确规定(企业向供应商支付合同规定的金额、结算方式,供应商按照约定时间、期限、数量与质量、规格交付物资给采购方)。

**应付账款**:是指企业在正常经营过程中因购买材料、商品和接受劳务供应等经营活动而应付给供应商的款项。

**固定资产**:是指同时具有下列两个特征的有形资产:①为生产商品、提供劳务、出租或经营管理而持有的;②使用寿命超过一个会计年度。

**固定资产清查**:是指从实物管理的角度对单位实际拥有的固定资产进行实物清查,并与固定资产进行账务核对,确定盘盈、毁损、报废及盘亏资产。

**实地盘点**:是指平时只根据会计凭证在账簿中登记财产物资的增加数,不登记减少数,到月末,对各项财产物资进行盘点,根据实地盘点确定的实存数,倒挤出本月各项财产物资的减少数。

## 思考与练习

### 一、思考题

1. 注册会计师张敏在审计东信公司年度会计报表时,注意到与采购和付款循环相关的内部控制存在缺陷。张敏认为东信公司管理当局在资产负债表日故意推迟记录发生的应付账款,于是决定实施审计程序进一步查找未入账的应付账款。请问注册会计师张敏应如何查找未入账的应付账款?

2. 计算固定资产原值与本期产量的比率,并与以前期间相关指标比较时,是否能发现增加但尚未作会计处理的固定资产?

3. 资产账户的审计与负债账户的审计有何区别?

### 二、案例分析题

1. Y股份有限公司(以下简称Y公司)主要经营中小型机电类产品的生产和销售,采用手工会计系统,产品销售以Y公司仓库为交货地点。C和D注册会计师负责审计Y公司2016年度财务报表,于2016年12月1日至12月15日对Y公司的采购与付款循环、销售与收款循环的内部控制进行了解、测试与评价。

资料:C和D注册会计师在审计工作底稿中记录了所了解的有关采购与付款

循环、销售与收款循环的控制程序，部分内容摘录如下：

(1) 采购原材料须由请购部门编制请购单，采购部门审核请购单后发出预先连续编号的采购订单。采购的原材料经采购人员验收后入库，仓库人员收到原材料后编制预先连续编号的入库单，并交采购人员签字确认。

(2) 应付凭单部门核对供应商发票、入库单和采购订单，并编制预先连续编号的付款凭单。会计部门在接到经应付凭单部门审核的上述单证和付款凭单后，登记原材料和应付账款明细账。月末，在与仓库核对连续编号的入库单和采购订单后，应付凭单部门对相关原材料入库数量和采购成本进行汇总。应付凭单部门对已经验收入库但尚未收到供应商发票的原材料编制清单，会计部门据此将相关原材料暂估入账。

(3) 销售的产品发出前，信用审核部门检查经授权的相关客户剩余赊销信用额度，并在销售部门编制的销售单上签字。在剩余赊销信用额度内的销售，由信用审核部门职员E审批；超过剩余赊销信用额度的销售，在职员E审批后，还需获得经授权的信用审核部门经理F的批准。

(4) 仓库开具预先连续编号的发货单，并在销售的产品装运后，将相关副本分送开具账单部门、运输单位和顾客。开具账单部门审核发货单和销售单后开具销售发票，在保留副本后将相关单据送交会计部门职员G审核。会计部门职员G核对无误后登记主营业务收入明细账和应收账款明细账。

要求：

(1) 针对资料中第(1)至第(4)项，请指出哪一项与“已发生的购货业务均已记录”这一控制目标相关，并确定针对该控制目标的测试程序。

(2) 针对资料一第(1)至第(4)项，假定不考虑其他条件，请逐项判断Y公司上述控制程序在设计上是否存在缺陷。如果存在缺陷，请分别予以指出，并简要说明理由，提出改进建议。

2. 注册会计师刘猛对大亚股份有限公司2016年度会计报表进行审计。该公司2016年度未发生并购、分立和债务重组行为，供产销形势与上年相当。该公司提供的未经审计的2016年度合并会计报表附注的部分内容如下(固定资产原价和累计折旧项目附注)(金额单位：万元)。

**固定资产原价/累计折旧　2016年年末余额99160/22592**

| 固定资产原值 | 年初数 | 本年增加 | 本年减少 | 年末数 |
|---|---|---|---|---|
| 房屋建筑 | 41 860 | 5 310 | 42 | 47 128 |
| 通用设备 | 17 224 | 2 316 | 124 | 19 416 |
| 专用设备 | 20 016 | 7 708 | 242 | 27 482 |

（续表）

| 固定资产原值 | 年初数 | 本年增加 | 本年减少 | 年末数 |
|---|---|---|---|---|
| 运输工具 | 3 362 | 920 | 1 148 | 3 134 |
| 土　地 | 944 | | | 944 |
| 其他设备 | 778 | 300 | 22 | 1 056 |
| 合　计 | 84 184 | 16 554 | 1 578 | 99 160 |
| 固定资产累计折旧 | 年初数 | 本年增加 | 本年减少 | 年末数 |
| 房屋建筑 | 6 980 | 1 796 | 62 | 8 714 |
| 通用设备 | 1 686 | 1 730 | 68 | 3 388 |
| 专用设备 | 6 160 | 2 082 | 40 | 8 202 |
| 运输工具 | 1 984 | 464 | 580 | 1 868 |
| 土　地 | | 30 | | 30 |
| 其他设备 | 230 | 166 | 6 | 390 |
| 合　计 | 17 080 | 6 268 | 756 | 22 592 |

要求：假定上述附注中的年初数和上年比较数均已审定无误，请你代刘猛运用专业判断，必要时运用分析程序，指出上述附注内容中存在或可能存在的不合理之处，并简要说明理由。

3. 凯华家具公司是一家家具批发商，有业务推销员共120人，除基本薪金外，业务员的主要收入来源是佣金收入。销售佣金每二周结算一次，由电脑印出佣金支票。电脑还打出佣金明细登记簿。

凯华公司使用线上系统处理销货订单及计算佣金。销货订单从10个地区的销售办公室通过终端机输入。电脑程式会检查推销员编号、顾客编号、产品编号、单价、顾客授信额度等资料的正确性。此外，每一种产品的佣金率也储存在电脑，因此电脑会自动计算每一销货订单之佣金并加以储存。在印出每两周的佣金支票及佣金明细登记簿之际，电脑程式会控制只有订单已交货并开出账单者才印出佣金支票。

赵高是桃园区的销售经理，受过会计师及电脑程序员之训练。在还未加入凯华公司之前，受雇于一家中型会计师事务所担任电脑稽核工作。由于接受客户贿赂，他的会计师执照被吊销。在加入凯华公司之后，他以前的资历使他迅速地熟悉公司的销售处理系统，他彻底了解程式的控制，并且知道要处理一笔销售佣金交易，必须要有销货发票号码及货品交运文件号码。虽然地区性的销售经理并不直接赚取佣金，赵高经过设计，可使他获得作弊的佣金。利用最近已离职属下的推销员编号，他输入伪造的销货订单、装运文件及销货发票等号码。为了隐瞒虚增的销货，他在每月要打出销货月报时，先做回转冲销分录。

BMG会计师事务所受聘查核凯华公司财务报表已经好几年了，可是一直未发现赵高自1988年已经开始的舞弊。张三最近才升为审计组长，被指派担任凯华公司1991年度财务报表的主查员。张三利用分析程序，根据佣金率及各地区销货收入，核算佣金支出。此一做法以前未做，但因1991年度之佣金支出有点异常，所以张三决定测试。他也对接近总公司电脑资料的密码未加控制及未定期追踪查对销货订单及装运文件等号码，感到十分关心。此外，凯华公司在电脑处理佣金计算过程未执行记录总数核对并比较现职有效之员工编号，也令张三感到不放心。

张三的测试结果显示桃园区的佣金支出显著超过实际销货收入应付之佣金数额。怀疑可能有舞弊存在，张三与他的审计经理研商之后，认为涉及的金额尚不至于对1991年之财务报表有重大影响，但应该告知凯华公司之会计主管有关佣金处理的内部控制缺失及可能之舞弊。会计经理获悉此情况之后，请求公司内部稽核人员执行调查。经过一段时间的调查，赵高终于坦诚自1988年期虚报佣金800万元①。

要求：

(1) 你如何评价张三在审计过程中的一系列行为？

(2) 从上述凯华公司的舞弊案件中，我们需要吸取哪些教训？

① 林柄沧：《如何避免审计失败》，中国时代经济出版社2003年版。

# 第十一章　生产与存货循环的审计

- 本章要点
- 适用的准则和规范
- 引例
- 第一节　生产与存货循环概述
- 第二节　生产与存货循环的内部控制和控制测试
- 第三节　存货审计
- 本章小结
- 思考与练习

## 本章要点

- 了解生产与存货循环所涉及的主要业务活动和相关凭证与记录
- 了解存货的内部控制及其测试
- 掌握存货审计的实质性程序，熟悉相关工作底稿

## 适用的准则和规范

- 《中国注册会计师审计准则第 1211 号——通过了解被审计单位及其环境识别和评估重大错报风险》
- 《中国注册会计师审计准则第 1231 号——针对评估的重大错报风险采取的应对措施》
- 《中国注册会计师审计准则第 1313 号——分析程序》
- 《中国注册会计师审计准则第 1314 号——审计抽样》
- 《中国注册会计师审计准则第 1311 号——对存货等特定项目获取审计证据的具体考虑》
- 《企业内部控制应用指引第 8 号——资产管理》
- 《企业内部控制应用指引第 8 号——资产管理》解读

## 引例　美国道提斯食品公司审计案例

20 世纪 70 年代末，威廉·那斯温特担任了美国道提斯食品公司的销售员。该公司是上市公司，其总部设在美国弗吉尼亚的普茨茅斯。这位雄心勃勃的年轻销售员，因其努力工作及奉献精神，不久便被提拔为格雷温斯分部的总经理，专门负责批发冰冻食品给东海岸的零售商。

那斯温特很快发现，经营大规模批发比一般零售更复杂，而且压力更大。他升任后不久，该

分部便因业绩不佳受到总部批评。之后，那斯温特又因未能实现目标利润而倍受指责。事实上，他认为，这些目标利润是相当不切实际的。最后，他决定自己来解决这些问题。为此，他在上报总部的月度业绩报告中虚增存货，并通过提高月末存货余额来降低公司产品销售成本，从而提高了毛利。

事隔多年，那斯温特声称他从未打算一直沿用上述做法。相反，他这一招只是作为缓兵之计。"我心里始终认为，我的部门终有一天能获取足够的利润以填补虚增的存货部分"。然而事与愿违，格雷温斯分部的实际经营业绩一直不尽如人意。年复一年，那斯温特欲罢不能，被迫不断假造，通过增加越来越多的虚假存货金额，来达到目标利润。最后，他不得不向公司一位行政官员承认：几年来他一直在向公司总部提供虚假的存货报告。那斯温特当即被解雇。不久，道提斯公司聘请普华会计师事务所来确定格雷温斯分部会计记录中的存货误差程度及其对公司财务报表的影响。普华会计师事务所调查显示，道提斯公司 1980 年的合并净收益由于那斯温特的造假虚增了 15%，而 1981 年虚增更大，达到了 39%。

那斯温特虚增存货的方法相当简单。1980 年，他在该部年度实有存货报告书中，混入 3 页虚假的存货项目登记表。另外，那斯温特还更改了很多存货项目的计算单位。例如，某产品应为 15 盒，而他却在存货登记表上改为 15 箱。1981 年，道提斯公司引进了存货申请电算化系统后，那斯温特造假更为简单，他只需往该部存货日记账上输入一笔虚构存货即可。

在 1980 年与 1981 年间，道提斯食品公司均由格特曼会计师事务所审计。美国证券交易委员会(SEC)披露那斯温特舞弊行为后，政府机构便着手调查 1980 年及 1981 年格特曼会计师事务所对道提斯公司的审计情况。SEC 批评了格特曼事务所在审计工作中的失职行为，尤其是对他们没有严格地审核该公司的"存货"账户深表不满。而那斯温特在向 SEC 提供证词时，对格特曼事务所审计人员的工作态度并不欣赏。他证实自己经常要为存货短缺和转移存货，编造各种各样的借口，而审计人员显然从不证实这些借口的真伪。他还证实了审计人员们在格雷温斯分部的冷库里清点存货时马马虎虎，"审计人员们都不愿待在冷库里。那里的确太冷了"。

案例思考：审计人员可实施什么审计程序防止威廉·那斯温特虚增格雷温斯分部存货？

## 第一节　生产与存货循环概述

### 一、不同行业类型的存货性质

存货主要包括原材料、在产品、产成品、半成品、商品及周转材料等；企业代销、代管、代修、受托加工的存货，虽不归企业所有，也应纳入企业存货管理范畴。不同行业类型的存货性质有很大的分别，参见表 11-1 描述。

表 11-1 不同行业类型的存货性质

| 行业类型 | 存货性质 |
|---|---|
| 贸易业 | 从厂商、批发商或其他零售商处采购的商品 |
| 一般制造商 | 采购的原材料，易耗品和配件等，生成的半成品和完成品 |
| 建筑业 | 建筑材料、在建项目成本一般包括建造活动发生的直接人工成本和间接费用，以及支付给分包商的建造成本等 |
| 金融服务业 | 一般只有消耗品存货。例如，仅有文具、教学器材以及行政用的计算机设备等 |

总的来说，存货代表了不同企业的类型和交易或生产流程。也就是说，存货的计价和相关销售成本都会对利润表和财务状况产生重大的影响。注册会计师应当确认在财务报表上列示的存货金额，存货在财务报表日是否实际存在和归公司所有（满足完整性、存在性、权利和义务认定），金额是否符合计价认定。期末库存价值的高估虚增税前净利润，若低估则相反。期末存货单位成本核算不准确，很有可能导致销售价格低于实际成本，长此以往，企业将很难持续经营。

## 二、生产与存货循环的主要业务活动

### （一）一般业务活动

生产与存货循环所涉及的主要业务活动包括：计划和安排生产；发出原材料；生产产品；储存产成品；发出产成品等。

1. 计划和安排生产

生产计划部门根据顾客订单或者对销售预测和产品需求的分析来决定生产授权。如决定授权生产，即签发预先编号的生产通知单。该部门通常应将发出的所有生产通知单编号并加以记录控制。此外，生产计划部门还需要编制详细的材料需求报告，并进行工时预测和成本预测，编制生产进度计划表。

2. 发出原材料

生产部门由专人负责根据生产的需要填制生产领料单，向仓库部门领取原材料。领料单上必须列示所需的材料数量和种类，以及领料部门的名称。领料单可以一料一单，也可以多料一单，通常需一式三联。仓库发料后，将其中一联连同材料交给领料部门，其余两联经仓库登记材料明细账后，送会计部门进行材料收发核算和成本核算。

3. 生产产品

生产部门投入必要的人力、物力，执行生产任务。在完成生产任务后，将完成的产品交检验员验收并办理入库手续；或是将所完成的产品移交下一个部门，作进一步加工。

4. 储存产成品

产成品入库，须由仓库部门先行点验和检查，然后签收。签收后，将实际入库数量通知会计部门。据此，仓库部门确立了本身应承担的责任，并对验收部门的工作进行验证。除此之外，仓库部门还应根据产成品的品质特征分类存放，并填制标签。在内部控制良好的企业，产成品的置放应有独立的空间，并有接触限制。对产成品的控制经常被认为是销售和收款循环的一部分。

5. 发出产成品

发出产成品也是销售和收款循环的一部分。产成品的发出须由独立的发运部门进行。装运产成品时必须持有经有关部门核准的发运通知单，并据此编制出库单。出库单至少一式四联，一联交仓库部门；一联发运部门留存；一联送交顾客；一联作为给顾客开发票的依据。

6. 会计记录

企业应设置相应的总账、明细账以及日记账等，以记录生产与存货循环的有关业务活动。

另外，企业还应该重视产品成本的核算，建立健全成本会计制度，将生产控制和成本核算有机结合在一起。一方面，生产过程中的各种记录、生产通知单、领料单、计工单、入库单等文件资料都要汇集到会计部门，由会计部门对其进行检查和核对，了解和控制生产过程中存货的实物流转；另一方面，会计部门要设置相应的会计账户，会同有关部门对生产过程中的成本进行核算和控制。完善的成本会计制度应该提供原材料转为在产品，在产品转为产成品，以及按成本中心、分批生产任务通知单或生产周期所消耗的材料、人工和间接费用的分配与归集的详细资料。

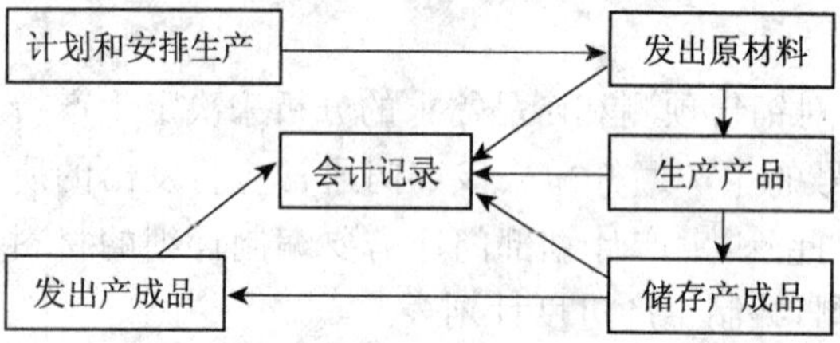


**图 11-1 生产与存货循环构成内容**

上述各个环节之间的关系如图 11-1 所示。

**(二) 存货流转的程序**

不同类型的企业有不同的存货业务特征和管理模式；即使同一企业，不同类型存货的业务流程和管控方式也可能不尽相同。企业建立和完善存货内部控制制度，必须结合本企业的生产经营特点，针对业务流程中主要风险点和关键环节，制定有效的控制措施；同时，充分利用计算机信息管理系统，强化会计、出入库等相关记录，确保存货管理全过程的风险得到有效控制。图 11-2、图 11-3 分别列示了生产企业和商品流通企业存货流转的程序。

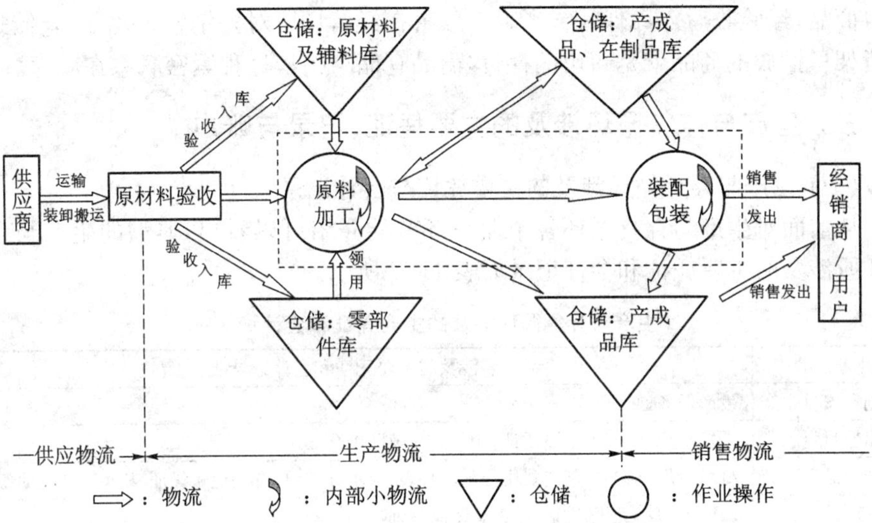


图 11-2　生产企业物流流程

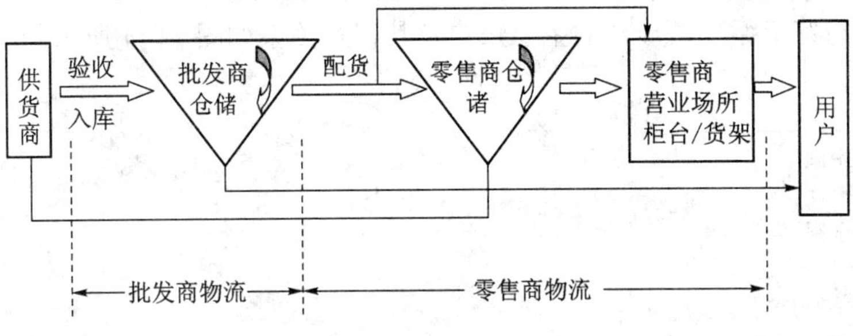


图 11-3　商品流通企业物流流程

从图 11-2 可以看出，一般生产企业的存货业务流程可分为取得、验收、仓储保管、生产加工、盘点处置等四个阶段，历经取得存货、验收入库、仓储保管、领用发出、原料加工、装配包装、盘点清查、销售处置等主要环节。具体到某个特定生产企业，存货业务流程可能较为复杂，不仅涉及上述所有环节，甚至有更多、更细的流程，且存货在企业内部要经历多次循环。比如，原材料要经历验收入库、领用加工，形成半成品后又入库保存或现场保管、领用半成品继续加工，加工完成为产成品后再入库保存，直至发出销售等过程。也有部分生产企业的生产经营活动较为简单，其存货业务流程可能只涉及上述阶段中的某几个环节。

从图 11-3 可以看出，作为商品流通企业的批发商的存货，通常经过取得、验收入库、仓储保管和销售发出等主要环节；零售商从生产企业或批发商（经销商）那里取得商品，经验收后入库保管或者直接放置在经营场所对外销售。比如，仓储式超市货架里摆放的商品就是超市的存货，商品仓储与销售过程紧密联系在一起。

## 三、生产与存货循环涉及的主要凭证、记录与账户

### （一）生产与存货循环涉及的主要凭证与会计记录

从前面对生产与存货循环各个业务环节的介绍可以看出，典型的生产与存货循环所涉及的主要凭证和会计记录如表 11-2 所示。

表 11-2　　生产与存货循环涉及的主要凭证和会计记录

| 业务活动 | 涉及的主要凭证和会计记录 |
| --- | --- |
| 计划和安排生产 | 生产任务通知单 |
| 发出原材料 | 领发料凭证、有关记账凭证、相关总账及明细账 |
| 生产产品 | 材料费用分配表、制造费用分配汇总表、成本计算单、有关记账凭证、相关总账及明细账 |
| 储存产成品 | 入库单、有关记账凭证、相关总账及明细账 |
| 发出产成品 | 出库单、有关记账凭证、相关总账及明细账 |

### （二）生产与存货循环涉及的主要账户及其相互关系

生产与存货循环所涉及的主要账户及其相互关系如图 11-4 所示。

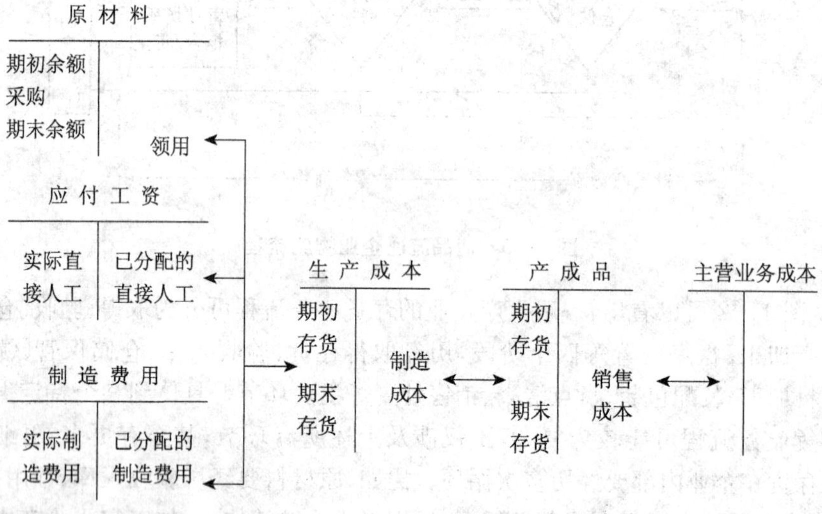


图 11-4　生产与存货循环涉及的主要账户及其相互关系①

① 如前所述，存货项目所涉及的账户可能还包括"材料采购""材料成本差异""发出商品"等，营业成本项目涉及的账户还包括"其他业务成本"，为简化起见，这里并未一一列出，仅列出了存货业务通常涉及的主要账户。

# 第二节 生产与存货循环的内部控制和控制测试

## 一、生产与存货循环的内部控制

总体上看，生产与存货循环的内部控制主要包括存货的内部控制和成本会计制度的内部控制两项内容。但一方面，由于生产与存货循环与其他业务循环的内在联系，生产与存货循环中某些审计测试，特别是对存货的审计测试，与其他相关业务循环的审计测试同时进行将更为有效。例如，原材料的取得和记录是作为采购与付款循环审计的一部分进行测试的，而装运产成品和记录营业收入与成本则是作为销售与收款循环审计的一部分进行测试的。另一方面，尽管不同的企业对其存货可能采取不同的内部控制，但从根本上说，均可概括为存货的数量和计价两个关键因素的控制，所以，本节对生产与存货交易的内部控制的讨论，主要集中在成本会计制度。

成本会计制度的内部控制目标、关键内部控制和审计测试的关系，见表 11-3。

表 11-3 成本会计制度的内部控制目标、关键内部控制和审计测试一览表

| 内部控制目标 | 关键内部控制 | 常用的控制测试 | 常用的交易实质性程序 |
|---|---|---|---|
| 生产业务是根据管理层一般或特定的授权进行的(发生) | 对以下三个关键点，应履行恰当手续，经过特别审批或一般审批：(1)生产指令的授权批准；(2)领料单的授权批准；(3)工薪的授权批准 | 检查凭证中是否包括这三个关键点的恰当审批；检查生产指令、领料单、工薪等是否经过授权 | |
| 记录的成本为实际发生的而非虚构的(发生) | 成本的核算是以经过审核的生产通知单、领发料凭证、产量和工时记录、工薪费用分配表、材料费用分配表、制造费用分配表为依据的 | 检查有关成本的记账凭证是否附有生产通知单、领发料凭证、产量和工时记录、工薪费用分配表、材料费用分配表、制造费用分配表等，原始凭证的顺序编号是否完整 | 对成本实施分析程序；将成本明细账与生产通知单、领发料凭证、产量和工时记录、工薪费用分配表、材料费用分配表，制造费用分配表相核对 |
| 所有耗费和物化劳动均已反映在成本中(完整性) | 生产通知单、领发料凭证、产量和工时记录、工薪费用分配表、材料费用分配表、制造费用分配表均事先编号并已经登记入账 | 检查生产通知单、领发料凭证、产量和工时记录、工薪费用分配表、材料费用分配表、制造费用分配表的顺序编号是否完整 | 对成本实施分析程序；将生产通知单、领发料凭证、产量和工时记录、工薪费用分配表、材料费用分配表、制造费用分配表与成本明细账相核对 |

（续表）

| 内部控制目标 | 关键内部控制 | 常用的控制测试 | 常用的交易实质性程序 |
| --- | --- | --- | --- |
| 成本以正确的金额，在恰当的会计期间及时记录于适当的账户（发生、完整性、准确性、计价和分摊） | 采用适当的成本核算方法，并且前后各期一致；采用适当的费用分配方法且前后各期一致；采用适当的成本核算流程和账务处理流程；内部核查 | 选取样本测试各种费用的归集和分配以及成本的计算；测试是否按照规定的成本核算流程和账务处理流程进行核算和账务处理 | 对成本实施分析程序；抽查成本计算单，检查各种费用的归集和分配以及成本的计算是否正确；对重大在产品项目进行计价测试 |
| 对存货实施保护措施，保管人员与记录、批准人员相互独立（存在、完整性） | 存货保管人员与记录人员职务相分离 | 询问和观察存货与记录的接触控制以及相应的批准程序 | |
| 账面存货与实际存货定期核对相符（存在、完整性、计价和分摊） | 定期进行存货盘点 | 询问和观察存货盘点程序 | 对存货实施监盘程序 |

## 二、控制测试

在本节前面部分，我们提供了表 11-3“成本会计制度的内部控制目标、关键内部控制和审计测试一览表”，以内部控制目标和相关认定为起点，列示了相应的关键内部控制和常用的控制测试程序。由于表 11-3 列示的常用的控制测试程序比较清晰，无需逐一解释，因此，下面对实施生产与存货交易的控制测试时应当注意的一些内容展开讨论，并对成本会计制度的控制测试单独进行讨论。

(1) 注册会计师应当通过控制测试获取支持将被审计单位的控制风险评价为中或低的证据。如果能够获取这些证据，注册会计师就可以接受较高的检查风险，并在很大程度上可以通过实施实质性分析程序获取进一步的审计证据，同时减少对生产与存货交易和营业成本、存货等相关项目的细节测试的依赖。

(2) 对于计划和安排生产这项主要业务活动，有些被审计单位内部控制要求，根据经审批的月度生产计划书，由生产计划经理签发预先按顺序编号的生产通知单。对此，注册会计师在实施控制测试时，应抽取生产通知单检查是否与月度生产计划书中内容一致。

(3) 对于发出原材料这项业务活动，有些被审计单位对内部控制要求：①仓库管理员应把领料单编号、领用数量、规格等信息输入计算机系统，经仓储经理复核并以电子签名方式确认后，系统自动更新材料明细台账；②原材料仓库分别于每月、每季和年度终了，对原材料存货进行盘点，会计部门对盘点结果进行复盘。由仓库管理员编写原材料盘点明细表,发现差异及时处理,经仓储经理、财务经理和生产经理复核后调整入账。相应地,注册会计师在实施控制测试时应当:①抽取出库单及相关领料单,检查是否正确输入并经适当层次复核;②抽取原材料盘点明细表并检查是否经适当层次复核,有关差异是否得到处理。

(4) 对于生产产品和核算成本这两项主要业务活动,有些被审计单位内部控制要求:①生产成本记账员根据原材料出库单,编制原材料领用凭证,与计算机系统自动生成的生产记录日报表核对材料耗用和流转信息;由会计主管审核无误后,生成记账凭证并过账至生产成本及原材料明细账和总分类账。②每月末,由生产车间与仓库核对原材料、半成品。产成品的转出和转入记录,如有差异,仓库管理员应编制差异分析报告,经仓储经理和生产经理签字确认后交会计部门进行调整。③每月末,由计算机系统对生产成本中各项组成部分进行归集,按照预设的分摊公式和方法,自动将当月发生的生产成本在完工产品和在产品中按比例分配;同时,将完工产品成本在各个不同产品类别中分配,由此生成产品成本计算表和生产成本分配表;由生产成本记账员编制生产成本结转凭证,经会计主管审核批准后进行账务处理。相应地,注册会计师在实施控制测试时应当:①抽取原材料领用凭证,检查是否与生产记录日报表一致,是否经适当审核,如有差异是否及时处理;②抽取核对记录,检查差异是否得到处理;③抽取生产成本结转凭证检查与支持性文件是否一致并经适当复核。当然,必要时应当考虑利用计算机专家的工作。

(5) 对于储存产成品和发出产成品这两项主要业务活动,有些被审计单位内部控制要求:①产成品入库时,质量检查员应检查并签发预先按顺序编号的产成品验收单,由生产小组将产成品送交仓库。仓库管理员应检查产成品验收单,并清点产成品数量,填写预先顺序编号的产成品入库单经质检经理、生产经理和仓储经理签字确认后,由仓库管理员将产成品入库单信息输入计算机系统,计算机系统自动更新产成品明细台账并与采购订单编号核对。②产成品出库时,由仓库管理员填写预先顺序编号的出库单,并将产成品出库单信息输入计算机系统,经仓储经理复核并以电子签名方式确认后,计算机系统自动更新产成品明细台账并与发运通知单编号核对。③产成品装运发出前,由运输经理独立检察出库单、销售订购单和发运通知单,确认从仓库提取的商品附有经批准的销售订购单,并且,所提取商品的内容与销售订购单一致。④每月末,生产成本记账员根据计算机系统内状态为"已处理"的订购单数量,编制销售成本结转凭证,结转相应的销售成本,经会计主管审核批准后进行账务处理。⑤产成品仓库分别于每月、每季和年终,对产成品存货进行盘点,由会计部门对盘点结果进行复盘。仓库管理员应编写产成品存货盘点明细表,发现差异及时处理,经仓储经理、财务经理和生产经理复核后调整入账。相应地,注册会计师在实施控制测试时应当:①抽取产成品验收单、产成品入库单并检查输入信息是否准确;②抽取发运通知单、出库单并检查是否一致;③抽取发运单和相关销售订购单,检查内容是否一致;④抽取销售成本结转凭证,检查其与支持性文件是否一致并适当复核;⑤抽取产成品存货盘点报告并检查是否经适当层次复核,有关差异是否得到处理。

(6) 成本会计制度的测试,包括直接材料成本测试、直接人工成本控制测试、制造费用测试和生产成本在当期完工产品与在产品之间分配的测试四项内容。

第一,直接材料成本控制测试。对采用定额单耗的企业,可选择并获取某一成本报告期若干种具有代表性的产品成本计算单,获取样本的生产指令或产量统计记录及其直接材料单位消耗定额,根据材料明细账或采购业务测试工作底稿中各该直接材料的单位实际成本,计算直接材料的总消耗量和总成本,与该样本成本计算单中的直接材料成本核对。并注意下列事项:生产指令是否经过授权批准;单位消耗定额和材料成本计价方法是否适当,在当年度有何重大变更。

对未采用定额单耗的企业,可获取材料费用分配汇总表、材料发出汇总表(或领料单)、材料明细账(或采购业务测试工作底稿)中各该直接材料的单位成本,作如下检查:成本计算单中直接材料成本与材料费用分配汇总表中该产品负担的直接材料费用是否相符,分配标准是否合理;将抽取的材料发出汇总表或领料单中若干种直接材料的发出总量和各该种材料的实际单位成本之积,与材料费用分配汇总表中各该种材料费用进行比较,并注意领料单的签发是否经过授权批准,材料发出汇总表是否经过适当的人员复核,材料单位成本计价方法是否适当,在当年有何重大变更。

对采用标准成本法的企业,获取样本的生产指令或产量统计记录、直接材料单位标准用量、直接材料标准单价及发出材料汇总表或领料单,检查下列事项:根据生产量、直接材料单位标准用量和标准单价计算的标准成本与成本计算单中的直接材料成本核对是否相符;直接材料成本差异的计算与账务处理是否正确,并注意直接材料的标准成本在当年度内有何重大变更。

第二,直接人工成本控制测试。对采用计时工资制的企业,获取样本的实际工时统计记录、职员分类表和职员工薪手册(工资率)及人工费用分配汇总表。作如下检查:成本计算单中直接人工成本与人工费用分配汇总表中该样本的直接人工费用核对是否相符;样本的实际工时统计记录与人工费用分配汇总表中该样本的实际工时核对是否相符;抽取生产部门若干天的工时台账与实际工时统计记录核对是否相符;当没有实际工时统计记录时,则可根据职员分类表及职员工薪手册中的工资率,计算复核人工费用分配汇总表中该样本的直接人工费用是否合理。

对采用计件工资制的企业,获取样本的产量统计报告、个人(小组)产量记录和经批准的单位工薪标准或计件工资制度,检查下列事项:根据样本的统计产量和单位工薪标准计算的人工费用与成本计算单中直接人工成本核对是否相符;抽取若干个直接人工(小组)的产量记录,检查是否被汇总计入产量统计报告。

对采用标准成本法的企业获取样本的生产指令或产量统计报告、工时统计报告和经批准的单位标准工时、标准工时工资率、直接人工的工薪汇总等资料,检查下列事项:根据产量和单位标准工时计算的标准工时总量与标准工时工资率之积同成本计算单中直接人工成本核对是否相符;直接人工成本差异的计算与账务处理是否正确,并注意直接人工的标准成本在当年内有何重大变更。

第三,制造费用控制测试。获取样本的制造费用分配汇总表、按项目分列的制造费用明细账、与制造费用分配标准有关的统计报告及其相关原始记录,作如下检查:制造费用分配汇总表中,样本分担的制造费用与成本计算单中的制造费用核对是否相符;制造费用分配汇总表中的合计数与样本所属成本报告期的制造费用明细账总计数核对是否相符;制造费用分配汇总表选择的分配标准(机器工时数、直接人工工资、直接人工工时数、产量数)与相关的统计报告或原始记录核对是否相符,并对费用分配标准的合理性作出评估;如果企业采用预计费用分配率分配制造费用,则应针对制造费用分配过多或过少的差额,检查其是否作了适当的账务处理;如果企业采用标准成本法,则应检查样本中标准制造费用的确定是否合理,计入成本计算单的数额是否正确,制造费用差异的计算与账务处理是否正确,并注意标准制造费用在当年度内有何重大变更。

第四,生产成本在当期完工产品与在产品之间分配的控制测试。检查成本计算单中在产品数量与生产统计报告或在产品盘存表中的数量是否一致;检查在产品约当产量计算或其他分配标准是否合理;计算、复核样本的总成本和单位成本,最终对当年采用的成本会计制度作出评价。

## 第三节 存货审计

存货是企业财务报表中的重要项目之一。由于生产的相关业务活动本身很复杂,并且管理层经常能够对存货交易和计价进行直接控制,所以一般认为存货的风险很高。尤其是当企业处于艰难时期时,操纵存货经常成为一种虚增利润、粉饰财务报表的简易方法。有鉴于此,存货的审计通常是财务报表审计中最复杂、最费时的部分,注册会计师应当对此予以特别关注。

存货审计的实质性程序一般包括。

### 一、存货明细表测试

注册会计师应当获取或编制存货余额明细表,并将明细表数据与存货项目涵盖的各账户(包括“材料采购”或“在途物资”“原材料”“材料成本差异”“库存商品”“发出商品”“商品进销差价”“委托加工物资”“委托代销商品”“受托代销商品”“周转材料”“生产成本”“制造费用”“劳务成本”“存货跌价准备”“受托代销商品款”等)总账数、明细账合计数核对是否相符,以及将上述账户总账余额的汇总数与报表数核对是否相符。

## 二、实质性分析程序

分析程序在存货的审计中也十分重要。注册会计师可以根据具体情况,选择以下方法对存货实施实质性分析程序。

(1) 比较本期与以前各期的毛利率,以发现存货和主营业务成本账户的高估或低估。

(2) 比较本期和以前各期的存货周转率,以发现企业存在影响存货和主营业务成本账户的陈旧存货。

(3) 比较本期和以前各期的存货单位成本,以发现企业存货的单位成本是否存在不合理的变动。

(4) 比较本期与以前各期增加的存货价值,以发现影响存货和主营业务成本账户的汇总、单位成本和总成本的错报。

(5) 比较本期与以前各期的制造成本,以发现影响存货和主营业务成本账户的存货单位成本,特别是直接人工和制造费用的错报。

**同步案例 11-1**

在对生产型企业甲公司 20×7 年度会计报表进行审计时,A 注册会计师负责生产与存货循环的审计。在审计过程中,A 注册会计师注意到某产品 20×7 年的毛利率与 20×6 年相比有所上升,甲公司提供了以下解释。请代为作出正确的专业判断,指出其中哪一项与毛利率变动不相关:

(1) 该产品的销售价格与 20×6 年相比有所上升。

(2) 该产品的产量与 20×6 年相比有所增加。

(3) 该产品的销售收入占当年主营业务收入的比例与 20×6 年相比有所上升。

(4) 该产品使用的主要原材料的价格与 20×6 年相比有所下降。

第(3)项与毛利率的变动不相关。该产品的销售收入占当年主营业务收入的比例增加,不一定是该产品销售收入的增长带来的。而且即使是该产品收入增加,其产品的售价和成本不变,毛利率也不会发生变动。

而第(1)、第(4)项,该产品的售价和原材料价格的变化,必然导致毛利率的变化。第(2)项该产品产量增加,会导致单位生产成本的下降,毛利率会增加。

另外，除了执行上述审查存货账面余额与其他数量或金额之间关系的分析程序以外，注册会计师通常还可以使用非财务信息评价存货相关余额的合理性。例如，关于存货产品的规模和重量、储存方法(堆、箱等)、储存设备的容积(立方米)等方面的知识能用来确定存货的账面记录是否与实际余额相一致。

## 三、存货的监盘

存货监盘是存货审计的重点程序之一，它是指注册会计师现场观察被审计单位存货的盘点，并对已盘点的存货进行适当检查。存货监盘针对的主要是存货的存在认定、完整性认定以及权利和义务的认定。存货监盘的目的在于获取有关存货数量和状况的审计证据，以确认被审计单位记录的所有存货确实存在，已经反映了被审计单位拥有的全部存货、并属于被审计单位的合法财产。存货监盘作为存货审计的一项核心审计程序，通常可同时实现上述多项审计目标。

### (一) 制订存货监盘计划

注册会计师应当根据被审计单位存货的特点、盘存制度和存货内部控制的有效性等情况，在评价被审计单位存货盘点计划的基础上，编制存货监盘计划，对存货监盘作出合理安排。

1. 存货监盘计划的主要内容

存货监盘计划应当包括以下主要内容：

(1) 存货监盘的目标。存货监盘的目标是获取被审计单位资产负债表日有关存货数量和状况的审计证据，检查存货的数量是否真实完整，是否归属被审计单位，存货有无毁损、陈旧、过时、残次和短缺等状况。

(2) 存货监盘的范围。存货监盘范围的大小取决于存货的内容、性质以及与存货相关的内部控制的完善程度和重大错报风险的评估结果。

(3) 存货监盘的时间。存货监盘的时间，包括实地察看盘点现场的时间、观察存货盘点的时间和对已盘点存货实施检查的时间等，应当与被审计单位实施存货盘点的时间相协调。

(4) 存货监盘的要点。存货监盘的要点主要包括注册会计师实施存货监盘程序的方法、步骤，各个环节应注意的问题以及所要解决的问题。注册会计师需要重点关注的事项包括盘点期间的存货移动、存货的状况、存货的截止确认、存货的各个存放地点及金额等。

(5) 存货监盘的人员组成。注册会计师应当根据被审计单位参加存货盘点人员分工、分组情况，存货监盘工作量的大小和人员素质情况，确定参加存货监盘人员的组成，各组成人员的职责和具体的分工情况，并加强督导。

(6) 检查存货的范围。注册会计师应当根据被审计单位存货盘点和被审计单位内部控制的评价结果确定存货的范围。在实施观察程序后,如果认为被审计单位内部控制设计良好且得到有效实施,存货盘点组织良好,可以相应缩小实施检查程序的范围。

2. 制订存货监盘计划应考虑的因素

注册会计师在制定存货监盘计划时,应考虑以下因素:

(1) 存货项目的重要程度。存货项目的重要程度直接关系到注册会计师如何恰当地分配审计资源。包括存货与其他资产和净利润的相对比率及内在联系;各类存货(如原材料、在产品、产成品)占存货总数的比重;各存放地点的存货占存货总数的比重等。

(2) 存货的内部控制。与存货相关的内部控制涉及被审计单位供、产、销各个环节,包括采购、验收、仓储、领用、生产、装运出库、存货盘存制度等多个方面。

(3) 存货的重大错报风险和重要性。存货通常具有较高水平的重大错报风险。影响重大错报风险的因素具体包括:存货的数量和种类、成本归集的难易程度、存货的易损坏程度、遭受失窃的难易程度。由于制造过程和成本归集制度的差异,制造企业的存货与其他企业的存货相比往往具有更高的重大错报风险。注册会计师还应当根据对存货错报风险的评估结果,合理确定存货项目的重要性水平。

(4) 以前年度存货监盘情况。注册会计师可以通过查阅以前年度的存货监盘工作底稿,了解被审计单位的存货情况、存货盘点程序以及其他在以前年度审计中遇到的重大问题,并关注存货盘点的时间安排、周转缓慢的存货的识别、存货的截止确认、盘点小组人员的确定以及存货多处存放等内容。

(5) 利用专家的工作。在确定资产数量和实物状况或在收集特殊类别存货的审计证据时,由于超出了注册会计师的专业领域或注册会计师不具备相应的技能,可以考虑利用专家的工作。

另外,注册会计师还需要考虑存货盘点的时间安排,被审计单位采用永续盘存制、存货的存放地点等因素。

**同步案例 11-2**

B注册会计师负责对乙公司20×6年度财务报表进行审计。乙公司为玻璃制造企业,20×6年年末存货余额占资产总额比重重大。存货包括玻璃、煤炭、烧碱、石英砂,其中60%的玻璃存放在外地公用仓库。

乙公司对存货核算采用永续盘存制,与存货相关的内部控制比较薄弱。

乙公司拟于20×6年11月25日至27日盘点存货,盘点工作和盘点监督工作分别由熟悉相关业务且具有独立性的人员执行。存货盘点计划的部分内容摘录如下:

(1) 存货盘点范围、地点和时间安排(见表11-4)。

表 11-4 存货盘点范围、地点和时间安排

| 地点 | 存货类型 | 占存货总额的比例 | 盘点时间 |
|---|---|---|---|
| A 仓库 | 烧碱、煤炭 | 烧碱 10%、煤炭 5% | 20×6 年 11 月 25 日 |
| B 仓库 | 烧碱、石英砂 | 烧碱 10%、石英砂 10% | 20×6 年 11 月 26 日 |
| C 仓库 | 玻璃 | 玻璃 26% | 20×6 年 11 月 27 日 |
| 外地公用仓库 | 玻璃 | 玻璃 39% | — |

(2) 存放在外地公用仓库存货的检查。对存放在外地公用仓库的玻璃，检查公用仓库签收单，请公用仓库自行盘点，并提供 20×6 年 11 月 27 日的盘点清单。

(3) 存货数量的确定方法。对于烧碱、煤炭和石英砂等堆积型存货，采用观察以及检查相关的收、发、存凭证和记录的方法，确定存货数量；对于存放在 C 仓库的玻璃，按照包装箱标明的规格和数量进行盘点，并辅以适当的开箱检查。

(4) 盘点标签的设计、使用和控制。对存放在 C 仓库玻璃的盘点，设计预先编号的一式两联的盘点标签。使用时，由负责盘点存货的人员将一联粘贴在已盘点的存货上，另一联由其留存；盘点结束后，连同存货盘点表交存财务部门。

(5) 盘点结束后，对出现盘盈或盘亏的存货，由仓库保管员将存货实物数量和仓库存货记录调节相符。

要求：针对上述存货盘点计划第(1)至第(5)项，逐项判断上述存货盘点计划是否存在缺陷。如果存在缺陷，简要提出改进建议。

(1) 存在三个缺陷。第一，A、B 仓库的存货中均存在烧碱，对于同一类型的存货，建议采用同时盘点的方法，不应该安排在不同的时间；第二，对于存放在公用仓库的存货——玻璃，占存货总额的 39%，是非常高比例的存货，建议安排时间进行盘点，纳入盘点范围；第三，乙公司内部控制比较薄弱，应该选择在资产负债表日前后进行盘点。

(2) 存在缺陷。对于存放在公用仓库的存货，应采取的恰当的盘点方式是发函确认，由于乙公司与存货相关的内部控制薄弱，所以不能够仅仅依靠签收单作为盘点的方式。

(3) 存在缺陷。对于烧碱，煤炭和石英砂等堆积型存货，应该选择的盘点方式通常为运用工程估测、几何计算、高空勘测，并依赖详细的存货记录；如果堆场中存货堆不高，可进行实地监盘，或通过旋转存货堆加以估计。

(4) 不存在缺陷。

(5) 存在缺陷。对于盘盈或盘亏的存货，应安排与仓库保管有关的主管人员负责调节。

### (二) 实施存货监盘

在存货盘点现场实施监盘时，注册会计师应当实施下列审计程序：

(1) 评价管理层用以记录和控制存货盘点结果的指令和程序。

(2) 观察对管理层制订的盘点程序的执行情况。

(3) 检查存货。

(4) 执行抽盘。

需要指出的是,尽管在大多数业务中都要执行存货监盘程序,但注册会计师监盘的性质和参与的程度却大不相同。一种极端是被审计单位的内部控制十分薄弱,但注册会计师非常关注存货的存在性和计价认定,在这种情况下,注册会计师需要执行大量的抽查盘点,十分严密地监视被审计单位的员工,并亲自查看所有盘存地点。另一种极端是被审计单位的内部控制十分健全有效,并且内部注册会计师也执行监盘程序,在这种情况下,注册会计师只需执行最小量的抽查盘点工作,并不需要查看所有的盘存地点,注册会计师主要关心参与盘点的员工是否遵守已批准的盘存指令。这种监盘方法实际上属于控制测试,而不属于实质性程序。存货监盘程序是用做控制测试还是实质性程序,取决于注册会计师的风险评估结果、审计方案和实施的特定程序。

具体来说,存货监盘程序如下。

1. 观察程序

在被审计单位盘点存货前,注册会计师应当观察盘点现场,确定应纳入盘点范围的存货是否已经适当整理和排列,并附有盘点标识,防止遗漏或重复盘点。对未纳入盘点范围的存货,注册会计师应当查明未纳入的原因。

在实施存货监盘过程中,注册会计师应当跟随被审计单位安排的存货盘点人员,注意观察被审计单位事先制定的存货盘点计划是否得到了贯彻执行,盘点人员是否准确无误地记录了被盘点存货的数量和状况,是否已经恰当地区分所有毁损、陈旧、过时及残次的存货。当盘点人员没有按照存货盘点计划和程序进行盘点时,注册会计师应与被审计单位的复核或监督人员联系以纠正盘点中的问题,或调整盘点程序。例如,假设盘点程序要求一组人员盘点存货,另一组人员重新盘点以保证存货数量的准确性,注册会计师如发现两组人员同时在一起盘点,需通知被审计单位管理层予以纠正。

2. 检查程序

注册会计师应当对已盘点的存货进行适当检查,将检查结果与被审计单位盘点记录相核对,并形成相应记录。检查的目的既可以是为了确证被审计单位的盘点计划得到适当的执行(控制测试),也可以是为了证实被审计单位的存货实物总额(实质性程序)。

在检查时,一方面,注册会计师应当从存货盘点记录中选取项目追查至存货实物,以测试盘点记录的准确性;还应当从存货实物中选取项目追查至存货盘点记录,以测试存货盘点记录的完整性。如果发现差异,注册会计师应当查明原因,并及时提请被审计单位更正;另一方面,注册会计师应当考虑错误的潜在范围和重大程度,在可能的情况下,扩大检查范围以减少错误的发生。注册会计师还可要求被审计单位重新盘点，重新盘点的范围可限于某一特殊领域的存货或特定盘点小组。

3. 存货监盘中应注意的问题

（1）在监盘过程中，注册会计师需要特别关注存货的移动情况，防止遗漏或重复盘点；还应当特别关注存货的状况，观察被审计单位是否已经恰当区分所有毁损、陈旧、过时及残次的存货。另外，注册会计师还应当获取盘点日前后存货收发及移动的凭证，检查库存记录与会计记录期末截止是否正确。

（2）对特殊类型存货的监盘。对某些特殊类型的存货而言，被审计单位通常使用的盘点方法和控制程序并不完全适用。在这种情况下，注册会计师需要运用职业判断，根据存货的实际情况，设计恰当的审计程序，对存货的数量和状况获取审计证据。表 11-5 列举了被审计单位特殊存货的类型、通常采用的盘点方法与存在的潜在问题，以及可供注册会计师实施的监盘程序。

表 11-5 **特殊类型存货的监盘程序**

| 存货类型 | 盘点方法与潜在问题 | 可供实施的审计程序 |
|---|---|---|
| 木材、钢筋盘条、管子 | 通常无标签，但在盘点时会做上标记或用粉笔标识。<br>难以确定存货的数量或等级 | 检查标记或标识。<br>利用专家或被审计单位内部有经验人员的工作 |
| 堆积型存货（如糖、煤、钢废料） | 通常既无标签也不做标记。<br>在估计存货数量时存在困难 | 运用工程估测、几何计算、高空勘测，并依赖详细的存货记录。<br>如果堆场中的存货堆不高，可进行实地监盘，或通过旋转存货堆加以估计 |
| 使用磅秤测量的存货 | 在估计存货数量时存在困难 | 在监盘前和监盘过程中均应检验磅秤的精准度，并留意磅秤的位置移动与重新调校程序。<br>将检查和重新称量程序相结合。<br>检查称量尺度的换算问题 |
| 散装物品（如贮窖存货，使用桶、箱、罐、槽等容器储存的液体、气体、谷类粮食、流体存货等） | 在盘点时通常难以加以识别和确定。<br>在估计存货数量时存在困难。<br>在确定存货质量时存在困难 | 使用容器进行监盘或通过预先编号的清单列表加以确定。<br>使用浸蘸、测量棒、工程报告以及依赖永续存货记录。<br>选择样品进行化验与分析，或利用专家的工作 |
| 贵金属、石器、艺术品与收藏品 | 在存货辨认与质量确定方面存在困难 | 选择样品进行化验与分析，或利用专家的工作 |
| 生产纸浆用木材、牲畜 | 在存货辨认与数量确定方面存在困难。可能无法对此类存货的移动实施控制 | 通过高空摄影以确定其存在性，对不同时点的数量进行比较，并依赖永续存货记录 |

（3）在被审计单位存货盘点结束前，注册会计师应当再次观察盘点现场，以确

定所有应纳入盘点范围的存货是否均已盘点。另外，应当取得并检查已填用、作废及未使用盘点表单的号码记录，确定其是否连续编号，查明已发放的表单是否均已收回，并与存货盘点的汇总记录进行核对。注册会计师应当根据自己在存货监盘过程中获取的信息对被审计单位最终的存货盘点结果汇总记录进行复核，并评估其是否正确地反映了实际盘点结果。

(4) 如果存货盘点在财务报表日以外的其他日期进行，注册会计师除实施上述规定的审计程序外，还应当实施其他审计程序，以获取审计证据，确定存货盘点日与财务报表日之间的存货变动是否已得到恰当的记录，并将盘点数倒挤至资产负债表日，检查记录的准确性。如果被审计单位采用永续盘存制核算存货，注册会计师应当关注永续盘存制下的期末存货记录与存货盘点结果之间是否一致。如果这两者之间出现重大差异，注册会计师应当实施追加的审计程序，查明原因，并检查永续盘存记录是否已作出了适当调整。如果认为被审计单位的盘点方式及其结果无效，注册会计师应当提请被审计单位重新盘点。

(5) 如果由于不可预见的情况，无法在存货盘点现场实施监盘，注册会计师应当另择日期实施监盘，并对间隔期内发生的交易实施审计程序。

如果在存货盘点现场实施存货监盘不可行，注册会计师应当实施替代审计程序，以获取有关存货的存在和状况的充分、适当的审计证据。如果不能实施替代审计程序，注册会计师应当按照《中国注册会计师审计准则第 1502 号——在审计报告中发表非无保留意见》的规定，在审计报告中发表非无保留意见。

### 同步案例 11-3

B注册会计师接受委托，对常年审计客户乙公司 20×6 年度财务报表进行审计。乙公司为玻璃制造企业，存货主要有玻璃、煤炭和烧碱，其中少量玻璃存放于外地公用仓库。另有丙公司部分水泥存放于乙公司的仓库。乙公司拟于 20×6 年 12 月 29 日至 12 月 31 日盘点存货，以下是B注册会计师撰写的存货监盘计划的部分内容。

存货监盘计划：

(1) 存货监盘的目标。检查乙公司 20×6 年 12 月 31 日存货数量是否真实完整。

(2) 存货监盘范围。20×6 年 12 月 31 日库存的所有存货，包括玻璃、煤炭、烧碱和水泥。

(3) 监盘时间。存货的观察与检查时间均为 20×6 年 12 月 31 日。

(4) 存货监盘的主要程序。①与管理层讨论存货监盘计划；②观察乙公司盘点人员是否按照盘点计划盘点；③检查相关凭证以证实盘点截止日前所有已确认为销售但尚未装运出库的存货均已纳入盘点范围；④对于存放在外地公用仓库的玻璃，主要实施检查货运文件、出库记录等替代程序。

要求：

(1) 请指出存货监盘计划的目标、范围和时间所存在的错误，并简要说明理由。

(2) 请判断存货监盘计划所列示的主要程序是否恰当，若不恰当请予以修改。

(1) 存货监盘的目标不正确，应该是获取乙公司20×6年12月31日有关存货数量和状况的审计证据，检查存货的数量是否真实完整，是否归属被审计单位，有无毁损、陈旧、残次和短缺等状况。

存货监盘的范围不正确，应该是20×6年12月31日库存的玻璃、煤炭和烧碱，但是不应该包括其他公司存放在本公司的水泥。

存货监盘的时间不正确，存货监盘的时间应该包括实地察看盘点现场的时间、观察存货盘点的时间和对已盘点存货实施检查的时间等，应当与被审计单位实施存货盘点的时间相协调，所以应该是20×6年12月29日至12月31日。

(2) 存货监盘计划所列示的主要程序中：①"与管理层讨论存货监盘计划"不恰当，应与被审计单位管理层讨论其存货盘点计划；②"观察乙公司盘点人员是否按照盘点计划盘点"是恰当的；③"检查相关凭证以证实盘点截止日前所有已确认为销售但尚未装运出库的存货均已纳入盘点范围"不恰当，应该是检查所有在截止日以前装运出库的存货项目是否均未包括在盘点范围内，且未包括在截止日的存货账面余额中；④"对于存放在外地公用仓库的玻璃，主要实施检查装运文件、出库记录等替代程序"是不恰当的，应该主要采用函证方式查验。

在实务中，注册会计师可以用表11-6对存货监盘结果进行汇总记录。

表11-6 **存货监盘结果汇总表**

被审计单位：南方工业有限公司　　索引号：C1-6

项目：存货监盘结果汇总表　　财务报表截止日：20×6.12.31

编制：罗军　　复核：张雷

日期：20×7.2.16　　日期：20×7.3.1

| 存货类别 | 存货名称 | 单位 | 监盘数量 | 未经确认盘点报告数量 | 差异数量 | 差异原因 | 索引号 | 审计确认盘点报告数量 |
|---|---|---|---|---|---|---|---|---|
| | | | | | | | | |
| | | | | | | | | |
| | | | | | | | | |
| | | | | | | | | |
| … | … | … | … | … | … | … | … | … |

监盘人员签名：

编制说明：本表适用于监盘日(盘点日)为财务报表截止日的情况。

审计说明：

小资料

**存货欺诈技巧①**

美国注册会计师协会1994年7月号的“CPA letter”(注册会计师通讯)实务预警第94-2号刊载有存货盘点之审核一文,介绍了存货欺诈的一些技巧,值得注册会计师在观察存货盘点时特别注意。

(1) 所包括的存货名不符实。例如,纸箱内是空的或堆积的货品中间是中空的;纸箱外表贴的是误导的标签,里头装的是下脚、陈滞料或低价材料;他人寄销的存货,或者存货是租来的,或者是交换进来的项目;经过稀释之后的存货(例如,液体化学品加水等)。

(2) 对于注册会计师并未亲自抽点的存货项目,擅自增加或涂改其盘点数量。

(3) 利用电脑程序产生不实的存货数量清册或将存货明细表上的单价提高。

(4) 将注册会计师亲临观察盘点地点的存货盘点及汇总资料加以操纵。

(5) 将不同地点间的在途存货项目重复计算。

(6) 某一处所的存货盘点之后,移运至另一处所,使一物计算两次。

(7) 存货中包括已列为销货,但等待顾客提领的项目(即已开账单暂时代为保管的销售)。

(8) 安排对由其他公司代保管的存货做虚伪的回函确认。

(9) 存货中包括已经收到的项目,但其相对的应付账款尚未入账。

(10) 高估在产品的完工程度。

(11) 将实地盘点存货的金额与总账上的虚假金额进行调节。

(12) 在年度终了前某一日期(如10月31日)盘点存货,操纵盘点日后至12月31日之间的存货结转。

## 四、检查存货的所有权

注册会计师在验证存货的所有权时,除了应结合存货监盘程序以外,还应当考虑以下几个方面:

(1) 复核委托代销协议及其他与存货相关的合同或文件,或者向持有存货的第三方函证,以确定在企业外部存放的存货(如委托代销、独立仓库)的所有权。

(2) 复核董事会会议记录、法律信函、合同等,检查是否有抵押或其他对存货所有权的潜在要求。

(3) 取得管理层关于存货所有权的声明书。

## 五、存货的计价测试

对存货计价的测试通常是存货审计中最重要和最费时的部分。注册会计师在

① 林柄沧:《如何避免审计失败》,中国时代经济出版社2003年版。

测试时应当重点关注两个方面的内容：存货的计价方法是否符合企业会计准则的规定；存货计价方法前后各期是否保持一致。在实际工作中外购存货和自制存货的计价测试方法有所不同。

**（一）外购存货的计价测试**

在验证外购存货的计价时，注册会计师首先需要弄清被审计单位对发出存货的计价方法是先进先出法、加权平均法还是其他方法。接下来，注册会计师应当列出打算进行计价测试的存货清单，并根据被审计单位提供的采购发票进行审查。对发票进行充分审查是计价测试的重要内容，尤其是在被审计单位采用先进先出法计价的情况下，充分审查发票还有利于发现被审计单位只根据最近的采购发票对期末存货进行计价的情况，有时还可以发现陈旧存货。

例如，假设被审计单位采用先进先出法对发出存货进行计价，期末账面上有3 000件存货，单位成本是360元。注册会计师在测试时应当按顺序取得审计年度末最近采购存货的发票进行验证，直到查清3 000件存货的计价为止。如果最近取得的存货项目有2 000件，单位成本为360元，而在此之前采购的存货有1 000件，单位成本为350元，则说明被审计单位的存货被高估了10 000元(1 000×10)。

在选择具体存货项目进行计价测试时，注册会计师应当将重点放在金额较大或价格波动较大的产品上，当然也应选取各种存货类型和各个不同部门的代表性样本。

**（二）自制存货的计价测试**

注册会计师对在产品和产成品进行计价测试时，必须验证直接材料、直接人工和制造费用的成本，因此，对自制存货的审计通常要比外购存货的审计复杂一些。当然，在计价测试中关于应选择哪些项目进行测试、如何评价存货陈旧的可能性等对于外购存货和自制存货而言都适用同样的思路。对自制存货中的直接材料进行计价时，注册会计师应当考虑原材料的单位成本和单位产品所消耗的材料数量这两个因素。对原材料单位成本的验证可以采用与验证其他外购存货相同的方法，即审查外购发票或永续存货记录；对单位产品所消耗的材料数量，可以通过对生产工艺技术资料和完工产品的审查予以验证。

同样，在验证直接人工时，注册会计师需要验证直接人工的单位小时成本和单位产品所消耗的直接人工工时。单位小时人工成本可以通过核对工资记录来进行验证，单位产品所消耗的工时则可以通过审查生产工艺技术资料或类似资料进行验证。

在测试制造费用时，注册会计师应当评价被审计单位所采用的制造费用核算方法是否恰当以及在不同会计期间是否一致，并应对制造费用进行重新计算以便进行核对。例如，假设被审计单位的制造费用按照直接人工成本比例分配，那么注册会计师可以用制造费用总额除以直接人工成本总额以确定实际制造费用分配率，然后将之与被审计单位使用的制造费用分配率进行比较，以确定单位产品制造费用是否正确。

另外需要说明的是，如果被审计单位采用标准成本法核算存货，那么注册会计师在测试存货的计价时关注的重点主要包括：标准成本的确定是否合理，有关差异的计算和分配是否正确，标准成本本年度有无重大变化等。

同步案例 11-4

某企业12月份将甲材料发出的计价方法，由加权平均法改为后进先出法，据以确定的计入生产成本的材料费用为11 000元。已知该企业期初无在产品，期末在产品200件，当月完工交库800件，当月所销400件全部为本月所产。该企业在生产开始时一次投料。有关甲材料收发的资料如下：

| | | | |
|---|---|---|---|
| 12月1日 | 结存 | 2 000千克 | 4 000元 |
| 12月1日 | 付出 | 1 500千克 | |
| 12月5日 | 购入 | 4 000千克 | 10 000元 |
| 12月10日 | 付出 | 2 000千克 | |
| 12月25日 | 付出 | 1 500千克 | |
| 12月27日 | 购入 | 2 000千克 | 6 000元 |

要求：调整财务报表中的有关项目(只列调整数)，并编制调账分录。

该企业随意变更计价方法，违规使用计价方法(我国的企业会计准则规定对存货的发出计价方法不允许采用后进先出法)，建议进行审计调整：

加权平均单价＝(4 000＋10 000＋6 000)÷(2 000＋4 000＋2 000)＝2.5(元/千克)

发出材料成本＝(1 500＋2 000＋1 500)×2.5＝12 500

企业少计材料成本 12 500－11 000＝1 500(元)

期末在产品调整数：1 500×(200÷1 000)＝300(元)

库存商品调整数：1 500×(400÷1 000)＝600(元)

主营业务成本(未分配利润)调整数：1 500×(400÷1 000)＝600(元)

调账分录：

借：生产成本　　300

　　库存商品　　600

　　未分配利润　　600

　贷：原材料　　1 500

## 六、存货的截止测试

注册会计师应该对存货实施截止测试，截止测试通常与存货的监盘及销售和采购的截止测试一起执行。

**(一) 存货入库的截止测试**

(1) 在存货明细账的借方发生额中选取资产负债表日前后若干张、一定金额以上的凭证，并与入库记录(如入库单，或购货发票，或运输单据)核对，以确定存货入库被记录在正确的会计期间；

(2) 在入库记录(如入库单，或购货发票，或运输单据)中选取资产负债表日前后若干张、一定金额以上的凭证，与存货明细账的借方发生额进行核对，以确定存货入库被记录在正确的会计期间。

例如，某被审计单位 12 月 31 日收到供应商运来的 30 万元货物，但是直到次年 1 月 2 日才收到购货发票，那么，此笔交易只能作为次年 1 月份交易记录入账。如果这批货物在 12 月 31 日的盘点中包括了，但 12 月份的记录中并没有记录购货和这笔负债，结果将导致对当年净利润和未分配利润的高估，对应付账款的低估，每笔错误的金额均为 30 万元(没考虑所得税)。

假如与上述相反，该笔购货业务的发票已收到，并在 12 月 31 日记录入账，而该发票所对应的货物则在一天后才收到，从而没有包括进年终盘点中。这种情况下对报表的影响是低估了净利润、未分配利润和存货。此种情况的正确截止是：①把此批商品及相关的会计分录同时计入下一个会计期间；②把此批商品及相关的会计分录同时计入本期。将年终在途货物列入当年的实地盘点存货范围内，只要以暂估价同时计入当年的存货和负债账户，对会计报表的影响就不重要。

**(二) 存货出库的截止测试**

(1) 在存货明细账的贷方发生额中选取资产负债表日前后若干张、一定金额以上的凭证，并与出库记录(如出库单，或销货发票，或运输单据)核对，以确定存货出库被记录在正确的会计期间。

(2) 在出库记录(如出库单，或销货发票，或运输单据)中选取资产负债表日前后若干张、一定金额以上的凭证，与存货明细账的贷方发生额进行核对，以确定存货出库被记录在正确的会计期间。

**同步案例 11-5**

注册会计师 A 在对甲公司年终决算报表中的存货项目进行审计时，发现接近结账日时存在下列问题。

(1) 年终存货实地盘点时将其他单位寄存代销的物品误计其中。

(2) 实际有 500 个单位，年终盘点时误记为 100 个单位。

(3) 某物品销售时未作销售记录，因其实物尚存在仓库，已将其列入期末存货中。

(4) 某物品销售时未作销售记录,仅仅结转了销售成本。

要求:根据以上资料,逐一分析这些错误对本期财务报表所产生的影响。

(1) 由于其他单位寄存代销的物品误计入期末存货中,使存货项目高估,本期利润虚增。

(2) 由于盘点时存货少计,影响到存货项目低估和本期利润虚减。

(3) 由于销售时未及时作销售收入和销售成本处理,并将所有权已转移的货物计入期末存货,最终使应收账款项目低估、存货项目高估,销售收入、销售成本和本期利润虚减。

(4) 由于仅仅是结转了销售成本而未记录销售收入,最终导致账款项目低估、销售收入和本期利润虚减。

## 七、检查存货跌价准备

注册会计师在检查存货跌价准备时,通常实施的审计程序主要包括:

(1) 检查存货跌价准备计提和存货损失转销的批准程序,取得书面报告、销售合同或劳务合同等证明文件。

(2) 检查分析存货是否存在减值迹象以判断被审计单位计提存货跌价准备的合理性:①将存货余额与现有的订单、资产负债表日后各期的销售额和下一年度的预测销售额进行比较,以评估存货滞销和跌价的可能性;②比较当年度及以前年度存货跌价准备占存货余额的比例,并查明异常情况的原因;③结合存货监盘,对存货的外观形态进行检查,以了解其物理形态是否正常;检查期末结存库存商品和在产品,针对型号陈旧、产量下降、生产成本或售价波动、技术或市场需求的变化情形以及期后销售情况,考虑是否需进一步计提准备。

(3) 根据成本与可变现净值孰低的计价方法,评价存货跌价准备所依据的资料、假设及计提方法,考虑是否有确凿证据为基础计算确定存货的可变现净值,检查其合理性。

(4) 检查计提存货跌价准备的依据、方法是否前后一致。

(5) 抽查计提存货跌价准备的项目,关注其期后售价是否低于原始成本。

(6) 检查存货跌价准备的计算和会计处理是否正确,本期计提或转销是否与有关损益科目金额核对一致。

## 八、检查存货列报的恰当性

注册会计师应当检查存货在财务报表中的列报是否恰当。

根据现行会计准则的规定,企业应当在附注中披露与存货有关的下列信息:

(1) 各类存货的期初和期末账面价值。

(2) 确定发出存货成本所采用的方法。

(3) 存货可变现净值的确定依据,存货跌价准备的计提方法,当期计提的存货跌价准备的金额,当期转回的存货跌价准备的金额,以及计提和转回的有关情况。

(4) 用于担保的存货账面价值。

## 本 章 小 结

### ■ 本章内容结构图

- 生产与存货循环的审计
  - 生产与存货循环概述
    - 不同行业类型的存货性质
    - 生产与存货循环的主要业务活动
    - 生产与存货循环涉及的主要凭证、记录与账户
  - 生产与存货循环的内部控制和控制测试
    - 生产与存货循环的内部控制
    - 控制测试
  - 存货审计
    - 存货明细表测试
    - 实质性分析程序
    - 存货的监盘
      - 制订存货监盘计划
      - 实施存货监盘
    - 检查存货的所有权
    - 存货的计价测试
      - 外购存货的计价测试
      - 自制存货的计价测试
    - 存货的截止测试
      - 存货入库的截止测试
      - 存货出库的截止测试
    - 检查存货跌价准备
    - 检查存货列报的恰当性

### ■ 重要名词术语

**存货**:是指企业在日常活动中持有以备出售的产成品或商品、处在生产过程中的在产品、在生产过程或提供劳务过程中耗用的材料、物料等。

**产成品**:是指在一个企业内已完成全部生产过程、按规定标准检验合格、可供销售的产品。

**存货监盘**:是指注册会计师现场观察被审计单位存货的盘点,并对已盘点的存货进行适当检查。

**成本会计制度**:是指对进行成本会计工作所作的规定。商品经济条件下,现代企业的成本会计制度内容包括成本预测、决策、规划、控制、计算、分析和考核等所作出的有关规定,指导着成本会计工作的全过程。

**直接材料**:是指企业生产过程中实际消耗的直接材料、辅助材料、设备材料、外购半成品、燃料、动力、包装物、低值易耗品以及其他直接材料和电力、蒸气动力。

**直接人工**:是指企业直接从事产品生产人员的工资、奖金、津贴和补贴,以及直接从事产品生产人员的职工福利费等。

**制造费用**:包括产品生产成本中除直接材料和直接工资以外的其余一切生产成本,主要包括企业各个生产单位(车间、分厂)为组织和管理生产所发生的一切费用。

**生产成本**:是指生产单位为生产产品或提供劳务而发生的各项生产费用,包括各项直接支出和制造费用。

**存货跌价准备**:是指在中期期末或年度终了,如由于存货遭受毁损、全部或部分陈旧过时或销售价格低于成本等原因,使存货成本不可以收回的部分,应按单个存货项目的成本高于其可变现净值的差额提取,并计入存货跌价损失。

## 思考与练习

### 一、思考题

1. 存货的监盘不存在满意的替代程序,是否是指存货监盘绝对不能执行替代程序?

2. 请举例说明存货的截止错误会对会计报表产生什么影响?

3. 注册会计师对被审计单位的受托代销商品是否应列入监盘范围? 委托加工物资是否应列入监盘范围?

4. 为什么存货管理或控制程序发生变化会引起存货周转率的变动?

5. 被审计单位的寄销存货金额较大时,注册会计师采用函证方式确认存货数量是否仍可行?

6. 注册会计师审计某公司存货项目时,发现其中部分原材料明细账中材料数量为零或为正数,而金额为红字。请问:导致这种现象的可能原因是什么? 是否正常?

7. 如果注册会计师怀疑被审计单位可能存在虚构工资问题,他应当如何进行测试?

### 二、选择题

1. 被审计单位A股份有限公司对期末存货采用成本与可变现净值孰低法计价。2016年12月31日库存用于生产甲产品的原材料实际成本为50万元,预计进一步加工所需费用为16万元。预计销售费用及税金为10万元。该原材料加工完成后的产品预计销售价格为60万元。假定该公司以前年度未计提存货跌价准备。则注册会计师认为A公司2016年12月31日该项存货应计提的跌价准备为(　　)万元。

A. 0　　B. 4　　C. 16　　D. −16

2. B注册会计师在检查乙公司存货时，注意到某些存货项目实际盘点的数量大于永续盘存记录中数量。假定不考虑其他因素，以下各项中，最可能导致这种情况的是(　　)。

A. 乙公司向客户提供销售折扣

B. 乙公司已将购买的存货退给供应商

C. 供应商向乙公司提供购货折扣

D. 客户已将购买的存货退给乙公司

3. A注册会计师接受委托审计乙公司2016年财务报表。初步了解乙公司及其环境时，得知乙公司有部分存货为辐射性化学品，导致A注册会计师无法实施存货监盘，则对该部分存货注册会计师可能实施的审计程序包括(　　)。

A. 复核采购、生产和销售记录

B. 向能够接触到相关存货项目的第三方人员询证

C. 视为审计范围受到限制，并依严重程度确定对财务报表的影响

D. 如果乙公司对其生产、使用和处置存有正式报告，注册会计师可追查至有关报告

4. 对存货实施截止测试，主要实现的审计目标有(　　)。

A. 存在　　B. 权利和义务　　C. 完整性　　D. 计价和分摊

5. 对被审计单位存货监盘时，注册会计师应特别关注的问题有(　　)。

A. 注册会计师应当特别关注存货的状况，观察被审计单位是否已经恰当地区分了所有毁损、陈旧、过时及残次的存货

B. 注册会计师应当获取盘点日前后存货收发及移动的凭证，检查库存记录与会计记录期末截止日期是否正确

C. 注册会计师应当特别关注存货的移动情况，防止遗漏或重复盘点

D. 在存货监盘过程中，注册会计师应当获取存货验收入库、装运出库以及内部转移截止等信息，以便将来追查至被审计单位的会计记录

6. 有关存货审计的下列表述中，不正确的有(　　)。

A. 对存货进行监盘是证实存货“完整性”“计价和分摊”认定的重要程序

B. 存货截止测试的主要方法是抽查存货盘点日前后的购货发票与验收报告(或入库单)，确定每张发票均附有验收报告(或入库单)

C. 存货计价审计的样本应着重选择余额较大且价格变动较频繁的存货项目，同时考虑所选样本的代表性

D. 对难以盘点的存货，应根据企业存货收发制度确认存货数量

## 三、案例分析题

1. 注册会计师在审查A市某企业2016年的材料采购明细账时，发现下列情况：

(1) 5月6日向B市某企业赊购生产用油漆400桶，每桶50元，运杂费共1 000元，经了解这种油漆A市也有供应，且价格相同。

(2) 5月11日油漆到货，实际收到198桶，短缺2桶，企业将其记入“材料成本差异”。

(3) 5月19日采购员报销差旅费600元。

要求：请分析上述交易及其处理存在什么问题，并提出审计处理意见。

2. 以下是工薪审计的一些常规程序：

(1) 观察几次换班时员工的上班打卡情况。

(2) 从工时记录卡中抽取一些样本，检查其是否得到适当管理层的批准。

(3) 使用产量和销售数据估计期末的应付工资。

(4) 向自动工资系统输入一些测试数据，确定单位的扣缴是否正确，记录的应计项目是否正确。

要求：对于上述每一项程序，请分别说明：

(1) 它属于控制测试程序还是实质性程序。

(2) 该程序的设计是为了实现什么审计目标。

3. 君山公司是一家从事加工浓缩果蔬果汁的上市公司，公司主要资产包括两条先进的加工生产线和存货。截至2016年12月31日，君山公司存货余额为73 043万元(包括用作原材料的工业苹果15 374万元，桶装果汁57 669万元)，占资产总额的45%。公司工业苹果贮存在租赁的23个地下仓库中，桶装果汁贮存在工厂仓库、租赁的5个中转仓库及发运码头。

2016年8月，洞庭会计师事务所首次接受君山公司委托，为其2016年度财务报表提供审计服务。在审计过程中，注册会计师对存货实施的审计程序与相关发现如下：

(1) 2016年10月预审时，对君山公司的存货内控制度设计及其运行进行了解，并观察过部分存货现场。注册会计师发现：公司用于存放工业苹果的23个地下仓库均系分布在苹果生产地的偏远山区的废旧防空洞，存储设施比较简陋；基于对君山公司及其环境的了解，负责该项审计业务的注册会计师将存货高估评估为重大错报风险。

(2) 君山公司于2016年12月初通知注册会计师，公司将于2016年12月31日对存货进行全面盘点。考虑到刚刚在10月份进行了预审，在预审时也观察过部分存货现场，并了解过存货的内控制度设计及其运行，加之君山公司的存货分布很广，注册会计师没有实施存货监盘。但考虑到存货高估被评估为具有重大错报风险的领域，注册会计师与君山公司管理层进行了协商，要求君山公司 2017 年 3 月对存放于工厂仓库的桶装果汁安排重新盘点，注册会计师实施监盘。

(3) 按照与注册会计师的协商，君山公司于 2017 年 3 月 31 日对存放于工厂仓库的桶装果汁进行了全面盘点。注册会计师向君山公司索取了存货盘点表，并进行了复核，存货盘点表未显示存在盘盈盘亏及其他异常现象。注册会计师实施了监盘，并根据资产负债表日至重新盘点日的存货变动情况倒轧至 2016 年 12 月 31 日，未发现结果与该部分存货的期末余额存在重大差异。

基于以上程序，注册会计师认可了君山公司 2016 年年末的存货余额，对公司 2006 年度财务报表出具了标准无保留意见的审计报告。

要求：请评价注册会计师对君山公司的存货审计。

# 第十二章　货币资金的审计

- 本章要点
- 适用的准则和规范
- 引例
- 第一节　货币资金审计概述
- 第二节　库存现金审计
- 第三节　银行存款审计
- 本章小结
- 思考与练习

## 本章要点

- 了解货币资金的特点
- 明确货币资金与各个交易循环的关系
- 掌握有关货币资金内部控制的内容
- 理解并掌握库存现金和银行存款审计的内容

## 适用的准则和规范

- 《中国注册会计师审计准则第 1211 号——通过了解被审计单位及其环境识别和评估重大错报风险》
- 《中国注册会计师审计准则第 1231 号——针对评估的重大错报风险采取的应对措施》
- 《中国注册会计师审计准则第 1313 号——分析程序》
- 《中国注册会计师审计准则第 1314 号——审计抽样》
- 《中国注册会计师审计准则第 1312 号——函证》
- 《企业内部控制应用指引第 6 号——资金活动》
- 《企业内部控制应用指引第 6 号——资金活动》解读

## 引例　达美股份公司审计案例

诚信会计师事务所自 2004 年开始接受达美股份有限公司委托，对达美股份有限公司进行年度会计报表审计。达美股份有限公司是一家上市较早的商业类公司，公司主营零售业务，同时兼营一部分房地产开发业务，并与某网站合作开展网上售货业务。公司对零售业务部分采用售价金额核算法，毛利率的计算结转采用分类毛利率法，定期对库存商品进行盘点，有一套相对严密的内部管理制度。公司自上市后业绩一直较为平稳，股价波动不大。项目经理杨福曾多次参与零售企业的审计业务，经验较为丰富，零售企业因为现金流量比较大，对货币资金审计作为重点项目来安排，重要性水平确定的也较低，定为 5 000 元，并安排经验丰富的刘为负责货币资金的审计实施。

审计人员发现该公司货币资金的内部控制存在一定的漏洞，主要表现在以下几个方面：

(1) 财务部稽核人员对收款台的现金盘点上坚持不够好，未能经常进行不定期盘点。

(2) 通过查看支票登记本发现，领用的票据号码不连续，存在领用支票簿不登记的现象。

(3) 对现金和银行存款的支付基本能坚持审批制度，但在审批的职责划分上不够明确，从抽查的支付凭证来看，经常出现对相同业务的审批有时是财务经理的签字，有时是业务经理的签字，控制不够严格。

在发现了上述问题之后，审计人员确认该公司的内部控制属于中信赖程度，因此，适当地扩大了对达美股份有限公司货币资金进行实质性程序范围。如采取盘存法对现金进行突击性盘点；采取抽查法检查现金日记账和银行存款日记账；采取审阅法、调节法和函证法对银行存款的真实性和合法 性进行审查。

经过审计人员对上述内容进行认真的检查、仔细的核对，针对审计过程中发现的达美股份有限公司"服装柜组发生短款次数频繁""私设小金库""出租出借银行账号""因采购单位支付空头支票而未及时调账""短期贷款未入账""达美劳动仓储公司明显存在开阳明支票"和"短期投资记账错误"等问题与达美股份有限公司进行了交换，并严肃地提出了限期改正的要求及其纠正错误的建议。

货币资金审计需要关注的问题有哪些？本章将作详细讲解。

# 第一节 货币资金审计概述

## 一、主要凭证和会计记录

货币资金审计涉及的主要凭证和会计记录有：

(1) 库存现金盘点表。

(2) 银行对账单。

(3) 银行存款余额调节表。

(4) 有关科目的记账凭证(现金收、付款凭证，银行存款收、付款凭证等)。

(5) 有关会计账簿(现金日记账、银行存款日记账等)。

## 二、货币资金内部控制概述

### (一) 货币资金内部控制的目标

由于货币资金关乎企业生产经营活动的正常运行，且具有流动性强、业务量大、固有风险高等特点，因而企业必须加强对货币资金的管理，建立良好的货币资金内部控制。企业货币资金内部控制一般应实现以下目标：

(1) 确保货币资金安全。

(2) 确保全部应收取的货币资金均能收取,并及时正确地予以记录。

(3) 确保全部货币资金支出是按照经批准的用途进行的,并及时正确地予以记录。

(4) 确保库存现金、银行存款报告正确,并得以恰当保管。

(5) 确保生产经营各环节资金供求的动态平衡。企业应当将资金合理安排到采购、生产、销售等各环节,做到实物流和资金流的相互协调、资金收支在数量上及在时间上相互协调。

(6) 促进资金合理循环和周转,提高资金使用效率。资金只有在不断流动的过程中才能带来价值增值,因而要努力促使资金正常周转,为短期资金寻找的适当投资机会,避免出现资金闲置和沉淀等低效现象。

**(二) 货币资金内部控制的一般要求**

根据货币资金存放地点及用途的不同,货币资金分为库存现金、银行存款及其他货币资金。在企业的日常生产经营活动中,三类货币资金之间的转换比较频繁,其相应的内部控制目标、内部控制措施等也大致相似。一般而言,一个良好的货币资金内部控制应该达到以下几点:①货币资金收支与记账的岗位分离;②货币资金收支要有合理、合法的凭据;③全部收支及时准确入账,并且支出要有核准手续;④控制现金坐支,当日收入现金应及时送存银行;⑤按月盘点现金,编制银行存款余额调节表,以做到账实相符;⑥加强对货币资金收支业务的内部审计。

尽管由于每个企业的性质、所处行业、规模以及内部控制健全程度等不同,使得其与货币资金相关的内部控制内容有所不同,但通常应当共同遵循以下要求:

1. 岗位分工及授权批准

(1) 单位应当建立货币资金业务的岗位责任制,明确相关部门和岗位的职责权限,确保办理货币资金业务的不相容岗位相互分离、制约和监督。出纳人员不得兼任稽核、会计档案保管和收入、支出、费用、债权债务账目的登记工作。单位不得由一人办理货币资金业务的全过程。

(2) 单位应当对货币资金业务建立严格的授权批准制度,明确审批人对货币资金业务的授权批准方式、权限、程序、责任和相关控制措施,规定经办人办理货币资金业务的职责范围和工作要求。审批人应当根据货币资金授权批准制度的规定,在授权范围内进行审批,不得超越审批权限。经办人应当在职责范围内,按照审批人的批准意见办理货币资金业务。对于审批人超越授权范围审批的货币资金业务,经办人员有权拒绝办理,并及时向审批人的上级授权部门报告。

(3) 单位应当按照规定的程序办理货币资金支付业务:①支付申请。单位有关部门或个人用款时,应当提前向审批人提交货币资金支付申请,注明款项的用途、金额、预算、支付方式等内容，并附有效经济合同或相关证明。②支付审批。审批人根据其职责、权限和相应程序对支付申请进行审批。对不符合规定的货币资金支付申请，审批人应当拒绝批准。③支付复核。复核人应当对批准后的货币资金支付申请进行复核，复核货币资金支付申请的批准范围、权限、程序是否正确，手续及相关单证是否齐备，金额计算是否准确。支付方式、支付单位是否妥当等。复核无误后，交由出纳人员办理支付手续。④办理支付。出纳人员应当根据复核无误的支付申请，按规定办理货币资金支付手续，及时登记现金和银行存款日记账。

(4) 单位对于重要货币资金支付业务，应当实行集体决策和审批，并建立责任追究制度，防范贪污、侵占、挪用货币资金等行为。

(5) 严禁未经授权的机构或人员办理货币资金业务或直接接触货币资金。

同步案例 12-1

某公司出纳员张某兼管销售账目，在月结现金收入日记账和编制汇总记账凭证时，故意把现金收入合计 128 925 元列为 128 295 元，少列 630 元，使现金日记账余额减少 630 元，并将少列的 630 元占为己有。为了取得试算平衡，同时在月结销售收入合计时，把销售收入合计 1 635 810元，故意列为 1 635 180 元，少列 630 元。注册会计师在审计过程中发现，该公司销售收入的合计数有误，经与原始凭证核对，终于发现该出纳员贪污了现金 630 元。

2. 现金和银行存款的管理

(1) 单位应当加强库存现金限额的管理，超过库存限额的现金应及时存入银行。

(2) 单位必须根据《现金管理暂行条例》的规定，结合本单位的实际情况，确定本单位现金的开支范围。不属于现金开支范围的业务应当通过银行办理转账结算。

(3) 单位现金收入应当及时存入银行，不得用于直接支付单位自身的支出。因特殊情况需坐支现金的，应事先报经开户银行审查批准。单位借出款项必须执行严格的授权批准程序，严禁擅自挪用、借出货币资金。

(4) 单位取得的货币资金收入必须及时入账，不得私设“小金库”，不得账外设账，严禁收款不入账。

(5) 单位应当严格按照《支付结算办法》等国家有关规定，加强银行账户的管理，严格按照规定开立账户，办理存款、取款和结算。单位应当定期检查、清理银行账户的开立及使用情况，发现问题，及时处理。单位应当加强对银行结算凭证的填制、传递及保管等环节的管理与控制。

(6) 单位应当严格遵守银行结算纪律，不准签发没有资金保证的票据或远期支票，套取银行信用；不准签发、取得和转让没有真实交易和债权债务的票据，套取银行和他人资金；不准无理拒绝付款，任意占用他人资金；不准违反规定开立和使用银行账户。

(7) 单位应当指定专人定期核对银行账户，每月至少核对一次，编制银行存款余额调节表，使银行存款账面余额与银行对账单调节相符。如调节不符，应查明原因，及时处理。

(8) 单位应当定期和不定期地进行现金盘点，确保现金账面余额与实际库存相符。发现不符，及时查明原因，作出处理。

小资料

**《人民币单位存款管理办法》规定(部分内容)**

第八条　任何单位和个人不得将公款以个人名义转为储蓄存款。任何个人不得将私款以单位名义存入金融机构；任何单位不得将个人或其他单位的款项以本单位名义存入金融机构。

第十一条　存款单位支取定期存款只能以转账方式将存款转入其基本账户，不得将定期存款用于结算或从定期存款账户中提取现金。

第十二条　单位定期存款在存期内按存款存入日挂牌公告的定期存款利率计付利息，遇利息调整，不分段计算。

3. 票据及有关印章的管理

(1) 单位应当加强与货币资金相关的票据的管理，明确各种票据的购买、保管、领用、背书转让、注销等环节的职责权限和程序，并专设登记簿进行记录，防止空白票据的遗失和被盗用。

(2) 单位应当加强银行预留印鉴的管理。财务专用章应由专人保管，个人名章必须由本人或其授权人员保管。严禁一人保管支付款项所需的全部印章。

按规定需要有关负责人签字或盖章的经济业务，必须严格履行签字或盖章手续。

4. 监督检查

(1) 单位应当建立针对货币资金业务的监督检查制度，明确监督检查机构或人员的职责权限，定期和不定期地进行检查。

(2) 货币资金监督检查的内容主要包括：

① 货币资金业务相关岗位及人员的设置情况。重点检查是否存在货币资金业务不相容职务混岗的现象。

② 货币资金授权批准制度的执行情况。重点检查货币资金支出的授权批准手续是否健全，是否存在越权审批行为。

③ 支付款项印章的保管情况。重点检查是否存在办理付款业务所需的全部印章交由一人保管的现象。

④ 票据的保管情况。重点检查票据的购买、领用、保管手续是否健全,票据保管是否存在漏洞。

(3) 对监督检查过程中发现的货币资金内部控制中的薄弱环节,应当及时采取措施,加以纠正和完善。

**(三) 货币资金内部控制的关键控制点及控制措施**

财政部会计司在《企业内部控制应用指引第 6 号——资金活动》解读中指出,企业的资金营运活动大多与货币资金相关,资金营运内部控制的关键控制点如下。

1. 审批控制点

审批活动关键点包括:制定资金的限制接近措施,经办人员进行业务活动时应该得到授权审批,任务未经授权的人员不得办理资金收支业务;使用资金的部门应提出用款申请,记载用途、金额、时间等事项;经办人员在原始凭证上签章;经办部门负责人、主管总经理和财务部门负责人审批并签章。

2. 复核控制点

复核关键点包括:资金营运活动会计主管审查原始凭证反映的收支业务是否真实合法,经审核通过并签字盖章后才能填制记账凭证;凭证上的主管、审核、出纳和制单等印章是否齐全。

3. 收付控制点

该控制点包括:出纳人员按照审核后的原始凭证收付款,并对已完成收付的凭证加盖戳记,并登记日记账;主管会计人员及时准确地记录在相关账簿中,定期与出纳人员的日记账核对。

4. 记账控制点

记账控制点包括:出纳人员根据资金收付凭证登记日记账,会计人员根据相关凭证登记有关明细分类账;主管会计登记总分类账。

5. 对账控制点

对账控制点包括:账证核对、账账核对、账表核对、账实核对等。

6. 银行账户管理控制点

银行账户管理的关键控制点包括银行账户的开立、使用和撤销是否有授权,下属企业或单位是否有账外账。

7. 票据与印章管理控制点

印章是明确责任、表明业务执行及完成情况的标记。印章的保管要贯彻不相容职务分离的原则,严禁将办理资金支付业务的相关印章和票据集中一人保管,印章要与空白票据分管,财务专用章要与企业法人章分管。

# 第二节 库存现金审计

## 一、审计目标

库存现金是企业资产中流动性最强的一种资产。尽管其在企业资产总额中比重不大,但企业发生舞弊事件大都与现金有关,因此,注册会计师应该重视库存现金的审计。

库存现金的审计目标一般应包括(括号内为相应的财务报表认定):

(1) 确定被审计单位资产负债表的货币资金项目中的库存现金在资产负债表日是否确实存在。(存在)

(2) 确定被审计单位在特定期间内发生的现金收支业务是否均记录完毕,有无遗漏。(完整性)

(3) 确定记录的库存现金是否为被审计单位所拥有或控制。(权利和义务)

(4) 确定库存现金包括在财务报表的货币资金项目中,与之相关的计价调整已恰当记录。(计价和分摊)

(5) 确定库存现金是否已按照企业会计准则的规定在财务报表中作出恰当列报。(列报)

## 二、库存现金内部控制的测试

### (一) 库存现金内部控制的要求

由于现金是企业流动性最强的资产,加强现金管理对于保护企业资产安全完整、维护社会主义经济秩序具有重要的意义。一般而言,一个良好的现金内部控制应该达到以下几点:①现金收支与记账的岗位分离;②现金收支要有合理、合法的凭据;③全部收支及时准确入账,并且支出要有核准手续;④控制现金坐支,当日收入现金应及时送存银行;⑤按月盘点现金,以做到账实相符;⑥加强对现金收支业务的内部审计。

### (二) 库存现金内部控制的测试

1. 了解现金内部控制

了解现金内部控制时,注册会计师应当注意检查库存现金内部控制的建立和执行情况,重点包括:

(1) 库存现金的收支是否按规定的程序和权限办理。

(2) 是否存在与被审计单位经营无关的款项收支情况。

(3) 出纳与会计的职责是否严格分离。

(4) 库存现金是否妥善保管，是否定期盘点、核对等。

2. 抽取一定期间的库存现金日记账与总账核对

注册会计师应抽取一定期间的库存现金日记账，检查其加总是否正确无误，库存现金日记账是否与总分类账核对相符。

3. 检查收款凭证

为测试现金收款的内部控制，注册会计师应按现金的收款凭证分类，选取适当的样本量，作如下的检查：

(1) 核对现金日记账的收入金额是否正确。

(2) 核对现金收款凭证与应收账款明细账的有关记录是否相符。

(3) 核对实收金额与销货发票是否一致等。

4. 检查付款凭证

为测试现金付款的内部控制，注册会计师应按照现金付款凭证分类，选取适当的样本量，作如下检查：

(1) 检查付款的授权批准手续是否符合规定。

(2) 核对现金日记账的付出金额是否正确。

(3) 核对现金付款凭证与应付账款明细账的记录是否一致。

(4) 核对实付金额与购货发票是否相符等。

5. 检查外币现金的折算方法是否符合有关规定，是否与上年度一致

对于有外币现金的被审计单位，注册会计师应检查外币库存现金日记账及“财务费用”“在建工程”等账户的记录，确定企业有关外币现金的增减变动是否采用交易发生日的即期汇率，将外币金额折算为记账本位币金额，或者采用按照系统合理的方法确定的、与交易发生日即期汇率近似的汇率折算为记账本位币，选择采用汇率的方法前后各期是否一致；检查企业的外币现金的期末余额是否采用期末即期汇率折算为记账本位币金额；折算差额的会计处理是否正确。

6. 评价库存现金的内部控制

注册会计师在完成上述程序之后，即可对库存现金的内部控制进行评价。评价时，注册会计师应首先确定库存现金内部控制可信赖的程度以及存在的薄弱环节和缺点，然后据以确定在库存现金实质性程序中对哪些环节可以适当减少审计程序，哪些环节应增加审计程序并作重点检查，以减少审计风险。

## 三、库存现金的实质性程序

库存现金是财务报表审计的重要项目，因而无论有关库存现金的内部控制是否有效，注册会计师均应对库存现金实施实质性程序，以实现相应审计目标。表12-1 列示了有关库存现金的认定—审计目标—可供选择的审计程序之间的内在

关系。

表 12-1　　**库存现金的实质性程序**

被审计单位：＿＿＿＿＿＿＿＿　索引号：＿＿＿＿＿＿＿＿

项目：　库存现金　　财务报表截止日/期间：＿＿＿＿＿＿＿＿

编制人：＿＿＿＿＿＿＿＿　复核人：＿＿＿＿＿＿＿＿

日期：＿＿＿＿＿＿＿＿　日期：＿＿＿＿＿＿＿＿

一、审计目标与认定对应关系表

| 审计目标 | 财务报表认定 | | | | |
|---|---|---|---|---|---|
| | 发生 | 完整性 | 权利和义务 | 计价和分摊 | 列报 |
| A. 资产负债表中记录的库存现金是存在的 | √ | | | | |
| B. 应当记录的库存现金均已记录 | | √ | | | |
| C. 记录的库存现金由被审计单位拥有或控制 | | | √ | | |
| D. 库存现金以恰当的金额包括在财务报表中，与之相关的计价调整已恰当记录 | | | | √ | |
| E. 库存现金已按照企业会计准则的规定在财务报表中作出恰当列报 | | | | | √ |

二、审计目标与审计程序对应关系表

| 审计目标 | 可供选择的审计程序 | 索引号 |
|---|---|---|
| D | 1. 核对库存现金日记账与总账的金额是否相符，检查非记账本位币库存现金的折算汇率及折算金额是否正确 | |
| ABCD | 2. 监盘库存现金：<br>(1) 制订监盘计划，确定监盘时间<br>(2) 将盘点金额与现金日记账余额进行核对，如有差异，应要求被审计单位查明原因并作适当调整，如无法查明原因，应要求被审计单位按管理权限批准后作出调整<br>(3) 在非资产负债表日进行盘点时，应调整至资产负债表日的金额<br>(4) 若有充抵库存现金的借条、未提现支票、未作报销的原始凭证，需在盘点表中注明，如有必要应作调整(特别关注数家公司混用现金保险箱的情况) | |
| ABD | 3. 抽查大额库存现金收支。检查原始凭证是否齐全、记账凭证与原始凭证是否相符、账务处理是否正确、是否记录于恰当的会计期间等项内容 | |
| | 4. 根据评估的舞弊风险等因素增加的其他审计程序 | |

库存现金的实质性程序如下。

**(一) 核对库存现金日记账与总账的余额是否相符，检查非记账本位币库存现金的折算汇率及折算金额是否正确**

注册会计师测试现金余额的起点，是核对库存现金日记账与总账的余额是否相符。如果不相符，应查明原因，并作出适当调整。

**(二) 监盘库存现金**

监盘库存现金是证实资产负债表中所列现金是否存在的一项重要程序。企业盘点库存现金,通常包括对已收到但未存入银行的现金、零用金、找换金等的盘点。盘点库存现金的时间和人员应视被审计单位的具体情况而定,但必须有现金出纳员和被审计单位会计主管人员参加,并由注册会计师进行监盘。盘点和监盘库存现金的步骤和方法主要有:

(1) 制订监盘计划,确定监盘时间。对库存现金的监盘最好实施突击性的检查,时间最好选择在上午上班前或下午下班时进行,盘点的范围一般包括被审计单位各部门经管的现金。在进行现金盘点前,应由出纳员将现金集中起来存入保险柜。必要时可加以封存,然后由出纳员把已办妥现金收付手续的收付款凭证登入库存现金日记账。如被审计单位库存现金存放部门有两处或两处以上的,应同时进行盘点。

(2) 审阅库存现金日记账并同时与现金收付凭证相核对。一方面检查库存现金日记账的记录与凭证的内容和金额是否相符;另一方面了解凭证日期与库存现金日记账日期是否相符或接近。

(3) 由出纳员根据库存现金日记账加计累计数额,结出现金结余额。

(4) 盘点保险柜的现金实存数,同时由注册会计师编制"库存现金监盘表"(格式参见表 12-2),分币种、面值列示盘点金额。

(5) 资产负债表日后进行盘点时,应调整至资产负债表日的金额。

(6) 将盘点金额与库存现金日记账余额进行核对,如有差异,应查明原因,并作出记录或适当调整;如无法查明原因,应要求被审计单位按管理权限批准后作出调整。

(7) 若有冲抵库存现金的借条、未提现支票、未作报销的原始凭证,应在"库存现金盘点表"中注明或作出必要的调整。

**(三) 分析日常库存现金金额**

分析被审计单位日常库存现金余额是否合理,关注是否存在大额未缴存的现金

**(四) 抽查大额库存现金收支**

检查大额现金收支的原始凭证是否齐全、原始凭证内容是否完整、有无授权批准、记账凭证与原始凭证是否相符、账务处理是否正确、是否记录于恰当的会计期间等项内容。

**(五) 抽查资产负债表日后若干天的、一定金额以上的现金收支凭证实施截止测试**

被审计单位资产负债表的货币资金项目中的库存现金数额,应以结账日实有

数额为准。因此，注册会计师必须验证现金收支的截止日期，以确定是否存在跨期事项、是否应考虑提出调整建议。

**（六）检查库存现金是否在资产负债表上恰当列报**

根据有关规定，库存现金在资产负债表的“货币资金”项目中反映，注册会计师应在实施上述审计程序后，确定“库存现金”账户的期末余额是否恰当，进而确定库存现金是否在资产负债表上恰当披露。

表 12-2 **库存现金监盘表**

被审计单位：<u>南方工业有限公司</u>　　索引号：<u>G1-4</u>

项目：<u>库存现金监盘表</u>　　财务报表截止日/期间：<u>20×6.12.31</u>

编制：<u>王胜</u>　　复核：<u>张雷</u>

日期：<u>20×7.2.18</u>　　日期：<u>20×7.3.1</u>

| 检查盘点记录 | | | | | 实有库存现金盘点记录 | | | | | | |
|---|---|---|---|---|---|---|---|---|---|---|---|
| 项目 | 项次 | 人民币 | 美元 | 某外币 | 面额 | 人民币 | | 美元 | | 某外币 | |
| 上一日账面库存余额 | ① | 6 947.0 | | | | 张 | 金额 | 张 | 金额 | 张 | 金额 |
| 盘点日未记账传票收入金额 | ② | 2 400.0 | | | | | | | | | |
| 盘点日未记账传票支出金额 | ③ | 1 898.0 | | | | | | | | | |
| 盘点日账面应有金额 | ④=①+②-③ | 7 449.0 | | | 100 | 70 | 7 000 | | | | |
| 盘点实有库存现金数额 | ⑤ | 7 449.0 | | | 50 | 8 | 400 | | | | |
| 盘点日应有与实有差异 | ⑥=④-⑤ | | | | 10 | 4 | 40.0 | | | | |
| 差异原因分析 白条抵库(张) | | | | | 5 | 1 | 5.0 | | | | |
| | | | | | 2 | 2 | 4.0 | | | | |
| | | | | | 1 | | | | | | |
| | | | | | 0.5 | | | | | | |
| | | | | | 0.2 | | | | | | |
| | | | | | 0.1 | | | | | | |
| | | | | | 合计 | | 7 449 | | | | |

（续表）

| 检查盘点记录 | | | | | | 实有库存现金盘点记录 | | | |
|---|---|---|---|---|---|---|---|---|---|
| 项目 | | 项次 | 人民币 | 美元 | 某外币 | 面额 | 人民币 | 美元 | 某外币 |
| 追溯调整 | 报表日至审计日库存现金付出总额 | | 273 472.0 | | | | | | |
| 追溯调整 | 报表日至审计日库存现金收入总额 | | 272 023 | | | | | | |
| 追溯调整 | 报表日库存现金应有余额 | | 8 898.0 | | | | | | |
| 追溯调整 | 报表日账面汇率 | | | | | | | | |
| 追溯调整 | 报表日余额折合本位币金额 | | | | | | | | |
| | | | | | | | | | |
| 本位币合计 | | | | | | | | | |

出纳员：戴欢　　　　会计主管人员：黄兰　　　　监盘人：王胜　　　　检查日期：20×7-2-18

审计说明：现金盘点在未提前通知的情况下，于20×7年2月18日进行，盘点结果账实相符。

## 第三节　银行存款审计

### 一、审计目标

银行存款是指企业存放在银行或其他金融机构的各种款项。按照国家有关规定，凡是独立核算的企业都必须在当地银行开设账户。企业在银行开设账户以后，除按核定的限额保留库存现金外，超过限额的现金必须存入银行；除了在规定的范围内可以用现金直接支付的款项外，在经营过程中所发生的一切货币收支业务，都必须通过银行存款账户进行结算。

银行存款的审计目标一般应包括（括号内为相应的财务报表认定）：

（1）确定被审计单位资产负债表的货币资金项目中的银行存款在资产负债表日是否确实存在。（存在）

（2）确定被审计单位在特定期间内发生的银行存款收支业务是否均记录完毕，有无遗漏。（完整性）

（3）确定记录的银行存款是否为被审计单位所拥有或控制。（权利和义务）

（4）确定银行存款以恰当的金额包括在财务报表的货币资金项目中，与之相关的计价调整已恰当记录。（计价和分摊）

（5）确定银行存款是否已按照企业会计准则的规定在财务报表中作出恰当列

报。(列报)

## 二、银行存款内部控制测试

### (一) 银行存款内部控制测试的要求

一般而言,一个良好的银行存款的内部控制应当达到以下几点:

(1) 银行存款收支与记账的岗位分离。

(2) 银行存款收支要有合理、合法的凭据。

(3) 全部收支及时准确入账,并且支出要有核准手续。

(4) 按月编制银行存款余额调节表,以做到账实相符。

(5) 加强对银行存款收支业务的内部审计。

### (二) 银行存款的控制测试

1. 了解银行存款的内部控制

注册会计师对银行存款内部控制的了解一般与了解现金的内部控制同时进行。注册会计师应当注意的内容包括:

(1) 银行存款的收支是否按规定的程序和权限办理。

(2) 银行账户是否存在与本单位经营无关的款项收支情况。

(3) 是否存在出租、出借银行账户的情况。

(4) 出纳与会计的职责是否严格分离。

(5) 是否定期取得银行对账单并编制银行存款余额调节表等。

2. 抽取一定期间的银行存款日记账与总账核对

注册会计师应抽取一定期间的银行存款日记账,检查其有无计算错误,并与银行存款总分类账核对。

3. 检查银行存款收款凭证

注册会计师应选取适当的样本量,作如下检查:

(1) 核对收款凭证与存入银行账户的日期和金额是否相符。

(2) 核对银行存款日记账的收入金额是否正确。

(3) 核对收款凭证与银行对账单是否相符。

(4) 核对收款凭证与应收账款明细账的有关记录是否相符。

(5) 核对实收金额与销货发票是否一致等。

4. 检查银行存款付款凭证

为测试银行存款付款内部控制,注册会计师应选取适当的样本量,作如下检查:

(1) 检查付款的授权批准手续是否符合规定。

(2) 核对银行存款日记账的付出金额是否正确。

(3) 核对付款凭证与银行对账单是否相符。

(4) 核对付款凭证与应付账款明细账的记录是否一致。

(5) 核对实付金额与购货发票是否相符等。

5. 抽取一定期间银行存款余额调节表,查验其是否按月正确编制并经复核

为证实银行存款记录的正确性,注册会计师必须抽取一定期间的银行存款余额调节表,将其同银行对账单、银行存款日记账及总账进行核对,确定被审计单位是否按月正确编制并复核银行存款余额调节表。

6. 检查外币银行存款的折算方法是否符合有关规定,是否与上年度一致

对于有外币银行存款的被审计单位,注册会计师应检查外币银行存款日记账及"财务费用""在建工程"等账户的记录,确定有关外币银行存款的增减变动是否采用交易发生日的即期汇率将外币金额折算为记账本位币金额,或者采用按照系统合理的方法确定的、与交易发生日即期汇率近似的汇率折算为记账本位币,选择采用汇率的方法前后各期是否一致;检查企业的外币银行存款的余额是否采用期末即期汇率折算为记账本位币金额;折算差额的会计处理是否正确。

7. 评价银行存款的内部控制

注册会计师在完成上述程序之后,即可对银行存款的内部控制进行评价。评价时,注册会计师应首先确定银行存款内部控制可信赖的程度以及存在的薄弱环节和缺点,然后据以确定在银行存款实质性程序中对哪些环节可以适当减少审计程序,哪些环节应增加审计程序并作重点检查,以减少审计风险。

## 三、银行存款的实质性程序

银行存款是财务报表审计的重要项目,因而无论有关银行存款的内部控制是否有效,注册会计师均应对银行存款实施实质性程序,以实现相应审计目标。表12-3列示了有关银行存款的认定—审计目标—可供选择的审计程序之间的内在关系。

银行存款审计的实质性程序一般如下。

1. 核对银行存款日记账与总账的余额是否相符

注册会计师测试银行存款余额的起点,是核对银行存款日记账与总账的余额是否相符。如果不相符,应查明原因,并考虑是否应建议作出适当调整。

2. 实施实质性分析程序

计算银行存款累计余额应收利息收入,分析比较被审计单位银行存款应收利息收入与实际利息收入的差异是否恰当,评估利息收入的合理性,检查是否存在高息资金拆借,确认银行存款余额是否存在,利息收入是否已经完整记录。

表 12-3 银行存款的实质性程序

被审计单位：________ 索引号：________

项目：　银行存款　 财务报表截止日/期间：________

编制人：________ 复核人：________

日期：________ 日期：________

一、审计目标与认定对应关系表

| 审计目标 | 财务报表认定 | | | | |
|---|---|---|---|---|---|
| | 发生 | 完整性 | 权利和义务 | 计价和分摊 | 列报 |
| A. 资产负债表中记录的银行存款是存在的 | √ | | | | |
| B. 应当记录的银行存款均已记录 | | √ | | | |
| C. 记录的银行存款由被审计单位拥有或控制 | | | √ | | |
| D. 银行存款以恰当的金额包括在财务报表中，与之相关的计价调整已恰当记录 | | | | √ | |
| E. 银行存款已按照企业会计准则的规定在财务报表中作出恰当列报 | | | | | √ |

二、审计目标与审计程序对应关系表

| 审计目标 | 可供选择的审计程序 | 索引号 |
|---|---|---|
| D | 1. 获取或编制银行存款余额明细表：<br>(1) 复核加计是否正确，并与总账数和日记账合计数核对是否相符。<br>(2) 检查非记账本位币银行存款的折算汇率及折算金额是否正确 | |
| ABD | 2. 计算银行存款累计余额应收利息收入，分析比较被审计单位银行存款应收利息收入与实际利息收入的差异是否恰当，评估利息收入的合理性，检查是否存在高息资金拆借，确认银行存款余额是否存在，利息收入是否已经完整记录 | |
| AC | 3. 检查银行存单：<br>编制银行存单检查表，检查是否与账面记录金额一致，是否被质押或限制使用，存单是否为被审计单位所拥有。<br>(1) 对已质押的定期存款，应检查定期存单，并与相应的质押合同核对，同时关注定期存单对应的质押借款有无入账。<br>(2) 对未质押的定期存款，应检查开户证实书原件。<br>(3) 对审计外勤工作结束日前已提取的定期存款，应核对相应的兑付凭证、银行对账单和定期存款复印件 | |
| ABD | 4. 取得并检查银行存款余额调节表：<br>(1) 取得被审计单位的银行存款余额对账单，并与银行询证函回函核对，确认是否一致，抽样核对账面记录的已付票据金额及存款金额是否与对账单记录一致。<br>(2) 获取资产负债表日的银行存款余额调节表，检查调节表中加计数是否正确，调节后银行存款日记账余额与银行对账单余额是否一致。<br>(3) 检查调节事项的性质和范围是否合理：①检查是否存在跨期收支和跨行转账的调节事项。编制跨行转账业务明细表，检查跨行转账业务是否同时对应转入 | |

（续表）

二、审计目标与审计程序对应关系表

| 审计目标 | 可供选择的审计程序 | 索引号 |
| --- | --- | --- |
| ABD | 和转出，未在同一期间完成的转账业务是否反映在银行存款余额调节表的调整事项中。②检查大额在途存款和未付票据。检查在途存款的日期，查明发生在途存款的具体原因，追查期后银行对账单存款记录日期，确定被审计单位与银行记账时间差异是否合理，确定在资产负债表日是否需审计调整。<br>a. 检查被审计单位的未付票据明细清单，查明被审计单位未及时入账的原因，确定账簿记录时间晚于银行对账单的日期是否合理。<br>b. 检查被审计单位未付票据明细清单中有记录，但截止资产负债表日银行对账单无记录且金额较大的未付票据，获取票据领取人的书面说明。确认资产负债表日是否需要进行调整。<br>c. 检查资产负债表日后银行对账单是否完整地记录了调节事项中银行未付票据金额。<br>(4) 检查是否存在未入账的利息收入和利息支出。<br>(5) 检查是否存在其他跨期收支事项。<br>(6)（当未经授权或授权不清支付货币资金的现象比较突出时）检查银行存款余额调节表中支付给异常的领款人（包括没有载明收款人）、签字不全、收款地址不清、金额较大票据的调整事项，确认是否存在舞弊 | |
| AC | 5. 函证银行存款余额，编制银行函证结果汇总表，检查银行回函：<br>(1) 向被审计单位在本期存过款的银行发函，包括零账户和账户已结清的银行。<br>(2) 确定被审计单位账面余额与银行函证结果的差异，对不符事项作出适当处理 | |
| C | 6. 检查银行存款账户存款人是否为被审计单位，若存款人非被审计单位，应获取该账户户主和被审计单位的书面声明，确认资产负债表日是否需要调整 | |
| CE | 7. 关注是否存在质押、冻结等对变现有限制或存在境外的款项。是否已作必要的调整和披露 | |
| E | 8. 对不符合现金及现金等价物条件的银行存款在审计工作底稿中予以列明，以考虑对现金流量表的影响 | |
| ABD | 9. 抽查大额银行存款收支的原始凭证，检查原始凭证是否齐全、记账凭证与原始凭证是否相符、账务处理是否正确、是否记录于恰当的会计期间等项内容。检查是否存在非营业目的的大额货币资金转移，并核对相关账户的进账情况；如有与被审计单位生产经营无关的收支事项，应查明原因并作相应的记录 | |
| AB | 10. 检查银行存款收支的截止是否正确。选取资产负债表日前后________张、________金额以上的凭证实施截止测试，关注业务内容及对应项目，如有跨期收支事项，应考虑是否进行调整 | |
| | 11. 根据评估的舞弊风险等因素增加的其他审计程序 | |

3. 检查银行存单

编制银行存单检查表，检查是否与账面记录金额一致，是否被质押或限制使用，存单是否为被审计单位所拥有。

(1) 对已质押的定期存款,应检查定期存单,并与相应的质押合同核对,同时关注定期存单对应的质押借款有无入账。

(2) 对已质押的定期存款,应检查开户证实书原件。

(3) 对审计外勤工作结束日前提取的定期存款,应核对相应的兑付凭证、银行对账单和定期存款复印件。

**同步案例 12-2**

审计人员在审计新欣公司银行存款时,发现该公司 20×5 年 12 月 31 日银行存款日记账账面余额为 3 185 000 元,银行对账单余额为 3 183 000 元。审计人员将银行存款日记账和银行对账单主笔核对后,发现下列情况:

(1) 12 月 2 日公司账上开出#134 905 转账支票 1 张,金额为 3 200 元,银行对账单上无此记录。

(2) 12 月 8 日银行对账单上收到外地汇款 30 000 元,本公司日记账无此记录。

(3) 12 月 14 日银行付出 1 800 元,经查系采购员不慎遗失的#134 896 空白转账支票,被人冒用。

(4) 12 月 16 日银行付出 29 000 元,该公司日记账无此记录。

(5) 12 月 21 日银行付出现金 1 600 元,该公司日记账无此记录。

(6) 12 月 31 日公司银行存款日记账显示存入银行转账支票一张,计 2 800 元,银行对账单上无此记录。

4. 取得并检查银行存款余额对账单和银行存款余额调节表

取得并检查银行存款余额对账单和银行存款余额调节表是证实资产负债表中所列银行存款是否存在的重要程序。银行存款余额调节表通常应由被审计单位根据不同的银行账户及货币种类分别编制。其格式如表 12-4 所示。

表 12-4　　**银行存款余额调节表**①

20×5 年 12 月 31 日

编制人:　　日期:　　索引号:

复核人:　　日期:　　页次:

户别:新欣公司

币别:人民币

| 项　目 |
|---|
| 银行对账单余额(20×5 年 12 月 31 日)　3 185 000 元 |
| 加:企业已收,银行尚未入账金额 |
| 其中:1. ____2 800____元 |
| 2. ________元 |

① 王英姿:《审计原理与实务》,上海财经大学出版社 2012 年版。

（续表）

| |
|---|
| 减:企业已付,银行尚未入账金额 |
| 其中:1. 3 200 元 |
| 2. 元 |
| 调整后银行对账单金额 3 182 600 元 |
| 企业银行存款日记账金额(20×5 年 12 月 31 日) 3 183 000 元 |
| 加:银行已收,企业尚未入账金额 |
| 其中:1. 30 000 元 |
| 2. 元 |
| 减:银行已付,企业尚未入账金额 |
| 其中:1. 1 800 元 |
| 2. 29 000 元 |
| 3. 1 600 元 |
| 调整后企业银行存款日记账金额 3 182 600 元 |
| 经办会计人员:(签字) 会计主管:(签字) |

(1) 将被审计单位资产负债表日的银行存款余额对账单,与银行询证函回函核对,确认是否一致,抽样核对账面记录的已付票据金额及存款金额是否与对账单记录一致。

(2) 获取资产负债表日的银行存款余额调节表,检查调节表中加计数是否正确,调节后银行存款日记账余额与银行对账单余额是否一致。

(3) 检查调节事项的性质和范围是否合理:

第一,检查是否存在跨期收支和跨行转账的调节事项。编制跨行转账业务明细表,检查跨行转账业务是否同时对应转入和转出,未在同一期间完成的转账业务是否反映在银行存款余额调节表的调整事项中。

第二,检查大额在途存款和未付票据。检查大额在途存款的日期,查明发生在途存款的具体原因,追查期后银行对账单存款记录日期,确定被审计单位与银行记账时间差异是否合理,确定在财务报表日是否需审计调整;检查被审计单位的未付票据明细清单,查明被审计单位未及时入账的原因,确定账簿记录时间晚于银行对账单的日期是否合理;检查被审计单位未付票据明细清单中有记录,但截止财务报表日银行对账单无记录且金额较大的未付票据,获取票据领取人的书面说明,确认资产负债表日是否需要进行调整;检查财务报表日后银行对账单是否完整地记录了调节事项中银行未付票据金额。

(4) 检查是否存在未入账的利息收入和利息支出。

(5) 检查是否存在其他跨期收支事项。

(6) 当未经授权或授权不清支付货币资金的现象比较突出时,检查银行存款余额调节表中支付异常的领款(包括没有载明收款人)、签字不全、收款地址不清、金额较大票据的调整事项,确认是否存在舞弊。

5. 函证银行存款余额,编制银行函证结果汇总表,检查银行回函

(1) 向被审计单位在本期存过款的银行发函,包括零账户和账户已结清的银行。

(2) 确定被审计单位账面余额与银行函证结果的差异,对不符事项作出适当处理。

6. 关注是否存在质押、冻结等对变现有限制或存在境外的款项

如果存在,是否已提请被审计单位作必要的调整和披露。

7. 关注是否存在不符合现金及现金等价物的银行存款

对不符合现金及现金等价物条件的银行存款在审计工作底稿中予以列明,以考虑对现金流量表的影响。

8. 抽查大额银行存款收支的原始凭证

抽查大额银行存款收支的原始凭证,检查原始凭证是否齐全、记账凭证与原始凭证是否相符、账务处理是否正确、是否记录于恰当的会计期间等项内容。

检查是否存在非营业目的的大额货币资金转移,并核对相关账户的进账情况;如有与被审计单位生产经营无关的收支事项,应查明原因并作相应的记录。

9. 检查银行存款收支的正确截止

选取财务报表日前后若干天的银行存款收支凭证实施截止测试,关注业务内容及对应项目,如有跨期收支事项,应考虑是否应提请被审计单位进行调整。

10. 检查银行存款的列报是否恰当

根据有关规定,企业的银行存款在资产负债表的"货币资金"项目中反映,所以,注册会计师应在实施上述审计程序后,确定银行存款账户的期末余额是否恰当,进而确定银行存款是否在资产负债表上恰当披露。

**同步思考**

A注册会计师负责嘉禾公司2016年度的财务报表的外勤审计工作。在审计货币资金项目时,A注册会计师发现嘉禾公司在总部和分店均设有出纳部门,为了保证库存现金监盘的顺利进行,A注册会计师在监盘前一天通知嘉禾公司会计主管人员,让其做好监盘的准备。考虑到

出纳日常的工作安排，对总部和分店库存现金的监盘时间分别定在上午十点和下午十四点。监盘时，由于会计主管临时有急事，监盘由其助理人员代为执行。出纳把现金放入保险柜，并将已办妥现金收付手续的交易登入现金日记账，结出现金日记账余额。然后，A注册会计师当场盘点现金，在与现金日记账核对后填写“库存现金盘点表”，并在签字后形成审计工作底稿。请指出上述库存现金盘点工作中存在哪些不当之处，并提出改进建议。

## 本章小结

### ■ 本章内容结构图

- 货币资金的审计
  - 货币资金审计概述
    - 主要凭证和会计记录
    - 货币资金内部控制概述
      - 货币资金内部控制的目标
      - 货币资金内部控制的一般要求
      - 货币资金内部控制的关键控制点及控制措施
  - 库存现金审计
    - 审计目标
    - 库存现金内部控制的测试
      - 库存现金内部控制的要求
      - 库存现金内部控制的测试
    - 库存现金的实质性程序
  - 银行存款审计
    - 审计目标
    - 银行存款内部控制测试
      - 银行存款内部控制测试的要求
      - 银行存款的控制测试
    - 银行存款的实质性程序

### ■ 重要名词术语

**货币资金**：是指企业生产经营过程中处于货币形态的那部分资金。按其形态和用途不同可分为库存现金、银行存款和其他货币资金。

**库存现金监盘**：是指必须由现金出纳员和会计主管人员参加，并由注册会计师进行监督的对被审计单位库存现金的盘点，是证实资产负债表中所列现金是否存在的一项重要程序。

**银行存款余额调节表**：是指在银行对账单余额与企业账面余额的基础上，各自加上对方已收、本单位未收账项数额，减去对方已付、本单位未付账项数额，以调整双方余额使其一致的一种调节方法。

**银行存款函证**：是指注册会计师在执行审计业务过程中，以被审计单位名义向银行等有关单位发函询证，以验证被审计单位的银行存款是否真实、合法、完整。

## 思考与练习

### 一、思考题

1. 货币资金有哪些重要的特点?
2. 货币资金与各个交易循环之间是什么关系?
3. 货币资金涉及哪些主要凭证和会计记录?
4. 货币资金内部控制的主要目标包括哪些?
5. 简述货币资金内部控制的一般要求。
6. 简述货币资金内部控制的主要控制点及相应的控制措施。
7. 简述库存现金监盘的主要步骤和方法。
8. 简述银行存款审计中控制测试的主要步骤。

### 二、选择题

1. 货币资金内部控制的以下关键控制环节中,存在重大缺陷的是(　　)。

A. 财务专用章由专人保管,个人名章由本人或其授权人员保管

B. 对重要货币资金支付业务,实行集体决策

C. 现金收入及时存入银行,特殊情况下,经主管领导审查批准方可坐支现金

D. 指定专人定期核对银行账户,每月核对一次,编制银行存款余额调节表,使银行存款账面余额与银行对账单调节相符

2. 注册会计师实施的下列各项审计程序中,能够证实银行存款是否存在的有(　　)。

A. 分析定期存款占银行存款的比例

B. 检查银行存款余额调节表

C. 函证银行存款余额

D. 检查银行存款收支的正确截止

3. 在进行年度会计报表审计时,为了证实被审计单位在临近12月31日签发的支票未给予入账,注册会计师实施的最有效审计程序是(　　)。

A. 审查12月31日的银行存款余额调节表

B. 函证12月31日的银行存款余额

C. 审查12月31日的银行对账单

D. 审查12月份的支票存根

4. 针对与货币资金相关的内部控制,注册会计师应提出改进建议的有(　　)。

A. 现金收入必须及时存入银行，不得直接用于公司的支出

B. 在办理费用报销的付款手续后，出纳员应及时登记现金、银行存款日记账和相关费用明细账

C. 指定负责成本核算的会计人员每月核对一次银行存款账户

D. 期末应当核对银行存款日记账余额和银行对账单余额。对余额核对相符的银行存款账户，无须编制银行存款余额调节表

5. 下列与现金业务有关的职责可以不分离的是(　　)。

A. 现金支付的审批与执行

B. 现金保管与现金日记账的记录

C. 现金的会计记录与审计监督

D. 现金保管与现金总分类账的记录

6. 盘点库存现金，不能实现的审计目标是(　　)。

A. 确定现金在财务报表日是否确实存在，是否为被审计单位所有

B. 确定在特定期间内发生的现金收支业务是否均已记录完毕

C. 确定现金的余额是否正确

D. 确定现金在报表上的列报是否恰当

## 三、案例分析题

1. 注册会计师对某公司现金内部控制状况进行调查，发现以下情况：

(1) 出纳员负责现金收付、收取、保管和开具银行支票，保管法人代表印鉴，开具销售发票，登记现金和银行存款日记账，不定期盘点现金，每年编制一次银行存款余额调节表(不论收到几张对账单)，3 天去一次银行存取现金，并收取银行账单。

(2) 3 名会计员分别登记库存现金、银行存款总账及收入、费用总账和明细账，但不了解银行存款未达账项，也不作任何账务处理。

(3) 副总经理以上领导及批准的特殊人员，可以根据需要到出纳处开取印章齐全的空白支票，供用款之需。

(4) 出差人员可以到出纳处预支差旅费，填写特地印刷的借条，经副总经理以上领导批准后付款，出差人员回来报销后收回借条销毁。

要求：指出上述内部控制存在的问题，并提出相应的改进建议。

2. 注册会计师在对某厂进行审计时，发现：

(1) 审核该厂提供的银行存款余额调节表时，发现未达账项“银行已收企业未收”中 1 200 万元；“银行已付企业未付”中 1 500 万元；“企业已收银行未收”中 1 300万元；“企业已付银行未付”中 1 400 万元的发生时间有相当部分账龄在 3～

5 年。

(2) 追查审阅“银行对账单”时，发现银行对账单其中有两份的户名分别为 A 单位和 B 单位。经询问该厂有关财务人员，据称为回避银行扣款，而将款项以 A，B 两单位的名义开立账户记载收支事项。

(3) 审阅不同存款账户明细账时，发现工商银行 3 890 016 账户银行存款余额为负数。

要求：如果你是注册会计师，你如何看待上述事项。

# 第十三章　对舞弊和法律法规的考虑



## 本章要点

- 理解舞弊的含义和种类
- 理解管理层、治理层与注册会计师对防止和发现舞弊的责任
- 掌握识别和评估舞弊风险的审计程序以及应对舞弊风险的措施
- 理解两类不同的法律法规
- 理解管理层和注册会计师对遵守法律法规的责任
- 掌握识别违反法律法规时实施的审计程序
- 了解对识别出或怀疑存在违反法律法规行为的报告

## 适用的准则和规范

- 《中国注册会计师审计准则第 1411 号——财务报表审计中与舞弊相关的责任》
- 《中国注册会计师审计准则第 1142 号——财务报表审计中对法律法规的考虑》

## 引例　奥林巴斯财务丑闻案

2011 年 11 月，日本医用设备及数码相机制造商奥林巴斯发布公告承认连续 13 年间隐瞒投资亏损高达 13 亿美元，成为日本历史上最大的公司财务丑闻案。奥林巴斯总裁高山修一正式承认，该公司用了超过 10 亿美元，来掩盖 20 世纪 90 年代的投资失利引发的财务损失，并且长期隐瞒公司的投资亏损，高管更是利用连续的多宗收购来清理账目，共同对外隐瞒。在奥林巴斯会计舞弊一案中，毕马威和安永并没有发挥应有的职责，巨额的投资亏损、一系列的企业并购以及高额的咨询费理应引起审计人员的职业关注，但负责审计的毕马威和安永会计师事务所并没有对这些行为作出进一步的测试和查证，其疏忽责任显而易见①。

---

① 赵兴富：《奥林巴斯会计舞弊案例的相关启示》，《中国证券期货》，2012 年第 4 期。

# 第一节 财务报表审计中与舞弊相关的责任

## 一、舞弊的含义和种类

### （一）舞弊的含义

舞弊是指被审计单位的管理层、治理层、员工或第三方使用欺骗手段获取不当或非法利益的故意行为。舞弊是现代经济社会的一个"毒瘤"，其发生比较普遍。据美国注册舞弊调查师联合会 2002 年的一份研究报告估计，美国每年因舞弊导致的损失达 6 000 亿美元，占企业营业收入的 6%，尚不包括因公司财务报告舞弊导致的投资者损失。例如，安然(Enron)财务报告造假曝光后，其股票价格狂跌，投资者估计损失约 900 亿美元。

### （二）舞弊的种类

舞弊是一个宽泛的法律概念，但在财务报表审计中，注册会计师关注的是导致财务报表发生重大错报的舞弊。与财务报表审计相关的故意错报，包括编制虚假财务报告导致的错报和侵占资产导致的错报。

1. 编制虚假财务报告导致的错报

编制虚假财务报告涉及为欺骗财务报表使用者而作出的故意错报(包括对财务报表金额或披露的遗漏)。这可能是由于管理层通过操纵利润来影响财务报表使用者对被审计单位业绩和盈利能力的看法而造成的。此类利润操纵可能从一些小的行为，或对假设的不恰当调整和对管理层判断的不恰当改变开始。压力和动机可能使这些行为上升到编制虚假财务报告的程度。由于承受迎合市场预期的压力或追求以业绩为基础的个人报酬最大化，管理层可能故意通过编制存在重大错报的财务报表而导致虚假财务报告。美国的安然、世通(Worldcom)以及我国的琼民源、银广夏、红光实业等舞弊案件都属于这一种类。在某些被审计单位，管理层可能有动机大幅降低利润以降低税负，或虚增利润以向银行融资。

**小资料**

1996 年 12 月，以生产珠宝、玉器为主业的西安达尔曼实业股份有限公司在上海证券交易所上市，是当时陕西第一家民营上市公司，享有"中华珠宝第一股"的美誉。2004 年 4 月，却曝出达尔曼 2003 年年报有重大问题。随后，达尔曼董事长卷款出逃。经查。达尔曼"通关"上市，造价 8 年，虚增销售收入，为了做到天衣无缝，该公司不惜以高额税负作为代价，比如每一笔完成的交易都按章缴纳增值税，形成的利润也正常缴纳所得税。

管理层可能通过以下方式编制虚假财务报告：

(1) 对编制财务报表所依据的会计记录或支持性文件进行操纵、弄虚作假(包括伪造)篡改。

(2) 在财务报表中错误表达或故意漏记事项、交易或其他重要信息。

(3) 故意地错误使用与金额、分类、列报或披露相关的会计准则。

编制虚假财务报告通常涉及管理层凌驾于控制之上,而这些控制却看似有效运行。管理层通过凌驾于控制之上实施舞弊的手段主要包括以下各项:

(1) 编制虚假会计分录,特别是在临近会计期末时,从而操纵经营成果或实现其他目的。

(2) 不恰当地调整对账户余额作出估计时使用的假设和判断。

(3) 在财务报表中漏记、提前或推迟确认报告期内发生的事项和交易。

(4) 隐瞒或不予披露可能影响财务报表金额的事实。

(5) 构造复杂交易,以歪曲财务状况或经营成果。

(6) 篡改与重大和异常交易相关的记录和条款。

2. 侵占资产导致的错报

侵占资产包括盗窃被审计单位资产,通常的做法是员工盗窃金额相对较小且不重要的资产、侵占资产也可能涉及管理层,他们通常更能够通过难以发现的手段掩饰或隐瞒侵占资产的行为。侵占资产可以通过以下方式实现:

(1) 贪污收到的款项。例如,侵占收到的应收账款或将与已注销账户相关的收款转移至个人银行账户。

(2) 盗窃实物资产或无形资产。例如,盗窃存货以自用或出售、盗窃废料以再销售、通过向被审计单位竞争者泄露技术资料与其串通以获取回报。

(3) 使被审计单位对未收到的商品或未接受的劳务付款。例如,向虚构的供应商支付款项、供应商向采购人员提供回扣以作为其提高采购价格的回报、向虚构的员工支付工资。

(4) 将被审计单位资产挪为私用。例如,将被审计单位资产作为个人或关联方贷款的抵押。

侵占资产通常伴随着虚假或误导性的记录或文件,其目的是隐瞒资产丢失或未经适当授权而被抵押的事实。

## 二、治理层、管理层的责任与注册会计师的责任

### (一) 治理层、管理层的责任

被审计单位治理层和管理层对防止或发现舞弊负有主要责任。

管理层在治理层的监督下,高度重视对舞弊的防范和遏制是非常重要的。对舞弊进行防范可以减少舞弊发生的机会;对舞弊进行遏制,即发现和惩罚舞弊行

为,能够警示被审计单位人员不要实施舞弊。对舞弊的防范和遏制需要管理层营造诚实守信和合乎道德的文化,这一文化能够在治理层的有效监督下得到强化。

美国注册会计师协会和其他职业会计团体一起出版了《管理层反舞弊方案和控制:防范和发现舞弊指南》(以下简称《指南》)。《指南》认为,三方面的行动有助于防范舞弊的发生:

(1) 营造和保持讲诚信,讲道德的文化。

(2) 评估舞弊风险并实施方案以控制、化解风险。

(3) 建立适当的舞弊监督程序,如由审计委员会监督内部控制和财务报告。

治理层的监督包括考虑管理层凌驾于控制之上或对财务报告过程施加其他不当影响的可能性。例如,管理层为了影响分析师对被审计单位业绩和盈利能力的看法而操纵利润。

**(二) 注册会计师的责任**

对于注册会计师发现舞弊的责任,注册会计师职业界与社会公众之间存在期望差。在重大的财务报告舞弊案件发生后,社会公众总是会问"注册会计师干什么去了"。注册会计师职业界往往会辩解财务报表审计不是专门的舞弊调查,在发现舞弊方面有很大的局限性。期望差的存在影响社会公众对注册会计师行业的信心,也是准则制定机构不断修订这方面准则的主要动力。

注册会计师对发现舞弊方面的责任可以从正反两个方面界定。

1. 一方面,在按照审计准则的规定执行审计工作时,注册会计师有责任对财务报表整体是否不存在由于舞弊或错误导致的重大错报提供合理保证

编制虚假财务报告直接导致财务报表产生错报,侵占资产通常伴随着虚假或误导性的文件记录。因此,对能够导致财务报告产生重大错报的舞弊,注册会计师应当合理保证能够予以发现,这是实现财务报表审计目标的内在要求,也是财务报表审计的价值所在。审计准则还规定,在获取合理保证时,注册会计师有责任在整个审计过程中保持职业怀疑,考虑管理层凌驾于控制之上的可能性,并认识到对发现错误有效的审计程序未必对发现舞弊有效。

2. 另一方面,由于审计的固有限制,即使注册会计师按照审计准则的规定恰当计划和执行了审计工作,也不可避免地存在财务报表中的某些重大错报未被发现的风险。注册会计师不能对财务报表整体不存在重大错报提供绝对保证

在舞弊导致错报的情况下,固有限制的潜在影响尤其重大。舞弊导致的重大错报未被发现的风险,大于错误导致的重大错报未被发现的风险。其原因是舞弊可能涉及精心策划和蓄意实施以进行隐瞒(如伪造证明或故意漏记交易),或者有意向注册会计师提供虚假陈述。如果涉及串通舞弊,注册会计师可能更加难以发现蓄意隐瞒的企图。串通舞弊可能导致原本虚假的审计证据被注册会计师误认为

具有说服力。

管理层舞弊导致的重大错报未被发现的风险，通常大于员工舞弊导致的重大错报未被发现的风险。其原因是管理层往往可以利用职务之便，直接或间接操纵会计记录，提供虚假的财务信息，或凌驾于为防止其他员工实施类似舞弊而建立的控制之上。

因此，如果在完成审计工作后发现舞弊导致的财务报表重大错报，特别是串通舞弊或伪造文件记录导致的重大错报，并不必然表明注册会计师没有遵守审计准则。注册会计师是否按照审计准则的规定实施了审计工作，取决于其是否根据具体情况实施了审计程序，是否获取了充分、适当的审计证据，以及是否根据证据评价结果出具了恰当的审计报告。

## 三、风险评估程序和其他活动

注册会计师在财务报表审计中考虑舞弊时，同样需要采用风险导向审计的总体思路，即首先识别和评估舞弊风险，然后采取恰当的措施有针对性地予以应对。注册会计师通常采用下列程序来识别和评估舞弊风险。

### （一）询问

1. 询问对象

询问程序对于注册会计师获取信息、评估舞弊风险十分有用。注册会计师应当询问治理层、管理层、内部审计人员，以确定其是否知悉任何舞弊事实、舞弊嫌疑或舞弊指控。注册会计师通过询问管理层可以获取有关员工舞弊导致的财务报表重大错报风险的有用信息。然而，这种询问难以获取有关管理层舞弊导致的财务报表重大风险的有用信息。因此，注册会计师还应当询问被审计单位内部的其他相关人员，为这些人员提供机会，使他们能够向注册会计师传递一些信息，而这些信息是他们本身没有机会与其他人沟通的。注册会计师应当考虑向被审计单位内部的下列人员询问：

（1）不直接参与财务报告过程的业务人员。

（2）拥有不同级别权限的人员。

（3）参与生成、处理或记录复杂或异常交易的人员及对其进行监督的人员。

（4）内部法律顾问。

（5）负责道德事务的主管人员或承担类似职责的人员。

（6）负责处理舞弊指控的人员。

2. 询问内容

注册会计师应当根据不同的询问对象，运用职业判断，确定询问内容。

在了解被审计单位及其环境时，注册会计师应当向管理层询问下列事项：

(1) 管理层对财务报表可能存在由于舞弊导致的重大错报风险的评估,包括评估的性质、范围和频率等。

(2) 管理层对舞弊风险的识别和应对过程,包括管理层识别出的或注意到的特定舞弊风险,或可能存在舞弊风险的各类交易、账户余额或披露。

(3) 管理层就其对舞弊风险的识别和应对过程向治理层的通报。

(4) 管理层就其经营理念和道德观念向员工的通报。

除非治理层全部成员参与管理被审计单位,注册会计师应当了解治理层如何监督管理层对舞弊风险的识别和应对过程,以及为降低舞弊风险而建立的内部控制;应当询问治理层,以确定其是否知悉任何影响被审计单位的舞弊事实、舞弊嫌疑或舞弊指控。治理层对这些询问的答复,还可在一定程度上作为管理层答复的佐证的信息。注册会计师可通过参加相关会议、阅读会议纪要或询问治理层等审计程序了解有关情况。

如果被审计单位设有内部审计,注册会计师应当询问内部审计人员,以确定其是否知悉任何影响被审计单位的舞弊事实、舞弊嫌疑或舞弊指控,并获取这些人员对舞弊风险的看法。

**(二) 实施分析程序**

注册会计师实施分析程序有助于识别异常的交易或事项,以及对财务报表和审计产生影响的金额、比率和趋势。在实施分析程序以了解被审计单位及其环境时,注册会计师应当评价在实施分析程序时识别出的异常或偏离预期的关系(包括与收入账户有关的关系),是否表明存在由于舞弊导致的重大错报风险。

**(三) 考虑其他信息**

注册会计师应当考虑获取的其他信息是否表明存在由于舞弊导致的重大错报风险。其他信息可能来源于项目组内部的讨论、客户承接或续约过程以及向被审计单位提供其他服务所获得的经验。

**(四) 组织项目组讨论**

项目组就由于舞弊导致财务报表发生重大错报的可能性进行的讨论可以达到以下目的:

(1) 具有较多经验的项目组成员有机会与其他成员分享关于财务报表易于发生由于舞弊导致的重大错报的方式和领域的见解。

(2) 针对财务报表易于发生由于舞弊导致的重大错报的方式和领域考虑适当的应对措施,并确定分派哪些项目组成员实施特定的审计程序。

(3) 确定如何在项目组成员中共享实施审计程序的结果,以及如何处理可能引起注册会计师注意的舞弊指控。

项目组内部讨论的内容可能包括以下各项:

（1）项目组成员认为财务报表易于发生由于舞弊导致的重大错报的方式和领域、管理层可能编制和隐瞒虚假财务报告的方式以及侵占资产的方式等。

（2）可能表明管理层操纵利润的迹象，以及管理层可能采取的导致虚假财务报告的利润操纵手段。

（3）已知悉的对被审计单位产生影响的外部和内部因素，这些因素可能产生动机或压力使管理层或其他人员实施舞弊、可能提供实施舞弊的机会、可能表明存在为舞弊行为寻找借口的文化或环境。

（4）对接触现金或其他易被侵占资产的员工，管理层对其实施监督的情况。

（5）注意到的管理层或员工在行为或生活方式方法上出现的异常或无法解释的变化。

（6）强调在整个审计过程中对由于舞弊导致重大错报的可能性保持适当关注的重要性。

（7）遇到的哪些情形可能表明存在舞弊。

（8）如何在拟实施审计程序的性质、时间安排和范围中增加不可预见性。

（9）为应对由于舞弊导致财务报表发生重大错报的可能性而选择实施的审计程序，以及特定类型的审计程序是否比其他审计程序更为有效。

（10）注册会计师注意到舞弊指控。

（11）管理层凌驾于控制之上的风险。

## 四、评价舞弊风险因素

注册会计师应当评价通过上述审计程序和相关活动获取的信息，是否表明存在舞弊风险因素。存在舞弊风险因素并不必然表明发生了舞弊，但在舞弊发生时通常存在舞弊风险因素，舞弊风险因素可能表明存在由于舞弊导致的重大错报风险。

根据舞弊存在时通常伴随着的三种情况，这些风险因素可以分为以下三类。

1. 实施舞弊的动机或压力

舞弊者具有舞弊的动机是舞弊发生的首要条件。例如，高级管理人员的报酬与财务业绩或公司股票的市场表现挂钩、公司正在申请融资等情况都可能促使管理层产生舞弊的动机。

2. 实施舞弊的机会

舞弊者需要具有舞弊的机会，舞弊才可能成功。舞弊的机会均一般源于内部控制在设计和运行上的缺陷，如公司对资产管理松懈，公司管理层能够凌驾于内部控制之上，可以随意操纵会计记录等。

3. 为舞弊行为寻找借口的能力

借口是指存在某种态度、性格或价值观念，使管理层或雇员能够做出不诚实的行为,或者管理层或雇员所处的环境促使其能够将舞弊行为予以合理化。借口是舞弊发生的重要条件之一。只有舞弊者能够对舞弊行为予以合理化,舞弊者才可能做出舞弊行为,并心安理得。例如,侵占资产的员工可能认为单位对自身的待遇不公,编制虚假财务报告者可能认为造假不是出于个人私利而是出于公司集体利益。

上述风险因素也被称为“舞弊三角”。这三个风险因素在两类舞弊行为中有不同的体现,表 13-1 和表 13-2 分别列示了注册会计师在执业过程中可能遇到的与两类舞弊行为相关的风险因素。尽管所列示的风险因素涵盖了多种情形,但它们只是一些举例,注册会计师可能识别出其他不同的风险因素。这些举例并非在所有情况下都相关,对于不同规模、不同所有权特征或情况的被审计单位而言,风险因素的重要性可能不同。此外,风险因素示例的列示顺序并不反映它们的相对重要性或发生频率。

表 13-1　　与编制虚假信息财务报告导致的错报相关的舞弊风险因素

| 舞弊发生的因素 | 舞弊风险因素细类 | 舞弊风险因素具体示例 |
| --- | --- | --- |
| 动机或压力 | 财务稳定性或盈利能力受到经济环境、行业状况或被审计单位经营情况的威胁 | 竞争激烈或市场饱和,且伴随着利润率的下降 |
| | | 难以应对技术变革、产品过时、利率调整等因素的急剧变化 |
| | | 客户需求大幅下降,所在行业或总体经济环境中经营失败的情况增多 |
| | | 经营亏损使被审计单位可能破产、丧失抵押品赎回权或遭恶意收购 |
| | | 在财务报表显示盈利或利润增长的情况下,经营活动产生的现金流量经常出现负数,或经营活动不能产生现金流入 |
| | | 高速增长或具有异常的盈利能力,特别是在与同行业其他企业相比时 |
| | | 新发布会计准则、法律法规或监管要求 |
| | 管理层为满足第三方要求或预期而承受过度的压力 | 投资分析师、机构投资者、重要债权人或其他外部人士对盈利能力或增长趋势存在预期(特别是过分激进的或不切实际的预期),包括管理层在过于乐观的新闻报道和年报信息中作出的预期 |
| | | 需要进行额外的举债或权益融资以保持竞争力,包括为重大研发项目或资本性支出融资 |
| | | 满足交易所的上市要求、偿债要求或其他债务合同要求的能力较弱 |
| | | 报告较差财务成果将对正在进行的重大交易(如企业合并或签订合同)产生可察觉的或实际的不利影响 |
| | 管理层或治理层的个人财务状况受到被审计单位财务业绩的影响 | 在被审计单位中拥有重大的经济利益 |
| | | 其报酬中有相当一部分(如奖金、股票期权、基于盈利能力的支付计划)取决于被审计单位能否实现激进的目标(如在股份、经营成果,财务状况或现金流量方面) |
| | | 个人为被审计单位的债务提供了担保 |

（续表）

| 舞弊发生的因素 | 舞弊风险因素细类 | 舞弊风险因素具体示例 |
|---|---|---|
| 动机或压力 | 管理层或经营者面对更高级管理层或治理层对财务或经营指标过高要求的压力 | 治理层为管理层设定了过高的销售业绩或盈利能力等激励指标 |
| 机会 | 被审计单位所在行业或其业务的性质为编制虚假财务报告提供了机会 | 从事超出正常经营过程的重大关联方交易，或者与未经审计或由其他会计师事务所审计的关联企业进行重大交易 |
| | | 被审计单位具有强大的财务实力或能力，使其在特定行业中处于主导地位，能够对与供应商客户签订的条款或条件作出强制规定，从而可能导致不适当、不公允的交易 |
| | | 资产、负债、收入或费用建立在重大估计的基础上，这些估计涉及主观判断或不确定性，难以印证 |
| | | 从事重大、异常或高度复杂的交易（特别是临近期末发生的复杂交易，对该交易是否按照“实质重于形式”原则处理存在疑问） |
| | | 在经济环境及文化背景不同的国家或地区从事重大经营或重大跨境经营 |
| | | 利用商业中介，而此项安排似乎不具有明确的商业理由 |
| | | 在属于“避税天堂”的国家或地区开立重要银行账户或者设立子公司或分公司进行经营，而此类安排似乎不具有明确的商业理由 |
| | 组织结构复杂或不稳定 | 难以确定对被审计单位持有控制性权益的组织或个人 |
| | | 组织结构过于复杂，存在异常的法律实体或管理层级 |
| | | 高级管理人员，法律顾问或治理层频繁更换 |
| | 对管理层的监督失效 | 管理层由1人或少数人控制（在非业主管理的实体中），且缺乏补偿性控制 |
| | | 治理层对财务报告过程和内部控制实施的监督无效 |
| | 内部控制要素存在缺陷 | 对控制的监督不充分，包括自动化控制以及针对中期财务报告（如要求对外报告）的控制 |
| | | 由于会计人员、内部审计人员或信息技术人员不能胜任而频繁更换 |
| | | 会计系统和信息系统无效，包括内部控制存在值得关注的缺陷的情况 |
| 态度或借口 | 管理层态度不端或缺乏诚信 | 管理层未能有效地传递、执行、支持或贯彻被审计单位的价值观或道德标准，或传递了不适当的价值观或道德标准 |
| | | 非财务管理人员过度参与或过于关注会计政策的选择或重大会计估计的确定 |
| | | 被审计单位、高级管理人员或治理层存在违反证券法或其他法律法规的历史记录，或由于舞弊或违反法律法规而被指控 |

（续表）

| 舞弊发生的因素 | 舞弊风险因素细类 | 舞弊风险因素具体示例 |
| --- | --- | --- |
| 态度或借口 | 管理层态度不端或缺乏诚信 | 管理层过于关注保持或提高被审计单位的股票价格或利润趋势 |
| | | 管理层向分析师、债权人或其他第三方承诺实现激进的或不切实际的预期 |
| | | 管理层未能及时纠正发现的值得关注的内部控制缺陷 |
| | | 为了避税的目的，管理层表现出有意通过使用不适当的方法使报告利润最小化 |
| | | 高级管理人员缺乏士气 |
| | | 业主兼经理未对个人事务与公司业务进行区分 |
| | | 股东人数有限的被审计单位股东之间存在争议 |
| | | 管理层总是试图基于重要性原则解释处于临界水平的或不适当的会计处理 |
| | 管理层与责任或前任注册会计师之间的关系紧张 | 在会计、审计或报告事项上经常与现任或前任注册会计师产生争议 |
| | | 对注册会计师提出不合理的要求，如对完成审计工作或出具审计报告提出不合理的时间限制 |
| | | 对注册会计师接触某些人员、信息或治理层进行有效沟通施加不适当的限制 |
| | | 管理层对注册会计师表现出盛气凌人的态度特别是试图影响注册会计师的工作范围或者影响对执行审计业务的人员或被咨询人员的选择和保持 |

表 13-2　**与侵占资产导致的错报相关的舞弊风险因素**

| 舞弊发生的因素 | 舞弊风险因素细类 | 舞弊风险因素具体示例 |
| --- | --- | --- |
| 动机或压力 | 个人的生活方式或财务状况问题 | 接触现金或其他易被侵占（通过盗窃）资产的管理层或员工负有个人债务，可能会产生侵占这些资产的压力 |
| | 接触现金或其他易被盗窃资产的员工与被审计单位之间存在的紧张关系 | 已知或预期会发生裁员 |
| | | 近期或预期员工报酬或福利计划会发生变动 |
| | | 晋升、报酬或其他奖励与预期不符 |
| 机会 | 资产的某些特性或特定情形可能增加其被侵占的可能性 | 持有或处理大额现金 |
| | | 体积小、价值高或需求较大的存货 |
| | | 易于转手的资产，如无记名债券、钻石或计算机芯片 |
| | | 体积小、易于销售或不易识别所有权归属的固定资产 |

（续表）

| 舞弊发生的因素 | 舞弊风险因素细类 | 舞弊风险因素具体示例 |
|---|---|---|
| 机会 | 与资产相关的不恰当的内部控制可能增加资产被侵占的可能性 | 职责分离或独立审核不充分 |
| | | 对高级管理人员的支出（如差旅费及其他报销费用）的监督不足 |
| | | 管理层对负责保管资产的员工的监管不足（如对保管偏远地区的资产的员工监管不足） |
| | | 对接触资产的员工选聘不严格 |
| | | 对资产的记录不充分 |
| | | 对交易（如采购）的授权及批准制度不健全 |
| | 与资产相关的不恰当的内部控制可能增加资产被侵占的可能性 | 对现金、投资、存货或固定资产等的实物保管措施不充分 |
| | | 未对资产作出完整、及时的核对调节 |
| | | 未对交易作出及时、适当的记录（如销货退回未作冲销处理） |
| | | 对处于关键控制岗位的员工未实行强制休假制度 |
| | | 管理层对信息技术缺乏了解，从而使信息技术人员有机会侵占资产 |
| | | 对自动生成的记录的访问控制（包括对计算机系统日志的控制和复核）不充分 |
| 态度或借口 | 管理层或员工不重视相关控制 | 忽视监控或降低与侵占资产相关的风险的必要性 |
| | | 忽视与侵占资产相关的内部控制，如凌驾于现有的控制之上或未对已知的内部控制缺陷采取适当的补救措施 |
| | | 被审计单位人员在行为或生活方式方面发生的变化可能表明资产已被侵占 |
| | | 容忍小额盗窃资产的行为 |
| | 对被审计单位存在不满甚至敌对情绪 | 被审计单位人员的行为表明其对被审计单位感到不满，或对被审计单位对待员工的态度感到不满 |

小资料

### 当前上市公司的舞弊十招①

自我交易：不少上市公司设立空壳公司或皮包公司，通过资金运作虚增收入、资产或虚减费用、债务；这些空壳公司实为同一控制人所控制，是实质意义上的关联方。

循环交易：一些上市公司经常通过多方交易进行循环交易，如上市公司销售商品或提供劳务给B，B又卖给C，C再卖回到上市公司，这样的财务安排，可以达到既增加营收规模，又可以

① http://www.sina.com.cn，2006年08月19日16:20，全景网络—证券时报。

节税。

阴阳交易：一些上市公司开具阴阳发票、订立阴阳合同粉饰交易的真相，*ST源药就是这方面造假的典范，这家公司在出售子公司股权时，签订了阴阳协议，使名义的出售价格低于实际出售价格，差额部分作为收入入账；在收购子公司股权时，又通过阴阳协议，使名义收购价大于实际收购价，差额部分也作为收入入账。

填塞渠道：在期末时通过调节经销商库存以调节收入确认金额，科龙就是这方面的典范，最近披露的长征电器主要财务舞弊手法也是填塞渠道，这种会计数字游戏在实务中被广泛运用，很多人不认为是一种财务舞弊，但事实上其可能提前或者推迟确认收入。

不断并购：厦门国家会计学院黄世忠老师曾在安然、世通事件发生后发出警告，收购兼并是滋生财务舞弊的温床，并提醒投资者注意公允价值容易被滥用的倾向。实际上，不断并购是财务舞弊最强的征兆之一，大量的"系"垮台也证明了这一点，不断并购的背后是资金链紧张以及业绩的实质下滑，一些上市公司将并购作为拆东墙补西墙的手段。

会计差错：一些上市公司利用前期会计差错追溯调整的规定，将亏损往前移，典型案例很多，在会计估计变更与会计差错之间，更多的上市公司选择了会计差错，因为会计估计变更导致的损益要直接进入当期损益。

大洗澡：某公司2005年年报曝出了30多亿元的亏损，这是中国上市公司又一起非常恶劣的大洗澡，而且这也不是上市公司第一次玩这种数字游戏，亏过头实际上是隐瞒净资产，在以后期间可以释放出来作利润。在中国只要上市公司控制权发生转移，基本上都会玩这个游戏，这导致控制权转移后的公司实际经营业绩基本不可信。

报表重组：不少上市公司通过置出不良资产、置入优质资产等方式对财务报表进行清洗，以降低巨额潜亏带来的资产减值或财务造假压力，但实际上，所谓的优质资产往往是虚假的优质资产；此外，一些上市公司通过托管、承包、租赁等方式账面冻结不良资产，这也只能是临时过渡手法，实质上也严重违反了会计准则规定。

隐瞒炒股：炒股并不是上市公司的主业，而且风险也比较高；在牛市时，一些上市公司通过与庄家合作、配合提供炒作素材等方式，投入巨额资金炒作自己的股票，而这些收益是不能见光的，于是通过财务手法粉饰为主营业务收入，东方电子就是这种手法的"典范"；而在熊市时，这些巨额资金在股市灰飞烟灭，这时上市公司高管可能要承担挪用资金刑事责任，于是上市公司又费尽心思将这些亏损变成主营业务亏损或者是担保引发的亏损等，如安徽一家上市公司总资产只有十几个亿，曝出近10亿元的窟窿，事后认定主要是虚构存货，笔者不相信存货虚构会高达近10亿元，并怀疑这10亿元亏损背后是巨额资产挪作他用，最后颗粒无收造成的。

现金陷阱：2005年，我们发现不少上市公司账面巨额现金（货币资金）不实，我们指控近30家上市公司虚构现金、隐瞒现金受限事实，结果例无虚发，有10多家公司很快就在年报或临时报告中承认做假。2006年是清欠年，占用上市公司巨额资金不还将承担刑事责任，一些责任人也被公安机关法办，在这种压力下，不少公司玩隐瞒占资、占资假还的游戏。目前，一些上市公司隐瞒借款、隐瞒出具银票、隐瞒担保现象还很严重，这是危害上市公司质量的最大祸患之一。

## 五、评估舞弊导致的重大错报风险

在评估舞弊导致的重大错报风险时，注册会计师应当特别关注被审计单位收入确认方面的舞弊风险。COSO的一份研究报告显示，在1987—1997年期间提供虚假财务报告的美国公司中，其中有一半采取的手法是提前确认收入或虚构产生收入的交易。对财务信息作出虚假报告导致的重大错报通常源于多计或少计收入。因此，审计准则规定，在识别和评估由于舞弊导致的重大错报风险时，注册会计师应当基于收入确认存在舞弊风险的假定，评价哪些类型的收入、收入交易或认定导致舞弊风险。如果认为收入确认存在舞弊风险的假定不适用于业务的具体情况，从而未将收入确认作为由于舞弊导致的重大错报风险领域，注册会计师应当在审计工作底稿中记录得出结论的理由。

## 六、应对舞弊导致的重大错报风险

在识别和评估舞弊导致的重大错报风险后，注册会计师需要采取适当的应对措施，以将审计风险降至可接受的低水平。舞弊导致的重大错报风险属于特别风险，注册会计师应当按照审计准则的规定予以应对。注册会计师通常从三个方面应对此类风险：①总体应对措施；②针对舞弊导致的认定层次的重大错报风险实施的审计程序；③针对管理层凌驾于控制之上的风险实施的程序。

**(一) 总体应对措施**

在针对评估的由于舞弊导致的财务报表层次重大错报风险确定总体应对措施时，注册会计师应当作如下考虑：

(1) 在分派和督导项目组成员时，考虑承担重要业务职责的项目组成员所具备的知识、技能和能力，并考虑由于舞弊导致的重大错报风险的评估结果。

(2) 评价被审计单位对会计政策(特别是涉及主观计量或复杂交易的交易的会计政策)的选择和运用，是否可能表明管理层通过操纵利润对财务信息作出虚假报告。

(3) 在选择审计程序的性质、时间安排和范围时，增加审计程序的不可预见性。

**(二) 针对舞弊导致的认定层次重大错报风险实施的审计程序**

按照《中国注册会计师审计准则第1231号——针对评估的重大错报风险采取的应对措施》的规定，注册会计师应当设计和实施进一步审计程序，审计程序的性质、时间安排和范围应当能够应对评估的由于舞弊导致的认定层次重大错报风险。

注册会计师应当考虑通过下列方式，应对舞弊导致的认定层次重大错报风险。

(1) 改变拟实施审计程序的性质，以获取更为可靠、相关的审计证据，或获取其他佐证性信息，包括更加重视实地观察或检查，在实施函证程序时改变常规函证内容，询问被审计单位的非财务人员等。

（2）改变实质性程序的时间，包括在期末或接近期末实施实质性程序，或针对本期较早时间发生的交易事项或贯穿于本会计期间的交易事项实施测试。

（3）改变审计程序的范围，包括扩大样本规模、采用更详细的数据实施分析程序等。

注册会计师针对舞弊导致的认定层次重大错报风险所采取的具体应对措施，取决于已发现的舞弊风险因素类型以及各类具体的交易、账户余额相关认定。表13-3和表13-4分别列举了针对两大类舞弊风险的若干审计程序。表中所列程序不可能穷尽所有可实施的审计程序，在不同业务中各个审计程序的相关性和效果也存在差异，因此，表中所列仅供参考。

表13-3　　具体应对措施——由于编制虚假财务报告导致的错报

| 特定认定 | 应对程序 | 举例或解释 |
| --- | --- | --- |
| 收入确认 | 针对收入项目，使用分解的数据实施实质性分析程序 | 例如，按照月份、产品线或业务分部将本期收入与具有可比性的以前期间收入进行比较。利用计算机辅助审计技术可能有助于发现异常的或未预期到的收入关系或交易 |
| | 向被审计单位的客户函证相关的特定合同条款以及是否存在背后协议 | 因为相关的会计处理是否适当，往往会受到这些合同条款或协议的影响，并且这些合同条款或协议所涉及的销售折扣或其相关期间往往记录得不清楚。例如，商品接受标准、交货与付款条件、不承担期后或持续性的卖方义务、退货权、保证转售金额以及撤销或退款等条款在此种情形下通常是相关的 |
| | 向被审计单位的销售和营销人员或内部法律顾问询问临近期末的销售或发货情况，以及他们所了解的与这些交易相关的异常条款或条件 | |
| | 期末在被审计单位的一处或多处发货现场实地观察发货情况或准备发出的货物情况（或待处理的退货），并实施其他适当的销售及存货截止测试 | 实施此类程序的目的在于验证收入的真实性和确认截止时点的准确性 |
| | 对于通过电子方式自动生成、处理、记录的销售交易实施控制测试 | 此类控制测试可以确定这些控制是否能够为所记录的收入交易已真实发生并得到适当地记录提供保证 |

（续表）

| 特定认定 | 应对程序 | 举例或解释 |
|---|---|---|
| 存货数量 | 检查被审计单位的存货记录 | 以识别在被审计单位盘点过程中或结束后需要特别关注的存货存放地点或存货项目 |
| | 在不预先通知的情况下对特定存放地点的存货实施监盘，或在同一天对所有存放地点实施存货监盘 | |
| | 要求被审计单位在报告期末或临近期末的时点实施存货盘点 | 目的是降低被审计单位在盘点日与报告期末之间操纵存货数量的风险 |
| | 在观察存货盘点的过程中实施额外的程序 | 例如，更严格地检查包装箱中的货物，货物堆放方式（如堆为中空）或标记方式、液态物质（如香水、特殊的化学物质）的质量特征（如纯度、品级或浓度）。利用专家的工作可能在此方面有所帮助 |
| | 按照存货的等级或类别、存放地点或其他分类标准，将本期存货数量与前期进行比较，或将盘点数量与永续盘存记录进行比较 | |
| | 利用计算机辅助审计技术进一步测试存货实物盘点目录的编制 | 例如，按标签号进行检索以测试存货的标签控制，或按照项目的顺序编号进行整理以检查是否存在漏记或重复编号 |
| 管理层估计 | 聘用专家作出独立估计，并与管理层的估计进行比较 | |
| | 将询问范围延伸至管理层和会计部门以外的人员，以印证管理层完成与作出会计估计相关的计划的能力和意图 | |

表 13-4　　**具体应对措施——由于侵占资产导致的错报**

| 特定认定 | 应对程序 | 举例或解释 |
|---|---|---|
| 货币资金、有价证券 | 在期末或临近期末对现金或有价证券进行监盘 | |
| | 直接向被单位的客户询证所审计期间的交易活动 | 包括赊销记录、销售退回情况、付款日期等 |
| | 分析已注销账户的恢复使用情况 | |
| 存货 | 按照存货存放地点或产品类型分析存货短缺情况 | |
| | 将关键存货指标与行业正常水平进行比较 | 如存货周转率、存货周转天数等 |
| | 对于发生减计的永续盘存记录，复核其支持性文件 | |

（续表）

| 特定认定 | 应对程序 | 举例或解释 |
| --- | --- | --- |
| 采购活动 | 利用计算机技术将供货商名单与被审计单位员工名单进行对比，以识别地址或电话号码相同的数据 | 该程序可用以识别员工在采购环节牟取私利的行为 |
| 劳务（包括应付工资、相关费用等） | 利用计算机技术检查工资单记录中是否存在重复的地址、员工身份证明、纳税识别编号或银行账号 | 该程序可用以识别虚领工资或薪酬的行为 |
| | 检查人事档案中是否存在只有很少记录或缺乏记录的档案，如缺少绩效考评的档案 | 该程序可用以识别虚假的员工身份记录及潜在的舞弊（如虚领工资、虚开劳务报酬） |
| 销售活动 | 分析销售折扣和销售退回等 | 该程序可以识别异常的模式或趋势 |
| | 向第三方函证合同的具体条款 | |
| | 获取合同是否按照规定的条款得以执行的审计证据 | |
| 费用开支 | 复核大额和异常的费用开支是否适当 | |
| | 复核高级管理人员提交的费用报告的金额及适当性 | |
| 向员工提供资金担保 | 复核被审计单位向高级管理人员和关联提供的贷款的授权及其账面价值 | |

**（三）针对管理层凌驾于控制之上的风险实施的审计程序**

由于管理层在被审计单位的地位，管理层凌驾于控制之上的风险几乎在每个审计项目中都会存在。对财务信息作出虚假报告通常与管理层凌驾于控制之上有关。COSO 报告显示，在 1987 到 1997 年期间提供虚假财务报告的美国公司中，有 83％以上的舞弊案件涉及首席执行官或财务主管。管理层通过凌驾于控制之上实施舞弊的手段主要包括：编制虚假的会计分录，特别是在临近会计期末时；滥用或随意变更会计政策；不恰当地调整会计估计所依据的假设及改变原先做出的判断；故意漏记、提前确认或推迟确认报告期内发生的交易或事项；隐瞒可能影响财务报表金额的事实；构造复杂或虚假的交易以歪曲财务状况或经营成果；篡改与重大或异常交易相关的会计记录和交易条款。

管理层凌驾于控制之上的风险属于特别风险。无论对管理层凌驾于控制之上的风险评估结果如何，注册会计师都应当设计和实施审计程序。

1. 测试日常会计核算过程中编制的会计分录以及编制财务报表过程中作出的其他调整是否适当

在设计和实施审计程序，以测试日常会计核算过程中编制的会计分录以及编制财务报表过程中作出的其他调整是否适当时，注册会计师应当作以下考虑：

（1）向参与财务报告过程的人员询问与处理会计分录和其他调整相关的不恰当或异常的活动。

（2）选择在报告期末编制的会计分录和作出的其他调整。

（3）考虑是否有必要测试整个会计期间的会计分录和其他调整。

2. 复核会计估计是否存在偏向，并评价产生这种偏向的环境是否表明存在由于舞弊导致的重大错报风险

在复核会计估计是否存在偏向时，注册会计师应当作以下考虑：

（1）评价管理层在作出会计估计时所作出的判断和决策是否反映出管理层的某种偏向（即使判断和决策单独看起来是合理的），从而可能表明存在由于舞弊导致的重大错报风险。如果存在偏向，注册会计师应当从整体上重新评价会计估计。

（2）追溯复核与以前年度财务报表反映的重大会计估计相关的管理层判断和假设。

3. 对于超出被审计单位正常经营过程的重大交易，或基于对被审计单位及其环境的了解以及在审计过程中获取的其他信息而显得异常的重大交易，评价其商业理由（或缺乏商业理由）是否表明被审计单位从事交易的目的是为了对财务信息作出虚假报告或掩盖侵占资产的行为

以下迹象可能表明被审计单位从事超出其正常经营过程的重大交易或虽然未超出其正常经营过程，但显得异常的重大交易。从事这些交易的目的可能是为了对财务信息作出的虚假报告或掩盖侵占资产的行为：

（1）交易的形式显得过于复杂（例如，交易涉及集团内部多个实体，或涉及多个非关联的第三方）。

（2）管理层未与治理层就此类交易的性质和会计处理进行过讨论，且缺乏充分的记录。

（3）管理层更强调采用某种特定的会计处理的需要，而不是交易的经济实质。

（4）对于涉及不纳入合并范围的关联方（包括特殊目的实体）的交易，治理层未进行适当的审核与批准。

（5）交易涉及以往未识别出的关联方，或涉及在没有被审计单位帮助的情况下不具备物质基础或财务能力完成交易的第三方。

## 七、发现舞弊时对审计的影响

（1）重新评估重大错报风险，并考虑重新评估的结果对审计程序的性质、时间安排和范围的影响。

（2）重新考虑此前获取的审计证据的可靠性，包括管理层声明的完整性和可

信性，以及作为审计证据的文件和会计记录的真实性，并考虑管理层与员工或第三方串通舞弊的可能性。

(3) 考虑对审计报告的影响。如果认为财务报表存在舞弊导致的重大错报，或虽认为存在舞弊但无法确定其对财务报表的影响，注册会计师应当根据《中国注册会计师审计准则第1221号——计划和执行审计工作时的重要性》和《中国注册会计师审计准则第1502号——在审计报告中发表非无保留意见》的要求，考虑错报对审计意见的影响。

## 八、与管理层、治理层和监管机构的沟通

1. 与管理层的沟通

当注册会计师已获取的证据表明存在或可能存在舞弊时，尽快提请适当层级的管理层关注这一事项是很重要的。即使该事项(如被审计单位组织结构中处于较低职位的员工挪用小额公款)可能被认为不重要，注册会计师也应当这样做。确定拟沟通的适当层级的管理层，需要运用职业判断，并且这一决定受串通舞弊的可能性、舞弊嫌疑的性质和重要程度等事项的影响。通常情况下，适当层级的管理层至少要比涉嫌舞弊人员高出一个级别。

2. 与治理层的沟通

如果确定或怀疑舞弊涉及管理层、在内部控制中承担重要职责的员工以及其舞弊行为可能导致财务报表重大错报的其他人员，注册会计师应当尽早就此类事项与治理层沟通。

如果怀疑舞弊涉及管理层，注册会计师应当将此怀疑向治理层通报，并与其讨论为完成审计工作所必需的审计程序的性质、时间安排和范围。

如果根据判断认为还存在与治理层职责相关的、涉及舞弊的其他事项，注册会计师应当就此与治理层沟通。这些事项可能包括：①对管理层评估的性质、范围和频率的疑虑，这些评估是针对旨在防止和发现舞弊的控制及财务报表可能存在的重大错报风险而实施的；②管理层未能恰当应对识别出的值得关注的内部控制缺陷或舞弊；③注册会计师对被审计单位控制环境的评价，包括对管理层胜任能力和诚信的疑虑；④可能表明存在编制虚假财务报告的管理层行为。例如，对会计政策的选择和运用可能是表明管理层操纵利润，以影响财务报表使用者对被审计单位业绩和盈利能力的看法，从而欺骗财务报表使用者。⑤对超出正常经营过程的交易的授权的适当性和完整性的疑虑。

3. 与监管机构的沟通

如果识别出舞弊或怀疑存在舞弊，注册会计师应当确定是否有责任向被审计单位以外的机构报告。

尽管注册会计师对客户信息负有的保密义务可能妨碍这种报告，但如果法律法规要求注册会计师履行报告责任，注册会计师应当遵守法律法规的规定。

同步思考 13-1

注册会计师是否有责任查处所有的舞弊？讨论注册会计师在发现舞弊时的固有限制都有哪些？

## 第二节 财务报表审计中对法律法规的考虑

违反法律法规是指被审计单位有意或无意地违背除适用的财务报告编制基础以外的现行法律法规的行为。违反法规行为具体涉及下列三个方面：①被审计单位从事的违反法规行为；②以被审计单位名义从事的违反法规行为。例如，控股股东以被审计单位名义从事的违反法规行为；③管理层或员工以被审计单位名义从事的违反法规行为，但不包括管理层和员工个人从事的、与被审计单位经营活动无关的不当行为。

### 一、需要遵守的两类不同的法律法规

不同的法律法规对财务报表的影响差异很大。被审计单位需要遵守的所有法律法规，构成注册会计师在财务报表审计中需要考虑的法律法规构架。某些法律法规的规定对财务报表有直接影响，决定财务报表中报告的金额和披露。而有些法律法规需要管理层遵守，或规定了允许被审计单位开展经营活动的条件，但不会对财务报表产生直接影响。某些被审计单位属于高度管制的行业，如银行或化工企业等。而有些被审计单位仅受到通常与经营活动相关的法律法规的制约，如安全生产线和公平就业等。因此，概括起来，被审计单位需要遵守以下两类不同的法律法规。

(1) 通常对决定财务报表中的重大金额和披露有直接影响的法律法规（如税收和企业年金方面的法律法规）。

(2) 对决定财务报表中的金额和披露没有直接影响的其他法律法规，但遵守这些法律法规（如遵守经营许可条件、监管机构对偿债能力的规定或环境保护要求）对被审计单位的经营活动、持续经营能力或避免大额罚款至关重要；违反这些法律法规，可能会对财务报表产生重大影响。

被审计单位的违反法规行为可能与财务报表相关，有些违反法规行为还可能产生重大财务后果，进而影响财务报表的合法性和公允性。如果不实施必要的审计程序，则可能导致注册会计师出具不恰当的审计报告。因此，在设计和实施审计程序以及评价和报告审计结果时，注册会计师应当充分关注被审计单位违反法规

行为可能对财务报表产生的重大影响。

## 二、管理层遵守法律法规的责任

管理层的责任是在治理层的监督下确保被审计单位的经营活动符合法律法规的规定。

通常,为防止和发现违反法律法规行为,管理层执行的政策和程序包括以下各项。

### (一) 跟踪法律法规的变化,确保设计的经营程序符合法律法规的规定

管理层应当建立有效的制度,通过各种途径和形式(例如,指派专门的部门和人员收集、传达法律法规信息,或聘请法律顾问等),确保及时、全面地了解适用于本企业及所在行业的相关法律法规及其变化,并根据法律法规的要求,制定和修改经营程序,使之符合法律法规的规定。

### (二) 建立和执行适当的内部控制

这是确保被审计单位遵守法律法规的一个重要举措。管理层应当按照国家有关规定和企业实际情况,建立和执行适当的内部控制,以合理保证经营活动符合现行法律法规的要求。

### (三) 制定、公布和落实行为守则

管理层应当在了解相关法律法规要求的基础上,制定符合法律法规要求的行为规范,并予以公布,通过使每个员工和各项活动都遵守行为规范,确保整体经营管理活动的合法性。

### (四) 确保员工得到适当培训,了解行为守则

被审计单位虽然公布了行为规范,但有的员工可能不知道或者不能准确理解这些行为规范。因此,有必要对员工进行适当的培训。培训可以使所有员工了解行为守则,明确自己的日常行为哪些是正确的,哪些可能违反了法律法规。

### (五) 监控行为守则的遵守情况,对违反行为守则的员工采取恰当的措施给予处分

由于利益驱动或其他原因,被审计单位虽然公布了行为规范并提供了必要的培训,但员工仍然可能故意或无意地违反行为规范。因此,有必要采取措施监控行为规范的遵守情况,并适当处罚违反行为规范的员工,这样有利于促使全体员工自觉遵守行为规范。

### (六) 聘请法律顾问以帮助管理层跟踪法律法规的变化

由于专业限制等原因,管理层可能无法非常准确地了解和运用适用于本单位的所有相关法律法规,因此,聘请法律顾问通常是很有必要的。

**(七) 汇编重要的、被审计单位在其所处行业必须遵守的法律法规,保存被投诉的记录**

汇编必须遵守的所有法律法规,是一项极其重要的基础性管理工作。为确保经营活动的合法性而设计相关内部控制、制定员工行为规范和实施适当培训等,都是在这个基础上进行的。保存被投诉的记录也有积极的作用,不仅有利于管理层和员工了解被审计单位某些方面存在的缺陷与不足,还有利于根据投诉记录及其调查结果作出适当的处理,修订经营程序,完善相关的行为规范。

**(八) 对于大型被审计单位,将适当的职责分派给内部审计机构、审计委员会和合规部门(法律部门),帮助管理层履行防止和发现违反法规行为的责任**

有的被审计单位可能设立了专门的内部审计机构和审计委员会,有的则可能仅配备了专门的内部审计人员,以履行内部审计职能。被审计单位可以根据需要和实际情况,将部分职责(例如,拟订或修改行为规范和内部控制制度、对员工提供适当的培训、监控行为规范的遵守情况等)分配给内部审计机构、审计委员会和合规部门(法律部门),以帮助管理层履行防止和发现违反法规行为的责任。

## 三、注册会计师的责任

注册会计师有责任对财务报表整体不存在由于舞弊或错误导致的重大错报提供合理保证。

在执行财务报表审计时,注册会计师需要考虑适用于被审计单位的法律法规框架。由于审计的固有限制,即使注册会计师按照审计准则的规定恰当地计划和执行审计工作,也不可避免地存在财务报表中的某些重大错报未被发现的风险。就法律法规而言,由于下列审计的固有限制对注册会计师发现重大错报的能力的潜在影响会加大:①许多法律法规主要与被审计单位经营活动相关,通常不影响财务报表,且不能被与财务报告相关的信息系统所获取;②违反法律法规可能涉及故意隐瞒的行为,如共谋、伪造、故意漏记交易、管理层凌驾于控制之上或故意向注册会计师提供虚假陈述;③某行为是否构成违反法律法规,最终只能由法院认定。

因此,注册会计师没有责任防止被审计单位违反法律法规行为,也不能期望其发现所有的违反法律法规行为。

针对前述被审计单位需要遵守的两类不同的法律法规,注册会计师应当承担不同的责任:

(1) 针对被审计单位需要遵守的第一类法律法规,注册会计师的责任是,就被审计单位遵守这些法律法规的规定获取充分、适当的审计证据。

(2) 针对被审计单位需要遵守的第二类法律法规,注册会计师的责任仅限于实施特定的审计程序,以有助于识别可能对财务报表产生重大影响的违反这些法律法规的行为。

在审计过程中，为了对财务报表形成审计意见而实施的其他审计程序，可能使注册会计师识别出或怀疑被审计单位存在违反法律法规行为，注册会计师对此应保持警觉。事实上，考虑到法律法规对被审计单位产生影响的范围，注册会计师在整个审计过程中均应保持职业怀疑。

## 四、对被审计单位遵守法律法规的考虑

### （一）对法律法规框架的了解

在了解被审计单位及其环境时，注册会计师应当总体了解下列事项：适用于被审计单位及其所处行业或领域的法律法规框架；被审计单位如何遵守这些法律法规框架。

为了总体了解法律法规框架以及被审计单位如何遵守该框架，注册会计师可以采取下列措施：

（1）利用对被审计单位行业状况、监管环境以及其他外部因素的了解。

（2）更新对直接决定财务报表中的报告金额和列报的法律法规的了解。

（3）向管理层询问对被审计单位经营活动预期可能产生至关重要影响的其他法律法规。

（4）向管理层询问被审计单位制订的有关遵守法律法规的政策和程序。

（5）向管理层询问在识别、评价和会计处理诉讼索赔时采用的政策和程序。

### （二）对决定财务报表中的重大金额和披露有直接影响的法律法规

某些法律法规已经较为完善，为被审计单位及其所在行业或部门所知悉，并与被审计单位财务报表相关。这些法律法规可能与下列事项相关：

（1）财务报表的格式和内容。

（2）特定行业的财务报告问题。

（3）根据政府合同对交易进行的会计处理。

（4）所得税费用或退休金成本的应计或确认。

这些法律法规的某些规定可能与财务报表中的特定认定直接相关（如所得税费用的完整性），而其他规定可能与财务报表整体直接相关（如规定的构成整套财务报表的报表）。针对通常对决定财务报表中的重大金额和披露有直接影响的法律法规的规定，注册会计师应当获取被审计单位遵守这些规定的充分、适当的审计证据。

### （三）识别违反其他法律法规的行为的程序

其他法律法规可能因其对被审计单位的经营活动具有至关重要的影响，需要注册会计师予以特别关注。违反此类法律法规可能导致被审计单位终止业务活动

或对其持续经营能力产生疑虑。例如,违反许可证规定或经营的权限(如对银行来说违反资本或投资规定),可能产生这种后果。同时,存在许多与被审计单位经营活动相关的法律法规,它们并不对财务报表产生影响,也不会被与财务报告相关的信息系统反映。

因此,注册会计师应当实施下列审计程序,以有助于识别可能对财务报表产生重大影响的违反其他法律法规的行为。

(1) 向管理层和治理层(如适用)询问被审计单位是否遵守了这些法律法规。

(2) 检查被审计单位与许可证颁发机构或监管机构的往来函件。

**(四) 书面声明**

注册会计师应当向管理层获取书面声明,以表明被审计单位已将其知悉的、影响财务报表的所有违反或可能违反相关法律法规的情况告知注册会计师。

由于法律法规对财务报表的影响差异很大,对于管理层识别出的或怀疑存在的,可能对财务报表产生重大影响的违反法律法规行为,书面声明可以提供必要的审计证据。然而,管理层声明是非独立来源的审计证据,其可靠性较弱,并不提供充分、适当的审计证据,因此,不影响注册会计师拟获取的其他审计证据的性质和范围。

## 五、识别出或怀疑存在违反法律法规行为时实施的审计程序

### (一) 识别出违反法律法规行为相关的信息时的审计程序

如果注册会计师发现下列事项或相关信息,可能表明被审计单位存在违反法律法规行为:

(1) 受到监管机构、政府部门的调查,或者支付罚金或受到处罚。

(2) 向未指明的服务付款,或向顾问、关联方、员工或政府雇员提供贷款。

(3) 与被审计单位或所处行业正常支付水平或实际收到的服务相比,支付过多的销售佣金或代理费用。

(4) 采购价格显著高于或低于市场价格。

(5) 异常的现金支付,以银行本票向持票人付款的方式采购。

(6) 与在"避税天堂"注册的公司存在异常交易。

(7) 向货物或服务原产地以外的国家或地区付款。

(8) 在没有适当的交易控制记录的情况下付款。

(9) 现有的信息系统不能(因系统设计存在问题或因突发性故障)提供适当的审计轨迹或充分的证据。

(10) 交易未经授权或记录不当。

(11) 负面的媒体评论。

如果注意到、识别出违反法律法规行为相关的上述信息,注册会计师应当:

(1) 了解违反法律法规行为的性质及其发生的环境。

(2) 获取进一步的信息,以评价对财务报表可能产生的影响,包括:①违反法律法规行为对财务报表产生的潜在财务后果,如受到罚款、处分、赔偿、封存财产、强制停业和诉讼等;②潜在财务后果是否需要列报;③潜在财务后果是否严重,以致对财务报表的公允反映产生怀疑或导致财务报表产生误导。

**(二) 怀疑被审计单位存在违反法律法规行为时的审计程序**

如果治理层能够提供额外的审计证据,注册会计师可以与治理层讨论其发现。例如,对与可能导致违反法律法规的交易或事项相关的事实和情况,注册会计师可以证实治理层是否对此具有相同的理解。

如果管理层或治理层(如适用)不能向注册会计师提供充分的信息,证明被审计单位遵守了法律法规,注册会计师可以考虑向被审计单位内部或外部的法律顾问咨询有关法律法规在具体情况下的运用,包括舞弊的可能性以及对财务报表的影响。如果认为向被审计单位法律顾问咨询是适当的或不满意其提供的意见,注册会计师可以考虑向所在会计师事务所的法律顾问咨询,以确定被审计单位是否存在违反法律法规行为、可能导致的法律后果(包括舞弊的可能性),以及可能采取的进一步行动。

**(三) 评价违反法律法规行为的影响**

注册会计师应当评价违反法律法规行为对审计的其他方面可能产生的影响,包括对注册会计师风险评估和被审计单位书面声明可靠性的影响。注册会计师识别出的违反法律法规行为的影响,取决于该行为的实施和隐瞒与具体控制活动之间的关系,以及牵涉的管理人员或员工的级别,尤其是被审计单位最高权力机构参与违反法律法规行为所产生的影响。

在例外情况下,如果管理层或治理层没有采取注册会计师认为适合具体情况的补救措施,即使违反法律法规行为对财务报表不重要,如果法律法规允许,注册会计师也可能考虑是否有必要解除业务约定。在决定是否有必要解除业务约定时,注册会计师可以考虑征询法律意见。如果不能解除业务约定,注册会计师可以考虑替代方案,包括在审计报告的其他事项段中描述违反法律法规行为。

## 六、对识别出的或怀疑存在的违反法律法规行为的报告

**(一) 与治理层沟通**

1. 与治理层沟通的总体要求

除非治理层全部成员参与管理被审计单位,因而知悉注册会计师已沟通的、涉及识别出的或怀疑存在的违反法律法规行为的事项,注册会计师应当与治理层沟

通审计过程中注意到的有关违反法律法规的事项，但不必沟通明显不重要的事项。这有利于注册会计师尽到职业责任，为治理层履行对管理层的监督责任提供有用信息。

沟通通常采用书面形式，将书面文件送治理层签收，并将文件副本及签收记录作为审计工作底稿予以保管。如果采用口头沟通方式，应形成沟通记录，并提请沟通对象签字确认。

2. 违反法规行为情节严重时的沟通要求

（1）对故意和重大的违反法规行为的沟通要求。如果根据判断认为需要沟通的违反法律法规行为是故意和重大的，注册会计师应当就此尽快向治理层通报。

所谓"故意"是就违反法规行为的性质而言的，"重大"是就违反法规行为的情节和后果而言的。判定一项违反法规行为足否"故意"或"重大"，除了依据获取的审计证据外，还需要注册会计师运用职业判断。注册会计师一旦发现故意和重大的违反法规行为应尽快与治理层沟通，以便治理层及时了解违反法规行为的严重性，采取相应措施。

（2）怀疑违反法律法规行为涉及管理层或治理层时的沟通要求。如果怀疑违反法律法规行为涉及管理层或治理层，注册会计师应当向被审计单位审计委员会或监事会等更高层级的机构通报。如果不存在更高层级的机构，或者注册会计师认为被审计单位可能不会对通报作出反应，或者注册会计师不能确定向谁报告，注册会计师应当考虑是否需要征询法律意见。

之所以要求注册会计师向被审计单位内部的审计委员会或监事会等更高层次的机构报告，是因为审计委员会或监事会等机构的一项里要职责就是监督和评价管理层等是否存在违反法律法规或者公司章程的行为，并对违法行为予以纠正。

**（二）出具审计报告**

1. 考虑违反法规行为的影响

如果认为违反法律法规行为对财务报表具有重大影响，注册会计师应当要求被审计单位在财务报表中予以恰当反映。

如果被审计单位在财务报表中对该违反法规行为作出恰当反映，注册会计师应当出具无保留意见的审计报告。

如果认为违反法规行为对财务报表有重大影响，且未能在财务报表中得到恰当反映，注册会计师应当出具保留意见或否定意见的审计报告。

2. 考虑审计范围受到限制的影响

（1）来自被审计单位的限制。如果因管理层或治理层阻挠而无法获取充分、适当的审计证据，以评价是否存在或可能存在对财务报表产生重大影响的违反法律法规行为，注册会计师应当根据审计范围受到限制的程度，发表保留意见或无法表示意见。

(2) 其他条件的限制。如果由于审计范围受到管理层或治理层以外的其他方面的限制而无法确定被审计单位是否存在违反法律法规行为，注册会计师应当评价这一情况对审计意见的影响。实务中，审计范围受到其他条件限制的情况较多。例如，客观因素致使注册会计师不能实施审计程序。

**(三) 向监管机构和执法机构报告违反法律法规行为**

如果识别出或怀疑存在违反法律法规行为，注册会计师应当考虑是否有责任向被审计单位以外的监管机构和执法机构等相关机构或人员报告。

值得注意的是，注册会计师考虑是否报告的是经注册会计师发现和确定的严重违反法律法规的行为。所谓“严重”主要是指有重大法律后果或涉及社会公众利益。注册会计师应当了解相关法律法规是否要求报告违反法规行为。例如，商业银行监管法规可能要求注册会计师报告商业银行参与洗钱行为。同时，注册会计师应考虑采取何种方式、何时以及向谁进行报告。

如果无法确定是否有相关法律法规要求向监管机构报告发现的被审计单位的违反法规行为，或者无法确定某项违反法规行为是否应该向监管机构报告，注册会计师通常需要征询相关的法律意见，然后再确定如何处理。

同步思考 13-2

哪些信息表明了被审计单位可能违反了法律法规？

## 本章小结

**■ 本章内容结构图**

- 对舞弊和法律法规的考虑
  - 财务报表审计中与舞弊相关的责任
    - 舞弊的含义和种类
    - 治理层、管理层的责任与注册会计师的责任
    - 风险评估程序和其他活动
    - 评价舞弊风险因素
    - 评估舞弊导致的重大错报风险
    - 应对舞弊导致的重大错报风险
      - 总体应对措施
      - 针对舞弊导致的认定层次重大错报风险实施的审计程序
      - 针对管理层凌驾于控制之上的风险实施的审计程序
    - 发现舞弊时对审计的影响
    - 与管理层、治理层和监管机构的沟通

财务报表审计中对法律法规的考虑
- 需要遵守的两类不同的法律法规
- 管理层遵守法律法规的责任
- 注册会计师的责任
- 对被审计单位遵守法律法规的考虑
- 识别出或怀疑存在违反法律法规行为时实施的审计程序
- 对识别出的或怀疑存在的违反法律法规行为的报告

## ■ 本章主要的名词术语

**舞弊:**是指被审计单位的管理层、治理层、员工或第三方使用欺骗手段获取不当或非法利益的故意行为。

**舞弊三角:**是指实施舞弊的动机或压力、实施舞弊的机会、为舞弊行为寻找借口的能力。

**违反法律法规行为:**是指被审计单位有意或无意地违反会计准则和相关会计制度之外的法律法规的行为。违反法规行为具体涉及下列三个方面:①被审计单位从事的违反法规行为;②以被审计单位名义从事的违反法规行为;③管理层或员工以被审计单位名义从事的违反法规行为,但不包括管理层和员工个人从事的、与被审计单位经营活动无关的不当行为。

# 思考与练习

## 一、思考题

1. 舞弊的种类有哪些?

2. 注册会计师发现舞弊的责任是什么?

3. 识别和评估舞弊风险的审计程序有哪些?

4. 针对舞弊导致的认定层次的重大错报风险,注册会计师可采取的审计程序有哪些?

5. 针对管理层凌驾于控制之上的风险应实施的审计程序有哪些?

6. 识别出或怀疑存在违反法律法规的行为,注册会计师应采取的措施有哪些?

## 二、选择题

1. 注册会计师应考虑通过(　　)方式,应对舞弊导致的认定层次的重大错报风险。

A. 复核会计估计是否有失公允,从而识别可能产生舞弊导致的重大错报

B. 改变实施实质性程序的时间，包括在期末或者是接近期末实施实质性程序，或针对本期较早期间发生的交易事项或贯穿于整个本期的交易事项实施测试

C. 改变审计程序的范围，包括扩大样本，采用更详细的数据实施分析性程序

D. 审计程序的性质，以获取更为可靠的、相关的审计证据，或获取其他佐证性信息，包括更加重视实地观察或检查，在实施函证时改变常规函证内容，询问被审计单位的非财务人员

2. 在识别和评估因舞弊导致的财务报表重大错报风险时，下列做法正确的是（　　）。

A. 考虑是否存在舞弊风险因素

B. 考虑在实施分析性程序时发现的异常关系或偏离预期的关系

C. 考虑客户承接和续约过程中获取的信息

D. 询问管理层针对舞弊设计和实施的内部控制

3. 在实施审计过程中，发现财务经理贪污5万元，对该事项，注册会计师应当采取的措施有（　　）。

A. 重新评估舞弊导致的重大错报风险，并考虑重新评估结果对审计程序性质、时间和范围的影响

B. 直接向监管机构报告

C. 尽早向公司治理层报告

D. 重新考虑此前获取的审计证据的可靠性

4. 注册会计师实施（　　）审计程序，有可能发现被审计单位可能存在影响财务报表的违反法律法规的行为。

A. 阅读会议记录

B. 向管理层和法律顾问询问有关诉讼、索赔和税务纠纷情况

C. 对各类交易、账户余额和列报实施实质性程序

D. 检查被审计单位与许可证颁发机构或监管机构的往来函件

5. 下列有关对法律法规考虑的说法中，不正确的是（　　）。

A. 违反法规行为，是被审计单位有意或无意地违反会计准则和相关会计制度的法律法规的行为

B. 保证经营活动符合法律法规的规定，防止和发现违反法规行为是被审计单位管理层的责任

C. 违反法规行为与通常反映在财务报表中的交易和事项相关度越小，注册会计师越不可能注意到或识别出可能存在的违反法规行为

D. 注册会计师执行财务报表审计业务的目标和责任在于对财务报表发表审计意见。注册会计师的这一责任不能与被审计单位管理层的责任相混淆，更不能

以注册会计师对财务报表的审计代替管理层应承担的遵守法律法规的责任

## 三、案例分析题

A注册会计师在对X公司审计的过程中，获得了如下有关X公司的信息：

(1) 治理层为管理层设定了过高的销售业绩激励指标。

(2) 某高级管理人员近来投资失利，导致债台高筑。

(3) X公司管理层不重视相关控制，容忍小额盗窃资产的行为。

(4) 从事超出正常经营过程的重大关联方交易。

(5) 管理层在会计、审计和报告事项上经常与现任或前任注册会计师产生争议。

(6) 高级管理人员和治理层频繁更换。

(7) X公司在市场上竞争激烈，利润率在逐步下滑。

(8) 出纳预知X公司近期会发生裁员，且认为个人报酬过低。

(9) X公司众多员工对公司晋升及奖励机制不满。

(10) X公司产品体积小、价值高且易于流转。

(11) X公司对资产的记录不充分。

(12) 高级管理人员缺乏士气。

要求：根据对舞弊风险因素的区分，将上述信息分类归入下表中(每一项信息勿重复)。

| 与编制虚假财务报告导致的错报相关 | | | 与侵占资产导致的错报相关 | | |
|---|---|---|---|---|---|
| 动机或压力 | 机会 | 态度或借口 | 动机或压力 | 机会 | 态度或借口 |
| | | | | | |

# 第十四章　完成审计工作



## 本章要点

- 掌握审计差异调整表和试算平衡表的编制
- 掌握完成阶段执行分析程序进行总体复核的内容
- 熟悉对审计结果进行评价的方法
- 了解审计师与治理层沟通的作用及内容
- 掌握审计工作底稿复核的要点
- 理解管理层声明的作用及类型

## 适用的准则和规范

- 《中国注册会计师审计准则第 1341 号——书面声明》
- 《中国注册会计师审计准则第 1313 号——分析程序》
- 《中国注册会计师审计准则第 1151 号——与治理层的沟通》
- 《中国注册会计师审计准则第 1121 号——对财务报表审计实施的质量控制》
- 《质量控制准则第 5101 号——会计师事务所对执行财务报表审计和审阅、其他鉴证和相关服务业务实施的质量控制》

## 引例　良好的复核并不只是看一看审计底稿[①]

李明是武汉某事务所的一名高级审计师，他委派助手小刘对一家大型设备制造商 ABC 公司的应付账款进行审计。对于制造型企业来说，应付账款是一个重要的负债类账户，测试其截止日的账户余额是审计工作的重要一环。测试主要是通过审查被审计单位期后向供应商和其

---

① 阿尔文·A·阿伦斯、兰德尔·J·埃尔德、马克·S·比斯利（谢盛纹，张龙平译）：《审计学——一种整合方法》，北京中国人民大学出版社 2009 年版。

他债权人的付款情况来复核被审计单位的负债记录情况，从而确定其负债是否已恰当记录。

李明在审计过程中发现，小刘花费大量的时间用于打电话联系个人事务，随后在审计业务即将结束前不久，小刘就宣布将要离开事务所。尽管由于私事而分心，但是小刘还是在预定时间内完成了分配给他的工作。鉴于小刘的工作特点，李明决定格外仔细的复核他的审计底稿。李明所复核的每一份明细表都编制恰当，上面有标记并注明了小刘的解释，表明小刘已经对有关数据和凭证进行了广泛的审查，并认为被审计单位报表中的应付账款余额是恰当的。

当李明完成其审计工作后，将审计底稿转交给张清复核。张清是负责该项审计业务的项目经理，对有关设备制造商的知识颇为精通，当然对ABC公司也十分了解。通过复核，包括在审计过程中执行的分析程序，完成了复核过程中追加的分析程序后，她与李明取得了联系，告知他应付账款余额与她的计算结果相悖，并要求他做额外检查。尽管李明曾经检查过小刘所做的审计底稿，但他还是再次对审计底稿涉及的全部凭证进行了审查。结果表明，李明要么根本没有审查过凭证，要么就是在审查过程中敷衍了事。有一张近100万美元的凭证应于所审会计年度入账，但是在资产负债日的负债余额中却未包括这一余额。可以说，张清的复核意义重大，使该事务所避免了一次尴尬或损失。

这个例子形象的说明了审计工作底稿复核的重要性，而审计工作底稿的复核是审计工作完成阶段的重要内容，在这一章我们将对其进行详细阐述。

## 第一节　审计完成阶段的主要内容

审计完成阶段是审计的最后一个阶段，在该阶段中，注册会计师会进行更具综合性的审计工作，如审计特殊项目、汇总审计差异、复核审计工作底稿和财务报表，在此基础上，评价审计结果，在与客户沟通以后，获取管理层声明，确定应出具审计报告的意见类型和措辞，进而编制并致送审计报告，完成审计工作。

### 一、特殊项目的审计

在终结审计阶段，注册会计师需要对一些特殊项目进行审计，包括考虑被审计单位的持续经营假设的合理性，关注期初余额、会计估计、关联方期后事项、或有事项对财务报表的影响等。值得注意的是，在审计实务中，对特殊项目的关注往往贯穿于审计的整个过程中，而不仅仅是在终结审计阶段才予以考虑。鉴于特殊项目的审计属于注册会计师审计实务的内容，本书不对其进行详细阐述。

### 二、汇总审计差异

在完成控制测试和实质性程序以及特殊项目的审计后，对审计项目组成员在审计中发现的被审计单位的会计处理方法与企业会计准则的不一致，即审计差异，审计项目经理应根据审计重要性原则予以初步确定并汇总，并建议被审计单位进行调整，使经审计的财务报表所载的信息能够公允地翻译被审计单位的财务状况、经营成果和现金流量。对审计差异的“初步确定并汇总”直至形成“经审计的财务报表”的过程，主要是通过编制审计差异调整表和试算平衡表完成的。

**(一) 编制审计差异调整表**

审计差异内容按是否需要调整账户记录可分为核算错误和重分类错误。核算错误是因企业对经济业务进行了不正确的会计核算而引起的错误；重分类错误是因企业未按企业会计准则列报财务报表而引起的错误。

**(二) 编制试算平衡表**

试算平衡表是注册会计师在被审计单位提供未审财务报表的基础上，考虑账项调整分录、重分类调整分录等内容以确定已审数与报表披露数的表式。

需要说明的是，在编制完试算平衡表后，应注意核对相应的勾稽关系。例如，资产负债表试算平衡表左边的“期末未审数”列合计数、“期末审定数”列合计数应分别等于其右边相应各列合计数；资产负债表试算平衡表左边的“账项调整”列中的借方合计数与贷方合计数之差应等于右边的“账项调整”列中的贷方合计数与借方合计数之差；资产负债表试算平衡表左边的“重分类调整”列中的借方合计数与贷方合计数之差应等于右边的“重分类调整”列中的贷方合计数与借方合计数之差。

## 三、运用分析程序进行总体复核

在审计结束或临近结束时，注册会计师应当运用分析程序，在已收集的审计证据的基础上，对财务报表整体的合理性作最终把握。这时运用分析程序主要目的在于强调并解释财务报表项目自上个会计期间以来发生的重大变化，以确定经审计调整后的财务报表整体是否与注册会计师对被审计单位及其环境的了解一致、是否具有合理性。

如果在这一阶段识别出以前未识别的重大错报风险，应当重新考虑对全部或部分各类交易、账户余额、列报评估的风险是否恰当，并在此基础上重新评价之前计划的审计程序是否充分，是否有必要追加审计程序。

**同步思考 14-1**

用于总体复核的分析程序与风险评估阶段的分析程序有何区别？

## 四、评价审计结果

注册会计师需要评价审计结果，主要是为了确定审计意见的类型以及在整个审计工作中是否遵循了审计准则。为此，注册会计师必须完成两项工作：一是对重要性和审计风险进行最终的评价；二是对被审计单位已审计的财务报表形成审计意见并草拟审计报告。

**(一) 对重要性和审计风险进行最终的评价**

该过程主要是通过两个步骤来完成：一是确定可能的错报金额；二是根据财务报表层次的重要性水平，确定可能的错报金额的汇总数对整个财务报表的影响程度。需要注意的是，这里的财务报表层次的重要性水平如果在审计过程中已经经过修正，应当按修正后的财务报表层次的重要性水平进行比较。此外，这里的可能错报金额一般是指各财务报表项目可能的错报金额汇总数，但也可能包括上一期间的任何未更正可能错报对本期财务报表的影响。

**(二) 对被审计单位已审计的财务报表形成审计意见并草拟审计报告**

为了对财务报表整体发表适当的意见，注册会计师还需要综合考虑在审计过程中所收集到的全部证据，评价审计证据的充分性及其是否支持审计意见。此外，在对审计意见形成最后决定之前，审计机构通常要与被审计单位召开沟通会。在会议上。注册会计师可口头报告本次审计所发现的问题，并说明建议被审计单位作必要调整或表外披露的理由。当然，管理层也可以在会上申辩其立场。最后，通常会对需要被审计单位作出的改变达成协议。如达成了协议，注册会计师一般即可发表无保留意见；否则，则可能不得不发表其他类型的审计意见。

## 五、与治理层沟通

治理层是指对被审计单位战略方向以及管理层履行经营管理责任负有监督责任的人员或组织。治理层的责任包括对财务报告过程的监督。管理层，是指对被审计单位经营活动的执行负有管理责任的人员。

在完成审计工作阶段，审计人员应当就与财务报表审计相关且根据职业判断认为与治理层责任相关的重大事项，以适当的方式及时与治理层沟通。

**(一) 选择与治理层沟通的方式**

沟通的形式可分为口头或书面沟通、详细或简略沟通、正式或非正式沟通。有效的沟通形式不仅包括正式的声明或书面报告等正式形式，也包括讨论等非正式形式。

审计人员在确定采用何种沟通形式时，除了考虑特定事项的重要性程度外，还应当考虑下列因素：

(1) 管理层是否已就该事项与治理层沟通。

(2) 被审计单位的规模、经营结构、控制环境和法律结构。

(3) 法律、法规的规定。

(4) 治理层的期望,包括与审计师定期会面或沟通的安排。

(5) 审计师与治理层保持联系和对话的数量。

(6) 治理层的成员是否发生重大变化。

如果是以口头形式沟通的,注册会计师应当将沟通的事项包括在审计工作底稿中,并记录沟通的时间和对象。

如果沟通的事项是以书面形式沟通的,注册会计师应当保存一份沟通文件的副本,作为审计工作底稿的一部分。

**(二) 与治理层沟通的内容**

1. 注册会计师与财务报表审计相关的责任

沟通事项包括:注册会计师负责对管理层在治理层监督下编制的财务报表形成和发表意见,但对财务报表的审计并不减轻管理层或治理层的责任。

2. 计划的审计范围和时间安排的总体情况

沟通的事项可能包括:

(1) 注册会计师拟如何应对由于舞弊或错误导致的特别风险。

(2) 注册会计师对审计相关的内部控制采取的方案。

(3) 在审计中对重要性概念的运用。

需要注意的是,在与治理层沟通计划的审计范围和时间时,审计师应当保持职业谨慎,以防止由于具体审计程序易于被治理层所预见而损害审计工作的有效性。例如,重要性的具体金额就不易与被审计单位治理层沟通。

3. 审计工作中发现的事项

(1) 注册会计师对被审计单位会计实务(包括会计政策、会计估计和财务报表披露)重大方面的质量的看法。

(2) 审计工作中遇到的重大困难。

(3) 已与管理层讨论或需要书面沟通的、审计中出现的重大事项,以及注册会计师要求提供的书面声明,除非治理层全部成员参与管理被审计单位。

(4) 影响审计报告形式和内容的情形(如有)。

(5) 审计中出现的、根据职业判断认为对监督财务报告过程重大的其他事项。

4. 审计师独立性

如果被审计单位是上市实体,注册会计师还应当与治理层沟通下列内容:

(1) 就审计项目组成员、会计师事务所其他相关人员以及会计师事务所和网络事务所按照相关职业道德要求保持了独立性作出声明。

(2) 根据职业判断,注册会计师认为会计师事务所、网络事务所与被审计单位之间存在的可能影响独立性的所有关系和其他事项,包括会计师事务所和网络事务所在财务报表涵盖期间为被审计单位和受被审计单位控制的组成部分提供审计、非审计服务的收费总额；这些收费应当分配到适当的业务类型中，以帮助治理层评估这些服务对注册会计师独立性的影响。

(3) 为消除对独立性的不利影响或将其降至可接受的水平，已经采取的相关防范措施。

需要注意的是，注册会计师有责任与治理层沟通准则要求的事项，管理层也有责任与治理层沟通有关治理的事项，但注册会计师的沟通并不减轻管理层的这种责任。同样，管理层与治理层就注册会计师需要沟通的事项进行的沟通，也不减轻注册会计师沟通这些事项的责任。但是，管理层就这些事项进行的沟通可能会影响注册会计师与治理层沟通的形式或时间安排。

审计师与治理层的沟通函的参考格式如下。

**与治理层的沟通函**

S公司董事会(审计委员会)：

根据《中国注册会计师审计准则第1151号——与治理层的沟通》的规定，在上市公司审计中，注册会计师应当就自身的独立性与治理层进行书而沟通。此外，注册会计师还应当就与财务报表审计相关且根据职业判断认为与治理层责任相关的重大事项，以适当的方式及时与治理层沟通。保持有效的双向沟通关系，有利于注册会计师与治理层履行各自的职责。必须特别强调的是，除法律法规和审计准则另有规定的情形之外，这份书面沟通文件仅供贵公司治理层使用，我们对第三方不承担任何责任，未经我们事先书而同意，沟通文件不得被引刚、提及或向其他人披露。

一、独立性问题

现就独立性问题声明如下：

(一) 参与贵公司审计工作的审计项目组成员、本会计师事务所其他相关人员以及本会计师事务所按照法律法规和职业道德规范的规定保持了独立性；

(二) 根据职业判断，我们认为本会计师事务所与贵公司之间不存在可能影响独立性的关系和事项；

(三) 我们已经根据法律法规和职业道德规范的规定采取了必要的防护措施，以防止可能出现的对独立性的威胁。

二、重大事项

以下内容是与我们对贵公司20×7年度财务报表进行审计相关的、按规定应予沟通的重大事项：

(一) 对贵公司所采用的会计政策、会计估计和财务报表披露的看法

(二) 审计工作中遇到的重大困难

(三) 未更正错报

……

我们发现，贵公司……

我们已于20××年×月×日就上述事项与贵公司管理层沟通并提请更正，但至今尚未得到

更正。如不更正,将会导致少计费用,从而虚增年度利润的后果。根据该笔业务的性质和重要程度,我们对贵公司20××年度的财务报表将不能出具标准无保留意见的审计报告。现再次提请贵公司予以更正。

……

(四)其他事项

……

××会计师事务所(盖章)
中国注册会计师:(签名并盖章)
20××年×月×日

贵公司的意见:

结论:

是否同意上述本所就独立性问题所作的声明以及就上述重大事项所作的说明

贵公司授权代表签字: 日期:

## 第二节 审计工作的复核

审计机构应当建立完善的审计工作底稿分级复核制度。会计师事务所对审计工作底稿的复核可以分为两个层次:项目组内部复核和独立的项目质量控制复核。

### 一、项目组内部复核

项目组内部复核又分为以下两个层次。

**(一) 审计项目经理的现场复核**

审计项目经理对审计工作底稿的全面复核通常在审计现场完成,以便及时发现和解决问题,争取审计工作的主动。由审计项目经理在审计过程进行中对工作底稿的复核属于第一层复核,这层复核主要是评价已完成的审计工作、所获得的证据和工作底稿编制人员形成的结论。

**(二) 项目合伙人的复核**

在完成审计外勤工作时,则需项目合伙人对审计工作底稿实施复核。该复核既是对审计项目经理复核的再监督,也是对重要审计事项的重点把关。

### 二、独立的项目质量控制复核

项目质量控制复核是指审计机构挑选不参与该业务的人员,在出具报告前,对项目组作出的重大判断和在准备报告时形成的结论作出客观评价的过程。项目质量控制复核也称独立复核。

对特定业务实施项目质量控制复核，充分体现了分类控制、突出重点的质量控制理念。值得注意的是，项目质量控制复核并不减轻项目负责人的责任，更不能替代项目负责人的责任。

会计师事务所通常采用的项目质量控制复核方法包括：

(1) 与项目负责人进行讨论。

(2) 复核财务报表或其他业务对象信息及报告，尤其考虑报告是否适当。

(3) 选取与项目组作出重大判断及形成结论有关的工作底稿进行复核。

除上述方法外，会计师事务所还可以视情况需要，采用其他适当的复核方法。例如，复核有关处理和解决重大疑难问题或争议事项形成的工作底稿，复核重大事项概要等。

项目质量控制复核与项目组内部复核在内容和目的等方面具有一定的相似性，但存在以下主要区别：

(1) 复核主体不同。项目组复核是项目组内部进行的复核(包括项目负责人亲自实施的复核)，而项目质量复核则是注册会计师指派不参与该业务的人员，独立的对特定审计业务实施的复核。后者的独立性和客观性明显更高。

(2) 复核对象不同。对每项审计业务，项目组都应当实施项目组内部复核，而会计师事务所只对特定审计业务才独立实施项目组质量复核。

(3) 复核要求不同。项目组对每项业务实施的复核比较详细具体。会计师事务所针对特定业务实施的项目质量复核应当突出重点，包括客观评价项目组作出的重大判断和在准备审计报告时得出的审计结论。

## 第三节 书面声明

### 一、书面声明的定义及作用

书面声明是指管理层向注册会计师提供的书面陈述，用以确认某些事项或支持其他审计证据。书面声明不包括财务报表及其认定，以及支持性账簿和相关记录。

书面声明是注册会计师在财务报表审计中需要获取的必要信息，也是审计证据。如果管理层修改书面声明的内容或不提供注册会计师的书面声明，可能使注册会计师警觉存在重大问题的可能性。而且，在很多情况下，要求管理层提供书面声明而非口头声明，可以促使管理层更加认真的考虑声明涉及的事项，从而提高声明的质量。

尽管书面声明提供必要的审计证据，但其本身并不为所涉及的任何事项提供充分、适当的审计证据。而且,管理层已提供可靠书面声明的事实,并不影响注册会计师就管理层责任履行情况或具体认定获取的其他审计证据的性质和范围。

## 二、书面声明的类型

### (一)针对管理层责任的书面声明

准则规定,针对管理层责任的书面声明,应该包括两个方面的内容:

(1)针对财务报表的编制,注册会计师应当要求管理层提供书面声明,确认其根据审计业务约定条款,履行了按照适用的财务报告编制基础编制财务报表并使其实现公允反映(如适用)的责任。

(2)针对提供的信息和交易的完整性,注册会计师应当要求管理层就下列事项提供书面声明:①按照审计业务约定条款,已向注册会计师提供所有相关信息,并允许注册会计师不受限制地接触所有相关信息以及被审计单位内部人员和其他相关人员;②所有交易均已记录并反映在财务报表中。

### (二)其他书面声明

除本准则和其他审计准则要求的书面声明外,如果注册会计师认为有必要获取一项或多项其他书面声明,以支持与财务报表或者一项或多项具体认定相关的其他审计证据,注册会计师应当要求管理层提供这些书面声明。

其他书面声明主要包括两类。

1. 关于财务报表的额外书面声明

其包括的事项可能有:

(1)会计政策的选择和运用是否适当。

(2)是否按照使用的财务报告编制基础对下列事项进行了确认、计量、列报或披露。如负债(包括实际负债和或有负债);资产的所有权或控制权或其他物权;可能影响财务报表的法律法规及合同;可能影响资产和负债账面价值或分类的计划或意图。

2. 关于特定认定的书面声明

在获取有关管理层的判断和意图的证据时,或在对判断和意图进行评价时,注册会计师可能考虑下列一项或多项事项:

(1)被审计单位以前对声明的意图的实际实施情况。

(2)被审计单位选取特定措施的理由。

(3)被审计单位实施特定措施的能力。

(4)是否存在审计过程中获取了可能与管理层判断或意图不一致的任何信息。

## 三、书面声明的日期和涵盖的期间

书面声明的日期应当尽量接近对财务报表出具审计报告的日期，但不得在审计报告日后。书面声明应当涵盖审计报告针对的所有财务报表和期间。

由于书面声明是必要的审计证据，在管理层签署书面声明前，注册会计师不能发表审计意见，也不能签署审计报告。而且，由于注册会计师关注截至审计报告日发生的、可能需要在财务报表中作出相应调整或披露的事项，书面声明的日期应当尽量接近对财务报表出具审计报告的日期，不得在其之后。

**同步思考 14-2**

甲注册会计师于20×7年1月28日开始对A公司20×6年度财务报表进行审计，2月18日完成审计工作，2月22日完成审计报告，并与2月23日将审计报告送交给A公司，则A公司管理层声明书的日期通常应为（　　）。

A. 20×7年1月28日　　B. 20×7年2月28日

C. 20×7年2月22日　　D. 20×7年2月23日

## 四、书面声明的形式

书面声明应当以声明书的形式致送注册会计师。如果法律法规要求管理层就其责任作出公开的书面陈述。尽管这种陈述是向财务报表使用者或是相关机构提供的，但注册会计师可能认为这些陈述提供了准则要求的部分或全部声明，则这些陈述所涵盖的相关事项不必包括在声明书中（参考格式如下）。

**管理层声明书**

××会计师事务所并注册会计师：

本声明书是针对你们审计ABC公司截至20×1年12月31日的年度财务报表而提供的。审计的目的是对财务报表发表意见，以确定财务报表是否存在所有重大方面已按照企业会计准则的规定编制，并实现公允反映。

尽我们所知，并在作出了必要的查询和了解后，我们确认：

一、财务报表

1. 我们已履行[插入日期]签署的审计业务约定书中提及的责任，即根据企业会计准则的规定编制财务报表，并对财务报表进行公允反映。

2. 在作出会计估计时使用的重大假设（包括与公允价值计量相关的假设）是合理的。

3. 已按照企业会计准则的规定对关联方关系及其交易作出了恰当的会计处理和披露。

4. 根据企业会计准则的规定，所有需要调整或披露的资产负债表日后事项都已得到调整或披露。

5. 未更正错报，无论是单独还是汇总起来，对财务报表整体的影响均不重大。未更正错报汇总表附在本声明书后。

6. [插入注册会计师可能认为适当的任何事项]。

二、提供的信息

7. 我们已向你们提供下列工作条件：

(1) 允许接触我们注意到的、与财务报表编制相关的所有信息（如记录、文件和其他事项）。

(2) 提供你们基于审计目的要求我们提供的其他信息。

(3) 允许在获取审计证据时不受限制地接触你们认为必要的本公司内部人员和其他相关人员。

8. 所有交易均已记录并反映在财务报表中。

9. 我们已向你们披露了由于舞弊可能导致的财务报表重大错报风险的评估结果。

10. 我们已向你们披露了我们注意到的、可能影响本公司的与舞弊或舞弊嫌疑相关的所有信息，这些信息涉及本公司的：

(1) 管理层。

(2) 在内部控制中承担重要职责的员工。

(3) 其他人员（在舞弊行为导致财务报表重大错报的情况下）。

11. 我们已向你们披露了从现任和前任员工、分析师、监管机构等方面获知的、影响财务报表的舞弊指控或舞弊嫌疑的所有信息。

12. 我们已向你们披露了所有已知的、在编制财务报表时应当考虑其影响的违反或涉嫌违反法律法规的行为。

13. 我们已向你们披露了我们注意到的关联方的名称和特征、所有关联方关系及其交易。

14. [插入注册会计师可能认为必要的任何事项]。

附：未更正错报汇总表

ABC公司　　　　　　　　　　　　　　　　　　ABC公司管理层

（盖章）　　　　　　　　　　　　　　　　　　（签名并盖章）

中国××市　　　　　　　　　　　　　　　　　年　月　日

## 五、对书面声明可靠性的疑虑以及管理层不提供要求的书面声明

如果对管理层的胜任能力、诚信、道德价值观或勤勉尽责存在疑虑，或者对管理层在这些方面的承诺或贯彻执行存在疑虑，注册会计师应当确定这些疑虑对书面或口头声明和审计证据总体的可靠性可能产生的影响。

如果书面声明与其他审计证据不一致，注册会计师应当实施审计程序以设法解决这些问题。如果问题仍未解决，注册会计师应当重新考虑对管理层的胜任能力、诚信、道德价值观或勤勉尽责的评估，或者重新考虑对管理层在这些方面的承诺或贯彻执行的评估，并确定书面声明与其他审计证据的不一致对书面或口头声明和审计证据总体的可靠性可能产生的影响。

如果认为书面声明不可靠，注册会计师应当采取适当措施，确定其对审计意见可能产生的影响。

如果管理层不提供要求的一项或多项书面声明，注册会计师应当：

（1）与管理层讨论该事项。

（2）重新评价管理层的诚信，并评价该事项对书面或口头声明和审计证据总体的可靠性可能产生的影响。

（3）采取适当措施，确定该事项对审计意见可能产生的影响。

如果存在下列情形之一，注册会计师应当对财务报表发表无法表示意见的审计报告：

（1）注册会计师对管理层的诚信产生重大疑虑，以至于认为其按照本准则的要求作出的书面声明不可靠。

（2）管理层不提供本准则要求的书面声明。

**同步思考 14-3**

*如何理解管理层声明与注册会计师工作之间的关系？*

## 本章小结

### ■ 本章内容结构图

- 完成审计工作
  - 审计完成阶段的主要内容
    - 特殊项目的审计
    - 汇总审计差异
      - 编制审计差异调整表
      - 编制试算平衡表
    - 运用分析程序进行总体复核
    - 评价审计结果
      - 对重要性和审计风险进行最终的评价
      - 对被审计单位已审计的财务报表形成审计意见并草拟审计报告
    - 与治理层沟通
      - 选择与治理层沟通的方式
      - 与治理层沟通的内容
  - 审计工作的复核
    - 项目组内部复核
      - 审计项目经理的现场复核
      - 项目合伙人的复核
    - 独立的项目质量控制复核
  - 书面声明
    - 书面声明定义及作用
    - 书面声明的类型
      - 针对管理层责任的书面声明
      - 其他书面声明
    - 书面声明的日期和涵盖的期间
    - 书面声明的形式
    - 对书面声明可靠性的疑虑及管理层不提供要求的书面声明

■ 重要名词术语

**审计差异**:是指审计中发现的被审计单位的会计处理方法与有关会计准则、会计制度的不一致,其内容按是否需要调整账户记录分为核算错误和重分类错误。

**核算错误**:是指因企业对经济业务进行了不正确的会计核算而引起的错误。

**重分类错误**:是指因企业未按企业会计准则列报财务报表而引起的错误

**项目质量控制复核**:是指审计机构挑选不参与该业务的人员,在出具报告前,对项目组作出的重大判断和在准备报告时形成的结论作出客观评价的过程。项目质量控制复核也称独立复核。

**管理层声明**:是指管理层向注册会计师提供的书面陈述,用以确认某些事项或支持其他审计证据。书面声明不包括财务报表及其认定,以及支持性账簿和相关记录。

## 思考与练习

### 一、思考题

1. 完成审计工作阶段包括哪些主要内容?
2. 运用分析程序进行总体复核的目的是什么?
3. 简述注册会计师应当与治理层沟通的作用及内容。
4. 简述项目质量控制复核与项目组内部复核的区别。

### 二、选择题

1. 在审计实务中,关于编制财务报表时的会计调整,下列情形中属于重分类调整事项的是(　　)。

A. 已交付使用1年的房屋仍在"在建工程"账户中核算

B. 存货的意外损失被记录在"管理费用"中

C. 应付账款的贷方余额

D. 属于投资性房地产的房屋被记录在"固定资产"账户中

2. 下列有关审计工作底稿复核的表述中,正确的是(　　)。

A. 对审计工作底稿的复核可分为两个层次,包括项目组内部复核和项目合伙人的质量控制复核

B. 项目质量控制复核是指在出具报告后60天完成

C. 审计项目经理对审计工作底稿的复核是最详细的复核

D. 独立的项目质量控制复核可减轻项目组的责任,消除妨碍注册会计师判断的偏见

3. 在以下不符事项中，注册会计师可能会建议被审单位进行调整的有(　　)。

A. 金额超过报表层重要性水平的

B. 金额不超过报表层重要性水平但超过项目层重要性水平的

C. 性质重要的但金额不超过项目层重要性水平的

D. 性质不重要且金额不超过项目层重要性水平的

4. 下列有关管理层声明的说法中，正确的有(　　)。

A. 如果合理预期不存在其他充分、适当的审计证据，注册会计师应当就对财务报表具有重大影响的事项向管理层获取书面声明

B. 如果不能获取对财务报表具有或可能具有重大影响的事项的充分、适当的审计证据，而这些证据预期是可以获取的，则如果注册会计师已收到管理层就这些事项作出的声明，注册会计师仍应出具无保留意见的审计报告

C. 注册会计师应当获取审计证据，以确定管理层认可其按照适用的会计准则和相关会计制度的规定编制财务报表的责任，并且已批准财务报表

D. 注册会计师不应以管理层声明替代能够合理预期获取的其他审计证据

5. 在与治理层沟通计划的审计范围与时间安排时，下列各项中，审计师通常认为宜沟通的是(　　)。

A. 重要性的具体金额

B. 拟如何应对由于舞弊或错误导致的特别风险

C. 对于审计相关的内部控制采取的方案

D. 拟利用内部审计工作的程度

6. 在审计结束或临近结束时，注册会计师运用分析程序的目的是(　　)。

A. 确定可接受的检查风险水平

B. 确定更加合理的重要性水平

C. 确定是否将重大错报风险降低到可接受的低水平

D. 确定审计调整后的财务报表整体是否与其对被审计单位的了解相一致

## 三、案例分析题

资料：X注册会计师在对Y公司主营业务收入实施实质性测试程序时，抽查到以下销售业务：

确认对A公司销售收入计1 000万元(不含税，增值税税率为17%)。相关记录显示：销售给A公司的产品系Y公司生产的半成品，其成本为900万元，Y公司已开具增值税发票且已经收到货款；A公司对其购进的上述半成品进行加工后又以1 287万元的价格(含税，增值税税率为17%)销售给Y公司，A公司已开具增值

税发票且已收到货款，Y 公司已作存货购进处理。

要求：针对上述资料，请分别判断 Y 公司已经确认的销售收入应否确认。若回答“不应确认”，请提出审计调整建议（编制审计调整分录时不考虑流转税附加及对所得税和利润分配的影响）

# 第十五章　审 计 报 告



## 本章要点

- 熟悉审计报告的含义、种类和作用
- 掌握我国注册会计师审计准则有关审计报告格式的规定
- 掌握不同意见审计报告类型出具的条件及意见的内容
- 掌握审计报告意见的决策方法

## 适用的准则和规范

- 《中国注册会计师审计准则第 1501 号——对财务报表形成审计意见和出具审计报告》
- 《中国注册会计师审计准则第 1502 号——在审计报告中发表非无保留意见》
- 《中国注册会计师审计准则 1503 号——在审计报告中增加强调事项段和其他事项段》
- 《中国注册会计师审计准则 1504 号——在审计报告中沟通关键审计事项》

## 引例　中国证券市场第一份否定意见审计报告[①]

重庆渝港钛白粉股份有限公司(以下简称渝钛白)是在以吸收合并方式接受重庆化工厂后于 1992 年 9 月 11 日宣告成立的,是以社会募集方式设立的公众持股有限公司。1993 年 7 月 12 日,“渝钛白”在深圳证券交易所上市交易(股票代码是 000515)。公司上市之后,起初经营业绩还算可以,但从 1995 年开始,公司在经营上开始出现亏损,亏损达 1 318 万元。

1998 年 3 月 8 日,重庆会计师事务所对“渝钛白”出具了中国证券市场上第一份否定意见的审计报告。出具否定意见的原因有两点:第一,1997 年度应计入财务费用的借款及应付债券利息 8 064 万元,“渝钛白”将其资本化计入钛白粉工程成本;第二,欠付中国银行重庆分行的美元

① 资料来源:《上海证券报》1998 年 5 月 5 日。

借款利息89.8万美元(折合人民币743万元),“渝钛白”公司未计提入账。两项共影响利润8 807万元。

这被看作中国注册会计师成熟的标志,面对企业财务报表中出现的严重虚假错报问题,注册会计师勇敢地说了“不”,改变了以往注册会计师软弱无力的社会形象,标志着注册会计师社会责任意识的加强和中国注册会计师行业已具有与一定的独立性。

这个案例说明了出具恰当的审计报告不仅有利于保护信息使用者的合法权益,也有利于会计师事务所树立声誉,赢得更多的客户。

本章主要介绍了审计报告的基本知识,包括审计报告的含义、种类、内容和格式等,在此基础上重点说明了审计意见及其报告的基本类型,以及审计师如何选择审计报告的意见类型。

## 第一节 审计报告概述

### 一、审计报告的含义

审计报告是指注册会计师根据注册会计师审计准则的规定,在执行审计工作的基础上,对被审计单位财务报表发表审计意见的书面文件。它是注册会计师在完成审计工作后向委托人提交的最终产品。

### 二、审计报告的种类

#### (一) 按审计报告使用的目的不同分类

1. 公布目的审计报告

公布目的审计报告一般是用于对企业股东、投资者、债权人等非特定利益关系者公布的附送会计报表的审计报告。

2. 非公布目的审计报告

非公布目的审计报告一般是用于经营管理、合并或业务转让、融通资金等特定目的而实施审计的审计报告。这类审计报告是分发给特定使用者的,如经营者、合并或业务转让的关系人、提供信用的金融机构等。

#### (二) 按审计报告的详略程度不同分类

1. 简式审计报告

简式审计报告又称短式审计报告,是指注册会计师对应公布的会计报表进行审计后所编制的简明扼要的审计报告。简式审计报告反映的内容是非特定多数的利害关系人共同认为的必要审计事项,它具有记载事项为法令或审计准则所规定的特征,具有标准格式。因此,简式审计报告一般适用于公布目的。

2. 详式审计报告

详式审计报告又称长式审计报告，它是指对审计对象所有重要的经济业务和情况都要做详细说明和分析的审计报告。详式审计报告主要用于指出企业经营管理存在的问题和帮助企业改善经营管理，故其内容要较简式审计报告丰富得多，详细得多。因此，详式审计报告一般适用于非公布目的。

**（三）按审计报告的撰写主体不同分类**

按审计报告的撰写主体不同分为国家审计报告、内部审计报告和注册会计师审计报告。本章以注册会计师审计报告为例进行介绍。

**（四）按审计意见的类型不同分类**

1. 标准审计报告

标准审计报告是注册会计师发表无保留意见，且不附加说明段、强调事项段和任何修饰性用语时所出具的审计报告。

2. 带强调事项段的无保留意见的审计报告

带强调事项段的无保留意见的审计报告是注册会计师发表无保留意见，但需要附加说明段、强调事项段或一些修饰性用语时所出具的审计报告。

3. 保留意见的审计报告

保留意见的审计报告是注册会计师发表保留意见时所出具的审计报告。

4. 否定意见的审计报告

否定意见的审计报告是注册会计师发表否定意见时所出具的审计报告。

5. 无法表示意见的审计报告

无法表示意见的审计报告是注册会计师无法表示意见时所出具的审计报告。

上述后四种审计报告可统称为非标准审计报告；前两种审计报告可统称为无保留意见的审计报告；后三种审计报告可统称为非无保留意见的审计报告。本章第三节将对上述审计报告类型进行详细介绍。

## 三、审计报告的作用

此处只要介绍注册会计师签发的审计报告的作用。注册会计师签发的审计报告，主要具有鉴证、保护和证明三方面的作用。

**（一）鉴证作用**

注册会计师签发的审计报告，不同于政府审计和内部审计的审计报告，是以超然独立的第三者身份，对被审计单位财务报表合法性、公允性发表审计意见。这种意见，具有鉴证作用，得到了政府及各部门和社会各界的普遍认可。

**(二) 保护作用**

注册会计师通过审计,可以对被审计单位财务报表出具不同类型审计意见的审计报告,以提高或是降低财务报表使用者对财务报表的信赖程度,能够在一定程度上对被审计单位的财产、债权人和股东的权益及企业利害关系人的利益起到保护作用。例如,投资者可以根据注册会计师的审计报告作出投资决策,可以降低其投资风险。

**(三) 证明作用**

审计报告是对注册会计师审计任务完成情况及其结果所做的总结,它可以表明审计工作的质量并明确注册会计师的审计责任。因此,审计报告可以对审计质量和注册会计师的审计责任起到证明作用。

## 第二节 审计报告的内容与格式

审计报告应当包括下列要素:①标题;②收件人;③审计意见;④形成审计意见的基础;⑤管理层对财务报表的责任;⑥注册会计师对财务报表审计的责任;⑦按照相关法律法规的要求报告的事项(如适用);⑧注册会计师的签名和盖章;⑨会计师事务所的名称、地址和盖章;⑩报告日期。

在适用的情况下,注册会计师还应当按照《中国注册会计师审计准则第 1324 号——持续经营》《中国注册会计师审计准则第 1504 号——在审计报告中沟通关键审计事项》《中国注册会计师审计准则第 1521 号——注册会计师对着其他信息的责任》的相关规定,在审计报告中对与持续经营相关的重大不确 定性、关键审计事项、被审计单位年度审计报告中包含的除财务报表和审计报告之外的其他信息进行报告。

**(一) 标题**

审计报告应当具有标题,统一规范为“审计报告”。

**(二) 收件人**

审计报告的收件人是指注册会计师按照业务约定书的要求致送审计报告的对象,一般是指审计业务的委托人。审计报告应当载明收件人的全称。

为了防止审计报告被委托人滥用,注册会计师应当与委托人在业务约定书中约定致送对象。针对整套通用目的的财务报表出具的审计报告,审计报告的致送对象通常为被审计单位的全体股东或董事会。例如,“××股份有限公司全体股东”“××有限责任公司董事会”等。

**(三) 审计意见**

审计意见部分有两部分构成。第一部分指出已审计财务报表,应当包括下列方面：

（1）指出被审计单位的名称。

（2）说明财务报表已经审计。

（3）指出构成整套财务报表的每一财务报表的名称。

（4）提及财务报表附注。

（5）指明构成整套财务报表的每一财务报表的日期或涵盖的期间。

为体现上述要求，审计报告可说明："我们审计了被审计单位的财务报表，包括指明适用的财务报告编制基础规定的构成整套财务报表的每一份财务报表的名称、日期或涵盖的期间以及财务报表附注，还包括重大会计政策和会计估计。"审计意见涵盖由适用的财务报告编制基础所确定的整套财务报表。例如，在许多通用目的编制基础中，财务报表包括资产负债表、利润表、现金流量表、所有者权益变动表和相关附注（通常包括重大会计政策和会计估计以及其他解释性信息）。

第二部分应当说明注册会计师发表的审计意见。如果对财务报表发表了无保留意见，除非法律法规另有规定，审计意见应当使用"我们认为，财务报表在所有重大方面按照适用的财务报告编制基础（如企业会计准则等）编制，公允反映了……"的措辞。审计意见说明财务报表在所有重大方面按照适用的财务报告编制基础编制，公允反映了财务报表旨在反映的事项。例如，对于按照企业会计准则编制的财务报表，这些事项是"被审计单位期末的财务状况、截止期末某一期间的经营成果和现金流量"。

注册会计师出具非标准审计报告时，应当遵守《国注册会计师审计准则第1502号——在审计报告中发表非无保留意见》《中国注册会计师审计准则1503号——在审计报告中增加强调事项段和其他事项段》和《中国注册会计师审计准则1501号——对财务报表形成审计意见和出具审计报告》的相关规定。本章第三节对此有详细介绍。

**（四）形成审计意见的基础**

审计报告应当包含标题为"形成审计意见的基础"的部分。该部分提供关于审计意见的重要背景，应当紧接在审计意见部分之后，并包括下列方面：

（1）说明注册会计师按照审计准则的规定执行了审计工作。

（2）提及审计报告中用于描述审计准则规定的注册会计师责任的部分。

（3）声明注册会计师按照与审计相关的职业道德要求对被审计单位保持了独立性，并履行了职业道德方面的其他责任。声明中应当指明适用的职业道德要求，如中国注册会计师职业道德守则。

（4）说明注册会计师是否相信获取的审计证据是充分、适当的，为发表审计意见提供了基础。

**(五) 管理层对财务报表的责任**

审计报告应当包含标题为“管理层对财务报表的责任”的部分,其中应当说明管理层负责下列方面:

(1) 按照适用的财务报告编制基础编制财务报表,使其实现公允反映,并设计、执行和维护必要的内部控制,以使财务报表不存在由于舞弊或错误导致的重大错报。

(2) 评估被审计单位的持续经营能力和适用持续经营假设是否适当,并披露与持续经营相关的事项(如适用)。对管理层评估责任的说明应当包括描述在何种情况下使用持续经营假设是适当的。

在审计报告中说明管理层对财务报表的责任,有利于区分被审计单位和注册会计师的责任,防止财务报表使用者误解注册会计师。

**(六) 注册会计师对财务报表审计的责任**

审计报告应当包含标题为“注册会计师对财务报表审计的责任”的部分,其中应当包括下列内容:

(1) 说明注册会计师的目标是对财务报表整体是否不存在由于舞弊或错误导致的重大错报获取合理保证,并出具包含审计意见的审计报告。

(2) 说明合理保证是高水平的保证,但按照审计准则执行的审计并不能保证一定会发现存在的重大错报。

(3) 说明错报可能由于舞弊或错误导致。在说明错报可能由于舞弊或错误导致时,注册会计师应当从下列两种方法中选取一种:①描述如果合理预期错报单独或汇总起来可能影响财务报表使用者依据财务报表作出的经济决策,则通常认为错报是重大的;②根据适用的财务报告编制基础,提供关于重要性的定义或描述。

注册会计师对财务报表审计的责任部分还应当包括下列内容:

(1) 说明在按照审计准则执行审计的过程中,注册会计师运用了职业判断,保持了职业怀疑。

(2) 通过说明注册会计师的责任,对审计工作进行描述。这些责任包括:①识别和评估由于舞弊或错误导致的财务报表重大错报风险,设计和实施审计程序以应对这些风险,并获取充分、适当的审计证据,作为发表审计意见的基础。由于舞弊可能涉及串通、伪造、故意遗漏、虚假陈述或凌驾于内部控制之上,未能发现由于舞弊导致的重大错报的风险高于未能发现由于错误导致的重大错报的风险。②了解与审计相关的内部控制,以设计恰当的审计程序,但目的并非对内部控制的有效性发表意见。当注册会计师有责任在财务报表审计的同时对内部控制的有效性发表意见时,应当略去上述“目的并非对内部控制的有效性发表意见”的表述。③评价管理层选用会计政策的恰当性和作出会计估计及相关披露的合理性。④对管理层使用持续经营假设的恰当性得出结论。同时，根据获取的审计证据，就可能导致对被审计单位持续经营能力产生重大疑虑的事项或情况是否存在重大不确定性得出结论。如果注册会计师得出结论认为存在重大不确定性，审计准则要求我们在审计报告中提请报表使用者注意财务报表中的相关披露；如果披露不充分，我们应当发表非无保留意见。我们的结论基于审计报告日可获得的信息。然而，未来的事项或情况可能导致×××公司不能持续经营。⑤评价财务报表的总体列报、结构和内容(包括披露)，并评价财务报表是否公允反映相关交易和事项。

注册会计师对财务报表审计的责任部分还应当包括下列内容：

(1) 说明注册会计师与治理层就计划的审计范围、时间安排和重大审计发现等事项进行沟通，包括沟通在审计中识别的值得关注的内部控制缺陷。

(2) 对于上市实体财务报表审计，指出注册会计师就已遵守与独立性相关的职业道德要求向治理层提供声明，并与治理层沟通可能被合理认为影响注册会计师独立性的所有关系和其他事项，以及相关的防范措施(如适用)。

(3) 对于上市实体财务报表审计，以及决定按照《中国注册会计师审计准则第1504号——在审计报告中沟通关键审计事项》的规定沟通关键审计事项的其他情况，说明注册会计师从已与治理层沟通的事项中确定哪些事项对本期财务报表审计最为重要，因而构成关键审计事项。注册会计师在审计报告中描述这些事项，除非法律法规禁止公开披露这些事项，或在极其罕见的情形下，如果合理预期在审计报告中沟通某事项造成的负面后果超过在公众利益方面产生的益处，因而决定不应在审计报告中沟通该事项。

**(七) 按照相关法律法规的要求报告的事项(如适用)**

除审计准则规定的注册会计师对财务报表出具审计报告的责任外，相关法律法规可能对注册会计师设定了其他报告责任。例如，如果注册会计师在财务报表审计中注意到某些事项，可能被要求对这些事项予以报告。此外，注册会计师可能被要求实施额外的规定的程序并予以报告，或对特定事项(如会计账簿和记录的适当性)发表意见。

在某些情况下，相关法律法规可能要求或允许注册会计师将对这些其他责任的报告作为对财务报表出具的审计报告的一部分。在另外一些情况下，相关法律法规可能要求或允许注册会计师在单独出具的报告中进行报告。

这些责任是注册会计师按照审计准则对财务报表出具审计报告的责任的补充。例如，如果注册会计师在财务报表审计中注意到某些事项，可能被要求对这些事项予以报告。此外，注册会计师可能被要求实施额外规定的程序并予以报告，或对特定事项(如会计账簿和记录的适当性)发表意见。如果注册会计师在对财务报表出具的审计报告中履行其他报告责任，应当在审计报告中将其单独作为一部分，并以"按照相关法律法规的要求报告的事项"为标题。此时,审计报告应当区分为"对财务报表出具的审计报告"和"按照相关法律法规的要求报告的事项"两部分,以便将其同注册会计师的财务报表报告责任明确区分。在另外一些情况下,相关法律法规可能要求或允许注册会计师在单独出具的报告中进行报告。

**(八) 注册会计师的签名和盖章**

审计报告应当由注册会计师签名并盖章,以明确责任。根据相关法规规定,审计报告应当由两名具备相关业务资格的注册会计师签名盖章并经会计师事务所盖章方为有效。合伙会计师事务所出具的审计报告,应当由一名对审计项目负最终复核责任的合伙人和一名负责该项目的注册会计师签名盖章;有限责任会计师事务所出具的审计报告,应当由会计师事务所主任会计师或其授权的副主任会计师和一名负责该项目的注册会计师签名盖章。

**(九) 会计师事务所的名称、地址及盖章**

审计报告应当载明会计师事务所的名称和地址,并加盖会计师事务所公章。

根据《中华人民共和国注册会计师法》的规定,注册会计师承办业务,由其所在的会计师事务所统一受理并与委托人签订委托合同。因此,审计报告除了应由注册会计师签名盖章外,还应载明会计师事务所的名称和地址,并加盖会计师事务所公章。注册会计师在审计报告中载明会计师事务所地址时,标明会计师事务所所在的城市即可。

**(十) 报告日期**

审计报告应当注明报告日期。审计报告的日期不应早于注册会计师获取充分、适当的审计证据,并在此基础上对财务报表形成审计意见的日期。

在确定审计报告日期时,注册会计师应当确信已获取下列两方面的审计证据:

1. 构成整套财务报表的所有报表(包括相关附注)已编制完成;

2. 被审计单位的董事会、管理层或类似机构已经认可其对财务报表负责。

## 第三节 审计报告的类型及其决策

### 一、审计报告的类型

审计报告分为标准审计报告和非标准审计报告。标准审计报告是指不含有说明段、强调事项段、其他事项段和其他任何修饰性用语的无保留意见的审计报告,非标准审计报告是指带强调事项段或其他事项段的无保留意见的审计报告和非无保留审计报告。

不同审计报告的对比如表 15-1 所示。

表15-1 **不同类型的审计报告的对比**

| 类型 | | | 出具的条件 | 意见内容 |
| --- | --- | --- | --- | --- |
| 标准审计报告 | 无保留意见的审计报告 | 无保留意见 | 同时满足以下两个条件：一是财务报表已经按照适用的会计准则和相关会计制度的规定编制，在所有重大方面公允反映了被审计单位的财务状况、经营成果和现金流量；二是注册会计师已经按照中国注册会计师审计准则的规定计划和实施审计工作，在审计过程中未受到限制 | 如果对按照公允列报框架编制的财务报表发表无保留意见，除非法律法规另有规定，审计意见应当使用“财务报表在所有重大方面按照适用的财务报告框架（如国际财务报告准则或企业会计准则等）编制，公允反映了……”的措辞；<br>如果对按照遵循性框架编制的财务报表发表无保留意见，审计意见应当使用“财务报表在所有重大方面按照适用的财务报告框架编制”的措辞 |
| 非标准审计报告 | 非无保留意见的审计报告 | 保留意见 | 存在下列情形之一时：<br>(1) 在获取充分、适当的审计证据后，注册会计师认为错报单独或累计起来对财务报表影响重大，但不具有广泛性；<br>(2) 注册会计师无法获取充分、适当的审计证据以作为形成审计意见的基础，但认为未发现的错报(如存在)对财务报表可能产生的影响重大，但不具有广泛性 | 当由于财务报表存在重大错报而发表保留意见时，注册会计师应当根据适用的财务报告编制基础在审计意见段中说明：①注册会计师认为，除了导致保留意见的事项段所述事项产生的影响外，财务报表在所有重大方面按照适用的财务报告编制基础编制，并实现公允反映。（当财务报表按照公允列报框架编制时）；②注册会计师认为，除了导致保留意见的事项段产生影响外，财务报表在所有重大方面按照适用的财务报告编制基础编制（当财务报表按照遵循性框架编制时）；<br>当无法获取充分、适当的审计证据而导致发表保留意见时，注册会计师应当在审计意见段中使用“除……可能产生的影响外”等措辞 |
| | | 否定意见 | 在获取充分、适当的审计证据后，如果认为错报单独或累计起来对财务报表的影响重大且具有广泛性，注册会计师应当发表否定意见 | 当发表否定意见时，注册会计师应当根据适用的财务报告框架在审计意见段中说明：<br>(1) 注册会计师认为，由于导致否定意见的事项段所述事项的重要性，财务报表没有在所有重大方面按照适用的财务报告框架编制，未能实现公允反映（当财务报表按照公允列报框架编制时）；<br>(2) 注册会计师认为，由于导致否定意见的事项段所述事项的重要性，财务报表没有在所有重大方面按照适用的财务报告框架编制（当财务报表按照遵循性框架编制时） |

（续表）

| 类型 | | | 出具的条件 | 意见内容 |
|---|---|---|---|---|
| 非标准审计报告 | 非无保留意见的审计报告 | 无法表示意见 | 如果无法获取充分、适当的审计证据以作为形成审计意见的基础，但认为未发现的错报（如存在）对财务报表可能产生的影响重大且具有广泛性，注册会计师应当发表无法表示意见 | 当由于无法获取充分、适当的审计证据而发表无法表示意见时，注册会计师应当在审计意见段中说明：由于导致无法表示意见的事项段所述事项的重要性，注册会计师无法获取充分、适当的审计证据以为发表审计意见提供基础，因此，注册会计师不对这些财务报表发表审计意见；<br>当由于无法获取充分、适当的审计证据而发表无法表示意见时，注册会计师应当修改审计报告的引言段，说明注册会计师接受委托审计财务报表；<br>注册会计师还应当修改对注册会计师责任和审计范围的描述，并仅能作出如下说明："我们的责任是在按照中国注册会计师审计准则的规定执行审计工作的基础上对财务报表发表审计意见。但由于导致无法表示意见的事项段中所述的事项，我们无法获取充分、适当的审计证据以为发表审计意见提供基础" |
| | 带强调事项段和其他事项段 | 带强调事项段 | 如果认为有必要提醒财务报表使用者关注已在财务报表中列报或披露，且根据职业判断认为对财务报表使用者理解财务报表至关重要的事项，在同时满足下列条件时，注册会计师应当在审计报告中增加强调事项段：①该事项不会导致注册会计师发表非无保留意见；②该事项未被确定为在审计报告中沟通的关键审计事项 | 将强调事项段作为单独的一部分置于审计报告中，并使用包含"强调事项"这一术语的适当标题；明确提及被强调事项以及相关披露的位置，以便能够在财务报表中找到对该事项的详细描述；指出审计意见没有因该强调事项而改变；<br>在审计报告中包含强调事项不影响审计意见。包含强调事项不能代替下列情形：①根据审计业务的具体情况发表非无保留意见；②适用的财务报告编制基础要求管理层在财务报表中作出的披露，或为实现公允列报所需的其他披露；③当可能导致对被审计单位持续经营能力产生重大疑虑的事项或情况存在重大不确定性时作出的报告 |
| | | 带其他事项段 | 对于未在财务报表中列报或披露，但根据职业判断认为与财务报表使用者理解审计工作、注册会计师的责任或审计报告相关，在同时满足下列条件时，注册会计师应当在审计报告中增加其他事项段：①未被法律法规禁止；②该事项未被确定为在审计报告中沟通的关键审计事项 | 其他事项段紧接在强调事项段之后。如果其他事项段的内容与其他报告责任部分相关，这一段落也可以置于审计报告的其他位置 |

不同类型的审计报告范例如下：

(1) 对按照公允列报框架(如企业会计准则)编制财务报表出具的标准审计报告参考范例。

**审 计 报 告**

ABC股份有限公司全体股东：

一、对财务报表出具的审计报告①

(一) 审计意见

我们审计了ABC股份有限公司(以下简称ABC公司)财务报表，包括20×1年12月31日的资产负债表，20×1年度的利润表、现金流量表、股东权益变动表以及财务报表附注。

我们认为，后附的财务报表在所有重大方面按照企业会计准则的规定编制，公允反映了ABC公司20×1年12月31日的财务状况以及20×1年度的经营成果和现金流量。

(二) 形成审计意见的基础

我们按照中国注册会计师审计准则的规定执行了审计工作。审计报告的“注册会计师对财务报表审计的责任”部分进一步阐述了我们在这些准则下的责任。按照中国注册会计师职业道德守则，我们独立于ABC公司，并履行了职业道德方面的其他责任。我们相信，我们获取的审计证据是充分、适当的，为发表审计意见提供了基础。

(三) 关键审计事项

关键审计事项是根据我们的职业判断，认为对本期财务报表审计最为重要的事项。这些事项是在对财务报表整体进行审计并形成审计意见的背景下进行处理的，我们不对这些事项提供单独的意见。

(按照《中国注册会计师审计准则第1504号——在审计报告中沟通关键审计事项》的规定描述每一关键审计事项。)

(四) 管理层和治理层对财务报表的责任

管理层负责按照企业会计准则的规定编制财务报表，使其实现公允反映，并设计、执行和维护必要的内部控制，以使财务报表不存由于舞弊或错误导致的重大错报。

在编制财务报表时，管理层负责评估ABC公司的持续经营能力，披露与持续经营相关的事项(如适用)，并运用持续经营假设，除非计划清算ABC公司、停止营运或别无其他现实的选择。

治理层负责监督ABC公司的财务报告过程。

(五) 注册会计师对财务报表审计的责任

我们的目标是对财务报表整体是否不存在由于舞弊或错误导致的重大错报获取合理保证，并出具包含审计意见的审计报告。合理保证是高水平的保证，但并不能保证按照审计准则执行的审计在某一重大错报存在时总能发现。错报可能由于舞弊或错误导致，如果合理预期错报单独或汇总起来可能影响财务报表使用者依据财务报表作出的经济决策，则通常认为错报是重大的。

---

① 如果审计报告中不包含“按照相关法律法规的要求报告的事项”部分，则不需要加入此标题。

在按照审计准则执行审计的过程中，我们运用了职业判断，保持了职业怀疑。我们同时：

(1) 识别和评估由于舞弊或错误导致的财务报表重大错报风险；对这些风险有针对性地设计和实施审计程序；获取充分、适当的审计证据，作为发表审计意见的基础。由于舞弊可能涉及串通、伪造、故意遗漏、虚假陈述或凌驾于内部控制之上，未能发现由于舞弊导致的重大错报的风险高于未能发现由于错误导致的重大错报的风险。

(2) 了解与审计相关的内部控制，以设计恰当的审计程序，但目的并非对内部控制的有效性发表意见。

(3) 评价管理层选用会计政策的恰当性和作出会计估计及相关披露的合理性。

(4) 对管理层使用持续经营假设的恰当性得出结论。同时，根据获取的审计证据，就可能导致对ABC公司持续经营能力产生重大疑虑的事项或情况是否存在重大不确定性得出结论。如果我们得出结论认为存在重大不确定性，审计准则要求我们在审计报告中提请报表使用者注意财务报表中的相关披露；如果披露不充分，我们应当发表非无保留意见。我们的结论基于审计报告日可获得的信息。然而，未来的事项或情况可能导致ABC公司不能持续经营。

(5) 评价财务报表的总体列报、结构和内容(包括披露)，并评价财务报表是否公允反映相关交易和事项。

我们与治理层就计划的审计范围、时间安排和重大审计发现(包括我们在审计中识别的值得关注的内部控制缺陷)等事项进行沟通。

我们还就遵守关于独立性的相关职业道德要求向治理层提供声明，并就可能被合理认为影响我们独立性的所有关系和其他事项，以及相关的防范措施(如适用)与治理层进行沟通。

从与治理层沟通的事项中，我们确定哪些事项对本期财务报表审计最为重要，因而构成关键审计事项。我们在审计报告中描述这些事项，除非法律法规禁止公开披露这些事项，或在极其罕见的情形下，如果合理预期在审计报告中沟通某事项造成的负面后果超过在公众利益方面产生的益处，我们确定不应在审计报告中沟通该事项。

二、按照相关法律法规的要求报告的事项

[本部分报告的格式和内容，取决于相关法律法规对其他报告责任的规定。法律法规规范的事项(其他报告责任)应当在本部分处理，除非其他报告责任与审计准则所要求的报告责任涉及相同的主题。如果涉及相同的主题，其他报告责任可以在审计准则所要求的同一报告要素部分中列示。当其他报告责任和审计准则规定的报告责任涉及同一主题，并且审计报告中的措辞能够将其他报告责任与审计准则规定的责任予以清楚地区分(如差异存在)时，允许将两者合并列示(即包含在“对财务报表出具的审计报告”部分中，并使用适当的副标题)。]

××会计师事务所　　　　　　　　　　中国注册会计师：×××(项目合伙人)

(盖章)　　　　　　　　　　　　　　　　　　　　(签名并盖章)

中国注册会计师：×××

(签名并盖章)

中国××市　　　　　　　　　　　　　　　　二〇×二年×月×日

(2) 对按照遵循性框架编制财务报表出具的标准审计报告参考范例。

## 审计报告

ABC股份有限公司全体股东：

(一) 审计意见

我们审计了ABC股份有限公司(以下简称ABC公司)财务报表,包括20×1年12月31日的资产负债表,20×1年度的利润表、现金流量表、股东权益变动表以及财务报表附注。

我们认为,ABC公司财务报表在所有重大方面按照×国法律法规(插入具体法律法规的名称)的规定编制。

(二) 形成审计意见的基础

我们按照中国注册会计师审计准则的规定执行了审计工作。审计报告的"注册会计师对财务报表审计的责任"部分进一步阐述了我们在这些准则下的责任。按照中国注册会计师职业道德守则,我们独立于ABC公司,并履行了职业道德方面的其他责任。我们相信,我们获取的审计证据是充分、适当的,为发表审计意见提供了基础。

(三) 关键审计事项

关键审计事项是根据我们的职业判断,认为对本期财务报表审计最为重要的事项。这些事项是在对财务报表整体进行审计并形成审计意见的背景下进行处理的,我们不对这些事项提供单独的意见。

(按照《中国注册会计师审计准则第1504号——在审计报告中沟通关键审计事项》的规定描述每一关键审计事项。)

(四) 管理层和治理层对财务报表的责任

管理层负责按照×国法律法规(插入具体法律法规的名称)的规定编制财务报表,使其实现公允反映,并设计、执行和维护必要的内部控制,以使财务报表不存由于舞弊或错误导致的重大错报。

在编制财务报表时,管理层负责评估ABC公司的持续经营能力,披露与持续经营相关的事项(如适用),并运用持续经营假设,除非计划清算ABC公司、停止营运或别无其他现实的选择。

治理层负责监督ABC公司的财务报告过程。

(五) 注册会计师对财务报表审计的责任

我们的目标是对财务报表整体是否不存在由于舞弊或错误导致的重大错报获取合理保证,并出具包含审计意见的审计报告。合理保证是高水平的保证,但并不能保证按照审计准则执行的审计在某一重大错报存在时总能发现。错报可能由于舞弊或错误导致,如果合理预期错报单独或汇总起来可能影响财务报表使用者依据财务报表作出的经济决策,则通常认为错报是重大的。

在按照审计准则执行审计的过程中,我们运用了职业判断,保持了职业怀疑。我们同时:

(1) 识别和评估由于舞弊或错误导致的财务报表重大错报风险;对这些风险有针对性地设计和实施审计程序;获取充分、适当的审计证据,作为发表审计意见的基础。由于舞弊可能涉及串通、伪造、故意遗漏、虚假陈述或凌驾于内部控制之上,未能发现由于舞弊导致的重大错报的风险高于未能发现由于错误导致的重大错报的风险。

(2) 了解与审计相关的内部控制,以设计恰当的审计程序,但目的并非对内部控制的有效性发表意见。

(3) 评价管理层选用会计政策的恰当性和作出会计估计及相关披露的合理性。

(4) 对管理层使用持续经营假设的恰当性得出结论。同时，根据获取的审计证据，就可能导致对ABC公司持续经营能力产生重大疑虑的事项或情况是否存在重大不确定性得出结论。如果我们得出结论认为存在重大不确定性，审计准则要求我们在审计报告中提请报表使用者注意财务报表中的相关披露；如果披露不充分，我们应当发表非无保留意见。我们的结论基于审计报告日可获得的信息。然而，未来的事项或情况可能导致ABC公司不能持续经营。

(5) 评价财务报表的总体列报、结构和内容(包括披露)，并评价财务报表是否公允反映相关交易和事项。

我们与治理层就计划的审计范围、时间安排和重大审计发现(包括我们在审计中识别的值得关注的内部控制缺陷)等事项进行沟通。

我们还就遵守关于独立性的相关职业道德要求向治理层提供声明，并就可能被合理认为影响我们独立性的所有关系和其他事项，以及相关的防范措施(如适用)与治理层进行沟通。

从与治理层沟通的事项中，我们确定哪些事项对本期财务报表审计最为重要，因而构成关键审计事项。我们在审计报告中描述这些事项，除非法律法规禁止公开披露这些事项，或在极其罕见的情形下，如果合理预期在审计报告中沟通某事项造成的负面后果超过在公众利益方面产生的益处，我们确定不应在审计报告中沟通该事项。

××会计师事务所　　　　中国注册会计师：×××(项目合伙人)
(盖章)　　　　(签名并盖章)
中国注册会计师：×××
(签名并盖章)
中国××市　　　　二〇×二年×月×日

(3) 对持续经营能力产生重大疑虑的带强调事项段的无保留意见的审计报告的范例。

**审 计 报 告**

ABC股份有限公司全体股东：

一、对财务报表出具的审计报告①

(一) 审计意见

我们审计了ABC股份有限公司(以下简称ABC公司)财务报表，包括20×1年12月31日的资产负债表，20×1年度的利润表、现金流量表、股东权益变动表以及财务报表附注。

我们认为，后附的财务报表在所有重大方面按照企业会计准则的规定编制，公允反映了ABC公司20×1年12月31日的财务状况以及20×1年度的经营成果和现金流量。

(二) 形成审计意见的基础

我们按照中国注册会计师审计准则的规定执行了审计工作。审计报告的“注册会计师对财

① 如果审计报告中不包含“按照相关法律法规的要求报告的事项”部分，则不需要加入此标题。

务报表审计的责任”部分进一步阐述了我们在这些准则下的责任。按照中国注册会计师职业道德守则,我们独立于ABC公司,并履行了职业道德方面的其他责任。我们相信,我们获取的审计证据是充分、适当的,为发表审计意见提供了基础。

(三)强调事项

我们提醒财务报表使用者关注,如财务报表附注×所述,ABC公司在20×1年发生亏损×万元,在20×1年12月31日,流动负债高于资产总额×万元。ABC公司已在财务报表附注×充分披露了拟采取的改善措施,但其持续经营能力仍然存在重大不确定性。本段内容不影响已发表的审计意见。

(四)管理层和治理层对财务报表的责任

管理层负责按照企业会计准则的规定编制财务报表,使其实现公允反映,并设计、执行和维护必要的内部控制,以使财务报表不存由于舞弊或错误导致的重大错报。

在编制财务报表时,管理层负责评估ABC公司的持续经营能力,披露与持续经营相关的事项(如适用),并运用持续经营假设,除非计划清算ABC公司、停止营运或别无其他现实的选择。

治理层负责监督ABC公司的财务报告过程。

(五)注册会计师对财务报表审计的责任

我们的目标是对财务报表整体是否不存在由于舞弊或错误导致的重大错报获取合理保证,并出具包含审计意见的审计报告。合理保证是高水平的保证,但并不能保证按照审计准则执行的审计在某一重大错报存在时总能发现。错报可能由于舞弊或错误导致,如果合理预期错报单独或汇总起来可能影响财务报表使用者依据财务报表作出的经济决策,则通常认为错报是重大的。

在按照审计准则执行审计的过程中,我们运用了职业判断,保持了职业怀疑。我们同时:

(1)识别和评估由于舞弊或错误导致的财务报表重大错报风险;对这些风险有针对性地设计和实施审计程序;获取充分、适当的审计证据,作为发表审计意见的基础。由于舞弊可能涉及串通、伪造、故意遗漏、虚假陈述或凌驾于内部控制之上,未能发现由于舞弊导致的重大错报的风险高于未能发现由于错误导致的重大错报的风险。

(2)了解与审计相关的内部控制,以设计恰当的审计程序,但目的并非对内部控制的有效性发表意见。

(3)评价管理层选用会计政策的恰当性和作出会计估计及相关披露的合理性。

(4)对管理层使用持续经营假设的恰当性得出结论。同时,根据获取的审计证据,就可能导致对ABC公司持续经营能力产生重大疑虑的事项或情况是否存在重大不确定性得出结论。如果我们得出结论认为存在重大不确定性,审计准则要求我们在审计报告中提请报表使用者注意财务报表中的相关披露;如果披露不充分,我们应当发表非无保留意见。我们的结论基于审计报告日可获得的信息。然而,未来的事项或情况可能导致ABC公司不能持续经营。

(5)评价财务报表的总体列报、结构和内容(包括披露),并评价财务报表是否公允反映相关交易和事项。

我们与治理层就计划的审计范围、时间安排和重大审计发现(包括我们在审计中识别的值得关注的内部控制缺陷)等事项进行沟通。

我们还就遵守关于独立性的相关职业道德要求向治理层提供声明,并就可能被合理认为影响我们独立性的所有关系和其他事项，以及相关的防范措施(如适用)与治理层进行沟通。

从与治理层沟通的事项中，我们确定哪些事项对本期财务报表审计最为重要，因而构成关键审计事项。我们在审计报告中描述这些事项，除非法律法规禁止公开披露这些事项，或在极其罕见的情形下，如果合理预期在审计报告中沟通某事项造成的负面后果超过在公众利益方面产生的益处，我们确定不应在审计报告中沟通该事项。

二、按照相关法律法规的要求报告的事项

[本部分报告的格式和内容，取决于相关法律法规对其他报告责任的规定。法律法规规范的事项(其他报告责任)应当在本部分处理，除非其他报告责任与审计准则所要求的报告责任涉及相同的主题。如果涉及相同的主题，其他报告责任可以在审计准则所要求的同一报告要素部分中列示。当其他报告责任和审计准则规定的报告责任涉及同一主题，并且审计报告中的措辞能够将其他报告责任与审计准则规定的责任予以清楚地区分(如差异存在)时，允许将两者合并列示(即包含在"对财务报表出具的审计报告"部分中，并使用适当的副标题)。]

××会计师事务所　　　　中国注册会计师：×××(项目合伙人)

(盖章)　　　　(签名并盖章)

中国注册会计师：×××

(签名并盖章)

中国××市　　　　二〇×二年×月×日

(4) 由于财务报表存在重大错报而发表保留意见的审计报告范例。

**审 计 报 告**

ABC股份有限公司全体股东：

一、对财务报表出具的审计报告

(一) 保留意见

我们审计了ABC股份有限公司(以下简称ABC公司)财务报表，包括20×1年12月31日的资产负债表，20×1年度的利润表、现金流量表、股东权益变动表以及财务报表附注。

我们认为，除"形成保留意见的基础"部分所述事项产生的影响外，后附的财务报表在所有重大方面按照企业会计准则的规定编制，公允反映了ABC公司20×1年12月31日的财务状况以及20×1年度的经营成果和现金流量。

(二) 形成保留意见的基础

ABC公司20×1年12月31日资产负债表中存货的列示金额为×元。管理层根据成本对存货进行计量，而没有根据成本与可变现净值孰低的原则进行计量，这不符合企业会计准则的规定。公司的会计记录显示，如果管理层以成本与可变现净值孰低来计量存货，存货列示金额将减少×元。相应地，销售成本将增加×元，所得税、净利润和股东权益将分别减少×元、×元和×元。

我们按照中国注册会计师审计准则的规定执行了审计工作。审计报告的"注册会计师对财务报表审计的责任"部分进一步阐述了我们在这些准则下的责任。按照中国注册会计师职业道德守则,我们独立于ABC公司,并履行了职业道德方面的其他责任。我们相信,我们获取的审计证据是充分、适当的,为发表审计意见提供了基础。

(三) 关键审计事项

关键审计事项是根据我们的职业判断,认为对本期财务报表审计最为重要的事项。这些事项是在对财务报表整体进行审计并形成审计意见的背景下进行处理的,我们不对这些事项提供单独的意见。除"形成保留意见的基础"部分所述事项外,我们确定下列事项是需要在审计报告中沟通的关键审计事项。

(按照《中国注册会计师审计准则第1504号——在审计报告中沟通关键审计事项》的规定描述每一关键审计事项。)

(四) 管理层和治理层对财务报表的责任

管理层负责按照企业会计准则的规定编制财务报表,使其实现公允反映,并设计、执行和维护必要的内部控制,以使财务报表不存由于舞弊或错误导致的重大错报。

在编制财务报表时,管理层负责评估ABC公司的持续经营能力,披露与持续经营相关的事项(如适用),并运用持续经营假设,除非计划清算ABC公司、停止营运或别无其他现实的选择。

治理层负责监督ABC公司的财务报告过程。

(五) 注册会计师对财务报表审计的责任

我们的目标是对财务报表整体是否不存在由于舞弊或错误导致的重大错报获取合理保证,并出具包含审计意见的审计报告。合理保证是高水平的保证,但并不能保证按照审计准则执行的审计在某一重大错报存在时总能发现。错报可能由于舞弊或错误导致,如果合理预期错报单独或汇总起来可能影响财务报表使用者依据财务报表作出的经济决策,则通常认为错报是重大的。

在按照审计准则执行审计的过程中,我们运用了职业判断,保持了职业怀疑。我们同时:

(1) 识别和评估由于舞弊或错误导致的财务报表重大错报风险;对这些风险有针对性地设计和实施审计程序;获取充分、适当的审计证据,作为发表审计意见的基础。由于舞弊可能涉及串通、伪造、故意遗漏、虚假陈述或凌驾于内部控制之上,未能发现由于舞弊导致的重大错报的风险高于未能发现由于错误导致的重大错报的风险。

(2) 了解与审计相关的内部控制,以设计恰当的审计程序,但目的并非对内部控制的有效性发表意见。

(3) 评价管理层选用会计政策的恰当性和作出会计估计及相关披露的合理性。

(4) 对管理层使用持续经营假设的恰当性得出结论。同时,根据获取的审计证据,就可能导致对ABC公司持续经营能力产生重大疑虑的事项或情况是否存在重大不确定性得出结论。如果我们得出结论认为存在重大不确定性,审计准则要求我们在审计报告中提请报表使用者注意财务报表中的相关披露;如果披露不充分,我们应当发表非无保留意见。我们的结论基于审计报告日可获得的信息。然而,未来的事项或情况可能导致ABC公司不能持续经营。

(5) 评价财务报表的总体列报、结构和内容(包括披露),并评价财务报表是否公允反映相关交易和事项。

我们与治理层就计划的审计范围、时间安排和重大审计发现(包括我们在审计中识别的值得关注的内部控制缺陷)等事项进行沟通。

我们还就遵守关于独立性的相关职业道德要求向治理层提供声明，并就可能被合理认为影响我们独立性的所有关系和其他事项，以及相关的防范措施(如适用)与治理层进行沟通。

从与治理层沟通的事项中，我们确定哪些事项对本期财务报表审计最为重要，因而构成关键审计事项。我们在审计报告中描述这些事项，除非法律法规禁止公开披露这些事项，或在极其罕见的情形下，如果合理预期在审计报告中沟通某事项造成的负面后果超过在公众利益方面产生的益处，我们确定不应在审计报告中沟通该事项。

二、按照相关法律法规的要求报告的事项

[本部分报告的格式和内容，取决于相关法律法规对其他报告责任的规定。法律法规规范的事项(其他报告责任)应当在本部分处理，除非其他报告责任与审计准则所要求的报告责任涉及相同的主题。如果涉及相同的主题，其他报告责任可以在审计准则所要求的同一报告要素部分中列示。当其他报告责任和审计准则规定的报告责任涉及同一主题，并且审计报告中的措辞能够将其他报告责任与审计准则规定的责任予以清楚地区分(如差异存在)时，允许将两者合并列示(即包含在"对财务报表出具的审计报告"部分中，并使用适当的副标题)。]

××会计师事务所　　　　中国注册会计师：×××(项目合伙人)

(盖章)　　　　(签名并盖章)

中国注册会计师：×××

(签名并盖章)

中国××市　　　　二〇×二年×月×日

(5) 由于注册会计师无法获取充分、适当的审计证据而发表保留意见的审计报告的范例。

## 审 计 报 告

ABC股份有限公司全体股东：

(一) 保留意见

我们审计了ABC股份有限公司(以下简称ABC公司)财务报表，包括20×1年12月31日的资产负债表，20×1年度的利润表、现金流量表、股东权益变动表以及财务报表附注。

我们认为，除"形成保留意见的基础"部分所述事项产生的影响外，后附的财务报表在所有重大方面按照企业会计准则的规定编制，公允反映了ABC公司20×1年12月31日的财务状况以及20×1年度的经营成果和现金流量。

(二) 形成保留意见的基础

如财务报表附注×所述，ABC公司于20×1年取得了ABC公司30%的股权，因能够对ABC公司施加重大影响，故采用权益法核算该项股权投资，于20×1年度确认对ABC公司的投资收益×元，截至20×1年12月31日该项股权投资的账面价值为×元。由于我们未被允许接触ABC公司的财务信息、管理层和执行ABC公司审计的注册会计师，我们无法就该项股权投资的账面价值以及ABC公司确认的20×1年度对ABC公司的投资收益获取充分、适当的审计证据，也无法确定是否有必要对这些金额进行调整。

我们按照中国注册会计师审计准则的规定执行了审计工作。审计报告的"注册会计师对财务报表审计的责任"部分进一步阐述了我们在这些准则下的责任。按照中国注册会计师职业道德守则,我们独立于ABC公司,并履行了职业道德方面的其他责任。我们相信,我们获取的审计证据是充分、适当的,为发表审计意见提供了基础。

(三) 关键审计事项

关键审计事项是根据我们的职业判断,认为对本期财务报表审计最为重要的事项。这些事项是在对财务报表整体进行审计并形成审计意见的背景下进行处理的,我们不对这些事项提供单独的意见。除"形成保留意见的基础"部分所述事项外,我们确定下列事项是需要在审计报告中沟通的关键审计事项。

(按照《中国注册会计师审计准则第1504号——在审计报告中沟通关键审计事项》的规定描述每一关键审计事项。)

(四) 管理层和治理层对财务报表的责任

管理层负责按照企业会计准则的规定编制财务报表,使其实现公允反映,并设计、执行和维护必要的内部控制,以使财务报表不存由于舞弊或错误导致的重大错报。

在编制财务报表时,管理层负责评估ABC公司的持续经营能力,披露与持续经营相关的事项(如适用),并运用持续经营假设,除非计划清算ABC公司、停止营运或别无其他现实的选择。

治理层负责监督ABC公司的财务报告过程。

(五) 注册会计师对财务报表审计的责任

我们的目标是对财务报表整体是否不存在由于舞弊或错误导致的重大错报获取合理保证,并出具包含审计意见的审计报告。合理保证是高水平的保证,但并不能保证按照审计准则执行的审计在某一重大错报存在时总能发现。错报可能由于舞弊或错误导致,如果合理预期错报单独或汇总起来可能影响财务报表使用者依据财务报表作出的经济决策,则通常认为错报是重大的。

在按照审计准则执行审计的过程中,我们运用了职业判断,保持了职业怀疑。我们同时:

(1) 识别和评估由于舞弊或错误导致的财务报表重大错报风险;对这些风险有针对性地设计和实施审计程序;获取充分、适当的审计证据,作为发表审计意见的基础。由于舞弊可能涉及串通、伪造、故意遗漏、虚假陈述或凌驾于内部控制之上,未能发现由于舞弊导致的重大错报的风险高于未能发现由于错误导致的重大错报的风险。

(2) 了解与审计相关的内部控制,以设计恰当的审计程序,但目的并非对内部控制的有效性发表意见。

(3) 评价管理层选用会计政策的恰当性和作出会计估计及相关披露的合理性。

(4) 对管理层使用持续经营假设的恰当性得出结论。同时,根据获取的审计证据,就可能导致对ABC公司持续经营能力产生重大疑虑的事项或情况是否存在重大不确定性得出结论。如果我们得出结论认为存在重大不确定性,审计准则要求我们在审计报告中提请报表使用者注意财务报表中的相关披露;如果披露不充分,我们应当发表非无保留意见。我们的结论基于审计报告日可获得的信息。然而,未来的事项或情况可能导致ABC公司不能持续经营。

(5) 评价财务报表的总体列报、结构和内容(包括披露),并评价财务报表是否公允反映相关交易和事项。

我们与治理层就计划的审计范围、时间安排和重大审计发现(包括我们在审计中识别的值得关注的内部控制缺陷)等事项进行沟通。

我们还就遵守关于独立性的相关职业道德要求向治理层提供声明,并就可能被合理认为影响我们独立性的所有关系和其他事项,以及相关的防范措施(如适用)与治理层进行沟通。

从与治理层沟通的事项中,我们确定哪些事项对本期财务报表审计最为重要,因而构成关键审计事项。我们在审计报告中描述这些事项,除非法律法规禁止公开披露这些事项,或在极其罕见的情形下,如果合理预期在审计报告中沟通某事项造成的负面后果超过在公众利益方面产生的益处,我们确定不应在审计报告中沟通该事项。

二、按照相关法律法规的要求报告的事项

[本部分报告的格式和内容,取决于相关法律法规对其他报告责任的规定。法律法规规范的事项(其他报告责任)应当在本部分处理,除非其他报告责任与审计准则所要求的报告责任涉及相同的主题。如果涉及相同的主题,其他报告责任可以在审计准则所要求的同一报告要素部分中列示。当其他报告责任和审计准则规定的报告责任涉及同一主题,并且审计报告中的措辞能够将其他报告责任与审计准则规定的责任予以清楚地区分(如差异存在)时,允许将两者合并列示(即包含在"对财务报表出具的审计报告"部分中,并使用适当的副标题)。]

××会计师事务所　　　　中国注册会计师:×××(项目合伙人)
(盖章)　　　　(签名并盖章)
中国注册会计师:×××
(签名并盖章)
中国××市　　　　二〇×二年×月×日

(6) 否定意见的审计报告的范例。

**审 计 报 告**

ABC股份有限公司全体股东:

一、对财务报表出具的审计报告

(一) 否定意见

我们审计了ABC股份有限公司(以下简称ABC公司)财务报表,包括20×1年12月31日的资产负债表,20×1年度的利润表、现金流量表、股东权益变动表以及财务报表附注。

我们认为,由于"形成否定意见的基础"部分所述事项的重要性,ABC公司财务报表没有按照企业会计准则和《××会计制度》的规定编制,未能在所有重大方面公允反映ABC公司20×1年12月31日的财务状况以及20×1年度的经营成果和现金流量。

(二) 形成否定意见的基础

如财务报表附注×所述,ABC公司的长期股权投资未按企业会计准则的规定采用权益法核算。如果按权益法核算,ABC公司的长期投资账面价值将减少×万元,净利润将减少×万元,从而导致ABC公司由盈利×万元变为亏损×万元。

我们按照中国注册会计师审计准则的规定执行了审计工作。审计报告的“注册会计师对财务报表审计的责任”部分进一步阐述了我们在这些准则下的责任。按照中国注册会计师职业道德守则,我们独立于ABC公司,并履行了职业道德方面的其他责任。我们相信,我们获取的审计证据是充分、适当的,为发表审计意见提供了基础。

(三) 关键审计事项

关键审计事项是根据我们的职业判断,认为对本期财务报表审计最为重要的事项。这些事项是在对财务报表整体进行审计并形成审计意见的背景下进行处理的,我们不对这些事项提供单独的意见。

(按照《中国注册会计师审计准则第1504号——在审计报告中沟通关键审计事项》的规定描述每一关键审计事项。)

(四) 管理层和治理层对财务报表的责任

管理层负责按照企业会计准则的规定编制财务报表,使其实现公允反映,并设计、执行和维护必要的内部控制,以使财务报表不存由于舞弊或错误导致的重大错报。

在编制财务报表时,管理层负责评估ABC公司的持续经营能力,披露与持续经营相关的事项(如适用),并运用持续经营假设,除非计划清算ABC公司、停止营运或别无其他现实的选择。

治理层负责监督ABC公司的财务报告过程。

(五) 注册会计师对财务报表审计的责任

我们的目标是对财务报表整体是否不存在由于舞弊或错误导致的重大错报获取合理保证,并出具包含审计意见的审计报告。合理保证是高水平的保证,但并不能保证按照审计准则执行的审计在某一重大错报存在时总能发现。错报可能由于舞弊或错误导致,如果合理预期错报单独或汇总起来可能影响财务报表使用者依据财务报表作出的经济决策,则通常认为错报是重大的。

在按照审计准则执行审计的过程中,我们运用了职业判断,保持了职业怀疑。我们同时:

(1) 识别和评估由于舞弊或错误导致的财务报表重大错报风险;对这些风险有针对性地设计和实施审计程序;获取充分、适当的审计证据,作为发表审计意见的基础。由于舞弊可能涉及串通、伪造、故意遗漏、虚假陈述或凌驾于内部控制之上,未能发现由于舞弊导致的重大错报的风险高于未能发现由于错误导致的重大错报的风险。

(2) 了解与审计相关的内部控制,以设计恰当的审计程序,但目的并非对内部控制的有效性发表意见。

(3) 评价管理层选用会计政策的恰当性和作出会计估计及相关披露的合理性。

(4) 对管理层使用持续经营假设的恰当性得出结论。同时,根据获取的审计证据,就可能导致对ABC公司持续经营能力产生重大疑虑的事项或情况是否存在重大不确定性得出结论。如果我们得出结论认为存在重大不确定性,审计准则要求我们在审计报告中提请报表使用者注意财务报表中的相关披露;如果披露不充分,我们应当发表非无保留意见。我们的结论基于审计报告日可获得的信息。然而,未来的事项或情况可能导致ABC公司不能持续经营。

(5) 评价财务报表的总体列报、结构和内容(包括披露),并评价财务报表是否公允反映相关交易和事项。

我们与治理层就计划的审计范围、时间安排和重大审计发现(包括我们在审计中识别的值得关注的内部控制缺陷)等事项进行沟通。

我们还就遵守关于独立性的相关职业道德要求向治理层提供声明,并就可能被合理认为影响我们独立性的所有关系和其他事项,以及相关的防范措施(如适用)与治理层进行沟通。

从与治理层沟通的事项中,我们确定哪些事项对本期财务报表审计最为重要,因而构成关键审计事项。我们在审计报告中描述这些事项,除非法律法规禁止公开披露这些事项,或在极其罕见的情形下,如果合理预期在审计报告中沟通某事项造成的负面后果超过在公众利益方面产生的益处,我们确定不应在审计报告中沟通该事项。

二、按照相关法律法规的要求报告的事项

[本部分报告的格式和内容,取决于相关法律法规对其他报告责任的规定。法律法规规范的事项(其他报告责任)应当在本部分处理,除非其他报告责任与审计准则所要求的报告责任涉及相同的主题。如果涉及相同的主题,其他报告责任可以在审计准则所要求的同一报告要素部分中列示。当其他报告责任和审计准则规定的报告责任涉及同一主题,并且审计报告中的措辞能够将其他报告责任与审计准则规定的责任予以清楚地区分(如差异存在)时,允许将两者合并列示(即包含在"对财务报表出具的审计报告"部分中,并使用适当的副标题)。]

××会计师事务所　　　　　　　　　　中国注册会计师:×××(项目合伙人)
(盖章)　　　　　　　　　　　　　　　　　　　　　　(签名并盖章)
　　　　　　　　　　　　　　　　　　　　　中国注册会计师:×××
　　　　　　　　　　　　　　　　　　　　　　　　　(签名并盖章)
中国××市　　　　　　　　　　　　　　　　　　　二〇×二年×月×日

**同步思考 15-1**

资本市场中否定意见的审计报告较少,请您简要谈谈出现这个现象的原因。

(7)无法表示意见的审计报告的范例。

**审 计 报 告**

ABC 股份有限公司全体股东:

一、对财务报表出具的审计报告

(一)无法表示意见

我们接受委托,审计 ABC 股份有限公司(以下简称 ABC 公司)财务报表,包括 20×1 年 12 月 31 日的资产负债表,20×1 年度的利润表、现金流量表、股东权益变动表以及财务报表附注。

我们不对后附的 ABC 公司财务报表发表审计意见。由于"形成无法表示意见的基础"部分所述事项的重要性,我们无法获取充分、适当的审计证据以作为对财务报表发表审计意见的基础。

(二)形成无法表示意见的基础

ABC 公司未对 20×1 年 12 月 31 日的存货进行盘点,金额为×万元,占期末资产总额的 40%。我们无法实施存货监盘,也无法实施替代审计程序,以对期末存货的数量和状况获取充分、适当的审计证据。

（三）管理层和治理层对财务报表的责任

管理层负责按照企业会计准则的规定编制财务报表，使其实现公允反映，并设计、执行和维护必要的内部控制，以使财务报表不存由于舞弊或错误导致的重大错报。

在编制财务报表时，管理层负责评估ABC公司的持续经营能力，披露与持续经营相关的事项（如适用），并运用持续经营假设，除非计划清算ABC公司、停止营运或别无其他现实的选择。

治理层负责监督ABC公司的财务报告过程。

（五）注册会计师对财务报表审计的责任

我们的责任是按照中国注册会计师审计准则的规定，对ABC公司的财务报表执行审计工作，以出具审计报告。但由于"形成无法表示意见的基础"部分所述的事项，我们无法获取充分、适当的审计证据以作为发表审计意见的基础。

按照中国注册会计师职业道德守则，我们独立于ABC公司，并履行了职业道德方面的其他责任。

二、对其他法律和监管要求的报告

[本部分报告的格式和内容，取决于相关法律法规对其他报告责任的规定。法律法规规范的事项（其他报告责任）应当在本部分处理，除非其他报告责任与审计准则所要求的报告责任涉及相同的主题。如果涉及相同的主题，其他报告责任可以在审计准则所要求的同一报告要素部分中列示。当其他报告责任和审计准则规定的报告责任涉及同一主题，并且审计报告中的措辞能够将其他报告责任与审计准则规定的责任予以清楚地区分（如差异存在）时，允许将两者合并列示（即包含在"对财务报表出具的审计报告"部分中，并使用适当的副标题）。]

××会计师事务所　　　　中国注册会计师：×××（项目合伙人）
（盖章）　　　　（签名并盖章）
　　　　中国注册会计师：×××
　　　　（签名并盖章）
中国××市　　　　二〇×二年×月×日

**同步思考 15-2**

有人认为无法表示意见就是审计人员没有发表意见或是审计人员不做任何审计程序就发表意见，你赞同吗？为什么？

## 二、审计报告意见类型的决策

### （一）选择审计报告意见类型的决策步骤

从国外大会计公司审计经验看，选用正确的审计意见类型、出具适当的审计报告，一般应采取以下三个决策步骤：

（1）确定是否存在需要偏离"标准审计报告"的任何情况。

（2）决定每个情况的重要性程度。

如存在需要偏离"标准审计报告"的情况，注册会计师应当分析该情况对客户会计报表的潜在影响，决定该情况是"不重要""重要"，还是"重要且广泛"。注册会计师对情况重要性的决策是个困难的过程，需要运用大量的专业判断。下文将重点说明确定重要性程度应考虑的因素。

(3) 根据偏离情况的重要性程度，决定适当的审计意见类型和审计报告类型。

选择审计报告意见类型的决策步骤见图 15-1。

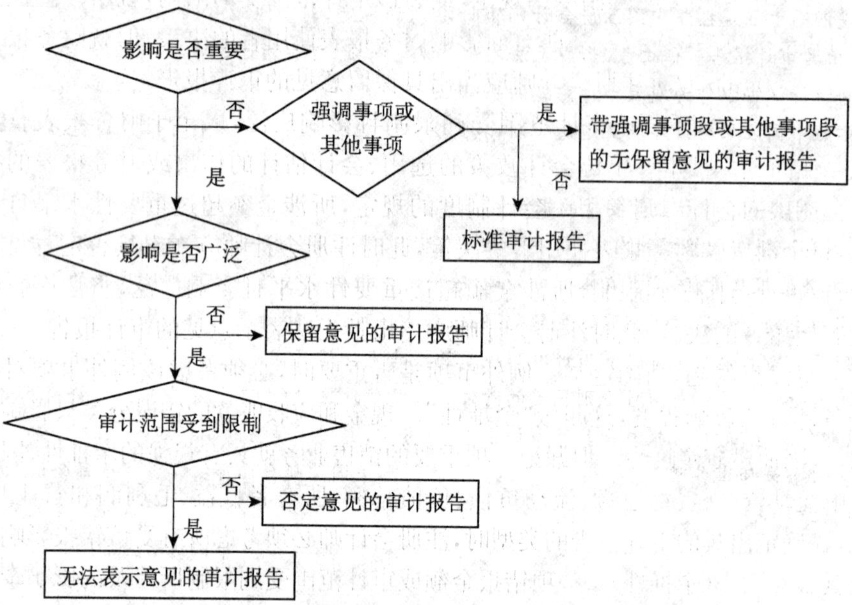


图 15-1　审计报告意见类型的决策步骤

**(二) 确定重要性程度应考虑的因素**

确定重要性程度时应当考虑错报金额和性质两个方面。同时，当审计范围受到限制时，还需要考虑审计范围受到限制的程度。

1. 错报金额或审计范围受到限制的影响程度与重要性水平的比较

如前所述，重要性水平可以采用基数乘以一定比率的办法确定。例如，注册会计师可以采用资产总额的0.5%～1%、净资产的1%、营业收入的0.5%～1%等来确定重要性水平。重要性水平一旦确定，可将错报金额或审计范围受到限制的影响与重要性水平进行比较，以判断出具审计报告的类型：

(1) 错报金额或审计范围受到限制的影响不重要。被审计单位会计政策的选用、会计估计的作出或财务报表的披露不符合适用的会计准则和相关会计制度的规定，或审计范围受到限制，但所涉金额不大，远远低于重要性水平，不至于影响财务报表使用者的决策，则该错报金额或审计范围受到限制的影响不重要。此时，注册会计师应当出具无保留意见的审计报告。如前所述，如果需要在审计报告中附加说明段、强调事项段或一些修饰性用语，则出具带强调事项段的无保留意见的审计报告；否则，出具标准审计报告。

(2) 错报金额或审计范围受到限制的影响重要，但就财务报表整体而言是公允的。被审计单位会计政策的选用、会计估计的作出或财务报表的披露不符合适用的会计准则和相关会计制度的规定，或(且)审计范围受到限制，且所涉金额接近或超过重要性水平，以致在某些方面影响财务报表使用者的决策，但就财务报表整体而言是公允的，此时注册会计师应当出具保留意见的审计报告。

(3) 错报金额重要或审计范围受到限制且影响广泛，以至于财务报表整体公允性存在问题。被审计单位会计政策的选用、会计估计的作出或财务报表的披露不符合适用的会计准则和相关会计制度的规定，所涉金额超过重要性水平且影响广泛，将全面影响财务报表使用者的决策，此时注册会计师应当出具否定意见的审计报告；审计范围受到限制，所涉金额超过重要性水平且影响广泛，将全面影响财务报表使用者的决策，此时注册会计师应当出具无法表示意见的审计报告。

值得注意的是，当确定某一例外事项是否重要时，必须考虑该例外事项对财务报表各部分的影响程度，这叫做“牵扯性”。现金和应收账款的错误分类只影响这两个账户，因而没有牵扯性。但漏记一项重要的销售业务就具有很强的牵扯性，因为它会影响流动资产、资产总额、流动负债、负债总额、所有者权益、毛利润和营业收入。因此，在确定出具的审计报告的类型时，注册会计师必须考虑所有受该错报影响的账户及其金额大小(牵扯性)。一项错报金额或审计范围受到限制所涉及的影响牵扯性越广泛，注册会计师出具否定意见或无法表示意见审计报告的可能性就越大。

2. 错报的性质

会计报表中的错误类型不同，也会影响使用者的决策。有些错报金额可能不大，但性质却是严重的。某些事项会影响使用者的决策，从而会以不同于大多数其他错报的方式影响注册会计师对重要性的判断。从性质上看，下列事项通常认为是严重的：

(1) 业务是非法或欺诈性的。

(2) 某一项目单从本期考虑并不重要，但对未来某些期间有重大影响。

(3) 具有“心理”效应的项目，如小额利润相对于小额亏损，存款结余相对于透支。

(4) 根据合同责任判断影响重大，如未能遵守某项债务约束，可能导致一笔重要的贷款被要求立即偿还。

(5) 对遵守国家有关法律、法规和规章影响重大，如首次发行股票公司的净资产收益率。

综上所述，重要性与审计报告类型之间的关系如表 15-2 所示。

表 15-2　　重要性和审计报告类型之间的关系

| 重要性水平 | 从正常使用者的决策角度考察重要性水平 | 审计报告类型 |
| --- | --- | --- |
| 不重要 | 不影响财务报表使用者的决策，且无强调事项 | 标准审计报告 |
| | 不影响财务报表使用者的决策，但有强调事项 | 带强调事项段的无保留意见的审计报告 |
| 重要 | 在某些方面影响财务报表使用者的决策，但就财务报表整体而言是公允的 | 保留意见的审计报告 |
| 重要且广泛 | 由于错报全面影响财务报表使用者的决策 | 否定意见的审计报告 |
| | 由于审计范围受到限制全面影响财务报表使用者的决策 | 无法表示意见的审计报告 |

根据重要性水平和审计范围受到限制的程序确定审计意见类型在概念上是很清楚的，然而在实际应用中却是一件非常困难的事情。它在很大程度上取决于注册会计师的专业判断，需要注册会计师具备较高的职业道德素质和业务水平。

## 本章小结

### ■ 本章内容结构图

- 审计报告
  - 审计报告的概述
    - 审计报告的含义
    - 审计报告的种类
      - 按审计报告的使用目的不同分类
      - 按审计报告的详略程度不同分类
      - 按审计报告的撰写主体不同分类
      - 按审计意见的类型不同分类
    - 审计报告的作用
      - 鉴证作用
      - 保护作用
      - 证明作用
  - 审计报告的内容与格式
    - 标题
    - 收件人
    - 审计意见
    - 形成审计意见的基础
    - 管理层对财务报表的责任
    - 注册会计师对财务报表审计的责任
    - 按照相关法律法规的要求报告的事项
    - 注册会计师的签名和盖章
    - 会计师事务所的名称、地址和盖章
    - 报告日期
  - 审计报告的类型及其决策
    - 审计报告的类型
    - 审计报告意见类型的决策
      - 选择审计报告意见类型的决策步骤
      - 确定重要性程度应考虑的因素

■ 重要名词术语

**审计报告**:是指注册会计师根据审计准则的规定,在执行审计工作的基础上,对被审计单位财务报表发表审计意见的书面文件。

**标准审计报告**:是指注册会计师发表无保留意见,且不附加说明段、强调事项段和任何修饰性用语时所出具的审计报告。

**关键审计事项**:注册会计师从已与管理层沟通的事项中确定的对本期财务报表审计最为重要的事项,构成关键审计事项。

**强调事项段**:是指审计报告中含有的一个段落,该段落提及已在财务报表中恰当列报或披露的事项,根据注册会计师的职业判断,该事项对财务报表使用者理解财务报表至关重要。

**带强调事项段的无保留意见的审计报告**:是指注册会计师发表无保留意见,但需要附加说明段、强调事项段或一些修饰性用语时所出具的审计报告。

**保留意见**:是指注册会计师对财务报表的反映有所保留的审计意见。注册会计师认为被审计单位财务报表总体是公允的,但对某些事项有所保留,且这些保留事项不足以影响对财务报表总体意见的表述。

**否定意见**:是审计报告的一种意见类型,表明被审计单位财务报表整体没有按照企业会计准则和企业会计制度的规定,公允地反映被审计单位的财务状况、经营成果和现金流量。

**无法表示意见**:表明审计范围受到限制可能产生的影响非常重大和广泛,注册会计师不能获取充分、适当的审计证据,以致无法对财务报表是否公允反映形成审计意见。

## 思考与练习

### 一、思考题

1. 什么是审计报告?审计报告的作用有哪些?

2. 注册会计师可以对已审计会计报表发表哪几种类型的审计意见?在什么情况下发表这些类型的审计意见?

3. 如何选择审计报告类型?需经历哪些步骤?

### 二、选择题

1. B公司从事剧毒化学物质的生产和销售。在对其财务报表进行审计时,审计师发现该公司存货占公司总资产的10%,但因该存货的性质特殊,无法实施监盘程序。对该存货的数量,除管理层保证存货数量的声明外,审计师无法获取其他审计证据。单位考虑此事项,审计师应该出具的审计意见类型为(　　)。

A. 不带强调事项段的无保留意见

B. 带强调事项段的无保留意见

C. 视其重要性程度,发表保留或否定意见

D. 视其重要性程度,发表保留或无法表示意见

2. 下列措辞中,应当出现在否定意见审计报告中的有(　　)。

A. "除……的影响外"

B. "由于上述问题造成的重大影响"

C. "鉴于上述事实"

D. "由于受到前段所述事项的重大影响"

3. 如果在实施有关实质性测试后,审计师仍认为与某一重要账户或交易类别的认定有关的检查风险不能降低至可接受的低水平,那么应该发表(　　)。

A. 无保留意见

B. 保留意见或否定意见

C. 保留意见

D. 无法表示意见

4. 注册会计师李华在确定对奉化公司 2016 年度的财务报表的审计意见时,在于与奉化公司管理层沟通后,仍有下列情况,在不考虑其他事项的情况下,则可能导致其出具否定意见的是(　　)。

A. 虚增收入虽然只有 12 万元,相当于当年利润总额的 160%(1.6 倍)

B. 75%的存货未能监盘,存货占资产总额的 10%

C. 绝大多数内部控制存在严重缺陷,无法依赖

D. 长期投资已达到净资产的 15%,并已在财务报表附注中予以披露

## 三、案例分析题

1. 大华会计师事务所于 2017 年 1 月 20 日接受北方股份有限公司(以下简称北方公司)委托,对该公司 2016 年度会计报表进行审计,会计师事务所于 2017 年 3 月 20 日完成工作,按约定书要求于 2017 年 4 月 5 日提交审计报告。北方公司审计前会计报表反映的资产总额为 1 亿元,该年度利润总额为 200 万元。假定以资产总额和利润总额为判断基础,采用固定比率法计算确定北方公司 2016 年会计报表层次的重要性水平,资产总额和利润总额固定百分比分别为 0.5%和 10%。现假定存在以下 9 种情形:

(1) 北方公司拥有一项长期股权投资,账面价值 600 万元,持股比例 30%。2016 年 12 月 31 日,北方公司与南方公司签署投资转让协议,拟以 435 万元的价格

转让该项长期股权投资，已收到价款335万元，但尚未办理产权过户手续，北方公司以该项长期股权投资正在转让之中为由，不再计提减值准备。会计师事务所要求北方公司调整，遭到北方公司拒绝。

(2) 2016年6月3日北方公司被起诉侵权，原告要求赔偿150万元，至被审计年度的资产负债表日胜负仍难预料，诉讼案和可能的影响均列示在会计报表附注中。

(3) 北方公司在2016年12月31日，与美达公司签订协议销售商品一批，增值税专用发票上注明销售价格为200万元，增值税额为34万元。商品已发出，款项尚未收到。该协议规定，该批商品销售价格的15%属于商品售出后两年内提供修理服务的服务费。该批商品的实际成本为180万元。在2016年12月已符合销售收入确认条件，而未对其进行处理。注册会计师提请北方公司调整，但遭到了北方公司拒绝。

(4) 北方公司于2016年年末更换了大股东，并成立了新的董事会，继任法定代表人以刚上任不了解以前年度情况为由，拒绝签署2016年度已审财务报表和提供管理层声明书。原法定代表人以不再继续履行职责为由，也拒绝签署2016年度已审计财务报表和提供的管理层声明书。

(5) 注册会计师李涛对应收账款进行函证，其中对余额32万元的客户宏大公司函证未收到回函，李涛运用其他审计程序进行了验证。

(6) 北方公司利润总额中的70%是由境外子公司提供的，注册会计师无法到国外对子公司的会计报表进行审查，也无法通过其他审计程序加以验证。

(7) 北方公司2016年度将发出存货的计价方法由原来的先进先出法改为加权平均法，并在会计报表附注中进行了充分披露。

(8) 北方公司2016年11月购入一台设备，当月即投入使用，2016年未计提折旧，原始价值为100万元，月折旧率为2%。注册会计师要求北方公司调整，遭到北方公司拒绝。

(9) 注册会计师张平得知北方公司2016年涉及的另一诉讼案于2017年3月15日判决，北方公司败诉，并赔偿90万元，公司无异议，并做了披露。张平请北方公司根据上述事项调整2016年度会计报表，但遭到北方公司拒绝。

要求：分别针对上述9种情况说明注册会计师应当出具何种意见的审计报告，并说明理由。

2. 中国证券市场中的第一份无法表示意见的审计报告

1998年年初，石家庄宝石电子玻璃股份有限公司(以下简称宝石公司)生产停顿，财务状况不佳，受聘审计的普华大华会计师事务所对其财务报表出具了拒绝表示意见(无法表示意见)的审计报告。由于是中国证券市场出现的第一份这种类型的报告，引起了证券市场不小的震动，广大市场参与者对其给予了充分的肯定与支持。

宝石公司的前身是石家庄显像管总厂(以下简称石显总厂)。1992年5月,经政府有关部门批准,石显总厂以其下属的黑白玻壳生产线、黑白显像管生产线为主体开始进行股份制试点,并以募集方式设立股份有限公司。公司的主营业务为生产黑白显像管玻壳及黑白显像管。石显总厂则改组为石家庄宝石电子集团公司,成为股份公司的控股公司。1995年6月和9月,宝石公司又先后在深圳证券交易所上网定价发行了B股10 000万股和A股2 620万股,并上市流通。至此,宝石公司的总股本达38 300万股。

从财务报表来看,宝石公司从成立伊始至上市,业绩一直是良好的。从1993年度至1996年度,该公司的净资产收益率分别为4.16%、26.88%、35.15%和8.8%。从招股说明书中所反映的过去的成就和展望的前景来看,公司的整体状况也是比较好的。然而,市场经济这只无形之手也是无情之手。由于黑白电视机市场的快速萎缩、导致其上游产品的需求、价格大幅度下降。公司1997年度的财务报表反映出的企业经营成果和财务状况令人大失所望,出现每股0.872元的严重亏损。更为严重的是,为公司进行年度报表审计的注册会计师认为,由于产品积压、生产停顿,已无法判定该公司是否保有持续经营能力,因此无法对财务报表整体发表任何意见。

据公司1996年年报反映,黑白电视机市场的萎缩在1996年下半年已经出现,只是由于公司控股的彩壳公司下半年投入生产,增加了公司的投资收益,所以尽管利润有大幅下滑,但不至于出现亏损,因此问题暴露得不很明显。自1997年,由于国内电视机市场的恶性无序竞争发展到白热化程度,使得黑白电视机市场加速萎缩。黑白显像管和黑白玻壳在1997年的最低售价比1996年上半年均下跌了60%以上,已低于生产成本,同时,彩壳的售价下跌也超过20%,彩壳公司也出现了严重亏损;黑白玻壳生产线熔炉按计划停炉检修后,由于产品积压严重,恢复生产无望,而转产其他产品在短时间内又难以完成,因此整个生产线实际已处于停产状态。

针对以上严峻情况,注册会计师认为,宝石公司无法就公司是否能保持经营能力提供充分和必要的证据,在这种情况下,也就无法确定公司巨额存货和固定资产的计价方法的合理性。而且,由于市场环境恶劣,公司的巨额应收账款的可回收性也由于下游企业的不良财务状况而变得更加不确定。另外,公司的流动负债超过流动资产7亿多元,资产负债比率严重不正常。因此,注册会计师无法就依据持续经营会计假设编制的会计报表是否能公允反映该公司的财务状况和经营成果发表任何意见。

要求:该案例中的注册会计师针对宝石公司的情形出具了无法表示意见的审计报告,他们作出的决策是否合理?他们的依据是什么?

# 参考文献


[1] 中国注册会计师协会. 审计[M]. 北京:经济科学出版社,2017.

[2] 韩晓梅. 审计学——原理与实务[M]. 北京:清华大学出版社,北京交通大学出版社,2014.

[3] 阿尔文·A·阿伦斯,兰德尔·J·埃尔德,马克·S·比斯利. 审计学——一种整合方法[M]. 谢盛纹,张龙平,译. 北京:中国人民大学出版社,2013.

[4] 于延琦,傅铄,李岩,林英士. 财务报表审计工作底稿编制案例[M]. 大连:东北财经大学出版社,2009.

[5] 王生根. 审计实务——基于风险导向审计理念[M]. 北京:清华大学出版社,2009.

[6] 陈汉文,韩洪灵. 审计理论[M]. 北京:机械工业出版社,2009.

[7] 余玉苗. 审计学[M]. 2 版. 北京:清华大学出版社,2008.

[8] 朱荣恩. 审计学[M]. 3 版. 北京:高等教育出版社,2008.

[9] 张继勋,程悦. 审计学[M]. 北京:清华大学出版社,2008.

[10] 李晓慧. 审计学——实务与案例[M]. 北京:中国人民大学出版社,2011.

[11] 杨昌红,赵凌云. 审计学[M]. 北京:清华大学出版社,2008.

[12] 赵晓波,韩东京. 审计学[M]. 成都:西南财经大学出版社,2008.

[13] 文森特·M·奥赖利,等. 蒙哥马利审计学[M]. 刘霄仑,等,译. 北京:中信出版社,2007.

[14] W·罗伯特·克涅科. 审计——增信服务与风险. 程悦,译. 北京:中信出版社,2007.

[15] 耿建新,宋常. 审计学[M]. 北京:中国人民大学出版社,2007.

[16] 王英姿. 审计原理与实务[M]. 上海:上海财经大学出版社,2015.

[17] 刘明辉. 审计与鉴证服务[M]. 北京:高等教育出版社,2007.

[18] 里克·海斯,等. 审计学——基于国际审计准则的视角[M]. 来明敏,等,译. 北京:机械工业出版社,2006.

[19] 彭华彰. 政府效益审计论[M]. 北京:中国时代经济出版社,2006.

[20] 章文波,曹光四. 审计学[M]. 上海:立信会计出版社,2005.

[21] 马贤明,郑朝晖. 会计 & 谜局[M]. 大连:大连出版社,2005.

[22] 拉里·F·康里奇. 审计学——一项风险分析方法[M]. 耿建新,等,译. 北京:中国人民大学出版社,2004.

[23] 李雪. 审计理论研究[M]. 青岛:中国海洋大学出版社,2004.

[24] 林柄沧. 如何避免审计失败[M]. 北京:中国时代经济出版社,2003.

[25] 雷·惠廷顿,等. 审计与其他保证服务[M]. 萧英达,等,译. 北京:机械工业出版社,2003.

[26] 荆新. 工业企业经营审计[M]. 北京:地震出版社,1988.

[27] 中国注册会计师协会. 中国注册会计师审计准则[S]. 2016.
[28] 中国注册会计师协会. 质量控制准则第 5101 号——会计师事务所对执行财务报表审计和审阅、其他鉴证和相关服务业务实施的质量控制[S]. 2010.
[29] 中国注册会计师协会. 中国注册会计师职业道德守则第 1 号—第 5 号 [S]. 2009.
[30] 审计署. 中华人民共和国国家审计准则[S]. 2010.
[31] 中国内部审计协会. 中国内部审计准则[S]. 2003.
[32] 财政部,审计署,中国保险监督管理委员会,中国银行业监督管理委员会,中国证券监督管理委员会. 企业内部控制基本规范[S]. 2008.
[33] 财政部,审计署,中国保险监督管理委员会,中国银行业监督管理委员会,中国证券监督管理委员会. 企业内部控制应用指引第 1—5 号[S]. 2010.
[34] 财政部会计司. 财政部会计司解读《企业内部控制应用指引第 1—5 号》[S]. 2010.
[35] 财政部会计司. 财政部会计司解读《企业内部控制应用指引第 18 号——信息系统》[S]. 2010.
[36] 窦鑫丰,吴姬君. 刍议会计师事务所审计计划阶段的风险管理[J]. 财会月刊,2009(3):61-62.
[37] 孙玉军. 我国政府环境审计计划管理研究[J]. 会计之友,2008(4):42-43.
[38] 席晨,倪巍洲,孙秀春. 审计计划执行过程控制和审计计划调整[J]. 审计研究,2006(1):11-15.
[39] 廖义刚. 论审计师思维模式与分析程序[J]. 财会通讯,2008(6):34-35.
[40] 毛敏,张龙平. 审计重要性概念的内涵与本质辨析[J]. 财会月刊,2009(7):40-41.
[41] 谢盛纹. 重要性概念及其运用: 过去与未来[J]. 会计研究,2007(2):11-17.
[42] 吴水澎,陈汉文,邵贤弟. 论改进我国企业内部控制——由"亚细亚"失败引发的思考[J]. 会计研究,2000(9):43-48.
[43] 刘志远,刘洁. 信息技术条件下的企业内部控制[J]. 会计研究,2001(12):32-36.
[44] 张锦秀. 信息技术对内部控制及审计过程的影响[J]. 中南财经政法大学学报,2005(3):135-140.
[45] 张蕊. 注册会计师的民事责任及其抗辩[J]. 审计研究,2003(1):21-24.
[46] 王传凤. 关于我国注册会计师法律责任的成因分析[J]. 工业审计与会计,2010(3):44-46.
[47] 李哲. 政府效益审计要素[J]. 审计与经济研究,1998(2):61-64.
[48] "Why Enron Went Bust". Fortune, December 24, 2001.
[49] 深圳大剧院、音乐厅 3 年亏损 4 千万巨额补贴引争议[N]. 南方日报,2010. 11. 23.
[50] 万玉昆. 基层审计视角下《国家审计准则》解读[OB/EL]. 2010,11. http://www.cjbd.com.cn.
[51] 湖北省随州市审计局. 一张银行利息通知单"挖"出一个女"巨贪"——原随州市第二棉纺厂厂长、党委书记贪污案案查处纪实[OB/EL]. 2009,04. http://203.207.93.61:8180/search/search.jsp.
[52] 审计署. 54 个部门单位 2008 年度预算执行情况和其他财政收支情况审计结果[OB/EL].

2010. 1. http://203. 207. 93. 61:8180/search/search. jsp.
[53] 李若山. 审计案例——国外审计诉讼案例[M]. 沈阳:辽宁人民出版社,1998.
[54] 孙伟龙. 审计学——教程与案例[M]. 浙江大学出版社,2012.
[55] 柳洪强,金文兵. 虚假审计报告导致重犯被判无罪 法院亡羊补牢[J]. 武汉晚报,2008. 2. 3.
[56] 李寿喜. 审计学原理——面向人性缺陷的治理技术[M]. 经济管理出版社,2012.
[57] 阿伦斯,洛布贝克. 审计学・第1卷[M]. 北京:中国审计出版社,2001.
[58] 高雅青,等. 上市公司审计案例分析[M]. 北京:中国时代经济出版社,2003.
[59] 刘静. 审计案例与模拟实验[M]. 北京:经济科学出版社,2007.
[60] 何秀英. 审计学[M]. 大连:东北财经大学出版社,2012.
[61] 葛荣根. 2亿元足以让合作伙伴翻脸[N]. 上海证券报,2006. 5. 11.
[62] 蒋武,刘丽华. 审计学[M]. 北京:经济科学出版社,2001.
[63] 王宝庆,邢小玲,刘勇. 审计学[M]. 北京:科学出版社,2012.
[64] 班景刚,谭先华. 审计学习指导与练习(要点・习题・案例)[M]. 北京:中国财政经济出版社,2012.
[65] 孙平. 我国政府效益审计问题研究[D]. 东北林业大学. 2006.